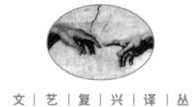

文│艺│复│兴│译│丛

和平的保卫者

〔意〕帕多瓦的马西利乌斯 著

陈广辉 译

Defensor pacis

Marsilius de Padua

DEFENSOR PACIS

Hrsg. von Richard Scholz

据汉舍书店（Hahnsche Buchhandlung）1933年版译出

文艺复兴译丛

顾问
王军　周春生　李军

主编
徐卫翔　刘训练

编辑委员会
（以姓氏笔画排序）

文铮
北京外国语大学欧洲语言文化学院

朱振宇
浙江大学外国语学院

刘训练
天津师范大学政治与行政学院

刘耀春
四川大学历史文化学院

李婧敬
北京外国语大学欧洲语言文化学院

吴功青
中国人民大学哲学院

吴树博
同济大学人文学院

袁朝晖
中国社会科学院世界宗教研究所

徐卫翔
同济大学人文学院

梁中和
四川大学哲学系

韩伟华
南京大学政府管理学院

韩潮
同济大学人文学院

目 录

译者序 /1

第 1 论

第 1 章 /45

第 2 章 /52

第 3 章 /55

第 4 章 /59

第 5 章 /63

第 6 章 /71

第 7 章 /76

第 8 章 /79

第 9 章 /82

第 10 章 /90

第 11 章 /94

第 12 章 /103

第 13 章 /110

第 14 章 /118

第 15 章 /125

第 16 章 /134

第 17 章 /151

第 18 章 /159

第 19 章 /163

第 2 论

第 1 章 /177

第 2 章 /182

第 3 章 /191

第 4 章 /198

第 5 章 /216

第 6 章 /235

第 7 章 /251

第 8 章 /257

第 9 章 /266

第 10 章 /278

第 11 章 /288

第 12 章 /296

第 13 章 /308

第 14 章 /334

第 15 章 /359

第 16 章 /370

第 17 章 /388

第 18 章　/406

第 19 章　/415

第 20 章　/422

第 21 章　/432

第 22 章　/448

第 23 章　/466

第 24 章　/476

第 25 章　/490

第 26 章　/509

第 27 章　/535

第 28 章　/545

第 29 章　/588

第 30 章　/601

第 3 论

第 1 章　/617

第 2 章　/619

第 3 章　/626

译名表　/628

译者序

众所周知,中世纪晚期处在西方古代秩序向现代秩序过渡的关键环节,古希腊哲学、基督教哲学和阿拉伯亚里士多德主义哲学汇聚于此,进而为现代秩序的降临提供了丰富的思想资源。断裂与重建是帕多瓦的马西利乌斯时代的主题,他的时代正在从古代、中世纪向文艺复兴、近代过渡,他本人的思想则处于古今之争、传统秩序与现代秩序之争的焦点。他不仅面对着传统秩序的崩溃,而且自觉承担起构造新秩序的责任。正是在这一时代背景之下,马西利乌斯从全新的秩序构造出发,将唯名论的单义性原则和亚里士多德主义的类比原则的融合发挥到极致,一方面使得人与上帝之间发生了断裂,进而破除了传统目的论视域下的道德、权利、政治、神学和法律的旧秩序,另一方面重建了神人关系,进而构造出以人民为中心的尘世新秩序。因此,他在整合古代和基督教资源的基础上,将传统的法权、政教、道德和权利秩序纳入全新思想体系的秩序之内,进而试图超越传统秩序,构造一种能够安顿尘世生活的新秩序。

马西利乌斯的思想前承亚里士多德、奥古斯丁和索尔兹伯里的约翰,后启库萨的尼古拉、马基雅维利、霍布斯、斯宾诺莎和卢梭,是西方中世纪晚期政治思想发展中的关键枢纽。一方面,他融合了亚里士多德哲学和唯名论思想,发展出以人民为中心的政治哲学,决定性地扫清了教权对尘世生活造成的障碍;另一方面,他对身心关系、法权和主体性问题的重新理解,塑造出一个与中世纪传统截然不同的伦理-政治形态。在此基础上,马西利乌斯推进了但丁的二元论,构建出一个更为现代的国家理论以及政教分离体系。历史地看,马西利乌斯哲学对于文艺复兴哲学和早期近代政治哲学产生了深远的影响。20世纪50年代以来,在阿兰·格沃斯(Alan Gewirth)、约瑟夫·坎宁(Joseph Canning)等人的推动下,英美国家、欧陆国家(法国、德国、意大利、西班牙、荷兰和比利时等)以及亚洲国家(日本、韩国等)迎来了马西利乌斯哲学的广泛复兴,至今这股"马西利乌斯热"仍方兴未艾。

一、帕多瓦的马西利乌斯与《和平的保卫者》

(一) 马西利乌斯的生平与著作

马西利乌斯及其著作《和平的保卫者》在西方政治哲学史上遭受过极大的争论。一方面,哲学研究者通常将马西利乌斯视为西方政治哲学史上少数具有原创性的政治哲学家,[1]但是历史研究者经常否认马西

---

[1] Alan Gewirth, *Marsilius of Padua: The Defender of Peace*, Vol. I: *Marsilius of Padua and Medieval Political Philosophy*, New York: Columbia University Press, 1951, p. 3; Herbert B. Workman, *Christian Thought to the Reformation*, New York: Charles Scribner's Sons, 1922, p. 218.

利乌斯在西方政治哲学方面的原创性地位。① 这意味着当代历史学家和政治哲学家在面对马西利乌斯的政治思想时展现出截然不同的研究方式和研究态度。② 另一方面,《和平的保卫者》曾经长期被视为马西利乌斯和其朋友让丹的约翰(John of Jandun,1285—1328)共同完成的著作,③因为《和平的保卫者》一度被视为政治阿维罗伊主义(political Averroism)的范例——"《和平的保卫者》是我们所能期待的最完美的政治阿维罗伊主义的范例"。④ 让丹的约翰作为一个阿维罗伊主义者(Averroist),一度被猜测是《和平的保卫者》第1论中的政治阿维罗伊主义内容的作者,⑤而且1327年教皇约翰二十二世(John XXII,

---

① Alan Gewirth, *Marsilius of Padua: The Defender of Peace*, p. 5; R.W. and A.J. Carlyle, *A History of Mediaeval Political Theory in the West*, Vol. VI: *Political Theory from 1300 to 1600*, New York: Barnes & Noble, 1936, III.9; Charles Wellborn, "Marsilius of Padua: A Modern Look", *Journal of Church and State*, 1962 (2): 191-204.

② Joseph Canning, *Ideas of Power in the Late Middle Ages, 1296 – 1417*, Cambridge: Cambridge University Press, 2011, p. 82.

③ Vasileios Syros, *Marsilius of Padua at the Intersection of Ancient and Medieval Traditions of Political Thought*, Toronto: University of Toronto Press, 2012, p. 16.

④ Étienne Gilson, *La philosophie au Moyen Age: Des Origines Patristiques a la Fin du XIVe Siècle*, Paris: Payot, 1944, p. 692.译文参考Étienne Gilson, *La Filosofia nel Medioevo, Dalle Origini Patristiche alla Fine del XIV Secolo*, Presentazione di Mario dal Pra, Firenze: La Nuova Italia Editrice, 1973, p. 829。关于马西利乌斯和阿维罗伊主义者的关系,参见Alan Gewirth, *Marsilius of Padua: The Defender of Peace*, pp. 39-40. 阿维罗伊主义正是1277禁令的主要谴责对象,当时反对以阿维罗伊主义为代表的亚里士多德主义的斗争主要发生在马西利乌斯所在的巴黎大学。关于1277禁令具体内容,参见"Condemnation of 219 Propositions", translated by Ernest L. Fortin and Peter D. O'Neill, in *Medieval Political Philosophy: A Sourcebook*, edited by Ralph Lerner and Muhsin Mahdi, with the collaboration of Ernest L. Fortin, New York: The Free Press, 1963, pp. 335-354。

⑤ Vasileios Syros, *Marsilius of Padua at the Intersection of Ancient and Medieval Traditions of Political Thought*, p. 24; Francesco Maiolo, *Medieval Sovereignty: Marsilius of Padua and Bartolus of Saxoferrato*, Groningen: Eburon Delft, 2007, pp. 167-168.

1244—1334)在教令《合法谕》(Licit iuxta)中将马西利乌斯和让丹的约翰视为《和平的保卫者》的共同作者并且对二者施以绝罚,[1]所以马西利乌斯作为《和平的保卫者》唯一作者的身份一度受到质疑。[2]

但是,这些争论无法否认马西利乌斯及其著作《和平的保卫者》的复杂形象和独特地位。首先,公民共体论不仅被视为中世纪晚期的人民主权论,[3]而且构成了近代以来政治哲学的主权学说、人民革命学说和政教分离原则的重要理论资源;[4]其次,马西利乌斯对中世纪晚期的使徒贫困(apostolic poverty)争论、精神权力和尘世权力的论战、15世纪的公会议运动(the conciliar movement)和16世纪的宗教改革运动

---

[1] John XXII, Iohannis XXII. *Papae Declaratio haereseos Ludewici* (Oct. 23, 1327), in *Constitutiones et acta publica imperatorum et regum* (Tomus VI, Pars I: 1325-1330), edited by Jacobus Schwalm, Hannoverae Impensis Bibliopolii Haniani, 1914-1927, Nr. 361, pp. 265-266.

[2] George Garnett, *Marsilius of Padua and "the Truth of History"*, Oxford: Oxford University Press, 2006, pp. 18-20; Alan Gewirth, "John of Jandun and the *Defensor Pacis*", *Speculum*, 1948 (2): 267-272.

[3] Serena Ferente, "Popolo and Law: Late Medieval Sovereignty in Marsilius and the Jurists", in *Popular Sovereignty in Historical Perspective*, edited by Richard Bourke and Quentin Skinner, Cambridge: Cambridge University Press, 2016, pp. 96-114.

[4] Bettina Koch, "Marsilius and Hobbes on Religion and Papal power: Some Observations on Similarities", in *The World of Marsilius of Padua*, edited by Gerson Moreno-Riano, Turnhout: Brepols Publishers, 2006, pp. 189-209; M. J. Wilks, *The Problem of Sovereignty in the Later Middle Ages*, Cambridge: Cambridge University Press, 2008, pp. 84-117; Janet Coleman, *A History of Political Thought: From the Middle Ages to the Renaissance*, Oxford: Blackwell Publishers, 2000, pp. 166-167.

(the Reformation)等宗教和政治事件产生了深远的影响;①最后,马西利乌斯不仅直接影响了奥卡姆的威廉(William of Ockham,1285—1347)和库萨的尼古拉(Nicholas of Cusa,1401—1464),②而且间接影响了让·博丹(Jean Bodin, 1530—1596)、托马斯·霍布斯(Thomas Hobbes,1588—1679)、约翰·洛克(John Locke, 1632—1704)和让-

---

① Roberto Lambertini, "Poverty and Power: Franciscans in Later Medieval Political Thought", in *Moral Philosophy on The Threshold of Modernity*, edited by Jill Kraye and Risto Saarinen, Berlin: Springer, 2005, pp. 141 – 163; Sharon Kaye, "Against a Straussian Interpretation of Marsilius of Padua's Poverty Thesis", *History of Philosophy Quarterly*, 1994 (3): 269 – 279; J.A. Watt, "Spiritual and Temporal Powers", in *The Cambridge History of Medieval Political Thought: c. 350 – c. 1450*, edited by J.H. Burns, Cambridge: Cambridge University Press, 1988, pp. 367 – 423; Paul E. Sigmund, Jr., "The Influence of Marsilius of Padua on XVth-Century Conciliarism", *Journal of the History of Ideas*, 1962 (3): 392 – 402; James Sullivan, "Marsiglio of Padua and William of Ockam I", *The American Historical Review*, 1897 (3): 409 – 426; Otto Friedrich von Gierke, *Political Theories of the Middle Age*, translated with an introduction by Frederic William Maitland, Cambridge: Cambridge University Press, 1900, p. 5; Bert Roest, "Representative Bodies in Medieval Religious Orders: A Discarded Legacy?", in *New Perspectives on Power and Political Representation from Ancient History to the Present Day: Repertoires of Representation*, edited by Harm Kaal and Daniëlle Slootjes, Leiden: Brill, 2019, pp. 37 – 51.

② William of Ockham, *A Dialogue*, Part III, Tract I, *On the Power of the Pope and Clergy*, in *A Letter to the Friars Minor and Other Writings*, edited by Arthur Stephen McGrade and John Kilcullen, translated by John Kilcullen, Cambridge: Cambridge University Press, 1995, pp. 118 – 229; Nicholas of Cusa, *The Catholic Concordance*, edited by Paul E. Sigmund, Cambridge: Cambridge University Press, 1991, pp. 197 – 212; J. G. Sikes, "A Possible Marsilian Source in Ockham", *The English Historical Review*, 1936 (203): 496 – 504; Roberto Lambertini, "Ockham and Marsilius on an Ecclesiological Fallacy", *Franciscan Studies*, 1986 (46): 301 – 315; Paul E. Sigmund, Jr., "The Influence of Marsilius of Padua on XVth-Century Conciliarism", pp. 395 – 402.

雅克·卢梭(Jean-Jacques Rousseau, 1712—1778)等人的政治学说。①

从当前的史料和研究成果来看,马西利乌斯的生平事迹存在着模糊和有争议的地方。② 学界主流认为,马西利乌斯在1275年到1280年间出生于意大利帕多瓦(Padova)的迈那蒂尼家族。自1183年以来,意大利帕多瓦一直是自治的贸易城市,但是在马西利乌斯出生的年代,意大利帕多瓦的神职人员腐败严重,这导致意大利帕多瓦成为反抗教权的重要城市。马西利乌斯早年在帕多瓦大学跟随阿巴诺的彼得(Peter of Abano, 1257—1316)学习医学,并且从阿巴诺的彼得那里学习

---

① Janet Coleman, *A History of Political Thought: From the Middle Ages to the Renaissance*, pp. 154 - 168; Felice Battaglia, *Marsilio da Padova e la Filosofia Politica del Medio Evo*, Felice Le Monnier, 1928, p. 96; Alessandro Passerin d'Entrèves, "La fortuna di Marsilio da Padova in Inghilterra", *Giornale degli Economisti e Annali di Economia*, Nuova Serie, Anno 2, No. 1940 (3/4): 135 - 152, p. 151.

② 关于马西利乌斯的生平事迹,参见 Marsilius of Padua, *Defensor Pacis*, Introduction; Francesco Maiolo, *Medieval Sovereignty: Marsilius of Padua and Bartolus of Saxoferrato*, pp. 161 - 175; George Garnett, *Marsilius of Padua and "the Truth of History"*, pp. 1 - 48; Janet Coleman, *A History of Political Thought: From the Middle Ages to the Renaissance*, pp. 138 - 139; Alan Gewirth, *Marsilius of Padua: The Defender of Peace*, pp. 20 - 23; Joseph Canning, *A History of Medieval Political Thought, 300 - 1450*, London & New York: Routledge, 1996, p. 154; Baldassare Labanca, *Marsilio da Padova: Riformatore Politico e Religioso del Secolo XIV*, Padova: Fratelli Salmin, 1882, pp. 5 - 43; Riccardo Battocchio, *Ecclesiologia e Politica in Marsilio da Padova*, prefazione di Gregorio Piaia, Padova: Istituto per la Storia Ecclesiastica Padovana, 2005, pp. 15 - 30; Vasileios Syros, *Marsilius of Padua at the Intersection of Ancient and Medieval Traditions of Political Thought*, pp. 15 - 18; C. Kenneth Brampton, "Marsiglio of Padua: Part I. Life", *The English Historical Review*, 1922 (148): 501 - 515; C. W. Previte-Orton, "Marsilius of Padua and the Visconti", *The English Historical Review*, 1929 (174): 278 - 279; William J. Courtenay, "University Masters and Political Power: The Parisian Years of Marsilius of Padua", in *Politische Reflexion in der Welt des Spaten Mittelalters/Political Thought in the Age of Scholasticism: Essays in Honour of Jurgen Miethke*, herausgegeben von Martin Kaufhold, Leiden: Brill, 2004, pp. 209 - 223。

了亚里士多德的自然哲学、盖伦和希波克拉底的医学。随后,他前往巴黎大学,并于1313年左右成为巴黎大学校长。

当时的巴黎大学既是亚里士多德研究中心,也是13世纪晚期到14世纪早期一些最重要的政治神哲学家学习的地方,这些哲学家包括:托马斯·阿奎那(Thomas Aquinas,1225—1274)、罗马的吉尔斯(Giles of Rome,1243—1316)、巴黎的约翰(John of Paris,1255—1306)和皮埃尔·迪布瓦(Pierre DuBois,1255—1321)。在他求学期间,教皇和国王正在进行激烈的斗争,即1296—1303年教皇本尼法斯八世(Boniface VIII,1230—1303)和法王美男子菲利普(Philip the Fair/ Philippe IV,1268—1314)关于神职人员是否应当纳税和神职人员是否应当接受尘世审判的斗争。

1314年,维特尔斯巴赫家族的巴伐利亚的路德维希(Ludwig the Bavarian,1282—1347)当选为神圣罗马帝国皇帝,但是七个选帝侯中的两个选帝侯否认选举结果并且倾向于选择哈布斯堡家族的候选人,从而导致帝位之战爆发。1316年,在阿维尼翁,雅克·杜埃斯(Jacques Duèse)当选教皇并被赋予约翰二十二世之名,而在那不勒斯,方济各会总会任命切塞纳的米迦勒(Michael of Cesena)为方济各会总执事。1317年,教皇约翰二十二世否认巴伐利亚的路德维希的帝位,并且宣布帝位空缺(imperial vacancy),由此宣称教皇代行掌管帝权并且将北部意大利地区(regnum Italicum,该地区的主权名义上属于神圣罗马帝国皇帝)的统治权交给那不勒斯国王安茹的罗伯特(Robert of Anjou,1275—1343)。教皇的这一举措不仅导致巴伐利亚的路德维希后来远征意大利,而且直接侵害了米兰的马泰奥公爵(Matteo Visconti of Milan,1250—1322)的利益,所以1319年马泰奥公爵派遣马西利乌斯作为使节前往法王查理四世（Charles IV of France,1294—1328）的宫廷进行游说,以期达成反教皇联盟。在此之前,即1318年,马西利乌斯受到教皇约翰二十二世的青睐,但是在马西利乌斯访问罗马和阿维尼翁后,他发现了教廷的腐败,从而和教皇决裂。

1324年6月24日,马西利乌斯在巴黎匿名发表《和平的保卫者》,但是该书随即就遭到了焚毁,直到1326年他才公布自己的作者身份,并且和让丹的约翰一起逃往巴伐利亚,向路德维希皇帝寻求庇护。1324年到1326年,马西利乌斯在巴黎完成《帝国的变迁》(*De translatione Imperii*)一书,该书试图表明帝国变迁的主体是罗马人民而非罗马主教,并且罗马主教对皇帝的加冕只是象征性的而非具有实质性意义。1327年初,马西利乌斯跟随路德维希进军意大利半岛,在此期间,路德维希任命马西利乌斯负责起草他在罗马一系列行动的相关文件,同年10月23日,教皇约翰二十二世在教令《合法谕》中绝罚马西利乌斯和让丹的约翰,并且列举出二者的五条异端主张。1328年1月17日,路德维希在罗马被贾科莫·科罗那（Giacomo Colonna,1270—1329）以罗马人民的名义加冕为神圣罗马帝国皇帝,路德维希同时在罗马任命了一个新的教皇,即伪教皇尼古拉斯五世（Antipope Nicholas V,1258—1333）,由此与阿维尼翁的教皇约翰二十二世形成抗衡。但是路德维希的胜利是短暂的,1328年到1329年,教皇约翰二十二世联合反帝力量将路德维希赶出了意大利,马西利乌斯也随之离开了意大利。

1339年到1341年,马西利乌斯完成生命中最后一本著作《和平的保卫者（小卷）》(*Defensor minor*)。

1343年,教皇克莱门特六世（Clement VI,1291—1352）在教令

《联合谕》(Collatio)中报告了马西利乌斯的死亡,学界由此推测马西利乌斯死于1342年到1343年间。

1363年《和平的保卫者》被翻译为法语和意大利语。1377年约翰·威克里夫(John Wycliffe)被教皇谴责,并且教皇将威克里夫的错误部分归为马西利乌斯思想在牛津的影响。1535年威廉·马歇尔(William Marshall)在英国出版了《和平的保卫者》修订本,1558年该修订本被特伦特公会议(the Council of Trent)列入禁书目录(Index Librorum Prohibitorum)。

(二)《和平的保卫者》的章节结构

《和平的保卫者》全书一共分为3论。第1论共19章,进行政治论证,用理性的方式揭示出和平与战争的一般原因,表明公民共体是尘世中一切强制性权力的唯一来源,是建立地上和平、结束地上战争的唯一动力因(上帝直接在地上建立的上帝国除外),而一切反抗公民共体的个人或组织都是破坏地上和平、引起地上战争的一般原因。第2论共30章,进行宗教批判,用信仰的方式揭示出由教权引起的和平与战争的独特原因,表明教权是破坏地上和平、挑起地上战争的独特原因,论证尘世中的神职人员仅仅拥有一种非强制的精神劝诫权,由此否定以教皇为首的所有神职人员的教权,彻底摧垮教权论和二元论所论证、调和的精神权力,将中世纪晚期政治哲学理论与实践中的精神权力严格限制在天国之内。第3论共3章,对前两论做了简要的总结概括。

第1论主要利用亚里士多德政治哲学的思想资源,论证国家的起源与四因、法律的双重特征与动力因、法治与选举的必要性、国家的最高统治部分在数量上的一与其必要性、立法者与统治者的关系。具体划分如下。

第1章:概述全书整体意图,指出和平之好、战争之恶,呼唤皇帝结束战争、保卫和平。第2到9章:分析国家的多种含义、起源、四因,国家各个部分的划分,政体种类的一般划分(节制的和欠缺的)和特殊划分(君主制、贵族制、民主制等亚里士多德式政体种类),建立君主制与其他政体的模式。第10到13章:列举"法律"的多重含义,表明强制力(首要特征)和正义(次要特征)是法律的双重特征,立法对于国家长治久安来说是必要的;表明尘世法的首要动力因或立法者是公民共体或人民,论证公民共体或人民比任何个体或组织都要完美,强调人民的"主权者"地位。第14到16章:分析完美统治者的品质或禀赋(不仅拥有公民共体授予的统治权,而且拥有明智等统治德行),论证统治者的一切权力都来自公民共体,并且选举制优于继任制。第17到18章:探讨"城邦或国家的最高统治部分在数量上的一及其必要性",利用政治有机体学说,将公民共体、统治部分和教士部分分别类比为国家的灵魂、心脏和非统治部分。其中,公民共体作为国家的灵魂构成了国家一切权力的来源,统治部分作为国家的心脏构成了国家其他部分运动的动力来源并且成为国家在数量上为一的根据,教士部分(教会)作为国家的非统治部分只是国家内部一个不具有任何强制性权力的普通部分。正如统治者的设立和运作都取决于公民共体,对统治者的斥责、约束和废黜同样取决于公民共体,即公民共体有权斥责、约束和废黜统治者。第19章:总结第1论的观点,引出第2论关于国家和平与战争的独特原因。

第2论的宗教批判堪比托马斯·霍布斯在《利维坦》后半部分的宗

教批判,甚至比霍布斯还要激进和彻底。在第 2 论中,马西利乌斯利用原初教会的特征,批判教权对尘世权威的干预,否定以教皇为首的教阶制,宣称一切神职人员在本质职权方面的平等关系,主张教会应遵守方济各会宣扬的贫困观念,批判教皇对充足权力(plenitudo potestatis)的非法攫取。具体划分如下。

第 1 章:概述第 2 论意图。第 2 章:界定本论所涉及的核心术语,比如"教会""审判者""精神的"和"尘世的"。第 3 到 11 章:按照经院哲学的基本论证方式,马西利乌斯先提出教权论的论点和论证,再一一加以反驳,表明一切神职人员都不应当拥有统治职权,也不应当接受这种统治职权(回应"君士坦丁的赠礼")。此外,马西利乌斯认为拥有强制力的绝罚权只掌握在天国的基督手中,神职人员在尘世中拥有的绝罚权只是非强制性的劝诫权,而这世上能够审判和约束异端的权力只属于有信仰的公民共体授权的统治者,即基督徒统治者。最后引出本论接下来的贫困主题。第 12 到 14 章:集中论述方济各会和教皇之间关于贫困的争论。马西利乌斯通过区分"法权""所有权""占有权","个人的"和"共同的","富有的"和"贫困的"等术语,表明基督和使徒没有对任何尘世物的法权,而只有单纯的事实使用。由于包括教皇在内的所有神职人员都是基督和使徒的继任者和模仿者,所以神职人员应当自愿保持法权上的贫困状态,放弃对教会财产和一切尘世物的法权。通过法权和事实的断裂,马西利乌斯不仅论证了方济各会所主张的贫困不是一种事实上的贫困,而是一种法权上的贫困,而且试图在抽空教权根基的同时塑造一个以人为中心的权利世界,实现尘世政治的自足性。第 15 到 22 章:马西利乌斯利用《圣经》经文和圣徒阐释,表明使徒们在本质职权上的平等关系,进而推出罗马主教和其他主教、教士在本质职权上的平等关系，并且指出罗马主教和罗马教会在何种意义上、出于何种原因拥有了相对于其他主教和教会的首要性和优先性。此外，马西利乌斯站在公会议主义的立场上讨论设立神职人员、决定教义的权威归属问题。第23到26章：区分"充足权力"的八种含义，分析罗马主教(教皇)如何一步步为自己非法攫取不属于他的充足权力，指出正是这种非法攫取本身构成了意大利常年遭受，并且在马基雅维利时代仍然遭受战乱之苦的独特原因，同时，它也是所有基督教国家发生动乱的独特原因。第27到30章：处理前面章节遗留的问题。

第3论概述前两论的核心观点，表明公民共体授权的统治者是和平的保卫者。

二、中世纪晚期的政教理论：
教阶论、二元论和公民共体论

在西方政治思想史上，中世纪晚期的政教理论占有重要地位。它既完成了中世纪中期以降的关于尘世权力和精神权力、王权和教权关系的论证，也昭示了近代关于国家和教会关系的政教分离学说。[①]

---

① Alan Gewirth, *Marsilius of Padua: The Defender of Peace*, New York: Columbia University Press, 1951, pp. 315–317; D. E. Luscombe, "The State of Nature and the Origin of the State", in *The Cambridge History of Later Medieval Philosophy: From the Rediscovery of Aristotle to the Disintegration of Scholasticism 1100–1600*, edited by Norman Kretzmann, Anthony Kenny and Jan Pinborg, Cambridge: Cambridge University Press, 1982, pp. 757–770; Charles Howard McIlwain, *The Growth of Political Thought in the West: From the Greeks to the End of the Middle Ages*, New York: The Macmillan Company, 1932, p. 313.

(一) 教阶论和"充足权力"概念的建构

约瑟夫·坎宁断言,"权力"是把握中世纪晚期政治哲学的核心概念,[①]阿兰·格沃斯同样指出,中世纪晚期的很多思想家都以"权力"作为其政治哲学著作的标题。[②] 中世纪晚期政教问题的关键则在于如何理解"充足权力"概念。

自基督教诞生之日起,早期罗马教廷为了争取基督教会权威的自主性,提出"教会自由"(libertas ecclesiae)的概念来捍卫教会独立于政治权威的自主性,"'教会自由'的固执捍卫者同他的前人们一样相信,精神权力对尘世权力的独立是一条公理"[③]。然而,早期罗马教廷不仅仅追求教会自由,而且试图将所有权力都纳入自身之中,从而建立起教阶体系,"教阶思想的本质:尘世权力不享有自治;一切权力都在属灵的至高性中成为统一体"[④]。基于此,教皇列奥一世(Leo I, 400—461)在一封信中首次提出"充足权力"概念来论述教阶思想,此后经过教令法学家和几任教皇的发展,教皇英诺森三世(Innocent III, 1160—1216)系统使用了"充足权力"概念来论证教皇在教会中的首要性及其权力的充足性。[⑤] 1302年,教皇本尼法斯八世发布教令《一圣教谕》(Unam sanctam),

---

[①] Joseph Canning, "The Role of Power in the Political Thought of Marsilius of Padua", *History of Political Thought*, 1999 (1): 21–34, p. 21.

[②] Alan Gewirth, *Marsilius of Padua: The Defender of Peace*, p. 8.

[③] J.A. Watt, "Spiritual and Temporal Powers", pp. 367–423, in *The Cambridge History of Medieval Political Thought: c. 350–c. 1450*, edited by J.H. Burns, Cambridge: Cambridge University Press, 1988, p. 367.

[④] Ibid., p. 369.

[⑤] 关于充足权力的产生和发展史,参见 Francesco Maiolo, *Medieval Sovereignty: Marsilius of Padua and Bartolus of Saxoferrato*, Groningen: Eburon Delft, 2007, pp. 187–197; Takashi Shogimen, *Ockham and Political Discourse in the Late Middle Ages*, Cambridge: Cambridge University Press, 2007, pp. 160–163。

该教令表明罗马主教掌握精神权力和尘世权力,进而宣称平信徒对神职人员、神职人员对罗马主教、尘世权力对精神权力的服从,由此将建立在充足权力之上的教阶论发展到了顶峰。虽然《一圣教谕》在理论上将教权论的逻辑推到了顶峰,但是它在实践上并没有发挥其应有的作用。因为教皇本尼法斯八世在发布该教令的第二年就屈辱地死去了,而且后来的教皇克莱门特五世(Clement V,1264—1314)在教令《应得谕》(Meruit)中放弃了《一圣教谕》的主张。此外,教皇克莱门特五世在 1305 年当选为教皇后,并没有去梵蒂冈就任,而是选择将教廷从梵蒂冈迁到了阿维尼翁,这导致此后几十年教廷都处在法国王权的影响之下。[1]

正如沃格林(Eric Voegelin)敏锐捕捉到的,"《一圣教谕》的观念应当放在一个智识讨论的环境中理解,其中最重要的文献是罗马的吉尔斯(Giles of Rome [Aegidius Romanus])所撰写的《论教权》(De ecclesiastica potestate)……《一圣教谕》的大部分关键表述似乎逐字照搬了这本论著的第 1 章"[2]。所以《论教权》构成了令教阶论发展到顶峰的《一圣教谕》的理论来源,它也被沃格林视为"西方第一本关于权力本身的论著"[3]。正是在《论教权》中,罗马的吉尔斯系统建构了作为教阶论基础的"充足权力"概念。

---

[1] Joseph Canning, *Ideas of Power in the Late Middle Ages*, *1296 - 1417*, Cambridge: Cambridge University Press, 2011, pp. 13 - 35; James E. Wood, Jr., "Christianity and State", *Journal of the American Academy of Religion*, 1967 (3): pp. 257 -270,259 -262.

[2] 沃格林:《政治观念史稿(卷三):中世纪晚期(修订版)》,段保良译,华东师范大学出版社 2019 年版,第 44 页。中文引用的人名、著作名和卷章号的翻译有所改动。以下引用皆采用此译本。

[3] 沃格林:《政治观念史稿(卷三):中世纪晚期(修订版)》,第 49 页。

《论教权》第 1 卷主张教皇同时拥有精神权力和尘世权力"两把剑",第 3 卷则将教皇所拥有的这种权力称为"充足权力"。在罗马的吉尔斯看来,"充足权力存在于某个行动者中,该行动者能够在没有第二因(causa secunda)的情况下做出伴随着第二因能够做出的事情"[1]。这里的第二因指自然秩序下的动力因模式,比如太阳照射石头,使得石头发热,那么太阳构成石头发热的第二因,因为太阳和石头之间产生的动力因模式属于自然因果模式,太阳照射石头产生的发热现象属于自然现象。但是,如果太阳没有照射石头,石头却发热了,或者说,石头在没有第二因的情况下发热了,那么在罗马的吉尔斯看来,石头发热现象不属于第二因造成的自然现象,而是属于某位"行动者"在没有太阳的情况下做出伴随着太阳能够做出的超自然现象。这位"行动者"无视自然因果法则,直接越过太阳使石头产生了发热效果。就此而言,这位"行动者"构成石头发热的第一因(causa prima),而这种因果力就是充足权力。因此,从距离来看,第二因更为直接真实;但从效力上来看,第一因更为强大。没有第一因,第二因不能存在也不能被理解。[2]

所以一位拥有充足权力的"行动者"不仅能够做出以其自身为第一因的事情,而且能够无视第二因,直接对以第二因为动力因的事情产生

---

[1] Giles of Rome, *Giles of Rome's On Ecclesiastical Power: A Medieval Theory of World Government*, a critical edition and translation by R.W. Dyson, New York: Columbia University Press, 2004, III. 9, pp. 360–363.中文引用的原文均为笔者从戴森(Dyson)编译的拉丁文本直接翻译出,同时参考戴森编译的英文翻译。编码和页码皆采用戴森编译码。

[2] 第一因和第二因的关系关涉基督教宇宙论的内在性和超越性问题,同时涉及上帝的内在性和超越性问题,参见吴功青:《内在与超越:奥古斯丁的宇宙目的论》,《哲学研究》2020 年第 11 期,第 96—104 页;Vasileios Syros, *Marsilius of Padua at the Intersection of Ancient and Medieval Traditions of Political Thought*, pp. 106–108。

作用。此外,充足权力将不同类型的权力包含于自身之中,一个人拥有充足权力意味着他能够使用充足权力中的任何一种权力并且不受后一种权力的使用限制。所以充足权力指一种绝对权力,它能够打破动力因的自然运行方式,对按照自然法则运行的事物进行直接干预。

罗马的吉尔斯指出,上帝正是这样一位"行动者",他拥有的正是绝对的充足权力。因为上帝是万物的终极动力因,他可以在无视万物的第二因(种子因[1])的情况下直接干预万物的生成,"的确,他借着[种子因]马产生马,但是如果他意愿并且当他意愿时,他能够不用种子做[产生马]这件事"[2]。老马产生小马属于自然现象,遵循的是自然因果法则,所以老马构成小马的第二因。但是由于上帝作为造物主创造了自然秩序,从而能够直接干预自然秩序,所以如果上帝"意愿并且当他意愿时",他能够越过老马直接产生小马,从而构成小马的第一因。所以上帝拥有充足权力,他能够凭借自己的意愿对万物行使支配权,从而超越万物遵循的自然受造秩序。

然而,罗马的吉尔斯并没有止步于此,他的目的在于利用上帝的充足权力来证成教权。因为在他看来,使徒彼得是基督在尘世的代理人,基督授权彼得在尘世中代表自己行使其拥有的权力。由于教皇是彼得的继任者(罗马教廷宣称彼得是第一任教皇),教皇继承了基督授予彼得的权力,而这种权力正是《论教权》第 1 卷反复提及的精神权力和尘世权力,也正是《论教权》第 3 卷第 9 章界定的充足权力,"就教皇拥有

---

[1] Giles of Rome, *Giles of Rome's On Ecclesiastical Power*, III. 9, pp. 364-365.
[2] Ibid., pp. 362-363. 如无特殊说明,方括号中的内容均为笔者所加,以保持句子意思通顺,译文正文亦如是。

一切权力及其被包含于其中的权力而言,我们说他拥有充足权力"①。既然教皇拥有充足权力,那么按照充足权力的特征,在精神事务上,教皇既可以借着教会的教阶秩序去拣选主教或其他神职人员,也可以按照自己的意愿越过教阶秩序直接拣选主教或其他神职人员。所以类比于万物在上帝的充足权力下的自然受造秩序,教阶秩序则是信徒在教皇的充足权力下的自然受造秩序,它服从于教皇的权力意志,教皇成为教阶秩序之上的"上帝"。② 此外,教皇的充足权力在精神事务上的充足性同样体现在尘世事务上,即教皇在其认为必要的情况下有权干预尘世事务并且能够绕过尘世统治者对尘世事务进行直接审判。③

所以在罗马的吉尔斯看来,教皇在类比的意义上继承了上帝的充足权力:教皇同时拥有精神权力和尘世权力,他能够在无视尘世统治者的情况下直接成为尘世事务的第一动力因,进而在上帝的授权范围内拥有至高无上的权力。这意味着,以教皇为首的教廷掌握着一种准政治性的精神权力,它的意志决定着国家的政治权威,所以政教权威都集中在以教皇为首的教廷手中,政权成为教权的附属,国家成为教会的附庸。

综上,基于"充足权力"概念,以罗马的吉尔斯为代表的教阶论者建立起以教皇为首、由神职人员构成的"上帝—教皇—人"教阶体系,教皇成为上帝和人之间的中介,构成上帝权力在尘世中的唯一代表,垄断尘世中的一切权力。因此,教阶论的目的并不是精神权力和尘世权力的相互独立,而是精神权力高于尘世权力,以及尘世权力依赖于精神权力

---

① Giles of Rome, *Giles of Rome's On Ecclesiastical Power*, III. 9, pp. 362–363.
② Ibid., pp. 362–365.
③ Ibid., I.4, pp. 20–21.

而存在。在教阶论的权力关系中,不仅教皇在教会内部享有最高权力,而且尘世权威的自足性始终受到教权的干预。

(二) 二元论对"充足权力"概念的修正

针对教阶论的"充足权力"概念,中世纪晚期的反教阶论者通常利用二元论来修正这一概念。以但丁(Dante Alighieri,1265—1321)为例,他在《帝制论》(*De monarchia*)第3卷利用二元论从神学和历史两个角度系统地反驳了教阶论。①

1. "两个大光"和"两把剑"

但丁的神哲学反驳是通过重新解释《旧约》"两个大光"②和《新约》"两把剑"③的《圣经》故事得以实现的。

《帝制论》第3卷第4章处理了"两个大光"的《圣经》典故。在但丁看来,教权论者主张作为太阳和月亮的两个大光分别象征着精神权力和尘世权力,并且尘世权力之光需要得到精神权力之光的授权,"正如作为小光的月亮,除非接收来自太阳的光,否则自身没有光,同样地,尘世权力除非接收来自精神权力的光,否则不具有权威"④。所以象征尘世权力的帝国同样需要接收象征精神权力的教会的权威,否则帝国将不具有权威,这意味着只有教会的权威是自足的,帝国只有依附于教

---

① 关于但丁的二元论,参见吴功青:《帝国、教会与上帝——但丁的"二元论"及其理论困境》,《学海》2016年第5期,第170—177页。
② 《创世记》,和合本,1:16:"于是神造了两个大光,大的管昼,小的管夜,又造众星。"
③ 《路加福音》,和合本,22:38:"请看!这里有两把刀[剑]。"中译文引用时,略有改动。
④ Dante, *Monarchy*, translated and edited by Prue Shaw, Cambridge: Cambridge University Press, 1996, III. 4, p. 69.

会才能获得自身的统治权威。针对教权论的神学解释，但丁指出，虽然月亮接收来自太阳的充足的光，但是这种接收活动并不意味着月亮依赖于太阳而存在，因为"我们必须牢牢记住，月亮的存在是一回事，它的力量是另一回事，而且它的功能也是另一回事"[1]，所以月亮的存在、力量和功能是三种不同的东西，而且月亮就自身来说具有独立的存在、力量和功能，只不过就更好地表现自身的存在、力量和功能而言，月亮会接收来自太阳的充足的光，所以象征尘世权力的小光并不因为接收来自象征精神权力的大光而欠缺自足性。同理可知，"尘世王国不能将自身的存在归因于精神王国，它的权力（也就是它的权威）不能，甚至它的功能在绝对的意义上也不能"[2]。所以尘世王国不能将自己的存在、权力和功能归之于精神王国，它只是从精神王国中接收了更有效的运行的能力而已。这意味着，虽然教会能够使得帝国的运行更加有效，但是帝国本身是自足的，它的存在不依赖于教会，帝国的权威也不来自教会的授权，政教权威分别掌握在皇帝和教皇手中，教皇不具有直接干预皇帝统治权威的充足权力。

《帝制论》第3卷第9章处理了"两把剑"的《圣经》典故。但丁的对手们将这两把剑看作精神权力和尘世权力的象征，并且认为彼得拥有这两种权力，所以彼得的继任者从彼得这里接收了这两种权力，而教会是彼得的继承者，因此教会同时拥有这两种权力，这两种权力在教会那里是统一的。所以帝国要想获得尘世统治的权威，必须得到教会的授权。然而，在但丁看来，这种关于"两把剑"典故寓意的解经既违背基

---

[1] Dante, *Monarchy*, III. 4, p. 72.
[2] Ibid.

督的意图,也违背具有非反思个性的彼得①的意图。但丁给出的理由主要有二:其一,两把剑的故事发生在逾越节的筵席上,基督要求12个门徒出去买剑,因此基督要求的剑不是两把,而是12把,并且基督的意图是让他们买剑自保,而非用这两把剑象征两种权力。其二,彼得说话耿直,经常不加思考地说出一些东西,所以他经常遭到基督的责备,但是在两把剑的故事中,基督的回复只是"够了",他并没有责备彼得。从基督没有责备彼得的方面来看,彼得领会了基督的意图,即买剑自保,因此我们从彼得的话中并不能得出这两把剑的象征。所以在但丁看来,教阶论者一直主张的"双剑论"在论证的一开始就违背了《圣经》的基本意图。但是,这两把剑真的没有什么寓意吗?但丁在否定了教阶论者将这两把剑看作精神权力和尘世权力象征的同时,认为可以把它们看作基督的语言和行为,作为基督的门徒,必须时刻配备着两把剑,遵守和模仿基督的语言和行为。在但丁看来,将这两把剑看作基督的语言和行为的解释才是对《圣经》文本的一种正确的寓意解释,因为这种解释符合基督的意图。

但丁通过重新解读这两个《圣经》故事,反驳了教阶论者试图将精神权力和尘世权力进行一元化理解的努力,表明尘世权力不同于精神权力,尘世权力并不直接来自精神权力,即帝国权威不直接来自教会。然而从但丁对这两个故事的寓意解释来看,它表面上是对二元论原则的神学辩护,但是在论证方式上却是一种理性的论证和对神学故事的去神圣化。因此,虽然从表面上来看,但丁对于这些《圣经》故事进行了

---

① 关于彼得的个性,但丁提供了《圣经》中的几个故事:彼得认耶稣为基督、耶稣预言受难和复活、耶稣显荣、耶稣在海面上行走、耶稣预言彼得不认主、耶稣为门徒洗脚、耶稣被捕、耶稣复活、耶稣向门徒显现。

新的寓意解释，在神学上为尘世权力摆脱精神权力的束缚作辩护，但是这也是对教阶论的一次理性上的反驳，因而是更加有力的反驳。

2."君士坦丁的赠礼"

但丁在《帝制论》第3卷第10章对"君士坦丁的赠礼"这一历史事件进行了重构，由此构成了他从历史维度对二元论所作的辩护。

"君士坦丁的赠礼"属于教会伪造文件，它收录于9世纪中叶的《伪伊西多尔教令集》(*Pseudo-Isidori Decretales*)。该教令集假托塞维利亚的伊西多尔之名，收录了原初教会和公会议时期的大量真实和伪造的材料。"君士坦丁的赠礼"宣称君士坦丁大帝将帝国西部政权赠予以教皇为首的教会，教会则借此主张自己掌握神圣罗马帝国的帝权和其他尘世统治权。在但丁的时代，教阶论者经常利用"君士坦丁的赠礼"来为神权政治理论提供历史确证。由于"君士坦丁的赠礼"当时还没有从文献学和语文学上被证伪（直到1440年才由洛伦佐·瓦拉[Lorenzo Valla]证伪），所以但丁本人并没有明确质疑它的真实性。

然而，但丁从理性的角度出发，对"君士坦丁的赠礼"背后所暗含的神学政治思想的论证结构进行了三段论式的梳理。

> 大前提：属于教会的东西只有征得教会同意才能合法拥有。
> 小前提：罗马主权者的权威属于教会。
> 结论：除非教会同意，否则无人可以拥有罗马主权者的权威。[1]

但丁指出，这个论证的关键在于小前提，因为大前提是自明的，而

---

[1] Dante, *Monarchy*, III. 10, p. 81.

小前提依赖于"君士坦丁的赠礼":按照君士坦丁大帝的赠礼,教会掌握帝国西部的统治权,所以罗马主权者的权威属于教会。也就是说,在历史上,君士坦丁大帝已将罗马主权者的权威交给了教会,所以罗马主权者的权威属于教会,任何人只有征得教会同意才能合法拥有罗马主权者的权威。但是,在但丁看来,"君士坦丁的赠礼"这一历史事件从赠予者(君士坦丁大帝)和接受者(教会)两方来看都是不恰当的、违背理性的。

首先,从赠予者一方来看,但丁认为,"无人有权借自身职权做出与其职权相冲突的事情"①,由于皇帝的职权在于使人类遵从一个单一的意志,而分离帝国的行为(君士坦丁的赠礼行为)使得人类社会处于分裂的状态,因此君士坦丁的赠礼违背君士坦丁作为皇帝的职权。所以就皇帝的职权而言,他无权将帝国西部的统治权交给教会,这个赠礼对于君士坦丁来说是不恰当的。但丁接着指出,教会和帝国的基础不同,教会的基础是基督,而帝国的基础是人权,既然教会不能做违背其基础的事情,即不能违背基督的教导,那么帝国也不能做违背其基础的事情,即违背人权的事情。由于君士坦丁的赠礼等同于毁灭自身,与人权相冲突,故君士坦丁不得通过赠礼的方式分离帝国。此外,帝国的司法权(jurisdictio)优先于皇帝的审判(judicium),并且皇帝的审判来自司法权,因此他的审判不能违背司法权,而君士坦丁转移帝权的赠礼行为损害了帝国司法权,所以他无权进行这种赠礼。②

其次,从接受者一方来看,但丁认为,教会不应当接受尘世的东西,

---

① Dante, *Monarchy*, III.10, p. 81.
② Ibid., p. 82.

因为《圣经》明确规定教会必须保持贫困，即使教会接受君士坦丁的赠礼，它也只能成为这种赠礼的管理者而非所有者，即教会不可拥有任何尘世物的所有权，否则将违背基督和使徒的贫困主张，所以教会不应接受这种赠礼。值得注意的是，但丁对于"君士坦丁的赠礼"这一历史事件进行了重新反思，而奥古斯丁则对罗马城的陷落进行了反思。从形式上来看，两个人对于这两个事件都持反对的态度，并且都对这两个事件进行了反驳。但是，奥古斯丁的论证目标是削弱甚至否定象征尘世权力的地上之城（罗马）的地位，而但丁的论证目标则是抬高和肯定地上之城的地位，"奥古斯丁否认异教罗马，诋毁维吉尔，拒绝把现世幸福当作一种合法的人类'目标'的观念。但丁自己努力去强调的，不仅是新生的罗马帝国，而且还有地上赎回的政治生活的梦想，在这样的努力中，但丁不得不抵制的正是奥古斯丁具有权威的否决"①。二者的论证都各自有一定的道理。一方面，奥古斯丁贬低地上之城的神圣性，认为地上之城只有从教会那里才能够获得自身权威。但丁则认为作为地上之城的罗马自身就有存在的必要。在《帝制论》前两卷中，但丁的论证目标之一就是要证明罗马作为世界帝国的象征，具有神圣性和自身存在的必要性。另一方面，但丁和奥古斯丁一样，并没有否定教会在灵魂救赎上的重要地位，人的灵魂救赎比现世幸福要重要得多，只是但丁比奥古斯丁更加重视人的属肉身的一面。

在但丁看来，上帝才是尘世权力的直接来源，教皇并不构成上帝和皇帝之间的中介。但丁对此给出了三点论证。

---

① 霍金斯：《但丁的圣约书：圣经式想象论集》，朱振宇译，华夏出版社 2011 年版，第 221—222 页。关于奥古斯丁和但丁的关系，参见 *The Dante Encyclopedia*, edited by Richard Lansing, London & New York: Routledge, 2010, pp. 71-72。

第一，如果教会是帝国权威的来源，那么帝国权威应在教会之后存在。但帝国权威实际上在教会之前就已经存在了（这一点可以通过基督的诞生和死亡以及"君士坦丁的赠礼"得到证实），因此教会不是帝国权威的来源。①

第二，如果帝国权威来自教会，那么这将违背教会的本性。因为在但丁看来，教会的自然（本性）指教会的形式，而教会的形式就是基督的生活，即基督的言行。既然基督用自己的言行表明自己并不关心尘世之事，那么教会授予帝国权威的行为（比如教皇为皇帝加冕的行为）将违背基督的言行，即违背教会的本性。所以帝国权威不应来自教会，教会不能干预帝国权威。②

第三，人是联结可朽事物与不朽事物的桥梁，是灵肉二分的动物，这使得人同时拥有可朽事物与不朽事物的自然（本性），而自然被安排着朝向自身的终极目的，所以人同时拥有可朽事物的终极目的和不朽事物的终极目的，即人同时拥有尘世幸福（可朽事物的终极目的）和永恒幸福（不朽事物的终极目的）。

> 但丁的"地上乐园"与天上乐园对立，拥有自治和独立的功能。但丁论辩说，人，由一个可朽的身体和一个不朽的灵魂组成，在所有受造物中，唯有人享有一个居间的地位，"好比是地平线，在天地之间居中"。由于这种二元性，人在所有受造物中，注定具有双重的目的。③

---

① Dante, *Monarchy*, III. 13, p. 87.
② Ibid., III. 15, pp. 89–91.
③ 恩内斯特·康托洛维茨：《国王的两个身体》，徐震宇译，华东师范大学出版社 2018 年版，第 597 页。以下引用，皆采用此译本。

人的这种双重目的性只有通过谋求和平的途径才能得到实现,"人需要双重目的对应的双重引导:也就是说,至高的教皇引导人走向与启示真理相一致的永恒生活,皇帝引导人走向与哲学的教导相一致的尘世幸福"①。因此,但丁通过区分人的可朽本性和不朽本性以及可朽事物的终极目的和不朽事物的终极目的,断定上帝命令教皇和皇帝各司其职,即二者根据上帝的意志各自负责人的永恒幸福和尘世幸福,所以维护世界和平的皇帝是由上帝亲自选定的,帝国权威不是来自教皇而是直接来自上帝。因此,虽然精神权力高于尘世权力,但是这并不能推论出尘世权力隶属于精神权力,因为只有上帝同时拥有精神权力和尘世权力,而教皇只是上帝的代理人,所以上帝的权柄不能全部转移到上帝的代理人手中,否则上帝的代理人将拥有与上帝一样的权力。就上帝构成精神权力和尘世权力的直接来源而言,代表精神权力的教皇和代表尘世权力的皇帝是彼此独立的,皇帝仅仅服从于上帝的权威。

如前所述,罗马的吉尔斯在承认上帝的充足权力的基础上类比论证了教皇的充足权力。但丁同样承认上帝的充足权力,但是和罗马的吉尔斯不同,但丁不仅否认基督将充足权力全都交给了彼得,而且否认教皇继承了上帝的充足权力,并且从基督的言行和人的双重本性的角度论证了尘世权力和精神权力的二元性。也就是说,但丁的二元论修正了作为教阶论基础的"充足权力"概念:保留上帝的充足权力,排除教皇的充足权力。

然而,但丁的二元论毕竟承认以教皇为首的神职人员掌握着强制性的精神权力,这意味着教皇的职权是被高度认同的,教皇仍然能够通

---

① Dante, *Monarchy*, III. 16, p. 92.

过行使精神权力达到干预尘世权力的效果,比如教皇能够利用绝罚权将尘世统治者驱逐出整个基督教团契,由此解除基督徒臣民对统治者的政治服从义务,威胁尘世权威的自足性,所以教阶论没有被二元论彻底驳倒,二元论并不能彻底捍卫尘世权威的自足性。

二元论之所以无法消除教阶论带来的权力之争,是因为它将国家和教会视为两个不同的实体,并且每个实体都拥有专属于自己的目的,这导致尘世社会存在着两种隶属于不同实体之下的强制性权力,由此形成以上帝为权力最终来源、国家和教会分别隶属于两种不同权力领域、以皇帝为代表的尘世统治者和以教皇为首的神职人员分别掌握两种职权的自上而下的二元等级秩序。由于这种等级秩序承认精神权力优先于尘世权力,所以它既可以用来支持反教权论者,也可以用来支持教权论者:反教权论者借着上帝作为权力最终来源的逻辑,将两种权力的统一性归到上帝而非教皇职权之下,由此建立起"上帝—教皇/统治者—灵魂/身体"的二元论等级秩序;教权论者借着教皇的基督代理人身份和精神权力的优先性地位,将两种权力的统一性纳入教皇职权之下,由此建立起"上帝—教皇—人"的教阶论等级秩序。[1]

因此,二元论既是反教权论的理论根据,也是反教权论不彻底的根源。它在将尘世权力的来源直接归于上帝的同时保留了神职人员在精神层面的充足权力,这导致教权论者依然能够在反教权论者的二元论中建立起干预尘世权力的教阶论等级秩序。所以尘世国家的政治自主性无法在二元论中获得比较彻底的辩护,二元论对充足权力的修正无法彻底根除教权对政权的干预。在二元论的逻辑之下,政教关系的张

---

[1] J. A. Watt, "Spiritual and Temporal Powers", pp. 367 – 423.

力仍然是巨大的。①

(三) 马西利乌斯的公民共体论对"充足权力"概念的重构

既然二元论没有真正瓦解作为教阶论基础的充足权力,那么如何彻底审视和重构充足权力、瓦解教阶论的权力根基,成为摆在中世纪晚期反教权的政教理论家面前的一大难题。帕多瓦的马西利乌斯在《和平的保卫者》中提出的公民共体论恰恰是要解决这一难题。为了理解公民共体论如何瓦解教阶论权力的根基,我们首先应当简要厘清公民共体是什么,其次分析公民共体论所预设的权力关系,最后论述公民共体论对充足权力的重构。

从词源学的角度来看,公民共体(universitas civium)由"公民"(civis)和"共体"(universitas)两部分组成:"公民"指成年男性公民,"按照自身的地位参与城邦共同体统治或司法部分的人"②。需要注意的是,公民共体中的公民不仅包括亚里士多德定义的公民,而且包括被亚里士多德纳入奴隶范围之内的手工劳动者,所以马西利乌斯政治哲学中的公民权是更宽泛意义上的,他将公民权延伸到一切成年男性,从而昭示了现代政治中的"人民"(populus)概念③;"共体"是指许多特殊个体合众为一的普遍整体,它虽然由个体组成,但是超越了个体的特殊性和有限性,实现了一种普遍性和完美性,虽然就共体的普遍性而言,

---

① Alan Gewirth, *Marsilius of Padua: The Defender of Peace*, pp. 14 – 18.
② 《和平的保卫者》第 1 论第 12 章第 4 节。后文引用《和平的保卫者》随文注明章节号。
③ 关于亚里士多德和马西利乌斯在公民和公民权问题上的差异,参见 Vasileios Syros, *Marsilius of Padua at the Intersection of Ancient and Medieval Traditions of Political Thought*, Toronto: University of Toronto Press, 2012, pp. 48, 76 – 78。

马西利乌斯的共体概念类似于但丁的人类共体(humana universitas)概念:

> 人类种群,或说在量的意义上的人性,在但丁看来就好像一个人,一个单一的、包含所有人的共同体,一个普遍合众体,或者"某种整全体"(quoddam totum),诗人称之为"人类共体"(humana universitas)或"人类共同体"(humana civilitas)。鉴于"universitas"是用来指称合众体惯用的法律-技术词汇,而"civilitas"(尽管在法律术语中也有出现)则具有某种附加的色彩:人的普遍公民身份、他的公民思维、他的人性教养甚或教育。①

康托洛维茨指出,在亚里士多德的影响下,但丁为这个共体赋予了道德-伦理目的:"《帝制论》整体意图的大前提,是但丁在亚里士多德的启发下,赋予人类共同体一个道德-伦理的目的,该目的乃是'在自身之中的目的',与教会平行,因而独立于一个拥有自身目的的教会……共体是一个'道德和政治体',与教会这个奥秘之体平行。"②但是,马西利乌斯首要关心的不是共体的道德-伦理目的,③而是共体的非道德-伦理性的功能目的。这导致马西利乌斯在承认共体普遍性的同时并没有像但丁一样从道德-伦理的目的论中推导出人类共体,而且他根本不关心人类共体和帝制的问题。在马西利乌斯的公民共体论中,共体的普遍

---

① 恩内斯特·康托洛维茨:《国王的两个身体》,第607—608页。
② 恩内斯特·康托洛维茨:《国王的两个身体》,第603页。中译文引用时,有所改动。
③ Alan Gewirth, *Marsilius of Padua: The Defender of Peace*, p. 51.

性只扩展到国家范围内的统一性。① 因此,马西利乌斯的公民共体指在一个特定的政治共同体内,一切参与政治共同体的个体(公民)组成的"合众为一"的普遍整体。

在《和平的保卫者》第 1 论第 12 章中,马西利乌斯断定公民共体是立法者:

> 让我们根据亚里士多德在《政治学》第 3 卷第 6 章的真理和建议来说,立法者或法的首要和恰当的动力因是人民或公民共体(civium universitas)或其强力部分(valentior pars)。他通过选举或在全体公民集会中(in generali civium congregacione)由言语表达出来的意志,凭借尘世的处罚或惩罚,命令或决定在人类公民行为方面应做或不做某事。(I.12.3)

此外,公民共体借着立法者的身份制定表达其意志的法律,并通过选举产生行使统治部分(pars principans)职权的统治者(I.5.7, I.15.3)。所以在国家之中,公民共体垄断一切尘世权力,统治者依法保卫公民共体的和平与安全。

就尘世权力掌握在尘世统治者(通过公民共体的意志授权)手中而言,马西利乌斯延续了但丁《帝制论》中对皇帝掌握尘世权力的论述。因为二者都肯定尘世权威的自足性,强调统治者掌握尘世权力。但是,马西利乌斯和但丁最大的分歧在于,马西利乌斯并没有将教会视为国家之外的独立实体,反而将教会视为国家的一部分。如前所述,但丁在

---

① Alan Gewirth, *Marsilius of Padua: The Defender of Peace*, pp. 127–129.

《帝制论》第3卷对帝权自足性的捍卫始终预设了帝国和教会、皇帝和教皇的二元实体关系,这使得教会始终是国家的"例外状态",这种例外状态反过来使得国家在政教问题上难以摆脱教权的干预。

和但丁的二元政教理论不同,马西利乌斯在正式确立公民共体的立法者身份之前,首先扭转了二元政教关系:统治部分和教士部分都是国家的组成部分(I.5.1),其中统治部分处理公民的尘世行为(I.5.7),教士部分处理公民的内在行为(I.5.11),所以二元论预设的国家和教会的"实体—实体"关系变成了国家一元实体之中统治部分和教士部分的"部分—部分"关系。

这意味着,马西利乌斯公民共体论预设的政教关系不再是教阶论和二元论所预设的"国家—教会"的二元实体关系,而是国家之中的"统治部分—教士部分"的关系,国家和教会的权力关系不再是"尘世权力—精神权力",而是"强制性权力—非强制性权力"的国家内部关系。由于公民共体是国家各个部分的动力因(I.7.3)和立法者,并且公民共体授权统治者掌握唯一的强制性权力,所以教士部分应当服从于统治部分,"统治者应当根据人数、能力和其他诸如此类的东西来确定符合这些部分或职权的人员、数量和质量,这样诸部分就不会因为彼此的过度不节制而瓦解政体"(I.15.10)。因为只有这样,国家各个部分才能保持一种和谐秩序,"统治者将使得城邦的每一个部分保持应有的本性,并且保护其免受伤害和不义;因为如果它们中的任何一个遭受或承受伤害,那么伤害应当通过统治者的行为得到治愈,而施害者则通过忍受惩罚得到治愈"(I.15.11)。这意味着,作为教士部分的教会非但没有强制性的精神权力,反而应当服从于掌握尘世权力的统治者,进而服从于作为尘世权力来源的公民共体。沃格林为此总结道:"反教皇的

《和平的保卫者》出类拔萃,它第一次召唤至高无上之尘世国家组织的观念,其激进作风与吉尔斯《论教权》召唤至高无上之教皇权力的观念不相上下。"①

就此而言,马西利乌斯的公民共体论超越了中世纪晚期二元政教关系。二元政教关系立足于亚里士多德主义关于身体—灵魂的划分,将国家和教会的关系类比为身体和灵魂的关系,从而利用身体—灵魂的道德-伦理目的论解释模型来论述政教关系。但是这种理论既无法确保尘世政治的自主性,也无法实现国家和平与教会和平。在马西利乌斯的政治有机体学说中,中世纪晚期政治哲学中的国家和教会的二元实体关系转化为国家一元实体之中的统治部分和教士部分的"部分—部分"关系,即二元政教关系中的国家和教会不再是身体和灵魂的关系,而是身体之中的心脏和其他部分(器官)的关系。这意味着,教会不再扮演传统政教关系中掌握着强制性精神权力的灵魂角色,而是仅仅成为国家身体中的教士部分,进而被纳入国家之中。二元政教关系中的灵魂角色被交给了公民共体,所以是公民共体而非教会赋予了统治者尘世权力。统治者借着公民共体的授权,对包括教会在内的所有国家组成部分实行政治统治。正是在这个意义上,《和平的保卫者》被称为"第一本……将教会视为国家一部分的著作"②。

基于《和平的保卫者》第 1 论建构的政教关系,马西利乌斯在《和平的保卫者》第 2 论系统阐释了充足权力的多重含义,解构了罗马的吉尔

---

① 沃格林:《政治观念史稿(卷三):中世纪晚期(修订版)》,第 90 页。中译文引用时,有所改动。

② Charles Howard McIlwain, *The Growth of Political Thought in the West: From the Greeks to the End of the Middle Ages*, New York: The Macmillan Company, 1932, p. 313.

斯关于教皇充足权力的教阶论,将作为教阶论基础的充足权力纳入公民共体的立法权之中,实现了从教皇的充足权力向公民共体的充足权力的转化。

在《和平的保卫者》第2论第23章中,马西利乌斯列举了"充足权力"一词的八种含义。显然,马西利乌斯列举的这八种充足权力既是对尘世权力和精神权力的进一步阐释,也是对罗马的吉尔斯所建构的充足权力的展开。马西利乌斯在列举完这八种充足权力后,紧接着就一语道破了充足权力的重要特征:"就上述的每一种划分而言,充足权力还可以被理解为这样一种权力,即不受法律规定的权力,非充足的权力则是受人法和神法规定的权力。"(II.23.3)"不受法律规定的权力"意味着这种权力不受现有秩序的规定,掌握这种权力的人能够越过现有的法律框架和秩序。马西利乌斯的这种论述正是罗马的吉尔斯对于充足权力的建构。

但是,与罗马的吉尔斯将充足权力归于教皇的意图不同,马西利乌斯完全否认教皇对这八种充足权力的占有,甚至主张它们既不属于教皇,在某种意义上也不属于任何神职人员(除非神职人员获得公民共体的授权)。(II.23.4)在马西利乌斯看来,前两种充足权力仅仅属于基督或上帝——"刚刚提到的前两种模式的充足权力,除了属于基督或上帝外,绝不属于罗马主教、任何教士或非教士"(II.23.4)。此外,教皇通过非法手段一步步篡夺了本不属于他的后六种充足权力。(II.23.5—9)正是对后六种充足权力的非法篡夺,教皇肆意干预尘世统治者的尘世事务,从而使得尘世国家陷入混乱和分裂(II.23.10—11),"罗马主教们通过这种逐渐而隐秘的转换,断言自己拥有后六种含义的充足权力,借着这些权力,他们在尘世秩序中犯下了无数暴行,违背了神法、人法以及任何拥有理性的人的正确判断"（II.23.13）。

马西利乌斯否认教皇掌握充足权力的一个重要论证在于，他断定教皇是会犯错误的。我们知道，罗马的吉尔斯在《论教权》第3卷对教皇充足权力的论证建立在第1卷的"教皇无误论"之上：因为教皇永远不会犯错误，所以教皇应当掌握充足权力。但是，马西利乌斯断言，只有上帝不会犯错误，教皇是会犯错的，"至于哪些人的罪应被赦免，哪些人的罪应被保留，唯独上帝不会对此无知；唯独上帝既不被败坏的情感所推动，也不会不公正地审判任何人。然而，教会或教士，不论他是谁，甚至是罗马主教，都不会如此。因为这些人中的任何一个都会犯错误，或者倾向于败坏的情感，或者二者兼而有之"（II.6.9）。这意味着，教皇不是神，不具有教会宣扬的那种完美性。然而，如前所述，一旦教皇掌握充足权力，教皇就可以按照自己的意愿合法地越过教阶秩序直接拣选主教。但教皇会犯错误，所以他可能会因自己的错误或邪恶而任命一些无知者充当主教，"罗马教皇通过充足权力将大量教职（高级、中级和低级的）授予那些愚蠢的或对神谕一无所知的人（要不是罪犯就好了！），无论是他的亲戚，还是他不认识的人，包括男孩和婴儿"（II.24.10）。既然这些当选的无知主教并不精通福音法，那么一旦作为羊的普通信徒跟随这些虚伪的牧羊人的主教，基督教团契将面临巨大的危害，"教会的奥秘体因充足权力而在其首要质料或成员方面（一言以蔽之，尤其在教长方面）处处受到感染并濒临毁灭"（II.24.11）。

在马西利乌斯看来，教皇的充足权力打破了基督赋予教会的神圣秩序，进而破坏了基督的奥秘体（corpus misticum）：

当我们谈论这个身体的样式（它应当包括其成员应有的次序和位置）时，这个身体在仔细观察它的人看来将是一个畸形的怪物。因为谁会否认，一个动物的身体，其四肢与头直接相连是奇怪的并且无益于适当的功能？因为如果一根手指或一只手直接连到头，缺乏其应有的位置，那么它将缺乏适当的德能、运动和功能。（II.24.12）

头和手之间需要躯干的过渡，如果头和手直接联结，那么这将造成身体的扭曲。而教皇对教阶秩序的跨越则颠覆了教会应有的秩序（即马西利乌斯认为的教会秩序），造成作为基督身体的奥秘体的扭曲，"罗马教皇所允许行使的充足权力摧毁了这个身体的整个秩序或样式"（II.24.13），所以教皇的充足权力满足的仅仅是教皇自己的利益，而非整个教会和信徒的利益。就此而言，教皇不仅没有充足权力，而且不应掌握充足权力。

既然教皇不配持有充足权力，那么谁才是真正配得充足权力的持有者呢？为了回答这个问题，我们必须再次回到《和平的保卫者》第1论。如前所述，一切尘世权力都掌握在公民共体手中，作为教士部分的教会只是国家的非统治部分，所以以教皇为首的神职人员掌握的仅仅是非强制性的精神劝诫权，即神职人员的职权在于提供救赎的知识、劝诫信徒归信基督。如果神职人员的精神劝诫权想要获得强制力，那么它必须获得作为立法者的公民共体的授权，否则精神劝诫权将仅仅是非强制性的。就精神权力而言，虽然作为充足权力之质料的精神事务掌握在拥有救赎知识的神职人员手中，但是作为充足权力之形式的强制力掌握在公民共体手中。① 这意味着,只有公民共体有权强制执行捆绑、绝罚和教义解释等精神权力。因此,当公民共体论将教会纳入国家之中时,教阶论宣称的充足权力也被一并纳入国家之中,从而构成国家之中的一种权力。由于公民共体是立法者和国家的动力因,那么充足权力自然就落在了公民共体手中,公民共体才是并且应是充足权力的真正持有者。

格沃斯认为,虽然《和平的保卫者》第1论和第2论的方式和角度不同,但是两论针对的对象都是建立在充足权力之上的教权论,所以两论以不同的方式从不同的角度解构和重构充足权力,其目的在于通过解构教阶论和二元论的解释路径,重构充足权力背后的权力概念和政教关系,由此建立起对教会和国家、教权和尘世权力的新的解释路径。② 坎宁则提醒我们注意到,虽然马西利乌斯在《和平的保卫者》中进行解构和重构的充足权力并不符合现实中的教权,但是马西利乌斯抓住了教权论的核心主张,这使得他在摧毁教权论主张的同时提出了"关于权力的性质以及在政治共同体统治中的权力角色的新理论。在某种程度上,马西利乌斯的权力观念通过教皇的充足权力概念得以加强"③。所以马西利乌斯在《和平的保卫者》中试图建构一个能够根治建立在充足权力之上的教权对尘世权力的干预的权力理论,由此提供解决尘世权力和精神

---

① Frans-Willem Korsten, *A Dutch Republican Baroque: Theatricality, Dramatization, Moment, and Event*, Amsterdam: Amsterdam University Press, 2017, p. 51.
② Alan Gewirth, *Marsilius of Padua: The Defender of Peace*, pp. 12–13, 48–49. 关于《和平的保卫者》中理性和信仰的关系,格沃斯总结为"分离""一致"和"对立"这三重关系,参见 Alan Gewirth, *Marsilius of Padua: The Defender of Peace*, pp. 68–77.
③ Joseph Canning, "The Role of Power in the Political Thought of Marsilius of Padua", p. 26.

权力之争的第三条解释路径——"尘世权力对精神权力的完全控制"①。所以《和平的保卫者》整本书都可以被视为马西利乌斯对充足权力的解构和重构的思考成果,充足权力不仅是马西利乌斯反思教权论及其之前的反教权论的出发点,而且构成了马西利乌斯建构自身政治哲学理论的根本出发点。

综上,马西利乌斯的公民共体论在破除教阶论和二元论所预设的"国家—教会"二元实体关系的同时,解构了作为教阶论基础的充足权力,将充足权力纳入公民共体之中,从而将教皇的充足权力重构为公民共体的充足权力。借着充足权力,公民共体不仅确立和变更了行使统治部分职权的统治者,而且通过统治者去规范行使教士部分职权的神职人员,从而一方面有权干预尘世事务,另一方面有权干预精神事务。因此,在马西利乌斯的公民共体论中,充足权力既不属于教皇,也不属于统治者,而是属于公民共体,即属于人民。人民才是并且应是充足权力的真正持有者。

(四) 从充足权力到主权

围绕着"充足权力"概念,中世纪晚期的政教理论经历了三个环节:从绝对充足权力的教阶论到政教二元实体关系的二元论,再到国家一元实体关系的公民共体论的流变和转化。教阶论立足于论证教权的至高无上性,主张尘世权力和精神权力都掌握在教皇一人手中;二元论试图将尘世权力从教皇的充足权力中剥离出来,主张帝权独立于教权,教权的充足性仅仅是就精神权力而言的,由此削弱教权、加强帝权;公民

---

① Alan Gewirth, *Marsilius of Padua: The Defender of Peace*, p. 9.

共体论彻底扫清教皇的充足权力,将教会纳入国家之中,将强制力从教权中剥离并且赋予了公民共体,从而将教权转化为非强制性的精神劝诫权,由此一切权力都归于公民共体或人民。

从中世纪晚期政教理论的三个环节中,我们发现,充足权力从教皇手中转移到人民手中,即教皇的充足权力转变为人民的立法权。与教皇的充足权力一样,人民的立法权也是绝对的。这一转变的背后是政教关系的重大转变:"国家—教会"二元实体政教关系不足以扫除政教冲突,因为二元实体政教关系始终承认在尘世间存在着两种不同种类的强制性权力,所以强制性权力的二元实体特征决定了国家和教会无法在教皇(教阶论)或上帝(二元论)的至高性中得到稳固的合一,权力的二元性无法实现政教的真正和解。公民共体论的一大创新或贡献在于,它抛弃了"国家—教会"二元实体政教关系,选择了国家之中的"统治部分—教士部分"的"部分—部分"一元实体政教关系,从而否定教权和政权的二元性,主张政教的一元性,由此彻底瓦解了教权对尘世政权的干预,实现了政教在公民共体作为唯一立法者的国家之中的和解。

中世纪晚期的政教理论昭示了近代主权学说的诞生。因为充足权力意味着一种绝对的权力,该权力能够突破现有的政治秩序和教阶秩序从而直接干预后两种秩序,所以充足权力构成了中世纪晚期的"主权",任何持有充足权力的人都将是充足权力适用范围内的"主权者"。正如以霍布斯主权学说为代表的近代主权学说断定主权是唯一的、至高的、独一无二的,[①]不仅作为教阶论基础的充足权力断定教皇权力的

---

① Hobbes, *Leviathan with Selected Variants from the Latin Edition of 1668*, edited, with Introduction, by Edwin Curley, Indianapolis: Hackett Publishing Company, 1994, II.18-19.

至高无上性,而且二元论和公民共体论同样继承了教阶论的这一论述,即将充足权力视为自足的和至高无上的权力。所以中世纪晚期政教理论在对充足权力进行建构、修正和重构之后,最终发展出人民掌握至高无上的立法权的"主权"思想,公民共体论的人民"主权"思想也不再局限于中世纪晚期的二元政教关系,而是建构出近似于近代主权国家的政教模式。既然教会被纳入国家之中,那么宗教就不再构成干预政治建构的首要因素,这为近代主权学说的诞生扫清了传统政教关系造成的障碍。从充足权力到主权,仅有一步之遥。

三、帕多瓦的马西利乌斯与现代秩序的构造

综上,马西利乌斯立足于公民共体论,试图彻底根除困扰中世纪千年的教权问题。其中,公民共体指一切参与政治共同体的个体组成的合众为一的普遍整体,并且公民共体作为普遍整体是就量和质的双重维度而言的,即公民共体将国家之中各个阶层纳入自身之中,由此塑造出一个超越于任何特殊阶层之上的国家法团。公民共体作为国家法团反过来又构成国家权力的唯一直接来源,不断从内部瓦解教权的正当性。此外,根据整体大于部分原则,马西利乌斯主张所有公民个体组成的普遍整体是最完美的共体,即公民共体掌握着完整的真理,它也因此是最完美的立法者。基于此,马西利乌斯构造出中世纪晚期最具活力的反教权学说,他在公民共体是人民立法者的基础上构造出中世纪晚期最具特色的人民主权学说。因此,马西利乌斯以公民共体是人民立法者为中心,一方面将唯名论的单义性原则和亚里士多德主义的类比

原则相融合，既为公民共体掌握立法权提供了真理性根基，又为破除"教皇无误论"、确立"公会议无误论"提供了理论根基；另一方面将中世纪晚期的国家和教会的二元实体关系转化为国家一元实体内部的统治部分和教士部分的"部分—部分"关系，从而将教会纳入国家之中，教会不再是独立的实体性存在，反而成为国家之中的非统治性部分，由此尘世生活的自足性得以真正确立。基于此，马西利乌斯实现了对但丁二元论的超越：一方面，马西利乌斯对公民共体的讨论明显延续了以但丁政治哲学为代表的二元论的基本视角，将尘世权力和精神权力视作两种不同的权力，其中公民共体掌握尘世权力，基督掌握精神权力。另一方面，与但丁不同的是，马西利乌斯不仅将公民共体视为尘世中强制性权力的唯一来源，而且将强制性精神权力严格限制在天国领域，进而将以教皇为首的神职人员掌握的强制性教权转变成非强制性的精神劝诫权，由此彻底排除了教权对尘世政治自主性的干预，构造了一种全新的政教关系。马西利乌斯一方面主张政治和宗教、精神权力和世俗权力的分离，另一方面创造性地将教会纳入国家之中，由此建立起"人民—国家/教会"的人民主权秩序。政教的分离与融合，成为马西利乌斯留给后世政教学说的重要思想资源。

虽然亚里士多德政治哲学的目的论模式构成了公民共体的完美性和"公会议无误论"的理性论证的基础，即亚里士多德政治哲学为马西利乌斯构建自足有序的政治和宗教制度提供了理论支持，但是马西利乌斯借着唯名论的单义性原则和意志论因素实现了对中世纪晚期政教理论的超越。所以，马西利乌斯是亚里士多德主义的唯名论者，也就是说，马西利乌斯与亚里士多德最根本的不同在于，他不是像亚里士多德那样强调目的因的优先性，而是站在唯名论的立场确立了动力因的优先性地位,从而论证了公民共体是人民立法者和尘世权力的唯一直接动力因这一公民共体理论的核心主张。一方面,基于中世纪的"人民的同意"理论,马西利乌斯提出"公民共体是立法者"这一核心命题,并且突出强制力而非正义是法的首要特征。另一方面,马西利乌斯不仅强调政治的和平目的而非亚里士多德的德性成全目的,而且强调人的自然欲求性而非亚里士多德的自然政治性。这意味着保卫国家免受动乱是马西利乌斯政治哲学关心的主题,所以关于国家和平和抵抗动乱的动力因的研究成为马西利乌斯政治哲学的核心关切,统治部分也成为国家各个部分中最必要的部分,因为统治部分关乎国家的生死存亡。但是统治部分由公民共体建立,并且其权力来自公民共体的意志同意和授权。

在马西利乌斯这里,现代道德与权利秩序已经开始萌芽,他一方面提出道德秩序的双重真理根基论,试图在政治自足的国家法团中重建善好道德,进而构造出一个能够应对中世纪晚期权力之争的道德世界,另一方面利用权利和事实的断裂说为方济各会的贫困学说奠基,并且试图彻底抽空教会的教权根基,构造出一个以人为中心的权利世界,实现尘世政治的自足性。道德的双重真理根基论和权利的断裂说恰恰彰显了一个属人的世界的诞生,道德世界和权利世界同时是人为自己立法的自由世界。

尽管马西利乌斯的思想并没有取得完全的成功,但我们仍然有理由对他的努力抱有高度的敬意。同马基雅维利、霍布斯、洛克以及斯宾诺莎等伟大的现代性后辈一样,马西利乌斯也生活在一个由政教冲突所导致的相互歧视、仇恨、冲突和战争的时代。他非常清醒地看到,宗教狂热、迷信和蒙昧主义永远是人类尘世生活的最大祸害和敌人。正因为如此，他才不断地提醒我们：尘世生活不可建基在非理性的启示信仰之上，而是必须建基在理性和意志双重视域的公民共体之上。只有公民共体掌握着尘世生活的真理，也只有公民共体能够消除一切非理性的狂热、迷信和蒙昧。

因此对今天的我们来说，以人类理性的方式对马西利乌斯的现代秩序构造进行反思和批判，或许正是真正的现代性思考的开始。无论如何，在坚持秩序构造这一点上，马西利乌斯永远是我们的时代先驱。

最后，对中译本作一些说明：中译本根据舒尔茨编辑的《和平的保卫者》拉丁本（Marsilius von Padua, *Defensor Pacis*, herausgegeben von Richard Scholz, Hannover: Hahnsche Buchhandlung, 1933）译出，论、章、节的划分亦依据此本。翻译和注释工作也参考了布雷特英译本（Marsilius of Padua, *The Defender of the Peace*, translated by Annabel Brett, Cambridge University Press, 2005，简称"布本"）、格沃斯英译本（Marsilius of Padua, *Defensor Pacis*, translation and introduction by Alan Gewirth, University of Toronto Press, 1992，简称"格本"）和瓦索利意译本（Marsilio da Padova, *Il Difensore della Pace*, a cura di Cesare Vasoli, Unione Tipografico-Editrice Torinese, 1960，简称"瓦本"）。如无特殊说明，注释均为舒尔茨本原注。为阅读便利，原文中注疏紧随经文处，注疏作小一号字处理。

陈广辉

2023年1月2日写于苏州中央景城

第1论

第 1 章

论所论之事的总体意图,该意图的原因以及本书的划分

1. "很显然,每一个国家(regnum)都应欲求安宁(tranquillitas),在安宁之下,各民族得到成全,万民的利益得到守卫。因为她是提供良好保护的优雅母亲。她使得人类种族在无止境的序列中繁衍,拓展人类资源,改善人类道德。一个被认为没有去寻求她的人将被视为对如此重要之物一无所知。"① 卡西奥多罗斯(Cassiodorus)在其信的开头以上述方式展示尘世政权中安宁或和平的效用和果实,以便通过这些最好的果实(它们可以用来解释人类最好的东西,即今生的充足,而没有和平和安宁,无人能达到今生的充足),激发人们彼此和睦以及安宁的意愿。他的声明符合福佑约伯的观点,后者在《约伯记》第22章中说:"要和睦,你将借此保有最好的果实。"② 这是因为基督(神子)命令和平为他出生的标记和信差,当他意愿属天的神谕要用同一种声音被宣告

---

① 卡西奥多罗斯:《信札》,1:1。
② 《约伯记》,22:21。[译者注]以下所引《圣经》原文皆由译者从舒尔茨本直接译出,同时参考和合本《圣经》、思高本《圣经》。

时:"荣耀在至高处归于上帝,和平在地上归于拥有善好意志之人。"①基于此,他还常常希望和平归于他的门徒们。因此《约翰福音》写道:"耶稣来了,站在门徒们中间,说'愿你们和平'。"②在告诫同一群门徒要彼此守和平时,他在《马可福音》中说:"彼此和睦。"③他不仅教导他们要彼此和睦,而且教导他们要希望同样的和平归于他人。因此《马太福音》写道:"你们走进一户人家,要祝福它,说'愿和平归于这家'。"④此外,这就是他在受难和死亡的日子临近时根据圣约书留给门徒们的遗产,当他在《约翰福音》第14章中说:"我留给你们和平,我交给你们我的和平。"⑤使徒们作为他的真正继承人及其模仿者,照着他的样式,希望这和平归于那些由他们自己的书信传播的福音教导和告诫所引导的人,因为他们知道和平果实是最好的,就像我们从《约伯记》中援引并且通过卡西奥多罗斯进一步解释的那样。

2. 事实上,由于"对立者"自身"产生于对立者",⑥所以在任何一个尘世政权或国家中,最坏的果实和不便产生于与安宁相反的不和:正如从意大利国家之中,我们可以充分地看到这一点,这对几乎所有人来说同样是显然的。事实上,意大利居民一旦和平共处,就将甜蜜地摘取之前列举的和平果实,因为当他们服从自己所居世界的权威时,他们将从

---

① 《路加福音》,2:14。
② 《约翰福音》,20:19。
③ [布本注]《马可福音》,9:50。
④ 《马太福音》,10:12。
⑤ 《约翰福音》,14:27。
⑥ 亚里士多德:《政治学》,1307b,29。[译者注]以下所引《政治学》原文皆由译者从舒尔茨本直接译出,同时参考《政治学》颜一、秦典华中译本。亚里士多德:《政治学》,颜一、秦典华译,收录于《亚里士多德全集》(第九卷),苗力田主编,中国人民大学出版社1994年版。

这些果实中并在这些果实中尽可能地成全自己。然而,一旦不和或争执出现在他们当中,他们的国家就会受困于各种苦难和不便,并且遭受敌对外族的统治。因此,意大利国家因争执而被完全撕裂(几乎被毁灭),一条易于侵入的道路敞开在任何意愿并能够占领它的人面前。没有比这个更值得令人惊奇的了,因为正如撒路斯提乌斯在《朱古达战争》中所证:"小的东西因和谐而获得增长,大的东西因不和而走向衰败。"①意大利人因不和而堕入歧途,失去了充足生活,巨大的苦难取代了对宁静的追求,暴政的严酷枷锁取代了自由,最终他们成为所有过着城邦生活的人中最不幸的,他们自己保护者的名字(通常被呼唤提供荣耀和免税)在遭遇来自其他民族的羞辱中蒙羞。

3. 所以我们认为,这些悲惨之人因彼此不和或争执而陷入黑暗之中,不和或争执就像动物身上的疾病一样,被诊断为尘世政权的坏品质(dispositio)。虽然这种疾病的初始因有多个,其中不少还是相互关联的,并且最卓越的哲学家在政治科学②中几乎阐述了所有这些通常可能发生的原因,但是除了这些原因之外,还有一个独特且相当隐秘的原因,它导致罗马帝国过去长期并且仍然处在苦难当中。该原因拥有巨大的蔓延性,倾向于无差别地渗入所有其他政权和国家,甚至已经因自身的贪婪而试图侵入大多数国家。亚里士多德及其同时代或更早一些的其他哲学家都没能观察到它的起源和种类。因为它是并且曾是某个败坏的看法(我们随后将揭示出来),它偶然地假定了亚里士多德时代之后由最高原因产生的神奇效果,并且背离了事物中较低本性的可能

---

① 撒路斯提乌斯:《朱古达战争》,10:6。[译者注]撒路斯提乌斯,公元前86—前34年,罗马历史学家,著有《喀提林阴谋》和《朱古达战争》。
② 亚里士多德:《政治学》,1301a,19ff.。

性以及原因的寻常行为。当然,这种带着真诚和有利的面具的诡辩的看法完全不利于人类,它若不被阻止,终将对每个政权和父权产生显著伤害。

4. 因此,正如我们所说,和平或安宁是最好的果实,而与之相对的争执则会产生伤害:基于此,我们必须渴望和平,在不和睦时寻求它,在求得时保守它,我们应当倾尽全力抵制与和平相对的争执。根据属天仁爱的情感以及人类社会的纽带或法权(ius),互为兄弟的个人有义务互助,集体和共同体更应如此。这也是柏拉图告诫我们的东西,图留斯·西塞罗在《论责任》第1卷中证明了这一点,他说:"我们不只是为己而生,我们部分为祖国而生,部分为朋友而生。"①西塞罗随后补充道:"此外,正如斯多亚派所同意的那样,地上所生的一切是为了人的使用而造,但人是为了人的原因而生:我们在此应当跟从自然这个统帅,以便在中间促进公利。"②由于这对于公利来说不是一件小事,反而是必要之事,即揭示上述争执(它会对所有国家和共同体造成严重伤害)的独特原因的诡辩,所以任何意愿且能够分辨公利的人都有义务专心致志地警惕这个诡辩。因为毫无疑问,[如果这个诡辩没有被揭示出来,那么]这种灾祸绝不能避免,它的恶果也不会从国家或政权中被彻底铲除。

5. 然而,任何人都不应忽视来自恐惧、虚弱或其他恶灵的焦虑。因为《提摩太后书》第1章写道:"上帝赐给我们的不是恐惧的灵,而是刚强和仁爱的灵。"③我说,刚强和仁爱的灵显明了真理,使徒保罗由此在

---

① 西塞罗:《论责任》,I:22。
② 西塞罗:《论责任》,I:22。
③ 《提摩太后书》,1:7。

同一个地方补充道："因此,你不要以给我们的主作见证为耻。"①而这就是对真理的见证,基督声称自己来到此世是为给真理作见证,他在《约翰福音》第18章中说:"我为此而生,也为此来到此世,特为给真理(即引导人类走向永恒救赎的真理)作见证。"②所以照着他的样式,一个由恩典给予者注入了对这些事物的丰富理解力的人,更有责任竭力教导真理(借此,上述尘世政权中的灾祸得以从人类,尤其基督徒中清除,我认为引导尘世生活走向救赎的真理和实现永恒救赎的真理同等重要),并且这个知能兼备的人一旦像忘恩负义者那样搁置该责任,就犯了重罪;雅各在其书信第4章中见证了这一点,他说:"人若知道行善,却不去行,这就是他的罪了。"③因为这种恶(人类的共同敌人)不会以任何方式被完全消灭,它迄今为止产生的恶果也不会枯萎,除非其原因或根源的不义性首先被展现出来并得到谴责。事实上,只有通过这种方式,统治部分(principatus)④的强制力才能够最终安全走向攻克这种恶的无耻保护者和顽固保卫者的环节。

6. 因此,我,安忒诺耳⑤之子,听取并遵从基督、圣徒们和哲学家们的上述告诫,从对这些事物的某种好像是由恩典交给我的理解力,以及从上头提供给我的某种信心之灵那里——因为正如雅各在其书信第1章中所见证的,"所有最好的恩赐和完美的礼物都是从上头来的,从光

---

① 《提摩太后书》,1:8。
② 《约翰福音》,18:37。
③ 《雅各书》,4:17。
④ [译者注]principatus 是《和平的保卫者》的关键术语之一,但是极难找到一个对应的中文翻译,格本和瓦本基本上将其译为"政府",布本则保留了这个拉丁词的字形,本文结合上下文语境,将其翻译为"统治部分""统治职权""统治职"。
⑤ 根据维吉尔《埃涅阿斯纪》(I.242—249)的记载,安忒诺耳是帕多瓦城的建立者。

之父那里降下来的"①——崇敬给予者,喜爱显明真理,热爱祖国和兄弟,怜悯和同情受压迫者,呼唤受压迫者远离错误,鼓舞那些许可但是应该且能够阻止这些错误的人;我尤其尊敬您,最尊贵的罗马人皇帝路德维希,作为上帝的用人(minister),您将为本书画上句号,而这也是本书渴望从外部获得的圆满。借着独特且古老血统方面的某种法权,同样借着您非凡的英雄气概和闪亮的美德,您拥有一种内在而坚定的爱,即根除异端,提升和保存天主教真理以及所有其他应得的②戒律,终止邪恶,宣扬应得的美德,消除争执,到处传播并滋养和平或安宁:经过一段时间辛勤紧张的研究后,我决心写下如下观点的综述,因为我判定它们能够有助于作为守望者的陛下您,鉴于您操心于前知错误③、其他偶然失误以及其余公利的准则。

7. 所以在上帝的帮助下,我的计划在于只展现这种争执的独特原因。因为我没有必要重复那些被亚里士多德处理的原因的数量和本性;然而对于这个独特原因,不仅亚里士多德没能观察到它,而且在亚里士多德之后能够观察它的人还没有着手界定它。我们希望以这样一种方式揭开它的面纱,以便它以后能够被轻易地排除在所有国家或公民生活之外,而且一旦它被排除在外,贤德的统治者和臣民将能够更加安全地生活在安宁之中。这就是我在本书开端处提出的值得欲求的计划,它对于应当安享尘世幸福的人来说是必要的,而尘世幸福似乎可能是人类此世欲求的最好东西以及人类行为的终极目的。

---

① 《雅各书》,1:17。
② [译者注]原文为 studiosam[热心的、渴望的和贤德的],本译文根据瓦本译文 degna[值得的,应得的]作出调整。
③ [译者注]原文为 lapsibus[掉落],本文根据布本译文 errors、格本译文 problems 和瓦本译文 errori 作出调整。

8.因此,我将上述计划的任务划分为三论。在第1论,我将通过人类才智发现的可靠方式来证明我的意图,该方式建立在对于任何不被自然、习俗或堕落情感所败坏的心灵来说自明的命题之上。在第2论,我将通过建基于永恒之上的真理见证、圣徒(真理解释者)以及其他在天主教信仰方面受认可的圣师的权威,确认我相信已经得到证明的东西:以便这本书能够自己立得住,不需要任何外部的验证。同样地,我将攻击与我的结论相反的谎言,并且揭露对手们极力隐藏的诡辩。在第3论,我将从前述明显可靠的结论中推导出公民们(无论统治者还是臣民)应当注意的一些相当有用的结论或教训。我会把这几论中的每一论划分为若干章,并且根据每一章的长度将每一章划分为若干节(或多或少);这种划分的一个好处是,读者们一旦从稍后的论章回溯稍前的论章,就可以轻易地发现他们所寻找的内容。由此而来的另一个好处是,每一卷会很简短。因为一旦我们碰巧在稍后的论述中采用了某个真理,该真理要么出于自身要么出于其他证明,而稍前的论述已经充分给出了关于它的确认或确定性,那么无需烦琐的确认,我们就可以引导读者回到稍前的论、章和节,以便他可以由此轻易发现他所寻找的内容的确定性。

第 2 章

论本书的首要问题,以及对"国家"这个术语诸含义的划分和设定

1. 因此,当我们着手处理该计划时,我们希望首先澄清什么是国家或城邦的安宁和不宁,然而其中首先要澄清什么是安宁:因为如果这个概念不清楚,那么我们必然不知道什么是不宁。正如卡西奥多罗斯所认为的那样,这两个概念被视为城邦或国家的品质,我们接下来将毫不迟疑地澄清应当得到阐明的问题:国家或城邦是什么以及为了什么,由此我们对安宁及其反面的描述也将变得更加清晰。

2. 因此,我们希望按照上述次序来描述城邦或国家的安宁。为了避免因名称多样性而在本计划中产生歧义,我们应当注意到,"国家"这个术语在其中一种含义上意味着包含在一个政权之下的众多城邦或省:按照这个意义,国家不是有别于政体类型方面的城邦,而是有别于就政体数量而言的城邦。"国家"这个名称在另一种含义上表示某种类型的政体或温和的[①]政权,亚里士多德称之为"温和的君主制"(monar-

---

① [译者注]原文为 temperati[温和的、节制的],名词形式为 temperamentum[温和、节制、气质]。布本在《和平的保卫者》I.5.3 注解道,马西利乌斯在使用该词时结合了亚里士多德政治学术语"温和、节制"的含义和盖伦医学术语"气质"的含义。

chia temperata）：按照这种模式，国家可以像在众多城邦中那样在一个城邦之中，①就像城邦共同体②产生的初期，一个城邦往往其实只有一个君王。这个名称的第三种且最广泛的含义是由第一种和第二种含义混合而成的。它的第四种意义是指所有类型的温和政权（无论在一个城邦还是在众多城邦中）共有的东西：按照这种含义，卡西奥多罗斯在我们放置于本书开头的致辞中采用了它，我们也将在所探寻的结论中使用该名称。

3. 因此，既然我们应当描述安宁及其反面，那么让我们和亚里士多德（他的观点在《政治学》第1卷第2章和第5卷第3章③）一起采纳这个观点：城邦就像某种有生命的或动物的自然。因为正如在自然上被妥善安排的动物是由一些合比例的部分（它们彼此规定、相互交流它们的功能并且朝向整体）组成的那样，在理性上被妥善安排和建立的城邦同样是由这样一些部分组成的。因此，城邦或国家及其诸部分和安宁的关系类似于动物及其诸部分和健康的关系。事实上，我们能够从所有人对这两种关系的理解中采纳这种推断的可信性。因为他们认为健康是动物在自然上的最好品质，安宁同样是城邦在理性上得以建立的最好品质。此外，正如专业的医生在描述它时所说，健康是动物的善好品质，动物的每一个部分借着它都能够完美地行使在自然上适合自身的功能；按照这个类比［原则］，安宁是城邦或国家的善好品质，通过它，

---

① ［译者注］这句话的意思是说，国家既可以由多个城邦组成，也可以由一个城邦组成。
② ［译者注］原文为 communitas civilis，可以译为"政治共同体""城邦共同体"，为统一术语的需要，本文统一翻译为"城邦共同体"。当然，在马西利乌斯的政治哲学中，"政治共同体""城邦共同体"的含义是内在一致的。
③ 亚里士多德：《政治学》，1254a,31—39；1302b,33—1303a,2。

城邦或国家的每一个部分都可以在理性及其建立方式上完美地行使适合自身的功能。由于善好的定义同时表示对立的定义,所以不宁,就像动物的疾病那样,是城邦或国家的堕落品质,它阻碍城邦或国家的所有或一些部分去行使适合自身的功能,无论绝对意义上的还是补充意义上的功能。

因此,我们以这种比喻的方式讨论了安宁及其反面不宁。

第3章

论城邦共同体的起源

1. 由于我们已经讨论了作为城邦善好品质（就诸部分的功能而言）的安宁，所以我们接下来必须考察城邦就其自身而言是什么以及为了什么；它的主要部分是什么以及有多少；进一步来说，适合任何一个部分的功能；此外，诸部分的原因以及彼此的次序。因为对于有关安宁及其反面的完整结论来说，这些问题是首要的。

2. 但是，在我们讨论作为完美共同体的城邦及其种类或模式之前，我们应当首先介绍城邦共同体及其政权和生活模式的起源。人类已经从这些不完美的共同体、政权以及其中的生活模式前进到完美的共同体、政权以及其中的生活模式。因为自然及其模仿者技艺的步伐总是从较小的完美性到较大的完美性。① 人类不能被判定知道"任何一个事物"，除非他们认识到"它的第一因和第一原则，直至认识到它的诸元素"②。

3. 因此，按照这个方法，我们应当注意到：按照不同的地区和时间，

---

① ［瓦本注］亚里士多德：《物理学》，199a，9ff.。
② ［布本注］亚里士多德：《物理学》，184a，10—15。

城邦共同体开始于小的部分,并且逐渐获得增长,最终走向成全,正如上述在自然或技艺的所有行为中发生的那样。因为人类第一个且最小的结合体(从其中产生别的结合体)是男人和女人的结合体,正如最卓越的哲学家在《政治学》第 1 卷第 1 章①中所说,并且这个观点在他的《家政学》②中得到进一步展示。当然,这个结合体繁殖出了更多的人,这些人首先充实成一个家庭;从其中产生更多相同模式的结合体,人类的繁殖如此兴旺,以至于对这些人来说一个家庭是不够的,而是有必要产生多个家庭,众多家庭则被称为村落或邻里;这就是第一个共同体,正如亚里士多德在上面的著作中所写的那样。③

4. 事实上,只要人们在一个家庭之中,那么他们所有行为,尤其是那些我们稍后称为公民的行为,皆由比他们更有洞察力的长老统治,但是这种统治并不包含任何法律或习俗,因为后者还没有被发现。然而,不仅一个家庭中的人以这种方式被长老统治,而且甚至第一个共同体(被称为村落)中的人几乎以同样的方式被长老统治,即使两种统治方式在某些方面是有差异的。因为尽管一个家庭的家长能够完全根据个人意愿和喜好合法地宽恕或惩罚家庭内部的伤害行为,但是监督第一个共同体(被称为村落)的人这样做是不合法的。因为,在这个共同体

---

① 亚里士多德:《政治学》,1252a,26ff.。

② [瓦本注](伪)亚里士多德:《家政学》,1343b,8ff.。[译者注]这本书虽然被收录在巴克(Immanuel Bakker)主编的《亚里士多德全集》标准本中,但属于亚里士多德有争议的作品,故瓦本标注为(伪)亚里士多德作品。

③ [译者注]亚里士多德同样将家庭视为共同体,但他认为村落是"不仅仅为了日常需要的缘故的第一个共同体"(亚里士多德:《政治学》,1252b,17)。布本认为马西利乌斯当时使用的《政治学》译本漏译了"不仅仅",这导致马西利乌斯认为亚里士多德同样将村落视为第一个共同体。相关论述参见 Cary J. Nederman, *Community and Consent: The Secular Political Theory of Marsiglio of Padua's Defensor Pacis*, Lanham, MD Rowman & Littlefield Publishers, INC., 1995, pp. 32-41。

中,长老必须根据某些合理的规定或准自然法去处置正义和有利之事,因为只有这样才可以服众,即根据某种公正而非大量的调查,并且只根据理性的一般命令和人类社会的某种责任。

此外,一个家庭和邻里之间统治差异的原因现在且过去(est et fuit)都如下所述:如果同一个原初的家庭中的兄弟杀死或者冒犯了另一个兄弟,那么家长能够在不引起危机的情况下合法地(如果他意愿的话)免除对犯错者的极罚;因为我们认为这只对父亲造成了伤害,而父亲宽恕了这一伤害行为;此外,还因为人口的匮乏;并且,也因为家长失去一个儿子比失去两个儿子的损失和悲伤更少;又因为这是我们的始祖亚当在他的长子该隐杀死其弟亚伯时所做的。因为正如《尼各马可伦理学》第4卷①论述正义时所写,父子间的正义并不是真正的公民正义。然而,考虑到上述家庭和村落统治方式的不一致,在第一个共同体(村落或邻里)中,长老这样做既不合法也不应合法;事实上,除非长老已经或者将要对产生的伤害实行报复或衡平(vindicta seu equalitas),否则已经或者将要随之而来的是邻里的战斗和分裂。

此外,随着繁殖必然带来的人口膨胀,这些村落和共同体进一步扩大,并且仍然由一人统治。正如《政治学》第3卷第9章②所写,这要么是因为缺乏许多明智之人,要么是因为某种别的原因。这个人得是长者或卓越之人,尽管事务通过条例得到的处置和由单个村落或邻里作出的处置一样完美。但是,那些第一个共同体既不拥有诸部分的划分

---

① [布本注]亚里士多德:《尼各马可伦理学》,1134b,8ff.。[译者注]格本和瓦本认为马西利乌斯经常将《尼各马可伦理学》第5卷写成第4卷,同时他们提醒我们注意《优台谟伦理学》第4卷讨论的也是正义问题,所以马西利乌斯可能想要写的是《优台谟伦理学》第4卷。但是布本认为并没有证据表明马西利乌斯熟悉《优台谟伦理学》。

② [布本注]亚里士多德:《政治学》,1285b,3—19。

和次序，也不拥有必要保护和生活规定的整体（我们之后会逐渐在完美共同体中发现它）。因为同一个人有时候既是统治者又是农民或牧者，例如亚伯拉罕和他的众多后代，但是这在完美共同体中既不便利也不合法。

5. 然而，随着这些共同体的逐渐增长，人的经验在增加，更完美的生活技艺、规则和模式被发明出来，共同体的诸部分也得到进一步划分。最终，那些对活着和活得好（vivere et bene vivere）来说必要的东西，通过人的推理和经验走向成全，并且人们称之为城邦的完美共同体被建立起来，随之而来的则是城邦诸部分的划分，而我将立刻着手界定这一点。

因此，关于城邦共同体的起源，我们就到此为止。

第4章

论城邦的目的因,所探寻的城邦及其诸部分的一般划分

1. 按照亚里士多德《政治学》第1卷第1章,城邦是:"完美共同体,它拥有自足的每一个界限,正如接下来所说,它的形成的确是出于某种活着的需要,但是它的存在是出于活得好的需要。"① 亚里士多德所说的这句话"它的形成是出于活着的需要,但是它的存在是出于活得好的需要"表示了城邦的完美目的因,因为过着城邦生活的人不仅像野兽或奴隶那样活着,而且活得好,即拥有产生于实践和思辨灵魂的美德的自由活动的闲暇。

2. 因此,既然城邦以这种方式被界定为为了活着和活得好(作为目的),那么我们有必要首先处理活着本身及其模式。因为,如上所述,城邦的建立是出于活着本身的需要,并且它对城邦中所有通过人际交往而存在和产生的东西来说是必要的。所以让我们确立一条作为所有应证之事的原则,它为所有人自然地持有、确信和自发地承认,也就是说,

---

① 亚里士多德:《政治学》,1252b,27—29。

所有没有缺陷或不被其他方式阻碍的人必定自然地欲求充足生活,以及逃离和避免有害之物;按照西塞罗《论责任》第1卷第3章,该原则甚至不仅被人类而且事实上被每一种动物所承认,他这样说道:"起初,自然安排每一种动物去保存自己的身体和生命,避免看似有害之物,以及获得和取得所有对活着来说必要的东西。"①任何一个人同样可以通过感觉归纳法清楚地把握该原则。

3. 然而,适合人类的活着和活得好存在于两种模式之中,一种是尘世的(temporale)或属地的(mundanum),另一种通常被称为永恒的(eternum)或属天的(celeste)。就第二种活着模式即永久的(sempiternum)而言,全体哲学家都不能通过证明来确证它,它也不属于自明的事物,所以哲学家们不费吹灰之力就把确证它的任务交给了他人。但是,就第一种模式即属地的而言,关于活着和活得好或善好生活以及那些对它来说必要的东西,光荣的哲学家们通过证明几乎完整掌握了它。基于此,他们得出结论,城邦共同体是必要的,没有它,就不可能达到这种充足的活着。而且,他们中最卓越的哲学家亚里士多德在其《政治学》第1卷第1章中说:"所有人都是为了这个而按照自然冲力朝向它的。"②尽管感觉经验教导了这一点,但是我们希望更清楚地介绍上述这一点的原因。我们说:因为人天生由对立的元素组成,并且它们对立的行为和激情几乎持续败坏着实体中的某些部分;另外,因为人天生赤裸且无所防御,周身环绕着大量易动且败坏的空气和其他元素,就像亚

---

① 西塞罗:《论责任》,I:11。
② 亚里士多德:《政治学》,1253a,29。[布本注]正如普雷维特-奥顿(Previté-Orton)所注,这段话既不符合《政治学》希腊本,也不存在于当时穆尔贝克(Moerbeke)翻译的《政治学》拉丁本,马西利乌斯对这段话的正确引用参见《和平的保卫者》I.13.2。

里士多德在自然科学中所说的那样,[1]所以人需要不同种类和类型的技艺来避免上述侵害。此外,由于只有众人可以操作这些技艺,也只有他们的彼此交流才可以维持它们,所以人们有必要聚集在一起,以便追求从它们中而来的便利并且避免不便。

4. 然而,斗争和争吵发生在以这种方式聚集在一起的人类中间,而它们若不被正义准则(norma)所约束,则会引发人类的战斗和分裂,以至于最终毁灭城邦,所以有必要在这个共同体内建立正义规则(regula)和守卫者或执行者。而且,由于这个守卫者必须约束那些僭越规则的不义之人以及其他来自内部或外部并搅扰或试图压迫共同体的人,所以城邦有必要在自身内拥有一些对抗这些人的东西。此外,由于共同体需要一些必需品以及各种公共物品的补给和存储,并且和平时期需要某些,在战争时期需要另一些,所以有必要在共同体内设立这些物品的照管者,以便公共需求在应急或必要的时候能够获得满足。然而,除了上述这些只满足今生需求的东西外,还要有其他东西,即城邦共同体中的人为了彼世状态所需要、由上帝的超自然启示许给人类并且对今生状态有利的东西,也就是说,对上帝的崇拜和荣耀以及对此世和彼世所受恩惠表达感恩的行为;为了教导这些[行为]并且在其中引导人们,城邦有必要确立某些教师。在接下来的讨论中,我们将详细考察所有这些以及上述其他城邦部分的定义或本质。

5. 因此,人们为了充足生活而聚集在一起,他们能够为自己寻求前面所列举的必需品并且彼此共享它们。这种如此完美且拥有自足目的的集会(congregatio)被称为城邦,我们刚刚以某种方式讨论了它的目

---

[1] [布本注]亚里士多德:《论动物的部分》,687a,25。

的因及其诸部分的目的因,并且随后将对城邦诸部分进一步划分。此外,由于那些想要充足生活的人需要不同种类的东西,而后者无法由一个品级或职权提供,所以有必要在这个共同体内设立不同的人类品级或职权,以便操作或提供人类为了充足生活所需要的这些不同种类的东西。然而,这种不同的人类品级或职权无非城邦中众多可分的部分。

因此,我们以这种比喻的方式充分讨论了什么是城邦、为什么建立这种共同体以及进一步讨论了城邦诸部分的多样性和划分。

第5章

论城邦诸部分的划分和设定,以及城邦诸部分为了人类发明所设定的可能目的而分离存在的必要性

1. 到目前为止,我们初步完整考察了城邦诸部分,并且表明了城邦的安宁由城邦诸部分彼此完美的行为和没有外部障碍的交流所构成。为了通过对城邦诸部分的进一步界定——不仅从它们的功能或目的而且从它们其他恰当的原因中——进一步澄清安宁及其对立面的原因,我们应当继续讨论它们,即城邦有六种部分或职权,①正如亚里士多德《政治学》第7卷第6章②所说:农业职(agricultura)③、制造职(artificium)、军事职(militaris)、财政职(pecuniativa)、教士职(sacerdocium)④和司法职或议会职(iudicialis seu consiliativa)。其中三种,即教士职、军事职和司法职,是绝对意义上的城邦部分,在城邦共同体中也

---

① [译者注]马西利乌斯在此处语境下使用的 pars[部分]或 officium[职权、职位、责任]可以理解为职能部门。如无特殊说明,以下相同语境的译文,皆可如此理解。
② 亚里士多德:《政治学》,1328b,2ff.。
③ [译者注]农业职即农业部分,如果出现 pars,例如 pars agricultura,则译为"农业部分",否则译为"农业职"。如无特殊说明,以下类似情况的译文,皆如此翻译。
④ [译者注]根据《和平的保卫者》上下文语境以及布本的全文翻译,为统一术语的需要,本文将 sacerdos 统一译为"教士",少数地方译为"祭司"。

通常被称为高贵部分(honorabilitas)。然而,其余三种在宽泛的意义上被称为部分,因为按照亚里士多德在《政治学》第7卷第7章①的观点,它们是对城邦来说必要的职权。而且,它们的群众(multitudo)通常被称为大众(vulgaris)。因此,它们是城邦或国家之中更广泛的部分,所有其他部分都能够被恰当地还原成它们。

2. 尽管我们在前面的章节中已经讨论了这些部分的必要性,但是我们希望以更分明的方式再次讨论它,所以我们采纳先前这个自明的观点,即城邦是一个为了让其中的人类活着和活得好而建立起来的共同体。当然,我们先前已经界定了两种活着模式:一种是此世的生活或活着,即属地的;另一种是他世或彼世的生活或活着。基于这两种被人类视为目的而欲求的活着模式中,我们将处理城邦共同体划分诸部分的必要性。因此,人类在第一种模式(即属地的)下的活着有时被理解为活物的存在,正如在《论灵魂》第2卷中:"对于活物来说,活着就是存在。"②在这种模式下,生命无非灵魂。然而,活着有时也被理解为灵魂或生命的行动、行为或激情。③ 此外,这两种模式中的任何一种都具有双重意思,因为它们要么针对数量上的相同存在者,要么针对一个物种下的相似存在者。而且,尽管上述每一种模式的活着(无论专属于人还是为人和其他动物所共有)都依赖于自然诸原因,但是我们当前不是以它生成于自然诸原因的方式来考察后者,因为这种考察方式属于有关植物和动物的自然科学;相反,我们当前对它们的研究,是就人类赖以

---

① [瓦本注]亚里士多德:《政治学》,1328a,2ff.。
② [布本注]亚里士多德:《论灵魂》,415b,13—14.。
③ [瓦本注]亚里士多德:《论灵魂》,421a,10ff.。

生存的技艺和理性实现它们而言的。①

3. 基于此,我们有必要注意到,如果人应当活着和活得好,那么他必须行为且行为得好(ut ipsius fiant et bene fiant);不仅行为如此,而且激情同样如此;我说好(bene),是指在恰当的温和气质方面(in temperamento convenienti)。由于我们没有从自然中完全完美地获得实现这种气质的东西,所以人类有必要超越自然诸原因并且通过理性形成一些东西,它们需要实现引发和保存他在身体和灵魂方面的行为和激情的功能。它们就是实践和沉思方面的美德和技艺所生成的各种各样的功能和功能物。

4. 此外,人类的一些行为和激情生成于非认知的自然诸原因,它们由组成我们身体的对立元素通过彼此的混合所产生。我们可以恰当地将营养部分的行为归为这一类。我们同样可以将包围我们身体的元素通过自身性质的变化所产生的行为纳入这个头衔之下;进入人体之物(例如食物、饮料、药品、毒品以及诸如此类的东西)所产生的变化同样属于这类行为。然而,还有一些行为和激情通过我们的认知和欲求能力生成于我们或在我们之中。其中一些被称为内在的(immanent),因为它们既不触及别的行为主体,也不为任何外部器官或肢体在处所方面的运动所左右,例如人的思想、欲求或情感。然而,还有一些行为和激情是且被称为及物的(transeunt),因为它们在上述一种或两种模式上与我们刚才的描述相反。

5. 所以为了节制和实现所有行为和激情(因为自然不能产生它们),人们发明了不同种类的技艺和其他美德。如上所述,为了供给人

---

① [瓦本注]亚里士多德:《形而上学》,980b,27;《政治学》,1332b,3—6。

的需求,人们任命了不同职位的人去操作它们;这些品级无非先前列举的城邦诸部分。因为为了节制和保护灵魂营养部分的行为(一旦该行为停止,动物就个体和种来说将完全走向灭亡),人们设立了平原的农业职和牧群的照管职,它们囊括了对所有种类的陆生、水生和有翼动物的狩猎以及所有其他技艺,借此人们获取食物以用于一些交换,或者备好食物以用于消耗,由此食物最终恢复了我们身体的实体中被消耗掉的东西,也使得后者在存在上延续至就人的自然所允许的程度而言的不朽。

6. 然而,为了缓和我们身体的行为和激情——它们生成于那些从外部包围我们的元素及其对我们的印迹,人们发明了一种机械职,即亚里士多德在《政治学》第7卷第6章①称之为"技艺"的东西,比如纺织术、皮革术、缝纫术和所有种类的房屋建筑术,以及一般而言所有其他间接或直接从属于城邦职权的机械术。它们既缓和触觉或味觉又缓和其他感官,例如绘画和其他诸如此类的东西,与其说是为了生活的必然性,不如说是为了愉悦和活得好。亚里士多德在《政治学》第4卷第3章中对此说道:"在这些技艺中,一些应当出于必然性而存在,但另一些则是为了愉快和活得好。"②实用医术同样可以被归为这一类,对于上述多种技艺来说,它在某种意义上是一种建筑术。

7. 然而,为了缓和那些从处所方面的来自认知和欲求的运动能力中产生的过度行为(我们称之为及物的,并且它们可能会给今世状态的行动者以外的他者带来便利、不便或伤害),有必要在城邦之中建立某

---

① 亚里士多德:《政治学》,1328b,6。
② [布本注]亚里士多德:《政治学》,1291a,2—4。

个部分或职权,借此这些过度行为得以纠正并且恢复平等或应有的比例。否则它们将引起战斗,进而导致公民分裂,最终毁灭城邦并剥夺充足生活。而这部分被亚里士多德称为司法、统治或议会部分(伴随着从属于它的东西),它的职权在于规定什么是正义和公利。

8. 除此之外,由于公民一旦受到压迫或者外部压迫沦为奴隶,就无法过上充足生活,并且由于审判者对不法之徒和内部反叛者的判决必须依靠强制力执行,所以有必要在城邦之中设立军事或战斗部分,而许多机械技艺同样从属于该部分。因为,如上一章所述,城邦被建立是出于活着和活得好的需要;如果公民沦为奴隶,那么活着和活得好将是不可能的。因为伟大的亚里士多德曾说过,公民沦为奴隶违背城邦的自然。他在《政治学》第4卷第3章处理这部分的必要性时,说道:"然而,第五种即战士,对于公民来说至少有必要存在,如果他们不应成为入侵者的奴隶的话。因为没有什么比称呼一个城邦在自然上是奴隶更加不可能的了:因为城邦是自足的,作为奴隶的城邦不是自足的。"① 此外,亚里士多德《政治学》第7卷第6章② 处理了这部分在内部反叛者方面的必要性。然而,为了简洁起见,我们省略了这段文字,而且我们将在这一论的第14章第8节引用它。

9. 此外,由于果实在尘世的日子里有时丰富有时匮乏,而且由于城邦有时和邻人处在和平之中,有时则相反,并且城邦需要其他公共便利,例如道路、桥梁和其他建筑的建造或维修以及诸如此类的东西(在此既不恰当也无法快速列举出来),所以为了在恰当的时间里提供这些

---

① [布本注]亚里士多德:《政治学》,1291a,6—10。
② [布本注]亚里士多德:《政治学》,1328b,7—9。

东西,城邦必须设立聚财的部分,亚里士多德称之为财政职。因为这部分聚集和储存金钱、谷物、酒、油和其他必需品,到处获取和采购公利物品以满足未来之需,同时拥有从属于它的某些其他东西。之所以亚里士多德称它为财政职,是因为金钱的储存被视为万物的宝库,因为万物皆可用金钱来交换。

10. 我们仍然要讨论教士部分的必要性,而众人并不像理解城邦其他部分的必要性那样一致理解教士部分的必要性。原因在于,它的真正且首要的必要性既不能通过证明得到理解,也不属于自明的事物。① 但是,所有民族都同意这一点,即设立它有利于崇拜和荣耀上帝并且可以为今世或彼世状态带来好处。因为许多教律或教派(lex sive secta)②应许彼世将由上帝分配的赏善罚恶。

11. 然而,除了教律(无需证明即可获得确信)制定的原因,哲学家们(其中包括赫西俄德、毕达哥拉斯和许多其他古代哲学家)恰当地注意到神圣教律或教派传承中的完全不同且对此世状态来说几乎必要的原因。这就是作为个体和公民的人类行为的善意(bonitas),共同体的平静或安宁以及最终今世的充足生活几乎完全依赖于它。因为即使一些发明这些教律或教派的哲学家不理解或不确信人的复活以及被称为永恒的那种生命,他们自身仍然可以想象,并让人相信它们以及与这个可朽生命中的人类行为品质相关联的喜悦和悲伤,以便在人身上引起对上帝的崇敬和敬畏,以及避免恶行、培养美德的欲求。因为有一些行为,立法者不能通过人法加以规定,例如一些行为不能被确证在任何人

---

① [瓦本注]《和平的保卫者》,I.4.3。
② [瓦本注]马西利乌斯使用 lex 和 secta 两个术语的目的在于表明不同宗教的制度和特殊教律教派的复杂性。

身上存在或不存在,但却无法逃避上帝,他们想象是上帝制定这些教律并且命令人们遵守,这些教律对为善或作恶之人施加永罚、威胁或应许。因此,他们谈论此世的各种有德之人,这些人被安置在天穹上。这也许是一些恒星和星座形象之名的由来。然而,他们说,那些堕落者的灵魂会进入各自野兽的身体之中,例如,猪的灵魂是味觉方面不节制之人的灵魂,山羊的灵魂是触觉和性欲方面不节制之人的灵魂,以及诸如此类符合人类恶行和动物受谴责品质之间的对应关系。① 他们还以这种方式为作恶之人安排了各种各样的折磨,例如,不节制的坦塔罗斯(Tantalus)被安排永恒的口渴和饥饿,水和果子在他面前,他却喝不到吃不到,因为它们总是后退得比他能够得着的更远。他们说塔耳塔洛斯(Tartarus)是如此充满裂缝和黑暗的折磨之地,并且用近乎恐怖和阴暗的腔调描述这一切。出于对这一切的恐惧,人们避免行堕落之事,被虔敬和仁慈的有德行为所唤醒,并且善待自己和他人。基于此,共同体中的诸多斗争和伤害消失了。因此,城邦不费吹灰之力维持了和平或安宁以及人类今世状态中的充足生活,这就是那些圣贤在阐释这些教律或教派时的最终意图。

12. 所以这就是外邦人的教士所传承的戒律;为了行教化,他们在共同体内部建立圣殿以敬拜他们的神,同时设立上述教律或传统的老师,他们称之为教士,因为后者处理圣殿中的圣物,例如经书、圣器和其他诸如此类服侍于神圣崇拜的东西。

13. 事实上,他们以合理的方式安排这些事物来符合他们的信仰和礼仪。因为他们不是立任何一种人为教士,而是立特定的有德且受认

---

① [瓦本注]柏拉图有类似的灵魂转世说。

可的来自军事、司法或议会职的公民。我说的公民是指已经弃绝尘世事务且因年龄而被免除城邦负担和职权的人。因为很显然，荣耀诸神和处理圣物的人，应当是这些远离激情且因年龄和举止庄重而说话更可信的人，而非那些从事卑鄙且低贱工作的工匠或雇工。因此，《政治学》第7卷第7章："不得立农民和工匠为教士。"①

14. 然而，外邦人和所有其他教律或教派现在或曾经要么背离基督大公教会信仰，要么背离大公教会信仰之前的摩西律法，要么背离大公教会信仰之前的教父信仰，以及一般而言背离被称为《圣经》的圣典所包含的传统，他们不能正确地理解上帝，因为他们追随人的才智、虚伪的先知或错误的老师，所以他们既不能正确地理解来生及其幸福或悲惨，也不能正确地理解为此而立的真教士职。但是，我们已经讨论了他们的礼仪，以便更加显明它们和真教士职（天主教教士职）之间的差异，以及教士部分在共同体中的必要性。

---

① 亚里士多德：《政治学》，1329a，28。［布本注］紧接着这句话，亚里士多德暗示农民和工匠不应是公民。

第6章

论城邦特定部分即教士部分的目的因,该部分直接来自圣传或天启,但却无法被人的理性所确证

1. 这一论接下来要谈论各个信徒团契中设立真教士职的目的因。因为它可以缓和人类被认知和欲望命令的内在行为和及物行为,借此人类种族被规定朝向彼世的最好生活。基于此,我们必须注意到,即使初人(即亚当)像其他受造物那样主要是为了上帝的荣耀而被造,但是他仍然从其他可朽物种中脱颖而出,因为他是照着上帝的形象和样式被造,①从而可以在今生之后分享永恒幸福。此外,正如一些圣徒和某些卓越的《圣经》博士粗略所说,他在无辜或原初正义和恩典状态之中被造。② 要是他保持在这个状态之中,城邦职权的设立或划分对他或他的后代来说就不是必要的了,③因为自然为他生产了地上天国或乐园中的充足生活所需要和所喜乐的东西,且不对他施加任何惩罚或辛劳。

2. 然而,由于他在吃禁果时败坏了自己的无辜或原初正义和恩典,

---

① [布本注]《创世记》,1:26。
② [布本注]无辜状态是否是恩典状态,在神学上存在争议。相关讨论,参见托马斯·阿奎那:《神学大全》,Ia,q.95,a.1。
③ [瓦本注]奥古斯丁在《上帝之城》第14、15和19卷中主张国家是罪的产物。

在该行为中违背了神圣诫命,所以他立刻堕入罪、悲惨或惩罚之中,我说的惩罚是指永恒幸福(他和他的后代被荣耀上帝之恩惠所最终规定朝向的永恒幸福)的剥夺。此外,他的每一个后代皆因他违背上述诫命而理应出生在性欲(libido)之中,并且每一个后代都处在性欲之中且从中孕育和诞生,而从这个惩罚中产生了天主教教律中被称为原罪的东西。耶稣基督是例外,他在无任何罪和性欲的状态下受圣灵所感,由童贞女玛利亚所生;当圣三一体中的一位(即神子,共在之一中的真神)披上了人的自然时,这事成了。每一个人类后代都因原初父母的这一违背而变得虚弱且生来虚弱,而人先前是在完美的健康、无辜和恩典状态之中被造的,因堕落而被剥夺了原本被规定朝向的终极善。

3. 然而,由于上帝独独怜悯人类种族(即依据他的形象被创造,他命定人朝向永恒的荣福和生命),所以从不做无用功且无所欠缺的他①想要修复人类的堕落,即下达某些人类必须遵守的服从诫命,而这些诫命作为违背行为的对立面必然会治愈罪恶造成的疾病。他像专业医生那样以一种严格的次序从简单到困难下达着诫命。因为他首先为人类规定了关于初果和初生动物的燔祭礼,仿佛他想试探人的忏悔和服从。古代父辈们在对上帝的崇敬、信仰、服从和恩典的感召中遵守该礼仪,直到亚伯拉罕的时代。事实上,上帝给亚伯拉罕下达了另一个更重要的诫命,即每一个男子都要受割礼,仿佛上帝进一步试探人的忏悔和服从。而且,一些人直到摩西的时代都在遵守这些诫命,上帝则通过摩西传给以色列民族一部律法,通过该律法,他为今世和彼世状态立了除上述以外的更多诫命,并且也立了教士和利未人为这律法的执事。事实

---

① [瓦本注]亚里士多德:《论灵魂》,432b,22。同时参见《政治学》,1253a,9。

上,遵守所有这些原初诫命和摩西律法的好处在于,净化罪或罚(无论原初的还是主动的或自发犯下的),逃避或免于他世的永恒惩罚和尘世惩罚,尽管人们没有因遵守这些而应得着永恒幸福。

4. 但是,仁慈的上帝规定人类种族朝向永恒幸福,他想要将人类从堕落中领回来,或者按照适当的次序使人类从堕落恢复到永恒幸福状态,最终他通过他的儿子耶稣基督(共在之一中的真神和真人)传给所有人类一部福音律法,其中包含必须相信、执行和避免的诫命以及诸如此类的告诫。人们通过遵守这些诫命和告诫,不仅可以像遵守原初诫命那样免受惩罚,而且将在恩典的规定下以某种和谐一致的方式从中应得着永恒幸福。基于此,它被称为恩典法:一方面是因为,借着基督的受难和死亡,人类种族从失去永恒荣福的罪与罚(这正是原初父母的堕落或罪所造成的)中获得救赎;另一方面是因为,通过遵守它并且领受与它一起且在它之中确立的圣礼,我们获赐神圣恩典,一经赐予,我们就得稳固,一经失去,我们就恢复原状。通过上帝规定的恩典法和基督受难的应得,我们的事工因某种和谐一致(如上所述)而应得着永恒幸福。

5. 然而,通过基督受难的应得,不仅后人领受了恩典,即能够应得着荣福的生命,而且那些遵守原初诫命和摩西律法的人也因此获得了永恒荣福的恩典,他们在彼世、一个他们称之为灵泊(limbus)的地方,一直被剥夺,直到基督的降临、受难、死亡和复活。他们通过基督领受了上帝赐给他们的应许,尽管这种恩典的应许早在先知们的诫命和摩西律法中就已经在模糊的面纱下传给他们了:因为"所有这些事都发生在他们身上"[①],正如使徒保罗在罗马书信[②]中所说。

---

① 《哥林多前书》,10:11。
② 应为希伯来书信。

6. 这一神圣指引非常恰当,因为在适合人类救赎的东西中,它从较不完美的指向较完美的,并最终指向最完美的。人们不应当因此认为上帝不能(如果他意愿的话)在人类堕落开始后就立刻采取完美的修复措施。相反,他之所以这样做,是因为他意愿这样做,也是因为这符合人类犯罪所要求的,免得过于容易的赦免可能为进一步犯罪提供机会。

7. 现在,一些被称为教士、执事或利未人的人在共同体中被立为上述律法的教师和律法方面的圣礼执事,其职权是在必须相信、执行和避免的事情上教导基督福音律法的诫命和告诫,由此最终在彼世状态中寻求荣福,避免其反面。

8. 因此,教士职的目的在于,按照福音律法教化和教导人为了寻求永恒救赎和避免永恒悲惨而必须相信、执行或避免哪些事情。

9. 此外,这个职权适合囊括一切人类才智发明的学科(无论思辨的还是实践的),因为它们可以缓和来自欲望和认知的人类行为(无论内在的还是及物的),由此人在灵魂的今世和彼世状态方面变得温和善良。事实上,由于这位伟大哲学家和其他伟人的教导,我们几乎拥有了所有这些学科①;但是,我们在此不去列举它们,一是为了论述的简洁起见,二是因为没有必要在这里考察它们。

10. 然而,关于这一章和接下来的一章,我们应当理解,城邦诸职权就其是城邦职能而言的原因(无论何种类型)有别于就其是人类身体或心灵的习性而言的原因。因为,就它们是人类身体或灵魂的习性而言,它们的目的因是直接产生于自身的作品,比如船是造船职的作品,武器

---

① [瓦本注]在建立哲学和教士职能之间的这种关系时,马西利乌斯可能受到了亚里士多德的一些启发。参见亚里士多德:《尼各马可伦理学》,1141b,1ff.,1177b,25ff.;《政治学》,1329a,20—24。

的使用或战斗是军事职的作品，神法的传播和神法方面的圣礼管理是教士职的作品，以及其他诸如此类的东西。然而，就它们是在城邦中被定立的职能而言，它们的目的因是完善人类行为和激情的便利与充足，而便利与充足产生于上述习性，或者说，没有这些习性就不会产生便利与充足。所以战斗是军事习性的行为或目的，它在城邦中为人类带来自由并且维护自由，这就是军事行为和作品的目的；同样地，房屋是造房习性的作品或目的，它为人类或城邦带来远离热、冷、湿或干空气的有害影响的庇护所，这个庇护所就是造房职在城邦中得以被建立的目的因。按照同样的方式，对神法诫命的遵守（教士职的目的）为人类带来永恒幸福。我们应当按照同样的方式来思考城邦的所有其他部分或职权。如下文所示，我们也以这种或类似方式对上述职权的其他类型原因（质料因、形式因和动力因）加以划分。①

那么，关于城邦诸部分的数量及其因充足目的而产生的必要性和划分，我们就说这么多吧。

---

① ［瓦本注］早在马西利乌斯之前，大阿尔伯特（Albertus Magnus）和阿尔福尼亚的皮埃特鲁（Pietro D'Alvernia）就提出了类似的划分。参见 Albertus Magnus, *Ethica*, I, tr.III, cap.X; tr.VI, cap.I, in *Opera omnia*, ed. A. Borgnet, VII, Paris: 1891, 42 – 43, 84 – 85；Pietro D'Alvernia, in *Politicorum Aristotelis libros commentarium*, lib. IV, Lect.13, in Thomas Aquinas, *Opera omnia*, XXI, Patma, 1866, pp. 545 – 546。

第7章

论城邦诸部分之存在和分离的其他原因类型,以及将每一种类型划分为与我们意图相关的两种模式

1. 我们接下来应当谈论城邦诸职权或部分的其他原因。我们首先述说质料因和形式因,然后研究它们的动力因。但由于在人类心灵所完成的事物中,质料在现实上先在于形式,①所以我们首先述说质料因。我们说,就职权表示灵魂的习性而言,不同职权的专属质料是那些在血统(generatio)或出身(nativitas)上就倾向不同技艺或学科的人。② 因为自然在必要性上无所欠缺,③并且照管更高贵的东西,诸如可朽物中的人类种族④;正是从这个种族中,一旦它通过各种技艺或学科得到完善,城邦及其分化部分(对于实现充足生活来说是必要的)就必须由它的质料所构成,如这一论第4和5章所示:自然大概在人类血统上就开始了这种分化,从而产生了一些在自然禀赋上适合并倾向于农业职的人,一些倾向于军事职的人,其他倾向于其他种类的技艺和学科的人,

---

① [瓦本注]亚里士多德:《形而上学》,1032b,31。
② 普雷维特-奥顿暗示 generatio 和 nativitas 两个概念的占星术意涵。
③ [瓦本注]亚里士多德:《论灵魂》,432b,22。
④ [瓦本注]亚里士多德:《论动物的部分》,686a,25ff。

但是不同的人对应不同的倾向。自然不是让一个个体倾向于一种类型的技艺或学科,而是让多个人倾向于同一种类型的技艺或学科,因为这是实现充足性的必要方式。所以自然生出一些适合明智的人,因为城邦中的司法和议会部分必须由明智之人组建;一些适合强壮和胆大的人,因为军事部分适合由这些人组建。自然以同样的方式使得所有其他人适应各种实践习性和思辨习性(它们对于活着和活得好来说是必要的或适当的),以便通过各种自然倾向与各种种类和类型的习性来系统满足城邦各个部分的需求。然而,就职权表示城邦部分而言,城邦职权的质料因现在已经很清楚了。因为它们的质料因是习得各种种类和类型的技艺和学科的人,城邦中的各种品级或部分正是由他们组建,以便实现他们的技艺和学科所带来的充足目的;按照这种模式,职权可以被恰当地称为城邦部分,类似于服务(obsequium),因为当它们被认为以这种模式在城邦中被建立起来时,它们就被规定服务于人。

2. 就它们是人类心灵的习性而言,它们的形式因无非这些习性;因为它们是人类自然倾向得以实现或完善的形式。因此《政治学》第7卷最后一章:"一切技艺和学科都想要弥补自然所欠缺的。"[①]然而,就诸职权是城邦的制度和部分而言,它们的形式因是动力因的命令,该命令被给予或施予城邦所委派执行特定任务的人。

3. 因此,就诸职权表示灵魂的习性而言,它们的动力因或发动因是人通过思想和欲望(无论以个别方式还是结合方式,并无差别)表达的想法和意愿。其中一些职权的本原则是身体器官的运动和操作。但是就它们是城邦部分而言,它们的动力因常常且多数情况下是人民立法

---

① 亚里士多德:《政治学》,1337a,1。

者(humanus legislator),即使它们的直接动力因曾经很少且极少数情况下是无需人类决断参与的上帝,正如我们将在这一论第9章所说,并且这一论第12章和第2论第15章将进一步澄清这一点。然而,人们对教士职的制度存在不同的理解,第2论第15和17章将对此作充分论述。

那么,我们确定了城邦诸部分以及基于其他三种原因而建立它们的必要性。

第8章

论政体或政权(温和的和欠缺的)种类及其类型的划分

1. 我们之前已经有所证明但我们现在应当更加准确证明的是,城邦诸部分的建立和划分从某个动力因中而出,即我们之前所说的立法者;这同一个立法者模仿动物的本性建立、划分和分离这些部分,也就是说,首先在城邦中塑造或建立单一部分,即我们在这一论第5章所说的统治部分或司法部分,[1]其他部分则通过这一部分建立起来,这将在这一论第15章得到进一步阐明[2]:基于此,我们适合首先谈论这一单一部分的性质。因为如下文所示,它是其他部分当中的首要部分,所以首先澄清这部分动力因是我们着手澄清城邦其他部分的建立和实践划分的适当方式。

2. 存在两种统治部分或统治职,一种是温和善好的,另一种则是欠缺的。根据亚里士多德《政治学》第3卷第5章,[3]我所谓的那种"温和善好的",是指统治者为了公利而按照臣民的意志进行统治;"欠缺的",

---

① [瓦本注]《和平的保卫者》,I.5.7。
② [瓦本注]《和平的保卫者》,I.15.2。
③ 亚里士多德:《政治学》,1279a,17ff.。

则是指这种统治的缺失。此外,这两种中的每一种都可以划分为三个类型:第一种,即温和的,分为王政君主制[王制]、贵族制和共和制;另一种,即欠缺的,分为三个相反类型,僭政君主制[僭主制]、寡头制和民主制。此外,这些类型中的每一个都有各种变体模式,但这不属于我们当前试图处理的事务。因为亚里士多德在《政治学》第3和4卷①已经充分处理了这些类型。

3. 然而,为了充分理解它们(这在某种意义上对于阐明接下来的内容来说是必要的),我们将依据亚里士多德的意图来描述上述每一个统治类型。让我们首先说,王政君主制是温和的统治,其统治者是一个为了公利和臣民意志或同意的人。与之相反的僭主制则是欠缺的统治,其统治者是一个为了自身利益且违背臣民意志的人。贵族制是温和的统治,其统治者只是依据臣民意志或同意以及公利的贵族。与之相反的寡头制则是欠缺的统治,其统治者是某些为了自身利益且违背臣民意志的更富裕或更强力的人。而共和制(policia),尽管它的一种含义指所有种类或类型的政权或统治的共性,但是它的另一种含义指某种类型的温和统治,在其中,每一个公民,依据自身的等级、能力或条件,也为了公利和公民意志或同意,在某种意义上轮流分享统治或议会职权。与之相反的民主制则是这样一种统治:在其中,大众或穷人群众在违背其他公民意志或同意,且没有按照适合的比例完全满足公利的情况下建立统治部分并且自己统治。②

4. 然而,在当前的考察中,我们并不谈论最好的温和善好统治是哪

---

① 《政治学》古代编本的第3卷和第4卷对应于现代编本的第3卷和第6卷。
② [瓦本注]参见亚里士多德:《政治学》,1279b,8ff.。

一个,最欠缺的统治是哪一个,以及其他统治类型在善恶方面的次序。但是,我们已经充分谈论了划分为各个类型的统治部分以及对它们的描述。

第 9 章

论建立王政君主制的模式以及其中最完美的模式,论建立其他政权(无论温和的还是欠缺的)的模式①

1. 在确立了这些观点后,我们现在应当谈论实施或建立统治部分的模式。因为从这些模式的更好或更坏的性质(作为实践活动的尘世政权由此而来)中,我们必须推断出这些模式及其建立的统治部分更有利于政体的动力因。

2. 事实上,由于本书的意图在于一些应当以常见的方式造出统治部分的原因和行为,所以我们希望事先谈论一种模式和原因,它已经以不常见的方式创造了这个部分,从而我们可以将这种模式或行为及其近因与那些应当以规律的和常见的方式造出统治部分,并且能够通过人的证明所确证的模式或行为及其近因分辨开来。因为对于前一种模式,我们无法通过证明得到可靠的理解。此外,这种模式或行为及其近因——它已经塑造了统治部分和城邦的其他部分,尤其是教士部分——是神圣意志(divina voluntas),它通过对某个个体受造物的可靠

---

① [译者注]标题翻译参考了格本和瓦本译文。

神谕或者也许通过自己直接下命令这样做；按照这种模式，它以摩西及其后世其他审判者的名义建立了以色列人民的统治部分，以亚伦及其继任者的名义建立了以色列人民的教士部分。的确，至于如何处理或谈论这个原因及其自由的行为，以及为什么以这种方式或那种方式而非以别的方式这样做，我们不能通过证明去谈论它，而是以不经推理的绝对信仰的方式持有它。然而，还有一种建立统治部分的模式，即直接生成于人的心灵，即使以上帝为远因（上帝也承认一切地上的统治部分，正如《约翰福音》第19章①所说，使徒保罗在《罗马书》第13章②、圣奥古斯丁在《上帝之城》第5卷第21章③也清楚表明了这一点），但这并不总是毫无媒介，相反，上帝常常且几乎总是通过人的心灵建立这些统治部分，他承认人以这种模式建立统治部分的决断（arbitrium）。我们可以通过人的确证从政体的好坏中处理这个原因是什么，它应当通过什么行为来建立这些的问题。

3. 因此，抛开我们不能通过证明确证的这个模式不谈，首先，我们希望阐述人的意志作为近因建立统治部分的模式。其次，我们将表明其中最可靠和最完美的模式。再次，我们将从那个模式的最高本性中论证一种动力因，只有它应当且能够产生这个模式。据此，我们也将清楚地看到城邦其他部分得以最佳建立和确定的恰当动力因。最后，我们将谈论统治部分的一（unitas），城邦或国家的一是什么也将因它而变得清楚。

4. 因此，按照我们所制定的计划，我们将首先列举建立王政君主制

---

① 《约翰福音》，19:11。
② 《罗马书》，13:1。
③ 奥古斯丁：《上帝之城》，5:21。

的模式,即谈论它们的起源。因为正如上述第3章所表明的那样,这种类型的统治部分似乎天然地适合我们并且最接近家政学。一旦确定了这种模式,那么建立其他各种统治部分的模式将显而易见了。根据亚里士多德《政治学》第3卷第8章,①存在五种建立王政君主制的模式。一种是,君主因某一个特定的任务(但是它要关乎共同体的政权,比如统帅军队)而被立,要么伴随着世袭,要么只限于君主个人的一生;按照这种模式,阿伽门农被希腊人立为军队统帅。这种职权在当今共同体中被称为队长或警察。这个军队统帅在和平时期绝不可以干预司法;但是一旦发生军事战争,他就有权杀死或以其他方式惩罚冒犯者。

第二种是亚洲的某些君主行使统治的模式,他们通过世袭从前任那里获得统治权,但是它所依据的是为了君主利益而非完全为了公利的准专制法律。事实上,这个地区的居民因自己的野蛮、奴性和习俗而甘心忍受着如此统治。这种统治确实是王政的,因为它是祖传的并且符合臣民的意志,比如因为君主的祖先曾是这个地区的原住民;但是,这种统治在另一种意义上是僭政的,因为它的法律不完全为了公利,而是为了君主利益。

第三种王政君主制模式是,一个人因选举而非通过父系继任,但是它所依据的不是完全为了公利而是为了君主利益的准僭政法律。基于此,亚里士多德称上述这种统治类型为"选举僭主制"②,"僭主制"是因为法律的专制特征,"选举"则是因为它没有违背臣民的意志。

第四种模式是,按照完全为了公利的法律,某个人和他的整个世袭

---

① 亚里士多德:《政治学》,1284b,35 ff.。
② 亚里士多德:《政治学》,1285a,31。

继任者通过选举被立为统治者。正如亚里士多德在上述同一个地方所说,①英雄时代曾使用过这种模式。这些时代被称为英雄的,要么是因为星座生产了这些英雄(他们由于卓越的美德而被视为诸神),要么是因为这些人只由于自身的卓越美德和恩惠(例如他们聚拢分散群众并且将其聚集在城邦共同体之中)而被立为统治者,要么是因为他们通过战斗和武力从压迫者手中解放了一个地区,要么也许是因为他们购买了或以别的适当方式获取了一个地区并且将它分给了臣民。一言以蔽之:这些人连同自己的整个后代或继任者一起被立为统治者,是因为他们将巨大恩惠给予了其他群众或以别的方式展现了卓越的美德,正如亚里士多德在《政治学》第5卷第5章所说的那样。② 亚里士多德也许是在这种类型的君主制下将它理解为一个人在其一生或部分生命阶段中被立为统治者,或者是让我们通过这种类型的君主制和所谓的选举君主制来理解它,因为它分有了二者的特征。

第五种模式是且曾是(est et fuit),统治者借此被立为共同体中所有东西的主人,由此根据自己的意志处置物和人,就像家主随意处置自己家庭中的东西那样。

5. 但是,为了进一步澄清亚里士多德的这些表述,以及归纳建立所有其他统治类型的模式,我们说,所有统治要么符合,要么违背臣民的意志。第一种是温和善好的统治,第二种则是欠缺的。此外,如第8章所述,③这两种中的每一种都可以划分为三个类型或模式。由于温和善好统治的其中一种类型(也许是最完美的)是王政君主制,所以让我们

---

① 亚里士多德:《政治学》,1285b,4。
② 亚里士多德:《政治学》,1310b,10ff.。
③ [译者注]《和平的保卫者》,I.8.2。

从开始述说这种模式的地方重新梳理思路并且主张,国王或君主要么通过居民或公民的选举被立,要么以没有公民选举的适当方式占据统治部分。如果没有公民的选举,那么这要么是因为他或他由以而来的祖先起初就居住在这个地区;要么是因为他购买了土地和司法管辖权,或者通过正义战争或别的合法方式获取了它,比如通过因他所作出的卓越服务而提供给他礼物的方式。此外,上述任何一种模式越有真正王政的特征,就越是为了臣民的意志,越能通过符合臣民公利的法律;与之相反,越带有僭政的味道,就越远离臣民的同意以及为公利而立的法律。因此,亚里士多德在《政治学》第4卷第8章写道:"它们是王政的(即君主制)是因为它们依据法律,并且因为它们为了[臣民的]意志而行使君权;它们是僭政的,是因为它们依据自己的(即君主们的)意见行使专制统治。"① 因此,如亚里士多德的明确观点所示,上述这两种特征将温和的和欠缺的统治类型划分开来,但是在绝对或广泛的意义上,[真正的划分标准]是臣民的同意。因为如果一个君主通过居民的选举被立为统治者,那么这必然符合这些模式中的某一种,因为要么是他连同他的整个后代或继任者一起被立,要么不是。也就是说,如果他不是连同所有后代一起被立,那么这就可能有多种模式,因为要么他只在整个一生中被立,要么在他自己一生和他的一个或多个继任者的一生中被立;要么不是在任何人(无论初代还是继任者)的整个一生中被立,而是只在某个限定的时间内被立,比如一年或两年,更长时间或更短时间;此外,要么他行使一切司法职权,要么他只像一个军队统帅那样行使一种职权。

---

① 亚里士多德:《政治学》,1295a,15ff.。

6. 此外,选举的和非选举的王政君主既相似又不相似,相似是因为二者都根据[臣民的]意志进行统治。不相似是因为非选举的君主常常更少根据臣民的意志进行统治,更少根据为了公利的政治法律来处置那些我们之前称为野蛮人的人。与之相反,选举的君主更多根据[臣民的]意志进行统治,更多根据上述为了公利而通过的政治法律来处置人。

7. 由此可见,并且下文①将进一步澄清的是,选举类型的统治职②优于非选举类型的统治职。这也是亚里士多德《政治学》第3卷第8章③的观点,即我们先前从中引用的关于它们大约在英雄时代被立的观点。此外,这种建立模式在完美共同体中更持久。因为所有其他模式有时出于必然性必须还原为这一模式,反之则不然,例如如果世袭出现了缺陷,或者如果那种统治职偶然地因自身政权的过度邪恶而变得不为群众所容忍,那么群众自身必须转向选举,所以只要人类种族没有缺陷,选举绝不会有缺陷。进一步来说,只有这种模式才会产生最好的统治者。因为这种人应当是生活在政体中的最好的人,因为他必须规定所有其他人的公民行为。

8. 建立其他类型的温和统治职的常见方式是没有连续世袭的选举,有时在某些情况下是抽签(sors)。④ 然而,建立欠缺统治职的常见方式是欺诈、暴力或者二者兼备。

9. 至于哪一种温和的统治职最优越,是君主制或其他两种类型(贵族制或共和制),以及哪一种君主制最优越,是选举的还是非选举的;此

---

① [布本注]参见《和平的保卫者》I.14—16。
② [译者注]这里的"统治职"可以理解为"政府",以下皆同。
③ 亚里士多德:《政治学》,1285b,2。
④ [布本注]古代雅典曾广泛使用抽签挑选官员;当时的意大利公社使用过选举和抽签(通常是两者的复杂结合)。

外,至于哪一种选举的君主更优越,是伴随着所有世袭继任者被立的,还是只在一个人没有这种继任权的情况下被立的(这种情况又可以分为两种,即要么在一人或多人的整个一生之中被立的,要么只在限定时间之内被立的,比如一年、两年、更长时间或更短时间):这些问题可以有合理的调查和质疑,但是按照真理和亚里士多德的明确观点,选举无疑是任何一种统治职的最可靠准则,正如这一论第12、16和17章将进一步确证的那样。

10. 但是,我们不应当忽视这一点,即一个群体在一个地区和时间内倾向于一种政体,接受一种统治职,另一个群体在另一个地区和时间内倾向于另一种政体,接受另一种统治职,正如亚里士多德《政治学》第3卷第9章所说,①立法者和建立统治职的人都应当注意这一点。因为正如不是任何一个人都倾向于最好的学科,因此教导者并不适合安排每个人去获取它,而是适合安排每个人去获取每个人更有把握但仍然是善好的学科,由此某一群体也许有时候或在某个地方并不倾向于接受最好的统治职,所以人们首先应当试图引领该群体朝向最适合自己的温和统治职。因为在尤利乌斯·凯撒的君主制之前,罗马人民不会长期接受任何限定的君主,无论伴随着世袭还是只限于某个君主的整个一生。这种情况可能会发生,也许是由于英雄和英勇元首众多的缘故,无论就血统或血亲还是就单个个体而言。②

---

① 亚里士多德:《政治学》,1284b,37ff.。
② [布本注]对比卢卡的托勒密(Ptolemy of Lucca), *De regimine principum*, II.8—9 (tr.Blythe, pp.120—125)和IV.8 (pp.237—239)关于不同地区的差异特征要求不同的政府模式,以及罗马早期的非臣民性。在托勒密这里,这种观点明确支持罗马共和国及其"政治的"政权。但是马西利乌斯这里的措辞是模棱两可的;参见《和平的保卫者》,I.16.17。

11. 因此，从这些结论中可以清楚看到，至于对城邦或国家来说哪个君主是更优越的，一些人①争辩是通过选举还是通过世袭行使统治的更优越，却都没有以恰当的方式提问和争辩。相反，他们首先必须正确争辩的是，哪一种君主更优越，是选举的还是非选举的。如果是选举的更优越，那么是和所有的继任者一起被立的君主更优越，还是没有附带世袭的更优越。因为尽管非选举君主几乎总是将其统治职权传给继承人，但不是所有的选举君主而是仅仅那些连同他所有的继任者一起被立的选举君主这样做。

那么，我们确定了建立统治职的模式以及为什么选举绝对是其中最优越的。

---

① ［瓦本注］这些人可能是指罗马的吉尔斯（Aegiclius Romanus, *De regimine principum*, lib.III.pars II.cap.5）和奥古斯丁·特里姆乌斯（Augustinus Triumphus, *Summa de ecci. poi.*, Augustae, 1473, qu.35.aa.6—7）。

第 10 章

论"法律"这个术语含义的划分和处理,及其最恰当的、我们所意图的含义

1. 由于我们已经表明选举是建立统治职的最完美、最优越的模式,所以我们最好考察它的动力因,即它在其全部善好方面由以生成的东西。选举统治职和政体其他部分的原因将由此变得显而易见。然而,由于统治部分必须规定人的公民行为(如我们在这一论第 5 章①所证),并且按照作为且必须作为统治形式的规则这样做,我们有必要尽可能地考察这个规则,如果它存在,那么它是什么,它的目的是什么。因为它的动力因也许和统治职的动力因是一样的。

2. 因此,我们认为这个规则(人们称之为法规或习俗以及法律这个共名)存在于所有完美共同体中,这一点从归纳法来看几乎是自明的。我们首先将表明它是什么,②其次就其目的而言处理它的必要性,③最后通过证明来确定这个规则应当凭借谁的、什么和何种行为被立④;这就

---

① [瓦本注]参见《和平的保卫者》,I.5.7。
② [瓦本注]参见《和平的保卫者》,I.10.3—10.6。
③ [瓦本注]参见《和平的保卫者》,I.11。
④ [瓦本注]参见《和平的保卫者》,I.12—13。

是考察立法者或其动力因,我们认为选举统治职的权力也属于立法者,并且我们将在下文通过证明来表明这一点。① 我们称为法律的上述规则的质料或主体也将由此变得显而易见。因为它就是统治部分,它有权根据法律规定人的政治或公民行为。

3. 因此,对于我们着手谈论的这些问题,为了避免因术语的多义性而造成的混乱,我们有必要区分"法律"这个术语的意义或含义。因为在它的众多用语中,这个术语的其中一种含义意味着朝向某种行为或激情的自然感性倾向,这就是使徒保罗在《罗马书》第 7 章言说它的方式,当他说,"但我看见我肉体中的另一个律和我灵魂中的律交战"②,而在它的另一种含义上,"法律"这个术语是指任何一种功能习性以及一般而言每一种存在于心灵中的功能形式,由此(作为范例或尺度)产生了人造物的形式,③这就是《以西结书》第 43 章所言说的方式:"所以这是圣殿的律,但这些是祭坛的尺度。"④而在第三种方式上,"法律"被视为规则,它包含对人类行为的命令式告诫,借此人被规定朝向来世的荣耀或惩罚;按照这种含义,摩西律法部分地被称为法律;福音律法则整个地被称为法律。因此使徒保罗在《希伯来书》中对此说道:"因为教士职已经更改,所以有必要更改律法。"⑤《雅各书》第 1 章也在福音教导的意义上谈论法律:"查看自由的完美律法并且时常如此之人……就在他所做的事情上得福。"⑥这种含义的法律也被一切教派称为法律,比如

---

① [瓦本注]参见《和平的保卫者》,I.15.2。
② 《罗马书》,7:23。
③ [布本注]参见托马斯·阿奎那在《神学大全》(Ia, IIae, q. 93, a.1)中对于永恒法的定义。
④ 《以西结书》,43:12—13。
⑤ 《希伯来书》,7:12。
⑥ 《雅各书》,1:25。

穆罕默德或波斯人的教派整个地或部分地被称为法律,尽管只有摩西律法和福音律法即天主教徒的律法包含真理。亚里士多德在《形而上学》第 2 卷也以这种方式称这些教派为法律,当他说,"法律展示了习俗的东西拥有多么大的力量"①,并且在该书第 12 卷中说,"其余的被当作故事来介绍,以便说服多数人朝向法律和利益"②。然而,"法律"这个术语的第四种且更广泛的含义意味着对正义之事和城邦利益及其反面的科学、学说或普遍判断。

4. 据此,我们可以用两种方式来理解法律:在一种方式上,它本身只表明什么是正义的或不义的、有利的或有害的,由此它被称为法权科学(iuris sciencia)或学说。法律在另一种方式上被理解为,根据对它的遵守而在今世通过分配惩罚或奖赏发出一种强制命令,或者它通过这种命令的方式而被传下来;用这种方式来理解的法律,则被称为且是最恰当意义上的法律。亚里士多德在《尼各马可伦理学》最后一卷第 8 章也采纳了这种方式来界定法律,他说,"法律拥有强制力,它是来自某种明智和理智的论说"③,因此,"论说"或"来自某种明智或理智的"言论,即政治的论说,意味着法律是通过政治明智达成的关于正义和有利及其反面事物的规定;"拥有强制力",意味着法律是根据对它的遵守而发出一种命令(个人被强制遵守它),或者它通过这种命令的方式被通过。

5. 因此,并非所有关于城邦正义和有益之事的真认知都是法律,除非根据对它的遵守而发出一种强制命令,或者它通过命令的方式被通过,虽然完美法律必然要求对这些事务的真认知。的确,一种关于正义

---

① [布本注]亚里士多德:《形而上学》,995a,3—4。
② [布本注]亚里士多德:《形而上学》,1074b,3—5。
③ [布本注]亚里士多德:《尼各马可伦理学》,1180a,21—22。

和有益之事的假认知有时会成为法律,当根据对它的遵守发出一种强制命令,或者它通过命令的方式产生时;正如在一些野蛮地区所看到的那样,即一个杀人犯在为他的罪行提供一些财物作为罚金后将被免除城邦的罪与罚,而野蛮人将这种情况当作正义之事加以遵守,但这绝不是正义的,他们的法律也因此绝不是完美的。① 因为虽然它们拥有必要的形式,即遵守它们的强制命令,但是它们缺少必要的条件,即关于正义之事所必要的真规定。

6. 此外,在法律的这种含义之下,包括了所有由人类权威建立的关于城邦正义和有益之事的规则,比如习俗、法规、民众决议、法令②和所有其他诸如此类依靠我们刚刚所说的人类权威的东西。

7. 但是,我们应当注意到,福音律法、摩西律法以及也许别的教派律法,在与今世或来世状态的人类行为的关联中,都以各种方式整个地或部分地被思考和比较;它们有时、迄今为止已经或者将来落在法律的第三种含义下,有时落在最后一种含义下,正如第 2 论第 8 和 9 章所进一步澄清的那样。一些法律依据真理,另一些法律则依据虚假的幻象和虚妄的应许。因此,由上可知,存在一个关于人类公民行为的规则或法律,以及由上可知它是什么。

---

① [瓦本注]这是一种赎刑制度,即在发生谋杀案时应支付和解金。这是一种经济处罚的形式,谋杀自由人的凶手及其亲属必须向被谋杀人的亲属支付罚金,以便解除对方的报复。

② [瓦本注]参见《和平的保卫者》,I.13.5,II.28.29。

第11章

论立法(就法律的最恰当含义而言)的必要性;任何一位统治者,无论他多么贤德或公正,在没有法律的情况下行使统治职权都是不利的

1. 那么,在区分了法律的这些含义之后,我们现在想要表明它就其最终和最恰当意义而言的必要性或目的:主要必要性是公义和公利,而次要必要性是那些行使统治职权(尤其根据世袭行使统治职权)之人的安全以及统治的长久。所以首要必要性是这样的:有必要在政体中建立这样一种东西,尘世审判没有它就不是绝对正确的,它使得尘世审判在免于人类行为可能产生的缺陷的情况下得以恰当地通过。法律就是这种东西,因为统治者仅限于依据它作出尘世审判,所以在政体中立法是必要的。这个证明的第一个命题几乎是自明的并且非常接近于不可证明的命题。它的确定性应当且能够从这一论第5章第7节得到理解。第二个命题则将从这一点得到澄清:由于审判的完全善好要求审判者的正确情感以及关于审判之事的真认知,二者的反面则是腐化的尘世审判。因为审判者的败坏的情感,例如恨、爱或贪,会败坏他的欲求。然而,当审判者或统治者仅限于依据法律作出审判时,这些败坏的

情感就会被排除在审判之外,审判也因此避免了它们,因为法律没有任何败坏的情感。事实上,法律不是适用于朋友或敌人(对朋友有利或对敌人有害),而是普遍地适用于所有作出善恶公民行为的人。因为所有别的事情对法律来说都是偶然的和无关的,但它们对审判者来说并不是无关的。因为参与审判的人可能对审判者来说是友好的或敌意的、有利的或有害的,并可能给予或应许审判者某些东西;通过这种方式,审判者可能会产生一种败坏审判的情感。基于此,任何审判都不应尽可能地交给审判者决断,而应由法律决定并且依法宣判。①

2. 这也是神圣的亚里士多德在《政治学》第3卷第9章②的观点,他在那里按照自己的意图追问道,对于一个政体来说,是由不依赖法律的最好的人统治更好,还是由最好的法律统治更好,他这样说道:"更强的(即审判中更优越的),是不存在任何激情的东西(即能够败坏审判的情感),而激情是与生俱来的。所以它(即激情或情感)不是法律固有的,但每一个人类灵魂必然拥有它。"他说"每一个",意味着无人例外,无论他多么贤德。他在《修辞学》第1卷第1章③重复了这个观点,他这样说道:寻求"一切事物之中最伟大的(即在没有法律的情况下,任何事情都不应留给审判者的决断来进行审判),因为立法者的审判(即法律)不是就部分而言的(secundum partem)(即不是为了任何特定的人而立的),而是关乎未来和普遍之事。然而,地方长官和审判者审判眼前的确定之事,而爱、恨和个人利益常常依附于这些事情,以至于他们不能充分地看到真相,而是在审判中关注令自己愉快或悲伤的事物"。他也在《修辞学》第

---

① [译者注]这段翻译参考了瓦本译文。
② [布本注]亚里士多德:《政治学》,1286a,17—20。
③ [布本注]亚里士多德:《修辞学》,1354b,4—11。

1卷第2章说了这些,他说:"因为,我们不会给出同样的审判,当我们悲伤和高兴、爱或恨的时候。"①

3. 此外,审判者的无知也会腐化审判,即使他们拥有善好的情感或意图;但这种罪或缺陷可以通过法律得到消除和补救,因为就任何一个人类公民行为而言,法律几乎完美定义了什么是正义的或不义的,什么是有利的或有害的。然而,无论一个人的才智如何,他都不可能充分完成这样的定义。因为任何一个人,也许一个时代的所有人,都不可能发现或保留法律所规定的所有公民行为。相反,第一批发现者和同一时代所有观察到这些的人对这些行为所说的话都是有限的和不完美的,它们后来通过后人的补充才得以完成。众所周知,我们通过经验足以看到,通过增加、减少和完全对立的变换,法律有时会根据不同的时代和同一时代的不同时间作出改变。亚里士多德在《政治学》第2卷第2章也证实了这一点,他说:"我们不应忽视这一点,因为我们必须日积月累地观察,在这段时间里,我们当然要注意到,这些事物本身(即应当被立为法律的事物)是否是好的。"②他在《修辞学》第1卷第1章说了同样的话。"那么,"他说,"立法行为的确是经过长期考虑后发生的。"③理性确证了这一点,因为正如之前从对法律的描述中清楚看到的那样,立法需要明智,但明智需要长期的经验,而这要求很长时间。因此《尼各马可伦理学》第6卷:"我们谈到过一个迹象,尽管年轻人可以成为几何学家,对这类事物博学和智慧;但他们似乎没有变得明智。原因在于,明智是关于个别事物的,这只有通过经验才能被理解,但年轻人缺少经

---

① [布本注]亚里士多德:《修辞学》,1356a,15—16。
② [布本注]亚里士多德:《政治学》,1264a,1—3。
③ [布本注]亚里士多德:《修辞学》,1354b,1—2。

验,因为经验需要日积月累。"①因此,无论在关于什么是正义和尘世利益的科学还是在其他科学中,一个人能自己发现或知道的东西极少或什么也没有。此外,一个时代的人所观察到的东西,与多个时代的人所观察到的东西相比,也是不完美的。基于此,当亚里士多德在《形而上学》第2卷第1章中论述在每一种技艺和学科中的真理发现时,他这样说道:"对于一个人来说(即任何一门学科或技艺的发现者),他对它的贡献(即他独自对它的发现)极少或几乎没有,而所有人的表达结合在一起则会产生某个巨大的效果。"②但是,根据阿拉伯语的翻译,这段文字更为清晰,其中这样写道:"他们中的任何一个人(即任何技艺或学科的发现者)几乎没有或极少理解真理。因此,当所有那些已经达成某种理解的人聚集起来时,其结果将是有一些分量的。"③这一点在占星术中是最显而易见的。④

所以,以这种方式,通过人们的相互帮助,将最新的发现添加到以往的发现之上,所有的技艺和学科就得到了完善。亚里士多德在谈论音乐的发现时也以比喻的方式阐明了这一点,当他说:"如果没有提摩太,我们将没有很多旋律;但如果没有弗林,也就没有提摩太。"⑤也就是说,在弗林发明旋律之前,提摩太在旋律方面不会如此完美。当阿维罗伊在《评注》第2卷阐释这些话时,他这样说道:"他(即亚里士多德)在

---

① [布本注]亚里士多德:《尼各马可伦理学》,1142a,11—15。
② [布本注]亚里士多德:《形而上学》,993b,2—4。
③ [布本注]参见 Aristotelis opera cum Averrois commentariis (Venice, 1563 - 1574, reprinted Frankfurt am Main: Minerva G.m.b.H., 1962), Vol.VIII, Book II ch.1, fo.28v。
④ [译者注]马西利乌斯早年在帕多瓦大学跟随阿巴诺的彼得(Peter of Abano, 1257—1316)学习亚里士多德的自然哲学、盖伦和希波克拉底的医学。
⑤ [布本注]亚里士多德:《形而上学》,993b,15—16。

这一章所说的话是清楚的。因为没有人能够独自发现绝大部分操作性的或反思性的(即思辨的)技艺,因为它们只有在前人给予后人的帮助下才能完成。"①亚里士多德在《辩谬篇》第2卷最后一章②关于修辞和所有其他技艺的发现中说了同样的话,但逻辑的发现除外。亚里士多德将逻辑的发现完全归功于自己,而没有前人的任何发现或帮助。他在逻辑的发现方面似乎是所有其他人当中独一无二的。他在《尼各马可伦理学》第8卷第1章说了同样的话。"两个人走到一起(即达成一致),"他说,"更能行动和理解(补充:相较于独自一个人)。"③如果两个人(更不用说两个以上的人)同时和相继行动和理解,那么他们比独自一个人更能行动和理解。这就是《政治学》第3卷第9章关于这个命题所说的,他说:"这也许看起来是奇怪的,如果一个人只用两只眼睛和两只耳朵来判断,只用两只脚和两只手来行动,却比很多人用很多眼睛、耳朵、手脚更好地感知事物。"④因此,既然法律是一只由很多眼睛组成的眼睛,即由很多理解组成的理解,目的是为了避免尘世审判中的错误以及为了审判的公正,那么这些审判最好依据法律而非审判者的决断作出。基于此,如果在正义和尘世利益方面要以最佳方式安排政体,那么立法就是必要的;因为尘世审判可以通过法律避免审判者的无知和败坏的情感,而这就是我们从本章一开始就试图处理法律必要性的论证的小前提。至于一个人应当对已经发生但法律没有决定的纠纷或民事诉讼作出界定或判决,这一论第14章将讨论这一点。所以对于从尘世审判

---

① [布本注]*Aristotelis opera cum Averrois commentariis*, Vol.VIII, Book II, ch. 1, fo.29r.
② [布本注]亚里士多德:《辩谬篇》,183b,26ff.。
③ [布本注]亚里士多德:《尼各马可伦理学》,1155a,15—16。
④ [布本注]亚里士多德:《政治学》,1287b,26—29。

或审判者的判决中排除恶意和错误来说,法律是必要的。

4. 基于这些原因,亚里士多德建议,在没有法律的情况下,不可授予审判者或统治者对法律能够决定的尘世事务作出判决或命令的决断权。因此,在《尼各马可伦理学》第4卷第5章论述正义的地方,亚里士多德说:"基于此,我们不允许一个人去统治,除非根据理性(即法律)。"①他给出了我们前面归纳的原因,也就是说,可能落在这个人身上的败坏的情感。《政治学》第3卷第6章同样如此,当他说,"然而,上述第一个疑问无非表明了,正确制定的法律必须拥有统治权"②,这意味着,统治者必须依法统治。《政治学》第3卷第9章同样如此,他说:"谁任命理智去统治,似乎就是任命神和法律去统治;但谁任命人去统治(即在没有法律的情况下,根据自己的决断去统治),就是安排野兽去统治。"③他稍后补充了原因,他说:"基于此,法律是没有欲望的理智。"④几乎可以说,法律是没有欲望(即没有任何情感)的理智或认知。他在《修辞学》第1卷第1章重申了这一观点,他在那里这样说道:"因此,最恰当的做法是,正确制定的法律应当独自决定尽可能多的事情,并尽可能少地交给审判者。"⑤他给出了我们前面归纳的原因,也就是说,将审判者的恶意和无知排除在尘世审判之外,而恶意和无知不会像落在审判者身上一样落在法律之上,就像我们在前面表明的那样。亚里士多德在《政治学》第4卷第4章更清楚地表达了这一点:"没有法律统治的地方(即统治者不依法统治的地方),就没有政体(补充:温和的政体),因为

---

① [布本注]亚里士多德:《尼各马可伦理学》,1134a,35。
② [布本注]亚里士多德:《政治学》,1282b,1—2。
③ [布本注]亚里士多德:《政治学》,1287a,28—30。
④ [布本注]亚里士多德:《政治学》,1287a,32。
⑤ [布本注]亚里士多德:《修辞学》,1354a,31—32。

法律必须统治一切。"①

5. 现在仍然要说明的是,所有统治者都应依据法律而非僭越法律进行统治,尤其是那些连同所有继任者一起统治的君主,以便他们的统治更加安全和长久,我们在本章开头将这一点处理为法律的次要必要性。我们首先以这种方式看待这一点,因为当统治者依法统治时,他们的审判就免于因无知和败坏的情感而产生的缺陷。因此,在自己和作为臣民的公民的监督下,他们遭受的叛乱以及由此导致的统治职解体,比根据自己决断而错误行动所遭受的要小,正如亚里士多德在《政治学》第5卷第5章明确指出的那样:"因为王制很少是从外部被毁灭的,毁灭大多是从自身[内部]发生的。它的毁灭方式有两种:一种是王族自己制造叛乱;另一种方式是他们竭力谋求更具僭政性质的统治,在这种情况下他们觉得自己应该有更大的僭越法律的统治权。如今王制不再见得到了,要说有这样的政体,那也更接近于君主制和僭主制。"②

6. 然而,有人可能会反驳说,最好的人缺乏无知和败坏的情感。然而,让我们说,这种情况极少发生,而且即便如此,他也不能与法律处在同等的地位,正如我们前面从亚里士多德关于理性和感官经验的论述中所推论的那样,因为每一个灵魂都有这样一种可能性,即有时具有邪恶的情感。我们根据《但以理书》第13章可以很容易确信这一点。因为它在那里写着:"那两个长老怀着邪念来反对苏撒娜,要杀死她。"③那时,这两个长老是长者、教士和人民的审判者。但是,他们作伪证反对她,因为她拒绝顺从他们的恶欲。因此,如果人们几乎不会想到的长老

---

① [布本注]亚里士多德:《政治学》,1292a,32—33。
② [译者注]亚里士多德:《政治学》,1312b,37—1313a,5。
③ 《但以理书》,13:28。

和长者都因肉欲(更不用说贪婪以及其他恶欲)而被腐蚀了,我们该怎么看待其他人呢?可以肯定的是,任何一个人,无论多么贤德,都不可能像法律一样缺少败坏的激情和无知。因此,更安全的做法是,尘世审判受法律规范,而不是将其交给审判者(无论他多么贤德)的决断。

7. 但是,让我们假设(尽管这是极少或不可能的),有一个英雄般的统治者,激情和无知都没有落在他身上。但对于他的孩子们,我们该说些什么呢?他们和他的存在不相似,他们由于根据自己的决断而在统治上行事过度,因而被剥夺了统治职权?除非也许有人说,他们的父亲,最好的人,不会将统治职权交给他们。但这种想法不应当真,一方面是因为,他自己无权剥夺他儿子们的这种继任权,后者世袭了统治职权;另一方面是因为,即使他有权将统治职权转让给他意愿的任何人,他也不会剥夺儿子们的继任权,无论后者多么邪恶。因此,亚里士多德在《政治学》第3卷第9章回应这一反驳时这样说道:"很难相信(即一个父亲剥夺儿子们的统治职权),因为这需要比人性更大的美德。"①基于此,对于统治者来说更有利的是,受到法律规范和决定,而非根据自己的决断作出尘世审判。当他们依法行事时,他们不会做任何邪恶或应受谴责的事情,因此他们的统治将变得更安全和长久。

8. 这也是卓越的亚里士多德给所有统治者的建议,但他们很少注意这一点,正如他在《政治学》第5卷第6章所说:"他们做主的事情越少(即在没有法律的情况下),每个统治职权维持的时间必然越长。因为他们(即统治者)变得越不专制,在行为上越加公平,也就越少遭受臣民

---

① [布本注]亚里士多德:《政治学》,1286b,26—27。

的妒忌。"①亚里士多德随后引用了某位名叫赛奥庞波斯(Theopompus)的最明智国王的证词,后者自愿放弃了授予他的权力。因此,我们认为引用亚里士多德这段话是适合的,因为这位君主的独特性和卓越美德,在历代其他任何人中都几乎闻所未闻。所以亚里士多德说:"赛奥庞波斯后来进一步节制他的权力(即削弱自己的权力,这似乎过度了),并且在其他事情上建立了监察制;因为他在削减权力(即自己的权力)的同时,延长了王制的寿命(即令其更长久)。从某种意义上来说,他非但没有让它变小,反倒是让它变大了。这些(即这些话)据说是他回复他妻子时说的,她(即他的妻子)说道:他传给他儿子的王权比他从父亲那里接受的王权要小,他难道一点也不(即难道不)感到羞愧吗?"他这样回复她刚刚所说的话:"当然不,因为我传下去的更长久。"②啊,英雄般的话语,它来自赛奥庞波斯前所未闻的明智,那些想在法律之外对臣民使用充足权力(plenitudo potestatis)的人必须留意他的话;许多统治者因为不听从他的话而遭到毁灭。我们自己也看到,由于没有听从这个君主的话,一个在我们时代并不算微弱的国家,当它的统治者想要向臣民征收一种反常的和非法的税时,它几乎陷入了覆灭。③ 因此,从我们所说的可以清楚地看出,法律在政体中是必要的,如果它们要以绝对正确的方式得到制定,并且统治职要保持长久的话。

---

① [布本注]亚里士多德:《政治学》,1313a,20—23。
② [译者注]亚里士多德:《政治学》,1313a,26—33。
③ 法王菲利普四世("美男子菲利普")在1314年因征税遭到臣民的反对。

第 12 章

论人法之可证明的动力因,以及论无法通过证明获得确证的原因;即研究立法者。因此显而易见的是,那些通过选举建立起来的东西,其权威只来自选举,而无需其他确认

1. 现在,我们需要谈论可以通过证明呈现的法律的动力因。因为我不打算处理那种通过上帝的事工或他的直接神谕(oraculum)而非通过人的决断所可能产生或已经存在的法律的建立,诸如上述摩西律法(它包含了有关公民行为的命令,也指向现世的状态)的建立,① 而是处理那种直接来自人类心灵决断的法律和统治职权的建立模式。

2. 那么由此出发,让我们说,任何一个公民都可能会发现和关注到,法律在第三种含义上② 几乎实质上被理解为关于正义和尘世利益的科学,即使那些有闲暇能力的人(人们称他们为明智的长者和专业的人)的观察比机械工(他们必须全力以赴地获得生活必需品)的思考更能恰当地完成这项研究。然而,由于对正义和有利之事及其对立面的真认知或发现并不是最终和适当含义上的法律,它要成为人类公民行

---

① [瓦本注]参见《和平的保卫者》,I.9.2。
② 参见《和平的保卫者》,I.10.3—4。

为的尺度,除非一个关于遵守它的强制命令被发布,或者某个人通过那种命令的方式确立它,这个人应当且能够通过自己的权威约束抗命者。① 因此,我们必须谈论,什么人或哪一个人有权发布这种命令并且约束抗命者。这意味着要去研究立法者或制法者。

3. 那么,让我们根据亚里士多德在《政治学》第 3 卷第 6 章②的真理和建议来说,立法者或法的首要和恰当的动力因是人民或公民共体(civium universitas)或其强力部分(valentior pars)。他通过选举或在全体公民集会中(in generali civium congregacione)由言语表达出来的意志,凭借尘世的处罚或惩罚,命令或决定在人类公民行为方面应做或不做某事。我说强力部分,是指在法律得以产生的那个共同体中的人口数量和质量。上述公民共体或其强力部分要么自己直接立法,要么委托另一个人或另一些人去立法,后者既不是也不可能是绝对意义上的立法者,而只是相对意义上和特定时间内的立法者,并且要依据首要立法者的权威。因此,我要说的是,通过选举建立起来的法律和其他东西必须只从同一个首要权威那里得到必要的支持,某些仪式或典礼(无论它们是什么)对选举结果来说并不是必需的,而只是为其提供善好声誉,即使没有它们,选举也同样有效。进一步来说,通过选举建立起来的法律和其他东西必须由同一个权威添加、减少、整个更改、解释和中止,按照时间、地点以及其他情况的要求,这些行动可能会使得其中的任何一个举措符合公利。这些法律在制定后必须由这个权威颁布或宣布,任何冒犯法律的公民或外来者都不能为自己的无知开脱。

---

① [瓦本注]参见《和平的保卫者》,I.10.4—5。
② [布本注]亚里士多德:《政治学》,1281a,39—1282a,41。

4. 按照亚里士多德《政治学》第3卷第1、3和7章①,我说公民,是指按照自身的地位参与城邦共同体、统治、议会或司法部分的人。这个描述将孩童、奴隶、外来者和妇女排除在公民之外,尽管排除的方式是不同的。事实上,公民的孩童是具有近似潜力的公民,因为他们只缺少年龄要求。然而,公民的强力部分必须按照政体的适当习俗来辨认,或者按照亚里士多德《政治学》第6卷第2章②的观点来界定。

5. 因此,在以这种方式界定公民和公民中的强力群体③之后,让我们回到我们设定的意图,即证明立法的人类权威只属于公民共体或其强力部分。我们将首先试图以如下方式来推论。制定或建立人法的首要人类权威绝对只属于那些能够产生最好法律的人,而这就是公民共体或代表整个共体的强力部分。因为所有人很难或不可能一致同意一种观点,因为一些人天生发育有缺陷,出于独特的恶意或无知而不同意共同观点,但这些人的无理反对或否认决不会阻碍或搁置公利。因此,制定或建立法律的权威只属于公民共体或其强力部分。

该证明的第一个命题几乎是自明的,尽管它的力量和最终的确定性可以从这一论第5章中获得。我现在证明第二个命题,即最好的法律只产生于全体群众的听取和命令,我借助亚里士多德《政治学》第3卷第7章指出,最好的法律是为了公民的公利而制定的法律。因此他说:"这也许是正确的(即在法律中),为了城邦的利益和公民的公共之

---

① [布本注]亚里士多德:《政治学》,1275b,18—20, 1277b,34, 1283b,42。
② [布本注]亚里士多德:《政治学》,1318a,27—b,1。
③ [译者注]原文为 civium valenciore multitudine[公民中的强力群体],这里的"强力群体"是指上文所说的"强力部分",这一点可以从瓦本的译文 parte prevalente dei cittadini[公民中的强力部分]中看出。

事。"①然而,只有公民共体或其强力部分(二者被视为一样的)才能最好地实现这一点,我以这种方式来说明:因为整个公民共体在理智和情感方面所竭力倾向的东西,对其真理有着更准确的判断,对其公利也有更仔细的注意。事实上,更多的公民能够比它的任何一个部分更加注意到拟立法律的缺陷,因为"每一个整体"(omne totum)至少就身体整体而言在力量和德性上比单独考虑的任何一个"它的部分"都"更大"。② 此外,法律的公利性更能被全体群众关注,因为无人有意伤害自己。而且任何人都能看到,是否拟议的法律更有利于某个人或某些人而非他人或共同体,并且可以对此提出抗议;但如果法律本身由一个人或少数人制定并且后者更加关注私利而非公利,那么这种情况就不会发生。这一观点也得到了我们在这一论第 11 章处理法律必要性时的足够支持。

6. 此外,主要结论可以证明如下:因为立法的权威只属于这样一个人,他立的法律将得到更好的或绝对的遵守。而这个人只是公民共体,因此立法的权威属于他。该证明的第一个命题几乎是自明的。因为法律若不被遵守,就是无用的。因此亚里士多德在《政治学》第 4 卷第 7 章写道:"当法律制定得很好但却没有得到遵守时,这就不是具有善好品质的法律。"③《政治学》第 6 卷第 6 章:"没有什么用的是,形成关于

---

① [布本注]亚里士多德:《政治学》,1283b,40—42。

② [瓦本注]关于马西利乌斯对"整体"大于"部分"的论证,以及它的理论和历史背景,参见 Alan Gewirth, *Marsilius of Padua: The Defender of Peace*, 1951, pp.212-219。值得注意的是,奥卡姆的威廉反对这种论证(*Dialogus*, pars I, libro V, capp.25, 35, pp.495,506),参见 G. DE Lagardr, *L'Idée de représenlalion dans les œuvres de Guillaume de Ockham*, in *Bulletin of the International Commitee of Historical Sciences*, IX (1937), p. 444。

③ [布本注]亚里士多德:《政治学》,1294a,3—4。

正义之事的观点但却没有实现它们。"①我证明第二个命题:因为任何一个公民都会更好地遵守他们认为是自己施加给自己的法律;这正是通过全体公民群众的听证和命令制定的法律。这个前三段论(prosyllogismus)的第一个命题几乎是自明的。因为正如《政治学》第3卷第4章所写,"城邦是自由人的共同体",任何一个公民都必须是自由的,不能忍受他人的"专制",即奴役统治。② 但如果某一个或少数公民以自己的权威凌驾于公民共体权威之上来立法,那么这种情况就不会发生,因为那些以这种方式立法的人就是在对他人专制。因此其余公民(即绝大部分公民)恼怒地接受或者根本不接受这项法律(无论它多么好),并且轻视它,作为受害者反抗它。由于他们没有被召唤到立法的活动当中,他们绝不会遵守它。然而,一项由所有群众听取或同意制定的法律,即使没有那么有用,也更容易得到每个公民的遵守和支持,因为每个公民认为这是他为自己建立的法律,所以他们没有理由反抗它,而是心平气和地容忍它。③ 此外,我用另一种方式来证明第一个三段论的第二个命题:因为执法的权力只属于有权对违法者施加强制力的人,而这个人就是共体或其强力部分,所以只有他拥有立法权威。

7. 进一步来说,主要结论可以证明如下:因为只有公民共体才能建立这样一种实践的东西,即公民此生的共同充足在很大程度上在于它得到了恰当的设立,共同损害则是在于它得到了糟糕的设立,而它就是法律,所以只有公民共体有权立法。这个证明的大前提几乎是自明的,

---

① [布本注]亚里士多德:《政治学》,1322a,5—6。
② [译者注]亚里士多德:《政治学》,1279a,20—21。
③ [瓦本注]因此,马西利乌斯笔下的公民自由的本质特征在于法律源于公民以及法律表达公民意志的事实;不仅如此,正如大多数其他中世纪亚里士多德主义者一样,统治者的目的与公民的公利之间或多或少存在着一致性。

并且建立在这一论第 4 章和第 5 章确立的直接真理之上。事实上,人们聚集在城邦共同体之中,是为了追求对生活有利和充足的事情,避免相反的事情。因此,那些可能触及所有人的利益和伤害的东西必须被所有人知道和听取,①以便他们能够追求有利的事情,抵制相反的事情。而这些东西就是法律,正如小前提所假设的那样。事实上,人类整体的和共同的充足很大一部分在于它们得到了正确的制定;而在不义的法律之下,则产生了公民无法忍受的奴役、压迫和苦难,其最终结果是政体的瓦解。

8. 此外,这就像是前一个证明的缩写和总结:立法权威要么只属于公民共体(如上所述),要么属于一个人或少数人。考虑到我们在这一论第 11 章和前一个证明中所说的,它不属于一个人;因为一个人可能由于无知、恶意或二者兼而有之而制定一部恶法,也就是说,他更多地考虑私利而非公利,因此可能令法律变得暴虐。出于同样的原因,它也不属于少数人;因为他们也可能会如前所述那样犯罪,从而制定一部为了某些人的(即少数人的)利益而非公利的法律,正如我们在寡头制中看到的。因此,它属于公民共体或其强力部分,而关于这一点,理由则恰恰相反。因为,事实上,所有公民都必须由法律按照恰当的比例来衡量,无人有意伤害自己或希望自己受到不公正对待,所以所有人或大多数人都希望制定一部符合公民共同利益的法律。

9. 通过这些证明,还可以确证的是,法律的批准、解释、中止以及本

---

① [译者注]根据布本的注释,这句话反映的是一条由古罗马的法学谚语演化而来的教会法规:"触及所有人的东西必须受到所有人的认可。"(*Quod omnes tangit debeat ab omnibus approbari.* Book V, tit.12, reg.29, CIC II, col.1122.)关于这一谚语的多重解释,参见 Alan Gewirth, *Marsilius of Padua: The Defender of Peace*, 1951, p. 224。

章第3节提出的其他事项都只属于唯一立法者的权威。通过选举建立起来的其他一切也是如此。事实上,拥有首要选举权的人同样是拥有批准权或反驳权的人,或者是被授予选举权的人;否则,一个部分可以凭借自身权威分解由整体建立的东西,那么一个部分将大于整体或至少等于整体。下一章将描述为立法而聚集起来的方式。

第 13 章

论对上一章所述的一些反驳及其解决，以及对上述命题的进一步澄清

1. 但是，有些人会质疑我们所说的这些，他们争辩道，制定或建立法律的权威不属于公民共体。首先是因为，非常邪恶和不辨是非的人不应当建立法律。事实上，这两种罪（即恶意和无知）应当被排除在立法者之外，我们在这一论第 11 章采纳了为在审判中避免它们而制定法律的必要性。而人民或公民共体就是这种人；因为人民似乎大多是邪恶和愚蠢的。因为正如《传道书》第 1 章所说："愚人的数量是无限的。"① 进一步来说，很难或不可能让大多数邪恶和愚昧之人的观点保持一致；但对于少数贤德之人来说，情况并非如此。因此，由少数人制定的法律比由公民共体或其中多余的多数人制定的法律更有用。此外，在任何一个城邦共同体中，与其余浅薄的群众相比，智慧和博学的人很少。因此，既然由智慧和博学的人制定的法律比由浅薄和粗鲁的人制定的法律更有用，那么立法权威似乎属于少数人而非多数人或所有人。

---

① 《传道书》，1:15。

此外，多数人去做一件少数人可以做成的事情，就是在白费力气。有鉴于此，既然法律可以由少数智者制定（如上所述），那么让全体群众或其主导部分（pars maior）去做这件事，就是在白费力气。因此，立法权威不属于共体或其强力部分。

2. 根据我们之前所假定的，即本书将要证明的几乎所有内容的原则，也就是说，"所有人都欲求充足生活并且避免相反的生活"①。我们在这一论第4章通过证明总结了他们的公共交往，因为通过公共交往，他们能够达到这种充足生活，而没有它，他们就绝不能达到这种充足生活；基于此，亚里士多德也在《政治学》第1卷第1章中说："因此，所有人天生就拥有朝向这类共同体（即城邦共同体）的冲动。"②从这个真理出发，必然推导出《政治学》第4卷第10章提出的另一个真理，即"城邦中想要维持政体的部分必须强于不想维持政体的部分"③。因为大多数人不可能在出于相同的本性欲求一物的同时立刻欲求它的毁灭，因为这样的欲求是虚妄的。相反，那些不想维持政体的人应被算作奴隶而非公民，比如一些外来者，因此亚里士多德在《政治学》第7卷第12章写道："因为与这些臣民一起，还有整个地区所有想要反叛的人。"他接着补充道："在政治秩序中不可能存在这样一群人（即反叛或不关心城邦生活的人），他们胜过所有其他人（即想要过政治生活的人）。"④至于为什么不可能，这是显而易见的：否则自然常常会犯错误和有缺陷。所以如果强力人群想要维持政体（就像我们所说的那样），那么他们也会想要这样一种东

---

① ［瓦本注］亚里士多德：《政治学》，1253a，29。
② ［布本注］亚里士多德：《政治学》，1253a，29—30。
③ ［布本注］亚里士多德：《政治学》，1296b，15—16。
④ ［布本注］亚里士多德：《政治学》，1332b，29—33。

西,没有它,就无法维持政体。而这就是关于正义和利益之事的规则,它和被称为法律的命令一起被传下来,因为正如《政治学》第4卷第7章所说以及我们在这一论第11章所证明的:"贵族制城邦(即德治的城邦)不可能不建立善好的法制。"① 所以城邦中的强力群体想要法律,否则自然和技艺在大多数情况下将会受阻,② 但这从自然科学的角度来说是不可能的。

此外,除了上述显而易见的真理,我还采纳了心灵中的共同观念,即"每一个整体大于其部分"(omne totum maius esse sua parte),它不仅在规模或数量上是正确的,而且在实践美德和行动上也是正确的。我们可以由此必然足够明确地推断出,公民共体或其强力群体(二者应被视为同一个东西)比其中任何一个分离的部分都更能够分辨必须选择和抛弃什么。

3. 因此,通过假定这些显而易见的真理,我们很容易驳斥一些人试图证明立法权威不是属于公民共体或其强力群体而是属于某些少数人的反驳意见。所以首先,当有人说立法权威不属于那些在多数情况下邪恶和不辨是非的人的时候,我们要承认这一点。但当有人补充说公民共体是这类人的时候,我们必须否认这一点。因为大多数公民在多数场合和时间里既不邪恶也不是不辨是非;事实上,所有人或大多数人都是心智健全和理性的,并且对政体和维持政体所必需的东西(例如法律和其他法规或习俗,正如前面所表明的那样)有着正确的欲望。因为虽然不是任何一个公民或主导群体是法律的发现者,但任何一个公民都能够判断已经被发现并由他人展示给他的东西,并能够区分必须添加、减少或更改什么。基于此,如果大前提所说的"不辨是非",被理解

---

① [布本注]亚里士多德:《政治学》,1294a,1—3。
② [瓦本注]亚里士多德:《政治学》,1282a,17。

为"那些不能独自发现法律的人在大多数情况下都不应当去立法",那么我们必须将其视为明显错误的观点而加以否认,似乎归纳法和亚里士多德《政治学》第3卷第6章可以证实它的错误。就归纳法而言,因为很多人可以正确地判断一幅画、房屋、轮船或其他技艺作品的质量,但却不知道如何发现[创作、制作]它。亚里士多德也在上面引用的文本中证实了这一点,他用这些话回应了反驳意见:"因为在某些事情上,作者既不是唯一的也不是最好的审判者。"①他在许多类型的技艺作品领域里归纳出这一点,并表明其他领域都是如此。

4. 当有人说"作为少数人的智者比其他群体更能够分辨哪些实践事情应当被建立"的时候,这并不难反驳:因为即使这以某种方式是正确的,那也不能从中推出,智者比整个群体(其中包括智者和其他浅薄的人)更知道分辨哪些东西应当被建立。事实上,"每一个整体大于其部分",无论是在行动上,还是在洞察力上。这无疑是亚里士多德在《政治学》第3卷第6章的观点。他说,"之所以群众正义地统治最重要的事情"②,即政体中的群众或者公民共体或其强力部分(他用群众一词来表示)应当正义地统治最重要的事情,他给出了这样的原因:"是因为人民、议员、司法长官和高贵之人是由许多人组成的,他们的全体比他们之中任何一个和少数几个行使重要统治职权的人都要大。"③他想说的

---

① [布本注]亚里士多德:《政治学》,1282a,17—18。
② [布本注]亚里士多德:《政治学》,1282a,38。
③ [布本注]亚里士多德:《政治学》,1282a,38—41。[译者注]结合布本注释,马西利乌斯引用这段话的后半部分古希腊文本原意应当是:"他们的全体财产(τίμημα)比他们之中任何一个和少数几个行使重要统治职权的人的财产都要多。"由于马西利乌斯当时使用的亚里士多德《政治学》拉丁译本将τίμημα翻译成了honorabilitas[高贵之人],而马西利乌斯也意识到了拉丁译本意思的晦涩,所以马西利乌斯紧接着这段话说vult dicere, quod[他想说的是],布本指出这是《和平的保卫者》唯一一处在引用亚里士多德文本后出现的句子。

是，由政体或政治秩序中的全部集体综合而来的群众或人民比其中任何分离的部分都要更大，因此其判断比其中任何分离的部分的判断更安全。要么那个分离的部分是大众，他在这里用"议员"一词来表示，例如农民、工匠以及诸如此类的；要么是司法长官，即协助统治者行使司法职权的人，例如辩护人或律师和公证人；要么是高贵之人，即最优秀的集体，他们是少数人并且只有他们适合当选最高统治职权；要么是城邦的其他任何一个分离的部分。进一步来说，即使我们假设（正如根据真理来说确实如此）一群浅薄的人在拟立的法律或其他必须做的事情上的判断不如同样数量的博学的人的判断好，但浅薄的人的数量能够增加到如此之多，以至于他们在这些事情上的判断和少数博学的人的判断同样好或者比后者的判断更好。亚里士多德在上述同一个地方明确谈论了这一点，他想确认下面这样的观点："如果群众不太卑鄙，他们中的每一位都会成为比那些有知识的人更糟糕的审判者；但所有人聚集在一起将是更好的或者不那么糟糕的审判者。"①

至于《传道书》第1章所说的"愚人的数量是无限的"，我们应当说，"愚人"被理解为那些浅薄的或没有空闲追求自由的人，但是他们对实践事务具有理解力和判断力，尽管有别于有闲暇的人的理解力和判断力。或者正如耶利米在评注这段经文时所说，也许圣徒在这段经文中用"愚人"表示异教徒，无论他们在认识此世方面多么有知识，他们在绝对的意义上仍然是愚蠢的，按照使徒保罗在《哥林多前书》第3章中所说："此世的智慧在上帝面前是愚蠢的。"②

---

① ［布本注］亚里士多德：《政治学》，1282a，15—17。
② 《哥林多前书》，3：19。或者参见 *Peteri Lombardi Collectanea in epistolas d. Pauli: 1. Cor. 3, 19*, Migne 191, p. 1563, 或者 *c. 1, 19*, ebd.p.1543f.; Haimo, *Expositio in epp. S. Pauli*, Migne 117, p. 515ff.。

5. 第二个反驳的说服力较小，因为尽管少数人的意见比多数人的意见更容易达成一致，但我们不能由此推出少数人或一部分人的意见优于少数人所属的整个群体的意见。因为这些少数人可能既无法很好地分辨也不想要公利，就像全体公民群体可能既无法很好地分辨也不想要公利那样。事实上，正如我们已经清楚表明的那样，将立法权威委托给少数人决断是危险的。因为他们将可能在立法中更多关注私利，例如某些人或某个集体的利益，而非公利，这在那些制定神职人员教令集（decretales）的人身上是足够显而易见的。正如我们也将在第2论第28章①充分阐明的那样。事实上，这将为寡头制开辟某种道路，仿佛是将立法权只授予一个人，从而为暴政提供了空间，就像我们在这一论第11章第4节从亚里士多德《尼各马可伦理学》第4卷关于正义的论述中所引用的那样。

6. 第三个反驳很容易通过前面的论述被推倒：因为尽管法律可能最好由智慧的人而非由浅薄的人制定，但我们不能由此断定，法律最好只由智慧的人而非由包括上述智慧的人在内的全体公民群众制定。事实上，所有这些聚集在一起的群众比城邦的这些任何分离的部分（无论他们多么明智）更能分辨和想要公义与公利。

7. 因此，那些认为浅薄的群众阻碍了对真正或共同善的选择和认可的人并没有说出真相；相反，群众在与更博学和更专业的人结合在一起时会对这件事有所帮助。因为即使群众自己无法发现应当建立的真正有用的东西，群众也能够分辨由他人发现并展示给他们的东西，以及判断是否需要在拟议的东西中添加、减少、整个更改或抛弃什么。因为

---

① 《和平的保卫者》，II.28.29。

一个人能够在别人向他解释后理解并实现很多事物,而这些事物的起源是他自己无法达成的。事物的起源是最难发现的,因此亚里士多德在《辩谬篇》第 2 卷最后一章说"最难的事情是看到本原"①,即属于每门学科的真理的本原。而一旦它被发现,就很容易被添加和增加其余的东西。基于此,发现科学、技艺和其他传统的本原的人无非最优秀和拥有最敏锐才智的人。而一旦它们被发现,拥有较低才智的人也能够加以补充,但他们不应仅仅因为他们不能自己发现这些本原而被称为不辨是非的,反而应被算作善好的,正如亚里士多德在《尼各马可伦理学》第 1 卷第 2 章所说,"那个独自理解一切的人的确是最好的,但那个遵从说得好的人也是善好的(即听取且没有无理反驳前者的人)"②。

8. 因此,恰当且有用的是,公民共体委托明智和专业的人来研究、发现和审查那些涉及正义和利益、公共不便或负担以及诸如此类的规则(未来的法律或法规);例如,要么通过在这一论第 5 章第 1 节中列出的城邦的每个首要部分根据各自的比例独立选出的那些人,要么通过聚集起来的全体公民同时选出的上述专业或明智的人。③ 这将是一种恰当且有利的方式,适合在不伤害其余群众的情况下发现法律。也就是说,浅薄的人在寻求这种规则时极少成功,并且会被分散注意力,不去行使对自己和他人来说必要的其他功能,这对个人以及共同体来说都是一种负担。但是,这些规则(未来的法律)在被发现并经过仔细审

---

① [布本注]亚里士多德:《辩谬篇》,183b,24。
② [布本注]亚里士多德:《尼各马可伦理学》,1095b,10—11。[瓦本注]这句话引自诗人赫西俄德的《工作与时日》V.293。
③ [译者注]结合舒尔茨本和瓦本的注释,这段话在《和平的保卫者》手抄本 c(Ms.C, Paris, *Bibliotheque Nationale*, Ms.lat.14503[già S.Vittore 253], del secolo xv)中有这样一句边注:sic regulantur consilia anglicorum[英格兰议会以这种方式受到规训]。

查后,就必须提交给聚集的公民共体去认可或拒绝,以便如果任何公民认为应当添加或减少、更改或整个抛弃什么东西,他就可以这样说,因为法律将通过这种方式得到更加有效的安排。事实上,如上所述,浅薄的公民有时能够感知到拟立的法律中应当被纠正的某些东西,即使他们无法发现法律本身。此外,经过全体群众的听取和同意,这样制定的法律才会被更好地遵守,也没有任何人会反对它们。

上述规则(未来的法律)公布在公民共体的集会上,那些希望理性谈论它们的公民们的意见要被听取,然后应当根据上述相同的方式或上述的确认方式选出一些具备这些素质的人,这些人代表公民共体的权威,整体或部分地批准或拒绝上述已经发现和提议的规则;或者如果整个公民共体或其强力部分意愿的话,同时做出同样的行为。上述规则只有在批准之后而非之前才是法律并且应被如此命名;它们也只有在公布或宣布之后才迫使违背人类命令的人遭受民事的罪与罚。[1]

因此,我们认为我们已经充分证明了,制定或建立法律的权威,以及发出遵守法律的强制命令的权威,只属于作为动力因的公民共体或其强力部分,或者属于上述共体授予该权威的一人或多人。[2]

---

[1] 当时意大利公社的立法流程就是这样。
[2] 正如普雷维特-奥顿所注,马基雅维利《论李维》(*Discorsi*) I.58 类似于马西利乌斯这里的讲法。

第 14 章

论完美统治者的禀赋或品质,以便知道什么样的人应当被选为统治职。因此,人法的恰当质料或主体也就显而易见了

1. 在这之后,我们必须谈谈统治部分的动力因。而这将通过证明来表明谁有权选举统治部分,从而建立城邦的其余部分。因为这一论第 9 章第 5 节已经充分讨论了非选举的统治部分的建立问题。然而,让我们首先着手确定什么样的人应该更适合被选举或晋升到统治职。因为我们将由此更可靠地过渡到影响其选举或建立的权威。

2. 未来的完美统治者拥有两种内在的、本质上不可分的习性,即明智和道德美德,尤其是正义。未来的完美统治者拥有一种习性,即明智,以便理智在统治方面受到它的引导。因此《政治学》第 3 卷第 2 章:"明智是统治者专属的美德;其他美德似乎是臣民和统治者共有的美德。"① 未来的完美统治者拥有另一种习性,即道德美德,尤其是其中的正义,借此情感显现为正确的[正直的]。因此亚里士多德在《尼各马可

---

① [布本注]亚里士多德:《政治学》,1277b,25—27。

伦理学》第4卷论述正义时说:"统治者是正义的守护者。"①

3. 所以明智对于未来统治者来说是必要的,因为它使他能够出色地履行自己的职责,即判断什么是城邦的利益和正义。因为在行为本身或行为方式不受法律决定的那些人类公民行为中,统治者在审判和执行时,就行为或行为方式或者它们二者而言,受到明智的引导,他若缺乏明智,则可能会在这些事情上犯错误。因为,正如在撒路斯提乌斯(Sallustius)的《喀提林阴谋》②中,如果西塞罗作为执政官(consul)按照法律以及习惯的地点、时间和方式惩罚了喀提林的同伙(他们是密谋反对共和国并且因此[要被判]死刑的有权势的罗马公民),那么很可能会因此发生内战并且毁灭政体,因为上述同伙在人民中煽动了反对执政官和其他统治者的叛乱。西塞罗作为城市(urbs)③的执政官或统治者凭借自己的明智避免了这种危险,因为他将上述罪犯交给刽子手并且命令在关押地处死他们,这个地方也许因此而被称为图利亚奴斯(Tullianus)。④

4. 所以对实践事务的慎虑以这种方式受到明智的引导,因此亚里士多德在《尼各马可伦理学》第6卷第4章声称明智是:"一种真正的习性,对人(即就他是一个人而言)的善恶拥有主动理性。"⑤究其原因,是因为它们是人法(统治者必须依法处理人的公民行为)在大多数情况下围绕和关涉的实践事务;然而,考虑到它们在地点和时间上的变化和差

---

① [布本注]亚里士多德:《尼各马可伦理学》,1134b,1—2。
② 撒路斯提乌斯:《喀提林阴谋》,第55章。
③ [译者注]这里的 urbs[城市]指罗马城。
④ [译者注]Tullianus[图利亚奴斯]的字面意思为"图利乌斯(即图利乌斯·西塞罗)造的地方"。
⑤ [布本注]亚里士多德:《尼各马可伦理学》,1140b,5—6。

异,似乎不可能总是立刻依法决定所有实践事务或者它们所涉及的方式或情况,正如经验所清楚教导的,以及亚里士多德在《尼各马可伦理学》第1卷第1章所证实的那样,当他说:"政治科学竭力研究的善好和正义之事具有如此大的差异和不同,以至于它们似乎只依据法律而非依据本性存在。"①也就是说,因为人们想要以这种方式对它们立法,而不是因为它们具有确定的实践本性,例如这是正义的,那是不正义的。他在《政治学》第3卷第9章更充分地表达了同样的观点,当他说:"然而,由于有些事情可以被法律涵盖,而有些事情则不可能,正是后者导致人们质疑和探寻,最好的法律还是最好的人去统治更可取?因为法律不可能确立需要(人们)慎虑的事情(补充:所有[需要人们慎虑的事情])。"②

5. 基于此,有必要将发生在人类公民行为中的一些事情委托给统治者的决断去审判,即那些就其本身或其特殊模式或环境而言不受法律决定的事情。因为在这些由法律决定的事情上,统治者必须遵循法律的决定。这就是亚里士多德《政治学》第3卷第6章的观点,他说:"统治者,无论是一个人还是多个人,必须只有在法律无法确定言说的事情上才拥有统治权,因为法律很难普遍地决定所有事情。"③他在同一卷第9章重复了这个观点,他这样说道:"即使在现在,统治者也像审判者一样对那些法律无法决定的事情拥有审判方面的统治权,因为对于法律可以决定的事情,法律无疑是最好的方式。"因此,统治者有必要拥有智慧,以便审判那些法律无法决定的事情。事实上,我们可以借着这一论第11章所说的话通过证明(如果有人愿意这样做的话)来证实亚

---

① [布本注]亚里士多德:《尼各马可伦理学》,1094b,14—16。
② [布本注]亚里士多德:《政治学》,1287b,19—23。
③ [布本注]亚里士多德:《政治学》,1282b,3—6。

里士多德这个近乎自明的观点。

6. 此外,道德善意(moralis bonitas),即美德,尤其是其中的正义,对统治者来说是必要的。因为如果他在道德上是败坏的,那么无论法律如何塑形政体,政体都将遭受他的巨大危害。事实上,我们已经说过,法律很难或不可能同时决定所有事情,反而必须将一些事情委托给统治者的决断,正是在这些事情上,他若具有败坏的情感,就可能会危害政体。这就是亚里士多德《政治学》第2卷第8章的观点,他说:"事实上,那些统治者拥有极大的权力,如果他们是卑鄙的(即道德败坏的),那么他们将造成巨大危害,并且已经危害了卡尔西顿人的城邦。"[1]由于道德美德(尤其是其中的正义)使其免于这个危害,所以适合的(如果允许一个人称必要的东西为适合的话)是,未来的统治者绝不可缺乏道德美德,尤其是其中的正义。

7. 事实上,未来的统治者也适合遵循一种被称为公平(epiekeia)的美德,它在法律有缺陷的事情上根据审判者的情感来引导审判者。因此亚里士多德在《尼各马可伦理学》第4卷论述正义时说:"这就是公平的本质,即在法律因特殊情况而有所缺陷时纠正法律。"[2]我认为,这就是法学家们想要说的"公正[公平]"(equitas)。因为这是对法律在特定情况下的某种良性解释或调和。法律将这种特定情况涵盖在严格的普遍性之内,但在这种特定情况下法律就被认为有缺陷,因为法律没有将它排除在规则之外。然而,如果法律以这种方式预料到它的话,法律就会通过某种缓和或绝对的方式将它排除在普遍规则之外。此外,

---

[1] [布本注]亚里士多德:《政治学》,1272b,41—1273a,2。"卡尔西顿人的"(Calcedoniorum)在亚里士多德《政治学》对应文本中为"斯巴达人的"(Lacedemoniorum)。

[2] [布本注]亚里士多德:《尼各马可伦理学》,1137b,26—27。

除了这些美德,未来的统治者还需要对政体和公民表现出一种独特的爱(singularis amor)或仁爱(benivolencia)。因为这意味着统治者的行为在关心和善意中被引向公利和私利。

8.然而,除了上述那些习性和品质,一个特定的外部器官,即一定数量的武装人员,对统治者来说是必要的,它使得他能够凭借强制力量对叛逆和不服从的人执行他的公民判决。因此亚里士多德《政治学》第7卷第6章:"考虑到对统治职的不服从(即为了惩罚那些不服从行使统治职权的人),那些共享一个共同体(补充:过公民生活)的人必须拥有武装(即一定数量的武装群众)。"①因为除非法律和公民判决能够得到执行,否则它们将是空洞的。然而,就像其他公民事务一样,统治者的这种武装力量必须由立法者确定:这种武装力量要如此之大,以便超过任何一个单独公民或一些公民一起的力量,但不能超过所有人或主导部分一起的力量,以免发生统治者期盼或能够违背法律,以违背或反对法律的方式专制地进行统治的情况。因此亚里士多德在《政治学》第3卷第9章说:"他必须拥有如此大的力量,以便比一个人和大多数人一起(simul plurium)的力量大,但要比群众的力量小。"②然而,我们不必在比较的意义上(comparative)理解大多数人一起(simul plurium),即主导部分,而是在肯定的意义上(positive)理解多数人,因为它源于多数(pluralitas),即从一些群众的角度来理解,而不是从公民的强力部分的角度来理解。因为如果不以这种方式来理解他的话,他的话中就包含着矛盾。然而,对于未来的统治者来说,他在被选到统治职之前不必像拥

---

① [布本注]亚里士多德:《政治学》,1328b,7—9。
② [布本注]亚里士多德:《政治学》,1286b,35—37。

有上述其他内在品质那样拥有这种强制力量。否则贤德的穷人就永远无法被选到统治职。这恰好与亚里士多德在《政治学》第2卷第8章想要说的相反,他说:"从一开始就应该看到,必须确保最优秀的人能有闲暇且不从事任何低贱的职业,无论是在他们行使统治职权还是在他们过私人生活的时候。"①

9. 现在我们要总结一下统治者的品质以及其他对他们来说必要的东西,让我们说,即使在当选前,明智和道德美德对未来一个或多个(例如在贵族制中)被选到统治职的人来说也是必要的。武装力量对行使城邦或国家最高统治职权的统治者来说是必要的,因为它是统治者的外在工具或器官,使得判决得到依法执行。但是统治者不必在当选之前就拥有它,而是它必须和统治职权一起交到他手上。对政体和城邦的独特的爱或仁爱则为他的政治行为增添了善意和关心,即使这对他来说不像上述东西那样必要。

10. 亚里士多德《政治学》第5卷第4章也证实了这些观点,他说:"未来行使最重要统治职权的统治者必须拥有三个东西,第一是对现有政体的爱,第二是为政方面的最高才能,第三是美德和正义。"②我将理解美德为明智,它是所有美德的纽带和导师。因此《尼各马可伦理学》第6卷最后一章:"因为一个拥有明智的人将拥有所有美德。"③亚里士多德将明智和道德美德摆在上述划分的同一个部分中,因为它们在本质上不可分,正如他在同一卷同一章总结的那样,他说:"因此,从我们所说的话中可以清楚地看出,没有明智就不可能有首要意义上的善,而

---

① [译者注]亚里士多德:《政治学》,1273a,32—34。
② [布本注]亚里士多德:《政治学》,1309a,33—36。
③ [布本注]亚里士多德:《尼各马可伦理学》,1145a,1—2。

没有道德美德就没有明智。"①对于我们所说的适合未来统治者的事物来说,亚里士多德在上面提到的《政治学》第5卷中也许是以与它们的必要性相反的方式对它们进行命名的。因此,从我们所说的来看,人法的恰当主体或质料是显而易见的。因为这就是统治者,只要他足够具备明智和道德美德,尤其是正义。因此,我们就这样确定了什么样的人应当成为城邦或国家的未来统治者,以及什么东西对他来说是必要且适合的。

---

① [布本注]亚里士多德:《尼各马可伦理学》,1144b,30—32。

第15章

论建立统治部分的最佳方式的动力因,城邦其他部分的动力因也将因此显而易见

1. 我们现在仍然要说明统治者的动力因,即通过选举建立的统治权威归于一人或多人的原因。事实上,一个人成为现实意义上的统治者所凭借的正是这个权威,而非法律知识、明智或道德美德,即使后者是完美统治者的品质。因为很多人具备这些品质,但他们缺乏这个权威,所以他们不是统治者,除非也许在接近潜能的意义上。

2. 所以回到这个问题上来,让我们根据亚里士多德《政治学》第3卷第6章[①]的真理和观点来说,建立或选举统治部分的动力(potestas factiva)属于立法者或公民共体,就像我们在这一论第12章说立法权属于同一个立法者那样,立法者同样有权斥责甚至废黜(如果这样做有利于公利的话)统治者。因为这是政体中最重要的事情之一,而我们在这一论第13章第4节基于亚里士多德《政治学》第3卷第6章的论述得出结论,它属于全体公民群众。因为正如他在同一节所说:"群众统

---

① 亚里士多德:《政治学》,1281b,31ff.。

治最重要的事情。"①然而,为了上述建立或选举而聚集在一起的方式可能会因省份的多样性而有所不同。但无论其方式如何不同,我们必须始终注意,这种选举或建立总是通过立法者的权威进行的,而我们常说立法者就是公民共体或其强力部分。这个命题可以并且应当通过同一个证明得到确证,而我们在这一论第12章通过这个证明得出结论,法律的制定、更改以及与之相关的所有其他行为都属于公民共体;我们只需要置换这个证明的小前提中的最后一项,即用"统治者"一词来替换上述的"法律"一词。

3. 此外,这个命题及其真理是非常可能的(probabile),如果允许一个人称必要的东西为可能的话。事实上,那些生成某种形式的人有权决定该形式的主体,正如在一切操作性技艺中所看到的那样。因此亚里士多德在《物理学》第2卷第4章说:"在某种程度上(usque ad hoc),对类型和质料的认识属于同一门学科,例如医生了解健康以及组成健康的胆汁和痰,同样地,建筑师了解房屋的类型和质料,即砖块和木材。"②通过这个清楚的归纳,同样的道理同样明显地存在于其他人造物和自然物之中。其原因在于,形式及其功能是目的,质料因此得以存在或产生,正如他在同一本书同一章中所说的那样。因此,由于公民共体有权生成形式,即所有公民行为都必须遵守的法律,所以可以看出,同一个共体有权规定这个形式的质料或主体,即统治者的部分,其功能在于依据这个形式处理人们的公民行为。由于这是城邦共同体的最好形式,所以必须为它确定一个在品质方面最好的主体,我们也在上一章

---

① 亚里士多德:《政治学》,1282a,38。同时参见《和平的保卫者》,I.13.4。
② [布本注]亚里士多德:《物理学》,194a,22—25。

通过可能的推理得出了结论。因此似乎可以恰当地作出推论,选举的和没有世袭权的统治者通过一种绝对优于非选举的或伴随着世袭建立起来的统治者的方式,在政体中更值得优先考虑。

4. 所以在说明了统治部分的动力因之后,我们现在必须根据我们常常计划的目的去谈谈建立或决定城邦其他职权或部分的动力因。我们说这个第一因是立法者,但我们说第二因是作为工具或执行因的统治者,后者依靠立法者的授权并且依据同一个立法者交给他的形式(即法律),必须尽可能地始终依法完成和处理公民行为,就像我们在上一章所说明的那样。事实上,虽然立法者,作为第一因和恰当的原因,必须确定应当由什么样的人在城邦中行使职权,但统治者有权下令并在必要时强制执行这些决定,正如他在其他法律决定中所做的那样。事实上,统治者比全体公民群众更加适合执行法律,因为一个或少数统治者足够胜任这项工作,普遍的共同体则徒劳地忙于这项工作,并且被其他必要的职能所搅扰。事实上,统治者做的事情,就是普遍的共同体所做的,因为统治者依据共同体的决定(即法律)行事,而且因为他们是少数人或一个人,所以法律更容易得到执行。

5. 但是,人类的关心在这个问题上恰当地模仿了自然。因为根据理性建立起来的城邦及其部分类似于根据自然完美赋形的动物及其部分,正如从亚里士多德《政治学》第1卷和第5卷第2章①来看是显而易见的那样。因此,完美赋形的动物的自然行为与恰当建立的城邦及其部分的人类心智行为是成比例的。那么,通过描述这个比例,我们将从中更充分地看到城邦诸部分的动力因和决定因。跟从亚里士多德在

---

① [布本注]亚里士多德:《政治学》,1253a,19—25; 1302b,34—1303a,2。

《论动物的部分》第 16 章①中的观点和盖伦在其称为《论动物的生成》(*De Zogonia*)②一书中以及后世其他更专业的人的观点,让我们采纳下面这一点,即从某种本原或动因(它要么是质料的形式,要么是分离的形式,要么是其他有能力生成动物及其部分的东西)中,动物的某个有机部分在时间和自然上首先被赋形,自然的德能或潜能在它之中并且伴随着作为动原(activo principio)的某种热(calor),我认为这种德能和热具有赋形和区分动物其余每一个部分的普遍主动因果力(universales activa causalitate)。那个首先被赋形的部分是心(cor)或某种类似于心的东西,正如亚里士多德在上述同一个地方所说,以及其他更专业的哲学家们所说的那样,③我们必须相信他们在这一领域的经验,并且我们现在无需确证就可以假设它,因为当前的研究不需要证明它。的确,这个首先被赋形的部分在禀赋和品质上比动物的其余部分更高贵,更完美。因为在生成它的过程中,自然赋予了它一种德能和工具,通过这种德能和工具,动物的其他部分可以从一种恰当的质料中被赋

---

① [布本注]亚里士多德:《论动物的部分》,665b,10—667b,14。

② Galenus, *De foetuum formatione* (περὶ κυουμένων διαπλάσεως) *in Opera*, ed. René Chartier, Paris 1679, V, besonders cap.4, p. 292ff., ed. C. G. Kühn, Lipsiae 1822, IV, 674ff.

③ [布本注]亚里士多德:《论动物的部分》,666a,19—21。马西利乌斯同时代人,帕多瓦医生迪诺·德尔·加博(Dino del Garbo)认为在心脏形成之前,其他器官依赖于"某种类似于心脏的东西",即一种"生殖精气"(generative spirit)。*Expositio Jacobi* [i.e.Jacopo da Forli]*supra capitulum de generatione embrionis cum questionibus eiusdem. Dinus super eodem. Dinus supra librum ypocratis de natura fetus* (Venice, 1518), fos.24v‑25r.阿维罗伊对亚里士多德《论动物的部分》相关章节的评注(*Aristotelis opera cum Averrois commentariis*, Vol.VI, fos.157v‑163r)反驳盖伦并且为亚里士多德辩护,表明营养、生殖和生长的德能本原(principium)存在于心脏而非肝脏之中。阿维罗伊评注的中世纪拉丁文译本使用 princeps[统治者]、principatus[统治部分]、principium[本原]来描述心脏的角色和位置:通过与人类政府的类比来理解心脏。另见下文(《和平的保卫者》)I.17.8。

形,彼此分离、区分和排序,并且在自然允许的范围内尽可能地保存自己的品质,保护自己不受伤害;甚至当它们由于疾病或其他障碍而从自己的自然中堕落时,它们也会通过这部分的德能得到修复。

6. 我们应当以类似于这些动物及其部分的方式来考察根据理性恰当建立起来的城邦。因为从公民共体或其强力部分的灵魂中,一个类似于心的部分首先被赋形或必须被赋形,灵魂赋予了它某种德能或形式,使其具有建立城邦其余部分的动能(activa potencia)或权威。而这个部分就是统治部分,它在普遍因果力方面的德能是法律,并且它的动能是审判、命令和执行关乎城邦利益与正义之事的权威,基于此,亚里士多德在《政治学》第 7 卷第 6 章[1]表明这个部分是城邦"所有"其他部分中"最必要的"。其原因在于,通过城邦其余部分或职权获得的充足性,在这些部分不存在的情况下,可以从其他地方充分地获得,即使这并不那么容易,例如从航海和其他形式的贸易中。但如果统治部分不存在,那么城邦共同体将不能维持或长久维持,因为"丑闻(scandala)必然来临"[2],正如《马太福音》所说。而这些丑闻就是人们彼此的斗争和伤害,如果它们没有通过正义规则即法律以及通过依法衡量它们的统治者得到惩罚或判定,那么将可能因此导致人民群众的战斗和分裂,从而最终导致城邦的毁灭和充足生活的剥夺。

7. 城邦的这部分也要在其品质(即明智和道德美德)上比城邦的其余部分更高贵、更完美。因此亚里士多德在《政治学》第 7 卷第 12 章说:"如果一个人与他人如此不同,就像我们认为诸神和英雄与人不同,

---

[1] [布本注]亚里士多德:《政治学》,1328b,13—15。
[2] 《马太福音》,18:7。

首先是因为前者拥有巨大的体力,其次是因为前者卓越的灵魂,因此统治者的卓越对于臣民来说是毋庸置疑的和清楚的,那么显然最好的做法是,同一些人行使统治职权,另一些人则总是(即一辈子)服从统治。"①城邦的动原(principium factivum),即共体的灵魂,同样通过普遍因果力在这个首要部分中建立了某种德能,即法律,以及依据法律而非其他方式发布、命令和执行公民判决的权威或权力。正如作为主体的心中的内热(caliditas innata),心或其形式通过它完成了所有行为,它在行动上是由心的形式或德能引导和衡量的,并且不能以其他方式导向应有的目的;此外,正如作为完成行为的工具的热(calor),人们称它为精气(spiritus),它也由同一种德能引导着穿过整个身体,这两种热中的任何一种都不能以其他方式导向应有的目的,因为正如《论生成和毁灭》第2卷和《论灵魂》所说,②"火的"运行"不如器官":授予某个人的统治权威以这种方式类似于作为主体的心中的热。因此,他的武装或强制的工具性权力也以这种方式类似于我们称之为精气的热,该权力必须在审判、命令和执行关乎城邦正义和利益之事方面受到法律的规范;因为统治者不会以其他方式导向应有的目的,即保护城邦,就像这一论第11章所证明的那样。

8. 此外,根据上述德能(即法律)以及赋予他的权威,统治者应当从适合的质料(即那些拥有适合这些职权的技艺或习性的人)中区分和建立城邦诸部分和职权。事实上,就像这一论第7章所说的那样,这些人

---

① [布本注]亚里士多德:《政治学》,1332b,16—23。
② [布本注]亚里士多德:《论生成和毁灭》(*Peri geneseos*),336a,13;《论灵魂》,416a,10—18。

就是城邦诸部分的近质料(propinqua materia)。[1] 因为这是良善政体的准则或法律,设立那些有着与其相适应的操作性习性的人行使城邦职权,并规定那些没有这种操作习性的人(即年轻人)去学习那些他们最自然倾向的东西。这就是卓越的亚里士多德在这个问题上的观点,他在《尼各马可伦理学》第1卷第1章中说:"因为,这(政治或立法上的明智,以及因此依法安排政体的人,即统治者)规定了哪些学科应当存在于城邦中,每个人应当学习哪些学科,以及学习到什么程度。"[2]他在《政治学》第7卷第13章中也谈到了这一点:"因此,政治统治者,在制定法律时应着眼于所有事物,并且顾及灵魂诸部分以及它们的激情(passion)。"[3]同一本书第8卷第1章也是如此,他说:"没有人会怀疑立法者因此应当忙于教化居住在那里的人(vivencium)。因为如果不这样做,就会危害政体。"[4]因此,从我们所说的话中可以清楚地看出,决定或建立城邦职权和部分的权力属于立法者,而对该决定的判决、命令和执行则是由统治者依法作出的。

9. 这可以通过我们在这一论第12章以及之前关于制定法律和设立统治者的同一章中所使用的相同论证来证明,而我们只需置换三段论的小前提中的最后一项。

10. 基于此,任何人,尤其是外来者,随心所欲地(pro libito sibi)行使城邦中的职权都是不合法的。事实上,任何人都不应当也不可能随

---

[1] [瓦本注]参见《和平的保卫者》,I.7.1。
[2] [布本注]亚里士多德:《尼各马可伦理学》,1094a,28—b2。
[3] [布本注]亚里士多德:《政治学》,1333a,37—38。passiones[激情]对应的《政治学》原文为praxeis[活动],穆尔贝克拉丁本忠实地将praxeis翻译为actiones[行为]。
[4] [布本注]亚里士多德:《政治学》,1337a,11—13。vivencium(居住在那里的人)对应的《政治学》穆尔贝克拉丁本翻译为iuvenum[年轻人],穆尔贝克正确翻译了对应的《政治学》原文。

心所欲地行使军事或教士的职权,统治者也不应当允许这样做;因为这样做会导致城邦中其他职权部门所必须提供的物品的不充足。事实上,统治者应当根据人数、能力和其他诸如此类的东西来确定符合这些部分或职权的人员、数量和质量,这样诸部分就不会因为彼此的过度不节制而瓦解政体。基于此,亚里士多德在《政治学》第5卷第2章说,"政体发生改变是由于过度和不合比例。正如身体由不同的部分组成,并且为了保持对称(commensuracio),身体必须合比例地增长;如果没有合比例地增长,如果[身体]不仅在数量上而且在质量上都不合比例地增长的话,那么身体将会腐化;同样地,城邦由不同的部分组成,其中往往隐藏着某一部分的过度增长,就像民主制中的穷人群众那样"①,以及天主教律中的教士部分。他在《政治学》第3卷第7章说了同样的话,为了讨论的简短,我省略了这段话。②

11. 此外,这部分,即统治者,必须凭借其权威依法指挥正义和真诚之事,并且禁止其对手在言行上奖惩遵守或违反其法律命令之人的功过。这样,统治者将使得城邦的每一个部分保持应有的本性,并且保护其免受伤害和不义;因为如果它们中的任何一个遭受或承受伤害,那么伤害应当通过统治者的行为得到治愈,而施害者则通过忍受惩罚得到治愈。事实上,惩罚就像是针对犯罪的某种药。因此《尼各马可伦理学》第2卷第2章:"因此而受到的惩罚表明了(即因错误行为而带来的喜悦),它们是某种药。"③受害者通过接受补偿得到治愈,通过这种方式,一切都恢复到适当的平等或比例。

---

① [布本注]亚里士多德:《政治学》,1302b,33—1303a,2。
② 亚里士多德:《政治学》,1282b,14ff.。
③ [布本注]亚里士多德:《尼各马可伦理学》,1104b,16—17。

12. 此外，这个部分保护了城邦的其余部分，并且帮助它们履行专属于它们自己的以及公共的功能。专属功能必须来自它们自己的职权，而公共功能则在于它们的彼此交往。如果统治者停止纠正暴力行为，那么这两种功能将受到干扰。

13. 基于此，统治者的行动在城邦中绝不能停止，就好像心的行动在动物中不能停止一样。因为尽管城邦其他部分的行动能够在某段时间停止而不会对个人、集体或共同体造成伤害，例如军事部分在和平时代的行动，每一个其余部分的行动同样如此，但是，统治部分及其德能的首要行动绝不可能在停止时不造成伤害。事实上，他对法律所允许和禁止的事情的命令和公共守卫都必须始终持续下去，并且每当发生不合法或不正义的事情时，统治者必须以一种完全的方式来规范此类事情，或者必须采取必要措施来规范它们。

14. 现在，从上述可以清楚地看出城邦诸部分之间的次序，因为为了今世状态，所有部分都是由统治者规定并且朝向统治者的，而统治者是今世状态中的首要部分。因为这个部分在公民共体中是所有部分中的首要部分，它必须在今世状态或尘世目的中，为了今世状态或尘世目的去建立、决定和保护所有其他部分；这个首要部分就是遵循人法的统治者部分，正如我们已经通过可能性和证明性的推理所总结的那样。因此，它是所有其他部分中的首要部分，而所有其他部分被规定朝向它。

因此，我们就这样确定了选举统治部分的动力因、设立城邦其余部分的动力因以及它们之间的次序。

第 16 章

对政体来说,最好是每一次都通过新的选举来选立每一个君主,还是仅仅选举某一个连同他所有后代一起(人们通常称之为世袭)的君主

1. 然而,有一个与上述密切相关的疑问,那就是,对过着公民生活并且为自己选立君主的人来说,最好是将他连同他所有后代一起(人们通常称之为世袭)立为统治者,还是只在他一生之中立他为统治者(当他去世或以任何其他方式被正义地剥夺统治权力时,总是要再次诉诸新的选举来选立未来的统治者)。的确,由于某些显而易见的原因,一些人认为第一种方式似乎更可取。① 首先是因为,世袭君主更加关心国家(respublica),并将其视为自己的世袭财产,而对于不确定自己的继任者是否会成为下一任统治者的君主来说,情况并非如此。因此,亚里士多德在《政治学》第 2 卷第 1 章大约中间的地方说道:"事实上,许多

---

① [瓦本注]参见 Egidio Colonna, *De regimine principum*, libro III, pars II, cap.5; Pietro di Alvernia, in *Politicorum Aristotelis libros commentarium*, libro III, lect.11, 13, 14 (in Thome Aquinatis, *Opera omnia*, XXXI, Panna., 1866, pp.482, 490, 495); Pierre Dubois, *De recup. terrae sanctae*, ed. Ch. V. Langlois, Paris: 1891, § 13, p.12; Agostino Trionfo, *S. de ecclesiastica potestate*, qu.35, aa.6—7。

人共有的东西极少受到关心;因为人们最关心的是自己的东西,而对共有的东西的关心不会超过与每个人自己利益相关的程度。"①他在这一章大约最后的地方再次说了同样的话:"一件东西要引起人们关心和喜悦,主要有两点,即自己的和所喜悦的。"②他在同一卷第2章进一步说道:"此外,人们一旦认为某一物为他自己所有,他就会得到无穷的喜悦。"③

另一个与我们的主要问题有关的论证是,因为世袭君主的继任者似乎比新当选的君主更少对臣民实行暴政,因为他们已经习惯了统治职权,不会认为高举他们,使他们轻视臣民是一件新鲜事。然而,总是新当选的君主,就像新贵们一样,往往会变得骄傲自大。因此亚里士多德在《修辞学》第2卷第24章写道:"每个人都很容易看到财富伴随着什么样的行为举止;事实上,他们是轻蔑的和高傲的,因为他们受到所拥有的财富的影响;事实上,他们拥有这样的品质,就好像他们拥有所有好东西一样。"④

2. 就这个问题进一步来说,因为臣民群众会更加服从那些通过世袭执政的人,因为他们习惯于服从前任的统治。因此《形而上学》第2卷最后一章:"由于我们已经习惯了,所以我们认为这是值得的。"⑤《政治学》第2卷第5章大约最后的地方:"改变所带来的好处不如惯于反叛统治者所带来的伤害大。"⑥我们将在这一论第18章第6节讨论关于

---

① [布本注]亚里士多德:《政治学》,1261b,33—35。
② [布本注]亚里士多德:《政治学》,1262b,22—23。
③ [布本注]亚里士多德:《政治学》,1263a,40—41。[译者注]这句话应在《政治学》第2卷第5章,翻译参考了《政治学》颜一、秦典华的译本。
④ [布本注]亚里士多德:《修辞学》,1390b,32—34。
⑤ [布本注]亚里士多德:《形而上学》,994b,32—995a,1。
⑥ [布本注]亚里士多德:《政治学》,1269a,17—18。

习惯的其他观点。

3. 此外,同样就这个问题来说,可能是因为某个家庭会给其他群众带来如此大、如此多的恩惠,或者在美德上远远超越其他公民,[①]或者二者兼而有之,以至于让这个家庭始终行使统治职权而永远不被统治是值得的。因此,亚里士多德在《政治学》第3卷第8章对此说道:"然而,存在第四种君主制,即英雄时代的君主制,它是自愿、父权的和依法的。因为第一批君主在技艺或战争方面是群众的恩人,或者他们聚起群众或为群众购买了土地,所以他们成为自愿臣民的王,并且把王位遗传给了继任者们。"[②]他在同一卷第9章所说的同样更加清楚地介绍了这一点:"因此,当整个家庭或其中某个人在美德上如此卓越,以至于超越所有其他人时,那么这个家庭成为王室和所有人的主人就是正义的,并且这个人也应当是国王。"[③]同样地,他在《政治学》第5卷第5章也重复了同样的观点:"因为一个王国被造出来是为了从人民中帮助端正的人,而国王则是从端正的人当中产生的,这依据的是他的卓越美德,从美德中产生的卓越行为或者卓越的血统。"[④]

4. 进一步来说,世袭产生更好的统治者,这是因为这样的统治者更倾向于美德,因为他们生自更强健的父母。因此,亚里士多德在他的《政治学》第2卷引用了诗人赛奥迪克底(Theodectos)[⑤]的一句牧歌,他

---

① [瓦本注]参见《和平的保卫者》,I.9.4。
② [布本注]亚里士多德:《政治学》,1285b,4—9。
③ [布本注]亚里士多德:《政治学》,1288a,15—19。
④ [布本注]亚里士多德:《政治学》,1310b,9—12。穆尔贝克拉丁本《政治学》有两处和原文有所出入:1. "从人民中帮助得体的人"对应的原文是"帮助得体的人反对人民";2. "这是根据"对应的原文是"或者根据"。
⑤ [译者注]赛奥迪克底(公元前380年—前340年),古希腊悲剧诗人,先后师从柏拉图、伊索克拉底和亚里士多德。亚里士多德引用的这句话来自赛奥迪克底的诗歌《海伦》。

说:"我的双亲均出自众神之族,谁敢把我称为奴?"①亚里士多德稍后补充道:"因为他们认为,就像人生自人、兽生自兽一样,好人也以这种方式生自好人。"②此外,由于这样的统治者通常受过更好的教化,因此,亚里士多德在他的《修辞学》第1卷第13章说:"好人确实很可能生自好人,那个受到滋养的人也是如此。"③

5. 此外,就第一个问题来说,因为世袭统治者不会遭受到每次新当选的统治者总是遇到的困难。在这种情况中,即在新当选的情况中,很难出现贤德的选民,而这对于一场好的选举来说是必要的和不易的。进一步来说,因为即使发现了这样的选民,他们之间也很难不存在分歧,而一旦他们发生分歧,整个政体就将陷入叛乱的危险,就像罗马君王的新选举经验所表明的那样。此外同样的是,因为人的心智常常倾向于邪恶。④基于此,无论出于爱或恨、祈求或回报,还是出于获得其他利益或喜悦的希望,选民不是总是,而是也许极少选立更好的统治者。

6. 就第一个问题进一步来说,因为世袭君主的道德品质更容易为公民和执政官所熟知,因为他是一个独立确定的人,而新当选的君主则是不确定的。因为有许多公民可以通过选举被选入统治职。然而,人们更容易知道一个人而非多数人的道德品质。而知道统治者的道德品质是有利的,因为人们必须通过建议来说服和引导他,无论他多么明

---

① [布本注]亚里士多德:《政治学》,1255a,36—37。[译者注]马西利乌斯在此引用的诗句和对应的《政治学》原文有出入,中译文来自《政治学》颜一、秦典华的译本。
② [布本注]亚里士多德:《政治学》,1255b,1—2。
③ [布本注]亚里士多德:《修辞学》,1367b,31—32。
④ [瓦本注]《创世记》,8:21。相同形式的句子,参见 Giovanni di Jandun, *Quaestiones in Metaphys*, libro II, qu.4.fol.26B;Guglielmo d'Ockham, *Breviloquium*, II, 7, p.87。

智。因此《修辞学》第1卷第11章:"因为每个人的道德品质最有说服力。"①

7. 此外,因为世袭君主似乎会消除臣民的野心、鲁莽或妄自尊大以及煽动叛乱。由于臣民们知道统治权永远不属于他们,也不可能在合理的范围内得到它,所以他们绝不会渴求它,也不会为了得到它而策划任何邪恶的事情。但是,如果他们能够并且相信能够在合理的范围内得到它,那么他们就会骚动起来,就像总是再次选出新君主时所可能发生的那样。因此西塞罗《论责任》第1卷:"令人不安的是,对荣耀、统治、权力和荣誉的欲望往往存在于最伟大心智和最杰出才智的人身上。"②因为这些人认为自己因某个或某些良好卓越的天赋而配得上统治职,他们通过请求、回报或任何其他非法手段攫取选民的选票。

8. 进一步来说,因为选举的君主,如果不能将统治职权传给后代,就不敢对权贵们施行正义(iustificare)。更重要的是,即使他们违反了法律,他也不敢杀死他们或施加其他体罚,因为他害怕仇恨或严重的敌意和伤害会随之降临到他自己后代身上,而他的后代也许没有继承统治职权。然而,世袭君主不必犹疑这些,因此他将坚定、彻底地对任何违法者施行正义。

9. 此外,选立君主的更完美方式常常出现在大多数地区、民族和时间中;因为越自然的东西越完美,而大多数情况下发生的东西更自然。"因为事物的自然就是在大多数情况和时间中存在的东西",正如《论

---

① [布朗注]亚里士多德:《修辞学》,1366a,13。
② 西塞罗:《论责任》,I:26。

天》(De caelo)第3卷①和《物理学》第2卷②所写,以及通过归纳法所显明的那样。而这正是通过世袭选立君主的方式而非总是通过新选举选立未来君主的方式,例如归纳法在大多数君主制国家、地区和民族中说明了这一点,历史学家所描述的事件表明了大多数时候也是如此。

10. 最后,因为世袭君主统治更像是宇宙的治理或统治,因为在宇宙中,总是只有一位永恒不变的存在者,正如在《形而上学》第12卷最后一章:"所以有一位君主,(因为)众生(encia)(不想)受到糟糕的安排。"③但这似乎发生在儿子继承父亲统治职权的地方,因为血统单一,并且由于人们相信父亲和儿子几乎是同一个人。

11. 然而,根据我们在这一论第14章所确定的,如果我们接受这样一个假设,即未来的君主必须在道德美德(尤其是正义)方面明智而善良,并且几乎比所有其他公民都要卓越;进一步来说,如果我们采纳我们在这一论第9章第10节所说的话,即各个民族和地区对各种政权的倾向和品质是多样的,那么我认为人们应当相信,对于国家来说,为了尘世生活的充足,通过新选举建立未来君主绝对比通过世袭选立未来君主更好。因为根据我们所说的这种建立君主的更可靠方式,人们总是或很少不能选立一位君主,并且拥有最好的人选或者至少称职或完美的人选。因为人民立法者的选举几乎总是,很少不是以实现公民的公利为目标,就像这一论第13章所说明的那样,④而一个称职的君主几乎是实现公利的最重要因素,正如经验所教导的,以及这一论第14章

---

① [布本注]亚里士多德:《论天》,301a,8。
② [布本注]亚里士多德:《物理学》,198b,35。
③ [布本注]亚里士多德:《形而上学》,1076a,3。
④ [瓦本注]参见《和平的保卫者》,I.13.2。

通过推理所推论的那样。然而,世袭常常是偶然的,无法以同样的确定性提供这样一位君主,这一点可以在每一个以这种方式选立君主的国家中通过归纳法得到清楚证明。

12. 进一步来说,因为君主绝对需要的,由世袭或出生继承而来的一切善好品质,几乎总会通过新选举表现出来,尽管反之则不然。因为公民群众可以通过选举选立前任君主的继承人作为继任者,如果他是贤德的和明智的话;但如果他没有这样的品质,那么新的选举将产生其他贤德和明智的人,而世袭则无法产生这种人。

13. 此外,因为未来君主的新选举使得现任君主在对人和物的公共民事守卫方面更加谨慎:首先,这是由于他的美德,因为我们认为这来自他当选的事实;其次,由于害怕未来君主的斥责;最后,以便他自己在未来的选举中连任。基于同样的原因,他将更加操心培养自己的继任者们,让他们变得贤德、有教养,并且他们自己在注意到这一点后也将更加努力地献身于德行和自己的工作。因此,一旦他们在美德上变得和父母相似,那么考虑到父母的应得功绩和服从父母的习惯,他们只要保持这样的美德,就很可能通过新选举被选到统治职。我们在这个问题上所说的正是哲学家在《政治学》第1卷第9章、第2卷第8章、第3卷第2和9章、第7卷第12章的观点。①

14. 在试图解决与之对立的论证中,对于所介绍的第一个论证来说,即通过世袭选立的君主更加操心公利或国家(他几乎视其为自己的世袭私有财产);我们应当说,总是通过新选举选立的君主更有可能做

---

① [布本注]亚里士多德:《政治学》,1259b,15;1272b,35—1273a,1;1277a,16—20;1285b,3ff.;1332b,13—16。

到这些,因为人们一致同意这样一位君主更经常是明智和善好的,正如归纳法所显明的那样。事实上,选举总是能够选立通过世袭产生的贤德之人;尽管反之则不然。而且,这个人将按照他的个人和公民美德行事,而为了此世的最高目的(即美德的工作),也为了从外部为他自己、他的记忆和后代寻求荣耀和名声,他将比世袭君主同等或更加操心国家或公共利益,因为后者预知到他的后代会继任统治职,如果他不贤德,那么他通常不会考虑这些国家或公共利益,并且即使他犯错了,他也不会害怕对他的斥责。

15. 对于另外一个增加的论证来说,即世袭的未来君主比通过每次新选举选立的君主更少行暴政,我们必须否认这一论证。因为对于一个应当在政治上行使统治职权的人来说,暴政发生于不明智、恶意或二者兼而有之;此外,尤其当他能够有望在不受惩罚的情况下作恶时。然而,现在一位通过新选举选立的君主常常比通过世袭选立的更加明智和善好,基于此,他将因美德而使自己更加远离邪恶。此外,因为他不太可能不受惩罚地作恶,并且他比一个后代肯定可以继任统治职权的人更容易被纠正。至于列举的关于新贵的例子,这似乎并不能否认我们的推理。无知和道德败坏的新贵会经历蔑视或其他轻视行为,当大量的财富落入他们手中时,财富就成为他们恶意行事的工具,尽管财富本身的性质更多地是为了今生的善好和充足,而不是相反,正如《政治学》第 1 卷第 6、7、8 章[1]所显明的;统治职同样如此。因此,当这些东西落入明智和贤德之人(这样的人通常由新选举而非世袭产生)的手中

---

[1] [布本注]亚里士多德:《政治学》,1256b,26—37;1258a,19—24;1258b,9—11。

时,结果将不会发生暴政或蔑视,而是发生值得称赞的行为,但当一个贤德之人缺乏这样的工具时,他就无法实施这种值得称赞的行为。然而,让我们向对手们承认,臣民群众确实可能会遭受到来自第一个当选者甚至他的继任者的暴政。事实上,由于新当选的君主不是从祖先那里获得统治职权,所以根据对手们的推理,该君主会像新贵所经历的那样经历对臣民的蔑视和轻视行为,因为落入他手中之物是新颖的。但是,根据真理,我们的对手所主张的恰好与之相反,由于第一位当选者的卓越美德或赋予其他群众的恩惠,统治职权被授予了贤德的后代继任者,因此他自己是更贤德的。按照智慧的异教徒的神谕所说,"因为一物总是更加拥有任何一物凭借它而拥有的东西"①。

16. 至于所介绍的关于臣民群众服从的论证,虽然它相对于其他论证来说应当被给予特殊关注,但是它并不强迫我们承认,新选举的未来君主总是不比通过世袭选立的君主更优越。事实上,尽管习惯会强化服从,但是我们看到,新颖感会引起更大的敬佩和崇敬,尤其是当通过新选举选立的统治者来自其他地区或省份时。此外,服从的习惯绝对地(simpliciter)指向法律和统治职权,相对地(secundum quid)指向统治者。因此我们看到,所有人,无论在灵魂还是在行动上,总是崇敬统治职权和法律,尽管他们的灵魂有时由于统治者的不称职而轻视他,但反之则不然。基于此,臣民群众几乎在任何地方都习惯于服从法律和统治职权,统治者家庭的变化所造成的伤害肯定比新当选的统治者的称职所带来的好处要小,正是对他的美德的崇敬,才使对统治职权和法

---

① [布本注]亚里士多德:《后分析篇》,72a,29—30。[译者注]马西利乌斯引用亚里士多德这句话是为了表明,第一位当选者总是更加拥有每一个后代继任者凭借他而拥有的贤德。

律的服从得以增长。一个迹象表明对统治职权和法律的服从是足够的，即我们在教会家政中所看到的关于罗马教皇的情况。因为臣民群众自身几乎总是履行应有的服从和超过应有的服从。我们已经在第2论第1章第1节指出了其中的原因。的确，从这种过度的服从中，统治者有时可能因有望免于惩罚而行暴政，就像我们在上述一些主教那里发生的情况中所看到的那样。正如亚里士多德《政治学》第2卷所说："发起改变的人不会带来如此大的好处。"①这是指那些在任何场合下，无论多么微小，都试图改变法律或统治者的人。

17. 至于亚里士多德《政治学》第3卷第9章的话："某个家庭可能在美德上如此卓越，或者给其他群众带来如此大的恩惠，以至于同一个家庭行使统治职权而不被统治是值得的。"②这可能在某个时间和某个地点是真的，但是在大多数场合都无法发现它。因此亚里士多德在《修辞学》第2卷第24章说："高贵的意味着不从本性中堕落。但这在大多数情况下不会发生在贵族身上，反而他们中的许多人身价卑微。因为在男性家庭中有一种生育力，就像在这些地区生产的东西中一样；如果这是一个好的家庭，那么有时就会在一段时间内产生非凡的人(即在美德上卓越的人)，而最后会再次中止(即他们会出现缺陷)。有些出身名门的人堕落为性格疯狂的人，就像来自阿尔西比亚德和先祖狄奥尼修斯的后代。"③即这个卓越的阿尔西比亚德和先祖狄奥尼修斯的后裔，尽管阿尔西比亚德和狄奥尼修斯是显赫的，但是他们的后代却堕落了。基于此，我们应当说，只要贵族的生育力持续下去，并且立法者认为这是

---

① 亚里士多德：《政治学》，1269a，17ff.参见《和平的保卫者》，I.16.2。
② 亚里士多德：《政治学》，1288a，15ff.参见《和平的保卫者》，I.16.3。
③ ［布本注］亚里士多德：《修辞学》，1390b，22—29。

便利的,那么就可以适当地任命和确定君主应从这唯一一个家庭中产生。但是只要旧君主出现缺陷,君主将再次通过新选举被选立,以便从同一个家庭中得到更好的人。事实上,我们根本不知道,同一个家庭将会生出什么样的未来君主,尤其是其中的长子,几乎在所有地方,人们总是通过世袭继承法将他选为行使统治职权的君主。

进一步来说,因为尽管在一些省份,尤其是在它们的建立初期,由于缺乏能够当选和被选举的贤德而明智的人,有时会出现这样一个显赫的家庭,但是我们并不认为这种情况总是会发生。相反,当共同体像罗马人的国家那样最终走向完全时,显而易见的是,任何未来的统治者都必须通过新选举(就像通过更确定和更完美的规则一样)选立到统治职。事实上,尽管通过世袭选立的统治者似乎适合一些地区,甚至可能适合大多数地区,但这种建立统治者的类型并不因此比再次新选举的类型更完美;正如木匠的习性不比医生的习性更完美一样,尽管木匠的习性存在于大多数地区或个人。

18. 即使我们承认这样一个命题,即一个生自强健父母的人常常更倾向于美德并且受过更好的教化,[①]但是我们应当说,新选举比出生继任更能够在将被选立的君主的品质方面给予这些东西,因为前者产生的不仅是一个倾向于明智和美德(例如出生继任带来的品质)的人,而且是一个已经完美并且按照美德主动行事的人。最好选立这种人(例如在主张潜能或行动方面的人)行使统治职权,而世袭并不经常产生这样的人。

---

① [瓦本注]参见《和平的保卫者》,I.16.4。

19. 然而,在我们介绍的反对新选举的观点中,[1]其中必须特别担心和注意的是,因缺乏贤德之人(选举应当只由他们进行)而遭受到的困难。更重要的是这些人之间的分歧,基于此,分裂的危险威胁着政体。此外,由于这些人的邪恶情感,无论他们是如何采纳这些情感的,他们或他们的强力部分都可以一致选择邪恶的统治者。我们当然必须要说,相比于重复选立任何一个未来君主所凭借的选举,统治者连同他的所有后代或继任者一起被选入统治职所凭借的选举,在更大程度上遭受上述第一个困难,因为在政体产生的时候,明智之人的数量是很少的;由于他们人数不足,所以在选举中可能会出现错误,而政体则会受到巨大危害,因为这种危害更加持久。至于所介绍的对分裂的质疑,尽管对它的注意超过了一切紧迫之事,但是这不能迫使人们相信未来君主的新选举不如将君主连同他的所有后代一起都选为统治职的一次性选举。因为选举总是为了公利而进行的,人民立法者也常常几乎总是意愿它并使之完美,正如这一论第13章所证明的;这种选举的权威也属于人民立法者,就像这一论第12章和上一章所证实的那样。此外,假设我们和我们的对手一起认为这种选举的权威只属于明智和贤德的人。他们在大多数情况下也不太可能或不会彼此意见不和,因为他们是明智的,他们由于贤德而不会在情感方面被败坏,这就是我们介绍的剩下的第三个困难。

至于我们介绍的关于罗马帝国的例子所带来的困难,即新选举遭受困难是因为任何一个未来君主总是要进行新选举,我们应当说,这个困难绝不是选举本身造成的。相反,这个困难本身产生于某些人的恶

---

[1] [瓦本注]参见《和平的保卫者》,I.16.5。

意、无知或二者兼而有之,他们阻碍上述统治者的选举和进步。我们在此略过关于他们的讨论,因为我们将在这一论第19章、第2论第23、24、25和26章认真讨论他们和他们的行为,即他们迄今为止已经、现在和将要做这件事的方式,以及出于什么原因。

20. 这种反对意见具有一定的幻象,即世袭君主总是比再次通过新选举选立的君主更容易、更可靠地受到良好劝诫的引导。因为如果君主道德败坏,那么他的顾问们应当说服他做的不是符合他的道德或其所欲求的事情,而是相反的事情。然而,即使假设一个君主是那种我们已经在我们的命题和真正的判断中说过的便利之人,那么明智和贤德之人(对手和我们都认为这些人是未来统治者的顾问)都必须绝对说服他去做那些为了政体或公利的事情。的确,人们可以说,对他们来说,也许更有利的做法是不了解他的道德品质,以免为了寻求他的恩惠或好感而按照他的非法要求而非真正的和公共的利益去劝诫他。然而,那些拥有政治明智的人都充分地意识到了这一点。基于此,君主有什么样的道德品质无关紧要,因为他应当总是被督促去实现对政体来说更有利的事情。

进一步来说,尽管对君主品质的了解给了顾问一些帮助,因为他们能够更可靠地指导他,但是我们应当说,这种明确性无非指几乎总有一位贤德明智的君主,这位由劝诫引导的君主的道德品质当然必须被注意到,而任何明智的顾问都能充分认识到这一点。然而,新选举总是比世袭更可靠地产生这样一位君主,正如我们经常说的那样。因此我们也应当注意到,对于世袭君主(他们有时是败坏的)来说,那些协助者或劝诫者更多地是服从他,较少敢于责备或试图斥责他,因为他的后代将在未来行使统治职权。这就是亚里士多德《修辞学》第1卷所说的"每个人的道德品质对每个人来说最有说服力"①,这一点能够被一致认为是正确的。因为每个人都更强烈和更容易地被这样一个人说服,他使得每个人按照自己的道德品质或倾向欲求一物。但是,如上所述,如果他有欲求败坏的东西,那么就绝不应当说服他去欲求这个东西。此外,还有一件我们不应当沉默地越过的事情,并且我们经常看到这件事情发生,即如果君主不贤德,那么他常常会更多听从恶人而非贤德之人的劝诫;基于此,君主应当通过新选举被选立,因为这会更加确定他是贤德的。

21. 至于我们所介绍的关于世袭君主更好地消除了公民的野心、鲁莽或妄自尊大以及对统治职权的不应得野心的观点②:我们应当说,世袭的君主不仅消除了公民不应得的东西,而且消除了他们根据理性所应得的东西,因此这给了他们煽动叛乱的机会。因为当许多公民注意到那些对他们行使君主统治的人常常在美德方面不值得尊敬,并且他们总是被剥夺统治职权时,那么要么他们没有如此多的闲暇去追求使其有资格行使统治职权的美德,要么他们有闲暇但却被剥夺了有时应属于他们的统治职权,所以他们理所应当煽动叛乱。③ 但如果他们有希望在适当的时候能够通过选举被选为统治职,他们就不会试图煽动叛乱。进一步来说,因为明智贤德之人不会在没有严重伤害的情况下试图煽动叛乱。然而,立法者或贤德的统治者(如上所述,通过新选举选立的人几乎总是这样的人)不会将这种伤害施加给他们。事实上,贤德的统治者和立法者在大多数情况下竭力于正义之事,正如这一论第13

---

① [瓦本注]亚里士多德:《修辞学》,1366a,13。参见《和平的保卫者》,I.16.6。
② [瓦本注]参见《和平的保卫者》,I.16.7。
③ [瓦本注]参见亚里士多德,《政治学》,1264b,8。

和14章所说。至于对手所说的"对于公民来说,欲求统治职权就是野心或妄自尊大",这种说法并不正确,因为对于贤德和理当如此的人来说,适当地欲求统治职权不是野心、傲慢和妄自尊大,而是欲求崇高的和政治美德的事业。基于此,亚里士多德在《尼各马可伦理学》第4卷证实了一个崇高之人欲求崇高荣耀不是不恰当的,也不是违背美德的。① 至于西塞罗在《论责任》第1卷中所说的"令人不安的是,在最伟大心智的人身上……"②,如果是真的,那么只有当这些东西[荣耀、统治、权力和荣誉]以不应得的数量或质量的方式或者以其他违反理性准则和规则的方式被欲求时,他的话才具有真理性。

22. 至于其后介绍的论点,即一个君主如果不将统治职权传给继承人,就不敢对权贵施行正义或惩罚他们,至少就对他们个人和最高的惩罚而言,因为他害怕他们对自己孩子的恶意行为③:我们应当说,这样一位当选的君主并不会害怕,因为他心智坚毅。而且因为,如果权贵因自己的过失而被依法施行正义,那么他们要么不会对君主及其孩子怀有仇恨,要么怀有微弱的仇恨从而不会寻求报复。因为他们知道正义必然由他或另外一位统治者来实现。即使他们因为自己的无知、恶意或二者兼而有之而怀有复仇的欲望,他们也会出于对立法者和其他统治者的恐惧而不敢冲动复仇,因为他们可能会担心自己像被他的前任[君主]惩罚那样再次受到他的惩罚。

23. 至于有争议的推理,即君主似乎在大多数地区和大多数时间中是通过世袭选立的:我们应当说,这可能在大多数时候并不具有真理

---

① [布本注]亚里士多德:《尼各马可伦理学》,1123a,34—b,24。
② 西塞罗:《论责任》,I:26。参见《和平的保卫者》,I.16.7。
③ [瓦本注]参见《和平的保卫者》,I.16.8。

性。但是让它像对手所假设的那样吧。然而,至于对手将这种世袭统治和更自然的、更完美的结合在一起,我们应当否认这一点。当对手引用亚里士多德在《论天》第3卷①和《物理学》第2卷②中的证词时,即事物的自然似乎是在大多数情况下和大多数时间中发生的东西:我们当然应当说,这在同一种类中是正确的,即以这种方式存在的事物比它的欠缺或缺陷更自然,但是它并不比任何其他在种类上不同于它的事物更自然或更完美;因为如果是这样的话,木匠将比第一哲学家更完美,木工也将比第一哲学或任何其他思辨科学更完美;但是,如前所述,这既不是必然的也不是真实的。现在,选任君主制不是世袭君主制的欠缺(反之亦然),而是彼此不同的种类,不可能同时存在于同一个臣民群体或共同体中。上述言论可能还有其他错误,我们将它们留给愿意思考的读者,为了讨论的简短,我们没有处理它们。

24. 至于最后一个论证所支持的观点,即一个君主和所有后代一起当选是更优越的,因为他的统一性和宇宙君王的更为相似:我们应当说,我们对这种统一性的相似性(尽管这几乎是多义的)的关注不应当超过对灵魂或灵魂习性方面的完美一致性的关注,因为后者才是一个人应当被选为统治职的特殊原因,而不是血统的相似性。我们通过血统的相似性只能关注到身体品质本身的统一性而非灵魂习性,统治职权被归于某个人依据的却是灵魂习性。根据这种灵魂习性的完美统一性或相似性,任何一位依靠自己当选的君主都比一位仅仅因他人的当选而世袭的君主更充分,更经常地符合上一任贤德的君主以及宇宙诸

---

① [瓦本注]亚里士多德:《论天》,301a,8。
② [瓦本注]亚里士多德:《物理学》,198b,35ff.。

存在的第一存在或君王,正如从先前所说中显明的那样。

25. 许多关于双方争论的观点都将会出现,并且对于想要考察在个别情况下什么是对政体更好和更坏的人来说,可能已经是显而易见的了;但是,在上述已经介绍的争论中,我们已经提出了更值得关注的问题。

因此,我们已经如此充分地讨论了关于建立君主的最完美方式。

第17章

论城邦或国家的最高统治部分在数量上的统一性[在数量上为一]及其必要性；城邦或国家在数量上的统一性，以及城邦或国家的每一个首要部分或职权在数量上的统一性，都将因此变得显而易见

1. 然而，我们现在必须讨论统治者或统治部分的统一性；对于我们着手的这个问题，让我们说：在一个城邦或一个国家中，应当只有一个统治部分，或者如果统治部分在数量或种类上为多（正如在大城邦中这似乎是便利的，并且最重要的是，在国家中，这符合国家的第一种含义），那么其中必须有一个在数量上唯一且最高的统治部分，其余部分则可以被还原到该部分，受到它的规范，由它纠正其中发生的错误。

2. 现在，我要说的是，如果国家或城邦要得到正确安排的话，这个统治部分（即最高的部分）必须在数量上为一（numeralis unitas）而非多。关于形式统治职权的统治者，我说了同样的话，即统治者在数量上为一，不是在人类主体方面，而是在职权方面。因为存在一个在数量上为一的最高的温和统治部分，其中不止一个人行使统治职权，正如在贵族制和共和制中一样，我们在这一论第8章谈论了这一点。这几个人

确实属于就职权而言在数量上为一的统治部分,因为他们产生的任何行为、审判、判决或命令在数量上为一;事实上,他们中的任何一个都不能单独地产生这样的行为,而只能从共同法令和他们的或强力部分的同意中依据在这些问题上制定的法律产生这样的行为。由于他们以这种方式产生的行动在数量上为一,统治部分在数量上为一并且被称为一,无论它是由一人统治还是多人统治。然而,其他任何一个城邦职权或部分都不要求这种行为的一;因为在它们之中的任何一种行为中,许多相似或不同种类的行为都能够并且应当独自产生于其中的不同主体。的确,在共同体和个人之中,这种行为的一是不可忍受的和有害的。①

3. 因此,在以这种方式理解了统治部分或统治者在数量上的统一性后,我们希望确证,要么统治部分或统治者在一个城邦或国家中的数量必须只有一个,要么如果是多个,那么最高的统治部分在数量上只有一个而非多个。我们首先这样证明这一点:因为如果统治部分在城邦或国家之中是多个,并且不能还原到或受命于任何一个最高统治部分,那么就会缺乏对有利之事和正义之事的审判、命令和执行,而且由于无法报复人的不义行为,将会引发战斗、分裂乃至最终城邦或国家的毁灭。然而,这个因存在多个统治部分而产生的后果正是我们最应当避免的恶,这是我们可以清楚看到的。事实上,首先,因为违法者不能被合理地施行正义,除非他们被召唤到统治者面前来,以便统治者审查讯问或指控他们的证词。但是,如果我们假定多个统治部分不能还原到任何一个最高部分,就像对手们说的那样,那么,没有一个被召唤到统治者面前的人能够充分地在场。比如我们假设(正如经常发生的那

---

① [瓦本注]参见《和平的保卫者》,I.17.12,II.8.9。

样),一个人会因某个违法行为而被彼此没有次序的多位统治者在同一时间召唤来回答问题,因为一位统治者有义务和权力出于和其他统治者相同的理由召唤或传唤被告;并且出于同样的理由,如果被召唤者有义务在一位统治者面前回答问题,免得被视为傲慢的[故意不服从法令者],那么出于相同的理由,他也有义务在另一位或另一些(如果有两个以上)统治者面前回答问题。因此,他要么同时出现在所有统治者面前,要么不出现在他们任何人面前;或者当他出现在其中一位统治者面前时,他就绝不能出现在另一位或另一些统治者面前。然而,他在同一时间不可能同时出现在所有统治者面前,因为这在自然和技艺上都是不可能的;事实上,同一个身体不可能同时出现在不同的处所或者同时向多位统治者(他们可能同时问不同的问题)说话或回答。进一步来说,假设(尽管这个假设是不可能的)一个被召唤的人出现在多位统治者面前并且同时保持沉默或回答不同的问题,但是他也许会在同一个罪行上被一位统治者惩罚,而被另一位统治者免罪;或者他如果被两位统治者惩罚,也不是被两位统治者以同等的方式惩罚。基于此,他既有义务又没有义务赔偿,或者如果他有义务,他将以或多或少的方式付出这样数额的赔偿,并且他以这种方式作出的赔偿既可以是这一数额又可以不是这一数额。因此他要么同时做自相矛盾的事情,要么不作出任何补偿。因为他出于相同的理由应当服从一位统治者和另一位统治者的命令。他没有任何理由出现在一位统治者面前而没有出现在另一位统治者或另一些统治者面前。即使他出现在一位统治者面前,却轻视另一些统治者,并且可能被这位统治者免除城邦的罪与罚,他仍会因傲慢而被另一些统治者惩罚。因此,以这种方式被召唤或传唤的人既不能同时出现在所有统治者面前,也不能恰当地出现在其中一位统治者而非另一位统治者面前。所以剩下来的结论是,没有一个被召唤或传唤的人会出现在统治者面前,因此对他施行正义是不可能的。因此,对于一个城邦或国家来说,如果要维持城邦正义和利益,就不可能有多个这样的彼此无序的统治部分。①

4. 进一步来说,假设存在多个这样的统治部分,那么每一个公利都会受到搅扰。因为统治者们必须经常命令公民(尤其是有闲暇的公民)集会,去探寻和确定符合公利之事,或者避免不便以及出现的危险,例如那些想要从内部或外部压制公共自由的人。事实上,被召唤的公民或臣民必须在这样一位统治者的命令、处所和时间下召开会议,其理由与他们必须在另一位统治者的命令、处所和时间下召开会议的理由完全相同。时间可能相同,但是处所不可能相同。此外,一位统治者想要提议的东西可能不同于另一位统治者想要的。但是,似乎不可能同时在不同的处所,也不可能同时关注不同的东西。

5. 此外,这将可能导致公民之间的割裂、敌对、战斗、分裂以及最终城邦的毁灭,其中一些人想要服从一个统治部分,而另一些人想要服从另一个统治部分;不同的统治部分之间也是如此,因为其中一个想要超越另一个;统治部分和拒绝成为其臣民的公民之间也是如此。进一步来说,在各个统治部分有分歧或彼此斗争并且缺乏最高审判者的情况下,上述丑闻就会发生。

6. 此外,假设存在多个统治部分,那么理性和技艺的最伟大事物之一将是空洞和多余的。因为从多个统治部分中得到的任何东西都能够

---

① [译者注]结合瓦本和布本注释,马西利乌斯在这一节的论证和但丁《帝制论》第1卷第10章的论证十分相似但存在细微差异,参见 Dante, *Monarchy*, pp.14—15.

完全从一个统治部分或一个最高统治部分中得到,并且不会存在多元性所造成的伤害。

7. 进一步来说,假设以这种方式存在多个统治部分,那么任何一个国家或城邦都不会是一。因为国家或城邦是一并且被称为一,是由于统治部分的一,城邦的所有其他部分都是为了并且由于统治部分的一而被安排的,在我们接下来说的话中这将显而易见。此外,城邦或国家的各个部分也不会守秩序,也因为它们如果没有义务服从任何一个首要部分,就不会受命于任何一个首要部分(这一点可以从上述推理中清楚地看出),所以它们和整个城邦都将陷入混乱。事实上,每个人都会为自己选择他想要的一个或多个职权,如果没有人去规定或划分它们的话。由此将会带来诸多不便,以至于很难或不可能一一列举它们。

8. 此外,就像在复合动物中,依据处所的运动来命令和推动它的首要本原是一个,正如在《论动物的运动》一书①中所显明的那样,因为如果这些本原是多个并且同时发出对立或相反的命令时,动物必然要么被推向对立的方向,要么完全保持静止(quiescere),从而没有通过运动为自己获取到必要和有利的东西。在一个秩序井然的城邦中同样如此,我们在这一论第15章②说过,这样的城邦在自然上类似于一个被良好赋形的动物。因此,正如多个这样的本原在动物身上是空洞的并且实际上是有害的一样,我们应当坚定地认为在城邦中同样如此。如果一个人想要观察动物身上的性质变化的首要本原,他可以看到同样的情况,就像观察依据处所的运动那样,在被推动和推动的事物的整个秩

---

① [瓦本注]亚里士多德:《论动物的运动》(De Motibus Animalium),698a,15ff.,702a,21ff.。

② [瓦本注]参见《和平的保卫者》,I.15.5—7。

序中同样如此。① 然而,让我们略过这些,因为它们更多地属于自然科学,我们已经在当前的讨论中对它们说得足够多了。

9. 进一步来说,因为正如《物理学》第2卷所写,"一般而言,技艺完善自然无法实现的一些事情,而在其他事情上模仿自然"②。的确,在众生的本性中,首要本原在数量上应为一而非多,因为正如《形而上学》第12卷所说,"众生不想受到糟糕的安排"③。所以根据人的理性和技艺建立的首要统治部分在数量上只有一个。这一点可以从上述推理中看出,但也可以从所有人的感觉经验中看出,这是便利的和必要的:因为如果任何地区、省份或人类聚集的地方都就像我们所说的那样缺乏一个统治部分,那么这些地方显然不可能井然有序,就像在罗马人的国家的例子中,这一点对几乎所有人来说都是显而易见的,而且在上述序言中,这一点在某种意义上已经得到说明了。④

10. 然而,对于全世界过着城邦生活的共体来说,是否有一个在数量上为一的最高统治部分是恰当的;或者在世界的不同地区(它们因不同的处所位置而几乎必然分离),尤其是在没有共同语言和风俗并且习俗相距甚远的地方,是否有不同的统治部分在任何时候都是恰当的,这也许是出于天理(causa celesti),以防人类的过度繁殖。这是一个需要理性审视的话题,但有别于我们当前的思考。因为也许有人会认为,自然凭借战争和流行病控制了人类和其他动物的繁殖,以便使贫瘠的土地满足他们的养育。在这一点上,那些谈论永恒世代(generacio eter-

---

① [瓦本注]亚里士多德:《论动物的运动》,700a,26ff.。
② [布本注]亚里士多德:《物理学》,199a,15—16。
③ 亚里士多德:《形而上学》,1076a,3。参见《和平的保卫者》,I.16.10。
④ [译者注]参见《和平的保卫者》,I.1.2—3。

na)的人①尤为受到支持。

11. 但是,回到我们思考的命题,让我们说,通过我们之前所说的这些话,城邦或国家在数量上为一在某种意义上是显而易见的。因为这是有秩序的一,不是简单意义上的一,而是多个事物所被称为的一。它们在数量上被称为一,不是因为它们通过某种形式而形式性地在数量上为一,而是因为它们被真正地称为数量上为一,基于此,它们关联于在数量上为一的东西,即统治部分,后者安排和治理它们。事实上,城邦或国家并不是通过某种单一的自然形式而成为一的事物,例如复合物或混合物,②因为城邦或国家的各个部分或职权以及这些部分中的个体或部分在现实行动上是多并且在形式上因处所和对象的分离而在数量上彼此分离。因此,城邦各个部分不是通过某种形式性地依附于其上的一而成为一,也不是像墙一样通过和它们接壤或包含它们于其中的一而成为一。因为罗马和美因茨(Maguncia)以及其他共同体一样,在数量上是一个国家或帝国,但这只是因为它们中的每一个都是凭借自己的意志被安排朝向数量上为一的最高统治部分。以几乎同样的方式,世界被称为数量上为一而非多的世界。所有存在被称为数量上为一的世界,不是因为某种数量上为一的形式(它形式性地依附于诸存在的宇宙之上),而是因为第一存在在数量上为一,因为每一个存在都自然地倾向于和依赖于第一存在。因此,对所有存在被称为数量上为一

---

① [译者注]结合舒尔茨本和布本的注释,"那些谈论永恒世代的人"是指阿维罗伊主义者,由于"1277 禁令"谴责了关于永恒世代的论证,所以马西利乌斯在这里的措辞十分谨慎。

② [布本注]例如,人体虽然由不同的部分组成,但仍然是一个身体,因为它有一个单一的自然形态,即人的灵魂。根据亚里士多德的原则,任何具有独立个体存在的事物都必须由自己的某种形式来组织或构造其质料或组成部分。[译者注]马西利乌斯在这一节恰恰要区分复合物的一和国家的一。

的世界的断言,不是对存在于它们所有之中的某种数量上的一的形式性断言,也不是对根据一而被称为某种普遍的一的断言,而是对特定的多被称为一的断言,因为它是朝向一并且是为了一的。同样地,任何一个城邦或省份的人被称为一个城邦或国家,是因为他们意愿一个在数量上为一的统治部分。

12. 但是,他们并没有因为在数量上是一个国家或一个城邦而在数量上成为城邦的一个部分,因为尽管他们意愿一个在数量上为一的统治部分(基于此,他们被称为一个城邦或国家),他们仍然通过不同的主动和被动机制被导向数量上为一的这个统治部分,而这无非由统治者传给他们的不同命令,借此不同的人被安排进不同的职权中。因此,出于这种命令上的差异性,这些人在形式上也是城邦的不同部分和职权。① 然而,每一个职权被称为数量上为一或者数量上为城邦的一个部分,尽管其中的个体数量众多,但这不是因为有某种数量上为一的东西依附于其上,而是因为它们根据法律的决定受制于统治者单一的主动命令。

13. 从这一章和这一论的第 9、12、13 和 15 章所说的这些话中,我们能够通过清楚的论证得出结论,任何个人(无论其级别或地位如何)和集体都不能对此世中的任何人恰当地实行任何强制统治权或司法管辖权,除非这种权威已经由神圣或人类立法者直接传给他了。

因此,关于统治部分的一应当是什么样,什么是城邦或国家在数量上的一,基于什么原因这些城邦或国家也都被称为并且是数量上为一,进一步来说关于城邦各个部分或职权在数量上的一和特殊的一以及它们之间的秩序、区分和分离,我们已经说得足够多了。

---

① [瓦本注]参见《和平的保卫者》,I.7.2。

第18章

论对统治者的斥责[纠正],并且基于什么原因、何种方式以及被哪个人,他在违法时应当受到约束

1. 我们先前说过,斥责或彻底改变统治者们的权力属于立法者,就像建立他们的权力属于立法者一样。① 对于这个问题,有人正确地予以质疑,即是否通过判决和强制力纠正统治者是有利的。如果有利,是否纠正的是任何形式的过度行为,或者只纠正其中一些行为而不纠正另一些行为。此外,谁可以对他们作出这样的判决并且以强制力完成判决的执行,因为我们在前面说过,只有统治者能作出公民判决并以强制力约束违法者。

2. 让我们说,统治者通过他的依法行为以及赋予他的权威成为任何一项公民行为的规则和尺度,就像动物的心那样,正如这一论第15章所充分说明的。如果统治者接受的形式无非法律、权威和依法行动的欲求,那么他就绝不会作出不当行为或者被其他人斥责或衡量的行为。因此,他自己连同他的行为一起将成为其他每一个公民行为的尺

---

① [瓦本注]参见《和平的保卫者》,I.12.3,I.12.9,I.15.2。

度,而他自己决不可被他人衡量。这就像动物身上被良好赋形的心一样,因为心不会接受这样一种形式,该形式使得心倾向相反于从自身的自然德能和热中产生的行为,心总是自然地作出恰当的行为,而非相反的行为。基于此,心通过自身的影响或行为来调节和衡量动物的其余部分,而它自身既不受后者的调节也不接受后者的任何影响。

3. 然而,由于统治者作为一个人拥有能够接受别的形式的理智和欲望,比如错误的观念、败坏的欲求或二者兼而有之,依据它们,他可能作出违反法律规定的行为。基于此,就这些行为而言,统治者受到其他有权衡量或规范他的依法或违法行为的人的衡量;否则任何统治者都会变得暴虐,公民生活也会变得奴性和匮乏。这是一个应当避免的不便,正如我们在这一论第 5 和 11 章确定的东西中所显明的那样。

现在,对统治者过失或违法行为的任何斥责的判决、命令和执行都应当由立法者,或由立法者为此授权设立的某个人或某些人作出,正如这一论第 12 和 15 章所证明的。同样恰当的是,必须在一段时间内中止受斥责的统治者的职权,特别是要中止那个或那些必须审判自己的违法行为的人,以防在共同体中因为随之而来的多个统治职权而发生分裂、骚乱和战斗,因为他不是作为统治者而是作为违法的臣民被斥责。

4. 因此,基于这一点,我们前进到了所探求的质疑,让我们说,统治者的过度行为要么严重要么轻微,此外,它可能要么是常常发生的,要么只是很少发生的。进一步来说,它要么是由法律规定的,要么不是。如果统治者的过度行为是严重的(例如针对共和国或者著名人物或任何其他人的罪行,如果忽略对他的斥责,将有可能发生丑闻或民众骚乱),那么在这种情况下,统治者应当得到斥责,无论它是常常还是很少发生的。因为如果他不被惩罚,就有可能发生民众骚乱、政体的搅扰和毁灭。的确,如果统治者的过度行为是由法律规定的,那么他应依法得到斥责,而如果它不是,那么应依据立法者的判决;如果过度行为是由法律规定的,则应尽可能地由法律来界定,正如我们在这一论第11章所说明的。

5. 如果统治者的过度行为是轻微的,那么它要么很少发生并且很少由统治者犯下,要么可能经常发生并且经常由统治者犯下。如果它很少由或能由统治者犯下,那么我们应当视而不见,而不是让统治者得到斥责。因为如果统治者从任何很少发生并且轻微的过度行为中得到斥责,那么他将被视为可轻视的,因此会对共同体造成不小的危害,公民也会因此对法律和统治部分表现出较少的崇敬和服从。此外,如果统治者拒绝为任何轻微的罪行接受斥责(因为这会降低他的声誉),那么可能会因此出现一桩严重的丑闻。但是,这样一种不能明显产生好处而只会产生伤害的行为不应当在共同体中得到激化。

6. 这就是亚里士多德在《政治学》第2卷对这个问题的明确观点,他说:"显然,立法者和统治者应当被允许犯一些错误。因为改变所带来的好处不如惯于反叛统治者所带来的伤害大。"[1]他将这里的"立法者"理解为既定的法律:他要说的是,如果人们已经习惯于遵守法律,那么法律就不应为了纠正其中的轻微错误而被改变,而是应允许存在一些轻微错误,因为经常改变法律会削弱它们的力量,即服从和遵守它们的命令的习惯。因此同一位作者在同一卷同一章说:"法律除了习惯之

---

[1] [布本注]亚里士多德:《政治学》,1269a,16—18。

外没有说服力。"①也就是说,法律要被臣民遵守,最重要的是习惯。对统治者的崇敬和服从同样如此。

7. 然而,如果统治者的过度行为在大小方面是轻微的,但可能会经常发生,那么法律应对它作出界定,并且经常在这方面冒犯法律的统治者应当通过适当的惩罚得到约束。因为这种过度行为,无论多么轻微,如果经常犯下,就会对政体造成重大危害,正如《政治学》第5卷第4章所写,"就像实体(即财富)会被经常发生的小额开支消耗掉。事实上,整体和全体不是小的,而是由小的部分组成的"②。

因此,我们就这样确定了对统治者的斥责、通过谁以及出于什么原因。

---

① [布本注]亚里士多德:《政治学》,1269a,20—21。[译者注]相似的表达参见亚里士多德:《修辞学》,1366a,13。"每个人的道德品质最有说服力。"马西利乌斯对《修辞学》这段文本的引用在《和平的保卫者》I.16.6 和 I.16.20。

② 亚里士多德:《政治学》,1307b,33—34;1307b,38—39。

第 19 章

论城邦或国家之安宁和不宁的发动因[动力因]以及以不寻常的方式搅扰国家的独特原因,以及论第 1 论和第 2 论之间的延续性

1. 这一论剩余的最终任务是,从先前已经得到确定的东西中,推断出城邦或国家中安宁及其对立面的原因。因为这才是我们从一开始就计划思考的主要问题。首先,我们将说明这些拥有共同性质的原因,即依据亚里士多德《政治学》第 5 卷来推断确定以寻常方式产生的这些原因的个别定义。在接下来的考察中,我们将确定尘世政权中不和或不宁的不寻常原因,我们在上述序言中说过,这种不寻常原因长期以来搅扰并继续日益困扰和搅扰着意大利国家。①

2. 为此,我们有必要重复我们在这一论第 2 章中描述过的安宁及其对立面的定义。② 因为安宁是城邦或国家的善好品质,通过它,城邦或国家的每一个部分都可以在理性及其建立方式上行使适合自身的功能。因此,这个定义清楚地表明了安宁的本性。因为当我们说它是"善

---

① [瓦本注]参见《和平的保卫者》,I.1.3。
② [瓦本注]参见《和平的保卫者》,I.2.3。

好品质"时,我们会注意到它内在的一般本质(quidditas)。而当我们说"通过它,城邦的每一个部分都可以行使适合自身的功能"时,我们是指它的目的,这也让我们理解了它自身的本质或差别。既然安宁是城邦或国家的某种形式或品质,那么它并不比我们在这一论第 17 章第 11 和 12 节所说的国家和城邦更为一,也没有形式因;因为这是复合物所特有的。然而,我们可以通过这一论第 15 章所说的以及城邦或国家中必然伴随着的其他事物,来理解它的行动因或发动因:这就是公民的相互交往和他们职能上的彼此交流,互帮互助,通常不受外部阻碍地执行他们个人职能和公共职能的权力,并按照每个人的恰当尺度分享公共便利和负担,以及我们放在本书开头的卡西奥多罗斯的话中所表达的所有其他便利和可欲求的东西。所有这些东西的对立面,尤其是其中一些东西的对立面,都伴随着与安宁相对立的不宁或不和。

3. 因此,既然统治者的正当行为是所有上述尘世便利的动力因和保存因,正如这一论第 15 章第 11 和 12 节所证明的,那么该行为本身就是安宁的发动因;使徒保罗无疑意识到了这一点,当他在《提摩太前书》第 2 章说:"因此我恳求,首先要为……恳求……并且为君王和所有在高位之人恳求,以便我们过上宁静安宁的生活。"①但如果有什么东西本身阻碍了统治部分的行为,那么公民的不宁或不和将从中产生,就像从发动因中产生一样。的确,从一般意义上来看,安宁有多种多样的种类和模式,亚里士多德在政治科学(即我们所说的《政治学》)第 5 卷对寻常行为中产生的安宁给予了充分的关注。

但是,城邦或国家的不宁或不和有着某种不寻常的原因,它偶然地

---

① 《提摩太前书》,2:1—2。

始于神圣原因(divina causa)以不同于事物之中一切寻常行为的方式产生的结果,而且正如我们在上述序言中提到过的,亚里士多德及其同时代或更早一些的其他哲学家都没能察觉到它。①

4. 这个原因长期以来并且现在继续日益阻碍统治者在意大利国家的正当行为,它剥夺了并正在剥夺意大利国家的和平或安宁,以及伴随它而来的其他一切东西和上述便利,并且以一切不便的方式困扰了并正在困扰意大利国家,使得意大利国家充满了几乎所有类型的悲惨和不公。

鉴于我们应当根据一开始的思考计划来确定这个由于其隐蔽恶意的习惯而以独特方式阻碍和平的原因的具体本性,我们有必要回忆一下我们在这一论第6章所说的话:神子,圣三一体中的一位,即真神,为了修复原初父母违背上帝诫命的罪过以及随之而来的整个人类的堕落,披上了人的自然。他在亚里士多德时代之后长久以来就成了真人并是共在之一中的同一位上帝,他被称为耶稣基督,信仰虔诚的基督徒都敬拜他。我说,这位基督是荣福的神子和神人共在者,他生活在犹太人民中,从他们那里获得了肉体起源;他开始教导并教导了对于人类追求永生和避免永惨来说必须去相信、执行和避免什么的真理。因此,他最终在凯撒总督本丢·彼拉多(Pontius Pilato)手下的犹太人的恶意和疯狂中,受了难并且死了,死后第三天从死里复活,后来升到了天上。但是,在这之前,他虽然活在有朽的生命里,却为了人类的救赎,拣选了一些被称为使徒的教团来作为教导真理的执事,命令他们在全世界传播教导和指导他们的真理。因此在《马太福音》第28章的结尾处,复活

---

① [瓦本注]参见《和平的保卫者》,I.1.3。

后的耶稣对他们说:"所以你们要去教导万民,以圣父、圣子和圣灵之名给他们施洗,教导他们遵守我所命令你们的一切。"①我要说的是,基督借着这些使徒(他们的名字在信仰虔诚的基督徒面前是足够知名的)和其他一些人,希望福音律法能被写下来,而福音律法借着他们的教导被写下来,就像是借着由神的大能(divina virtute)直接推动并引导朝向它的某种工具被写下来;的确,借着这律法,我们能够在基督、使徒和传福音者不在场的情况下理解永恒救赎的命令和告诫。他还在这律法中,根据这律法标记并制定了圣礼,以便净化原罪和现罪(culpe actualis)②,发动和保存神恩,重塑失去了的神恩,并立这律法的执事。

5. 他还立上述使徒作为这律法的教师以及根据这律法成为圣礼的第一批执事,他借着圣灵传给他们这执事的权柄,基督信徒称之为教士的权柄。他将这个权柄传给他们以及他们在这职权上的继任者而非其他人,他们使用共同和单独所说的某种语言形式,可以将面包和酒变体成他真正的身体和血。③ 除此之外,他还授予他们将人从罪中解救和捆绑的权柄,人们通常称之为钥匙权(clavium potestas),以及用自己同样的权柄代替他人的权力。使徒们也将这个权柄传给某些人,或者更确切地说,上帝在他们敬拜和按手④时借着他们将这个权柄传给别人。其他人也领受了这样做的权力,他们后来就这样做了,现在仍然这样做,将来也会这样做,直到世界末日。使徒保罗也是这样立提摩太、提多和许多其他人为教士并且教导他们去立别人。因此《提摩太前书》第

---

① 《马太福音》,28:19—20。
② [译者注]"现罪"是指人借着自由意志犯下的罪,有别于由初人所犯并遗传给人类的原罪。
③ [译者注]圣餐礼。
④ [译者注]按手礼。

4章写道:"你不要忽视所得的恩典,就是从前借着预言在众长老按手时赐给你的。"①《提多书》第1章写道:"我留你在克里特,是要你纠正他们所缺的,并为各城派长老,就像我为你安排的那样。"②教士的和钥匙的这个权柄,无论一个还是多个,都是由上帝的直接行动印(imprimo)在灵魂上的某个品格(caracter)或形式。

6. 然而,除此之外,当他们在数量上已经成倍增加时,为了避免丑闻,还有另外一种权柄经由人类的承认(concessio)交给了教士。这种权柄就是他们中的一位教士在引导其他教士在圣殿中完成应有的神圣崇拜方面,以及在规定或分配上述所立执事使用的某些尘世物方面拥有卓越的地位。关于制造这种权柄的权力以及该权柄来自哪里,这将在第2论第15和17章得到充分的说明,因为这种权柄不是直接通过上帝而是通过人的意志和心灵产生的,就像城邦的所有其他职权一样。

7. 因此,既然我们已经重复并在某种意义上阐明了教会执事的起源以及他们职权的发动因,那么我们有必要进一步注意到,在上述基督使徒中,有一位名为西门但姓彼得的使徒,他第一个从基督那里领受钥匙权柄的应许,正如奥古斯丁在对《马太福音》第16章的注解中所说的那样,基督的神谕对此说道:"我要把天国的钥匙给你。"③注解说:"在其他人之前(pre)承认他的人(即承认耶稣基督是真的神子),在其他人之前被赐予了钥匙(即在其他人前面[ante])。"④我们可以从他的历史中清

---

① 《提摩太前书》,4:14。
② 《提多书》,1:5。
③ 《马太福音》,16:19。
④ 《标准注解》(*Glossa ordinaria*)。参见贝达(Beda):《布道词》(*Homiliae*), II. 16 (Migne 94, 222);托马斯·阿奎那:《金链》(*Catena aurea*, *Opera*, ed.Parm.), vol. 11, p. 199。

楚看到，随着基督的受难、复活和升天，这位使徒来到安条克，并在那里被人民立为主教。因此，正如上述历史所记载的那样，他动身去了罗马（他去罗马的原因被略过了，因为在这个问题上有不同的观点），并在那里成为基督信徒的领袖和主教；最终，他因对基督的承认（professio）和传播而被斩首，根据上述历史，他与使徒保罗在同一时间同一地点殉道。①

8. 因此，根据这位门徒或使徒似乎相较于其他使徒所拥有的特权（因为他在其他使徒之前被赐予了钥匙，考虑到上面所引《圣经》的话，以及基督单独对他说的其他事情，这些事情随后将被介绍），在罗马宗座（apostolica seu episcopali sede Romana）②上跟从他的一些罗马主教（尤其是在罗马皇帝君士坦丁③时代之后的主教）声称并断言，他们自己在每一种司法管辖权柄方面都优越于世界上所有其他主教和长老。较晚近的一些罗马主教声称，他们不仅优越于这些主教和长老，而且优越于世界上所有统治者、共同体和个人。虽然他们没有同等地表达这一点，也没有像对被称为罗马人皇帝的统治者以及服从他的所有省份、城邦和个人那样明确地声称这一点，但事实是，一些人声称，对罗马皇帝的这种统治权或强制司法管辖权之独特表达，似乎是通过君士坦丁

---

① ［布本注］马西利乌斯在《和平的保卫者》II.16.16 和 II.16.19 对这段历史展开了分析。［译者注］应为《和平的保卫者》II.16.9 和 II.16.16，布本注释有误。

② ［译者注］apostolica seu episcopali sede 在天主教语境下为"宗座"，在新教语境下为"使徒座"。由于马西利乌斯所处的时代还没有发生新教改革，所以译文选择"宗座"一词。"宗座"在马西利乌斯时代特指使徒彼得所建的罗马宗座，但是马西利乌斯在第 2 论反对罗马宗座的独特性并且主张罗马宗座和其他使徒所建宗座之间是平等的关系。为术语统一的需要，第 2 论提及其他使徒所建宗座的地方，统一翻译为"宗座"。

③ ［布本注］君士坦丁一世/君士坦丁大帝。

给罗马教皇圣西尔维斯特(Silvestro)的某种法令与赠礼①首次获得了形式和开端。

9. 但由于这个赠礼或特权并没有明确包含这一点,或者可能由于它在后来的事件中到期了,或者由于即使仍然有效,但这个特权或授予本身的力量没有扩展到世界上其他统治职权,也没有扩展到罗马人在其所有省份的统治职权。因此,较晚近的罗马主教在另一个涵盖所有人的头衔之下为自己设立了这个针对全世界的强制司法管辖权,即充足权力,②他们断言这是由基督授予在罗马宗座上作为基督代理③的圣彼得及其继任者的权力,因为正如他们正确论述的那样,基督是全世界所有人和物的"万王之王和万主之主"④。尽管他们想要推论的东西不是从这一点推导出来的,但是这一点随后将变得清楚明白。因此,罗马主教对这个头衔的理解是,正如基督对所有国王、统治者、共同体、集体和个人拥有充足的权力和司法管辖权一样,他们自称是基督和圣彼得的代理,应当拥有这种不受人法限定的充足的强制司法管辖权。

10. 一个明显的迹象表明,罗马主教试图以我们所说的方式来理解这个头衔(即充足权力),就是某位名为克莱门特即第五位名为克莱门特的罗马主教⑤,他在针对神圣记忆中最新一任罗马皇帝亨利七世⑥的

---

① [译者注]"君士坦丁的赠礼",直到1440年才由洛伦佐·瓦拉证伪。
② [布本注]详细讨论参见《和平的保卫者》,II.23。
③ [译者注]新教称为"代理牧师"。
④ 《启示录》,19:16。
⑤ [译者注]教皇克莱门特五世,1305—1314年在位,法国籍教皇,1309年在法王美男子菲利普的支持下,将教廷从罗马迁至阿维尼翁。
⑥ [译者注]神圣罗马帝国皇帝亨利七世,1298—1313年在位。

法令或教令的第7卷《论判决和审判之事》①中,以这种方式使用了这个头衔,因为当他撤销这位有福的亨利的某个判决时,他除此之外还写了一段来表达我们所说的关于他们对上述头衔的理解。然而,由于这件事广为人知,为了论述的简洁,也因为我们将在第2论第25章第17节进一步介绍这个命题,所以我们在此不介绍它。因此,就像基督不是任何其他国王或统治者的王和主一样,基督现在或过去也不是罗马皇帝的王和主,反之亦然或更甚,因为罗马统治者在基督时代是统治全世界的皇帝,所以很明显,对这个头衔的理解从同一根源的力量扩展到了所有统治职权。这就是罗马主教借此的意图,罗马主教本尼法斯八世②对可敬的法王美男子菲利普有争议的攻击清楚地教导了我们,随后我们将在第2论第20章第8节介绍这位本尼法斯的教令。通过该教令,本尼法斯八世规定我们必须相信"每一个人类"都要服从"罗马教皇"的强制司法管辖权,因为这对于永恒"救赎来说是必要的"。③

11. 因此,罗马主教们以这种方式前进至此,他们在寻求基督信徒之间的和平的名义下首先绝罚(excommunicare)一些拒绝服从他们判决的人,然后针对这些人的物和人作出判决。更确切的表达是针对特定的人作出判决。例如较少能够抵抗他们权力的人,如意大利的个人和共同体,因为该国几乎所有部分都被分割和撕裂,能更易受到压迫。更宽泛的表达是针对其他人,如国王和统治者,因为罗马主教害怕这些

---

① [瓦本注]《教规法大全》(*Corpus iuris canonici, Clem.*),libro II,tit.11,cap.2。
② [译者注]教皇本尼法斯八世,1294—1303年在位,于1302年发布教令《一圣教谕》(*Unam sanctam*),宣称尘世权力必须服从于教权。
③ [瓦本注]《一圣教谕》,收录于《教规法大全》(*Corpus iuris canonici, Extravag. Commun.*),libro 1,tit.8,cap.I。

人的抵抗和强制力。但是，他们在篡夺司法管辖权方面通过逐渐渗入并且持续试图渗入来针对这些人，他们不敢同时侵入整个地区，因此他们的渗入密谋迄今为止逃脱了罗马统治者及其臣民的注意。因为罗马主教们逐步夺取了一个又一个的司法管辖权，尤其在帝位空缺（imperiali sede vacante）的时候，最终他们自称对同一个统治者拥有完全强制性的尘世司法管辖权。当今罗马主教①最近明确写道，他不仅对意大利和德国诸省的罗马统治者，而且对上述诸省的所有统治者、共同体、集体和个人（无论他们的尊严和等级如何）以及他们所有的采邑财产和其他尘世财产，都拥有最高司法管辖权，他还将授予和转让他们统治职权的权力明确归于他自己，每个人都能够从这位主教的某些他称为法令或判决的作品中清楚地看到这一点。②

12. 因此，某些罗马主教的错误观念以及可能对统治职权的败坏的情感（他们宣称统治职权应属于他们，正如他们所说，它来自基督传给他们的充足权力）是我们所说的城邦或国家中发生不宁或不和的那个独特原因。事实上，如序言所说，③它倾向于渗入每一个国家，长期以来以其恶行困扰着意大利国家，并且通过全力阻碍统治者（即罗马皇帝）的登基或诞生及其在上述帝国中的行为来阻碍并仍然阻碍意大利国家的安宁与和平。因此，在这种行为（即对公民行为施行正义的行为）缺失的情况下，很容易发生伤害和斗争。如果因缺少衡量者而不能用正

---

① ［布本注］教皇约翰二十二世，1316—1334 年在位。
② 教皇约翰二十二世的教令在此分别是 1317 年 7 月 16 日、1318 年 3 月 31 日、1323 年 10 月 8 日和 1324 年 3 月 23 日的教令，其中后两份教令针对的是神圣罗马帝国皇帝巴伐利亚的路德维希。参见 MG. Const.V, nr.443 pp. 367f.; nr.792 pp. 616ff.; nr. 881 pp. 692ff.。
③ ［译者注］参见 I.1.3。

义规则或法律来衡量的话,那么就会引发战斗,从而可能导致公民分裂以及最终意大利政体或政权的毁灭,就像我们所说的那样。因此,除了这个观点,或许还有我们所说的行使统治职权的情感,罗马主教在强制性的或尘世的司法管辖权方面力争罗马统治者服从他,而罗马统治者在法权上不应当(我们随后将清楚表明这一点),在这种司法管辖权上也不愿意服从他。由此就产生了如此多的争吵和不和,以至于在没有给灵魂和身体带来巨大危机以及给物品带来损耗的情况下,就无法平息这些争吵和不和。

因为对任何个人(就其自身而言)、共同体或集体的强制性统治职权都不属于罗马主教或任何其他主教、教士或精神执事,就像这一论第 15 和 17 章所表明的那样。这就是亚里士多德在《政治学》第 4 卷关于任何教律或教派中教士职权的意思,他说:"基于此,不是所有的人,无论通过选举还是抽签选出来的,都应当被立为统治者,我认为首先是教士。因为教士有别于应当行使统治职权的政治家,后者承担的是政治的职责(即职权等)。"他进一步补充道:"然而前者承担的是家政的。"①

13. 既然这场极为不利于人类宁静和幸福的有害灾祸,能够从同一根源的恶意中侵蚀世界上所有其他天主教信徒的领域,那么我判定我们必须要全力抵制它,就像序言所说的那样。首先,必须揭露上述观点作为过去和未来作恶根源的外衣;其次,在必要时,必须通过外部操作管制其保护者或发明者,无论后者属于无知的还是不正义的保卫者。这是所有有知识和能力抵制它们的人的义务。在某种程度上,如果他们忽视或没有这样做,他们就是不义的,正如西塞罗在《论责任》第 1 卷

---

① 亚里士多德:《政治学》,1299a,16—19;1299a,23。

第5章所证实的那样,他说:"不义有两种,一种是人主动造成的,另一种是由他人造成的,当他们能够却没有击退伤害时。"①所以看吧,根据西塞罗这一值得注意的观点,不仅那些对他人造成伤害的人是不义的,而且那些知道并能够阻止对他人造成伤害之人却没有阻止的人也是不义的,因为任何人都对他人负有义务,这符合一条准自然法权,即对人类友谊和社会的义务。② 既然我明知违背这条法权就应被称为不义(至少对我来说是这样),那么我计划首先用我的学说,然后用我力所能及的外在行动,从基督信徒弟兄身上击退这灾祸。因为,我似乎毫无疑问地意识到,我从上头被赐予了认识和揭露诡辩的能力,而迄今为止某些罗马主教及其当今同伙的扭曲观点和可能的败坏的情感依赖于上述丑闻并持续力争得到这种诡辩的支持。

---

① 西塞罗:《论责任》,I:23。
② [瓦本注]参见《和平的保卫者》,I.3.4。

第 2 论

第1章

论对这一论所包含的真理的三种阻碍或反对方式,所论之事的意图以及前进的方式

1. 因此,当我着手处理如此艰巨的著作时,我非常确信它能够建立在真理之上,但是我在这条道路上看到三个邪恶的敌人在准备针对这本著作的战争:第一个是罗马主教及其同伙的暴力迫害。因为他们力争用全部力量去消灭这本著作以及那些彰显其真理性的人,后者直接反对他们夺取和占有尘世物的不义意图,并且反对他们的强烈统治欲。我们很难用真理的话语(无论多么清楚)将他们从中唤醒。但愿仁慈的上帝借着恩典屈尊唤醒他们,愿他遏制他们的暴力,愿他的信徒(无论统治者还是臣民)遏制他们的暴力,因为他们与所有人的宁静为敌。几乎任何真理的第二个宿敌都在准备针对这本著作的战争,即倾听和相信错误事物的习惯。错误,我指的是由某些教士或主教及其追随者长期以来在许多质朴的基督信徒灵魂中播种和扎根的错误。因为这些教士在他们各种各样的布道和著作中将针对无论个体的还是公民的人类行为的神圣判决和人的判决都牵连进了许多错综复杂并且极难展开的事物中。他们从这些观点的外衣中不正当地推断出某种意思并且通过

这些意思将不公正的专制引到基督信徒身上,因为后者绝对相信,通过这些教士的各种谬误推理(paralogismus)以及某种永恒诅咒的威胁,圣授(ordinacione divina)约束着他们去遵守这些口头和书面的诡辩,而在这些诡辩中,结论常常无法从前提中得出。因为对这些寻求和争论之事及其真实绝对之开端的正确观点都被清除出了人的头脑,而谬误推理则逐渐暗示着头脑,所以现在大多数人都忽视了对二者的分辨。事实上,在任何学科中,倾听错误的习惯在很大程度上搅扰和转移了人们对真理的注意力。亚里士多德在《形而上学》第 2 卷最后一章证实了这一点。① 基于此,那些阅读和倾听这本著作的人,尤其是那些没有受过哲学训练并且没有践行《圣经》的人,从一开始就受到很多阻碍而不能理解和完全相信这一论所包含的真理。真理剩下来的第三个邪恶敌人将构成本学说的主要障碍:这就是那些相信我们讲了真理的人的妒忌,因为他们意识到有人在他们面前展示了这个真观点,但是他们自己却反对这个真观点,所以在妒火中烧的恶意精神的驱使下,他们用诽谤者隐蔽的牙齿撕碎它或者用顽固的吼叫声咆哮它。

2. 然而,我不会因为害怕我在这本著作中所提到的不正当渴望统治职权的教士的暴力而停止我的计划。因为正如《诗篇》所说:"有主帮助我,我不害怕什么,人能把我怎么样呢?"② 我也不会因为诽谤者的妒忌干预而不去表达这个计划,因为表达它将会给所有人带来如此大的好处,忽视它则会带来如此大的伤害。而这些折磨自己的人只会

---

① [布本注]亚里士多德:《形而上学》,994b,32—995a,1。参见《和平的保卫者》,I.16.2。

② 《诗篇》,118:6。

以自己的恶意来抵制自己。因为"妒忌",正如雨果齐奥(Ugucio)① 很好地描述的那样:"转向它的行动者,因为他遭受着他人善好对其灵魂吞噬的折磨。"至于恶意的习惯,它将被我述说的真理证据所彻底驳倒。

3. 现在,我开始这本书的第 2 论,首先我将援引那些圣典的权威以及一些人对教令的虚假的和奇怪的解释,通过这些解释,也许似乎能够确证的是,罗马主教在法权上应得着一切强制司法管辖权或统治职权中最高的司法管辖权或统治职权,尤其是在天主教的领域内,无论对罗马统治者还是对所有其他统治者、共同体、集体和个人,还是对尘世的人,罗马主教都拥有最高司法管辖权或统治职权;同样地,更加对教士或主教、执事及其教团和个人拥有最高司法管辖权或统治职权,无论他们处于何种状态。因为如果我们可以凭借《圣经》的话语必然地对尘世人员或神职人员中任何的一个下这个结论,那么同样可以必然地对其余所有人下这个结论。

紧接着,我还将援引某些支持上述命题的准政治理由,如果我们假设《圣经》中的某些真理(每个人都应当一致假设这些真理是正确的),那么这些理由就很可能会出现。我说,我将援引它们,这样就可以明确地消除它们,这样就不再会有人被它们或其他相似的理由所欺骗,而且通过它们的消除,上述命题(它们迄今为止长期以来为这些命题提供了可能性面具)的弱点将变得更加显而易见。

4. 在此之后,我将从反面介绍正典的真理以及圣徒们对正典的一

---

① 比萨的雨果齐奥,1190 年成为费拉拉主教,1210 年去世。教令法学家,《格拉提安教令集》(Decretum Gratian)的著名评注者。马西利乌斯引用的这段文本不在现今留存的雨果齐奥著作中。

致和恰当的而非虚假、奇怪或错误的解释,它们明确证明了,被称为教皇的罗马主教,任何其他教士、主教或精神执事,就其自身而言,无论共同地还是单独地,对任何教士、主教、执事或他们中的任何一位都不拥有或不应拥有任何在财产或人身方面的强制司法管辖权;同样地,他或他们中的任何一位,无论共同地还是单独地,更不会对任何统治者或其他统治职权、共同体、集体或其他尘世中的个人(无论他们处于何种状态)拥有这种司法管辖权,除非这种司法管辖权最终由该省的人民立法者授予教士或一些主教或他们的教团。我们能够通过并且应当通过援引第1论第12、15和17章中包含其恰当原则的那些政治证明来证明和确证这一点,因为其中一些证明是合时宜的(opportunum)。为了讨论的简短,我们决定不再重复这些证明。然后,我将表明,基督传给罗马主教和任何其他教士的教权和钥匙权有多大。事实上,许多质疑的解决(它展现了通达我们努力寻求的真理和目的之路)有赖于对这些问题的澄清。

5. 然后,谈论我们所说的话所引起的一些问题将是非常有用的;与此同时,关于罗马统治者已经授予罗马主教的特权,我们还将对此谈论一些有利于手头计划的事情。因为对强制司法管辖权(罗马主教们现在将其归为自己的权柄)的篡夺、占有或夺取正是从这些特权中获得了最初的借口,并且通过习惯,或者更确定地说是通过滥用,他们后来获得了力量,尤其是在帝位空缺的时候。事实上,在对强制司法管辖权的获得及其保存方面,罗马主教们从一开始就受到这些特权而非其他特权的支持。但后来他们不再利用这些特权,要么是他们因为过失而被剥夺了这些特权,要么是以防他们对已获得司法管辖权之借口的软弱和不应得的真相变得显而易见,要么是为了掩盖他们的忘恩负义,要么也可能是因为(正如我们在第 1 论最后一章①所表明的那样)他们试图占有所有国家的强制司法管辖权,而我们回顾的特权对此没有提供支持。他们不是使用这些特权而是使用另一个如上所述的普遍头衔(即充足权力)来让统治者和所有过着城邦生活的人都臣服于自己。借着基督传给圣彼得作为代理的充足权力,任何一位罗马主教都自称作为圣彼得的继任者对所有人和省份拥有最高的强制司法管辖权。

这一论的其余部分将表明正典的权威(它有别于我们所说的对真理和《圣经》的观点)并没有为上述错误提供支持,反而反对这些错误,正如某些圣徒和其他天主教信徒认可的圣师的论述将清楚地澄清这一点,②借此同样显而易见的是,一些试图曲解《圣经》来支持上述错误观念的理解之人的论述——或更确切地说,虚构——是鲁莽的,它们与《圣经》格格不入并且曲解了《圣经》,也与圣徒的观点和天主教信徒中专业圣师的观点不一致。

最后,我将消除③那些我称之为准政治的理由,这些理由似乎为常常提到的错误观念提供了一些支持。

---

① [瓦本注]参见《和平的保卫者》,I.19.8ff.。
② [瓦本注]参见《和平的保卫者》,II.28—29。
③ [瓦本注]参见《和平的保卫者》,II.30。

第2章

论构成待决问题之名称或术语的划分

1. 但是,在我们着手讨论我们的计划之前,我们将划分名称的含义,以防在主要问题中所使用的名称的多样性导致我们想要公开之观点的歧义和错综复杂。因为,正如在《辩谬篇》第1卷:"那些不知道名称力量的人,无论在他们自己进行争论还是在倾听别人的时候,都遭受到谬误推理。"①以下这些是我们现在想要划分多重含义的名称或术语:教会(ecclesia)、审判者[法官](iudex)、精神的(spirituale)、尘世的(temporale)。基于此,从我们计划研究的问题中,我们想要知道是否对尘世之事或精神之事或者二者兼而有之的强制审判权属于罗马主教或任何其他主教、教士、执事或者通常被称为教会人(viri ecclesiastici)的教团,或者是否他们事实上不是这两种事情的审判者。

2. 因此,为了探寻这一点,让我们说,"教会"这个术语是一个来自希腊语用法的词,它在其中表示(至少在我们看来)包含在单一政权之下的人民集会,这正是亚里士多德在《政治学》第2卷第7章采取的含

---

① [布本注]亚里士多德:《辩谬篇》,165a,16—18。

义,他说:"所有人都参与教会。"①

然而,在拉丁语中,根据常见和广泛的用法,这个词在其中一种含义上意味着上帝在其中受到信徒共同崇拜和经常敬拜的圣殿或房屋。事实上,使徒保罗在《哥林多前书》第11章中就是这样谈论教会的:"难道你们没有房屋可以吃喝吗? 还是你们轻视上帝的教会?"②奥古斯丁对此注解道"'你们轻视上帝的教会',即祈祷之家[房屋]",并进一步补充道:"日常使用导致了这样一个事实,即'进入或避难于教会'无非说某人已经进入或避难于处所本身和围墙之内。"③

在另一种含义上,"教会"这个名称意味着在符合前述含义的圣殿或教会之中的教士或主教、执事和其他执事。根据这个意义,只有上述神职人员或执事才被广泛地称为教会中人(ecclesiastica persona)或教会人。

在另一个也是最新的含义中,"教会"这个名称意味着那些执事(教士或主教和执事),他们在大都市或所有主要教会中管理和主持,就像罗马城教会长期以来已达到的成就那样。而罗马城教会的执事和主持是罗马教皇和他的枢机主教们(cardinales),他们现在从某种用法中达到了被称为"教会"的成就,当他们自己做了什么、接受了什么或者以其他方式规定了什么时,这同时意味着"教会"做了什么或者接受了什么。

3. 此外,根据另一种含义(按照这个名称的原初应用或原初应用者

---

① 亚里士多德:《政治学》,1272a,10。

② 《哥林多前书》,11:22。

③ 彼得·伦巴第(Petrus Lombardus):《圣保罗书信汇编》(*Collectanea in epistolas S. Pauli*),Migne 191, p.1639C。

的意义,它是最真实和最恰当的,尽管它不是如此广泛或符合现代的用法),"教会"这个名称被称为召唤基督之名的忠实信徒共体(universitas fidelium credencium)以及这个共体在任何团契和家庭中的所有部分。这是这个术语的原初应用以及在使徒和原初教会(ecclesia primitiva)时期的习惯用法。因此使徒保罗在《哥林多前书》第1章说:"写信给哥林多教会,在耶稣基督里成圣、蒙召作圣徒以及所有求告我们主耶稣基督之名的人。"①安布罗斯(Ambrosius)对此注解道:"在洗礼中成圣,就是在耶稣基督中成圣。"②根据这个意义,使徒保罗在《使徒行传》第20章对以弗所长老谈论到这一点,当他说:"你们要对自己和整个羊群(universo gregi)留心,圣灵在羊群中立你们作主教,以便监督用他的血买下获得的上帝教会。"③因此,根据这个最真实和最恰当的含义,教会人是并且应当被称为所有基督信徒(无论教士还是非教士),因为基督用他的血买下并救赎了所有人。正如对《路加福音》第22章"这是我的身体,为你们舍(datur)的"④的注解所明确表明的那样,注解说,"'为你们',并不是表示基督舍身洒血只为使徒,而是表示为整个人类"⑤。因此,基督的血不只是为使徒而洒出来的,不是只有他们被他或已经被他买下,也不是只有随后作为他们在职权上的继任者的教士或圣殿执事被他或已经被他买下;因此,不只他们是基督用他的血买下的教会。出于同样的原因,那些执事(主教或教士和执事)不是作为基督

---

① 《哥林多前书》,1:2。
② 彼得·伦巴第:《汇编》,Migne 191, p.1535A。[译者注]圣安布罗斯,340—397年,米兰大主教,拉丁教父。
③ 《使徒行传》,20:28。
④ 《路加福音》,22:19。
⑤ 托马斯·阿奎那:《金链》,vol.12, p.228。

新娘(sponsa Christi)的教会,而只是这个新娘的一部分,因为基督为这个新娘舍己了(se tradidit)。因此,使徒保罗在《腓立比书》第5章说:"丈夫们,要爱你们的妻子,正如基督爱教会并为教会舍己一样。"① 然而,基督舍己不只是为使徒或其职权上的继任者、主教或教士和执事,相反是为整个人类。因此,基督的新娘不只是他们或他们的会众,尽管他们中的某一个会众为了骗取自己的、尘世的便利和他人的不便而滥用这个称呼,单独称自己是基督的新娘。我们从使徒保罗在《哥林多前书》最后一章、《帖撒罗尼迦[前/后]书》第1章、《歌罗西书》第4章和《腓利门书》第1章的话中理解了这些相同的意思。② 因为在所有这些地方,使徒保罗是根据我们所说的恰当和真实的含义使用"教会"这个名称。

4. 接下来,我们需要界定"尘世的"这个名称,其次界定"精神的"。但是,我们应当开始于对我们来说更熟悉的东西,③让我们说,"尘世的"这个术语在其中一个广泛的含义中指所有自然物和人造物,它们有别于人并以某种方式存在于人的力量中,在尘世生活状态中并为尘世生活状态而被安排供给人的使用、需求和愉悦。就这种方式而言,更一般地说,一切在时间之中(tempore)开始和结束的东西都被习惯地称为"尘世的"(temporale)。因为正如《物理学》第4卷④所说,这些东西恰当地是并被称为在时间之中。

---

① 应为《以弗所书》,5:25。
② 《哥林多前书》,16:1, 16.9;《帖撒罗尼迦前书》,1:1;《帖撒罗尼迦后书》,1:1;《歌罗西书》,4:15—16;《腓利门书》,1:2。
③ [瓦本注]参见亚里士多德:《后分析篇》,72a,1;《物理学》,184a,16;《尼各马可伦理学》,1095b1。
④ [布本注]亚里士多德:《物理学》,221a—b。

就另一种方式而言,"尘世的"是指人类通过人为操作、为了此世的目的或生活而对自己或他人所表现出来的每一种习性、行为或激情。

此外,在不普遍的意义上,"尘世的"这个名称是指为了他人而非发动者的便利或不便所产生的自愿和及物的人类行为与激情,人法的制定者最关注这些行为与激情。

5. 我现在想划分"精神的"这个术语的含义或意义,它在其中一个意义中是指所有无形实体(incorporalis substancia)及其行为。

然而,在另一种含义上,它是指人类内在认知或欲望能力中的每一种行为或激情。根据这个意义,有形物(res corporalis)在动物感官上的某些行为通常也被称为精神的和非质料的,就像事物中以某种方式作为灵魂认知根据的图像[偶像](idola)或幻象和可视素(species)[1];它们在其种类上被一些人归为无生命实体(substancia non animata)中的可感行为(sensibilis accio),例如光和其他类似物的生成。

此外,更切题的是,"精神的"这个名称是指神法以及根据它并通过它所产生的命令和告诫的教条和戒律。因此,这种含义包括了所有教会圣礼及其结果、所有神圣恩典、所有神学美德[2]以及圣灵安排我们朝向永生的礼物。事实上,使徒保罗在《罗马书》第15章[3]和《哥林多前书》第9章恰恰是这样使用这个名称的,他说:"如果我们把属灵之物[精神之物]播撒在你们中间,而收割你们肉体之物,这还算什么大事?"[4]安布罗斯对此注解道:"属灵之物[精神之物],即那些为你们灵

---

① [布本注]参见亚里士多德:《论灵魂》,432a,6—10。
② [译者注]神学美德指信、望、爱。
③ 《罗马书》,15:27。
④ 《哥林多前书》,9:11。

魂赋生(vivifico)之物,或者那些由圣灵赐予之物,也就是说,上帝的言和天国的秘密。"①

进一步来说,根据另一种含义,这个名称通常被理解为为了彼世荣福生命的应得功绩而作工于自己和他人之上的任何自愿的人类行为或激情;这些行为或激情就是对上帝的沉思、对自己和邻人的爱、禁欲、怜悯、仁慈、祈祷、虔敬或神圣崇拜的奉献、热情、朝圣、对自己身体的惩罚、对尘世和肉体愉悦的轻视和逃避,以及一般而言为了上述目的而作出的所有类似行为或激情。

此外,这个名称还指(尽管不像第二种和第三种方式那样恰当)符合上述第二种含义的圣殿或教会,以及所有为了神圣崇拜而被规定的器皿和器具。

然而,最近一些人非常不适当、不恰当地将这个名称扩展开来,以表示教士或主教、执事和其他圣殿执事的自愿及物行为与不作为,这些行为与不作为针对的是他人而非发动者在尘世生活状态中的便利或不便。

此外,他们更不恰当地将这个名称扩展到这些人的财产和尘世物(包括动产和不动产),以及他们称之为什一税(decima)的尘世物的某些收益上来,以便他们以这个词为借口,免受法律和尘世统治者的准则的约束。

6. 但是,他们这种做法显然是滥用了这个词,违背了真理以及使徒和圣徒的意图与用法,因为后者称这些东西为肉体之物或尘世之物而

---

① 彼得·伦巴第:《汇编》,Migne 191, p. 1609B。这段注解前半部分属于安布罗斯,后半部分属于奥古斯丁。

非精神之物。因此,《罗马书》第 15 章:"因为如果外邦人分享了他们的精神之物,外邦人就应当侍奉他们以肉体之物。"①《哥林多前书》第 9 章更明确表达了这一点,使徒保罗说:"如果我们把属灵之物[精神之物]播撒在你们中间,而收割你们肉体之物,这还算什么大事?"②安布罗斯对此注解道:"因为,'如果我们把属灵之物[精神之物]播撒在你们中间',即那些为你们灵魂赋生之物,或者那些由圣灵赐予之物,也就是说,上帝的言和天国的秘密,'播撒在你们中间,而收割你们肉体之物',即那些为了肉体的生命和需求而被赐予的尘世之物,'这还算什么大事'。"③看,使徒保罗和安布罗斯明确地将肉体之物和尘世之物称为外在物品,即福音传播者应当在食物和衣物上得到支持的东西。事实上,无论什一税或产业,还是收入、施舍或捐施都是尘世之物,安布罗斯给出的理由是:"它们是为了肉体的生命和需求(即有朽的生命)而被赐予的。"

7. 对于教士、主教和执事的某些行为,我们无疑持有相同的观点。因为并不是他们的所有行为都是或应当被称为精神的行为,相反,他们的许多行为是有争议的、肉体的或尘世的公民行为。事实上,他们能够借、存、买、卖、打、杀、偷、通奸、强奸、背叛、欺骗、作伪证、诽谤、堕入异端,以及犯下所有其他暴行、罪行和有争议的行为,就像非教士也会作出这些行为一样。基于此,我们最好问问他们,是否这些行为(我们已经说过,这对他们来说是可能的)是或应当被任何一个心智健全的人称为精神的行为? 显然不是,相反,它们是肉体的和尘世的行为。因此,

---

① 《罗马书》,15:27。
② 《哥林多前书》,9:11。
③ 彼得·伦巴第,《汇编》, Migne 191, p.1609B.

使徒保罗在《哥林多前书》第3章对所有人无分别地(indifferenter)谈论这些行为时说:"当嫉妒和斗争统治你们时,你们不还是属肉体的并像人一样行事吗?"[1]因此,无可置疑的经验表明,由上述行为或其他类似行为带来的嫉妒和斗争都会发生在教士之间以及教士和平信徒之间,很显然,教士和主教的这种行为是肉体的或尘世的行为,它们事实上既不是也不应当被称为精神的行为。

然而,按照教士的观点,我们所说的话也是正确的,一个迹象是罗马教皇为了消除这些斗争,颁布了许多他们称之为《教令集》(decretales)的人类法令(humane ordinaciones),而在此之前,还有罗马统治者关于这些斗争的法律。事实上,执事和教士或主教犯下并能够犯下许多及物的自愿行为,它们为了今生状态和在今生状态中对他人有利、不利或有害。因此,人法必须成为这些行为的衡量标准,就像第1论第15章所说,这一论第8章也将进一步讨论这个命题。

8. 现在仍需界定这些名称:"审判者"和表示他的行为的"审判"。因为它们是具有多种意义的名称之一,并且由于它们的多样性而会在界定问题时产生歧义和障碍。现在,"审判者"在它的其中一种含义上是指每一个区分或认知事物的人,尤其指根据特定沉思习性或操作习性。"审判"这个名称指这些人的认知或区分行为。以这种方式,几何学家是审判者并且判断图形及其属性,医生判断健康和疾病,明智者判断应当做什么和避免什么,房屋建造者判断如何建造房屋。同样地,每一个有知识或专业的人都被称为审判者并且判断他知道或操作的事情。亚里士多德在《尼各马可伦理学》第1卷第1章采取了符合这种含

---

[1] 《哥林多前书》,3:3。

义的名称,当他说:"每个人都很好地判断[审判]他认知的事情,他是这些事情上的良好判断者[审判者]。"①

此外,就另一种含义而言,"审判者"这个名称是指拥有政治或公民法权(ius politici seu civilis)知识的人,他通常也被称为"辩护人"(advocatus)这一常用头衔,尽管在多数省份,尤其是在意大利,他被称为"审判者[法官]"。

此外,"审判者"这个名称指统治者,"审判"这个名称指统治者的判决,他有权依据法律或习俗去判断正义之事和有利之事,并且借着强制力命令和执行他所通过的判决。以这种方式,正典中的某一卷或《圣经》中存在的某一部分被称为《士师记》(Iudicum)。亚里士多德在《修辞学》第1卷第1章也以这种方式谈论了审判者或统治者,他说:"完美者和审判者审判当前的和确定的事情。"②同样地,在延伸到统治者的审判时,他立刻补充道:"对于他们(即完美者或审判者),爱、恨和个人便利常常附在一起,以至于他们不能充分地看到真相,但是能够在判断中注意到自己的喜悦或悲伤。"③

虽然上述名称可能还有其他含义,但是,我们认为已经处理好了对我们计划研究的东西来说更加广泛和必要的含义。

---

① [布本注]亚里士多德:《尼各马可伦理学》,1094b,28。
② [布本注]亚里士多德:《修辞学》,1354b,7—8。
③ [布本注]亚里士多德:《修辞学》,1354b,8—11。

第 3 章

论正典神谕和其他论据,借此似乎可以确证的是,主教或教士应当拥有强制统治职权(即使没有人民立法者的授权),以及罗马主教或教皇应当拥有所有这些统治职权中的最高统治职权

1. 既然我们已经如此界定了我们的大多数研究围绕的这些名称的意义,那么我们就更加确定地接近了我们的主要计划。让我们首先援引《圣经》的权威,因为它可能会让一些人认为,被称为教皇的罗马主教根据审判者或审判的第三种含义是世界上所有主教或教士和其他教会执事的最高审判者,以及此世所有统治者、共同体、集体和个人(无论他们处于何种状态)的最高审判者。

2. 让我们将《马太福音》第 16 章的《圣经》经文列为这些权威中的第一处,基督在此对圣彼得说:"我要把天国的钥匙给你,凡你在地上捆绑的,在天上也要被捆绑。凡你在地上解救的,在天上也要被解救。"[①]正是从这段经文中,某些罗马主教为自己假定了我们刚刚所说的最高

---

① 《马太福音》,16:19。

司法管辖权柄。因为借着基督授予圣彼得的"钥匙",他们想要将其理解为整个人类政权的充足权力都传给了他们,由于基督拥有对所有君王和统治者的充足权力,所以他把它授予了圣彼得和他在罗马宗座上的继任者,作为基督在此世的总代理(vicarius generalis)。

3. 第二处支持同一个命题的《圣经》经文选自基督在《马太福音》第11章的话,他说:"所有东西都是从我父那里传给我的。"①此外,《马太福音》第28章,他说:"天上地下所有的权力都赐给了我。"②因此,正如这些人所说,既然圣彼得和他在罗马宗座上的继任者过去和现在都是基督的代理,那么似乎所有权力或充足权力都传给了这些人,并且因此任何一种司法管辖权柄也传给了这些人。

4. 第三处支持同一个命题的经文选自《马太福音》第8章和《马可福音》第5章,其中写道:"魔鬼恳求他(即基督)[魔鬼]说:'如果你驱赶我们,扔我们进猪群里。'他对这些鬼说:'去吧!'这些鬼就走出来,进入了猪群里。看,整个猪群冲下陡崖入海,死在了水里。"③从这段话中可以明显看出,基督处置尘世之物就像处置他自己所有的东西一样,因为否则他就在灭绝猪群时犯罪了。然而,说基督(他的肉体看不到败坏)犯罪是不虔敬的行为。因此,正如一些人所说,既然圣彼得和他的继任者罗马主教现在和过去都是基督的专门代理,那么他们能够作为第三种含义的审判者来处置所有尘世之物并且像基督一样拥有对它们的充足权力和统治权。

5. 此外,相同的观点通过《马太福音》第21章、《马可福音》第11

---

① 《马太福音》,11:27。
② 《马太福音》,28:18。
③ 《马太福音》,8:31—32;《马可福音》,5:12—13。

章和《路加福音》第 19 章得到了说明,其中的经文是这样说的:"于是他(即耶稣)打发两个门徒,对他们说:'你们往对面村子里去,必看见一匹驴拴在那里,还有驴驹同在一处。'"或者说:"一匹驴驹拴在那里,是从来没有人骑过的。"正如在《马可福音》和《路加福音》中说:"你们解开它们牵到我这里。"①从这段经文中,人们能够得出和前面相同的结论,也能够以相同的推理方式得出和前面相同的结论,就像从前述经文中直接得出的结论那样。

6. 进一步来说,相同的观点从《路加福音》第 22 章的这段经文中得到了论证:"看,这里有两把剑",使徒们在回答基督时说了这些话。"他(即基督)回答道:足够了(satis)。"②借着这段话,根据一些人的解释,人们应当将其理解为此世的两种统治职权,一种是教会的或精神的,另一种是尘世的或俗世的。因此,当基督将他的布道词传给使徒们时说"足够了"(补充:你们有了两把剑)的时候,他的意思似乎是这两把剑都应当属于他们的权柄,尤其属于作为他们首座的圣彼得的权柄。因为如果他不想让尘世之剑属于他们,他应当说:多余了(superfluum)。

7. 此外,相同的观点似乎应当从《约翰福音》第 21 章中得到确信,基督在那里对圣彼得谈话时说道:"喂养我的羊,喂养我的羊羔,喂养我的羊。"③他三次重复了同一句话,正如我们所援引的那样。一些人从这段话中理解出这样一种意思,即圣彼得和他的继任者罗马主教应当绝对地管理所有基督信徒的羊,即基督徒,尤其管理这些基督徒中的教士

---

① 《马太福音》,21:1—2;《马可福音》,11:1—2;《路加福音》,19:29—30。
② 《路加福音》,22:38。[译者注]思高本、和合本《圣经》都将 satis 翻译为"够了"。译文为了对应这一节最后提到的"多余了",故将 satis 翻译为"足够了"。
③ 《约翰福音》,21:15—17。

和执事。

8. 这似乎也是圣保罗在《哥林多前书》第6章的明确观点,当他说:"你们不知道我们要审判天使吗? 更何况尘世之事呢?"①所以似乎第三种含义上的尘世审判权属于教士或主教,尤其属于其中的首座,即罗马主教。此外,使徒保罗似乎在《哥林多前书》第9章表达了相同的意思,当他说"难道我们没有吃的权力吗?"②,等等。《帖撒罗尼迦后书》第3章③也表达了相同的意思。他在其中似乎试图表示上帝已经赐给了他统治信徒的尘世事务权,以及随之而来的对信徒的司法管辖权。

9. 进一步来说,相同的观点从《提摩太前书》第5章中得到了说明,使徒保罗对提摩太说:"你不可接受反对长老的控告,除非有两三个见证人在面前。"④因此,从这段话中可以看出,似乎主教至少拥有对教士、执事和其他圣殿执事的司法管辖权,因为他拥有听取反对教士的控告的权力。然而,我们略过援引证据来支持和反对从《旧经》或《旧约》(Veteri Scriptura seu Testamento)中得出的相关结论,我们将在这一论第9章论述这么做的理由。⑤

因此,从上述《圣经》权威和其他类似权威以及对它们的这些解释中,一些人可能认为统治所有人的最高统治职权应当属于罗马主教。

10. 伴随着这些解释,我们有必要援引一些准政治论证,它们可能让一些人产生幻象并相信上述结论。其中的第一个论证如下:正如人的身体对应于灵魂,所以身体的统治者对应于灵魂的统治者。但是,就

---

① 《哥林多前书》,6:3。
② 《哥林多前书》,9:4。
③ 《帖撒罗尼迦后书》,3:8—9。
④ 《提摩太前书》,5:19。
⑤ [布本注]参见《和平的保卫者》,II.9.9—10。

治理(regimen)而言,身体从属于灵魂,所以身体的统治者(尘世的审判者)应当从属于灵魂的审判者或统治者(尤其是其中的首座,即罗马教皇)的治理。①

11. 此外,另一个准政治论证几乎来自同一个根源:正如有形物对应于精神物,所以有形物的统治者对应于精神物的统治者。现在可以肯定的是,有形物就其本性而言不如精神物更有尊严,并且从属于精神物。因此,有形物的统治者(尘世的审判者)应当从属于精神物的统治者(教会的统治者)。

12. 进一步来说,正如目的对应于目的、法律对应于法律、立法者对应于立法者,所以一边的审判者或统治者对应于另一边的审判者或统治者。但是,教会审判者(教士或主教)引导人朝向的目的、引导人所凭借的法律以及该法律的制定者,比尘世审判者引导人朝向的目的、引导人所凭借的法律以及该法律的制定者,更优越、更完美。因此,教会审判者(主教或教士,尤其是首座)比任何尘世审判者更优越。因为教会审判者引导人朝向的目的是永生,他所凭借的法律是神法,它的直接制定者是不可能犯错或有恶意的上帝;然而,尘世审判者竭力引导人朝向的目的是此世生活的充足,他所凭借的法律是人法,它的直接立法者是一个或多个可能犯错和有恶意的人。因此,后者相比于前者是较低的和较少尊严的。所以尘世审判者(甚至最高尘世审判者)相比于教会审判者(最高祭司)同样如此。

13. 此外,当一物的行为在绝对的意义上更高贵时,该物也在绝对

---

① [布本注]关于这种准政治论证,参见 Giles of Rome, *Giles of Rome's On Ecclesiastical Power*, I:3—4.

的意义上更高贵。但是,主教或教士的行为是人类今生所能做的一切行为中最高贵的,即对基督圣体的祝圣(consecracio benedicti corporis Christi)。所以任何教士都比任何平信徒更有尊严。因此,既然更有尊严的人不应从属于而是管理较少尊严的人,那么似乎尘世审判者在司法管辖权上不是管理而是应当从属于教士,尤其从属于其中的首座(罗马教皇)。

14. 在关于被称为皇帝的罗马统治者的例子中,相同的观点可以再次得到更加具体的说明,因为那个有权建立这种统治职权并随心所欲地将其从一个民族转让给另一个民族的人,在第三种含义的审判方面更优越于罗马统治者。罗马教皇自称他就是这样的人,因为正是他将这种统治职权从希腊人手中转让给了德国人,正如《教令集》第七卷《论宣誓》(De Iureiurando)①明确表达的那样。最近一位所谓的罗马主教在反对罗马人选立为王的巴伐利亚公爵路德维希的教令②中更明确地说了相同的话。

15. 进一步来说,关于相同的观点,因为基督的代理(罗马主教和作为使徒继任者的其他主教)必须服从任何尘世统治者的司法管辖权似乎是非常不合适的,而且因为尘世统治者可能会违背神法和人法,按照第1论第18章所述,他必须要因此得到斥责。但一切尘世统治者中最高的尘世统治者既不优越也不平等于其他尘世统治者,因为存在多个统治职权已经在第1论第17章被反驳了,所以似乎罗马主教拥有对他

---

① *De iureiurando*, II.9,收录于教皇克莱门特五世的教令《罗马统治者谕》(*Romani principes*)。

② [布本注]1323年10月8日教皇约翰二十二世颁布的教令《训诫》(*Monitorium*, in MGH Constitutiones, Vol.V, n.792, pp.616—617)。

的强制司法管辖权,反之则不然。

因此,从这些论证来看,似乎能够得到确证的是,主教或教士拥有强制司法管辖权,他们中的首座(罗马教皇)应当拥有此世的最高统治职权,我们似乎借着《圣经》权威以及一些准属人的和政治的论证充分确定了这一点。

第 4 章

论正典《圣经》,基督的诫命或告诫和榜样,以及那些阐释福音律法的圣徒和受认可的圣师的诫命或告诫和榜样。借此可以得到清楚证明的是,罗马主教,任何主教、教士或神职人员都不能凭借《圣经》言语为自己要求任何一种强制性统治职权或有争议的司法管辖权,或将它们归于自己,更不用说对任何神职人员或平信徒的最高司法管辖权;遵照基督的告诫和榜样,他们应当拒绝这种统治职权(尤其在信徒团契中),如果有权如此做的人将它提供或授予他们的话;此外,所有主教和现在无分别地被称为神职人员的人都应当服从借着人民立法者(尤其是借着有信仰的人民立法者)的权柄行使统治职权的人的强制审判或统治

1. 我们现在想从与前述相反的角度援引《圣经》的真理,根据圣徒的解释和其他受认可的有天主教信仰的圣师的阐释,该真理无论就其字义还是就其奥意(mystico)来说都明确命令或告诫,被称为教皇的罗马主教或者其他任何主教或教士或执事都不拥有或不应当拥有对任何

教士或平信徒、统治者、共同体、集体或个人（无论他们处于何种状态）的任何强制性统治职权、审判权或司法管辖权。我们根据审判者或审判的第三种含义（我们在这一论第2章所说的话中表达了这种含义）来理解这里的"强制审判"。

2. 事实是，为了更清楚地揭示这个意图，我们不应当忽视这一点，即我们不是从这项研究中寻求基督（他是真神和真人）在此世可能拥有或已经拥有什么样的权力和权柄，也不是寻求他可能将什么东西或多少东西授予圣彼得和其他使徒以及他们的继任者（主教或教士），因为基督信徒在研究这些命题时不会怀疑这些问题。相反，我们想要和必须探寻的是，基督在此世想要授予和实际带给他们的可操作权力和权柄是什么，以及他借着告诫或诫命排除和禁止他们的权力和权柄是什么。因为我们有义务相信他们从基督那里拥有了这些权力和权柄，我们能够借着《圣经》的言语而非其他东西确证这些权力和权柄已经传给了他们。① 事实上，对于所有基督信徒来说可以确定的是，基督是真神和真人，他在此世不仅能够授予使徒而且能够授予任何其他人对所有属地统治者或统治职以及对所有其他个人的强制权柄或司法管辖权；甚至也许是比这更大的权力，例如创造存在［生命］、消灭和修复天地以及其中的一切，甚至以绝对的方式命令天使。但是，基督没有传给他们这些权力也没有决定授予他们这些权力。因此，奥古斯丁在第10篇布道《论主在〈马太福音〉中的言》（*De verbis Domini super Mattheum*）中这样说道："'跟我学'不是去制造一个世界，也不是去创造所有可见之物和不可见之物，也不是在此世行奇迹和复活死人；而是'因为我心

---

① 参见《和平的保卫者》，II.28.1。

地柔和谦卑'"。①

3. 因此,根据当前的意图,我足以表明并将首先表明,基督来到世上不是为了自己统治人类,也不是为了用第三种含义的审判来审判他们,也不是为了以尘世的方式行使统治职权,而是为了按照今世的状态去服从。因为根据他的计划,他想要并且已经将他自己以及他的使徒和门徒排除在这种审判或统治职权之外。因此,他借着榜样、告诫或诫命的话将他们的继任者(主教或教士)排除在所有这种统治职权或属地政权之外。我还将表明,作为基督真正模仿者的首要使徒做了他所做的事情并且教导继任者做同样的事情。进一步来说,无论基督还是他的使徒们都在货物和人身方面想要并且已经直接服从尘世统治者的强制司法管辖权,他们在永罚的惩罚下教导和命令所有其他人做同样的事情,他们向这些人传播或者借着《圣经》委托给这些人真理律法。然后,我将在这一章表明基督传给使徒们及其职权继任者(主教和教士)的钥匙的权力或权柄,以便清楚表明无论罗马主教还是其他主教的这种权力是什么、是何种性质和有多大。因为在这个问题上的无知迄今为止仍然是许多问题的根源并且是基督信徒之间有害争吵的根源,正如这一论第 1 章以某种方式触及的那样。

4. 因此,为了追寻我们的计划,我们希望证明,基督在他的计划、意图和言行中,想要并且已经将他自己和使徒们排除在此世的统治职权或有争议的司法职权、治理职权或任何强制审判职权之外。这一点首先借着福音书《约翰福音》第 18 章的经文而明显无可置疑。因为当基

---

① 奥古斯丁:《对〈马太福音〉11:28—29 第 69 次布道》(*Sermo LXIX in Matth. 11, 28-29*),Migne 38, p.441, I:2。

督在犹太的罗马统治者本丢·彼拉多总督面前被指控说他是犹太人的王时，彼拉多问他是否说过这话，是否自称为王，基督回答彼拉多的问题时，除了其他话，还说了这句话：" 我的国不属于此世。"①即我来到此世不是要像世界上的君王为王那样以尘世的治理或统治方式为王。基督自己借着一个明显的迹象验证了这一点，当他说："如果我的国属于此世，我的用人必要争战，以免我被交给犹太人。"基督似乎是这样论证的：如果我来到此世是为了以治理或强制的方式作王，我将会拥有这个政权的用人，即争战之人和强制违法者之人，就像其他国王所拥有的那样；但是，我没有这种用人，正如你能够清楚看到的那样。因此，《字里行间的注解》写道："显然，没有人保卫他。"这就是基督在复述时再次说的，"但现在我的国不来自这里"，这里属于我来教导的世界。②

5. 阐释这些福音真理的圣徒和圣师说出以下这些话，首先圣奥古斯丁针对这段经文说道："如果他直接回答彼拉多所问的，那么他似乎就不是在回答犹太人，而是在回答对他有这种看法的外邦人。但是，在彼拉多回答之后，他现在更合适、更贴切地回答了犹太人和外邦人，似乎在说：'听我说，犹太人和外邦人，我不阻碍你们在此世的统治。你们还想要什么呢？和信徒们一起来到不属于此世的国吧。'除了信他的人以外，他的国是什么呢？"③看，他来教导和安排的是什么国，因为任何一个人正是借着这些行为（信的行为和其他神学美德的行为）才被带到了

---

① 《约翰福音》，18：36。
② 《字里行间的注解》(Glossa interlinearis ad locum)。[译者注]舒尔茨本的注释习惯将经文出处和注解放在同一个注释之内，本译文参照其他译本的做法，将经文出处和注解分开加以注释。"这里属于我来教导的世界"在舒尔茨本中被放在了引文中，布本和瓦本都将其放在了引文外面，由于这句话不属于《约翰福音》18：36 经文，所以本译文也将其放在了引文外面。
③ 托马斯·阿奎那：《金链》，vol.12，p. 442。

永恒王国;但是,任何一个人都不应当被强迫带到这个王国,这将在下面变得清楚。因为两种彼此不存在从属关系并且针对同一群人的强制统治职权确实会相互阻碍,正如第 1 论第 17 章所证明的那样。然而,正如奥古斯丁所说,基督来到此世没有阻碍他们的统治。因此,对于《约翰福音》同一章的经文:"你的民族和祭司长将你交给了我。你做了什么呢?"①"这足够,"奥古斯丁说,"表明基督被指控犯罪,好像他是在说:如果你否认是王,那么你做了什么要被交给我;如果一个自称为王的人被交给审判者进行惩罚,那似乎就不足为奇了。"②看,根据奥古斯丁,如果基督自称为尘世之王而受到惩罚,那就不足为奇了,尤其是因为他们不知道他是上帝并且他否认自己是王,是这种王国或政权的王,即强制违法者之人。因此,《约翰福音》同一章的经文说:"这话是你自己说的,还是别人对你说的我的事?"③"基督对彼拉多说话,"赛奥菲拉克(Theophylactes)说,"好像他在说(即基督对彼拉多说),如果这是你自己说的话,那就拿出我反叛的迹象,但是如果这是你从别人那里获得的,那就作出常规的调查。"④然而,基督不应当说出赛奥菲拉克所说的这些话,即彼拉多要对他作出常规的调查,但事实是,他应当说这种调查不适用于他。根据对手的观点,他在法权方面没有或者拒绝在司法管辖权或强制审判权上服从彼拉多。

此外,对于那段经文"我的国不来自这里",克里索斯托(Chrysostomus)⑤说:"他没有从他的天意和偏好中剥夺世界,而是表明他的国

---

① 《约翰福音》,18:35。
② 托马斯·阿奎那:《金链》,vol.12,p. 442。
③ 《约翰福音》,18:34。
④ 托马斯·阿奎那:《金链》,vol.12,p. 442。
⑤ [译者注]圣约翰·克里索斯托(约 349—407),又称"金口约翰",希腊教父。

既不是属人的也不是可朽的。"① 然而,此世中每一个强制任何人的国都是属人的和可朽的。进一步来说,对于《约翰福音》同一章的那段经文"你说,我是王"②,奥古斯丁说:"他不是害怕承认自己是王,而是对自己所说的话做了权衡,由此他既不否认自己是王,也不承认自己是那种王,即其国被认为属于此世。事实上,他所说的'你说',似乎是在说,'你这属肉体的人,是按肉体说话的'。"③ 即关于对有争议的和肉体的尘世行为(根据"尘世的"这个名称的第三种含义)的肉体性治理,因为使徒保罗在《哥林多前书》第3章将这种行为称为"肉体的"。④

6. 因此,从上述可以清楚看出,基督来到世上不是要建立一个肉体的或尘世的治理或强制审判,而是要建立一个属灵的或属天的国;事实上,只是为了这个国,他才说话并几乎总在传道,正如从福音经文中(无论从它的字义还是奥意中)所显明的那样。这就是为什么我们经常读到他说"天国就像……"之类的话,但他极少谈论属地的国,或者他教导我们要抛弃它。因为他应许在天国里根据作工之人的应得或不应得给予奖励或惩罚,但是他从来没有应许在此世这样做,反而他做了和此世的统治者相反的事情;因为正如他让或容许许多行正义之事或善事的人在此世蒙难,由此引导他们朝向他赏赐的国。因为正如《友弟德传》第8章所写,"所有取悦上帝的人都经历过许多苦难"⑤。然而,当此世的统治者或属地之国的审判者维持正义时,他们所做的和应当做的恰恰与之相反,因为当他们正确行动时,他们就是在此世分配奖励给遵守

---

① 托马斯·阿奎那:《金链》,vol.12,p.442。
② 《约翰福音》,18:37。
③ 托马斯·阿奎那:《金链》,vol.12,p.442。
④ 《哥林多前书》,3:1—3。
⑤ [布本注]《友弟德传》,8:23。

法律之人并且分配惩罚给作恶之人。但他们如果做相反的事情,就将违反人法和神法。

7. 此外,对于借着基督的行为和榜样所证明的主要观点。因为我们在《约翰福音》第6章读到:"耶稣知道众人要来强逼他作王,就独自一人再次逃避到山上去了。"①《字里行间的注解》写道:"他从山上下来,要喂养群众,教导他们逃避世上的富足并祈求相反之物。"因此,可以肯定的是,基督逃避了统治职权,否则他就不会以他的榜样来教导我们任何东西。圣奥古斯丁的阐释支持了这一观点,他说:"天主教信徒是他的国,现在被基督的血滋养和救赎。当他的圣徒的荣光在他所行的审判之后显明时,他的国就显现了。然而,他的门徒和信众都认为他这样来是为了作王。"②看,圣徒们从来没有将基督在此世的国理解为尘世的统治权柄或对有争议行为的审判以及借着强制力对此世的违法者执行判决,而是将他在此世的国理解为对信仰的教导以及根据这教导对天国的治理。的确,奥古斯丁说:"这个国将在他的审判之后(在彼世)显现出来。"③他重申并认为他现在"作王",就像"群众"所认为的那样,是"强逼他",即认为他获得了不应得之物。克里索斯托也说:"他们中间已经有一个先知了(即基督),他们想加冕他为王(即出于贪婪,因为他喂养了他们)。然而,基督逃避了,教导我们轻视世界的荣耀。"④

8. 进一步来说,同样的观点可以通过《路加福音》第12章关于基督的言语和榜样的这段经文得到最清楚的说明:"群众中有一人对耶稣

---

① 《约翰福音》,6:15。
② 托马斯·阿奎那:《金链》,vol.12, p. 330。
③ 托马斯·阿奎那:《金链》,vol.12, p. 330。
④ 托马斯·阿奎那:《金链》,vol.12, p. 330。

说:'师傅,请吩咐我的兄弟与我分家吧。'耶稣对他说:'人哪,谁派我做你们的审判者或分家人呢?'"①似乎在说:我来这里不是为了行使这个职权,即用审判权解决民事纠纷,也不是为了这个职权而被派到这里,没有人会怀疑这是尘世统治者或审判者的最恰当工作。尽管福音书的这段经文事实上最明确地包含和展示了我们的命题,且比圣徒们的注解更加充分(因为他们认为我们所说的这段经文的字义是清楚的,从而将自己的注意力更多地转向寓意或奥意),但是我们还是援引了它们来对我们的命题做进一步确认,以免我们被说成是在冒失地阐释《圣经》。

因此,圣安布罗斯在阐释基督的这段话时说道:"所以为了神圣之事而降临的他很好地避免了尘世之事,他也没有屈尊为纠纷的审判者和货物的决断者,因为他拥有对生者和死者的审判权以及对应得者的决断权。"他接着补充道:"因此,这个兄弟并不是受到了不应得的责备,他渴求用可朽之物来夺取对属天之物的分配权。"②看,这就是安布罗斯关于基督在此世的职权的观点,因为他说,"为了神圣之事(即教导和照料属灵之事)而降临的他很好地避免了尘世之事(即避免对有争议之物进行审判)"。他在此标记了他自己和他的继任者的职权,即分配属天的或属灵的东西。我说属灵的东西,是指同一个安布罗斯对《哥林多前书》第9章③所说的东西,并且是我们在这一论第2章在"精神的"这一名称的第三种含义上所援引的东西。④

9. 现在,仍然需要表明的是,基督本人不仅拒绝此世的统治职权或

---

① 《路加福音》,12:13—14。
② 托马斯·阿奎那:《金链》,vol.12, p. 145。
③ 《哥林多前书》,9:11。
④ 参见《和平的保卫者》,II.2.5。

在此世中的强制审判权,为此他为他的使徒和门徒以及他们的继任者提供了榜样,让他们以这种方式行事。而且,他用自己的言语教导并用榜样表明,所有人,无论教士还是平信徒,都应当在货物和人身方面服从此世统治者的强制审判。因此,基督首先在货物方面用他的言语和榜样表明了这一点,正如《马太福音》第22章所说。因为当犹太人问他"告诉我们你是怎么认为的,向凯撒纳税是否可以?"的时候,基督查看了第纳尔(denario)①和它的字号,回答道:"所以凯撒的当交付给凯撒,上帝的当交付给上帝。"②《字里行间的注解》写道:"即税和钱。"安布罗斯对"这像和字号是谁的?"③这段经文说道:"正如凯撒压出他的形象之印记一样,上帝也将他的面容之光印在灵魂上。"④因此,要注意基督来到此世所要压出的东西。而克里索斯托这样说道:"当你听到'凯撒的当交付给凯撒'时,你要知道那些东西仅仅是指对虔敬没有任何伤害的东西,因为这种东西不是属于凯撒的而是属于魔鬼的税。"⑤看,我们应当在所有事情上服从凯撒,只要这些事情不违背"虔敬",即神圣崇拜或诫命。所以基督想要在财货方面服从尘世统治者。这也是圣安布罗斯依据基督的话所明确表达的观点,因为他在致瓦伦提安的题为《致民众》的信中说:"我们把凯撒的交给凯撒,把上帝的交给上帝。税是凯撒

---

① [译者注]古罗马银币。
② 《马太福音》,22:17—21。
③ 《马太福音》,22:20。
④ [布本注]这段注解不属于安布罗斯,似乎属于奥古斯丁对《诗篇》第4篇的注解。参见 *Enarrationes in psalmos* on Psalm 4, *Cetedoc* from CC 38, ed. E. Dekkers and J. Fraipont (Turnhout: Brepols, 1956): par.7, p. 17, ll.29 - 32。
⑤ 托马斯·阿奎那:《金链》,vol.11, p. 253。

的,这是不可拒绝的。"①

10. 此外,同样的观点通过《马太福音》第 17 章得到了说明:"收两德拉克马(didragma)的人来见彼得,说:'你们的师傅不交两德拉克马吗?'"后来中间插入了一小段后,基督对彼得说:"以免我们冒犯他们,你去海里,扔鱼钩;拿起钓上来的第一条鱼;打开它的口就会发现一块斯塔特(stater);为了我和你把它拿去给他们。"②基督没有像这样说"给他们",而是说"为了我和你给他们"。哲罗姆(Ieronymus)③对此注解道:"我们的主按着肉体和灵是王的儿子,或是生于大卫一系,或是生于全能之父的圣言。所以他作为王的儿子不欠税。"他进一步补充道:"所以尽管他是自由的,但是由于他披上了肉体的谦卑,他有义务满足(adimplere)每一种正义。"④对于基督的"以免我们冒犯他们"这句,奥利金(Origenes)⑤以更加符合我们的命题和传福音者的观点的方式这样说道:"我们从中理解了(即从基督的话中),为什么一些人经常出现,他们不义地拿走了我们的地上之物,他们是这地上之王派来的,以便从我们身上压榨出他们所需的东西。主以他的榜样禁止任何冒犯,甚至禁止针对这类人的冒犯,要么是以防他们进一步犯罪,要么是为了救赎他们。事实上,从来没有做过奴仆之事的神子交了税和税捐,因为他为了人类披上了奴仆的形式。"⑥

因此,当基督和彼得交了这些东西从而给其他人提供了榜样时,主

---

① 安布罗斯:《驳奥森提乌斯论移交教堂的布道》(*Sermo contra Auxentium de basilicas tradendis*),c.35,Migne 16,p. 1061(873)。
② 《马太福音》,17:24,17:27。[译者注]斯塔特是古犹太银币,价值四德拉克马。
③ [译者注]哲罗姆(约342—420),拉丁教父。
④ 托马斯·阿奎那:《金链》,vol.11,p. 209。
⑤ [译者注]亚历山大里亚的奥利金(约185—253),希腊教父。
⑥ 托马斯·阿奎那:《金链》,vol.11,p. 209。

教和教士以何种方式才能凭借福音《圣经》的话免受并且普遍地免受统治者的司法管辖呢（除了通过他们恩典的授予以外）？即使基督按着肉体属于王室一系，他也不可能欠这税。但是，彼得不属于王室一系，他不拥有任何免税的理由，他也不想拥有。如果基督认为这是不适合的，即未来在职权上继任他的教士纳税，他们的尘世之事也要服从于尘世统治者，那么他就不会展示一个坏的榜样，即让神职人员服从于尘世统治者的司法管辖，而是会以别的方式命令和远离收取两德拉克马的收税员，例如，以消除他们索取这些两德拉克马的意图的方式，或以其他适合的方式。然而，他并不认为这样做是适合的，相反，他想交税，他从使徒们中挑出彼得与他在这件事上发生对话关系。根据这一论第16章所说，彼得是教会中的首要教师和牧者，以便其他人借着这样一个榜样不会拒绝做这一点。

11. 在以这种方式理解了上述从《马太福音》第17章援引的这段经文后，圣安布罗斯在题为《论移交教堂》的信中说："他（即皇帝）索取税，这是不可拒绝的；教会的田地要交税。"后来在中间插入了更加切题的一段后，他说："我们把凯撒的交给凯撒，把上帝的交给上帝。税是凯撒的，这是不可拒绝的。"①此外，圣伯纳德（Bernardus）②在给桑斯大主教的一封信中进一步解释了我们对上述援引经文所说的观点，他这样说道："对于那些人（即那些建议臣民反叛他们上级的人），基督以别的方式命令和管理他们。他说：'凯撒的当交付给凯撒，上帝的当交付给上帝'。

---

① 安布罗斯：《驳奥森提乌斯论移交教堂的布道》，c.33，Migne 16，pp.1060—1601（872f.）。

② ［布本注］明谷的伯纳德（1091—1153），熙笃会（Cistercian Order）成员，明谷修院（abbey of Clairvaux）建立者。

这话是他用口说的,但他很快就操心地付诸行动。凯撒的创造者毫不犹豫地向凯撒交税。因为他给了你们一个榜样,所以你们也要这样做。因此,他操心向尘世权力表现这种崇敬,怎会否认对上帝的祭司应得的崇敬呢?"①

我们应当注意到,伯纳德曾说过,基督操心于将税捐交给尘世权力,他表现出"应得的崇敬",而非被迫的崇敬。因为来自每个人的这种税捐和税是统治者应得的,正如我们将在下一章从《罗马书》第13章以及圣徒和圣师的注解中所证明的那样,②尽管可能不是每个地方的每个人都应当纳税,例如居民不应当交那些通行费,尽管某些守卫者或收集者有时会不当地向一些无辜的居民或本地人(如使徒们)敲诈勒索通行费。基于此,我同意奥利金的观点,我相信他比哲罗姆更多地掌握了这段经文中传福音者的意图,他说,不是居民或本地人而是陌生人要交那些通行费,这在王国尤其是在犹太国中一般来说似乎是习俗并且可能是法令。因此,基督对彼得说:"地上的王向谁收税?……"③"税"是指两德拉克马收集者所收的那个通行费。因为基督没有否认地上的子民(即本地人)要交"税"(这个名称适用于每一种税捐),他的确在稍后说到这种税时,没有排除任何人——"凯撒的当交付给凯撒"。使徒保罗也在《罗马书》第13章表达了和基督相一致的观点,他说:"为此你们要纳税(即向统治者纳税),因为他们是上帝的用人。"④所以基督将"子民"理解为列国的子民,即在那里出生或源自那里的人,而非根据后代将其

---

① 明谷的伯纳德:《论主教的行为和职权》(*De moribus et officio episcoporum* = *epistola* 42),c.8,§30,Migne 182,p. 829C。
② 参见《和平的保卫者》,II.5.4—5。
③ 《马太福音》,17:25。
④ 《罗马书》,13:6。

理解为王的儿子,否则他的话似乎就不切题了。因为他在大多数情况下为自己和彼得说了相同的话,而人们都同意彼得不是哲罗姆所说的那种君王之子。进一步来说,既然基督按着肉体属于大卫一系,那么许多犹太人也是如此,尽管彼得可能不是。此外,由于那时税不是由大卫或他的任何后代压榨的,而是由凯撒压榨的,为什么基督说"地上的王……所以儿子是自由的",却对天上的王只字未提?然而,人们同意基督和彼得无论按着肉体还是按着灵都不是凯撒的子民。此外,为什么基督要问上述问题?因为所有人都同意,王的儿子按着血统是不会向父母交税的。因此,哲罗姆的阐释似乎不像奥利金的阐释那样与《圣经》一致。从上述的话来看,基督想要交税(即使它们偶尔有时没有到期)并且教导使徒们和他们的继任者也要交税,而非为此斗争。事实上,这就是告诫的而非诫命的正义,它是披上了肉体的谦卑的基督想要满足并教导要使之得到满足的东西;使徒保罗也教导说要照基督的形象去做。因此,《哥林多前书》第 6 章:"你们为什么不接受伤害呢?你们为什么不容忍欺骗呢?"①而不是像前述的那样,你们彼此斗争。

12. 进一步来说,基督不仅表明他自己在货物方面服从尘世统治者的强制司法管辖权,而且表明他自己在人身方面也是如此,因为没有任何统治者能够对他或其他人拥有比这更大的司法管辖权,而这种司法管辖权也被罗马立法者称为"应得帝权"(merum imperium)。这一点可以从《马太福音》第 27 章②得到清楚说明,因为正如我们所读到的和所显明的那样,基督允许自己被捕并被带到司法长官彼拉多(他是罗马

---

① 《哥林多前书》,6:7。
② 《马太福音》,27:1。

皇帝的总督)的面前,最后他把自己交给一个拥有强制力的审判者并且遭受后者的极刑。他也没有反对彼拉多是一个审判者,即使他可能暗示自己遭受了不公正的审判。然而,人们一致同意,如果他愿意并且认为他未来的继任者不适合服从和受到尘世统治者的审判的话,那么他可以在教士手中经受这种审判和惩罚。然而,由于这个观点在《约翰福音》第19章是以更严肃的方式写出来的,所以我将援引其中所包含的相同观点。那么,当基督被带到作为审判者的凯撒总督彼拉多面前并被指控说他是犹太人的王和神子时,彼拉多问耶稣:"你从哪里来?"然而,耶稣没有对这句话作出回答。彼拉多对他说了以下接近于我们的计划的话,这段经文是:"所以彼拉多对他说:'你不对我说话吗?难道你不知道我有权力把你钉上十字架,也有权力释放你吗?'耶稣回答道:'你没有权力攻击我,除非它从上头被赐给你。'"①看,耶稣没有否认彼拉多有权审判他并且执行对他的判决,他也没有说:这个权力在法权上不属于你,相反,你只是在事实上拥有它。但基督补充说,彼拉多从上头获得这个权力。如何从上头?奥古斯丁回答的"所以让我们学习他(即基督)所说的话以及使徒所教导的话",就是《罗马书》第13章②中保罗所教导的话。所以基督说了什么?使徒教导了什么?"某人没有权力(即司法权),除非它来自上帝(无论滥用权力者的行为如何)。""一个出于嫉妒而将无辜者交付给那权力来杀死这个无辜者的人所犯的罪比这权力本身(如果它因为害怕另一个更大的权力而杀死这个无辜者的话)还大。因为上帝已经给了他(即彼拉多)这样的权力,以便让他也在凯撒的

---

① [布本注]《约翰福音》,19:9—11。
② 《罗马书》,13:1—7。

权力之下。"①

所以彼拉多对基督人身的强制审判权来自上帝,正如基督公开承认并且奥古斯丁明确表达的那样。伯纳德在一封信中对桑斯大主教公开说道:"因为,基督承认罗马总督对自己的权力是上天所定的(当时他谈论的是彼拉多的权力以及这段经文)。"②所以如果彼拉多对基督的强制审判权来自上帝,那么他对基督的尘世物或肉体物品的权力更是如此,如果基督占有或拥有这些物品的话。如果他对基督的人身及其尘世物的权力是如此这般,那么他对所有使徒及其继任者(所有主教或教士)的人身和尘世物更是如此,然而,这不仅通过基督的话得到了证明,而且通过行为的终结得到了确证。因为坐在审判席上的彼拉多不仅通过了对基督的惩罚判决,而且用他的权柄执行了这个判决。因此,《约翰福音》同一章有这样一段经文:"所以彼拉多听见这话,就带耶稣出来,坐在审判席上。"然后中间插入了一小段:"于是将他(即耶稣)交给他们,钉上十字架。"③这是使徒保罗对基督的看法,当他在《加拉太书》第3章说:"及至日子充足(plenitudo temporis),上帝就差遣他的儿子,为女子所生,并且生于律法之下。"④所以在审判者之下,他依法审判和命令,但他却不是主教或教士。

13. 基督没有想将自己排除在尘世统治职权或强制司法管辖权之外,也没有将他的使徒们(不仅将他们,而且将其他人)排除在这种统治职权或司法管辖权之外。因此,《马太福音》第20章和《路加福音》第

---

① 托马斯·阿奎那:《金链》,vol.12, p. 445。
② 明谷的伯纳德:《论主教的行为和职权》,c.9, §36, Migne 182, p. 832C。
③ 《约翰福音》,19:13,19:16。
④ 应为《加拉太书》,4:4。

22章有这样一段经文:"争论发生在他们(即使徒)中间,你们哪一个为大。他(即基督)说外邦人有王为主统治他们,那拥有权力管理他们的人被称为恩主。"《马太福音》中有这样一段话:"那为大的,拥有管理他们的权力,但你们不可以这样。在你们中间为大的,让他就像年幼的,为首的,就像用人。因为那倚靠的为大,还是那服侍人的为大?难道不是倚靠的吗?然而,我在你们中间,就像那服侍人的一样。但是,凡想在你们中间为大的,就当服侍你们。凡想在你们中间为首的,乃是要侍奉你们,正如人子来不是要被人侍奉而是要侍奉人(即在尘世之事上侍奉人,而非当主人或管理人)。"①因为在管理属灵之事方面,他在使徒中间为首而非仆人。奥利金对此注解道:"你们知道,外邦人的王统治他们,也就是说:他们不仅仅满足于当他们臣民的王,而且力争用暴力的方式来统治他们(即以强力的方式,如果有必要的话)。然而,在你们这些属于我的人中间,这些事不必存在。因为正如所有肉体之事都在必然性中得到安排,精神之事则在意志中,属灵的统治者们(即教长们)也是如此,他们的统治职权应当在爱中而非在恐惧中得到安排。"②克里索斯托在其他地方说到这些与我们的命题有关的话:"因此,世界上的统治者们,为了统治比他们弱小的人,会奴役并掠夺他们(补充:如果他们应得这些的话),并利用他们至死,以便满足自己的(即统治者们的)利益和荣耀。然而,教会的统治者们(即教长们),为了服侍和侍奉比他们弱小的人,会作出从基督那里所领受的一切事情,以便忽视自己的利益,实现他人的利益,而非拒绝为较低者的救赎而死。所以觊觎教会首座,既不公正,也没有好

---

① 《路加福音》,22:24—27;《马太福音》,20:25—28。
② 托马斯·阿奎那:《金链》,vol.11,p.234。

处。因为有哪个智者想要自愿地使自己受奴役以及为整个教会说话而经受那种危险呢？除非他可能并不畏惧上帝的审判，以尘世的方式滥用他的教会首座，从而将这个首座转变为尘世首座。"①所以教士自己对于尘世的强制审判要承认什么呢？因为他们不应当以尘世的方式进行统治，而应侍奉基督的榜样和诫命。因此哲罗姆说："最后，他(即基督)树立了自己的榜样，以便如果他们(即使徒们)好好考虑所说的(补充:他所说的)，那么他们就要因(以尘世的方式进行统治的)行为感到羞耻。"②因此，奥利金对于"为许多人的救赎献出自己的灵魂"③这段经文这样说道："所以教会统治者们应当模仿基督，他是易亲近的，对妇女说话，按手在小孩子头上，给门徒洗脚，以便他们自己以弟兄般的方式行事。然而，我们却是下面这样的(他说的是他那个时代的教长)，以至于我们似乎胜过世上统治者的骄傲，要么是我们不理解，要么是我们轻视基督的诫命，我们像君王一样要求军队排在面前并使人恐惧。"④这样做的原因在于轻视或不知道基督的诫命，所以首先，我们要告诫教长这一点(这是我们在这一论所要做的)，表明适合他们的权柄是什么；其次，如果他们轻视这一点，那么他们应当被尘世统治者强行和强迫自我纠正，免得他们败坏他人的道德。因此，这些就是对于《马太福音》那段话的评注。对于《路加福音》⑤，巴西略(Basilius)说："照着给门徒洗脚的主的榜样，那些监督别人的人也应当提供身体上的服务。"⑥

---

① 托马斯·阿奎那：《金链》，vol.11, p. 234。
② 托马斯·阿奎那：《金链》，vol.11, p. 234。
③ 《马太福音》，20:28。
④ 托马斯·阿奎那：《金链》，vol.11, p. 234f.。
⑤ 《路加福音》，22:24—27。
⑥ 托马斯·阿奎那：《金链》，vol.12, p. 229。[译者注]圣巴西略(约329—379)，凯撒利亚主教，天主教圣师，死后被封为圣徒。

所以基督说："外邦人的统治者统治他们，但你们（即使徒们）不可以这样。"因此，基督，万王之王和万主之主，没有传给他们对统治者执行尘世审判的权力，也没有传给他们对任何人的强制性权力；相反，他明确禁止他们这些权力，当他说："但你们不可以这样。"因此，我们应当对所有使徒的继任者（主教或教士）持有同样的观点。

这也是圣伯纳德明确对尤金（Eugenius）①说的话，他在《论审视》第2卷第4章论述了上述基督那段话："外邦人的王统治他们……"因为他在其中说："使徒（即彼得）给予他所拥有的，即对教会的关心，正如我所说的那样。统治权呢？听他自己说：'不可统治神职人员，而应成为羊群的榜样。'以防你认为他说这话只是出于谦卑而非出于真理，主在福音书中的声音是：'外邦人的王统治他们，那对他们拥有权力的人被称为恩主。'他补充道：'但你们不可以这样。'显然，使徒们被禁止掌权。所以如果你是主，就敢去篡夺使徒职权，如果你是使徒，就敢去篡夺统治职权。显然，你被禁止兼而有之，如果你想同时兼而有之，你将失去这两个。此外，你不可认为自己被排除在那些上帝所遣责的人之外：'他们作王，却不由我；他们作统治者，我却不认他们。'"②

因此，从我们所援引的福音真理以及圣徒和其他受认可的圣师的阐释之中，每个人都应当清楚地看到，基督无论在言语上还是在行为上都将他自己或想要将他自己排除在所有地上的统治职权、政权、审判权或强制力之外，并且他想要让他自己在强制司法管辖权上服从于尘世的统治者和权力。

---

① ［译者注］教皇尤金三世，1145—1153年在位。
② 明谷的伯纳德：《论审视》（*De consideracione*，l.II，c.6，§10—11，Migne 182），p.748B—C。文中引用的两处《圣经》文本来自《彼得前书》5:3和《何西阿书》8:4。

第5章

论使徒的正典神谕以及圣徒和圣师的阐释,借此与上一章相同的观点将得到明显的确证

1. 现在仍要说明的是,这也是基督首要使徒的观点和教义,首先是保罗的观点和教义,他在《提摩太后书》第2章告诫他所立的教士或主教不要让尘世事务缠身。因为他说:"没有一个为上帝争战的人让自己卷入尘世事务之中。"①安布罗斯对此注解道:"没有一个在属灵之事上为上帝争战的人让自己卷入任何一种尘世事务之中,因为上帝不能被分给两个对立的仆人,正如没有一个人能侍奉两个主人。"②他说"任何一种",意味着无一例外。因此,既然所有事务中最尘世的事务是对有争议的行为的强制统治或审判,因为它命令和规定所有尘世事务或人民的公民行为,正如第1论第15章所证,那么使徒所命令的这件事是最应该被应当为上帝争战(即应当服侍精神事务)的人所避免的事,任何一位主教和教士都应当这样做。

2. 然而,如上所述,这个观点也是使徒保罗在《哥林多前书》第6章

---

① 《提摩太后书》,2:4。
② 彼得·伦巴第:《汇编》,Migne 192, p. 367D。

的一段经文中所揭示的,他说:"因此,如果你们有尘世之事当审判,派教会所轻视的人去审判。"①事实上,使徒保罗在那里对所有信徒和教会(最恰当称谓的教会,即根据最后一种含义)说话。安布罗斯和奥古斯丁的注解这样阐释使徒保罗的经文:"'如果……尘世之事……派……所轻视的人',即一些有智慧但应得功绩较低的人(补充:比福音教士和圣师低的人)去审判。"至于为什么不将审判权传给福音的执事,其理由是:"因为那些羁旅(circueo)的使徒没有闲暇去做这些事。所以那些在当地具有信仰和圣洁的智慧之人,而非为了福音四处奔波之人,想要审查这些事务。"②然而,格列高利(Gregorius)③在《道德论说》(*Moralia*)中的注解对这个问题给出了另一个理由,并且在我看来,这个理由正确地合乎使徒的意图。为什么应当安排"所轻视的人"而非主教或教士去执行尘世审判? 格列高利说:"也就是说,因为这些审查地上诉讼的人是那些获得关于外在事物(即尘世或公民行为)的智慧之人。然而,那些被赐予精神礼物的人不应当卷入地上事务之中,以便他们不用被迫去处理较低的东西,而是能够献身于较高的东西。"④看,关于使徒禁止教士行使的职权,我们所说的很显然符合使徒和圣徒的意图。伯纳德在《论审视》第 1 卷第 5 章中对尤金也表达了同样的看法,他在一篇针对罗马主教和其他主教的布道文中这样说道:"所以你们的权力是就犯罪而非财产而言的,你们接受天国钥匙是因为前者而非后者,因此你们应当排

---

① 《哥林多前书》,6:4。
② 彼得·伦巴第:《汇编》,Migne 191,p.1577B—C。前一段是安布罗斯的注解,后一段是奥古斯丁的注解。
③ [布本注]教皇格列高利一世(大格列高利),590—604 年在位,拉丁教父。
④ 大格列高利:《〈约伯记〉道德论说》(*Moralia in librum Iob*),l.19,c.25(42),Migne 76,p.125C(627)。来自彼得·伦巴第:《汇编》,MPL.191,p.1577C—D。

除犯罪者而非占有财产者。'因为你们知道,'他说,'人子在地上有权力赦免罪。'"他进一步补充道:"在你们看来,哪一个是更大的尊严和权力呢,赦免罪还是分产业? 这些卑鄙的地上之物有它们自己的审判者,即地上的王和统治者。你们为什么要侵入他人领地? 你们为什么要让你们的镰刀扩展到他人的收割领域?"①因此,这不属于主教或教士的职权,即借着强制审判权去审判有争议的肉体行为或尘世之物。相反,根据伯纳德的布道词,主教或教士让这些事缠身就是"侵入他人领地",即搅扰他人职权和"让镰刀扩展到他人的收割领域"。所以使徒想要那些没有受命作福音执事之人以及那些获得了关于外在事物(即公民行为)的知识之人借着强制审判权去审判。因此,由于没有人可以免于这种审判,所以显然,无论教士还是平信徒,都要服从于行使统治职权之人的强制审判。

3. 我们应当仔细注意到,使徒保罗一般在给哥林多的信徒写信时,正如从问候中所显而易见的那样,以及在教会中修复"所轻视的人"时,根据《字里行间的注解》即尘世之人,他并没有说,我派所轻视的人或任何其他人去审判你们所拥有的尘世事务,他也没有在那里留下一个人来代他自己去审判这种事或者去任命这种审判者。但如果这属于他的职权或权柄的话,他就会这样做或应当这样做,就像他对教士和主教所做的那样。因为他在信徒的处所任命教士和主教,并且命令或委托他们另立其他教士,正如从《提摩太前书》第 3 章和《提多书》第 1 章中所显而易见的那样。因为他对提多说:"为此,我留你在克里特,是要你纠

---

① 明谷的伯纳德:《论审视》,l.I, c.6, 7, Migne 182, p.736A—B。文中引用的《圣经》文本来自《马太福音》,9:6。

正他们所缺的,(即)罪人的恶,增加他们的善,(正如注解所说)并为城派长老。"①至于尘世审判者,由于这些审判者必须根据我们在第 1 论第 15 章所安排的方式通过人民选举得到设立,使徒保罗在对所有信徒言说时说"派"②,因为这是属于他们的权柄;他没有像对教士所做的那样对其他主教或教士说"派"③,他也没有借着主教或教士去命令审判公民行为,反而禁止这样做。因此,伯纳德对这段经文评注道:"但是听听使徒保罗在这个问题上是怎么想的。'难道你们中间没有一个智慧之人,'使徒保罗说,'能审判弟兄们的事吗?'④他补充道:'我说这话是要叫你们羞耻;派教会所轻视的人去审判他们。'因此,按照使徒保罗的说法,你作为使徒的继任者正在不值得地为自己篡夺一个卑鄙的职权,即一个位于所轻视之人的地位的职权。因此,主教(使徒保罗)在教导一位主教时说:'没有一个为上帝争战的人让自己卷入尘世事务之中。'"伯纳德接着说:"你认为这些时间会允许你吗,如果你借着主的话去回答那些为地上遗产而控诉并迫切要求你审判的人:'人哪,谁派我做你们的审判者?'他们接下来会对你作出何种审判呢?'那个没有教养的乡巴佬在说什么?你无知于自己的首座,羞辱了至高无上的宗座,贬低了宗座尊严。'但我认为,那些说这话的人不会表明任何一位使徒在任何时候坐在哪里去审判人、划分领地或分配土地。因为我读到的是使徒们站着被审判,我没有读到他们坐着审判。坐着审判将来会发生,但还没有发生。因此,如果一个仆人不想比他的主人更重要,如果一个门徒

---

① 《提多书》,1:5。以及《字里行间的注解》。
② [译者注]原文(constituite)使用了第二人称复数的命令式,马西利乌斯在此表明尘世审判者不是由使徒个人按立的。
③ [译者注]constituas 是第二人称单数的虚拟式。
④ [布本注]《哥林多前书》,6:5。

不想比派他的人更重要,或者如果一个儿子不逾越父母为他规定的界限,他的尊严会得到削弱吗?'谁派我审判?'那位师傅(主)说。仆人和门徒若不审判所有人,岂会遭受伤害?"所以伯纳德说,使徒的继任者为自己篡夺审判职权是不值得的。对此,他进一步补充道:"但在我看来,一个人如果认为使徒们或位于宗座之人要去审判这些事务,那么他就不会被视为对事物的良好观察者,因为他们在更重要的事情上被赋予了职权。在天上并审判天使的,岂不轻视审判人在地上微不足道的财产吗?"①

4. 神圣的使徒们同样无分别地命令所有人(无一例外,无论主教、教士还是执事)都必须在强制审判方面服从尘世的审判者或统治者,所有人都不能抵抗后者,除非后者做了任何违反永恒救赎律法所命令做的事情。因此《罗马书》第 13 章写道:"每一个灵魂都要服从在高位掌权的,因为没有权力不是来自上帝。掌权的都是由上帝所命令的,所以抵抗掌权的就是抵抗上帝的命令。抵抗的必自取刑罚。因为统治者不是让行善的恐惧,而是让作恶的恐惧。你会不恐惧权力吗?你只要行善,就可得他的称赞,因为他是上帝的用人,是对你有益的。你若作恶,却要恐惧。因为他不是无故佩剑。事实上,他是上帝的用人,是伸冤的,惩罚那作恶的。所以你们有必要服从,不仅是为愤怒,而且是为良心。你们也要为此供税,因为他们是服侍上帝的,在这事上侍奉他。凡人所应得的就给他:应得税的,就给他税;应得岁入的,就给他岁入;应恐惧的,就给他恐惧;应荣耀的,就给他荣耀。"②

---

① 明谷的伯纳德:《论审视》,l.I, c.6, 7, Migne 182, pp.735C—736A。
② [布本注]《罗马书》,13:1—7。

我想在此引入圣徒和天主教圣师对使徒保罗这些值得注意的话的注解,因为从使徒保罗和注解者所说的这些话中,我们的命题被如此明显地证明为真,以至于一个心智健全的人一旦研究过它,就不应当再怀疑它了。所以使徒保罗说,"每一个灵魂",无一例外。对此,注解(首先根据奥古斯丁,有时根据安布罗斯)说:"在这里,他号召我们谦卑。因为在一些人看来,邪恶的主人,尤其是异教徒,不应当统治信徒。如果他们是善良的和信仰的,那么他们就应当和善良之人、信徒平等。使徒保罗甚至将这种骄傲从更高的部分即表示整个人的灵魂中移除了。因为除了每一个人,每一个灵魂是什么呢?好像在说:'我所说的每一句话都应当成就,即使你们在基督的身体中是完全的,但是每一个灵魂都要服从,即每一个人都要服从。我用灵魂这个名称来表示人的理由是,你们不仅要用身体而且要用意志去侍奉。'所以每一个灵魂都要这样服从,即一个人要用意志侍奉尘世权力(无论它们是善的还是恶的),即国王、统治者、大臣、百夫长和其他诸如此类的人。"所以看看使徒保罗对更高的权力即尘世统治者的理解是什么。注解补充说:"因为如果管理你的人是善的,他将是你的滋养者;如果他是恶的,他就是你的试探者。欣然接受滋养,在试探中证明。所以把自己当作金子,把此世视为金匠的锻造厂。所以每一个灵魂都要这样服从于更高的权力,也就是在高位上,即在属地的事务上。或者是这个理由,当他说服从更高的时,是因为他们是更高的。'不是因为'这证明他们应当以这种方式服从,因为所有权力都来自上帝。但'来自上帝的是上帝所命令的',因此,权力是由上帝所命令的,即凡是掌权的都拥有上帝的命令。'所以抵抗掌权的就是抵抗上帝的命令。'这就是他所说的,好像他们应当服从的理由是,任何善人或恶人没有权力,除非它由上帝所赐。因此,主对彼拉多说:'你没有权力攻击我,除非它从上头被赐给你。'"①伯纳德在致桑斯大主教的信中也重复了同样的话,他说:"没有人比彼拉多更能发挥尘世的功能,因为主站在他面前受审判。'你没有权力,'他说,'攻击我,除非它从上头被赐给你。'那一刻,他在为自己说话,并且亲自证明了使徒们后来在教会里所宣告的话,'没有权力不是来自上帝的',以及'抵抗掌权的就是抵抗上帝的命令'。"他进一步补充道:"基督承认罗马总督对自己的权力是上天所定的。"②注解随后说:"'权力是上帝所命令的',即由上帝合理安排的。因此,用武力或欺诈抵抗掌权的人(在与权力有关的事情上,即在税收和这类事情上抵抗掌权的人)就是在'抵抗上帝的命令',即按照上帝的命令掌权,所以他没有按照上帝的命令行事。对于有能力为善之人,上帝就合理地授予他权力;然而,对于被视为有能力为恶之人,由于借着权力,善人得净化、恶人得惩罚,所以他自身将以更糟糕的方式被消灭。注意,权力这个词有时被理解为由上帝赐予的权力本身,有时被理解为掌权之人,读者要仔细区分这二者。'抵抗掌权的'好像在说,抵抗掌权的就是抵抗上帝的命令。然而,这是一件如此严重的事情,那些抵制他的人会自取灭亡。因此,人都不应当(即任何人都不应当或没有人应当)抵制,而是应当服从。但是,如果他命令你做不正当的事情,那么你当然要轻视这种力量,因为你要恐惧一种更大的力量。你要考虑人类事物的排序。如果地方监督者命令某件事,能执行这件事吗? 如果地方总督命令相反事物的话? 此外,如果同一个地方总督命令某件事,而皇帝命令另一件事,能怀疑一个人应当轻

---

① 彼得·伦巴第:《汇编》,Migne 191, pp. 1503D—1504B。
② 明谷的伯纳德:《论主教的行为和职权》,c.9, §35, Migne 182, p. 832B—C。

视一个(即地方总督)并且侍奉另一个(即皇帝)吗?所以如果皇帝命令一件事,上帝命令另一件事,那么人们就应当轻视前者,服从上帝。"①但是,奥古斯丁没有说:如果皇帝命令一件事而主教或教皇命令另一件事,但如果教皇在司法管辖权上排序更高的话,他应当这样说。相反,奥古斯丁想说的是,如果皇帝命令做的事情违反作为上帝直接诫命的永恒救赎律法(它是上帝的直接诫命),那么人们在这种情况下不应服从皇帝。在这种情况下,人们更应服从依据这律法(即神法)行命令的教皇(尽管他在此世既不能也不应当依据这律法强迫任何人),而非任何一个命令人们违背神法行事的皇帝。但是,当教皇依据他的教令(只要这仅仅是他自己的教令)命令某件事时,人们不应当服从违反皇帝或其法律的命令,这一点在此是显而易见的,并且将在这一论第 9 章②得到进一步推论。注解接着说:"好像在说,他们值得被惩罚。因为统治者无论善恶'都不是善行而是恶行的恐惧者',即他们在其位不是为了让行善的而是让作恶的恐惧。因为统治者若为善,就不会惩罚而是会爱行善之人;统治者若为恶,就不会伤害好人,而是净化他。然而,恶人应当恐惧,因为统治者是为惩罚恶行而设立的。那一位[使徒保罗]将统治者称为那些为了纠正生命和禁止不利之事而被造的,他们拥有上帝的形象,以便所有其他人都从属于一个人。'你会'好像在说,他们让作恶之人恐惧。然而,你会不会'不恐惧权力',无论它是善的还是恶的?'你行善'则不会恐惧,相反'你将会从中得到赞美',即使权力是恶的,因为它会给你带来更大的王冠。然而,如果权力是公正的,'你将

---

① 彼得·伦巴第:《汇编》,Migne 191,pp.1504D—1505C。注解来自奥古斯丁《论善的本性》(*De natura boni*)。

② [瓦本注]参见《和平的保卫者》,II.9.6—10。

从中得到赞美',因为权力本身赞美你;如果它是不公正的,'你将从中得到赞美',不是因为权力本身赞美你,而是因为通过给你赞美的机会,你将真正从中得到赞美。'因为他是上帝为你在善行方面[赐给你]的用人',也就是说,无论他是善是恶,都是在向你行善,因为他行事或者因为上帝在你的善行方面把他赐给你,以便保护你和你的人。因为显而易见的是,上帝赐予领导者的理由在于,以防好事变坏事。'然而,如果'好像在说,好人不应当恐惧。'你若作恶,却要恐惧',因为你应当恐惧,也就是说,因为'他佩剑',也就是说,他有审判的权力,'不是无故',而是为了惩罚恶人。使徒保罗在接下来的话中表明了这一点。'因为他是上帝的用人',也就是说,他替上帝报复。我说,他是上帝的'愤怒的报复者',即对上帝的冒犯进行报复,或者是上帝的'愤怒的报复者',即表明未来的事情,也就是说,表明上帝未来的报复,因为这是对那些坚持作恶之人的惩罚的判决,他们应当得到更严厉的惩罚。我说,他是报复者,这'对他[进行报复]',也就是说,对'作恶之人'的惩罚和斥责,因为他是上帝的用人。'所以你们要服从'他,好像在说,服从出于必然性或服从必然性,也就是说,你们要必然地服从他的命令。而这'不仅是为了'避免统治者或上帝的'愤怒',而且是为了良心,即为了净化你们的心灵,去爱上帝所拣选的人(即借着上帝的命令进行这样管理的人),因为尽管所有信徒就他们是信徒而言,在基督中为一,在对基督的信仰中没有犹太人、希腊人、主人和仆人以及诸如此类的分别。但是,有朽之人的交往是有差异的,并且使徒保罗命令在这有朽之人的生命羁旅中要保守他们的秩序。因为一方面,我们要彼此无分别地保守在信仰之一中;另一方面,我们要保守在作为羁旅的今生的秩序中,以免主的名和教义被亵渎。'因为这个理由',它是服从的证据,你们应当服从的原因,因为这个理由表明了服从即'供税',这是服从的标记。他不是说:你们要纳(solvitis),而是说你们要供(prestatis),好像他们将会返还一样,因为当他们为祖国而战并执行判决时,他们在保卫中侍奉你们,从而返还了你们的供税。'你们要供税',我说,'在这事上侍奉'上帝,也就是说,你们通过这事侍奉上帝,即给他们税收。的确,你们通过这事侍奉了上帝;因为他们是上帝的用人,他们为这事被设立,以便让好人受赞美,让坏人受惩罚。或者因此这样说:因为他们是用人,你们应当供税的理由在于,因为'他们是上帝的用人',我的意思是当他们保卫祖国时他们'侍奉'你们,'在这事上',即由于这事,也就是说,他们由于税而在对祖国的保卫中侍奉你们,并且因为他们是上帝的用人。"①

5. 因此,从使徒保罗这段经文和上面所引的圣徒的阐释中,任何不想亵渎主的名和教义的人(这是不义的,也是违反城邦法律的,正如奥古斯丁对此的注解以及《提摩太前书》第6章②所说)都应当毫无疑问地坚称,所有人,无论处在何种地位或状态,都应当在货物和人身方面服从尘世统治者的司法管辖并在一切不违反永恒救赎律法的事情上,尤其是在符合人法、真诚认可的习俗的事情上,服从他们。因为使徒保罗明确讨论了这一点,当他说"每一个灵魂都要服从⋯⋯""他们不是无故佩剑"以及他所提及的关于他们的所有其他论述(根据圣徒的阐释,无论保卫祖国,还是向他们献税)的时候。然而,使徒保罗在任何场合都没有对任何主教或教士说过这些话。的确,我们在强制司法管辖权上有义务服从的主人是应当通过武力保卫祖国的人,而这对于主教或

---

① 彼得·伦巴第:《汇编》,Migne 191,pp.1505C—1506C。
② 《提摩太前书》,6:1。

教士来说无论如何是不合适的。因此,圣安布罗斯在致瓦伦提安的第二封题为《致民众》的信中这样说道:"我能悲伤,我能哭泣,我能呻吟。面对武装、军队和哥特人,我的眼泪是我的武器,因为这是教士的堡垒,我既不应当也不能以其他方式抵抗。"①进一步来说,我们有义务以这种方式服从的这类主人可能是异教徒,正如主教一开始所说的那样。然而,主教既不是也不能是异教徒。因此,所有人都可以清楚地看到,使徒保罗不是对教士或主教谈论这些,反而是对国王和统治者谈论这些,正如奥古斯丁所说的那样。当他说"每一个灵魂"的时候,使徒保罗也没有从这种服从中排除任何一个人。所以如果那些抵抗这种权力(即使这种权力属于异教徒和恶人)的人给自己带来了永恒惩罚,那么,那些轻视上帝和他的使徒的教义和长期以来搅扰,继续搅扰有信仰的国王和统治者以及尤其不可原谅地搅扰罗马人的统治者的人,更会给自己带来多少全能上帝及其使徒保罗和彼得的愤怒呢?因为正如使徒保罗所说,统治者"是上帝的用人",他没有说,他们是我们的用人,或者是矶法②的或其他使徒的用人。因此,他们在强制审判方面不服从任何主教或教士,情况反而恰恰相反。奥古斯丁的注解也阐释了这一点,当他说"所以如果皇帝命令一件事,上帝命令另一件事……"的时候,没有任何主教、大主教或宗主教在这种司法管辖权方面被提及,但这些主教应当被提及,如果基督(万王之王和万主之主)授予自己对皇帝的这种权力的话。正如他们在他们的教令中所虚构的故事那样,他们的教令事实上无非某些寡头制的命令,基督信徒没有义务遵守诸如此类的东西,

---

① 安布罗斯:《驳奥森提乌斯论移交教堂的布道》,c.2, Migne 16, p. 1050 (864)。
② [译者注]使徒彼得。

就像第1论第12章所证明的那样,并且这一点随后将变得更加明显。

6. 但是,我们不想由此声称,教会的一位圣师或牧者不应当受到崇敬和服从,当他依据福音律法而非其他律法或对立律法去命令或教导某些事情要得到遵守的时候,通过《马太福音》第23章和哲罗姆对同一处经文的注解这一点足够显而易见了。① 但是,他既不应当也不能通过任何惩罚或刑罚来约束此世任何人去遵守这些东西,无论在货物还是在人身方面。因为我们没有从福音《圣经》中读到,他被授予这种约束和统治此世任何人的权力,反而借着告诫或命令,他被禁止拥有这种权力,这一点在这一章和上一章中得到了证实。因为此世的这种权力是由法律或人民立法者给出的,即使它被授予主教或教士,以便在神法的事情方面强迫人们,这也毫无用处。因为这种权力不会成全那些在永恒救赎上受逼迫的人。这显然是使徒保罗在《哥林多后书》第1章的观点,他说:"我呼唤上帝给我的灵魂作见证,我没有来哥林多是为要宽容你们。我们不是统治你们的信心,乃是你们快乐的帮助者。因为你们凭信心才站立得住。"②安布罗斯对此注解道:"'我呼唤上帝作见证'不仅针对身体,而且针对'给',即'我的灵魂',如果我在'我没有来哥林多'——即我离开你们以后——这句话上撒谎的话。我这样做是为要'宽容你们',也就是说,以免我采取严厉的责备从而使许多人忧愁,这样他就饶恕了哥林多信徒,以免他太严厉,他们就要去寻衅滋事了,所以他想首先安抚他们。因此,他不是由于轻佻或肉体的想法而没有实现自己设定的目标。因为属灵的人不会实现自己设定的目标,当他想

---

① 《马太福音》,23:3。参见《标准注解》;托马斯·阿奎那:《金链》,vol.11,p.259。

② [译者注]《哥林多后书》,1:23—24。

到有更益于救赎之事时。以免他们愤怒,好像他是他们的统治者,因为他说,'我没有来是为要宽容你们',他补充道,我说宽容不是因为'我们要统治你们的信心',也就是说,你们的信心——这是意志的而非必然的东西——受到统治和逼迫。相反,我说宽容是因为'我们是帮助者',如果你们愿意合作的话,'你们'永恒'快乐的'帮助者,或者你们悔改的快乐的帮助者,因为悔改的人是快乐的。好吧,我说了你们的信心,因为你们'凭借信心',即凭借爱的操作而非统治才'站立得住'。"[1]圣约翰·克里索斯托从使徒保罗的上述话语中采取了同样的观点,并在其《对话录》(又名《论祭司的尊严》)第2卷第3章中向所有人清楚地表达了这一观点。因为他在那里援引使徒保罗"我们不是统治你们的信心,乃是你们快乐的帮助者……"那段话后,说道:"那些外在的审判者(即尘世审判者)展示了当作恶者服从他们时,他们对作恶者的多重权力,并且遏制不情愿的作恶者堕落到以前的习惯之中。然而在教会里,一个人不应通过逼迫而是通过服从才能转向更美好的事物,因为律法没有给我们这样的权力,以便我们用判决的权柄管制人免于犯错。"[2]当圣约翰·克里索斯托以所有教士的名义谈论时,他给出了刚才所说的第一个理由,即为什么他们不能强迫任何人:因为他们在此世没有针对任何人的强制性权柄,在那些日子,在那些处所或省份,没有"法律"(即立法者)赋予他们这种权柄。他接着给出另一个理由:"即使它(即这种权力)被赋予,我们(即我们主教或教士)也没有任何地方来行使这种权力,因为我们的上帝(即基督)不会奖赏那些因必然性(即暴力)而远离罪恶的

---

[1] 彼得·伦巴第:《汇编》,Migne 192,pp.16D—17A。
[2] 圣约翰·克里索斯托:《论祭司职》(*De sacerdotio*),l.II,c.3,vgl.Migne,Patr. Graeca 48,p. 634,c.3。

人,而是会奖赏那些自愿节制自己的人。"①

7. 但是,我们不想由此声称,逼迫异端或其他异教徒是不适合的,但如果这样做是合法的,那么这种权柄只属于人民立法者。

因此,强制力不适合任何教士或主教,相反,无论他们还是其他人都应当在这方面服从尘世审判者,就像我们所说的那样。因此,使徒保罗在《提摩太前书》第2章再次说道:"因此我恳求,首先要为所有人恳求、祈祷、代求和感恩,并且为君王和所有在高位之人,以便我们过上宁静安宁的生活。"②注解对此说道:"在用这些话引导提摩太时,他为所有教会提供了一个形式。"③奥古斯丁随即补充道:"'为所有人',也就是说,为所有类型的人,尤其是'为君王',即使他们是邪恶的,以及为'所有在高位''被设立之人',例如公爵和伯爵,即使他们是邪恶的。"④但是,无论使徒保罗还是奥古斯丁,都没有在高位所设立之人之中或掌握这种审判权的人之中提到任何主教或教士,反而只提到了尘世统治者。"为什么,"奥古斯丁说,"他想为君王和在高位者祈祷,即使他们是邪恶的,他(即使徒保罗)给出了理由,补充道,因为这将有利于我们,'以便我们过上'免于迫害的'宁静安宁的生活',即没有任何不宁的生活。"⑤看,这就是我们在第1论最后一章所说的证据,即安宁的发动因和保存因是统治者正当的、不受阻碍的行为。⑥奥古斯丁随即补充了一句非常符合我们命题的话,他说:"使徒保罗因此告诫教会要为君王和一切在

---

① 圣约翰·克里索斯托:《论祭司职》,II, c.3, vgl. Migne, Patr. Graeca 48, p.634, c.3。
② 《提摩太前书》,2:1—2。
③ 彼得·伦巴第:《汇编》,Migne 192, pp.335D—336A。注解来自海默(Haimo)。
④ 彼得·伦巴第:《汇编》,Migne 192, pp.336C—D。
⑤ 彼得·伦巴第:《汇编》,Migne 192, p.336D。
⑥ 参见《和平的保卫者》,I.19.3。

高位之人祈祷,因为他和耶利米一样受到同一位圣灵启发,耶利米寄信给在巴比伦的犹太人,以便他们为尼布甲尼撒王及其孩子的生命祈祷,并为城邦的和平祈祷,他说:'因为你们将在那城的和平中得和平。'他借此比喻性地表示,教会及其所有圣徒——属天的耶路撒冷的公民——都要侍奉此世的君王。使徒保罗因此告诫教会要为他们祈祷,以便他们过上宁静的生活。"①看,这毫无疑问是使徒保罗和奥古斯丁的观点,即教会或所有基督信徒都应当服从尘世统治者,尤其是有信仰的尘世统治者,并且遵守他们的不违反永恒救赎律法的命令。如果使徒保罗认为主教或教士应当在货物和人身方面统治人并且在今生状态和为今生状态用强制审判权去审判人,那么他就会对其曾立为主教的提摩太说:"我恳求……为君王和所有在高位的(主教)。"

8. 进一步来说,使徒保罗在《提多书》第 3 章中说:"告诫那些人(即你所传道的那些人),要服从统治者和权力。"②使徒保罗既没有说,只告诫尘世之人,也没有再次说,告诫那些人要服从我们和统治者。因为使徒保罗清楚地知道,他自己和其他教士或主教都既不应当行使统治职权,也不应当用针对纠纷或公民行为的审判权去审判他人,相反,他让他们从任何一种尘世事务中撤离,更不用说从对这种事务的统治职权或审判权中撤离了,当他在《提摩太后书》第 2 章说:"没有一个为上帝争战的人让自己卷入尘世事务之中。"③因此,安布罗斯说:"'告诫他们……'好像在说,即使你有精神帝权(即在精神事务上的命令权),但是

---

① 彼得·伦巴第:《汇编》,Migne 192,p.337A。文中所引《圣经》典故来自《耶利米书》,29:7。
② 《提多书》,3:1。
③ [译者注]《提摩太后书》,2:4。

'告诫那些人要服从统治者'(即君王和总督以及较小的'权力',因为基督宗教绝不剥夺任何人的法权)。"① 安布罗斯这样说是因为,使徒保罗想要并教导信徒甚至要服从异教的或邪恶的主人和统治者,正如他在《提摩太前书》最后一章所说:"凡在轭下为仆人的……"② 奥古斯丁对此注解道:"我们应该知道,有些人布道说,自由对于所有在基督中的人来说是共同的,这就精神自由而言确实是真的,但就肉体自由而言不是真的,正如这些人所理解的那样。因此,使徒保罗谈论这一点——命令仆人要服从他们的主人——时反对的是这些人。所以就像希伯来人所说的那样,天主教的仆人不应当强迫人们侍奉6年,然后被无偿地自由释放,因为这是属于奥秘的说法。至于为什么使徒保罗命令这一点,他补充道,'以免主的名被亵渎',就好像主侵入了他人领地,'以及'天主教'教义被亵渎',就好像它宣扬了不公正的和违反法律(即城邦的法律)的事情。"③

因此,任何一位教士,无论他是谁,想要以什么样的方式和用什么样的遵从上帝的良心来解除臣民对有信仰的主人所担负的誓言(iuramentum)呢?因为这明显是异端邪说,我们将在下文中充分看到这一点。④

---

① 彼得·伦巴第:《汇编》,Migne 192,p.392C。[译者注]安布罗斯这段注解后面紧跟着的一句话"因为基督宗教绝不剥夺任何人的法权"不在《汇编》之中,舒尔茨本也不认为这句话属于注释的内容。本文遵循舒尔茨本的编排。但是,布本和瓦本都认为这句话属于注解的内容,布本的注释给出了两个理由:一是奥卡姆的威廉在《论帝权和教权》(On the Powers of Emperors and Popes)第4章将这句话归于安布罗斯注解,二是马西利乌斯在《和平的保卫者》II.9.8明确将这句话归于安布罗斯。当然,布本承认无法确定这句话的真正来源。

② 《提摩太前书》,6:1。

③ 彼得·伦巴第:《汇编》,Migne 192,p.357C。文中所引《圣经》典故来自《出埃及记》21:2。

④ 参见《和平的保卫者》,II.6.13,II.26.13—16。

所以使徒保罗说:"告诫那些人要服从统治者。"他没说只有平信徒要服从统治者,而是无分别地告诫所有人,因为据他所说,"每一个灵魂都要"在强制的或有争论的审判方面"服从"统治者。如果这不是真的,那么告诉我,他说"每一个灵魂都要服从……"这话是什么意思呢？如果那些人应当在这样的审判方面服从提摩太和提多,那么他就是在徒劳地说:"告诫那些人……"此外,如果他想告诫一些人服从尘世权力,另一些人不用服从尘世权力,那么他就说得不充分,因为他没有在谈话中作出这种区分。但是人们不会在他的经文中发现他作出过这种区分,反而情况恰恰相反,因为他说:"每一个灵魂都要服从……"如果有人被免除了这种服从,那么使徒保罗就是以不恰当和错误的方式谈论这一点,而这是不可想象的。

这也是使徒圣彼得在他的第一封书信第 2 章的观点和教义,他说:"你们为了上帝的缘故要服从每一个人类造物(即在统治职权上设立的人类造物)。"他通过随即所举的例子显然阐释这个造物是什么,他说:"或是在上的君王,或是君王派来罚恶赏善的总督,因为这原是上帝的旨意。"①然而,我对于这段经文没有援引圣徒的注解,因为他们在此所说的,都包含在我们对于使徒保罗《罗马书》第 13 章所援引的注解中。看,圣彼得和圣保罗都一致声称,君王和总督是上帝派来"罚恶"的,即用此世的强制力对恶人采取报复。然而,他们和阐释他们说法的圣徒都没有在任何地方声称主教或教士被派来做这件事,反而情况恰恰相反,我们可以从上述尤其是从克里索斯托所说的话中明显清楚地看到这一点。就我们在这一论第 2 章所列举的违法种类来说,教士和平信

---

① 《彼得前书》,2:13—15。

徒一样都可能是作恶者,由此他们当然应该在强制审判方面服从君王、总督或其他尘世统治者,这些统治者应当通过人民立法者的权柄得到设立,正如我们在第1论第15章所说明的那样。因为正如圣彼得所说,上帝派这些统治者是要"罚恶赏善"。因为"这",即服从他们,原是"上帝的旨意",正如他在同一处经文中所说。

9. 使徒圣保罗的言语和生动的例子再次清楚证实了这一点,因为我们在《使徒行传》第25章中读到,他公开声称要避开教士的强制审判,"我要上告(appello)于凯撒",并再次说:"我站在凯撒的审判席前,这是我应该受审的地方。"①《字里行间的注解》写道:"因为这是审判的地方。"所以他避开教士的审判并承认自己服从于凯撒的强制司法管辖。但是,我们必须相信这一点,否则当使徒保罗已经为了真理选择和决定死亡的时候(正如《使徒行传》第21章所显明的那样,他说"我不仅准备受捆绑,而且准备为了我们主耶稣(基督)的名死在耶路撒冷"②),他就是在虚假地说:"这是我应该受审的地方(即由于害怕死亡才站在凯撒面前)。"因此,有哪个疯子会认为,使徒保罗为了延长生命的缘故而在他自己的这些话里犯下大罪,即他会以自己的榜样和教导不恰当地让整个祭司职权从属于尘世统治者的司法管辖之下吗,如果他认为这是不适合的和不应当的话? 因为他不受任何人逼迫,他不去耶路撒冷比去耶路撒冷并欺骗自己和同伴要好。因为这样想他是不虔敬的,所以显然他心里所想的(正如他用嘴提出来的)、所模仿的是他不想超越的师傅,即基督。基督不仅承认凯撒,甚至也承认凯撒的总督彼拉

---

① 《使徒行传》,25:10—11。
② 《使徒行传》,21:13。

多为尘世的审判者,他在《约翰福音》第 19 章中说:"你没有权力攻击我,除非它从上头被赐给你。"① 也就是说,除非来自上帝从天上的命令,正如奥古斯丁对《罗马书》第 13 章② 所谈论的,因为没有任何好人或坏人有权力,除非它由上帝赐予。伯纳德也向桑斯大主教进一步阐释了这一点,我们已经在第 4 节援引了上面的话。

10. 因此,在此世,神法没有授予任何主教对任何人的司法管辖权或强制性权力,反而通过劝诫或命令禁止这种权力(正如我们在这一章和上一章中清楚说明的那样)。这种权力也不适合世袭或父系继任的主教或教士(就他们是主教而言)。因此,他们出于必然性要服从此世的审判者,正如使徒彼得、保罗和其他圣徒的话所清楚表明的那样,并且可以从第 1 论第 15 和 17 章所说的论证推理中确证这一点。此外,在此世,任何主教或教皇都没有对任何教士或平信徒的强制司法管辖权,除非它由人民立法者授予他,并且只要出现合理的原因,人民立法者始终有权撤销这种司法管辖权,而对该原因的充分确定权被视为属于同一个立法者,尤其在信徒团契中。

因此,借着福音的真理、永恒的见证、圣徒以及其他天主教信徒所认可的圣师的解释或阐释,我们确信已经清楚证明了,基督弃绝了对此世任何人的统治职权或强制司法管辖权。他用劝诫或命令禁止他的使徒们及其继任者(主教或教士)这样做,他希望他自己和那些使徒们都要服从尘世统治者的强制司法管辖权,他和他的首要使徒彼得和保罗都在言行上教导要遵守这一点。

---

① 《约翰福音》,19:11。
② 《罗马书》,13:1。

第6章

论教士钥匙的权柄,教士或主教在绝罚方面拥有什么样的权力

1. 在我们说了这些话之后,我们现在应当表明,基督希望通过《圣经》的言语授予并且实际授予这些使徒们及其继任者对信徒什么样的权力和权柄以及什么样的审判权。基督在《马太福音》第16章对彼得所说的一段话似乎对此有更明确的表示,当他说:"我要把天国的钥匙给你。"① 基督同样在《马太福音》第18章和《约翰福音》第20章对所有使徒说,"凡你们在地上所捆绑的,在天上也要捆绑"②,以及"你们赦免谁的罪,谁的罪就被赦免了"③等等。因为这些话特别构成了关于充足权力(罗马主教将它归于自己)的观点和头衔的起源。④

2. 为了能够对这些话有一个更可靠的感觉和认识,我们有必要回忆我们在第1论最后一章⑤所说的一些东西,即基督——真神和真人,

---

① 《马太福音》,16:19。
② 《马太福音》,18:18。
③ 《约翰福音》,20:23。
④ [布本注]参见《和平的保卫者》,II.23.5,II.28.6。
⑤ 参见《和平的保卫者》,I.19.4。

"来到此世"是为了展示"真理的见证",正如他自己在《约翰福音》第18章①所说的那样。我说,这真理就是我们为了追求人类永恒的生命而必须信、必须行和必须抛弃的东西。他既用言语教导这真理,又以身作则,最后在经中借着传福音者和他的使徒们的话传播这真理,从而使得我们在他自己和他的使徒们缺席的时候,在这些永恒救赎的事情上能够受到这经的引导。这就是他派他的继任者们(使徒们)要去执行的职责,他在《马太福音》第28章最后部分,在他复活后临近离开的时候,对使徒们说:"所以你们要去教导万民,因圣父、圣子和圣灵之名给他们施洗,教导他们遵守我所委托你们的一切。"②事实上,借着基督命令使徒们所行的施洗执事,他也让他们理解其为人类永恒救赎所立的其他圣礼执事,其中有悔罪的圣礼(penitencie sacramentum)。通过这圣礼,人的灵魂中的现罪(必死的和可赦免的罪)被抹去,并且因罪而被败坏的上帝恩典在灵魂中得到重塑。如果没有这圣礼,人的事工将不配得神定的永生。因此,《罗马书》第6章:"上帝的恩典是永生。"③

3. 因此,这圣礼的执事和其他圣礼的执事一样,都是作为基督使徒继任者的祭司或教士;他们所有人都以彼得和其他使徒之名被赋予了钥匙权或授予了悔罪圣礼权,即把人从罪中解救出来或将其捆绑起来的权力。这二者是一回事,这一点可以从上述《圣经》的话中得到确证。因此,对于《马太福音》第16章,哲罗姆这样说道:"我要把天国的钥匙给你,的确,其他使徒拥有同样的审判权,基督在复活后对他们说:'你们要受圣灵;你们赦免谁的罪,谁的罪就被赦免了,你们保留谁的罪,谁

---

① 《约翰福音》,18:37。
② 《马太福音》,28:19—20。
③ 《罗马书》,6:23。

的罪就被保留了。'所有以教士和主教为名的教会也都拥有这圣灵,但彼得特别接受了这圣灵,以至于所有人都理解,任何将自己从信仰的一与团契中分离出来的人,都既不能从罪中解脱出来也不能进入天国。"①哲罗姆说,"从信仰的一",没有说,从彼得的或罗马主教的一。因为他们中的一些人可能是异教徒或者以其他方式堕落了,而事实证明现在就是这样。根据哲罗姆和奥古斯丁对同一处经文的注解,这种司法管辖权就是钥匙的权柄。奥古斯丁对此说道:"钥匙是辨别的知识和能力,作为他(即教士)必须接受值得之人和将不值得之人排除在天国之外的知识和能力。"②至于他如何能够接受值得之人以及如何能够将不值得之人排除在天国之外,这一点将在下面得到澄清,基督赐给彼得和使徒们的这些钥匙权的性质和数量也将由此得到澄清。

4. 但是,我们首先有必要注意到,当一个人犯了必朽之罪时,他的灵魂就犯了过错,而之前被赐予灵魂的神圣恩典也就被败坏了。由于这一过错,罪人必然要为彼世状态而应得永恒惩罚。如果他持续犯错,那么他就会在此世被一种天主教信徒称为"绝罚"的斥责切断与信徒的团契关系。然而,我们应当面对这一点,即一个罪人借着对他所做错事的悲伤和对教士的外在忏悔——这二者同时和分别被称为"悔罪"(penitencia)——将获得三重恩惠:第一,他净化了内在过错并且上帝的恩典在他身上得到了重塑;第二,他从因过错而应得的永恒惩罚中得到了解救;第三,他与教会达成了和解,即他与信徒团契重新合一或应

---

① 《标准注解》。参见彼得·伦巴第:《箴言书》(*Sententiarum*, l.4, dist.19, c.3, Migne 192), p. 890;托马斯·阿奎那:《金链》, vol.11, p. 199(注解来自赫拉班)。[译者注]文中所引《圣经》经文来自《约翰福音》, 20:22—23。

② 《标准注解》;彼得·伦巴第:《箴言书》, l.4, dist.18, c.2, Migne 192, p. 885;托马斯·阿奎那:《金链》, vol.11, p. 199(注解来自赫拉班)。

当重新合一。因此,在一个罪人身上做这些事,即将他从过错和应得的永恒惩罚中解救出来或捆绑他(如上所述,这必须通过被授予教士钥匙的权力来完成),就是执行悔罪的圣礼。

5. 因此,在这些前提之后,让我们进入我们的命题,根据大师[彼得·伦巴第]《箴言书》的判断,或者更准确地说,根据《圣经》和圣徒(他们的权威在《箴言书》第4书第18段①得到引述)的判断,以及根据理查(Richardus)在一本题为《论教士钥匙的权力》②的小书中的思考,让我们说,为了采纳真正的悔罪或悔罪圣礼,首先需要一个罪人对自己的罪行或不法行为的内在痛悔或悲伤。其次需要认罪的展示和行为,即如果有机会得到教士帮助的话,用言语将罪表达出来或者让教士标记罪;如果没有机会,那么一旦他有机会得到教士的帮助,他在这样的忏悔或悔罪中向教士坚定展示自己的认罪,这就足够了。

6. 因此,他们的意思是,在一个真正悔罪(即痛悔并有认罪的展示)的罪人身上,唯独上帝在忏悔和教士的每一个行为之前操作了一些事情。这些事情是:排除(expulsio)过错,重塑恩典,免除应得的永恒惩罚。上述这些事是只由上帝操作的,大师在第4书第18段第4章③借着《圣经》和圣徒的权威证明了这一点。首先借着诗篇作者的权威,诗篇作者以上帝之名说:"唯独我涂抹人民的不公和罪孽。"④此外,借着安布罗斯的权威,安布罗斯说:"上帝的言赦免了罪,教士是审判者。教士

---

① 彼得·伦巴第:《箴言书》,l.4, dist.18, *De remissione sacerdotis*, Migne 192, pp. 885—889。

② 圣维克多的理查(Richardus de S.Victore):《论捆绑和解救的权力》(*De potestate ligandi et solvendi*), Migne 196, pp. 1159—1178。[译者注]圣维克多的理查(1123—1173),圣维克多修院院长,中世纪神秘主义神学家。

③ 彼得·伦巴第:《箴言书》,Migne 192, p. 886。

④ 《以赛亚书》,43:25。

显出自己的职权,却不行使任何权力的法权。"①安布罗斯也在同一处说:"唯独他赦免了罪,唯独他为了我们的罪而死。"②以及奥古斯丁说:"除了基督——他是消除世上之罪的羔羊,没人能消除罪。"③大师从奥古斯丁对诗篇作者的注解——"谁的罪蒙赦免"④——中推导出,上帝在教士的一切行为之前就做了消罪这件事。事实上,大师说:"这些话显然可以表明,上帝自身将悔罪的人从应得的惩罚中解救出来。当上帝内在地光照他,即激发他内心真正的痛悔时,上帝就在那一刻解救了他。这个观点能得到理性的支持和权威的验证。因为没有人会怀着痛悔和谦卑的心来为自己的罪感到懊悔,除非他在仁爱之中。而谁有仁爱,谁就应得生命。没有人同时应得生与死。因此,他在那一刻不再受制于应得的永死,因为从他开始去爱和忏悔的那一刻,他就不再是一个愤怒的孩子了。因此,从那一刻起,他就从愤怒中得到解救,这愤怒不是留在信基督的人身上,而是留在不信基督的人身上。因此,他所认罪的教士没有使他从永恒的愤怒中解放出来,而在他说'我要认罪'的那一刻,他就已经被主解放了。因此,唯独上帝能从罪的污点中净化人的内在,并将他从应得的永恒惩罚中解救出来。"大师随后重复了之前援引的诗篇作者和圣徒的权威,在这些话之后,他又在结论中说道:"这些见证和许多其他见证教导我们,唯独上帝自身才能赦免罪。正如他赦免一些人的罪,他也保留另一些人的罪。"⑤

7. 但是,如上所述,如果一个人有机会得到教士的帮助,那么上帝

---

① 彼得·伦巴第:《箴言书》,Migne 192, p. 886。
② 彼得·伦巴第:《箴言书》,Migne 192, p. 886。
③ 彼得·伦巴第:《箴言书》,Migne 192, p. 886。
④ 《诗篇》,32:1。
⑤ 彼得·伦巴第:《箴言书》,l.4, dist.18, c.4, Migne 192, pp. 886—887。

就要求他在忏悔时向教士展示自己的认罪,正如大师在第 4 书第 16 段第 4 章①所说,他在那里寻问是否"只向上帝认罪就足够了",并借着《圣经》的权威确定了:如果他有机会得到教士的帮助,那么这就是不足够的;如果没有机会,那么只向上帝忏悔就足够了,但他要总是尽可能地展示认罪。理查在上述的那本小书里也认可大师的观点。从他在各章的结论中可以推断出:"上帝在教士的任何服侍之前就从一个真正悔罪(即痛悔犯罪)的人身上消除了过错,并且将他从应得的永死中解救出来,但条件是,他如果有机会得到教士的帮助,就必须随后向教士认罪。"②大师将这个条件称为认罪的"坚定意图",如果他有机会得到教士的帮助的话。③ 当他回答一个合理的问题时,大师在第 4 书第 18 段第 5 和 6 章中总结了这个观点。该问题会提出一个疑问,即为什么在忏悔中需要教士的职权或行为,如果唯独上帝在教士的一切服侍之前就消除了罪并解除了应得的永恒惩罚的话。大师说:"在如此多的不同观点中(因为无论圣徒还是圣师都显然在这个问题上有分歧,即使他们事实上没有分歧),我们应当持有哪种观点?我们能够合理地谈论和思考这一点,即唯独上帝赦免和保留罪。但是,他赋予教会(即教士,根据其中一种含义,被称为教会,正如在这一论第 2 章所显而易见的那样)一种捆绑和解救的权力。但上帝自身以一种方式解救或捆绑,教会(即教士)则以另一种方式。事实上,只有上帝自身赦免了罪,因为他既净化了灵魂的内在污点又将灵魂从应得的永死中解救出来。然而,他没有授予教士这种权

---

① 彼得·伦巴第:《箴言书》,l.4, dist.17, c.3, Migne 192, pp. 881f.。
② 圣维克多的理查:《论捆绑和解救的权力》,cap.6—8, Migne 196, pp. 1163—1165。
③ 参见圣维克多的理查:《论捆绑和解救的权力》,c.8, Migne 196, p. 1165。

力,他分配给他们的是捆绑和解救的权力,即表明人被解救或被捆绑了的权力。"①由此他解释了为什么在悔罪中需要教士的职权或服侍,随后他说得更清楚了:"因此,主也首先使麻风病人恢复健康,然后把他打发到教士那里,借着他们的审判表明他是洁净的。虽然拉撒路已经复活,主也把他交给门徒解救,因为即使有人在上帝面前被解救,他也不会当着教会的面(即在教会的注视下)被解救,除非借着教士的审判。因此,教会中的教士在解救或保留过错中进行作工和审判,正如律法的教士曾对那些被麻风病——表示罪——污染的人所做的那样。"②他在第6章结尾也重复了这个观点,并借着哲罗姆的权威确证了这一点。针对《马太福音》第16章,哲罗姆说:"我要把天国的钥匙给你,福音律法的教士与那曾在律法下合法治疗麻风病的教士一样,拥有同样的法权和职权。所以当他们审判并表明罪已由上帝赦免或保留时,他们就赦免或保留了罪。(因此,)在《利未记》中,麻风病人被吩咐向教士表明自己,而教士既不使他们患麻风病也不使他们洁净,而是分辨谁是洁净的或不洁净的。"③基于上述原因,救赎需要教士的职权,以便上帝保留或赦免的罪借着他们,即当着教会的面,得到表明。

8. 在大师和理查④看来,上帝对罪人的作工并不是不需要教士的服侍,也就是说,将炼狱的暂时惩罚(无论罪人多么彻底地悔罪和忏悔,他都必须经受这种惩罚)转换成此世的某种满足,例如禁食(ieiunium)、祈祷或施舍(elemosina)、朝圣或其他类似的东西。据此,教士拥有对

---

① 彼得·伦巴第:《箴言书》,l.4, dist.18, c.5—6, Migne 192, p. 887。
② 彼得·伦巴第:《箴言书》,l.4, dist.18, c.6, Migne 192, p. 887。
③ 彼得·伦巴第:《箴言书》,p.887f.。
④ 圣维克多的理查:《论捆绑和解救的权力》,c.8, 24, Migne 196, pp. 1165, 1176。

罪人行使权力的法权。因此,大师在第18段第7章这样说道:"还有另一种捆绑和解救的方式,即一位教士不仅借着悔罪的满足捆绑那些人,而且恰以这种方式让那些人从罪中解脱出来,因为一位教士不会把悔罪的满足强加给一个人,除非他判定这个人是真正的忏悔之人;他也不会将它加诸另一个人,当他判断上帝保留了他的罪时。"[1]教士还将罪人应得的炼狱惩罚转换成此世其他形式的满足,然后使罪人与教会(即信徒团契)达成和解。就此而言,他也是对罪人行使权力,但条件是他有辨别力这样做。因此,大师对此说道:"当教士向认罪之人施加悔罪的满足时,教士是在捆绑他们;当教士在赦免认罪之人的部分罪或者接纳那些被净化的人加入圣礼的团契时,教士是在解救他们。教皇利奥注意到了上述(解救或捆绑)方式,按照这种方式,教士据说能赦免或保留罪。因此,奥古斯丁对此说道:'他们所赦免的人,是上帝所赦免的……'因为当他们用公正的惩罚捆绑那些人时,他们是在对罪人行正义的事工;当他们释放罪人的部分罪或者让罪人与圣礼的团契和解时,他们是在行仁慈的事工;他们不能对罪人行任何其他的事工。"[2]因此,我们也可以清楚看到,罗马主教不比任何其他教士更能根据罪人的应得功绩免除过错或惩罚。

9. 因此,从大师和理查所引用的上述圣徒的权威来看,显而易见的是,唯独上帝能赦免真正忏悔的罪人的过错和应得的永恒惩罚,而无需教士事先作工或同时干预,就像我们刚才所表明的那样。我还想根据《圣经》并且按照圣徒和圣师的话来证明这一点是无误的。因为至于哪

---

[1] 彼得·伦巴第:《箴言书》,l.4, dist.18, c.7, Migne 192, p. 888。
[2] 彼得·伦巴第:《箴言书》,l.4, dist.18, c.7, Migne 192, p. 888。

些人的罪应被赦免,哪些人的罪应被保留,唯独上帝不会对此无知;唯独上帝既不被败坏的情感所推动,也不会不公正地审判任何人。然而,教会或教士,不论他是谁,甚至是罗马主教,都不会如此。因为这些人中的任何一个都会犯错误,或者倾向于败坏的情感,或者二者兼而有之。基于此,如果对于一个带有正当意图的真正悔罪的人或者已经作出认罪行为的人来说,他的罪或过错和应得的永恒惩罚没有被赦免是由于教士(出于无知、恶意或二者兼而有之)拒绝赦免,那么基督的信仰和福音的应许(基督说他将给予好人永恒荣耀的回报,给予坏人哥和拿[地狱]的惩罚)将常常会走向破灭。因此,正如经常可能发生的那样,假设某个罪人虚假地、不正当地忏悔了自己的过错,由于教士的无知或恶意或者二者兼而有之,他得到了赦免和祝福;再假设有人向教士充分地、正当地忏悔了自己的罪,但教士由于无知、恶意或者二者兼而有之拒绝赦免他的过错和祝福他:难道前一个虚假认罪之人的罪得到赦免,而后一个真正忏悔之人的罪得到保留了吗?我们必须坚定地、毫无疑问地说,不是这样的。因此,克里索斯托对《约翰福音》第20章"你们要受圣灵,你们赦免谁的罪……"[①]那段经文这样说道:"教士、天使或大天使都不能影响上帝所赐的任何东西。教士分配的是他的祝福和手;因为这是不公正的,即那走向信仰的人由于他人的邪恶而在我们救赎的象征上受伤害。"[②]哲罗姆对《马太福音》第16章"我要把天国的钥匙给你……"那段经文说了同样的话,他这样说道:"一些不理解这段经文的人披上了法利赛人的傲慢,以为自己能够惩罚无罪之人、解救有罪之

[①] 《约翰福音》,20:22f.。
[②] 托马斯·阿奎那:《金链》,vol.12,p. 457。

人,而与上帝同在的,不是教士的判决,而是被告的生命。"①紧随这段话,大师在第18段第6章补充了以下这段值得注意的话:"因此,这里也清楚表明了,上帝不总是跟从教会的判决,教会(即其中的教士)有时通过欺骗和无知进行判决。"②他在第8章补充道:"事实上,有时被派到外面的人(即教士判决为教会之外的人)是在里面的;而(根据真理)一个在外面的人似乎(通过教士的错误判决)被留在了里面。"③

10. 大师在第4书第18段第8章再次总结了关于教士钥匙的权力的观点(我们之前从圣徒和圣师所说的话中收集并诵读了该观点),他这样说道:"现在我们已经表明了教士以何种方式赦免或保留罪。但是,上帝为自己保留了一种赦免或保留的独特权利,因为唯独他自己能够解救应得的永死并从里面净化灵魂。"④他在同一段的第9章和最后一章说了同样的话,他说:"所以,灵魂从罪中产生的不相似(dissimilitudo)被理解为灵魂远离上帝的污点,而该污点在悔罪中被净化。然而,唯独上帝做这件事[净化灵魂],唯独他唤醒(suscitat)和光照灵魂;教士不能这样做,即使他们是灵魂的医生。"⑤

11. 然而,"还有另一种捆绑和解救的方式"是就同样需要教士的行为(即通过绝罚)而言的。正如大师在第4书第18段第7章所说,这种情况指,当一个人"按照正典戒律被三次召唤改正明显的错误并且不屑于提供满足时,教会的判决就会切断他与祈祷的处所、圣礼的团契以及

---

① 彼得·伦巴第:《箴言书》,l.4, dist.18, c.6, Migne 192, p. 887;托马斯·阿奎那:《金链》,vol.11, p. 199。
② 彼得·伦巴第:《箴言书》,p.887。
③ 彼得·伦巴第:《箴言书》,p.888。
④ 彼得·伦巴第:《箴言书》,p.888f.。
⑤ 彼得·伦巴第:《箴言书》,c.9, l.c.p.889。

信徒同伴之间的关系，以便让他蒙羞悔改，因自己的暴行而转向悔罪，由此他的灵就得救了。但如果他通过宣告悔罪恢复了，那么他将被接纳进已拒绝他的团契之中并与教会达成和解。这就是教会的诅咒，即教会对那些该被击倒的人所施加的惩罚，因为上帝的恩典和保护更完全地从他们身上撤回，他们被留给了自己，以至于没有什么能阻止他们走向罪的毁灭，而魔鬼也被赋予更大的力量来服侍他们的毁灭。教会的祈祷以及对祝福和应得功绩的支持都被认为对他们毫无支持"①。

12. 关于上述的话，为了知道谁以及以什么样的方式拥有绝罚权，我们有必要注意到，在绝罚中，被告在彼世状态方面的某种审判下被判有罪，这一论第9章②将更加清晰地谈论这一点；被告也在今生状态方面的某种审判下被施加了某种重罚，因为他遭到公开诽谤并且被禁止联系其他同伴。通过绝罚，他也被剥夺了公民的团契和便利。并且，即使允许施加第一次惩罚，比如它施加在一个不该被击倒的人身上，这也不会伤害他的彼世状态，因为"上帝不总是跟从教会（即教士）的审判"，也就是说，当他们不公正地审判某人时，就像之前得到充分证明的那样。但是，一个被教士以这种方式不公正地击倒的人将在今生状态方面受到最严重的伤害，因为他被诽谤并被剥离出公民团契。基于此，我们应当说，即使颁布这种判决需要教士的声音和行为，但对那些被绝罚或赦免的人给予强制判决或命令的权力并不只属于任何教士或只属于教士的教团。设立这种审判者（该审判者的职权是传唤、审察、审判、解救或谴责被告，而被告应当以这种方式被公开诽谤或被切断与信徒的

---

① 彼得·伦巴第：《箴言书》，c.7，l.c.p.888。
② 参见《和平的保卫者》，II.9.2—3，II.9.7。

团契关系)的权力属于那个团契(在其中,人们应当以这种审判被判决)中的信徒共体,或者属于它的上级,或者属于公会议(concilium generale)。

但是,这种审判者应当审察一个人的罪行,看看是否应当因此将他绝罚,并且该审判者应当与教士团或其中的专家(其数量是根据既定的律法或习俗加以确定的)一起作出这种判决。① 因为教士应当在第一种含义的审判方面判决或辨别一个人的罪行,根据福音律法,这个人应当被切断与信徒团契的关系,以免他侵蚀其他信徒,就像医生或医生团体在第一种含义的审判方面能够对病人的身体疾病作出判断一样,该病人,例如麻风病人,因这种疾病而应当与他人的团契分离开来,以免侵蚀他人。此外,犯罪应当是这种能够通过确凿的证词证明某人可能犯罪的罪行。基于此,正如有信仰的公民共体或其强力部分,而非任何医生或他们的团体有权确立一项强制驱逐麻风病人的判决(如第1论第15章所证);同样地,教士或信徒共体中所立的教团也无权强制判决一个因灵魂疾病(例如臭名昭著的犯罪)而应被驱逐出共同体团契的人。②然而,任何这类判决都应当始于他们的劝诫,因为他们有义务知道定罪的神法,一些罪犯应当因自己的罪行而被禁止与非罪犯的信徒团契的联系。《玛拉基书》第2章:"因为教士的嘴当守知识,人们也当从他口中寻求律法。"③

然而,被控诉者是否犯了这种罪行,不应只由主教或教士来判决,而应由那个团契的信徒共体,或由其上级(如上所述),或由该团契为此

---

① [译者注]舒尔茨本将这一句话放在上一段,布本认为这一句话不应当放在上一段。本译文根据上下文意思,遵循布本的编排。
② [译者注]中译文语序有所调整。
③ 《玛拉基书》,2:7。

所立的审判者(教士或平信徒)来判决,但是要按照已提交的证据。如果他通过见证被定罪并且应当因这罪而被绝罚,那么这应当只取决于教士团体或其更明智部分的判决,并且应由当地的信徒共体为此所立的上述审判者宣布对该罪犯的绝罚判决;应用审判者的命令和教士的声音作出对这判决的执行,因为该判决也触及彼世状态的被告。

13. 然而,我们所说的都是真的,这一点可以从《圣经》中得到证明,而这种类型的斥责似乎也是来自《圣经》——《马太福音》第18章。基督说:"如果你的弟兄得罪你,你就去趁着只有他和你在一处的时候,斥责他;如果他听你的话,你便得了你的弟兄;如果他不听你的话,你就多带一两个人同去作见证,从而使每句话都能在两三个人的口中定准。如果他不听他们的话,告诉教会;如果他不听教会的话,就看他像外邦人和税吏一样。"①所以基督说,"告诉教会",没有说,告诉使徒、主教、教士或他们中的教团。基督在那里将"教会"理解为信众或其权柄为此所立的审判者。使徒和原初教会在这个意义上使用了这个词,正如这一论第2章②已充分说明的那样。基督以这种方式理解"教会",即作为信众或信徒共体,并且这个共体也有权设立这种审判者或者对轻蔑者或犯下这类罪行的人作出这种审判,我通过使徒保罗在《哥林多前书》第5章的话证明了这些论断,使徒保罗在那里跟从并阐释基督言语的含义,用更明确的表达宣布了这审判的原因、形式、方式以及应由谁作出。他说:"我身虽不在你们那里,灵却在你们那里,好像我与你们同在,已经审判了行这事的人。奉我们主耶稣基督的名,在你们聚众的时

---

① 《马太福音》,18:15—17。
② [瓦本注]参见《和平的保卫者》,II.2.3。

候,我的灵也同在。并且,用主耶稣的大能,要把这样的人(以肉体的方式认识他父亲妻子的罪犯)交给撒旦。"①奥古斯丁对此注解道:"我已经以这种方式作出审判,以便你们聚众为一而没有任何异议,在我是权柄和基督大能的配合下,把这样的人交给撒旦。"②所以根据使徒保罗的意图和教导(他们的命令更像是劝诫而非诫命),并且根据神法,看看一个人应当基于何种理由、被谁以及以何种方式被绝罚,因为,即使他们出于自身的忍让从而容忍那些罪犯与他们继续保持联系(尽管这不可能不存在丑闻和一些感染的危险),他们仍然能够获得救赎并作出应得的事工。

进一步来说,即使严格意义上的诫命应当根据神法被采纳,但这诫命并非应由教士或主教或者由他们的教团单独颁布。因此,当使徒保罗说,"我身虽不在你们那里,灵却在你们那里,已经审判了……",这应当被理解为第一种含义而非第三种含义的审判,因为他对此补充道:"在你们聚众的时候,我的灵也同在。"他在此提供了一种形式,该形式使得他们之间不可能因此产生争论,因为这个判决是由他们聚众为一来完成的,尤其是通过强制审判的方式。基于此,奥古斯丁说"以便你们聚众为一而没有任何异议",即这件事由你们共同同意来做,或者由你们为此所共同同意设立的审判者来做,这二者是一回事。因此,使徒保罗没有命令这件事应由某个教士来做,也没有写信给任何一位教士或主教来让他们做这件事,即使他那时派了提摩太去见他们,而提摩太当时是主教,正如这封信第 4 章③所显明的那样。但是,如果他认识到这个审判权只属于教士的权柄,他就会这样做,就像他在其他事情上所

---

① 《哥林多前书》,5:3—5。
② 彼得·伦巴第:《汇编》,Migne 191,p.1571D。这段注解并不来自奥古斯丁。
③ 《哥林多前书》,4:17。

做的那样。我们在上一章①从《提摩太前书》第3章和《提多书》第1章中也归纳了这一点。

我们所持有的观点(刚刚带着可能性所说的观点)可以通过接近《圣经》的推理加以证实。用我们所说的方式作出这种判决，比仅凭一位教士的意志或他们中一个教团的意志作出，会更加确定，也会更无可置疑，因为他或他们的判决比信徒共体的判决更可能被爱、恨或他们考虑的自身便利所败坏。尽管如此，如上所述，这种判决的执行应当由教士作出，因为神圣的大能在这种判决方面被召唤来对此世的罪犯施加某种惩罚，而这种惩罚是人类力量所不能施加的，例如恶魔的搅扰；还因为他同样要在彼世状态方面被判罚——他被剥夺了教会的支持，而这也许只能通过上帝所立的教士的行为来完成。

进一步来说，因为如果未经信徒共体的同意就绝罚某人的权力只属于任何一位主教、教士或神职人员的教团，那么随之而来的将是，教士或其教团可以从持有王国和统治职权的国王或统治者手中移除一切王国和统治职权。例如一个统治者被绝罚，如果群众想要服从被绝罚的统治者，那么服从他的群众也将被绝罚。因此，任何统治者的权力都将是虚空的。但这违背外邦人的教师②在《罗马书》第13章和《提摩太前书》第6章的意思以及奥古斯丁对这些经文的注解，就像我们在这一论第5章第7和8节所引述的那样。至于对这些确定所能够明显作出的紧迫疑难，都将很容易从这一论第9、10、14和17章的论述中得到反驳。

---

① 参见《和平的保卫者》，II.5.3。
② ［布本注］使徒保罗。

14. 还存在一种属于教士的权柄,这就是在教士对着面包和酒说了某些话后,面包和酒通过教士的祈祷变体成基督的圣体。然而,这种权柄是灵魂的品格,正如钥匙的一样,它被称为行圣餐圣礼的权力。一些神学家称这种权力与我们前面提及的钥匙权都是来自同一种品格的权力,另一些神学家则认为这是来自不同品格的权力,它通过基督的言语在不同的时间被交给使徒们,例如他在《马太福音》第26章、《马可福音》第14章和《路加福音》第22章对使徒们所说的话。他对他们说:"这是我的身体,为你们舍的;你们也要这样做,为的是纪念我。"[①]"你们也要这样做",即你们拥有这样做的权力。但是,不管对这种权力的意见分歧的真相是什么,它都与目前的考虑无关,因为我们认为,对我们的意图来说,我们已经充分回顾了关于基督交给教士或主教的权柄或权力,这一点可以从《圣经》中得到确证。

---

① 《马太福音》,26:26;《马可福音》,14:22;《路加福音》,22:19。这段经文引自《路加福音》。

第7章

论对上一章论述的总结以及对它们的阐明和确认

1. 对于基督交给使徒们的教士钥匙的权力或权柄,一言以蔽之,在真正悔罪的罪人身上,即在为所犯之罪而悲伤的罪人身上,唯独上帝能作一些工(即使没有教士的事先服侍),即光照心灵、净化罪的过错或污点以及宽恕永恒惩罚。然而,上帝在同一个罪人身上作其他工时,并不是单靠他一个人,而是要借着教士的服侍,例如教士当着教会的面表明谁在此世从罪中获得解救或捆绑,谁在彼世获得捆绑或解救。也就是说,教士指明上帝保留或赦免的罪。进一步来说,上帝对罪人作工也可以借着教士的服侍,即教士变更炼狱的惩罚(这是罪人在尘世或此世的某种满足中为了彼世状态所应得的惩罚)。因为上帝根据所命令的满足和悔罪的情况对炼狱惩罚进行部分或全体的解放,一切解放都应当通过教士用钥匙权明辨地作出。同样地,轻蔑的人也被教士以这种方式排除在圣礼的团契之外,恢复正常头脑的人则被重新接纳,就像我们在上一章结尾所说的那样。

2. 这就是大师在第4书第18段第8章的观点,他说:"关于这种捆绑和解救的方式,这样说是正确的:'凡你在地上解救的,也要在天上被解救。凡你在地上捆绑的,也要在天上被捆绑。'因为他们(即教士)有时表明不在上帝面前的人被解救或捆绑了,有时用满足的惩罚捆绑或解救不值得的人,把不值得的人接纳进圣礼,限制值得的人进圣礼。但是我们应当去理解那些祈求被解救或捆绑的应得之人。所以无论他们带着分辨被告之应得的钥匙去解救或捆绑的人是谁,这些人都是在天上,即在上帝的面前,被解救或捆绑的,因为教士以这种方式所作的判决是上帝的审判所认可和确认的。"大师随后几乎以收尾的方式说:"看,这就是使徒钥匙的使用性质和数量。"①

3. 为了更充分地理解这一点,让我们援引一个足够熟悉的例子或比较,它似乎非常接近基督和圣徒的言语和观点,我们在前面援引了他们的权威,尤其援引了安布罗斯的。因为他说:"上帝的言赦免了罪,教士是审判者;教士显出自己的职权,却不行使任何权力的法权。"②所以如果教士不行使任何权力的法权,那么他以什么方式赦免罪呢?让我们说,教士就像天上审判者的持棍棒者[狱卒](claviger),以与地上审判者的持棍棒者相似的方式释放罪人。因为正如通过此世审判者即统治者的言语或判决,一个被告从过错和民事惩罚中得到定罪或解救;同样地,通过圣言,一个人绝对地从彼世状态的过错和应得的谴责或惩罚中得到解救或捆绑。正如地上统治者的持棍棒者的行为并没有使任何人从民事过错或惩罚中得到解救或定罪,而是通过他们关闭或打开监狱的行为,被告才被表明是得到解救或定罪的;同样地,就像我们在上一章结尾处所说的那样,当一个人领受了教士的祝福并被重新接纳进

---

① 彼得·伦巴第:《箴言书》,l.4, dist.18, c.8, Migne 192, p. 888。
② 彼得·伦巴第:《箴言书》,p.886。参见《和平的保卫者》,II.6.6。

圣礼的团契时，教士的行为并没有使任何人从过错和应得的永恒惩罚中得到解救或捆绑，而是当着教会的面表明了谁被上帝解救或捆绑了。① 因此，正如地上审判者的持棍棒者在打开或关闭监狱时显示自己的职权，但却没有行使任何解救或定罪的审判权力的法权，因为即使他事实上向一些审判者没有解救的被告打开了监狱，并用自己的声音向人民宣布这解救，被告也不会因此被免除惩罚或民事过错。反之，如果他拒绝打开监狱并用自己的话宣布一个被真正的审判者宣判无罪的人不是无罪的而是有罪的，那么这个人也不会因此有过错或受到民事惩罚。同样地，教士作为天上审判者的持棍棒者通过口头宣布解救、捆绑或诅咒来行使自己的职权。但如果教士出于自己的无知、欺骗或者二者兼而有之的原因，宣布那些应当被定罪或已经由天上的审判者定罪的人无罪或有罪，那么前者不会因此无罪，后者不会因此有罪，因为他不会用一把或多把钥匙来辨别被告的应得功绩。"教士显示自己的职权"，正如安布罗斯所说，"却不行使任何权力的法权"，因为教士有时当着教会的面宣布某人在彼世已经或将要被捆绑，而这个人其实已经或将要在上帝面前被解救，反之亦然，正如我们借着圣徒的权威和大师《箴言书》第4书第18段第8章的权威所说的那样。② 基于此，教士不行使权力的法权。因为如果他这样做了，神圣的正义和应许有时可能会被终结。

4. 因此，唯独上帝在这些事上行使权力的法权并且是拥有强制力的审判者，唯独他不会在人的想法和行为上受骗，因为《罗马书》第4章

---

① ［瓦本注］参见《和平的保卫者》，II.6.12。
② ［瓦本注］参见《和平的保卫者》，II.6.12。

说:"万物在他的眼前都是赤裸敞开的。"①唯独他不会意愿败坏的东西,因为《多俾亚传》第3章说:"主是公正的,你的一切审判都是公正的,你的一切道路都有怜悯、真理和审判。"②因此只有他是这样的审判者。《雅各书》第4章写道:"只有一位是立法者和审判者,他能灭人也能救人。"③雅各没有这样说自己或其他任何一位使徒,即使他"被视为教会"三个"柱石"之一,正如使徒保罗在《加拉太书》第2章④所说。然而,基督想让教士在第一种含义的审判上像预言一样宣布由他在彼世已通过或将通过的这类判决,以便罪人因此在此世惧怕并且从暴行和罪行中被召唤去忏悔,为此,教士的职权是必要的,也是非常有用的。同样地,如果一个关涉身体健康被审判者或人民立法者赋予了教导和操作医术的权力的医生,根据医学在人民中颁布关于将来健康或死亡的判决,以便从中引导人们过清醒的生活并且将人们从不节制的生活中重新召唤回来,那么医生会展示这种为了身体的健康而必须保守或获得的诫命或教导。当然,医生会命令人们去遵守这类诫命,并且判断遵守诫命的人将来会健康,违背诫命的人将来会生病或死亡,虽然医生不会首要地成为他们健康或疾病的原因(它们的第一因是人类的本性行为),但是他会提供一些服侍。此外,医生不能凭自己的权威强迫一个健康的人或病人去做这些无论对他的身体健康多么有利的事情,而是只能通过第一种含义的审判像预言一样去告诫、教导和恐吓,从他们对诫命的遵守中宣告他们的健康,从他们对诫命的违背中宣告他们的

---

① 应为《希伯来书》,4:13。
② 《多俾亚传》,3:2。
③ 《雅各书》,4:12。
④ 《加拉太书》,2:9。

死亡或疾病。同样地,以此类推,灵魂的医生,即教士,对那些导致灵魂在彼世状态中的永恒健康、永恒死亡或者暂时惩罚的事情进行审判或告诫。但是,他既不能也不应当在此世用强制的审判去约束任何人,正如我们借着使徒保罗的权威和安布罗斯注解《哥林多后书》第1章的权威以及我们在这一论第5章第6节援引的克里索斯托的明确观点所确证的那样。①

5. 基于此,教士就其职权而言不应当在相似性方面与第三种含义的审判者作比较,而是应当与第一种含义的审判者作比较,即像医生一样拥有教导或操作的权威,但不能借着强制力对任何人进行教导或操作。事实上,基督以这种方式称自己为医生而非统治者,当他在《路加福音》第5章谈论自己时说:"健康的人用不着医生,有病的人才需要医生。"②他没有说:有病的人需要审判者。因为他来到世上不是要对有争论的事行使强制审判权,正如我们在这一论第4章第8节从《路加福音》第12章中所援引的那样。但在使徒保罗在《提摩太后书》最后一章所说的那日,他要用这样的审判来审判活人和死人:"从此以后,有公正的冠冕为我存留,就是按着公正审判的主在那日要赐给我的。"③因为他在那时将用强制审判对那些在此世违反他直接颁布的律法之人施加惩罚。基于此,基督向彼得清楚地说:"我要把天国的钥匙给你。"他没有说,我要把天国的审判给你。因此,正如我们已经说过的,地上或天上审判者的持棍棒者都不具有我们称为第三种含义的强制审判权,他们都没有行使这种权力的法权,正如安布罗斯关于教士所清楚谈论的那

---

① [瓦本注]参见《和平的保卫者》,II.5.6。
② 《路加福音》,5:31。
③ 《提摩太后书》,4:8。

样,其他圣徒的权威也足够证明这一点。

因此,我们就这样确定了教士或主教的权柄以及基督授予使徒的钥匙权。

第8章

论人类行为的划分,以及它们如何指涉人法和此世的审判者

1. 现在,一切强制审判都是就一些法律或习俗方面的人类自愿行为而言的,这些行为要么被安排朝向此世的目的,即尘世生活的充足,要么朝向彼世的目的,即我们称之为永生或永恒的荣誉。为了进一步显明审判者或者应当作出审判的审判者之间的划分以及根据什么法律、通过什么审判和如何审判,让我们以某种方式讨论他们的行为之间的区别。的确,确定这些问题将对解决先前的疑问有不小的帮助。①

2. 因此,让我们说,人类行为生成于认知和欲望,其中一些行为的生成无需心灵的命令(mentis imperio),另一些则生成于人类心灵的命令。前者是认知、欲望、爱和喜悦,它们来自我们或者在我们之内,无需理智的命令或诫命或者无需欲望对它们作出的命令。这些就是我们从梦中被唤醒时所产生的认知和情感,或者是以任何其他方式在我们之内产生的并且无需我们心灵的命令。然而,紧随这些行为之后的是某

---

① [布本注]参见《和平的保卫者》,I.5.4。

些认知、同意和情感,后者要么继续先前的行为,要么研究和理解其中的一些行为,例如通过回忆所发生的行为。这些被称为"心灵的命令"或"诫命",因为它们的产生或被引起要么是因为我们的命令,要么是出于某些别的原因,例如追求或逃避。

3. 然而,命令行为和非命令行为的区别正是我们之前所说的:我们没有完全的自由或命令去做或不做非命令行为;但根据天主教,命令行为的力量则在我们之内。我曾说过,第一种行为的力量不完全在我们之内,因为我们不是完全有力量阻止它们的发生,尽管通过被称为"命令"的第二种行为以及紧随这些行为之后的那些行为,我们能够这样来处置灵魂,以至于灵魂不容易产生或接纳第一种行为,也就是说,当我们中的每一个人都习惯于命令、爱或思考这些行为的对立面时。

在这些命令行为中,一些被称为"内在的",另一些则被称为"及物的"。受命令的认知和情感,以及从人的心灵中产生的关于它们的习性,都被称为"内在的",因为它们不穿越到产生它们的主体之外的另一个主体之内。而对我们所欲求之物的一切追求,以及对它们的不作为(作为欠缺),以及某些身体外部器官所产生的运动(尤其是依据处所的运动),都被称为"及物的"。此外,一些及物行为的存在和产生不会对行为人以外的任何个人、集体或共同体带来伤害或损害;例如,各种制造、金钱馈赠、朝圣和以抽打、鞭打或其他方式惩罚自己的身体,以及其他类似的行为。但还有一些及物行为的存在和产生会带来相反的情况,也就是说,对行为人以外的人带来伤害或损害,例如鞭打、盗窃、强奸、伪证,以及许多其他各种类型的行为。

4. 现在,在上述所有生成于人类心灵的行为中,尤其是在命令行为中,我们发现了一些规则或标准或习性,这些行为借着这些规则以适当和应当的方式得到产生和生成,无论为了今生的充足,还是为了来生的充足。因为在这些习性或规则中,有一些是某些人类心灵的行为(无论内在的还是及物的)得到教导和规范所凭借的习性或规则,而在作出或取消这些人类心灵的行为时,没有任何其他人借着强制力对作出或取消这些行为的人施以惩罚或奖励的操作或者取消惩罚和奖励,许多操作性的纪律(无论主动的还是发动的)都属于这一类。但还有一些规则是这类行为被命令作出或取消并且通过他人的强制力施以惩罚或奖励的操作或者取消它们所凭借的规则。此外,在这些强制性规则中,有一些是对那些在当前生活状态中以及为了当前生活状态而遵守或违反这些规则的人附上惩罚或奖励所凭借的规则,这些规则是所有法律和人类的民事习俗。但还有一些规则是人们仅仅为了彼世状态以及在彼世状态中受到惩罚或奖励所凭借的规则,这些规则大部分是神法,通常被称为"教派"(secta),而在这些教派中,正如我们在第 1 论第 6 章[①]所说,唯独基督徒的教派包含我们为了彼世所希望的真理和充足。

5. 因此,为了此世的生活或充足地活着,人们已经为那些人类的及物的命令行为(该行为可能会对行为人以外的其他人造成便利或不便、给予他们法权或伤害)制定了一条规则,该规则(完全为了此世状态)用处罚或惩罚去命令和强制违者。这就是我们在第 1 论第 10 章所说的"人法"这一通用名称。我们也在第 1 论第 11、12 和 13 章中处理了它的目的必要性和动力因。

为了此世的生活或活着,但为了彼世的状态,基督立了一条律法并传了下来。这条律法是对人类的命令行为的规则,这些人类的命令行

---

① [瓦本注]参见《和平的保卫者》,I.6.1—7。

为，无论内在的还是及物的，都在我们心灵的主动力量之内，因为它们在此世，但为了彼世的状态或目的能够以应当或不应当的方式被作出或取消。但是，这条律法将在彼世而非此世，根据应得或不应得，对那些在此世遵守或违反它的人强制分配惩罚或奖励。

6. 事实上，由于这些强制性法律（无论神法还是人法）缺乏灵魂以及审判和执行的能动本原，所以它们需要某个主体或有灵魂的本原，后者根据法律去命令、规范或审判人类行为，并且执行判决和约束违法者。这个主体或本原被称为"审判者"，就是我们在这一论第2章所说的第三种含义的审判者。因此，亚里士多德在《尼各马可伦理学》第4卷论述正义时说："审判者就像是有灵魂的正义。"[①]所以就人法而言，有必要有一个审判者，如我们已经说过的那样，他有权在第三种含义上审判有争议的人类行为，执行判决，用强制力约束任何违法者。因为这个审判者"是上帝的用人，是申冤的，惩罚那作恶的"（正如使徒保罗在《罗马书》第13章[②]所说），也是上帝为这事所差遣的（正如《彼得前书》第2章[③]所说）。

7. 使徒保罗说，"那作恶的"，也就是说，无论那人是谁，所以使徒保罗无分别地将这句话理解为所有人。教士或主教以及通常被称为"神职人员"这一通用名称的所有圣殿执事都能够通过作为或不作为的方式作恶，而他们中的一些人（要是人数不多就好了！）有时确实会伤害和损害他人，所以他们要服从审判者的报复或司法裁决，后者拥有惩罚违反人法之人的强制力。使徒保罗也在《罗马书》第13章公开说了这一

---

① ［瓦本注］亚里士多德：《尼各马可伦理学》，1132a,22。
② 《罗马书》，13:4。
③ 《彼得前书》，2:14。

点,因此,他说:"每一个灵魂都要服从在高位掌权的(根据圣徒的阐释①,即国王、统治者和保民官)。"②因为同一比例的质料应当接受同一种类行动者的行为,该行为具有为了质料所适合的目的而被安排作用于质料之上的性质,正如《物理学》第2卷所显明的那样。因为正如它在那里所说,"每一个事物都是以其本性的方式被作用的"③,反之亦然。现在,违法者就是质料或主体,为了产生平等或合比例的,维护人类和平或安宁的共同生活或集会,以及最终为了人类的充足生活,审判者或统治者被安排对违法者施行正义。基于此,一旦在一个服从审判者的省份内发现这种质料或主体,该审判者就应当对其施行正义。因此,既然一位教士能够成为这种专属的或固有的质料,即成为违反人法的人,那么他就应当服从审判者的审判。因为对审判者来说,教士或平信徒是违法者的偶性,正如农民或建筑工人是违法者的偶性一样,就像对医生来说,音乐家或非音乐家是健康者或病人的偶性。因为固有的东西既不会被偶性的东西消除也不会被偶性的东西改变,否则将会有无限种类的审判者和医生。

所以任何违反人法的教士或主教都应当被施行正义并受到在此世对违反人法之人具有强制力的审判者的约束。然而,这个审判者本身是尘世的统治者而非教士或主教,正如第1论第15和17章、这一论第4和5章所证明的那样。所以所有违反人法的教士或主教都必须受到统治者的约束。教士或其他圣殿执事不应当像尘世之人一样因违法行为而受到惩罚,而是应当从更重更可耻的罪中受到更重的惩罚,因为他

---

① [瓦本注]彼得·伦巴第:《汇编》,Migne 191,p.1503。
② [瓦本注]《和平的保卫者》,13:1。
③ [布本注]亚里士多德:《物理学》,199a,9。

本应更清楚知道所要做的事情和所要避免的事情,却明知故犯。此外,因为一个有义务教导的人比一位有义务被教导的人所犯的罪更可耻。这就是教士之罪和平信徒之罪之间的关系。因此,教士犯了更重的罪,应当受到更重的惩罚。

8. 我们也不应当采纳对手们的话:他们声称,如果言语伤害、财产伤害或人身伤害以及其他人法禁止之事是由教士施加给别人的,那么它们就是精神的行为,尘世统治者不可因这事报复教士。因为法律禁止的这类事情,例如通奸、鞭打、杀人、盗窃、强奸、侮辱、诋毁、背叛、欺诈、异端和其他类似的事情,即使它们由教士犯下,也是肉体的和尘世的,经验告诉我们这是众所周知的,并且我们在这一论第2章①借着《哥林多前书》第3和9章以及《罗马书》第15章中使徒保罗的话已经证明了这一点。他们甚至应当受到更多肉体和尘世的审判,因为教士或主教自身比那些他应当重新召唤回来的人犯下了更重更可耻的罪,前者用自己败坏的榜样给后者提供了犯罪的机会和便利。

9. 因此,任何教士或主教都应当像其他尘世之人一样在人法所命令遵守的事情上服从统治者的司法管辖。他既不能让自己免除这种强制审判,也不能用自己的权柄清除任何人。我通过对第1论第17章所说内容的补充来证明这一点,这将从自相矛盾的观点中推导出明显不便的后果。因为如果罗马主教或任何其他教士以这种方式得到豁免,即不服从统治者的强制审判,而是自己在没有人民立法者授权的情况下成为这类审判者,并且能够将所有被称为"神职人员"这一通用名称的圣殿执事从统治者的司法管辖中分离出来并让他们服从他自己,就

---

① [布本注]参见《和平的保卫者》,II.2.6。

像当今罗马教皇所做的那样,那么结果必然是,尘世统治者的司法管辖权几乎会完全走向毁灭。我认为这是一个严重的不便并且会影响到所有统治者和共同体,因为基督宗教没有剥夺任何人的法权,正如我们在这一论第5章①援引安布罗斯对《提多书》第3章"告诫那些人要服从统治者和权力"这段经文的注解所说的那样。

我以这种方式来表明上述不便的后果:我们发现神法没有禁止,反而允许有妻子的人成为教士或主教,尤其是当他并没有多个妻子时,正如《提摩太前书》第3章②所说。然而,人法或习俗所立的东西可以被同样的权柄尽可能地撤销。因此,罗马主教(他让自己成为立法者,或者赋予自己充足权力,如果有人承认他有这种权力的话)可以承认所有教士、执事和副执事的妻子。不仅是这些人,还有其他没有被任命为教士或执事或者以其他方式被祝圣的人,他们被称为"头顶绝对剃光的神职人员"(这种称呼的确更合适)。事实上,本尼法斯八世这样做似乎是为了增加自己的尘世权力。因为他把所有那些想要娶一个处女为妻的人都纳入神职人员的团体之中,并且他通过一条被称为教令集的法令规定他们应当被纳入神职人员的团体之中。③ 某些平信徒也不受这些限制的束缚,他们在意大利叫快乐修会④,在其他地方叫贝居安修会⑤。同样地,他们也被免除既定的人类世俗法的审判。圣殿骑士团、医院骑士团和许多其他类似教派以及阿尔托帕西奥骑士团也是如此,他们都可

----

① [布本注]参见《和平的保卫者》,II.5.8。
② 《提摩太前书》,3:2,3:12。
③ 本尼法斯八世:《论已婚的神职人员》(De clericis conjugatis),Liber sextus III. 2.1, CIC II col.1019。
④ [译者注]快乐修会(frates gaudentes),1261年建立于意大利博洛尼亚。
⑤ [译者注]贝居安修会(beginos),13世纪建立于欧洲北部的低地国家,属于平信徒妇女团体。

以用同样的理由在任何其他情况下随心所欲地做同样的事情。但如果他们所有人根据他们的教令集在这一点上被免除了统治者的司法管辖,而这也将某种公共或尘世负担的免税权分配给了这些被免除司法管辖的个人,那么大多数人似乎很可能会加入到神职人员的教团之中,尤其当他们无分别地接纳文化人和文盲时,因为每个人都倾向于追寻自己的便利和避免不便。但如果更多的群众或大多数群众加入到神职人员的教团之中,那么统治者的司法管辖权和强制力将变得无效,而应承担公共负担的人数将几乎为零,这是政体最严重的不便和败坏。因为享受荣耀和尘世便利(比如和平和人民立法者的保护)的人都不应当在没有同一位立法者决定的情况下被免除负担和司法管辖。因此,使徒保罗在《罗马书》第13章说,基于这个理由,"你们要纳税"。

基于此,为了避免这种不便的情况,我们有必要依据真理承认,统治者借着立法者的授权拥有对主教或教士和所有神职人员的司法管辖权,以防政体可能被无序的多个统治部分所消解,就像第1论第17章所确定的那样。统治者也应当在他管辖的省份内确定他们的人数,正如他对政体的任何其他部分中的人所做的那样,以防他们不适当的增长使得他们有力量抵抗统治者的强制力或以别的方式给政体施加搅扰,或者因他们的傲慢和在必要工作上的闲暇而剥夺城邦或国家的便利,就像我们在第1论第15章①从《政治学》第5卷第2章中所援引的那样。

因此,那些对行为人以外的他人带来便利或不便、法权或伤害的人类及物行为都必须受到人法和第三种含义的审判者的规范。所有尘世

---

① [瓦本注]参见《和平的保卫者》,I.15.10。

之人和神职人员都应当服从审判者的强制司法管辖。还有其他一些依据人法的审判者,他们被称为第一种和第二种含义的审判者,例如关于人法的专家,但是他们缺乏强制性的权柄,并且在一个共同体之中,没有什么能阻止这样的人不只一位,尽管,他们彼此不从属于对方。

第9章

论人类行为和神法以及彼世审判者(基督)的关系,以及与这同一种律法的圣师(在此世的主教或教士)有什么样的关系

1. 因此,根据这个推理,还有一位审判者,他根据神法(我们说过,这也是对一些无论内在的还是及物的人类行为的强制性规则)对违法者拥有强制性权柄。这位审判者只有一个,就是基督,别无他人。因此《雅各书》第4章写道:"只有一位是立法者和审判者,他能灭人也能救人。"① 但这位审判者的强制力没有施加于此世的任何人,从而没有对那些违反或遵守他直接制定的律法(我们通常称之为福音律法)分配惩罚或处罚或奖励。因为基督想从他的仁慈中容许每一个人直到他生命的尽头都可以应得着奖励和忏悔违反律法的行为,正如我们随后将从《圣经》的权威中说明的那样。

2. 还有另一位根据福音律法的审判者,他是与人法类似的第一种含义的审判者,即教士,他是此世的神法的圣师,他根据神法教导我们

---

① 《雅各书》,4:12。

为了追寻永生和避免惩罚而必须做什么或避免什么，但是他在此世不能强制约束任何人去遵守神法所命令的。事实上，他强迫任何人遵守命令是徒劳的，因为即使他们被强制遵守那些命令，这对他们的永恒救赎来说也毫无益处，我们在这一论第 5 章第 6 节通过克里索斯托的话（毋宁说是通过使徒保罗的话）已经清楚说明了这一点。因此，我们可以恰当地把这位审判者比作医生，他被授权教导、指导和预知或判断这些事情，这些事情对于追寻身体健康和避免死亡或疾病来说是有用的。基于此，基督在今生状态中和为了今生状态自称为医生，而非统治者或审判者。因此，他在《路加福音》第 5 章（我们在前面章节中援引过）对法利赛人谈及自己时说道："健康的人用不着医生，有病的人才需要医生。"[1]因为基督没有规定任何人在此世必须遵守他所制定的律法，基于此，他也没有设立一位拥有强制力的审判者来约束此世违反这律法的人。

3. 因此，我们应当注意到，福音律法可以与基督所赐予的人建立两种关系：一种关系是，在今生状态中和为了今生状态，福音律法更多地是一种教导的原理（就其不同方面而言，思辨的或实践的或者二者兼而有之），而非法律的恰当的和最后的含义，尽管它可以根据法律的其他含义（例如第二种和第三种含义）被称为法律，我们在第 1 论第 10 章论述了这一点。我们之所以这么说，是因为法律在最后的和所谓恰当的含义方面被称为强制性规则，即违法者据此受到强制力的约束，而这种强制力被授予一个应当根据它进行审判的人。然而，没有人在此世听从福音学说或律法的立法者的命令而被迫遵守福音律法命令人们在此

---

[1] 《路加福音》，5:31。参见《和平的保卫者》，II.7.5。

世做或不做的事情。因此,就与人在此世状态和为了此世的关系来说,福音律法应当被称为学说而非律法(除非是我们所说的那种"法律"的意义)。这就是使徒保罗在《提摩太后书》第3章的观点,他说:"凡《圣经》所默示的,对于教导、督责、纠正和教导人学义来说,都是有益的。"①使徒保罗没有说,"对于在此世的强迫或惩罚来说"。《哥林多后书》第1章写道:"我们不是统治你们的信心,乃是你们快乐的帮助者,(因为)你们凭信心才站立得住。"②安布罗斯对此注解道(我们在这一论第5章援引了这句话,经常重复这句话并不会让人乏味):"以免他们(即哥林多人)愤怒,好像他(使徒保罗)是他们的统治者,因为他说,'我没有来是为要宽容你们',他(使徒保罗)补充道,我说宽容不是因为'我们要统治你们的信心',也就是说,你们的信心——这是意志的而非必然的东西——受到统治和逼迫。相反,我说宽容是因为'我们是帮助者',如果你们愿意合作的话。(看,是帮助者,即通过学说教导,如果你们愿意合作的话。)因为你们'凭借信心'即凭借爱的操作而非统治才'站立得住'。"③

福音《圣经》或律法与人还有一种关系是,为了他们在彼世中的状态,并且只有在彼世而非此世中,那些在今生违反律法的人才会受到惩罚或处罚的约束,由此福音律法配得所谓最恰当含义的法律之名,而根据福音律法进行审判的人才是最恰当含义上的审判者,因为他是一个在第三种含义方面拥有强制力的审判者。然而,教士或主教,无论他是谁,即使是为了来生的目的,只在今生状态中根据这律法处置和管理人,这律法的直接立法者基督也没有授予他在此世根据律法约束任何

---

① 《提摩太后书》,3:16。
② 《哥林多后书》,1:23。
③ [瓦本注]参见《和平的保卫者》,II.5.6。

人的权力,所以他不可以被恰当地称为拥有强制力的第三种含义的审判者,他既不能也不应当在此世用这种审判权约束任何人,无论在货物还是在人身方面。某种操作性的教师,例如医生,在判断人的身体健康方面拥有相同或类似的情况,即对任何人都没有强制力,就像我们在本章开头所说的那样。

4. 这也是圣约翰·克里索斯托在他的《对话录》(又名《论祭司的尊严》)第2卷第3章的公开观点,该观点与使徒保罗在《哥林多后书》第1章的思想是一致的。为了使讨论简短,我们没有重复我们在这一论第5章第6节所援引的那一段,但是我们在这里附上他对上述观点所做的补充。克里索斯托说:"所以需要伟大技艺的事工的帮助来说服人们,使他们在生病的时候能够自愿地接受教士提供的药,不仅如此,他们还应该感谢那些治愈他们的人。因为如果一个人挣脱了捆绑——他确实有这样做的自由能力,那么他会使自己的病情恶化。如果他拒绝像外科医生的刀一样对他有益的言语,那么他会因自己的轻视而给自己再添一个伤口,治愈的机会将成为一种更有害疾病的工具。因为不情愿的人不会得到治愈。"在随后的几句话(即灵魂的牧者应当注意去纠正而非强迫)后,他补充道:"如果一个人被诱骗远离了真正的信仰,那么就需要教士义不容辞地多加告诫,竭尽全力地耐心劝导,因为他不能强迫迷途者返回正道,而是要努力说服他返回他先前所败坏的真正信仰之中。"[1]看,这就是圣徒区分教士的审判和统治者的审判的方式,因为教士的审判不是也不应当是强制性的,理由就是我们在处理这个问题时经常说的:第一,因为强制力来自法律或立法者,它没有被授予它

---

[1] 克里索斯托:《论祭司职》,l.II, c.3—4, vgl.Migne, Patr.Graeca 48, p. 634f.。

的时代或省内的教士；第二，因为如果它被授予了他们，那么他们借着强制力对臣民所做的事就是徒劳的，因为受逼迫的人不会在永恒救赎方面获得任何精神上的好处。克里索斯托对《路加福音》第9章"若有人要来跟从我，就当舍己(abneget semetipsum)"[①]这句话说了同样的观点。但为了简洁起见，我略去了那段注解[②]，因为我们说得足够多了。

5. 此外，这也是圣希拉里[③]致君士坦丁皇帝的信中的公开观点，他在这封信中写道："上帝教导而非强迫对他自己的认知，他在自己的诫命中劝诫要敬佩天上的事工并且弃绝了逼迫人承认他的权柄。"看，上帝想教导人通过信获得对他自己的认知和忏悔；他绝不逼迫人，反而弃绝了这种逼迫。希拉里稍后还重复了同样的话，他说："上帝不寻求逼迫的忏悔。"接着，他又以所有教士的名义说了同样的话，他这样说道："除非他意愿，否则我不能接纳；除非他祈祷，否则我不能听取；除非他忏悔，否则我不能标记。"[④]所以上帝不想人们对他自己的忏悔是受逼迫的，也不想任何人被任何他人的暴力行为或强迫所拖累。因此，圣希拉里在《米兰主教驳奥森提乌斯》中认为奥森提乌斯是阿里乌斯派的，并且奥森提乌斯试图通过武力来强迫人们承认他自己的观点（正如圣希拉里所说，他的观点违背天主教信仰），但即使他教导的是真理，圣希拉里也要反驳他，圣希拉里这样说道："我们首先要怜悯我们这个时代的苦难，哀叹当今时代的愚昧观念，即人们相信人的东西可以保护上帝，

---

① 《路加福音》,9:23。
② 参见托马斯·阿奎那：《金链》,vol.12, p. 104。
③ ［布本注］普瓦捷的希拉里(Hilarius Pictaviensis)，死于368年，天主教正统派的拥护者，反对阿里乌斯派。
④ 圣希拉里：《致君士坦丁皇帝的信》(*Epist. ad Constantium Augustum*), c.6, Migne 10, p. 561 (538/539)。

而人们努力用尘世的野心来保卫基督的教会。"①圣希拉里在同一处再次说道:"现在让人悲伤的是,地上的鼓掌使得神圣的信仰受到认可,当野心与基督的名字结合在一起时,基督被证明他自己是缺乏力量的。教会用流放和关押的方式来让人恐惧,逼迫人们相信它自己,并且用流放和关押的方式来让人相信它。"②他谈到的教会是指教士或主教的教团以及其他被称为神职人员的圣殿执事。

6. 安布罗斯在致瓦伦提安皇帝的第二封题为《致民众》的信中也公开主张这一点,当他说:"我能悲伤,我能哭泣,我能呻吟。面对武装、军队和哥特人,我的眼泪是我的武器,因为这是教士的堡垒,我既不应当也不能以其他方式抵抗。"③看,一位教士即使能够也"不应当"对任何人使用武力或强制力,也"不应当"命令或告诫任何人去使用,尤其是不能对基督信徒使用,而全世界都能够看到,某些教士的观点与《圣经》和圣徒的观点是对立的。

7. 因此,根据使徒和圣徒(他们是教会或信仰的首要圣师)的真理与公开意图,没有人(即没有信徒,事实上也没有异教徒)受到惩罚或处罚的强迫而被命令(尤其被教士命令)在此世遵守福音律法的诫命。基于此,这律法的执事(主教或教士)既不能也不应当用第三种含义的审判来审判此世的任何人,也不应当用任何惩罚或处罚来强迫任何人违背自己的意愿去遵守神法的诫命,尤其是在没有人民立法者授权的情况下。因为根据神法,这种审判不应当在此世被执行,也不应当在此世

---

① 圣希拉里:《驳奥森提乌斯》(*Contra Auxentium*), c. 3, Migne 10, p. 610 (594)。
② 圣希拉里:《驳奥森提乌斯》, c.4, Migne 10, p. 611 (594/595)。
③ 安布罗斯:《驳奥森提乌斯论移交教堂的布道》, c.2, Migne 16, p. 1050 (864)。参见《和平的保卫者》, II.5.5。

让这种执行得到实现,而是只应当在彼世被执行。因此,《马太福音》第19章说:"耶稣对他们(即使徒们)说:'我实在告诉你们,你们这跟从我的人,在复兴的时候,人子坐在他荣耀的宝座上,你们也要坐在十二个宝座上,审判以色列十二个支派。'"①看,当使徒们与基督同坐时,他们是作为第三种含义的共同审判者,因为他们在彼世,而不是在此世。注解对此说道:"'在复兴的时候',也就是说,当死人复活时,他们就不朽了。"②因此,注解说:"有两个复兴:第一个是从水和圣灵中的复兴,第二个是在复活中的复兴。"③针对"你们也要坐",奥古斯丁注解道:"当被审判的仆人形象(即基督,他在此世受到审判者的强制审判,而不是自己作为一个审判者)行使审判权的时候(即在复兴的时候),你们也要和我一起成为审判者。"④看,所以根据福音神谕和圣徒们的阐释,基督在此世没有行使审判权,即强制权,就是我们所说的第三种含义的审判权。他反而是以仆人的形象存在,他人则用这种审判权对他进行审判;当他在彼世行使这种强制性的审判权时,使徒们那时就要和他坐在一起(而非站在他面前)用这种审判权来审判。

8. 因此,这是一个非常值得令人惊奇的现象,即为什么一些主教或教士(无论他是谁)为自己取得了比基督或其使徒想要他们在此世拥有的权柄更大的或别的权柄。因为基督和使徒是以仆人的形象受到尘世审判者的审判的。但他们的继任者(教士)不仅拒绝服从统治者,违背基督和使徒的榜样与诫命,而且自称对统治者拥有最高的强制司法管

---

① 《马太福音》,19:28。
② 《字里行间的注解》。
③ 《标准注解》。
④ 《标准注解》。

辖权。但是，基督在《马太福音》第10章说，"你们要为我的缘故被带到君王和总督面前"①；他没有说"你们要作总督或君王"。他稍后补充道："没有高过师傅的门徒，也没有高过主人的仆人。"②所以任何教士或主教都不能也不应当在此世行使任何这类审判权、统治职权或强制统治权。这也是著名哲学家在《政治学》第4卷第12章的观点，他说："基于此，不是所有的人，无论通过选举还是抽签选出来的，都应当被立为统治者，我认为首先是教士。因为教士有别于应当行使统治职权的政治家，后者承担的是政治的职责，其次是军需官和传令官。使节也是被选出来的。因为这些都是操心政治的，或是针对所有公民的某种活动。"他稍后补充道："然而前者承担的是家政的。"③

9. 对于我们所说的，一个见证是，如果基督想让新律（Nove Legis）④中的教士成为第三种含义的审判（强制性审判）方面的审判者，即用这种判决来界定此世有争议的人类行为，那么他肯定会在这部律法中就这类问题颁布具体的诫命，就像他在旧律（Antiqua Lege）⑤中对摩西所做的那样，上帝通过自己的神谕而非通过任何人将摩西立为犹太人的统治者和强制审判者，正如《使徒行传》第7章⑥所说。基于此，上帝也将那律法交给他，该律法为了终止人们之间的争论，规定了在今生状态中和为了今生状态所要遵守之事，包含了关于这些争论的具体诫命，它在这方面多多少少类似于人法。就遵守律法来说，人们在此世是

---

① 《马太福音》,10:18。
② 《马太福音》,10:24。
③ 亚里士多德:《政治学》,1299a,16—20。参见《和平的保卫者》,I.19.12。
④ ［译者注］福音律法。
⑤ ［译者注］摩西律法。
⑥ 《使徒行传》,7:35。

被作为强制审判者的摩西及其接替者而非被任何一位教士用惩罚或处罚所强迫和约束的,正如《出埃及记》第 18 章①所显明的那样。但基督没有在福音律法中交付这种诫命,反而假定这种诫命在人法中已经交付了或应当在人法中交付,他命令每个人都要遵守人法、服从依据人法的统治者,至少在那些不违反永恒救赎的律法的事情上。因此《马太福音》第 22 章和《马可福音》第 11 章写道:"凯撒的当交付给凯撒。"②"凯撒"是指任何一个行使统治部分职权的人。使徒保罗在《罗马书》第 13 章也是如此(重复这句话并不让人乏味):"每一个灵魂都要服从在高位掌权的。"③《提摩太前书》最后一章也是如此:"即使是不信的主人。"④我们在这一论第 5 章第 8 节援引了奥古斯丁对这段经文的注解。从这些经文中可以清楚看出,基督、使徒和圣徒的明确意图是,所有人都应当服从人法并服从依据人法的审判者。

10. 从这些证据中还可以进一步清楚看出,基督信徒没有义务遵守犹太人在旧律或《旧约》中劝诫或命令必须守卫的所有事情;相反,他们被禁止遵守其中的一些事情,例如那些关于永恒毁灭的惩罚的仪式性事情,就像使徒保罗在《罗马书》第 3 和 7 章、《加拉太书》第 2、3 和 5 章、《以弗所书》第 2 章以及《希伯来书》第 7 和 10 章所教导的那样。圣哲罗姆和圣奥古斯丁在致彼此的第 11 和 13 封信中谈论这个问题时也一致遵循了他的观点,他们断定,任何人在福音律法被公布后,无论真

---

① 《出埃及记》,18:13—26。
② [译者注]《马太福音》,22:21。
③ [瓦本注]《罗马书》,13:1。
④ [布本注]这句话不在《圣经》经文之中。

诚还是假装遵守那些仪式,都将"被扔进魔鬼的地狱里"。① 同样地,基督信徒绝没有义务遵守《旧约》律法,我们可以借着上述所引使徒保罗的话和奥古斯丁对上述《提摩太前书》最后一章的注解清楚看到这一点,奥古斯丁说:"就像希伯来人所说的那样,天主教的仆人不应当强迫……"② 也就是说,因为他们不能强迫。因此,既然在恩典律法中,没有专门为终止此世有争议的人类行为而被交付的诫命,那么这种行为应当仍然只由人法和获得人民立法者的授权并依据人法的审判者来界定。

11. 然而,在摩西律法中,还有另外一些东西是为了彼世的状态而被命令遵守的,例如某些为了赎罪(尤其是那些通过内在行为犯下的隐秘的罪)的祭品、牺牲品或贡品。没有人在此世被惩罚或处罚所强迫去实现赎罪。新律的每一条劝诫和诫命都与这些东西类似,因为基督既不想也没有命令任何人在此世必须遵守它们,尽管他在一条普遍的诫命中命令人法所规定的事情必须得到遵守,这仍然是对彼世的违法者施加惩罚或处罚。因此,一个违反人法的人几乎总是在神法上犯罪,尽管反之并非如此。因为有很多行为,做或不做它们构成了违反神法的罪,而神法对它们下了诫命,但人法无法有效地对它们下命令;例如那些我们先前称之为内在的行为,它们不能被证明在任何人身上存在或不存在,但是它们不可能对上帝隐藏。因此,为了人类的进步,无论在今世还是在来世,神法宜制定关于必须正当作出或不做这些行为的诫命。

---

① 哲罗姆:《书信集》(*Epistolae*),112,Migne 22,p. 924 (747);奥古斯丁的回应见 116,Migne 22,pp. 936—953 (761ff.),又见 *Corp. SS. Eccl. Lat*. Vol. 34,2,nr. 82。还可参见彼得·伦巴第:《汇编》,zu *Galat*.II und V,Migne 192,pp. 110—114,153,158);*Hebr*.VII (ebd.p.454)。

② [瓦本注]彼得·伦巴第:《汇编》,Migne 192,p.357C。参见《和平的保卫者》,II.5.8。

12. 然而,有人可能会反驳说,如果(如上所述)福音律法无法为了今生状态和在今生状态中充分规范有争议的人类行为,那么福音律法将是不完美的。我们要说,福音律法充分引导了我们在今生要做什么或避免什么,但这是为了来世状态或追求永恒救赎以及避免惩罚。正是为了这一点而非为了让有争议的人类公民行为恢复到今生的状态或充足所要求的平等或一致,才制定了这个律法,因为基督来到世上不是为了今生,而只是为了来生规范这类行为。基于此,人类公民行为的规则是不同的,它们以不同的方式引导我们达到这些目的。因为其中一种规则,即神圣律法,不会教导我们在法庭上争辩或索赔,尽管它并不禁止这样做。因此,福音律法也没有像我们所说的那样,在这些事情上给出具体的诫命。但这些行为的另一种规则,即人法,确实教导这些事情、给出具体的命令并且命令违法者要受到约束。基于此,在《路加福音》第12章,当一个人要求基督在他自己和他的兄弟之间做人的审判时,基督回答道:"人哪,谁派我做你们的审判者或分家人呢?"① 好像在说:我来不是为了执行这种审判的。因此,注解说:"他也没有屈尊为纠纷的审判者和货物的决断者,因为他拥有对生者和死者的审判权以及对应得者的决断权。"② 所以福音律法不可能充分衡量人类为了今世目的的行为。因为它不是使这类行为与人们为了今生状态所想要的合法的比例相一致的规则,反而假定这种规则已经或应当由人法给出;否则,由于缺乏正义,人们之间就可能产生丑闻或争论,从而导致争斗和分裂以及人类地上生活的不足,而几乎所有人依据自然法都会避开这

---

① 《路加福音》,12:14。
② [布本注]参见《和平的保卫者》,II.4.8。

些争斗、分裂和不足。

13. 事实是,不能说福音律法或教条是不完美的,因为它并不拥有它所没有的完美性。因为它被制定,是为了让它直接引导我们去追求那些与人类追求永恒救赎和避免永恒苦难相关的事情,它在这方面是非常充足和完美的。然而,它被制定,不是为了满足人们在地上生活中所想要的合法的目的而去终止民事纠纷方面的事务。如果它由此被称为不完美的,那么它也同样可以被恰当地称为不完美的,因为它没有让我们知道如何治愈身体疾病、度量长度或航海。尽管的确可以肯定的是,它在绝对的意义上不是完美的,因为除了独一存在(上帝)之外,没有一个存在是这样的。我们这种无疑正确的观点可以得到格列高利对《哥林多前书》第 6 章的注解的验证,他在那里这样说道:"'我说这话是要叫你们羞耻',也就是说,这些审查地上原因的人是那些获得关于外在事物的智慧之人。然而,那些被赐予精神礼物的人不应当被卷入地上事务之中。"① 因为如果格列高利是通过"关于外在事物的智慧"和地上诉讼或争议的事情理解《圣经》的话,他就既不会说"那些被赐予精神礼物(即《圣经》)的人不应当被卷入地上事务之中",也不会根据这些彼此不同的教义将这些人分开了。进一步来说,因为使徒和圣徒在一个阐释中曾将这种拥有关于外在事物的智慧之人称为"教会所轻视的人",但是使徒和圣徒在阐释这段经文时都不会对在《圣经》中受教导的人有这样的看法。

因此,我们认为,对于我们的意图来说,我们已经充分表明了人类合法行为的数量和质量,以及它们如何、何时和通过谁受到法律和审判者的规范和纠正。

---

① [布本注]参见《和平的保卫者》,II.5.2。

第10章

论对异端的强制审判者,也就是说,他有权在此世审判和约束异端并且在货物和人身方面对异端施加惩罚和压迫,也应当由他分配这些惩罚和压迫

1. 但是人们理所应当会对我们所说的这些产生质疑。例如,如果就像我们在前面章节所说明的那样,只有立法者授权的统治者有权对所有在今生应当受到强制审判约束之人进行司法管辖并且在货物或人身方面对他们施加和执行惩罚,那么这位统治者也将有权强制审判异端、其他异教徒或分裂分子,并且在货物和人身方面对他们施加惩罚,但这似乎是不恰当的。因为对一件错事的熟悉、审判和纠正显然属于同一个权柄,而对异端罪行的分辨属于教士或主教而非其他人,那么对这种罪行和类似罪行的强制审判或纠正似乎只属于教士或主教。进一步来说,对这类违法罪行的审判和惩罚属于执行违法者所犯法律的人,而这种人就是教士或主教。因为他是神法(异端、分裂分子或任何其他异教徒所犯的法律,无论罪人是集体还是个人)的执事和审判者,所以对这类违法者的审判将属于教士,绝不属于统治者。这似乎是圣安布

罗斯在致瓦伦提安的第一封信①中的公开观点,由于他在那封信的几乎整个序列中都显然是这个意思,所以为了简洁起见,我省略了对这封信的引用。

2. 现在,让我们根据先前的结论来说,任何违反神法的人都应当依据这律法受到审判、纠正和约束。但就这律法而言,存在两种审判者。一种是第三种含义的审判者,他有权强制约束违反这律法的人并对他们进行惩罚,这位审判者是独一的一位,即基督,就像我们在上一章②从《雅各书》第4章中所推论的那样。但是,基督想要并命令所有违反这律法的人必须在彼世受到强制审判者的审判,并且只在彼世而非此世受到惩罚或处罚的约束,正如上一章所充分说明的那样。就这律法而言,的确还有另一种审判者,即教士或主教,但他并不是第三种含义的审判者,否则他将可以对此世任何违反这律法的人进行约束并且借着强制力对他们施加惩罚或处罚,就像这一论第5章和上一章借着使徒和圣徒的权威及其无可辩驳的推理所清楚证明的那样。但是,他本身是第一种含义上的审判者,他可以教导、劝诫、谴责和纠正违法者或违反这律法的人,并且以对他们将来罪行的判决(强制审判者基督将在彼世对他们施加惩罚和处罚)来让他们恐惧,就像我们在这一论第6和7章所阐明的那样,我们在那里讨论了教士钥匙的权力,并且我们在前面章节③比较了身体的医生和"灵魂的医生"——教士,正如奥古斯丁借着先知的权威所说的以及大师在第4书第18段第9章所引用的那样。④

---

① 安布罗斯:《书信集》,21,Migne 16,pp. 1045—1049 (860/863)。
② 参见《和平的保卫者》,II.9.1。
③ 参见《和平的保卫者》,II.6.9—13,II.7.3,II.7.5,II.9.3—5。
④ 彼得·伦巴第:《箴言书》,1.4,dist.18,c.9,Migne 192,p. 889。《圣经》经文来自《诗篇》88:10。

因此,既然任何异端、分裂分子或其他异教徒都是违反福音律法的人,那么他如果坚持犯罪,就将受到审判者(在他行使他的审判权的时候,他可以约束违反神法的人)的惩罚。但这个审判者是基督,他将在来世而非此世审判活人和死人。因为基督仁慈地容许每一个人直到他这短暂世界的尽头(即死亡)都可以应得着奖励和悔罪。而另一位审判者,即牧者(主教或教士),应当教导和劝诫今生的人,谴责和纠正罪人,以对将来荣耀或永恒惩罚的判决或预知的方式让罪人恐惧,但绝不应当逼迫罪人,正如从上一章中所显明的那样。

3. 如果任何异端或其他异教徒被人法禁止待在某个地区,那么一旦在该地区发现这类违反人法的人,他就应当在此世为他的违法行为受到人法所规定的惩罚或处罚的约束,并且受到人法的审判者的约束,我们在第1论第15章①证明了该审判者是人民立法者授权的守卫者。但如果任何异端或其他异教徒没有被人法禁止待在同一省份的信徒中,就像以前人法允许异端和犹太族人待在一起那样,在天主教民族、统治者和教皇的时代也是如此,那么我要说,任何人都不可以为了今生的状态而去审判任何异端或其他异教徒,或者用货物或人身方面的惩罚或处罚来约束他们。其原因在于,无论一个人犯了多少违反任何理论或实践教条的罪,他在此世都不能因此受到惩罚或约束,而只有在他犯了违反人法命令的罪的时候,他才因此受到惩罚或约束。因为如果人法不禁止醉酒,不禁止任何人按照自己的能力或意愿去制作或出售任何款式的鞋子,不禁止随心所欲地治疗、教导和执行其他类似的职权活动,那么任何醉汉或者在其他活动中作出反常行为的任何人都不会

---

① [瓦本注]参见《和平的保卫者》,I.15.11。

受到约束。

4. 基于此,我们有必要注意到,在此世的任何强制审判中,在宣判无罪或定罪之前,许多提案需要以有序的方式得到调查。第一,归罪于被告的言行是否具有所说的性质,即提前知道犯罪所说的是什么。第二,做这事是否为人法所禁止。第三,被告是否犯罪。在此之后,对被告定罪或宣判无罪。例如,假设有人被指控为异端或者伪造黄金或其他金属器皿罪,那么在他被强制判决定罪或宣判无罪之前,我们应当调查归罪于他的言行是否是异端的,其次调查他说、做或教这种事是否为人法所禁止,最后调查被控人是否犯过这种罪行。在此之后,最终对这案件作出无罪或定罪的强制判决。

5. 统治者应当通过某一特定学科中的专家来证实第一点,后者能够考察被控人言行的固有性质或本质。因为这些专家是这些事情的第一种含义上的审判者,就像我们在这一论第2章所说的那样。他们有义务知道这些事情的本质,统治者也授予了他们教导或操作这些事情的权威,我们在自由学科中通常称之为"许可证"(licencia),而在所有其他手工艺或机械技艺中的情况都是类似的,如第1论第15章所示。①因为医生应当以这种方式根据身体的习性来识别麻风病人和非麻风病人;教士应当以这种方式识别异端的和天主教的言论或教义;金匠或银匠应当以这种方式识别金属;法学专家或博士也应当以这种方式识别贷款或存款以及其他类似的公民行为。因为统治者本身没有义务熟悉这些,尽管就立法(如果法律是完美的话)而言,他应当通过相关学科的博士或操作者来证实被控人言行的性质。

---

① 参见《和平的保卫者》,I.15.8—11。

6. 那么,对于我们现在所研究的问题,我要说的是,任何《圣经》的圣师(例如任何一位教士)都可以并且应当在第一种含义的审判方面判断某个被控人的罪行是否是异端的。因此《玛拉基书》第2章:"因为教士的嘴当守知识,人们也当从他口中寻求律法(即神法)。"①因为这是使徒的继任者们(主教或教士)应当做的,基督在《马太福音》第28章中对他们说:"所以你们要去教导万民……教导他们遵守我所命令你们的一切。"②《提摩太前书》第3章也是这样说的:他"必须"在其他事情上"成为"神法的"圣师"。③《提多书》第1章也是这样说的:"主教……必须照所受的教训,坚守信实的话,以便能在神圣的教训中劝诫人,又能把争辩的人驳倒。因为有许多诱骗者……他们的口必须被堵住。"④统治者有必要从法律的最后和适当的含义中识别第二点,即一个人做这事是否为法律所禁止,并且统治者应当根据立法者的授权行使自己的统治职权。需要识别的第三点是,被控犯有异端言行罪的人是否说过或做过这事,贤德的人和不贤德的人可以通过自己的外感官和内感官对此作出判断,我们通常称他们为"证人"。在此之后,统治者应当作出定罪或无罪的判决,而所涉惩罚或处罚应当向被控犯罪的个人索取或赦免。

7. 事实上,一个人不会只因犯了违反神法的罪而受到统治者的惩罚。因为在神法中有许多死罪(例如通奸罪)甚至是人民立法者故意允许的,而主教或教士既不能也不应当用强制力去禁止这些死罪。但是,

---

① 《玛拉基书》,2:7。
② 《马太福音》,28:19—20。
③ 《提摩太前书》,3:2。
④ 《提多书》,1:7—11。

如果一个违反神法的罪人,即异端,所犯的罪也为人法所禁止,那么他在此世将作为违反人法的罪人受到惩罚。事实上,这就是一个人在此世受到惩罚或处罚束缚的确切的或首要的本质原因,因为一旦原因出现,结果也将出现,一旦原因消失,结果也将消失。同样地,一个违反人法的罪人在彼世是作为违反神法的罪人而非违反人法的罪人受到惩罚的。因为有许多行为为人法所禁止,但是却为神法所允许;例如,如果有人因无能、突然的意外、疾病、遗忘或其他障碍而未能在规定的时间内偿还贷款,那么他不会由此而在彼世中受到依据神法的强制审判者的惩罚,但是,他在此世会受到依据人法的强制审判者的公正惩罚。但无论谁犯了任何违反神法的行为,即使人法允许该行为,例如通奸,他都将在彼世受到惩罚。因此,违反神法的罪是首要的本质原因,这在哲学中通常被称为"主要原因"(secundum quod)①,因为一旦该原因出现,为了彼世状态和在彼世状态中的惩罚或处罚的结果也将出现,一旦该原因消失,结果也将消失。

8. 因此,对异端、分裂分子或其他异教徒的审判,对他们进行约束、施加暂时惩罚或处罚的权力,以及将这些惩罚分配给罪人自己或共同体而非他人的权力,都只属于人民立法者授权的统治者,而非属于任何教士或主教,否则后者将犯了违反神法的罪。对于人在今生状态和为了今生状态来说,神法确实不是最后一种含义的法律,它在此世无权强制任何人,正如上一章和这一论第 5 章②所显明的那样,但我们所说的法律是第三种含义的法律,正如从第 1 论第 10 章③中所显明的那样。

---

① [布本注]亚里士多德:《后分析篇》,74a,12。
② [瓦本注]参见《和平的保卫者》,II.5.6。
③ [瓦本注]参见《和平的保卫者》,I.10.3—4。

据此,教士在此世也是第一种审判者或审判含义上的审判者,即没有任何强制力的审判者,正如这一论第 5 章所说,以及上一章借着使徒、安布罗斯、希拉里和克里索斯托的权威所说。因为如果教士是针对异端的强制审判者或统治者,其理由是异端违反了作为圣师的教士所制定的教条并且异端根据该教条对其他人做了某些行为,那么金匠也将同样是针对制造假金雕塑之人的强制审判者和统治者,而这是非常荒谬的,同样地,医生也可以约束那些在医术方面表现不好的人。因此,将会有和城邦职权数量一样多的统治者来制止犯罪,但是,我们在第 1 论第 17 章①已经说明了,这是不可能的或多余的。因为以这种方式违反城邦职权的罪人将不会因此受到约束或惩罚,除非有其他干预措施,即立法者或人法的命令。因为如果这些罪行不能为人法所禁止,那么犯下这些罪行的人就绝不会受到惩罚。

9. 我们可以从一个熟悉的例子中看到我们所说的这些。假设人法禁止麻风病人待在其他公民中间;一个只能根据自己的学科判断这些人的疾病(即判断这些人是否是麻风病人)的医生,是否能够用强制力和他自己作为掌握医学知识的医生的权威来约束他判断(第一种含义的审判)麻风病人与他人的交往或共同生活?显然不能。唯独受人民立法者委托为人法的强制守卫者(即统治者)才能这么做。因为任何个人或集体都不可以对任何人进行审判、约束或施加惩罚,但唯独统治者可以。但是,为了根据法律的规定来确定过失、罪行或罪恶的性质(要么法律谈论了它,如果法律是完美的话,要么借着统治者的明智确定它,如果法律没有谈论的话),统治者应当利用和信任那些在其学科中

---

① [瓦本注]参见《和平的保卫者》,I.17.12—13。

处理这类操作、行为或言论的性质的专家的判断,例如医生对麻风病人或非麻风病人的判断,神学家对罪犯的判断(根据圣徒的阐释,这些罪犯以麻风病人的形象出现在《圣经》中)。同样地,统治者也应当信任金匠对假金属器皿的判断,以及任何专家在类似的情况下对其他操作和活动的判断。因此,同样地,灵魂的医生(即教士)应当用第一种含义的审判来判断异端或其他异教徒,即辨别异端和非异端的言行。但唯独依据人法的统治者可以用第三种含义的审判对这些案件作出判决,即谴责或解除被告人的尘世处罚或惩罚并且迫使那些被定罪的人付出代价,他也依据立法者或人法的规定,像对其他罪行施加惩罚那样作出财产刑的惩罚。

10.《使徒行传》第25章①的经文证实了我们所说的这些。因为当使徒被犹太人控告为异端时,即使这个控告是假的,他的案件调查、审判、上诉和判定都是在人民立法者为该判决授权设立的审判者在场的情况下作出的,就像对其他有争议的行为或公民行为那样。

11. 解决相反的论证并不困难。因为当有人说他作为审判者可以审判异端并且识别异端罪的时候,我们应当区分"审判者"或"审判"这些词的多重含义。从某种意义上来说,上述说法是正确的,如果我们在第一种含义上理解这些词的话;但如果这些词是在第三种含义上理解的,那么上述说法就是错误的。因此,从反对我们结论的谬误推理中,什么也没得到。剩下需要补充的一个论证是,对罪犯的调查判决和罚款以及将罚款(如果是货物的话)归于自己的分配都属于罪犯所针对的人或者违反其法律的人:这个论证是正确的,如果他是第三种含义的审

---

① 《使徒行传》,25。

判者并且上述法律符合法律的最后一种含义即强制的含义的话。当我们假定异端违反神法时,我们应当承认这个论证。因此,异端将受到依据神法的第三种含义的审判者(即基督)的审判。但按照基督自己下的命令,他只在彼世而非此世进行审判。异端还将根据其对神法诫命和告诫的违背或遵守受到基督的惩罚或处罚的约束或者奖励。然而,任何主教或教士都不是这律法(即神法)的审判者,而只是作为第一种含义的审判者的圣师,尤其是当这律法与在今生状态并为了今生状态的人发生关系时。

此外,假设这个三段论的大前提在我们刚才所说的意义上是正确的,即对违法者的审判属于拥有强制力的审判者,因为违法者得罪了该审判者及其作为守卫者的法律,而我说的法律只是就法律的最后一种含义而言的。那么我们必然会采纳这个真命题,即异端只得罪了此世的审判者(就第三种含义的审判者而言)及其作为守卫者的法律(就法律的最后和适当的含义即强制的含义而言),没有得罪此世的任何其他强制性的法律或审判者。因此,只有此世的这种审判者有权按照这种法律的立法者的命令以强制审判的方式审判异端;同一个审判者应当对同一个违法者施加惩罚,如果惩罚是货物的话,那么同一个审判者应当将货物分配给人民立法者在法律中确立的应得之人。或者,应当以多义的方式对大前提加以区分,就像我们在前面的谬误推理中所做的那样。

12. 因此,不可以如此必然地推断出:由于某人在此世和为了此世必须通过强制审判(在货物或人身或者二者兼而有之的方面)被谴责或审判为异端,所以他必须被任何一位教士或主教谴责或审判,除非如上所述,该审判是第一种含义的审判。也不可以由此推断出:一个被谴责的异端的肉体之物或尘世之物应当作为对他不法行为所施加的惩罚或惩罚的一部分分配给任何一位主教或教士。正如也不可以推断出：由于这个人应当被审判为伪造钱币者，所以他应当被铸币者审判，除非该审判是第一种含义的审判而非第三种含义的审判即强制的审判。也不可以推断出，铸币者（无论集体还是个人）应当在惩罚中分配从他身上压榨的尘世之物，相反，统治者应当以强制审判的方式审判他，并且应当依据人法的规定分配惩罚。

13. 至于圣安布罗斯在信中的观点，[1]我们应当说，他是用第一种含义而非第三种含义的审判来理解审判的，当他说教士或主教有权审判异端或异端罪的时候。因为在原初教会时代，没有任何主教或教皇利用自己的权柄作出过这种审判，尽管他们后来因统治者碰巧授予他们这么做的权力而前进至此。因此，由于我们考察到了这些东西的真正起源，所以现在这些似乎从滥用中获得了力量和法权外观的东西就显现为梦中的幻象一样。因此，我们就这样确定了对异教徒和异端的审判者、审判和强制力。

---

[1] ［瓦本注］参见《和平的保卫者》，II.10.1。

第 11 章

论一些来自圣典和人典的标记、见证和榜样,我们将借此表明我们在这一论第 4、5、8、9 和 10 章所确定的关于主教和一般意义上的教士的状态的观点是正确的。以及为什么基督要区分开他们的状态(即贫困的状态)与行使统治职权之人的状态

1. 由于我们在前面的讨论中,通过圣典权威和某些其他明确的准政治论证证明了,任何主教、教士或其他神职人员在此世都不具有对任何人的强制司法管辖权,所以我们现在想通过清楚的标记和见证来阐明这一点。一个明显的标记是,我们没有读到基督或他的任何使徒过去或现在在任何地方设立过任何人作为审判者或他们的代理来行使这样的治理或审判,但他或他的使徒们似乎不可能对人类共同生活所必需的事情一无所知或者有所忽视。如果他们承认这件事属于他们的职权范围,并且如果他们想让这件事属于他们的继任者主教或教士,那么他们就会为此传下某些诫命或劝诫。的确,他们传下了设立属灵的执事、主教、教士和执事的形式和方式,这属于他们的职权范围,我们从使徒保罗在《提摩太前书》第 3 章和《提多书》第 1 章的观点中可以清楚知

道这一点,这在《圣经》的许多其他地方也是显而易见的。

2. 然而,基督区分开教士或主教的职权与统治者的职权,即使他(如果他想要的话)可以既行使统治者的状态和教士的职权,又规定使徒也应当这么做。但他拒绝这样做,相反,他以绝对最好的方式安排所有事物,想要这些职权在各自对应的主体和理由上加以分化,这对于职权来说则是更有利的。因为基督来此世是为了教导谦卑和对此世的轻视(作为应得永恒救赎的道路),以至于他更多是用榜样而非言语教导谦卑和对此世或尘世事物的轻视。他确实带着极度谦卑和对尘世事物的轻视的形象进入了此世,因为他知道,人是用行为或榜样而非言语来教导的。因此塞涅卡(Seneca)《书信集》第9封:"你应当向正在做的人学习应当做的事情。"[1]因此,基督想要带着极度谦卑和对尘世的轻视或贫困的形象出生,以便用他的榜样而非言语来教导我们。因此《路加福音》第2章:"她(即圣母)用布把他包起来,放在马槽里。"[2]看,在别人的屋子里;看,在马槽里,即放野兽和草料的地方;而且很可能是用别人的布,因为圣母和约瑟在那里是朝圣者和羁旅者(viator)。基督出身贫困,长大后也过着贫困的生活。他在《马太福音》第8章和《路加福音》第9章谈到自己的贫困时说:"狐狸有洞,天空的飞鸟有窝;人子却没有枕头的地方。"[3]基督教导那些想做他门徒和效法他的人,尤其是那些在他来此世所要行使的职权上的继任者,要选择这种状态作为完美的状态,同时要遵守一切其他适当的诫命和劝诫。因此,在《马太福音》第

---

[1] 塞涅卡:《书信集》(*Epistolae*),98,lib.16,epist.3,§17,ed. O. Hense,1914,p. 486。

[2] 《路加福音》,2:7。

[3] 《马太福音》,8:20;《路加福音》,9:58。

19章、《马可福音》第10章和《路加福音》第18章,有一个人问基督:"'良善的师傅,我该做什么才能得永生?'耶稣对他说:'你知道诫命吗?不可杀人……'他说:'这一切我从小都遵守了。'耶稣听见了,就说'你还缺少一件',(或者说)'你若要完美'(正如《马太福音》所说),'去变卖你一切所有的,分给穷人,就必有财宝在天上'。"①他在《路加福音》第14章再次对门徒说:"所以,你们无论什么人,若不撇下一切所有的,就不能做我的门徒。"②

3. 看,所以贫困状态和对世界的轻视适合所有完美的人,尤其适合基督的门徒及其牧者职权上的继任者,因为如果他想要成全自己的学说或说教,他几乎必然要说服别人轻视此世。因为,如果他教导他所召唤的人抛弃此世,而自己却掌握财富并拥有当统治者的野心,那么他的行为显然与他自己的布道相冲突。因此,克里索斯托在《论内心的愧疚》一书中针对这种情况说道:"说而不做,不仅毫无益处,而且会造成重大伤害。因为一个编织自己的言论[布道]却忽视了生命的人应当受到极大的谴责。"③最卓越的哲学家也同意这一点,他在《尼各马可伦理学》最后一卷第1章中说:"因为当它们(即言论)与那些依据感知觉的事物(即谈论者可被感知的行为)不一致时,它们就扼杀了所埋下的真理(即所编织言论中的真理)。"④他稍后补充道:"如果它们(即言论)与行为一致,它们就会被相信。"⑤因此,基督知道一切应当如何以最恰当的方式发

---

① 《马太福音》,19:16—21;《马可福音》,10:17—21;《路加福音》,18:18—22。经文主要来自《路加福音》。

② 《路加福音》,14:33。

③ 克里索斯托:《论内心的愧疚》(De compuntione cordis),l.I, c.10, Migne, P. Gr.47, p.410。

④ [布本注]亚里士多德:《尼各马可伦理学》,1172a,36—1172b,1。

⑤ [布本注]亚里士多德:《尼各马可伦理学》,1172b,5—6。

生,他希望布道(他在布道中教导人们轻视世界,抛弃和逃避虚荣与肉体的快乐)变得可信,他告诫行为必须与言论一致。因此,他在《马太福音》第5章中以使徒之名对所有将来的圣师说:"你们的光(即你们类比于光的教义)也当照在人前,让它这样发光,(我说)以便让他们看见你们的善行。"①注解对此说道:"我要求你们的行为被看到,这样你们的学说就得到确认了。"②因为否则布道和学说就不太可信了。因此,针对《马太福音》第10章"你们不要得金银"③这段经文,注解说道:"如果他们有这些,那么他们就似乎不是为了救赎而传道,而是为了利益。"④

4. 因为那些得这些金银的圣师或牧者,更多是用他们相反的行为和榜样浇灭了人们的信仰和奉献,而不是用他们的布道确认信仰和奉献,因为他们的布道明显与行为相反,而人们更多关注行为而非语言。我们必须非常担心的是,他们败坏的榜样行为最终会导致有信仰的人民对彼世的绝望。因为几乎所有的教会执事、主教或教士以及神职人员都是这样做的。更明显的是,那些坐在教会伟大宝座上的人,他们似乎根本不相信上帝未来在彼世的审判。我要求他们对着上帝说,他们有什么良心呢? 如果他们相信上帝未来在彼世的公正审判,那么大多数罗马教皇及其枢机主教以及其他教士或主教都会负责照料灵魂并将教会的尘世物分配给穷人吗? 其余的几乎所有执事和神职人员,他们每个人依靠的都是从偷窃或抢劫尘世物中得来的供给,而这些物品是由奉献的信徒为支持传福音者和其他穷人所设立和遗赠的,他们会在

---

① 《马太福音》,5:16。
② 《标准注解》。
③ 《马太福音》,10:9。
④ 《标准注解》。

活着的时候给予多少或者在他们死的时候遗赠多少第纳尔给任何一个不穷的血亲或亲近之人呢(毫无疑问,这些物品是他们剥削穷人得来的)? 我要求他们对着基督宗教说,他们有什么良心呢? 根据使徒保罗在《提摩太前书》最后一章①所说的,为了福音的事工,他们应当满足于果腹之物和裹身之物,但是他们过着尘世般的生活,在许多非必要的事情(马、家庭、宴会和其他虚妄和愉悦之事,以公开的或秘密的方式)上消耗穷人的物品?

5. 我没有谈论在分配教会职权和恩惠或尘世物方面所产生的不当行为。因为为了得到尘世权力的请求或喜爱,或者为了提供给分配者或调解者(西门·玛古斯②的执事)一个回报(如果允许这么说的话),它们中的大多数都被给予了无知者、罪犯、孩子、未经验证者以及那些在全体人民看来可憎的和明显愚蠢的人。但是,使徒保罗在《提摩太前书》第3章命令教会职员应当被视为在他们的生活或道德和学说方面是可经受验证的和完美的。因此,使徒保罗说:"他(即教士或主教)必须在教外也有好的见证。"在教内的见证有多少呢? 他稍后说:"执事也要纯洁。这些人也要先经受验证,如果他们没有犯罪,就让他们作执事。"③尽管有人可能会恰当地说,这些人中的大多数都被验证为好的,因为全世界都知道,他们能够展示多少回报或请求。

6. 我们不可能尝试列举每一种不当行为,这是不可能的或极为困难的,所以让我们总结一下几乎所有教士、主教和其他圣殿执事都会做

---

① 《提摩太前书》,6:8。
② [译者注]行邪术的西门,他试图从使徒彼得和约翰那里用钱买来分配圣灵的权柄。故事参见《使徒行传》,8:9—24。
③ 《提摩太前书》,3:7—8,3:10。

的行为。我们在基督面前作证(如果我们说错了,就召唤他的审判),在当今时代,所有主教与其他神职人员做的和说的(他们布道说,每个人都要遵守福音的教导)几乎完全相反。因为他们为了愉悦、虚妄、尘世物和尘世统治而欲火中烧,以秘密的和公开的方式全力追求和占据不是靠法权而是靠不义得来的东西。但是,基督的真正模仿者(使徒们)弃绝所有这些东西,教导和命令其他人,尤其是那些应当传播轻视此世的福音的人,弃绝所有这些东西。

7. 因为如果基督想这么做并且认为这有助于传福音的话,他就可以在此世保持统治者的状态,并且可以同样在这种状态下受难。但他逃到了山里,是要弃绝这种状态并教导这种状态应当被弃绝,正如我们在这一论第4章[①]从《约翰福音》第6章中所援引的那样。事实上,那些传播轻视这种状态的福音的人不适合承担这种状态,他们反而应当承担臣民和谦卑者的状态,就像基督和他的使徒们在此世保持的状态那样。反之,外在贫困的弃绝状态不适合行使统治者职权的人,因为有助于统治者的状态是好人崇敬他、坏人恐惧他的状态,如果必要的话,他也能够通过这种状态遏制违反法律的反叛者。但是,如果他处于贫困的弃绝状态,他就不能恰当地做到这一点,基于此,传福音者的职权不适合他。因为如果统治者在人民中间宣扬一种贫困的弃绝状态;又或者,宣扬如果有人打了左脸,就要把右脸也给他打;此外,宣扬把外衣送给偷他里衣的人,而非在法庭上与作恶者争论[②]:那么他将在这些事情上不容易被人民相信,因为他自己所承担的状态与他的言论存在矛盾。

---

① 参见《和平的保卫者》,II.4.7。
② [译者注]《马太福音》,5:39—40。

进一步来说,他这样做也不合适。因为用惩罚约束作恶者是他的分内之事,即使受害者没有要求对作恶者的惩罚,而如果他鼓吹要赦免作恶者,他就会给作恶者和恶人提供进一步犯罪的机会,因此那些受到冒犯或不公正对待的人会对公正予以质疑或怀疑。基于此,基督(总是以最好的方式安排每一件事)拒绝让统治职权和教士职权结合在同一个主体身上,而是要让两种职权分开来。这似乎也是圣伯纳德在《论审视》第2卷第4章中对教皇尤金表达的观点,他在那里这样说道:"所以如果你是主,就敢去篡夺使徒职权,如果你是使徒,就敢去篡夺统治职权。显然,你被禁止兼而有之,如果你想同时兼而有之,你将失去这两个。此外,你不可认为自己被排除在那些上帝所谴责的人之外:'他们作王,却不由我;他们作统治者,我却不认他们。'"①

8. 罗马教皇的某些教令或历史也验证了上述观点。因为我们发现,他们自己写下了一些东西并且受到了罗马皇帝君士坦丁的某种特权的支持,该特权授予罗马教皇圣西尔维斯特对全世界教会和所有其他教士或主教的强制司法管辖权。由于任何一位罗马教皇以及所有其他教士或主教都承认这个赠礼是有效的,所以他们也要承认,这位君士坦丁原本对他们拥有这种司法管辖权,这尤其是因为这种司法管辖权不可能凭借《圣经》的话被认为属于任何神职人员或平信徒。这就是圣伯纳德在《论审视》第4卷第4章对尤金所明确表达的观点,他在那里说:"这就是彼得,他从来没有佩戴珠宝或丝绸,没有戴过黄金,没有骑过白马,没有让士兵陪同,没有吵闹的仆人前呼后拥。但是,正因为没

---

① 明谷的伯纳德:《论审视》,l.II, c.6, 11, Migne 182, p. 748B—C。参见《和平的保卫者》,II.4.13。

有这些东西,他相信他足以完成他的救赎使命。'如果你爱我,喂养我的羊。'(因为)在这些东西上(即在尘世器具和权力上)你不是彼得的继任者,而是君士坦丁的继任者。"①因此,统治者的职权不同于教士的职权,反之亦然,但我们以这种方式回忆了它们之间的差异。

---

① 明谷的伯纳德:《论审视》,4.3.6,MPL.,182,776A。经文引用来自《约翰福音》21:17。

第 12 章

论一些术语的划分,它们对确定关于最高贫困状态的问题来说是必要的

1. 因此,我们用比喻的方式表明了,基督和他的使徒们作为羁旅者教导并遵守贫困与谦卑的状态。所有信徒都有义务确信,在某种程度上,遵守基督和使徒们的每一条教义或劝诫才能应得永生,所以为了防止对那些想要在贫困方面模仿他们的羁旅者隐瞒什么,对他们的贫困、贫困是什么以及贫困的性质和数量进行研究,似乎无论如何都是恰当的。

2. 所以为了试图研究这个主题,首先,我们要说的是,什么是被称为贫困的、有多少种贫困或成为贫困的(pauper),同样地,什么是被称为富有的、有多少种富有或成为富有的(dives)。因为这些术语有时在习性和欠缺的意义上似乎是彼此对立的,有时则相反。① 然后,我们在这些术语各自不同的方式中对它们进行区分并对它们加以描述,从而如果在它们不同的方式中存在作为应得贫困(paupertas meritoria)的

---

① [格本注]参见亚里士多德:《范畴篇》,11b,23。

东西以及任何完美的品级，那么我们就可以看出其中哪一个是最高的或首要的。现在，当一个人以个人（proprium）或共同（commune）的方式或二者兼而有之的方式拥有对尘世物（即"财富"）的合法的或法权上的权力（licitam seu de iure potestatem）、所有权（dominium）或占有权（possessio）时，所有人都会称他为"富有的"，而反之，所有人都会称一个欠缺这些好东西的人为"贫困的"。为了防止我们想展开的观点因上述一些术语使用（为了我们的命题需要使用这些术语）的多样性而变得模棱两可，让我们首先区分它们的含义或模式。这些术语是：法权、所有权、占有、个人的和共同的、富有的和贫困的。

3. 那么，让我们从区分"法权"的含义开始，因为我们需要用它们来区分和处理其他术语，反之则不然。因此，"法权"在其中一种含义中是指法（就法的第三种和最后一种含义而言），第1论第10章对此已有所讨论。法当然有两种：一种是人法，另一种是神法，而且如前所述，神法就特定时间和方式而言处于法的最后一种含义之下。[①] 至于这两种法的本性和性质及其一致与差异，我们在这一论第8和9章已经说得够多了。

为了当前的命题，我们需要继续讨论两种法。让我们首先说说它们一致的地方，即每一种法都是对诸行为（它们来自人类心灵的命令）的"命令"（preceptum）、禁止（prohibicio）或许可（permissio）。然而，它们也是有差异的，因为第一种法是对此世违反它的人具有强制力的法；但第二种法即神法不是这样，它只在彼世具有强制力。此外，"命令"可以用两种方式来理解：一种是主动的方式，即就命令者的行为而

[①] ［瓦本注］参见《和平的保卫者》，I.10.7，II.8.5。

言。我们通常说,根据这种方式,任何一个发布命令者(例如君王或任何其他统治者)的意志表达就是命令。另一种方式则将"命令"理解为发布命令者的行为所意愿的事情本身;根据这种方式,我们通常说,仆人执行了主人的命令,不是因为仆人执行了主人的行为(即命令),而是因为仆人做了主人的行为或命令所意愿的事情。基于此,每当"命令"这个词指向发布命令者时,它与发布命令的行为是相同的;但每当它指向臣服者时,它与发布命令者的行为所意愿的事情是相同的,即被理解为被动的。

所以"命令"这个词在主动的意义(也是"命令"通常的意义)上被理解为立法者的法令或法规(无论肯定的还是否定的),它迫使违法者受到惩罚。但是,根据现在的用法,它被严格理解为肯定性法规。因为在现在的用法中,"肯定性法规"(statutum affirmativum)没有自己的名称,而是保留了通名;但"否定性法规"(statutum negativum)有自己的名称,因为它被称为"禁止"。

现在我将某人被命令做某事称之为"肯定性法规",将某人被命令不做某事称之为"否定性法规"。如果这样一种法令是肯定的,它迫使违法者受到惩罚,那么它就被称为"命令";但如果它是否定的,而且也迫使违法者受到惩罚,那么它就被称为"禁止",而这种"禁止"也可以用两种方式来理解,一种是主动的,一种是被动的,就像"命令"那样。现在,这两种法令(即迫使违法者受到惩罚的法令)大多数情况下是在法律中得到表达的,要么是用它们自己的类型的方式,要么是用比喻或类比的方式。但以另一种方式[被动的方式]来看,"命令"在神法中被更严格地采纳("禁止"也同样如此),并且只适用于法令(无论肯定的还是否定的),它迫使违法者受到永罚。这就是神学家使用这些术语的方式,当他们说命令是"关乎救赎的必要性",即如果一个人要被拯救,就必然要遵守命令。因此,《路加福音》第 18 章写道:"你若要进入生命,就当遵守诫命(即命令)。"①

4. 然而,还有一些法令(无论肯定的还是否定的)只在法律中得到表达或理解,它们虽关涉做或不做同一种行为或不同种类的行为,却不迫使人受到惩罚,例如做或不做慷慨(liberalitas)的行为,以及许多其他类似的行为。这样的行为被称为"法律许可的",尽管"许可"这个词在其通常的模式上有时是指迫使人受到惩罚的法规。因为法律命令做的每件事都是被许可做的,尽管反之则不然。同样地,法律禁止做的事情也是不被法律许可做的事情。在恰当意义上的这些许可行为(即非强迫行为)中,有些是符合神法的,被称为"劝诫"的应得行为,有些则不是这样,而是被简单地称为"许可"。这些在恰当意义上得到采纳的许可行为也可以用两种方式来理解:主动的和被动的,就像禁止和命令那样。但是,这些许可行为大多数情况下并没有在法律(尤其是人法)中被具体表达出来,因为它们太多了,而且关于它们的一般法令足够应对这些情况。因为法律没有命令或禁止的所有事情都可以被理解为立法者的法律所许可的。因此,就法律而言,"命令"在恰当的意义上是指迫使违法者受到惩罚的肯定性法规;"禁止"恰当地来说是指迫使违法者受到惩罚的否定性法规;"许可"恰当地来说是指立法者不迫使任何人受到惩罚的法令。从今以后,我们将根据这些术语的恰当含义来使用这些术语。

---

① 《路加福音》,18:18ff.。马西利乌斯引用的这段经文应来自《马太福音》,19:17。

5. 现在，我们可以由此恰当地看到，什么是被称为"合法的"；因为依据法律的命令或许可所做的一切，或者依据法律的禁止或许可所不做的一切，都是合法地做或不做，可以被称为"合法的"，其对立或相反的说法则是"非法的"。

6. 我们还可以看到，什么是通常被称为"允许的"①；"允许的"在其中一种含义上与"合法的"相同，二者几乎可以互换。但在另一种含义上，"合法的"这个词意味着在特定情况下可以合理地假定立法者已经许可的行为，尽管这种行为是绝对或通常被禁止的，例如有时允许在没有主人明确同意的情况下穿过他的领地或处理他的财产，即使根据上述的任何方式这种行为通常并不符合法权。因为处理他人的财产通常是被禁止的。但是，这在合理假定财产主人同意的情况下是被"允许的"，尽管他没有明确表达同意。基于此，在这种情况下，有时需要"公平"。②

因此，就其中一种含义而言，"法权"与神法或人法相同，或者就这些法律而言，它与命令、禁止或许可相同。

7. 还有一种对法权和专属于人的法权的划分，即分为自然法权（ius naturale）和公民法权（ius civile）。根据亚里士多德《尼各马可伦理学》第4卷③论述正义时的说法，自然法权被称为立法者的法令，在其中，几乎所有人都同意某种应当被遵守的真诚之事，例如上帝应当被敬拜、父母应当被尊敬、人类后代应当被父母教养到合适的年纪、没有人

---

① ［译者注］fas 含义丰富，意思包含"合法、允许、神法或道德所许可的事情"，尤其指涉道德或宗教上所许可的事情。瓦本将其译为"公正的"（equo），布本将其译为"允许的"（allowable）。本译文根据上下文语境，采用布本翻译。
② 参见《和平的保卫者》，I.14.7。
③ ［布本注］亚里士多德：《尼各马可伦理学》，1134b,18—20。

应当被伤害、伤害应当被合法抵制,以及其他类似的事情。它们依靠人得以颁布,但它们根据借代(transumptive)被称为"自然法权",因为它们被认为以相同的方式在所有地区都是合法的并且其对立面都是非法的,就像缺乏意图的自然实体的行为在所有地方都一致产生出来一样,例如"火"在"这里燃烧"的方式和"在波斯"燃烧的方式是一样的。①

8. 但是,有些人将"自然法权"称为正确理性在实践方面的指令(dictamen),并将其置于神圣法权之下。② 基于此,一切符合神法和正确理性建议的事情都是绝对合法的,但是,并非所有事情都是符合人法的,因为人法在某些事情上缺乏正确理性。事实上,"自然的"一词在这里和在上面是多义的。因为很多符合正确理性指令的事情(例如那些既不是对所有人来说自明的也得不到所有人承认的事情),并不是所有民族都承认这些事情为真诚之事。同样地,还有一些命令、禁止或许可,它们符合神法,但并不与人法保持一致,由于这在大多数情况下都很常见,所以为了简洁起见,我略过了一些例子。

9. 因此,有些事情依据人法是合法的,但依据神法却不是合法的,反之亦然。但是,我们应当注意到,当两种法律在命令、禁止或许可方面不一致时,应当根据神法而非人法来理解什么是绝对合法的和非法的。

10. 此外,还有第二种模式的法权,它指符合第一种含义的"法权"的所有受到规定的人类行为、能力或获得性习惯,无论内在的还是外在

---

① [瓦本注]亚里士多德:《尼各马可伦理学》,1134b,25。
② [瓦本注]事实上,大多数中世纪政治哲学传统都接受了这个观点,该观点建立在西塞罗主义学说之上(*De republica*, III, XXII, 33),其确切定义来自《民法大全》(*Corpus Iuris, Institutiones*, I, II, 11, in Isidor di Siviglia, *Etymologiae*, V, 2, § I, PL, LXXXII, 198)和《教规法大全》(*Corpus Iuris Canonici, Decret. Gratiani*, pars I, dist. I。相关讨论,参见 Carlyle, *History of Mediaeval Political Theory*, vol.II, pp.29ff., 102ff.;A.Gewirth, *Marsilius of Padua. The Defender of Peace* cit., vol.1, p. 149。

的,既可以是内在的,也同样可以是及于某种外物或者某种物的,比如物的使用或用益、获取、持有或保存,或者交换等其他类似的情形。[①] 至于物的使用或用益是什么,以及处理物的其他合法的或法权上的方式,就当前目的而言,让我们从民法学[②]中来推断这一点。

根据这种含义,当某人在与上述第一种模式的法权一致的情况下意愿或处理某物时,我们通常说"这是他的法权"。因此,这种处理或意志被称为"法权",因为它在法权命令、禁止或许可之事上与法权一致,就像一根柱子在位置上靠近动物的右边或左边时被称为右边的或左边的一样。因此,上述第二种模式的"法权"无非立法者的主动命令、禁止或许可所意愿的东西,这就好像是我们之前所说的被动意义上的命令、禁止或许可。[③] 这也是我们之前所说的"合法的"。[④]

11. 此外,"法权"这个词意味着那些依法作出审判之人的判决或者依据第一种含义的法权所作的审判。当审判者或统治者通过法律的判决定某人罪或赦免他时,我们通常这样说:"审判者或统治者对某人行使了或给予了法权。"

12. 进一步来说,"法权"指特殊正义的行为或习惯。我们说,一个在交换或分配中意愿相等或合比例的人,就是意愿公正(ius)或公正之事的人。[⑤]

---

① [译者注]这句译文参考李猛:《自然社会:自然法与现代道德世界的形成》,生活·读书·新知三联书店2015年版,第241—242页。引用时有所改动。
② [译者注]应指《民法大全》。
③ [瓦本注]参见《和平的保卫者》,II.12.3。
④ [瓦本注]参见《和平的保卫者》,II.12.5。
⑤ [译者注]结合布本和瓦本的注释,亚里士多德在《尼各马可伦理学》中区分了一般正义和特殊正义,参见亚里士多德:《尼各马可伦理学》,1129a,32ff.。

13. 在此,我们需要区分"所有权"的各种模式或含义。① 严格来说,这个词是指要求使用上述第一种模式的法权获得一物的主要权力,我要说的是,这也就是一个对该物知情和同意之人的权力,他的(即主人的)意志是,只要该物仍为他所有,那么没有他的明确同意,任何人都不应当被允许处理该物。而这种权力无非以这种方式拥有用我们所说的法权获得一物的意志,无论在行为上还是在习惯上。的确,它被称为某个人的"法权",因为它符合上述第一种模式的法权,我们刚刚也用这种模式说过,一根柱子在位置上靠近动物的右边或左边时被称为右边的或左边的。

14. 此外,这个词更常用的含义是指上述权力,要么只是对物的权力,要么只是对物的使用或用益的权力,要么是同时对所有这些的权力。

15. 进一步来说,这个词同样是指上述权力,但不是知情或同意之人的权力,也不是明确拒绝之人或放弃之人的权力。根据这种模式,婴儿和缺席之人或任何其他无知但能知的人获得某物或物的某个方面,以及拥有在强制审判者面前由他自己或他人从一个偷窃或想要偷窃的人那里要求某物的所有权或权力。我说不是明确拒绝之人,是因为明确拒绝或放弃某物或物的某个方面的人不能获得这样的物,也不能拥有为自己要求该物的所有权或权力。因为任何人都可以按照人法合法放弃自己提出的法权,但任何不情愿的人都不可以依据任何法律被强迫接受法权的好处。我们刚刚说到的那些所有

---

① 马西利乌斯的"所有权"概念来自教皇尼古拉三世(Nicholas III,1277—1280 年在位)在教令《播行谕》(*Exiit qui seminat*)中的定义。

权是合法的,因为我们是或能够通过法律或立法者的法令和人的选择获得它们的。

16. 除此之外,"所有权"这个词还指人的意志或自由本身,其执行或运动的有机力量是不受阻碍的。因为我们借此在某些行为及其对立面上能够有所行动。基于此,人类在其他动物中也被认为是自己行为的主宰。的确,这来自人的本性,而非通过意愿或选择寻求的东西。

17. 接下来,我们应当对"占有权"一词加以区分。广义上来说,这个词在一种模式上是指与上述前三种含义的所有权相同的东西,或者与一个以这种方式拥有或意愿拥有它的人相关联的尘世物,就像我们在所有权的前两种含义中所说的那样。因此《创世记》第13章写道:"他在金银的占有方面非常富有。"①第17章又写道:"我要将迦南全地赐给你和你的后代作永远的占有。"②

18. 在另一种模式上,严格来说,占有权是指上述所有权,以及对物或者物的使用或用益的实际的物理处理,无论在现在还是在过去。民法学常常用这种方式来使用这个词。

19. 进一步来说,这个词是指对自己或他人之物的合法的物理处理,正如《使徒行传》第4章写道:"没有一个人说他占有的东西是他自己的,都是所有人共用这些东西。"③

20. 此外,不恰当地说,占有权是指对物的非法夺取(通过自己或他人的物理处理),无论在现在还是在过去。

---

① 《创世记》,13:2。
② 《创世记》,17:8。
③ 《使徒行传》,4:32。

21. 因此,我们现在应当对"个人的"和"共同的"这两个词加以区分。"个人的"或"财产"(proprietas)在一种模式上是指上述第一种含义的所有权,民法学用这种方式来使用这个词。

22. 此外,更广义上来说,它是指上述第一种和第二种含义的所有权,神学家们和《圣经》常常在这个意义上使用这个词。

23. 进一步来说,"个人的"和"财产"这两个词(它们在神学家中间更为出名)是指个人的个体独特性或者一物或一物的某个方面的个体独特性(当它们只属于一个人,没有伴随着他人时)。因为当人们询问,是否在永生方面拥有属于个人的尘世物(即独特性)比与另一个人或另一些人共有这些尘世物更完美或更值得时,他们就以这种方式采取"个人的"一词,将它与"共同的"加以区分。

24. 此外,"个人的"或"财产"还指某个主体固有的偶性;哲学家们用这种方式来使用这个词,尽管对他们来说,更熟悉的做法是将这个词理解为随着主体发生转化的。①

25. 然而,就与我们的计划相关来说,"共同的"这个词有着与上述后两种含义的"个人的"相反的含义。

26. 剩下仍然需要我们区分的是"贫困的"和"富有的"这些词的模式。"富有的"最常用来指一个人自己在任何一段时间内(无论在现在还是在未来)以合法的方式同时拥有过多(superhabundanciam)的尘世物(人们称之为"财富")。

27. 在另一种模式上,"富有的"是指一个人自己在任何一段时间内(无论在现在还是在未来)以合法的方式同时只拥有充足的上述物品。

---

① [布本注]参见亚里士多德:《论题篇》,102a,17—19。

28. 此外，更恰当地说，"富有的"可以用两种方式来理解：一种是指一个人拥有过多的上述物品（如前所述），并且他意愿以这种方式拥有它们；另一种方式是指一个人只拥有充足的上述物品（如前所述，这是就第二种模式而言），并且他意愿以这种方式拥有它们。

29. "贫困的"似乎可以用与前两种方式的缺乏相反的方式来理解：一种是指一个人只缺乏过多的物品；另一种方式是指他在任何一段时间内甚至都没有同时拥有充足的物品。

30. 在第三种模式上，"贫困的"与"富有的"相反，反之亦然，它指一个人在任何一段时间内都自发地意愿缺乏过多。

31. 在第四种模式上，"贫困的"是指一个人在任何一段时间内（无论在现在还是在未来）都不想同时拥有充足的物品，但他有时自发地意愿欠缺这种充足。

然而，我们应当注意到，第二种和第四种模式的"富有的"就是第一种和第三种贫困模式的"贫困的"。因此，并不是每一种贫困或"贫困的"的模式都与任何一种富有的模式无分别地相反。

32. 我们也不应忽视这一点，即在那些天生贫困的人中，一些人为了真诚的目的，以适当的方式弃绝了尘世物。但另一些人似乎不是为了这个目的弃绝这些东西的，而是为了虚荣或者为了犯下其他地上的谬误。

33. 除此之外，我们还应注意到，在人们称为"财富"的尘世物中，一些物品就人类为其规定的单个性质和共同性质而言在单一的行为或使用中是消耗品，例如食物、饮料、药品和其他类似物品。但另一些物品则是持久的物品，具有服务多种用途的性质，例如田地、房屋、斧头、衣服、马或仆人。①

这些刚刚提到的术语可能还有其他含义,但我们认为,我们已经列举了其中最常见的以及与我们的计划最相关的模式。然而,要将它们分开并恰当地描述或界定它们,确实是一项艰巨的任务,因为它们在不同的作者之间(甚至在同一个作者中),在不同的地点和时间,都有着不同的用法。"因为几乎每一个词都有多种含义"②,正如《论生成和毁灭》第1卷所写。

---

① [布本注]这种区分是贫困反对者论证的关键:他们认为,对于在使用中消耗的东西来说,使用不能与支配权或所有权分离,因此,托钵修士必须至少对他们所消耗的东西拥有所有权[支配权]。教皇约翰二十二世在1322年的教令中持有这种立场(*Ad conditorem canonum*, in *Extravagantes Iohannis XXII*, tit.14 c.3, CIC II cols.1225—1229, at cols.1226 and 1227)。《论语词的意义》("On the signification of words", CIC II cols.1224-1236)包含了约翰二十二世在1322—1324年间处理方济各贫困主张的四条主要教令:*Quia nonnunquam* (1322), *Ad conditorem canonum* (1322), *Quum inter nonnullos* (1323) and *Quia quorundam* (1324)。

② [布本注]亚里士多德:《论生成和毁灭》,322b,30。

第 13 章

论刚刚提到的贫困状态,人们通常称之为福音的完美,并且基督及其使徒保守这种状态

1. 既然我们已经这样区分了上述术语的各种模式和含义,那么让我们推导出一些结论:第一个结论是,在没有法权或者在一物或一物的某个方面没有上述第一种和第二种法权的情况下,任何人都不能合法处理任何尘世物或物的某个方面(例如使用或用益或类似的方面),无论在个人的还是在共同的处理中,作为他自己的还是他人的财产。因为每一个得不到法权命令或许可的行为都不是合法的,正如从"合法的"定义中,任何人都可以清楚看到这一点,我们不必拖延时间来证明这一点,因为这对所有人来说几乎是自明的。

2. 我们从上述的观点中可以推导出第二个结论,即一个人可以按照一种法律(例如神法)合法处理一物或一物的某个方面,而按照另一种法律(例如人法)则非法处理一物或一物的某个方面,反之亦然。此外,他可以按照这两种法律中的每一种合法地或者非法地做这件事。这一点不难看出,因为这些法律中的命令、禁止和许可,有时是彼此分歧和不一致的,有时则是一致的。因此,如果一个人按照一种法律的命

令或许可行事,他就是按照那法律合法行事;如果这是另一种法律所禁止的事,他就是按照另一种法律非法行这件事。如果这两种法律中的每一种都许可这事,他就是按照这两种法律中的每一种合法行事;但如果这两种法律中的每一种都禁止这事,他就是按照这两种法律中的每一种非法行这件事。至于是否存在任何一件为神法所许可做或不做但为人法所命令或禁止的事(反之亦然),我们现在不作考察,因为它不属于我们现在的调查范围。但是,可以确定的是,许多人法许可的事情,例如通奸、酗酒和其他各种罪恶,都是为神法所禁止的。

3. 因此,我想表明的是,一个人可以在无需任何对该物或该物的某个方面的所有权(根据所有权的第一种、第二种和第三种含义)的情况下,合法处理任何尘世物或其某个方面(根据上述第三种个人的模式),还可以与他人共有的方式占有(根据第三种占有权的模式)它,以及合法毁坏它,无论它是单次使用中可消耗的还是不可消耗的,无论它是个人的(根据第三种个人的模式)还是与另一个人或另一些人共有的,无论它是他自己的(即他通过法权获得的)还是他人的(但前提是已经通过上述第一种模式的法权获得了拥有它的人的同意)。

现在我要这样来证明这一点:因为一个人可以在无需上述三种模式的所有权的情况下合法处理和毁坏任何尘世物或其某个方面(就其上述的所有模式而言),无论在个人的还是在共同的处理或毁坏中,如果他在无需上述依照神法或人法或者二者的所有权的情况下处理或拥有它的话。但如前所述,一个人可以在无需上述任何一种所有权的情况下依法处理某物和某物的某个方面,无论它是他自己的还是他人的(要征得它所属之人的同意),所以他在没有所有权的情况下可以合法地这样做。从"合法的"定义中,这个推理的第一个命题是自明的。我通过归纳推理来证明第二个命题，首先就一个人或另一个人通过自己或他人的行为获得有法权的一物（无论是他个人的还是他与另一个人共有的）来说，例如礼物或遗产、狩猎、捕鱼或者他自己的任何合法劳作或操作。让我们假设一物就是这样被一个人获得的。因此，可以肯定的是，他可以依法使用和处理它，因为这物是以上述方式依法获得的，正如通过归纳法所显明的那样。人们也一致同意，按照人法和神法，任何一个正常人都可以合法地放弃他提出的法权，因为恩惠不能在违背他意愿的情况下被授予某人。因此，一个可以通过自己或他人的行为获得一物或其使用的所有权的人，也可以放弃这种所有权。因此，既然这个人（如果他意愿的话）获得了合法使用（utendi licite）它的权力（也作为一种为自己要求并禁止他人使用一物的权力），他就可以合法放弃为自己要求并禁止他人使用一物或其某个方面的权力（这无非上述前三种法律模式上的所有权），而不是放弃使用该物或其某个方面的权力，这种权力属于上述第二种含义的法权。一些人通常称之为无使用法权（ius utendi）的"单纯的事实使用"（simplex facti usus）①；"使用法权"正是人们所理解的上述三种含义之一的所有权。

4. 进一步来说，一个人可以依法合法使用不属于任何人的物品，但如果一个人放弃了为自己要求并禁止他人使用一物的权力，那么该物就可以不属于任何人，所以任何人都可以合法使用它。因此，既然放弃上述权力的人没有对物品的所有权（如上所述），那么显而易见的是，一个人可以在无需上述任何法律意义上的所有权的情况下合法处理和使

---

① "单纯的事实使用"是方济各会理解贫困问题的核心概念，也是中世纪晚期使徒贫困争论的核心术语。教皇尼古拉三世在教令《播行谕》中指出，方济各会成员没有任何使用物品的所有权，而是只有对物品的"单纯的事实使用"。

用该物。

5. 此外,如果两个物中的一个可以在任何时候通过合法的誓言被弃绝,而另一个绝不能被弃绝,那么这两个物就是彼此分离的。但是,上述对一物的所有权或者为自己要求并禁止他人使用尘世物或其某个方面的权力,可以在任何时候通过合法的誓言被弃绝。而合法拥有一物或对一物的单纯使用,在任何时候都不可以通过合法的誓言被弃绝。所以从彼此的角度来区分这两个物是适当的。从"合法的"定义来看,这个推理的第一个命题是自明的,因为同一个物在同一种法律中不可能同时合法和非法。我就第二个命题的每个部分来证明第二个命题。首先,通过誓言弃绝上述所有权在任何时候都是合法的,因为合法的誓言可以来自基督的劝诫。而这种弃绝就来自基督的劝诫,基督在《马太福音》第20章说:"凡为我的名抛下房屋或……天地的,必要得着百倍,并且得[占有]永生。"①《马太福音》第5章和《路加福音》第6章也是这样的观点,基督说:"有人夺你的外衣,连里衣也由他拿去。"②"如果有人想要在法庭上告状,要拿你的里衣,连外衣也由他拿去。"③奥古斯丁对此说道:"如果他会为了必需物下命令(即劝诫不要告状),那么他会为了多余物下多少命令呢?"④使徒保罗在《哥林多前书》第6章说了与基督的观点一致的话,他说:"这已经是你们的大错了,因为你们彼此告状。你们为什么不接受伤害呢?你们为什么不容忍欺骗呢?(补充:而不是在法庭上告状,无论为了尘世物的要求,这是多么的公正。)"⑤奥古斯丁

---

① 应为《马太福音》,19:29。
② 《路加福音》,6:29。马西利乌斯根据记忆引用。
③ 《马太福音》,5:40。马西利乌斯根据记忆引用。
④ 托马斯·阿奎那:《金链》,vol.11,p.77.
⑤ 《哥林多前书》,6:7。

对此的注解援引了上述那一处的福音书,然后补充道:"对于这一点(也就是说,在法庭上公正告状)使徒宽恕软弱的人,因为在教会中,弟兄之间必须有这样的审判,并且他们的弟兄担任审判者。"[1]由于奥古斯丁说了这些令人疑惑的话,注解接着补充道:"对于奥古斯丁前面说的话,即他说'审判弟兄是一种罪恶',这句话可以得到正确理解,我们应当在此表明,在这些事情上,什么对完美的人来说是合适的,什么是不合适的,以及什么对软弱的人来说是合法的,什么是不合法的。因此,完美的人要求恢复绝对意义上(即在没有诉讼、争执和判决的情况下)属于他们自己的东西,这对他们来说是合法的,但他们若因此在审判者面前进行诉讼,这对他们来说就是不合适的。然而,软弱的人要求恢复他们自己的东西,并且在审判者面前进行诉讼以及在弟兄中间作出判决,这对他们来说是合法的。"[2]因此,合法的誓言可以带来所有权的弃绝。而且,由于完美的人在强制审判者面前告状是不合法的,他们就没有为自己要求一物的合法权力,即上述所有权;因为他们已经借着一个在任何时候都不可违背的誓言(尤其是在誓言有效期内)放弃了这种权力。显而易见的是,在任何时候都不能弃绝对一物或其使用的合法拥有或者单纯的使用事实,因为任何神法禁止的东西都不可以合法地落在誓言之下。而这种弃绝之所以为神法所禁止,是因为这是一种谋杀。因为遵守这种誓言的人就会明知自己死于饥饿、寒冷或干渴。这种誓言为神法所明确禁止,例如在《马太福音》第19章、《马可福音》第10章和《路加福音》第18章中,基督在确认旧律的某些诫命时说:"你不可杀人……"[3]

---

[1] 彼得·伦巴第:《汇编》,Migne 191, p. 1578C。
[2] 彼得·伦巴第:《汇编》,Migne 191, p. 1578C。
[3] 《马太福音》,19:18;《马可福音》,10:19;《路加福音》,18:20。

因此,一物的单纯使用或合法拥有,有别于上述任何所有权或者为自己要求并禁止他人使用一物或其某个方面的权力。

6. 由此也可以必然清楚推论出,断言一物或其使用不可以与上述所有权相分离的学说是一种疯狂的异端邪说。① 因为这样声称的人无非认为基督的劝诫是不可能得到满足的,而这是一个公开的谎言,正如我们所说,我们应当将它视为败坏和异端的邪说而避开它。

7. 以下说法并没有反驳上述观点,即一个人可以通过誓言合法地弃绝告状的行为,但不可以弃绝在强制审判者面前为自己要求并禁止他人使用一物的法律意义上的行为能力或主动权力(我们在前面说过,这就是那种所有权)。事实上,这种说法是错误的,因为已经获得或能够获得的每一种法律意义上的行为能力或权力(其中的行为可以通过合法的誓言被弃绝)同样是可被弃绝的,我们通过归纳法在落在誓言之下的所有劝诫中可以明显看出这一点。因为一个发誓贞洁或服从的人,不仅借着誓言弃绝了行为,而且弃绝了行使这种行为的合法权力(根据上述第一种模式的法权,这种权力原本是属于这个人的)。此外,以下说法是不符合真理的,即某人对所有非法行为都拥有合法权力,因为这种权力既不被称作合法的也不被称作非法的,合法权力和非法权力的不同不是通过其他方式得到辨别的,而是通过同一种权力产生或可能产生的合法行为或非法行为的方式。② 因此,既然一个人在宣誓前拥有的所有来自合法权力的行为在宣誓后都将是非法的,那么很显然,

---

① 由于教皇约翰二十二世在教令《教规谕》中断言一物的单纯的事实使用和所有权不可分离,所以根据马西利乌斯这里的观点,教皇约翰二十二世就是一个异端。
② [布本注]马西利乌斯这里的论证是典型的亚里士多德式的标准哲学论证,即权力/能力是从行为中得到辨别的,但不能反过来说。

宣誓人不再保留这种行为的合法权力。

8. 接下来我要表明的是,对于属于他人的一物或其使用来说,如果一个人在征得主人同意的情况下执行对该物的使用权,那么这个人可以在无需任何上述那种所有权的情况下拥有对该物的合法使用权,甚至可以消耗该物。因为从假定该物完全属于他人的所有权或为自己要求的权力中,可以确定的是,除非得到主人的契据和明确的同意,并且另一个人同意接受该物或其使用的这种所有权或为自己要求的权力,否则这种所有权不会转让给另一个人。因此,假设主人不想将该物或其使用的这种所有权转让给任何其他人;假设另一个人也不接受这种所有权,例如他在明确的誓言中弃绝所有尘世物的上述所有权(这对完美的人来说是合适的);进一步假设主人同意某个完美的人使用他的物,甚至包括对物的使用消耗,而完美的人或弃绝所有物的所有权的人想要在征得主人同意的情况下使用这物:我要说的是,以这种方式使用物的这个人是在合法地使用它,但他完全没有上述对这物或其使用的所有权。从先前的假设中,无论从拥有所有权的人的意志中,还是从物的使用的接受者(他绝对弃绝了这种所有权)中,显而易见的是,他没有对物或其使用的所有权。从"合法的"定义中,显而易见的是,他合法地使用它,因为法律许可任何人使用属于他人的物,甚至包括对它的消耗使用,如果它的主人对此表示同意的话。

9. 但如果我们采取所有权的最后一种模式,即指人的意志或自由,其自然的运动潜能不是后天获得的,而是内在于我们的①:我们要说的是,我们既不能在没有这种所有权的情况下自发地处理(无论合法地还

---

① [译者注]参见《和平的保卫者》,II.12.16。

是非法地）任何物或其任何方面，也不能弃绝这种所有权。因为这几乎对所有人来说都是自明的，因为没有人可以在没有这种权力的情况下维持存在。为了简洁起见，我在没有任何其他验证的情况下越过了这一点。

10. 那么，从这些论述中可以清楚看到，并不是每一种对尘世物或其使用的合法权力或者上述第一种或第二种或这两种模式的法权上的权力都是所有权，尽管相反地，每一种对物或其使用或这两者的合法所有权（就上述三种模式的"合法的"而言）都是合法权力或者上述法权上的权力。因此，如果一个人这样推论：由于存在对物或其使用的合法权力或法权上的权力，存在对物或其使用的合法所有权或者法权上的所有权，那么他就陷入了逻辑后承的谬误推理（paralogismus consequentis）之中。因为一个人可以在无需获得任何合法所有权的情况下合法拥有和处理一物，无论它是他自己的（作为个人的或共同的）还是他人的（只要他自己征得主人或合法获得它的人的同意）。

11. 所以我们现在可以通过这些前提更充分地进入我们的计划之中。首先我们要说，"贫困"或者"贫困的"是什么，这一点几乎是自明的，并且我们在《圣经》许多地方可以发现这一点，我们对此援引所有经文中的《马可福音》第 12 章中的一句经文就足够解释了，基督在那里说："我实在告诉你们，这贫困寡妇投进去的比众人投的更多。"①

12. 接下来我同样通过《圣经》表明，贫困对于永生来说是应得的，因为真理[基督]在《路加福音》第 6 章说："你们贫困的人有福了，因为

---

① 《马可福音》，12:43。

上帝的国(即应得的国)是你们的。"①因为除了基督以外,没有人在此世成为有福的,而是应得有福的。

13. 由此必然得出,如果贫困是从许多意愿以这种方式缺乏尘世物的行为中形成的习性,或者是产生美德的行为,或者是从美德中引出的行为,那么贫困就是一种美德,因为每一个应得的东西都是美德或美德的行为。此外,基督的每一条劝诫本身都属于美德;贫困就是这样一条劝诫,正如《马太福音》第5和19章②以及福音书许多其他地方足够显而易见的那样。

14. 由此必然得出,这是上述第三种和第四种贫困模式上的自发贫困,因为没有选择就没有美德或美德的事工,而没有同意就没有选择,正如《尼各马可伦理学》第2和3卷③足够显而易见的那样。这一点也可以从《马太福音》第5章中得到确认,基督在那里说:"在灵上贫困的人有福了。"④我将"灵"理解为意志或同意,尽管一些圣徒⑤将"灵"阐释为傲慢,但是这并不是很切题,因为他在同一段经文中随后立刻说道:"温柔的人有福了。"⑥但是,不管对这处经文的阐释是什么,没有人会质疑圣徒的观点,即贫困是天国的应得功绩,就像基督所说的那样。而且,这不应当主要是尘世物的外在剥夺,而应当是心灵的内在习性,通过这种习性,一个人为了基督的缘故自发地意愿被剥夺这些物品。因

---

① 《路加福音》,6:20。
② 《马太福音》,5:3,19:21—24,19:29。
③ [布本注]亚里士多德:《尼各马可伦理学》,1109b,30—32。
④ 《马太福音》,5:3。
⑤ 这里的圣徒是指奥古斯丁和克里索斯托,参见托马斯·阿奎那:《金链》,vol.11,p.55。
⑥ [译者注]《马太福音》,5:5。

此,针对《路加福音》第 6 章"贫困的人有福了……"①这句经文,巴西略说道:"不是所有受贫困压迫的人都有福了。因为许多人在物质上是贫困的,但在情感上是最贪婪的,贫困拯救不了他们,反而他们的情感谴责了他们。事实上,任何非自愿的东西都不是有福的,因为每一种美德都是由自由决断选择的。"②所以,应得的贫困是一种美德并且因此是自发的。但外在的剥夺本身不是一种美德,因为这种剥夺不能针对没有应得的情感的人。事实上,一个人可以在违背他意愿的情况下被强制剥夺这些物品,但他仍然由于对这些物品的过度情感而受到谴责。使徒保罗在《哥林多后书》第 8 章对此也有这样的看法,他说,"因为人若有愿作的意志,必蒙纳悦",即"照他所有的"得到应得的。③

15. 而且,如果一个人将来是应得的,那么他就必须为基督的缘故作出剥夺尘世物的选择。因此,真理在《马太福音》第 19 章说:"凡为我的名抛下房屋……"④哲罗姆对此注解道:"为救世主离弃肉体的人,必领受属灵的东西,照属灵的东西和他自己的应得的比较来领受,就好像数字一百和很小的数字的比较一样。"他稍后说道:"那为基督的信心和福音的传道的缘故而轻视世上一切情感、财富和愉悦的人,必要得着百倍,并且得[占有]永生。"⑤

16. 此外,对贪婪的反对本身是应得的并且本质上是一种美德。为了基督的缘故,自发的贫困也是这样一种美德,因为贪婪是一种恶习。

---

① 《路加福音》,6:20。
② 托马斯·阿奎那:《金链》,vol.12, p. 70。
③ 《哥林多后书》,8:12。
④ 《马太福音》,19:29。
⑤ 托马斯·阿奎那:《金链》,vol.11, p. 228。

这种美德类似于慷慨美德,①尽管它与慷慨的目的不同,但它至少在一物的中道方面是比慷慨更完美的种类,我们将从下文中明显看到这一点。基于此,这两种美德不能放在同一个不可分的种类(atoma specie)②中。

17. 因此可以明显看到,应得的贫困是一种美德,一个人借此为了基督的缘故意愿剥夺和缺乏那些被称为"财富"的尘世物,这些物品对于充足的他来说是多余的。

18. 因此也可以明显得出,这种美德不像有些人所想的那样是一种仁爱的习性或行为。③ 因为贫困本身不是一种在原初意义上与憎恨上帝的行为或习性对立的习性或行为,否则多种行为或习性在原初意义上将会与同一种行为或习性对立。事实上,尽管与每一种神学美德相对立的恶行都与仁爱相冲突,但这并不意味着每一种神学美德都是仁爱,因为这种恶行不是在原初意义上与仁爱相对立的。

19. 以下说法并没有反驳上述的观点,即我们在爱中趋向上帝所凭借的美德与我们背离对尘世物的过度欲求所凭借的美德在本质上是相同的,就像某物背离某个终点所凭借的运动与趋向它的反面所凭借的运动在本质上是相同的一样。所以,既然我们趋向上帝所凭借的是仁爱本身,那么似乎我们远离对尘世物的爱所凭借的正是这同一种美德而非其他美德。

20. 事实上,从我们刚刚说过的话中就可以看出这个推理的弱点。

---

① [布本注]亚里士多德在《尼各马可伦理学》第 4 卷讨论了慷慨美德,表明慷慨是关于财富的中道,其两端是浪费和吝啬。参见亚里士多德:《尼各马可伦理学》,1119b,25—1122a,15。

② [瓦本注]关于"不可分的种类",参见亚里士多德:《后分析篇》,96b,15ff。

③ 马西利乌斯这里的观点是在回应教皇约翰二十二世 1322 年的教令《教规谕》。

因为,假设我们在爱中趋向上帝在原初意义上所凭借的是仁爱本身,那么我们背离相反的方向在原初意义上所凭借的则是同一种美德本身。但这[相反的方向]是对上帝的憎恨,而非对尘世物的不正当的爱。尽管这种背离有时会跟从着仁爱,应得的贫困有时也会因此跟从着仁爱,但是这种贫困本身在原初意义上是对尘世物的自发弃绝,而对与这种贫困在原初意义上相对立的东西(即对尘世物的不正当的爱)的背离必然跟从着这种贫困。因为如果我们的对手的说法包含着真推论,那么我们将可以从真前提中得出以下结论:几乎每一种美德都是仁爱,因为大多数美德必然跟从着仁爱(例如信和望,借着这两种美德本身,我们在原初意义上背离了异端和绝望)。

21. 进一步来说,仁爱不能落在誓言之下,因为它是一种诫命。但上述贫困,尤其是上述第四种模式的贫困,落在誓言之下。因此,应得的贫困本质上不是仁爱,反之亦然,尽管这种美德可能像大多数其他神学美德那样跟从着仁爱。

22. 现在我要说的是,这种美德的最高模式或种类是一个羁旅者的明确誓言,通过这个誓言,他为了基督的缘故放弃并且意愿剥夺和缺乏上述任何合法获得的所有权或在强制审判者面前为自己要求并禁止他人使用人们称为财富的尘世物(无论个人的还是共同的)的权力。我还要说的是,通过这个誓言,他为了基督的缘故意愿剥夺和缺乏对这些尘世物(无论个人的还是共同的,它们对于当下在量和质上都充足的他来说是多余的)的所有权力、习性和处置或使用。他也不意愿同时拥有这些货物(不管这些货物是多么合法地被运到他那里的)来供给他将来的多次需要或需求,无论只是为了他自己还是在共有的关系中为了他自己和另一个人或另一些特定的人。相反,他意愿同时拥有它们,只为一个需求，例如当下对食物和衣物的几乎直接迫切的需求。但是，这只是一些额外的东西，发誓的人借此处在这样一个地方、时间和安排当中，即他可以在连续的单个日子里为自己再次寻找到可以供给上述需求的尘世物，但只是同时供给一次需求而非多次。正是这种应得贫困的模式或种类，才是人们想要说的那种对福音的完美来说必要的状态，这一点将从下文中变得清楚明白。而且，为了简洁起见，对于上述这种应得贫困的模式或者既没有个人的（根据上述第三种模式）也没有与他人共同的（与个人的相反）东西的贫困模式，①我们将称之为"最高贫困"（summa paupertas），并且按照神学家的习惯，我们将某个意愿以这种方式拥有物品的人称为"完美的"。

23. 至于上述应得贫困的模式是所有其他模式中最高的，我们可以从以下这点来表明，即基督的所有应得的劝诫都是依据这种贫困模式而非其他模式得到遵守的。因为首先羁旅者通过誓言弃绝可能弃绝的所有尘世物；他通过这样的誓言从自己身上移除了更多神圣仁爱的障碍；他倾向于维持此世更多的苦难、耻辱和不便；他自发地剥夺更多的愉悦和虚荣；一言以蔽之，他使自己最大限度地倾向于遵守基督的诫命和劝诫。显然，一个以这种方式发誓的人在绝对的和对于羁旅者来说尽可能准许的意义上弃绝了尘世物，因为他不意愿同时拥有任何东西，除了供给他当下或几乎当下对食物和衣物的一次必要的需求之外。但任何一个有信仰的羁旅者都不准许拥有过少的东西，因为如果他意愿拥有的东西少于维持生命所必需的东西，那么他就是在故意杀人，而至少依据神法，这对任何人来说都是不准许的。所以一个人以这种方式

---

① 参见《和平的保卫者》，II.12.23，II.12.25。

意愿尘世物,即不准许拥有过少的东西,但可以意愿拥有尽可能少的东西;一个人弃绝如此多的东西以至于不准许弃绝更多的东西,但可以弃绝尽可能多的东西。这就是羁旅者根据上述应得贫困的模式(我们称之为最高贫困)所做的事情。显然,这符合基督的劝诫。因为他对这誓言给出了劝诫,他在《路加福音》第14章中说:"你们无论什么人,若不撇下一切所有的,就不能做我的门徒。"①

24. 同样显而易见的是,他从自己身上移除了更多神圣仁爱的障碍,因为保存尘世物的爱和意志会使人转向它们,从而使人更加远离对上帝的爱或喜悦。因此,真理在《马太福音》第6章说:"你的财宝在哪里,你的心就在哪里。"②以下的辩护说辞也是无效的,即拥有这些东西的人不会将他的爱转向它们。因为你们要听基督在《马太福音》第13章和《马可福音》第4章说的话,即"财富的诡诈蒙住了道"③。哲罗姆对此注解道:"财富是阿谀奉承的,它们做一件事,应许另一件事。"④基于此,基督在《路加福音》第18章中也劝诫一个意愿完美的人要绝对地弃绝它们,他说:"去变卖你一切所有的,分给穷人。"⑤贝达⑥对此注解道:"所以凡是意愿完美的人都应当把他所有的卖了,不是一部分,正如亚拿尼亚和撒非拉那样,而是全部。"⑦同样切题的是,赛奥菲拉克补充道:"他建议最高贫困。因为如果一个人留下了什么东西(即尘世物),那

---

① 《路加福音》,14:33。[译者注]参见《和平的保卫者》,II.11.2。
② 《马太福音》,6:21。
③ 《马太福音》,13:22;《马可福音》,4:19。经文来自《马太福音》13:22。
④ 托马斯·阿奎那:《金链》,vol.11,p. 169。
⑤ 《路加福音》,18:22。
⑥ [布本注]"可敬的"贝达(Beda,约673—735),他也许是英国教会史上最著名的人物,也是众多释经著作的作者。
⑦ 托马斯·阿奎那:《金链》,vol.12,p. 198。

么他就是它的奴仆(补充:他就是为自己保存这些尘世物的人)。"[1]因为这类东西的本质是以一种过度的方式影响持有者的情感。赫拉班[2]对基督在《马太福音》第19章[3]所说的话补充了同样的观点,非常切题。因为他说:"有钱和爱钱之间存在一定的距离。然而,更加安全的是,既没有财富也不爱财富。"[4]因为,正如哲罗姆在同一处所补充的:"很难轻视所拥有的财富。"[5]因为正如托马斯[阿奎那]对基督在《路加福音》第18章[6]的相同劝诫所说的那样,"它们[财富]比酸橙还要粘(visco viscosiores)"[7]。所以一个在对于羁旅者来说尽可能准许的意义上弃绝财富的人就从自己身上消除了更多仁爱的障碍。

25. 他甚至使自己处在此世更多的苦难、耻辱和不便之中,他自发地剥夺了自己更多的愉悦和地上的便利。尽管根据经验,这是自明的,但智者在《传道书》第10章中说:"钱能应付一切(即对于有钱的人来说)。"[8]《箴言》第15章从另一个角度说,"穷人日日愁苦"[9],因为正如同一处的注解所说,穷人"饱受苦难"[10]。此外,同一篇经文第19章说:

---

[1] 托马斯·阿奎那:《金链》,vol.12,p. 198。

[2] [布本注]赫拉班(Rabanus,约780—856),富尔达修道院院长和美因茨大主教,是众多《圣经》评注和教学著作的作者。

[3] 《马太福音》,19:24。

[4] 托马斯·阿奎那:《金链》,vol.11,p. 225。

[5] 托马斯·阿奎那:《金链》,vol.11,p. 225。

[6] 《路加福音》,18:25。

[7] 托马斯·阿奎那:《金链》,vol.12,p. 198。[译者注]列奥·施特劳斯指出,这是马西利乌斯《和平的保卫者》唯一一次正面提及托马斯·阿奎那的名字,参见 Leo Strauss, "Marsilius of Padua", in *History of Political Philosophy* (Third Edition), edited by Leo Strauss and Joseph Cropsey, Chicago: The University of Chicago Press, 1987, pp.276—295。

[8] 《传道书》,10:19。

[9] 《箴言》,15:15。

[10] 《标准注解》。

"财富招来许多朋友,穷人却为亲朋所弃。"①然而,为了基督的缘故而在此世忍受悲伤并节制喜悦是应得的,也是符合劝诫的,这一点在《马太福音》第5、19章和《路加福音》第6章中是显而易见的,就承受悲伤来说,"穷人有福了,悲伤的人有福了,受迫害的人有福了,你们饥饿的人有福了"②,以及在那里被列举的所有其他人都有福了。就节制喜悦来说,"凡抛下房屋或弟兄的",以及在那里被列举的其他东西,"必要得着百倍,并且得[占有]永生"③。圣徒们在这处的注解阐明了相同的观点,为了简洁起见,以及由于这件事是足够明白的,我省略了他们的注解。这也是使徒保罗在《罗马书》第8章的观点,他说:"我认为现在的苦难不值得与将来在我们身上显现的荣耀相提并论。"④所以此世的困境对于自发承受悲伤的人来说是应得的。使徒保罗在《哥林多后书》第1章说了同样的话:"你们既同受苦难,也必同得安慰。"⑤安布罗斯对此说道:"因为你们将会得到与你们的事工同等的(即合比例的)荣耀的回报。"⑥然而,为了忍受此世的悲伤和不便,共同持有尘物之所有权的集体并不完全以这种方式安排自己,因为他们所做的要少于此世许多已婚的穷人,后者虽然有时拥有个人财产,但是比那些仅仅共同占有东西的人更加常常需要充足生活所需的东西。

26. 基督的所有诫命和劝诫都可以按照这种我们称为应得贫困的最高模式得到最充分的遵守,这对于浏览过福音经文(尤其是我们处理

---

① 《箴言》,19:4。
② 《马太福音》,5:3,5:5,5:10;《路加福音》,6:21。
③ 《马太福音》,19:29。
④ 《罗马书》,8:18。
⑤ 《哥林多后书》,1:7。
⑥ 彼得·伦巴第:《汇编》,Migne 192, c.11。

的章节)的人来说是显而易见的。事实上,一个选择了这种贫困的人,怎么会贪婪或傲慢呢?怎么会放纵或不节制、野心勃勃、冷酷无情呢?为什么会不公正、恐惧、懒惰或妒忌呢?又为什么会满口谎言、不节制以及出于某个原因对另一个人怀有恶意呢?相反,通向所有美德的大门似乎都向一个以这种方式安排自己的人敞开,也向一个沉着稳定地满足所有诫命和劝诫的人敞开。① 但由于这对于推理的人来说是清楚的,为了简洁起见,我省略了验证。

27. 因此,应得贫困的最高模式或种类就是我们上面所描述的,因为按照这种贫困模式,基督的所有诫命和应得的劝诫都可以得到更充分、更无烦恼的遵守。从这个描述中可以明显看出,首先,一个完美的人应当通过明确的誓言放弃尘世物(就所有权而言),因为这是基督的劝诫,正如我们前面从《路加福音》第 14 章中所援引的那样,也因为一个让自己以这种贫困状态示人的人将使自己在别人面前更受轻视并且在更大程度上远离尘世荣耀。因此《路加福音》第 9 章:"若有人要来跟从我,就当舍己。"② 由此可进一步推导出,无人能在完美使用理性之前遵守最高贫困。从这个描述中也可以推导出,一个完美的人不应当为了自己的缘故(即为了供给自己将来的需要)而拥有、寻求或保留任何东西,除非是为了供给当下几乎迫切的需要,即我们在前面描述中所说的额外的东西。③ 因此《马太福音》第 7 章写道:"所以不要为明天忧虑,因为明天自有明天的忧虑。"④ 注解对此说道:"为明天,即为将来,他

---

① [格本注]马西利乌斯这里对最高贫困概念的论述,突出了天主教伦理价值和尘世伦理价值的根本不同,表明了宗教道德与尘世政治的分离。
② 《路加福音》,9:23。参见《和平的保卫者》,II.9.4。
③ [译者注]参见《和平的保卫者》,II.13.22。
④ 应为《马太福音》,6:34。

承认我们会为当下忧虑。我们不应当为神意照管的将来忧虑,而是应当怀着感恩的心接纳当下,让我们把对不确定的将来的操心交给操心我们的上帝。"①同一篇经文第7章也有相同的观点,当基督对门徒们说:"你们看那天上的飞鸟,也不种,也不收,也不积蓄在仓里,你们的天父尚且养活它。"他稍后补充道:"所以不要忧虑说,吃什么?喝什么?穿什么?这都是外邦人所求的。"②

28. 我们说过,一个完美的人不准许为了自己的缘故而把任何东西储存到明天,但这不能以如下方式来理解,即如果他每天合法获得的东西有剩余,他就应当扔掉并且一点也不储存。相反,他应当以这样一种方式来储存这些剩余物,即他要坚定地计划以一种适合于穷人、他遇到的任何穷人或比他更需要的人的方式来分配和分发它们。因此《路加福音》第3章写道:"有两件里衣的,就分给那没有的;有食物的,也当这样行。"③我将这两件里衣和食物理解为供给当下个人需求后的剩余物。

我说要为任何一个穷人,是因为一个只为特定穷人保存或拥有东西的共同体(例如一个僧侣的、教士的或类似的共同体)不是完美的共同体,因为完美的共同体,例如基督和使徒的共同体,是为所有信徒存在的,正如在《使徒行传》第4章中所显明的那样。④ 如果它在某些情况下扩展到异教徒,那么它也许会是更加应得的,根据《路加福音》第6章这处经文:"善待那些恨你们的人。"⑤

所以一个完美的人可以合法地储存剩余物并且应当这样做,但他

---

① 《标准注解》。
② 应为《马太福音》,6:26,6:31—32。
③ 《路加福音》,3:11。
④ 《使徒行传》,4:32,4:34—35。
⑤ 《路加福音》,6:27。

要有我们所说的坚定的意图或计划。因此《约翰福音》第6章:"把剩下的零碎收拾起来,免得有糟蹋的。于是他们收拾起来,装满了十二个篮子的零碎。"①注解针对《马太福音》第18章"一块斯塔特,为了我和你拿去……"②这句经文也是这样理解的,因为它说:"主如此贫困,以至于没有什么可供他交税的。犹大在钱袋子里确实拥有共同的财产。但他说,把属于穷人的东西转为自己使用是不对的。"③看,这些东西是为穷人保管的,也就是说,为这个意图而被储存的。

29. 由此可以清楚看出,那些人是错误的,因为他们声称一种发誓不接纳任何东西来分发给软弱的穷人或不能以其他方式寻求充足需求的誓言属于完美的誓言。因为使徒保罗使用了这些获得的东西,没有人可以质疑他这样做的合法性和应得性,就像他在《哥林多后书》第8和9章中公开表达的那样。④ 从对《约翰福音》第21章"喂养我的羊"等等这些经文的注解⑤中也可以清楚地看到这一点。由于这一点很清楚,以及为了简洁起见,我省略了这些段落。

30. 从上述的描述中也可以得出,一个完美的人不应当也不可以在他的能力范围内保存或保留任何不动产(例如房屋或田地),除非他能够有坚定的计划将不动产变卖或转换成适合直接分发给穷人的金钱或他物。⑥ 因为房屋或田地在不涉及过分慷慨和欠缺的罪的情况下是不可能直接恰当地分发给穷人的。我们应当在这件事上注意到基督的劝

---

① 《约翰福音》,6:12—13。
② 应为《马太福音》,17:27。
③ 《标准注解》。
④ 《哥林多后书》,8,9。
⑤ 《标准注解》(zu Ioh. XXI, 15—17)。
⑥ 关于不动产的使用问题,参见教皇尼古拉三世的教令《播行谕》。

诚,他在《马太福音》第19章、《路加福音》第18章和《马可福音》第10章中说"去卖吧",①他没有说"把你所有的都给穷人",也没有说"把你所有的都浪费掉",而是说"去卖吧",因为通过卖可以实现更适当的分发。使徒们也这样劝诫,他们所劝诫的人也是这样做的,因为他们想把家产以更适当的方式分发给穷人。因此《使徒行传》第4章:"凡是有田地房屋的都卖了,把所卖的价钱拿来……照各人所需用的,分给每个人。"②

31. 从上述的观点中同样可以清楚看出,对任何尘世物的获得性所有权(在上述前三种所有权的含义上)都不可能属于一个完美的人,正如我们前面从《马太福音》第5章和《路加福音》第6章中所确证的那样。我们通过使徒保罗在《哥林多前书》第6章的话确认了同样的观点。并且,我们通过奥古斯丁和同一处的注解更加充分地揭示了这一点。③ 由于这一点很清楚,以及为了简洁起见,我们省略了对这些段落的援引。

32. 我们也不应当听从以下这种说法,即完美的人可以合法地保留不动产,这样他们就可以从不动产的年收入中分一些给穷人。因为出于对基督的爱和对邻人的怜悯,更应得的做法是,把这些不动产连同收入一起分给穷人而非只把其中的一部分分给穷人。同样更应得的是,只分不动产而非只分它们的收入。因为一个人以这种方式可以同时帮助许多有实际需要的穷人,而他们可能在下一笔不动产收入到来之前就因匮乏而陷入疾病、死亡、卖淫、盗窃或其他不便之中。此外,由于保

---

① 《马太福音》,19:21;《路加福音》,18:22;《马可福音》,10:21。
② 《使徒行传》,4:34—35。
③ 参见《和平的保卫者》,II.13.5。

管不动产的人可能会在下一笔不动产到来之前就死了,所以他可能永远不会从中应得着他本可以应得的东西。

我们可以对各种动产持有完全相同的观点,如果它们与其他物品一起以这种方式被保留下来,它们同样会以过度的方式影响占有者的情感。但如果这种美德被认为是仁爱(正如有些人所认为的那样),那么没有人会怀疑,这种仁爱模式与最高贫困模式一起比拥有尘世物的所有权(无论个人的还是共同的)更完美,正如从前述推理中所显明的那样。

33. 然而,当我们现在接近我们的主要命题时,我们想表明的是,基督在羁旅中保守了应得贫困的最高种类或模式。因为任何一物中第一位的是最大的,而基督是第一位在羁旅中、在新律下应得着永生的人,所以他是最完美的。他遵守了对尘世物的这种状态,因为按照福音法,他在没有这种状态的情况下不可能获得最大的应得功绩。

此外,如果他没有遵守贫困模式,而另一个羁旅者遵守了,那么按照福音法,这个人将会或者可以在应得功绩上比基督更完美,但这样想是不虔敬的。因为基督宣称这种贫困模式属于应得的完美,他对此说道:"如果你想完美,去变卖你一切所有的,分给穷人。"①他没有补充说"[所有的]是个人的还是共同的",而是在普遍的意义上理解这个词,即基于这个词的含义,他在普遍的意义上重复了这个词,说"一切所有的"。因为凡是与另一个人或另一些人共有所有权的,或是在上述模式之外保留尘世物的,都没有弃绝一切可以被弃绝的尘世物,也没有投身于如此多的尘世苦难之中或被剥夺如此多的尘世便利(正如一个在两

---

① 《路加福音》,18:22。[译者注]经文原文没有"如果你想完美"。

方面都放弃尘世物的人那样),也没有摆脱对这些尘世物的关心,也没有像一个在各方面弃绝它们的人一样保守基督的所有劝诫。

34. 我现在想表明的是,基督确实拥有一些个人的和共同的东西,但是他仍然保守了最高贫困。的确,他拥有第三种含义上的个人的东西,我们可以从《马可福音》第2章看到这一点:"有很多这样的人,他们跟从他[基督],文士和法利赛人看见他与罪人和税吏一起吃饭。"①可以肯定的是,他确实合法地拥有他放在口中吃掉的东西,无论是属于他自己的还是个别意义上的东西。进一步来说,他还拥有属于他自己的或个别意义上的衣服,正如从《马太福音》第27章、《马可福音》第15章、《路加福音》第23章和《约翰福音》第19章中可以足够清楚看到的那样。因此,《马太福音》对此说道:"他们给他脱了袍子,给他穿上他自己的衣服。"②《约翰福音》也对此这样说道:"所以士兵把他钉在十字架上,就拿他的衣服。"③《马可福音》和《路加福音》也是这样说的,④为了讨论的简短,这些段落被省略了。因此,基督在保守最高贫困的同时,合法地或在法权上拥有个人的尘世物,而他意愿并应当意愿拥有这些尘世物,否则他就在道德上犯罪了,正如《马太福音》第21章和《马可福音》第18章所示。⑤ 他作为一个真诚之人,想吃东西,所以他需要食物。他如果在能够吃的时候没有吃,就犯了一个更重的罪,即故意饿死自己。

35. 基督也在保守最高贫困的同时,合法地拥有共同的东西。因此

---

① 《马可福音》,2:15—16。
② 《马太福音》,27:31。
③ 《约翰福音》,19:23。
④ 《马可福音》,15:20;《路加福音》,23:34。
⑤ 《马太福音》,21:18;应为《马可福音》,11:12。

《约翰福音》第12章写道,"犹大说这话,不是因为他挂念穷人,而是因为他是个贼,又带着钱袋子"①,也就是基督与使徒和其他穷人所共有的钱袋子,正如从基督命令将这些东西分发给饥饿的穷人人群(这在《马太福音》第14章②中是足够清楚的)这一事实中所显明的那样。因此,钱袋子成了存放用来施舍的钱的仓库。同一篇经文第14章也说了同样的话:"有人因犹大带着钱袋子,认为……"③注解针对《马太福音》第18章"一块斯塔特……拿去……"④这句经文说了同样的话:"犹大在钱袋子里确实拥有共同的财产。"⑤在基督复活后,使徒彼此之间以及与其他穷人一起也以这种方式拥有共同的财产,同时保守着最高贫困。因此《使徒行传》第4章写道:"所有人共用这些东西。"⑥同样地,他们也像基督一样有自己的东西,即他们自己使用的食物和衣服。

36. 接下来,我想给出一个必然的推论,作为这一章、上一章和下一章的主要意图,即基督在羁旅中,尤其在对最高贫困的展示中,确实没有获得对任何尘世物或其使用的任何所有权(根据第一种、第二种和第三种所有权的含义),无论个人的还是与他人一起共有的。因为一旦他为自己选择了这种所有权,他将不会保守所有的劝诫,尤其是一个羁旅者可能保守的最高贫困。但基督保守了所有这些劝诫,是羁旅者中最完美的。因此,基督既没有也不想拥有这种对尘世物的所有权,《圣经》常常称之为"占有",正如《路加福音》第14章所说:"若不撇下一切所

---

① 《约翰福音》,12:6。
② 《马太福音》,14:14—19。
③ 应为《约翰福音》13:29。
④ 应为《马太福音》,17:26。
⑤ 《标准注解》。参见《和平的保卫者》,II.13.28。
⑥ 《使徒行传》,4:32。参见《和平的保卫者》,II.12.19。

占有的。"①《马太福音》第 10 章也这样说道:"你们在你们的腰带里不要占有金银铜钱。"②也就是说,不要保存任何东西,除非是在合法的情况下,即在我们上述的意图和需要的情况下,例如为了无力养活自己的穷人,就像保罗所做的一样,或者在时间或地点和个人安排的需要紧迫的情况下,这将在下一章得到进一步澄清。处在上述情况下的最高贫困中的人也不准许拥有上述所有权,因为基督关于最高贫困的劝诫必然排除了这种所有权。所以基督没有上述对尘世物的所有权,任何模仿他的人(即那些想要保守最高贫困的人)也不可以拥有这种权力。

37. 因此,我要说的是,从《圣经》中可以得知以下的说法是不可能的,即基督(无论他把自己降到多么软弱的位置)确实拥有上述对尘世物的所有权或占有权(无论个人的还是共同的),尽管有些圣徒被认为持有这种说法。③ 因为基于同样的理由可以得出这样的说法,即基督做了一切许可的行为,以免他看起来会谴责那些像他那样做的人的状态,所以基督会接受和行使对有争议行为的尘世统治权或尘世审判权。但我们在这一论第 4 章无可辩驳地证明了与这种说法相反的观点。婚姻也是如此,在强制审判者面前对有争议行为的诉讼也是如此,其他一切许可的行为也是如此,无人能借着《圣经》让人相信基督做了这些事,恰恰相反[基督没有做过这些事]。因为他没有必要也不应当做这些行为,以免他看起来会谴责那些做这些行为的人(他们被称为"软弱的人")的状态。因为以下说法没有因果关系:基督没有结婚,所以他似乎

---

① 《路加福音》,14:33。
② 《马太福音》,10:9。
③ 参见教皇尼古拉三世的教令《播行谕》以及教皇约翰二十二世的教令《诸事谕》(*Quia quorundam*)。

谴责了婚姻状态。其他例子也是如此。因为他自己充分表达了出于救赎的必要而必须做或不做的命令或禁止的行为与不是出于救赎的必要而被圣徒称为"超义务的"(supererogacionis)行为之间的区别。当基督被问到关于永恒救赎所必要的行为时,他回答道:"你若要进入生命,就当遵守诫命。"①但当他被再次问到关于超义务的行为时,他没有回答"你若要进入生命",而是说"你若要完美[完全]"②。在《马太福音》第19章、《路加福音》第18章③和《马可福音》第10章④的一些经文中,基督明确地让人明白,遵守诫命就足够永生了,因为他在被问到这个问题时,他只是回答:"你若要进入生命,就当遵守诫命。"因此,基督没有必要也不应当做一切许可的行为,以免他看起来会谴责那些做这些行为的人的状态。他已经表明,这样的人可以从单独的诫命或命令(一般包含肯定或否定的命令)中得到拯救。恰恰相反,他应当做一些劝诫性的行为,例如保守最高贫困和避免婚姻,以便为所有其他人提供一个做这些行为的榜样,就像我们在《圣经》中读到他实际上所做所说的那样。因为他在《马太福音》第8章和《约翰福音》第9章谈到自己的贫困时说:"狐狸有洞,天空的飞鸟有窝;人子却没有枕头的地方。"⑤注解对此说道:"我如此贫困,以至于连我自己的住处都没有。"⑥针对《马太福音》第18章"一块斯塔特;为了我和你拿去给他们"这句经文,注解说道:"主如此贫困,以至于没有什么可供他交税的。"⑦但是,我们没有读

---

① 《马太福音》,19:17。
② 《马太福音》,19:17,19:21。
③ 《路加福音》,18:18—22。
④ 《马可福音》,10:19—21。
⑤ 《马太福音》,8:20;《约翰福音》,9:58。参见《和平的保卫者》,II.11.2。
⑥ 《标准注解》(*zu Matth. VIII*, 20)。
⑦ 参见《和平的保卫者》,II.13.28。

到他有城堡、田地或大量财宝,以免他看起来会谴责那些以这种方式拥有它们的人的状态。

38. 但是,如果基督确实做了许可的行为,他就能够在同等地遵守所有劝诫的同时做这些行为,因为他是立法者,他可以做这些行为,以免他看起来会谴责那些这样做的人的状态。因此,他绝对不会像软弱的人为了自己便利的缘故而想要它们一样想要这些东西,而是为了其他的缘故想要这些东西,并且他在某种程度上是不想要的,因为他不是为了自己而是为了上述的理由。而其他完美的人在遵守最高劝诫的同时绝不可能恰当地想要这种所有权。事实上,他们不可能为了避免看起来会谴责他人的状态而想要它,因为认可或谴责他人的状态的权力并不属于他们,他们现在、过去和将来都不是立法者。如果他们想要这种所有权,他们就会像软弱的人而非完美的人一样想要它。所以如果基督意愿的话,在遵守一切最高劝诫的同时,他确实可以做这些许可的行为,但这除了对他(为了上述的理由)以外,对其他任何人来说不可能是合法的。

39. 如果有人问,谁能如此完美,以至于他在任何时候都不想拥有任何尘世物,除了那些足以满足他当下或几乎当下直接迫切需求的东西;我说,基督和任何其他意愿的人都能够,尽管这样的人很少,因为正如《马太福音》第7章所写:"那门是窄的,路是小的,找着的人也少。"① 你回答我的这个问题:在这个时代有多少自愿的殉道者? 有多少英雄? 有多少加图、西庇阿和法布里希乌斯?②

---

① 《马太福音》,7:14。
② 马西利乌斯在此可能引用的是西塞罗:《论责任》(De officiis),l.III, 4(6)。

第 14 章

论对上一章结论的一些反驳及其解决,以及对上一章论述的确认

1. 对于我们以这种方式竭力表达的观点,有人会提出反对:如果侍奉福音并且意愿保守完美状态的主教和教士不能保存任何东西来供给他们自己将来的需要,除非他们必须带着坚定的计划想要把它分配给他们第一次遇到的一个或多个更需要得到帮助的穷人,以及在我们之前对最高贫困的描述中所说的其他情况下,他们怎么能够竭力宣讲上帝的言并照管日常生活呢,如果他们不准许为自己保存任何将来必要的东西的话?因为似乎很难或不可能同时做这些事。因此《使徒行传》第 6 章:"我们撇下上帝的言去侍奉饭食,这是不合宜的。"[1]使徒暗示这两件事不能同时进行。所以,完美的人保存尘世物来供给他们自己将来的需要是合法的。这一点还可以从其他经文中得到进一步说明;因为针对《约翰福音》第 14 章"因犹大带着钱袋子。里面保存着供

---

[1] 《使徒行传》,6:2。

物……"这句经文,注解说道:"教会在这里被赋予了保存必需品的样式。"①因此,既然"教会"这个词在这里被理解为完美的人(尤其是教士或主教),那么似乎他们可以合法地为自己保存必需品来供给将来的需要。此外,针对《马太福音》第7章"不要为明天忧虑"这句经文,注解说道:"如果一个人看到一个义人为他自己和他的弟兄采购必需品,这个人不应当感到被冒犯,也不要判断他在为明天思考什么,因为那命令做这事的以及天使所侍奉的,为了提供这个榜样而拥有钱袋子,由此提供必需品来为他使用。"②相同的说法可以从《约翰福音》第14章中得到进一步证实,经文在那里这样说道:"有人因犹大带着钱袋子,认为耶稣是对他说:'你去买我们过节所应用的东西。'"③所以基督和使徒拥有他们所存的钱,由此他们可以买这些东西。相同的说法还可以从另一处文本中得到说明。针对《马太福音》第6章"你们看那天上的飞鸟……"这句经文,注解说道:"他不禁止前知和苦难,而是禁止忧虑,以便使我们的全部希望都在上帝里面。"④因此,完美的人准许为自己预备将来的必需品。相同的说法还可以从《马太福音》第14章、《马可福音》第6和8章以及《路加福音》第10章中得到进一步说明。基督问使徒:"你们有多少饼?他们说:'7个。'"⑤他们保存了超出当下所需的这些饼,所以完美的人准许为自己保存尘世物以备将来之需。

2. 接下来将必然得到表明的是,完美的人拥有或可以拥有(甚至

---

① 应为《标准注解》对《约翰福音》13:29的注解。[布本注]"里面保存着供物"为马西利乌斯自己所加,经文没有这句话。
② 应为《标准注解》对《马太福音》6:34的注解。
③ 应为《约翰福音》,13:29。
④ 《标准注解》(zu Matth. VI, 26)。
⑤ 《马太福音》,14:17;《马可福音》,6:38,8:5;《路加福音》,9:13。经文来自《马可福音》8:5。

在保持完美的时候)上述第二种或第三种所有权含义上的对尘世物或其使用(无论是个人的还是与另一个人或另一些人共有的,尤其是那些在一次性使用中的消耗品)的所有权。首先,这一点在《路加福音》第22章中是清楚明白的,当基督对使徒说:"没有剑的,要卖自己的里衣买剑。"①但买卖一物的人将物或回报的所有权转换到他人手中。然而,没有人可以将一个起初不属于他的东西转换到他人手中。因此,基督和使徒拥有上述所有权。

3. 接下来可以用如下方式从另一个角度来表明相同的说法:由于一个人合法拥有一物的使用权(它与上述对它的所有权是不可分的),他必然拥有该物的所有权。②而基督和使徒拥有这些物的使用权,所以他们必然拥有它们的所有权。这个推理的第一个命题是自明的。第二个命题可以从基督和使徒对消耗品的使用中得到确证,因为他们要么拥有法权上属于他们自己的物的使用权,要么拥有法权上不属于他们自己的物的使用权。如果他们拥有法权上属于他们自己的物的使用权,那么他们在拥有物的使用权的同时拥有了物的所有权;如果他们拥有法权上不属于他们自己的物的使用权,那么在对它的使用之前,它要么属于另一个人,要么不属于任何人。如果它不属于任何人,那么它在法权上就被授予占有它的人,③基督和使徒必然在使用它之前或在使用它的同时就占有了它,所以他们在使用它之前或在使用它的同时就拥有了它的所有权。然而,如果这种使用是对属于另一个人的物的使用,

---

① 《路加福音》,22:36。

② 物的使用和所有权不可分的观点来自教皇约翰二十二世在1322年的教令《教规谕》。

③ [布本注]这属于罗马法的原则,即如果一个人占有无主之物,那么该物就在法权上属于他。参见 *Institutes*, II.1, passim.

那么这种使用要么得到了主人的承认,要么没有得到主人的承认。如果没有得到主人的承认,尤其是在使用消耗品的情况下或者假定主人在法权上禁止这种使用的任何其他情况下,那么这种使用将是非法的,而这样说基督或使徒的使用是不虔敬的。但如果这种使用(即消耗某物的使用)受到了主人的承认,那么物的主人要么只授予使用者没有所有权的使用权,要么将使用权与所有权一起同时授予使用者。如果只授予使用者没有所有权的使用权,那么使用就是非法的,因为从这种使用中,主人在没有自己行为参与的情况下被剥夺了物的所有权,而这不可能合法地发生或者在法权上是不可能发生的。[①] 但如果主人将使用权与所有权一起授予以这种方式使用的人,那么很显然,以这种方式使用的人,甚至在完美的状态下,也必然在使用物的同时拥有物的所有权。

4. 进一步来说,如果完美的人对任何物都没有所有权,那么结果将是,一个人从他手中夺走尘世物(即使他确实需要这个尘世物),就是在合法地夺走它,因为这符合法权。因为任何人都可以合法地或在法权上占有不属于任何人的东西。但无人能为自己要求的东西不属于任何人。完美的人所拥有的就是这种东西,这一点从我们之前的假设中已经很清楚了。

进一步来说,有义务保持热情的人必须对将来的必需品和一些东西的所有权有所准备。而所有使徒的继任者即主教都有热情的义务。因此《提摩太前书》第 3 章和《提多书》第 1 章写道:"主教必须热情。"[②]

---

① [布本注]这也属于一条罗马法的原则:属于我们的东西不可能在没有我们行为参与的情况下被转换到他人手中(*Regulae iuris*, in the *Digest*, D.50.17.11)。

② 《提摩太前书》,3:2;《提多书》,1:7—8。

此外，作为主教的教父们似乎是这样做的。因为他们拥有田地和财产的所有权，至少是与其他主教和教士一起共有的。因此，安布罗斯在《论移交教堂》的信中说道："教会的田地要交税。"①所以完美的人（尤其是教士，他们被或应当被"教会"这个词所标记）应当占有田地和不动产。

5. 这一点还可以在基督身上得到具体说明。首先，因为甚至依据人法，把一个人从死亡中救出来的人就成了他所救之人的主人并且由此拥有后者的所有尘世物。而基督把我们从死亡中（不是从任何一种死亡中，而是从永恒死亡中）救了出来，所以基督获得了对我们身体和尘世物的所有权。此外，《启示录》第19章写到他"在衣服上写着：万王之王和万主之主"②。注解对此说道："在衣服上，即在人类的衣服上。"③因此，既然一个作为万王之王和万主之主的人拥有对这些物的所有权，那么显然，基督在尘世物上拥有这种所有权。

6. 然而，我们可以从我们先前关于尘世物的最高贫困和所有权的结论中对本章的反驳意见作出适当的回应（但这符合基督和使徒的观点）。我们提出的第一个观点是，福音的执事、教士或主教以及其他较低品级的神职人员都应当满足于他们日常的食物和必要的衣物，如果他们想要守卫完美的状态或最高贫困的话。因此《提摩太前书》最后一章："只要有食物和衣物，我们就当满足了。"④那些领受福音布道的人，至少依据神法，有义务把这些东西提供给侍奉福音的人。因为摩西在

---

① 安布罗斯：《驳奥森提乌斯论移交教堂的布道》，c.33，Migne 16，p. 1060（872）。[译者注]参见《和平的保卫者》，II.4.11。
② 《启示录》，19：16。[译者注]参见《和平的保卫者》，I.19.9。
③ 《字里行间的注解》。
④ 《提摩太前书》，6：8。

《申命记》第25章以比喻的方式说道："牛在场上踹谷的时候,不可笼住它的嘴。"①保罗在《哥林多前书》第9章将这句经文阐释为摩西为了将来的福音教师和执事而说的,他这样说道："难道上帝所挂念的是牛吗?不全是为我们说的吗?"②相同的观点可以从《马太福音》第10章中得到清楚说明,当基督对于这个命题并且为了这个命题的缘故说道："工人得食物是值得的。"③所以那些领受福音的人(如果可以的话)应当为侍奉福音的人提供日常的食物和衣服。而侍奉福音的人可以从神法中合法地要求这种债(尽管它并不处在尘世的强制审判之中),也就是说,那些领受福音的人,若能供给,却拒绝供给,就违反了神法。因此《哥林多前书》第9章:"主也是这样命定,叫传福音的靠着福音而活。"正如"牧养羊群的,吃羊群的奶;种植葡萄的,吃园里的果子"④。但是对于任何东西来说,按照《圣经》,任何信徒都没有义务将他们收益的十分之一[什一税]或收益的任何一部分给予侍奉福音的人。

7. 如果那领受福音的人极其贫困,从而不能将充足的食物和衣服提供给侍奉福音的人,那么他们依照神法就不必这样做。但侍奉福音的人应当在别的地方为自己寻求生活必需品,例如通过一些其他的教导或工艺(如果他知道如何做的话),或者通过任何其他真诚和适当的方式。因为为了防止自己成为其所传福音的穷人的负担,使徒保罗就是这样做的。他在《使徒行传》第20章中自述道:"我未曾贪图一个人的金、银和衣服,因为我这两只手常供给我和同工的需求。"⑤他在《帖撒

---

① 《申命记》,25:4。
② 《哥林多前书》,9:9—10。
③ 《马太福音》,10:10。
④ 《哥林多前书》,9:14,9:7。
⑤ 《使徒行传》,20:33—34。

罗尼迦后书》最后一章说了同样的话："我们也没有白吃人的饼，而是辛苦劳碌，昼夜作工，免得叫你们受累。"①其实，现在虔诚的信徒人数增多了，尤其在这个时代，侍奉圣道的人既不必用手劳碌也不必去乞讨。因为某些收益（无论来自动产还是来自不动产）是由作为不同个体［合众为一的］人民立法者在信徒团契中建立和指定的，那些侍奉福音的人确实可以从这些收益中得到充分的维持。

8. 但有人会问：既然根据上一章的结论，上述这些尘世物（尤其不动产）的所有权或者在此世的强制审判者面前为自己要求这些尘世物的权力不能属于作为完美之人的福音执事，那么这种所有权属于谁？②我们的回答是，为维持侍奉福音的人而建立的尘世物的所有权属于立法者，或者属于立法者为此目的委派的人，或者属于捐赠这些尘世物的人，如果他们是从他们自己的货物中捐赠并指定上述尘世物用于上述用途的不同个体的话。这些人也是为保卫和维护教会的尘世物设立的，他们通常被称为"教会的赞助人"（ecclesiarum patroni）。因为在古代，圣徒和完美的福音执事，他们意愿模仿基督，不想在法庭上与任何人争论。因此，他们不领受任何尘世物的所有权，而是只领受对维持他们当下生活和无力养活自己的穷人来说必需之物的使用权。因为如果他们有能力转让尘世的不动产（他们甚至能够没有任何所有权或为自己主张的意图），却没有转让不动产以便立刻分配给他们遇到的穷人，那么他们绝不会保守基督的劝诫，基督在其中说道："去变卖你一切

---

① 《帖撒罗尼迦后书》,3:8。

② ［布本注］这个问题所反映的是13世纪中期方济各会与教皇在贫困问题上的冲突，当时的教皇英诺森四世（Innocent IV,1243—1254年在位）在1245年教令《秩序谕》（Ordinem vestrum）和1247年教令《热情谕》（Quanto studiosius）中主张方济各会使用之物的所有权属于教皇，教皇尼古拉三世在1279年的教令《播行谕》中重申了这一点。

所有的,分给穷人。"①因此,假设(按照某些异端的说法)基督作为人拥有一切尘世物的所有权,要么他变卖了它们,要么他没有保守他传下来的关于完美的劝诫。所以如果他变卖了它们,那么作为基督继任者的罗马主教或其他主教以及教士团都不可以为自己要求这些东西,②无论他们拥有的这些东西是个人的还是共同的。但是,我们不应当认为,这类赞助人(即我们所说的为自己要求这些东西的主人)拥有转让它们或将其转为其他用途的权力,这至少是违反神法的,也许还是违反人法的,因为所有权不是为了这个目的而被授予他们的,而只是为了在强制审判者面前为自己要求并禁止他人夺走或想要夺走或以其他方式处理物品。基于此,如果立法者或拥有这类权力的个人将收益的守护权和分配权授予某个完美的人,那么我要说,这个完美的人在保守最高贫困的同时可以合法地并且确实应得地为了对邻人施加仁爱和怜悯的缘故而承担起这份操心。③

9. 但有人会说,那完美的人为自己预备明天或许多天的尘世物,因为他从自己被授予的收益中领受并有意领受他每年的食物和衣服。我们应当回答道,这些尘世物被授予他是为了让他以这种方式分发的,即这些尘世物的存储量要让传福音的人每日在食物和体面的衣服方面是充足的,而其余的尘世物要交给他照管,分发给穷人。为了信徒在永恒救赎方面的共同利益,一个完美的人被按立或拣选,从而在某一个处所

---

① [译者注]《路加福音》,18:22。
② "因此,假设……要求这些东西"这句话抄写在另一个抄本中页边空白的附加部分,它针对的是教皇约翰二十二世在1329年11月16日颁布的教令《卑鄙者谕》(*Quia vir reprobus*),教皇约翰二十二世在教令中攻击了方济各会的切塞纳的米迦勒(Michael of Cesena)关于基督贫困的理解,并且主张基督作为人拥有地上万物的所有权。
③ [译者注]根据布本转引的注释,这句话似乎违背了马西利乌斯的论证,因为该论证允许完美的人至少拥有某种所有权,而马西利乌斯是完全反对这一点的。

或疆域内把福音传给某一个民族。并且，就他是传福音的人而言，他提议在任何时候都仅仅适当地领取能满足他一天所需的一次供给；他不提议同时或连续地从所获得的同一种物品中领取多次供给，如果他能自由满足日常所需并且同时传福音的话。但由于他不能同时自由地做这两件事，他必须从同一种物品中意图领取能满足他日常所需食物或饮料的多次供给，尽管他是从同一种物品中连续领取。因为，如果他把超过他一天所需的量分发给穷人，那么他在第二天就没有什么东西可供吃穿了，由此他被迫去寻找满足他生活所需的食物和衣服，必然会忽视他所承担的对人民的关照，而犯下必死的罪：首先对灵魂造成共同的损害；其次在分发他人的物品时违背了（确实违背了）那些将这物品交给他加以分发的人的意图。按照有权发布命令的信徒的法令，似乎便利的是，一个特定的民族拥有一位特定的福音和圣礼的执事，①这位有义务侍奉他们的执事应当由他们来供养，而不是出于个人的意图为了自己的缘故把他有权分发的东西保留到明天。此外，由于他出于上述理由而不可以为自己寻求日常生活所需，他可以在保持完美的同时从交给他保管的物品中领取多次供给，但要总是计划分发超出他当下充足需求的物品，如果这在他的能力范围之内并且可以为自己获得将来所需的日常饮食的话，就像我们在描述最高贫困时所说的那样。

10. 因此，福音执事应当拥有日常充足的食物和衣服，而那些领受他侍奉的人也有义务供应他。依据神圣法权，他应得这些东西，可以合法要求这些东西，尽管他不应当在强制审判者面前用人的法权为自己

---

① ［布本注］将教会划分为堂区和教区的地方和地区组织并分别由堂区教士和主教主持，这一做法起源于原初教会时期和古代晚期的公会议立法时期。但是，堂区和教区的普遍建立及其理解似乎只有在 13 世纪的教皇立法中才得到解决。

要求这些东西,即使这可能是人的法权所命令的。因此,针对《提摩太后书》第2章"没有一个为上帝争战的人……"①这句经文,奥古斯丁在注解中这样说道:"使徒为此写信给提摩太并且告诉他这一点,以免他有所需求并且不想从那些接受他福音侍奉的人那里得到日常食物的支持。他也不能从事体力劳动,否则他就为自己寻求别的事务,从而让自己心灵的注意力卷入这些事务之中。"②由此留给他的只有乞讨。所以看哪,这并不是说他们若不想供奉提摩太食物,就要强迫他们这样做,也不是说提摩太应当在强制审判者面前要求这些东西。因为按照基督在《马太福音》第5章和《路加福音》第6章的劝诫,你应当把你的外衣送给夺走你里衣的人,③而不是在法庭上争论。使徒保罗在《哥林多后书》第8和9章为穷人向他们要求东西时也这样说道,"我说这话,不是命令你们",他稍后说道,"我在这事上给出我的劝诫"。他称这种捐施为"恩典",基于此,他也表示这种捐施应当是自发的,他说:"每个人都要随本心所酌定的,不要悲伤,不要勉强。"④

11. 对于上述的反驳,现在还需要逐个回应。所以对于第一个反驳,它取自《使徒行传》第6章:"我们撇下上帝的言……这是不合宜的。"⑤我们应当说,使徒保罗这样说,不是因为他们想要获得任何尘世物从而保留它们以备将来所需,除非以我们在描述最高贫困时所说的那种方式,而是因为他们想要其他人只为他们同时寻求一次供给来满足他们当下或当下几乎直接迫切的需要,因为他们自己不能在专心传

---

① 《提摩太后书》,2:4。[译者注]参见《和平的保卫者》,II.5.1,II.5.8。
② 彼得·伦巴第:《汇编》,Migne 192, pp. 367D—368A。
③ 《马太福音》,5:40;《路加福音》,6:29。
④ 《哥林多后书》,8:7,8:8,8:10,9:7。
⑤ 《使徒行传》,6:2。参见《和平的保卫者》,II.14.1。

福音的同时还这样做。

12. 对于第二个反驳,它取自针对《约翰福音》第14章的注解,即"教会在这里被赋予了保存必需品的样式"①。我要说的是,教会,即完美的人,被赋予了保存任何超出满足当下或几乎当下所需的物品(无论个人的还是共同的)的样式,如果任何多余物以合法的方式出现在他们面前的话,例如,多余物以他们自己的体力劳作或劳动的方式被给予或为他们所获得。按照我们在描述最高贫困时所说的理由和意图,这对于完美的人来说是合法的,尽管完美的人不应当为了自己的缘故有意寻求任何对他们当下或几乎当下的需要来说多余的东西。但是,如果多余物以合法的方式出现在他们面前,他们应当保管它或者把它交给他们认为更适合的人来保管和分发,而不是抛弃它。因此,针对《马太福音》第10章"工人得食物是应得的"这句经文,哲罗姆说道:"所以只接受必需品,这样你们就可以由此无忧无虑地享受永恒之事。"②接下来,奥古斯丁对这同一句经文说道:"他(即基督)对使徒说了这些话,以便使他们可以无忧无虑地既不占有也不携带今生的必需品——无论多少,由此表明一切应得物都是从信徒那里来的,信徒的执事不求任何多余的东西。"③因此,如果十分之一的农作物不是他们维持生计所必需的,而是完全多余或部分多余的,那么福音的执事就绝不能凭借《圣经》的话来强求多余的东西,基督的信徒也没有义务提供多余的东西。

13. 基督认为他们只能要求当下或几乎当下所需的食物或衣服,这

---

① 应为《标准注解》对《约翰福音》13:29 的注解。参见《和平的保卫者》,II.14.1。
② 《标准注解》。[译者注]参见《和平的保卫者》,II.14.6。
③ 托马斯·阿奎那:《金链》,vol.11, p. 131f.。

一点在对"不要带两件里衣"①这句经文的注解中是显而易见的。圣哲罗姆对此注解道:"在我看来,他说的'两件里衣'暗示着两套衣服,即他不是说一个人应当满足于在被冰雪冰冻的斯基泰地区只有一件里衣,而是我们应当将一件里衣理解为一套衣服,这样我们就不会穿一件并且为了将来的恐惧而为我们自己保留另一件。"②所以他禁止同时带两件里衣,即两套衣服,因为其中一套对于当下时刻就足够了。同样地,我们应当按照《圣经》的结论和上述圣徒的阐释,以同样的理由来理解食物问题。

14. 因此,基督和使徒的完美继任者不适合为自己保留田地、城邑或城堡的所有权,借着基督或使徒的事工或榜样,教会(即福音执事)既没有被赋予拥有不动产的所有权的样式,也没有被赋予为将来所需而在自己的能力之内保存它们的样式。但我们在《圣经》里从基督的劝诫中确实发现了相反的情况,基督说:"去变卖。"③他还说:"不要得[占有]金……"④他在《使徒行传》第4章中进一步说:"把所卖的价钱拿来。"⑤所以教会出于上述的理由而被赋予了保留某些动产的样式,但不应当保留任何不动产的所有权或转换的绝对权力,也不应当一有机会就在转换的过程中交换这些不动产。

15. 这也是贝达对《路加福音》第22章"我差你们出去的时候,没有钱袋子……"⑥这句经文的观点。贝达说:"门徒在受迫害时期的同一

---

① 《马太福音》,10:10。
② 托马斯·阿奎那:《金链》,vol.11, p. 131。
③ [译者注]《路加福音》,18:22。
④ [译者注]《马太福音》,10:9。
⑤ [译者注]《使徒行传》,4:34。
⑥ 《路加福音》,22:35。

个生活规则不应当成为和平时期的样式。因为基督命令他差去传道的门徒不可带——即随身携带——任何东西上路,并且安排他差去传福音的人因福音而活。然而,当死亡迫在眉睫,万民同时迫害牧者和羊群时,他颁布了一条适合时代的规则,允许他们带生活必需品,直到迫害者的疯狂消失,传福音的日子回来。"① 也就是说,直到他们不需要带或携带任何为将来所需的东西的日子,因为他们应当由那些领受福音的人来供养,并且可以每天合法地要求这个供养。所以如果使徒及其继任者在任何时候为将来所需而保留任何必需品都是合法的,那么他们在宁静的时候给出一条规则,在偶然的即受迫害的时候给出另一条规则,将是徒劳的和不恰当的。这就是我们在描述最高贫困时所说的,也就是说,完美的人若能在某个地方、时间和条件下连续恰当地为自己寻求日常所需的食物,就不可准许保留尘世物。

16. 对于另一个反驳,它取自针对《马太福音》第7章的注解,即"这个人不应当感到被冒犯……"②,我们应当说,完美的人可以合法地为他自己和他的弟兄提供几乎当下迫切或直接迫切的必需品,同时保留他为穷人所获的剩余物(如果有剩余物的话),但不可有任何针对所有权的主张。这比让它朽坏更为适宜和应得,因为这是一项怜悯和超义务的事工。《马太福音》第5章写道:"怜悯的人有福了。"③

当同一处注解补充说基督"拥有钱袋子,由此提供必需品来为他使用"④时,这当然应当得到承认。但他把这些必需品保存在钱袋子里,要

---

① 托马斯·阿奎那:《金链》,vol.12,p.231。
② 参见《和平的保卫者》,II.14.1。
③ 《马太福音》,5:7。
④ 《标准注解》(zu Matth. VI, 34)。

么是因为地点或时间条件和其他情况要求这么做,要么是为了他能从中为他遇到的穷人提供帮助,正如《马太福音》第18章"一块斯塔特……拿去……"①这句经文的注解清楚表明的那样。"主如此贫困,"注解说,"以至于没有什么可供他交税的。犹大在钱袋子里确实拥有共同的财产。但他说,把属于穷人的东西转为自己使用是不对的。"②看,你们要保守的这些东西是穷人的,即为了穷人;你们不应将穷人只理解为使徒,而是应理解为基督和使徒一起从他们的储备中提供他吃喝的任何其他人(尤其是信徒),正如《马太福音》第14章、《马可福音》第6和8章以及《约翰福音》第6章所显明的那样。③ 基督说:"你们给他们吃。"④正如同一处经文中所看到的那样,他命令把多余的留着,以免浪费。《约翰福音》第6章写道:"把剩下的零碎收拾起来,免得有糟蹋的。于是他们(即使徒们)收拾起来,装满了十二个篮子的零碎。"⑤

17. 对于来自针对《马太福音》第6章注解的其余反驳,即"他不禁止前知和苦难"⑥,相同的反驳取自《约翰福音》第14章"有人……认为……"⑦。此外,对于取自《马太福音》第14章、《马可福音》第6和8章以及《路加福音》第9章的反驳,当基督对使徒们说"你们有多少饼?……"⑧,我们应当像我们对前面反驳的回答那样以类似的方式回答所有这些反驳。

---

① 应为《马太福音》,17:26。
② 《标准注解》。参见《和平的保卫者》,II.13.28。
③ 《马太福音》,14:16—22;《马可福音》,6:35—44,8:1—8;《约翰福音》,6:5—13。
④ 《马太福音》,14:16;《马可福音》,6:37。
⑤ 《约翰福音》,6:12—13。
⑥ 参见《和平的保卫者》,II.14.1。
⑦ 应为《约翰福音》,13:29。
⑧ 《马太福音》,14:17;《马可福音》,6:38,8:5;《路加福音》,9:13。

18. 对于这些反驳(从这些反驳中可以推导出,完美的人在保守最高贫困的同时可以拥有上述尘世物的所有权,无论个人的还是与他人一起共有的),我们将依次回答。对于其中第一个反驳,它取自《路加福音》第22章:凡买卖或可以买卖一物的人,必然拥有对某种尘世物或其回报的所有权。① 我否认这一点。当这个反驳提供的理由是,凡买卖的人都转让了某物或其回报的所有权,我为一切完美的人否认这一点。因为尽管他自己可以合法地转让一物或者以某种回报或相反的方式交换它,但他们并没有因此将某物的所有权转让给他人,也没有自己获得该物的所有权,除非也许有人说这种转让是出于偶然,因为当他们合法转让一物时,受让人就成了物的主人。但是,所有权的转让本质上来自别的地方,这一点将在下文变得清楚。② 然而,他们在保持完美的同时,既不会也不能以任何方式接受所有权。

但有人会反对说,从完美的人那里买卖一物的人,接受的无非由完美的人所转让之物;同样地,他也将他所拥有的转让给了完美的人。因此,既然买主接受了他所买之物的所有权,或者卖主以前拥有而现在不再拥有他卖给完美者之物的所有权,那么可以必然推出,完美的人以前拥有他所卖之物的所有权或者现在拥有他所买之物的所有权。现在我承认这个谬误推理的第一个命题,如果"无非"是指没有他物的话。同样地,完美的人从另一个人那里接受了另一个人所转让之物并且在卖掉它的时候不再拥有它。但是当这个说法补充道:买主接受了物的所有权,所以它从完美者那里转让给了买主,那么这就违背了"修辞格"

---

① 参见《和平的保卫者》,II.14.2。
② [格本注]原文句子应当在这里断开。

(figura diccionis)，因为接受物的所有权或者连同所有权一起的物，不是接受物，而是以特定的方式接受物。因此，这个说法是一种类似于亚里士多德在《辩谬篇》第2卷被称为"修辞格"的讨论诡辩的地方所阐述的谬误推理。以下就是一种谬误推理："由于你只交给我一枚银币，而你不是只有一枚银币，所以你把你没有的东西交给了我。"①但是，我们这里的说法与此不同，因为在现在这个说法中，一物被转化为关系，②这与亚里士多德所阐述的正好相反。然而，为了进一步处理这个问题（因为提问者的诡辩已经被解决了），也为了在诡辩术方面浅薄的人，我要说的是，当完美的人卖掉某物来交换回报时，他是在合法地把这物转让给另一个人，因为这物是他在法权上获得的，所以法律允许他处理它，但是他没有任何所有权。根据上一章已经证明的，一个人可以在无需任何上述三种含义的所有权的情况下对一物或其使用或二者拥有合法的权力或法权（上述第一种和第二种含义的法权）上的权力，甚至拥有对物的毁灭权力。因此，他有合法的权力来交换他在法权上所获得之物，只要那物不在任何其他人的所有权之下。你会说：买主从哪里获得它的所有权？我说，通过上述第一种含义上的法权（无论人的法权还是神圣法权）的许可。因为就所有权来说，不属于任何人的东西属于占有它们并意愿占有它们的人。所以通过上述第一种法权含义上的承认和同意，一个接受并意愿接受在法权上（在上述第一种和第二种含义的法权上，尽管不是在所有权上）属于他人之物的人还能在所有权方面通过

---

① ［布本注］亚里士多德:《辩谬篇》，178a，29—179b，8。
② ［译者注］结合格本和布本的注释，"关系"对应的原文是 aliquid［任何一物］，结合上下文意思，应将 aliquid 改为 ad aliquid［关系］，即亚里士多德《范畴篇》里的 πρός τι ［关系］，参见亚里士多德:《范畴篇》，6b，28—30。"关系"一词的翻译参考了《范畴篇》的聂敏里的译本（亚里士多德:《范畴篇》，聂敏里译，商务印书馆2017年版）。

完美者偶然的转让获得多少呢？我说反之亦然，即当完美的人买了一物，他接受了对物的合法权力，但没有接受所有权（无论本质的还是偶性的），即使所有权不再归于卖方和任何其他一个人。

19. 但你会说，允许出售之物或任何其他一物都可以从完美的人身上夺走，即使他在现实的意义上需要它，因为它不属于任何人，由此也不在任何人的所有权或为自己要求的权力之内。他所买之物或其回报同样如此，而这看起来是荒谬的。对此，我们应当说，一件不属于任何人的东西在法权上属于占有它的人。当有人说，完美的人拥有或持有的东西不属于任何人，因为它在法权上，尤其在人的法权上，不在任何人的所有权之内，那么他在此就犯了逻辑后承的谬误推理。因为不是这样推理的：它在法权上不在任何人的所有权之内，所以它在法权上不属于任何人。正如我们所说，一个人可以在无需任何上述所有权的情况下获得上述第一种法权含义上的某物。如果人的法权许可这一点，即不在任何人的上述所有权之内的一物可以被理解为不属于任何人并且因此可以在法权上属于占有它的人，那么我说，按照上述第一种含义的人的法权，任何有能力的人都可以占有在完美的人面前的任何东西，并合法地使它成为自己的东西，这一点从合法的定义中可以明显看出。尽管按照神圣法权，如果完美的人不同意，尤其是如果他需要它，那么这个有能力的人就不可以合法地占有它或使它成为他自己的东西，反而会因此犯下必死的罪，违反了神法所禁止的事，要受到永恒谴责的惩罚。这两种情况是可以同时发生的，即一件事按照一种法律是合法的，按照另一种法律是禁止的，就像我们在上一章所证明的那样。因为为了避免更大的不便，放荡者的通奸是人法所许可的，但它在受到上述惩罚的情况下为神法所禁止。

20. 对于另一个所谓的反驳:对一个与其所有权不可分离的东西拥有合法使用权的人,必然拥有这个东西的所有权。如果所有权与使用权的不可分离性所指向的是正在使用它的人(在这种情况下,它被称为主动意义上的所有权,正如伴随着每一个使用的所有权一样),那么我们承认这个反驳。但如果这种不可分离性所指向的是物本身(在这种情况下,它被称为被动意义上的所有权),那么当然可以存在对同一个物的使用权和所有权,但主人和使用者不可以是同一个人。因为如上一章所述,一个人在征得物主同意的情况下可以合法地使用不属于他自己的东西。因此,我们在这个意义上应当否认上述反驳。

所以我在第一种意义上承认这个命题,这也是我们的反对者竭力表达的命题。但对于小前提,即基督和使徒确实对某物拥有合法的使用权,也就是说,所有权在使用者身上没有与使用权相分离,我否认这一点并认为这是异端邪说,如果我们接受上述前三种含义的所有权的话。当它补充道:他们要么使用了一个法权上属于他们的东西,要么使用了一个法权上不属于他们的东西。我说,他们对这两种东西都有使用权,有时使用了法权上属于他们的东西,有时在征得物主同意的情况下使用了法权上属于别人的东西。当它说:如果他们在法权上拥有属于他们的东西,那么他们在使用的同时拥有它们的所有权。如前所述,这种说法犯了逻辑后承的谬误推理。因为不是这样推理的:有人在法权上获得了一物或使用了它,所以他就拥有了这物的所有权。尽管这样推理是对的:有人在法权上获得了一物的所有权或其使用的所有权,所以他在法权上为自己获得了或者获得了属于自己的物或其使用权。当它进一步说:如果他所用的东西不是他的,那么它要么是别人的,要么不属于任何人。我说,他可以同时或相继地合法使用这两种东西。

我们继续消解这个逻辑后承的两部分,其中第一个部分说的是,完美的人不能在没有所有权的情况下使用一个不属于任何人的东西,因为无论在使用它之前还是在使用它的同时,他必须占有这物并且拥有它的所有权。我说,完美的人确实要先占有这物,但当这种说法推断他因此成为它的主人时,就像以前一样犯了逻辑后承的谬误推理。因为完美的人可以捕一条鱼并吃掉它,但是他仍然明确发誓,绝不在强制审判者面前以争辩的方式为自己要求上述这条鱼或任何其他尘世物。你会说:占有者被授予物的所有权。我说:如果他意愿,这是真的;但如果他不意愿,这就不是真的。因为神法和人法许可任何一个人抛弃所有权,这一点在前面章节①已经很清楚了。

接下来对于这个逻辑后承的另一个部分,也就是说,完美的人在没有上述对物的所有权的情况下不能适当地使用他人之物,因为我们的对手会说,他要么得到物主的承认或同意,要么没有得到。我们应当说,他得到了主人的同意,否则这种使用将是非法的,尤其是在主人以默示或明示的方式拒绝同意的情况下。但如果他得到了主人的同意,那么我们的对手会说,主人要么将所有权授予完美的人,要么没有授予。我说,无论哪一种方式,都是可以合法发生的,即使是就一次使用的消耗品而言。因此,②假设授予完美者供其操作一物的使用权就是消耗这物的使用权,如果他在物的所有权和使用权一起被授予他的情况下使用它,那么完美的人在使用的同时拥有上述所有权。我说,这个假设像以前一样犯了逻辑后承的谬误推理。因为不是这样推理的:这个

---

① [布本注]参见《和平的保卫者》,II.12.15。
② [译者注]结合布本的注释和上下文的语境,"因此"引出的这句话仍然是马西利乌斯对手的说法,而非马西利乌斯本人的观点。

主人将一物的使用权和所有权授予某人，所以被授予此物的人就成了这物的主人。这个人可以接受一种，即合法使用权，而拒绝或发誓拒绝另一种，即所有权。我们的对手会说：这物的所有权是谁的？我说：要么它是主人的（在主人将它明确授予不愿领受它的完美的人之前），要么它不属于任何人（如果主人通过这种明确授予被剥夺了在人法方面对物的所有权）；但是完美的人仍然可以使用这物（甚至伴随着对它的一次消耗使用）并且在法权上合法获得它，尽管它的所有权不属于任何人。如果我们的对手说，物主允许完美的人在没有所有权的情况下使用属于他的东西，甚至消耗它，那么我对此说道，基督和使徒以及任何一个完美的人都可以在维持最高贫困的情况下合法执行对这物的使用、消耗和毁灭。当我们的对手说，这种使用是非法的，因为它剥夺了主人在没有他自己的行为的情况下对属于他自己之物的所有权。我们在此应当注意：一次消耗使用之物的主人将使用权授予并且可以合法授予完美的人，同时提议只要这物存在，他自己就保留这物的所有权；但是一旦这物在使用中或在事实上不再存在，他就不再竭力保守它的所有权，而是放弃它（只是从现在开始，从那一刻开始，而不是在那一刻之前）。当人们向完美的人施舍时，也会这样做，以防某些有恶意的人夺走他们的施舍，因为完美的人被剥夺（尽管是自发地被剥夺）了在有争议的情况下或在强制审判者面前要求恢复这些东西的权力。事实上，如果物主想要永远拥有对属于他自己之物的所有权，除非他是疯子，否则他绝不会或绝不应当将毁灭它的使用权授予完美的人。因为无人可以成为不存在之物的主人。同样地，如果完美的人知道这是物主的意图，他也不会领受物主所授予的这种使用权。因此，我说，当物事实上被消耗或被完全消耗的时候，物主事实上被剥夺了物的所有权。

因为他想要并且表达了他要以这种方式被剥夺所有权,他没有因此遭受伤害。基于此,完美的人对他人之物的使用(如果物主如此意愿的话)也绝不是非法的,反而是神圣和真诚的;但是,他们以没有上述所有权的方式合法使用它们。

21. 对于随后的反驳,①我们已经在解决第一个反驳的最后时刻作了充分回答。对于另一个反驳,它取自《提摩太前书》第3章和《提多书》第1章,即"主教必须热情"②。让我们假设一位主教如果要成为基督和使徒的完美模仿者,就应当永远并在任何地方都是最高贫困的或完美的,我要说的是,"主教必须(或必然)"这句经文可以按照使徒的意思用两种方式来理解:一种方式是纯粹和绝对的必然性,另一种方式是有条件的必然性;此外,要么就情感或坚定的计划来说,要么就情感和外在结果来说。所以如果这句经文用绝对的必然性来理解,即主教必须热情是就情感来说的,那么我说,这句话是真的,使徒也是这样理解的。但如果这句经文用如下方式来理解,即主教必须热情是就外在结果来说的,那么我说,他必须或应当这样做并不是绝对的,而是有条件的,即如果他有可以表现热情的手段的话。因为如果主教有义务以绝对必然的方式在外在结果方面表现热情,那么他必须拥有和竭力保留尘世物,并且因此在诉讼中为自己要求它们并成为它们的主人。但他对热情的义务不是绝对的,而是有条件的。因为众祭司中的最高祭司[基督]有时在外在结果方面并没有保持热情,他说"人子却没有枕头的地方"③,并且因为如上所援引的:"主如此贫困,以至于没有什么可供他

---

① 参见《和平的保卫者》,II.14.4。
② 《提摩太前书》,3:2;《提多书》,1:7—8。参见《和平的保卫者》,II.14.4。
③ 《马太福音》,8:20。[译者注]参见《和平的保卫者》,II.11.2,II.13.37。

交税的。"①那么,他在外在结果方面会根据什么和以何种方式保持热情呢,尽管他总是在内在情感方面遵守这一点?对于三段论的大前提,我们应当说:一个有义务有条件地保持外在热情或绝对地保持内在热情的人,不必成为任何尘世物的主人;尽管一位主教(如果他可以的话)有必要有条件地成为将来之物的照管者或保存者,但不是为了他自己,而是为了穷人,正如从针对《约翰福音》第21章"喂养我的羊"这句经文的注解②中所显明的那样。

22. 对于另一个反驳,即圣主教拥有不动产的所有权,正如我们从圣安布罗斯在《论移交教堂》的信中所推导出来的那样,③我要说的是,圣主教(例如安布罗斯和其他教父)说田地和其他东西是教会的,不是因为主教(他们常常由教会一词来表示)在所有权(无论个人的还是共同的)方面拥有出售、转让或要求的权力,如果他们遵守最高贫困状态的话(我们对于当前命题假设了这一点)。确切地说,他们说"教会的田地",是因为从它们中产生的受益是由立法者或其他捐赠者设立的,以用于上帝的崇拜与福音和圣殿执事的供养,而这些设立者保留了保卫和出售它们的所有权(阻止任何想以其他方式处理这些物的人),就像我们在本章开始时所说的那样。④ 这就是上述圣徒的意图。因此,安布罗斯在同一封信中,在前面援引的话之后这样说道:"如果皇帝渴求田地,那么他有权要求它们,我们(即教士或主教)绝不可干预。人民的奉献能够溢到穷人身上。不要妒忌他在田地上所做之事,如果他愿意,让

---

① 《标准注解》(zu Matth. XVII, 26)。[译者注]参见《和平的保卫者》,II.13.37,II.14.16。
② 参见《和平的保卫者》,II.13.29。
③ 参见《和平的保卫者》,II.14.4。
④ [布本注]参见《和平的保卫者》,II.14.8。

他拿走它们,我没有交给皇帝,但我也不否认。"①现在的主教不会这样说,但如果安布罗斯知道,他要是不保卫田地或不否认田地是皇帝的,就犯了致命的罪行,那么他肯定会否认这些田地是皇帝的,尤其是如果他对外在热情负有绝对义务,就像一些人似乎梦到的那样。这些人是"以色列人的师傅"②,不应当不知道这事,也不可能不知道,但他们更加渴求取悦人而非上帝。③

23. 对于在基督身上得到具体说明的反驳,④即按照人法,那个把一个人从死亡中救出来的人就成了所救之人及其尘世物的主人,而基督把所有人从死亡中救了出来。对于第一个命题,我说,这不是普遍为真的,即使按照民法,除非补充说所救之人是自愿的。假设每一个救赎另一个人的人在法权上准许成为他从死亡中所救之人及其尘世物的主人,我要说的是,把一个人从死亡中救出来的人不必然成为所救之人的主人,例如,如果所救之人不愿意或已经放弃了所有权。基于此,即使假设(按照人法所说)基督把所有人从死亡中救了出来,并因此能够成为所有人的主人,但我要说的是,基督作为完美的人不会是尘世物的主人,尤其不会拥有人类或所获之物的所有权,因为基督放弃了一切这样的所有权,无论对人还是对物,这一论第 4 章和上一章已足够说明了这一点。

或者我们应当说,基督成为所有人的主人,是就他把我们从死亡中救出来所为了的状态来说的。但这是为了彼世的状态而非今世的状

---

① 安布罗斯:《驳奥森提乌斯论移交教堂的布道》,c.33, Migne 16, p. 1060(872)。
② 《约翰福音》,3:10。
③ 马西利乌斯最后这句假设针对的是教皇约翰二十二世。
④ 参见《和平的保卫者》,II.14.5。

态,因为他没有把我们从此世的死亡中救出来,人法也谈论到了这一点。因此,他并没为了此世的状态而从他的救赎中获得对人类或其尘世物的所有权。如果基督是所有人类尘世物的主人的话,当他在《马太福音》第8章和《路加福音》第9章谈到自己时说"人子却没有枕头的地方"①,他说的话如何为真呢?因此,要么他从未获得过这种所有权,正如在解决第二个反驳时所说的那样;要么即使他能够获得它,他也不愿意,并放弃了它,就像其他任何一个完美的人也能做的那样;否则他就说了一个公开的谎言,而这样想是不虔敬的。

24. 对于来自《启示录》第19章的最后一个反驳,即基督"在衣服上写着:万王之王……"②,按照注解,这句话是"在人类的衣服上"③。我要说的是,基督把这句话"写在人类的衣服上",是因为"上帝的言"④附在人的皮肤上,因此权力归于他;同样地,正如写下的话附在羊皮上,因此羊皮上有某种神圣的东西,用来指示教诲或任何其他真理。或者我们应当说,圣约翰在此不是在思考这种(即尘世的)统治,而是在思考永恒王国或就永恒王国而言的统治。因此,注解补充道:"万王之王,即万圣之王。"⑤

25. 因此,不要让罗马教皇或其他主教犯这种错误,也不要让其他人和他一起犯这种错误,因为如果他寻求占有尘世物并对它们拥有所有权,那么他也许可以合法地这样做,甚至处在救赎的状态中,但不是

---

① 《马太福音》,8:20;《路加福音》,9:58。
② 《启示录》,19:16。参见《和平的保卫者》,II.14.5。
③ 《字里行间的注解》。参见《和平的保卫者》,II.14.5。
④ 《启示录》,19:13。
⑤ 《字里行间的注解》。这句注解后面还有一句话为马西利乌斯自己所加:"这些圣徒在天国中,不在尘世中。"

以基督和使徒的形象来遵守最高贫困或完美的状态。

那么,我们认为从所说的这些中充分确定了什么是应得的贫困,什么是它的最高模式或最完美的种类,以及基督和他的模仿者使徒在羁旅中保守了这种贫困。

第 15 章

论将教士职划分为本质的和偶性的、可分的和不可分的权柄,以及教士不是在本质的尊严上低于主教,而只是在偶性的尊严上低于主教

1. 现在,对于以上这些结论,存在一个既困难又非常有必要值得思考的问题。因为我们在第 1 论第 15 章中说过并且在这一论第 8 章结尾处以某种方式回顾过:人民立法者,无论就其自身而言还是通过统治者部分,是城邦中所有职权或部分的制度设立的行动因。① 除此之外,我们还记得我们在第 1 论最后一章所说的话:新律的教士或教士职最初是由基督单独按立的。② 但是,我们在这一论第 4、11、13 和 14 章中证明他弃绝了所有尘世的统治职权和所有尘世物的所有权,在第 1 论第 12 和 13 章中也证明他不是人民立法者。基于此,我们似乎说过,城邦每一部分职权的建立者和人民立法者或统治者并不是同一个人。因此,有人会提出一个合理的疑问,即谁拥有按立教士的权柄,尤其是在信徒团契中,因为我们迄今为止所说的话似乎彼此冲突。

---

① [瓦本注]参见《和平的保卫者》,I.15.4,II.8.9。
② [瓦本注]参见《和平的保卫者》,I.19.5。

2. 因此，为了尽力消除上述说法中的表面矛盾，让我们首先回顾我们在第1论第6和7章中所说的话，①即城邦的任何一个职权的原因就职权表示灵魂的习性而言是一种，就为了从中得到充足性的缘故而设立城邦诸部分而言是另一种；同样地，我们在教士职权方面也有必要注意到这一点，就像在其他城邦职权方面那样。因为就教士职权表示灵魂的某种习性（《圣经》圣师称之为品格）而言，它的直接动力因或制造者是上帝，他把这种品格印在灵魂上，②但是要借着人类的事先侍奉，好像是通过预备的方式。在新律中，这种操作来自基督，因为他是真神和真人。就他是人的祭司而言，他展示跟从他的教士现在所展示的侍奉；但就他是上帝而言，他把这种品格印在他立为教士之人的灵魂上。以这种方式，他首先立了使徒作为他的直接继任者，此后同样地立所有其他教士，但要通过使徒和其他在这职权上继任他的人的侍奉。因为当使徒或其他教士按手在别人头上并念出对此所需的恰当语词或句子时，基督作为上帝就把这种习性或教士的品格印在那些意愿领受的应得之人的灵魂上。

我们应当对其他品级的授予持有相同的观点，因为从它们的授予中，某种品格被印在领受之人的灵魂上。这种教士品格，无论一种还是多种，都是一种权力，教士借此不仅能够用特定的口头宣告给面包和酒祝圣成基督的圣体和圣血，而且能够侍奉教会的其他圣礼。他也正是借着这种品格才能够捆绑人和把人从罪恶中解救出来。

3. 按照一些人的观点，当基督对使徒们说出《马太福音》第26章、

---

① ［瓦本注］参见《和平的保卫者》，I.6.9，I.7.1—3。
② ［译者注］参见《和平的保卫者》，I.19.5。

《马可福音》第14章和《路加福音》第22章所写的经文时,使徒就领受了这种品格或权力。但由于这句经文在《路加福音》中更加完整,我们就援引那里的经文,经文如下:"他(即基督)拿起饼来,祝谢了,就擘开,递给他们(即使徒们),说:'这是我的身体,为你们舍的;你们也要这样做,为的是纪念我。'"①"你们也要这样做"即你们拥有这样做的权力。②但在另一些人看来,这种权柄被授予使徒是借着《约翰福音》第20章所写的经文,基督对使徒们说:"你们要受圣灵;你们赦免谁的罪,谁的罪就赦免了;你们保留谁的罪,谁的罪就保留了。"③还有人说这种权柄被授予使徒们是借着《马太福音》第16章所写的经文,当基督以彼得之名对他们说"我要把天国的钥匙给你……"④,或者借着基督在同一福音书第18章对他们所说的话"我实在告诉你们:凡你们在地上所捆绑的,在天上也要捆绑;凡你们在地上所解救的,在天上也要解救"⑤。此外,还有人说,上述教士的权力或权柄有两种,一种是,他们借此能够行圣餐礼;另一种是,他们借此能够捆绑人或把人从罪恶中解救出来。他们还说,这些权力是基督在不同的时间和宣告中传给使徒的。⑥ 至于这些意见中哪一种更可信,这与我们当前的意图无关。因为无论使徒们怎样或何时设立这个职权,无可置疑的是,这种权力是基督传给他们的;同样地,这种权力借着他们及其继任者的侍奉(如前所述)被赐予了其他

---

① 《路加福音》,22:19。参见《马太福音》,26:26—28;《马可福音》,14:22—24。
② [译者注]参见《和平的保卫者》,II.6.14。
③ 《约翰福音》,20:22—23。
④ 《马太福音》,16:19。
⑤ 《马太福音》,18:18。
⑥ 彼得·伦巴第:《箴言书》,l.4, dist.18, c.8, 19, 24, Migne 192, pp. 856—858, pp. 889—892, pp. 900—965;托马斯·阿奎那:《神学大全》,Suppl.q.17; pars 3, q.82。

领受这个职权的人。《提摩太前书》第4章写道:"你不要忽视所得的恩典,就是从前借着预言在众长老按手时赐给你的。"① 执事也同样借着教士的按手受了属于他们自己的某种品格。《使徒行传》第6章对此说道:"叫他们(即将来的执事)站在使徒面前,使徒祷告了,就按手在他们头上。"②

4. 在我看来可能的是,所有教士都有这种相同的教士品格(无论一种还是多种),即我们所说的行圣餐礼、祝圣成基督的圣体和圣血的权力、捆绑和把人从罪恶中解救出来的权力以及我们称为对教士(就其为教士而言)来说本质的或不可分的权柄,无论罗马主教还是其他主教,都不比任何一般的教士拥有更充分的教士品格。因为主教和教士在这权柄(无论一种还是多种)上没有什么不同,正如哲罗姆所见证的(更确切地说是使徒保罗所见证的,他的明确观点也是如此)那样,这一点稍后将变得清楚。因为针对《马太福音》第16章"凡你在地上捆绑的……"这句经文,哲罗姆说道:"的确,其他使徒拥有同样的审判权(补充:即彼得所拥有的审判权),他(即基督)在复活后对他们说:'你们要受圣灵;你们赦免谁的罪,谁的罪就赦免了……'所有以教士和主教为名的教会也都拥有圣灵。"③ 这句注解将教士放在主教前面,是因为这权柄首要地和就其自身而言应归于教士(就其为教士而言)。关于圣餐礼的权力,没有人会说任何一位教士所拥有的这种权力不等同于罗马教皇所拥有的。因此,令人惊奇的是,为什么一些人试图主张(他们虽然顽固地坚称,但却没有多少道理)罗马教皇从基督那里得到了比其他教士更

---

① 《提摩太前书》,4:14。[译者注]参见《和平的保卫者》,I.19.5。
② 《使徒行传》,6:6。
③ 《标准注解》(zu Matth. XVI, 19)。[译者注]参见《和平的保卫者》,II.6.3。

充分的钥匙权,①当这种观点无法从《圣经》中得到确信,反而得到相反结论时。

5. 为了更清楚地看到这一点,我们不应当忽视以下事实,即"教士"和"主教"这两个词在原初教会时期是同义的,尽管它们是源于不同的品质而被施加于同一个人身上的。因为"教士"这个词是源于年龄而被施加的,好像"长老";而"主教"这个词源于尊严或对他人的照管,好像"监督者"。② 因此,哲罗姆在致教士伊万德的信(这封信通常题为《教士和执事如何不同》)中这样说道:"'教士'这个词是关于年龄的,'主教'这个词是关于尊严的。因此,[使徒保罗]致提多和提摩太的书信都提到了主教和执事的品级,但对教士的品级却完全保持沉默,因为'教士'包含在'主教'中。"③这一点还可以通过使徒保罗在《腓立比书》第1章所说的话得到清楚说明,他说:"[写信]给凡住腓立比、在耶稣基督里的众圣徒和诸位主教和执事。"④看,他无非称呼教士为主教。事实上,可以肯定的是,一个城里有多个主教的原因无非有多个教士。此外,同样的观点可以通过同一位使徒在《提多书》第1章所说的话得到清楚说明,他说:"我留你在克里特的原因是,要你纠正他们所缺的,并为各城立教士,就像我为你安排的那样,如果有无可指责的人。"⑤当他

---

① 参见明谷的伯纳德:《论审视》,l.2,c.8,Migne 182,pp.751C—752C;奥古斯丁·特里姆乌斯:《教权论大全》(*Summa de eccl. potestate*),qu.1,1.4;qu.20。

② [布本注]"教士"在希腊语中为 presbuter,拉丁语为 presbyter,字面意思为长老(senior);"主教"在希腊语中为 episkopos,拉丁语为 episcopus,字面意思为监督者(superintendens)。

③ 哲罗姆:《书信集》,146,c.2,*Ad Evangelum*,Migne 22,p. 1195 (1083)。

④ 《腓立比书》,1:1。

⑤ 《提多书》,1:5—6。[译者注]参见《和平的保卫者》,I.19.5。

直接补充那些将被立为教士之人的品质时,他说:"主教必须无可指责,因为他是上帝的管家。"①看,他无非将被立为教士之人称为主教。他在《使徒行传》第 20 章对一个教会(即以弗所)的教士说了同样的观点,他说:"你们要对自己和整个羊群留心,圣灵在羊群中立你们作主教,以便监督用他的血买下的上帝教会。"②看,在一个城镇的教会(即以弗所)里,使徒保罗对多个作为主教的人说话。这无非因为有多个教士,他们全都被称为"主教",因为他们的职责是监督人民,尽管在后来的教会里,唯一保留这个词的人是其他教士和人民立为同一个城或地区的首座教士的人。然而,使徒保罗称他们为主教而非教士,是为了提醒他们对其他信徒所担负的操心和关心的责任。但他称自己为教士而非主教,是出于谦卑,这一点在先前从《提摩太前书》第 4 章所引的经文中是清楚的,当使徒保罗说:"你不要忽视所得的恩典……"③彼得和约翰也这样称自己为长老,即教士,因为这个词是源于年龄而被施加的。因此,《彼得前书》第 5 章写道:"我这作长老、作基督受难的见证的,劝你们中间与我同作长老的人。"④《约翰二书》第 1 章写道:"长老写信给蒙拣选的主妇和她的儿女。"⑤此外,《约翰三书》第 1 章写道:"长老写信给亲爱的该犹。"⑥在正典的书信上出现"长老"或"同作长老的人"的地方,圣哲罗姆在上述书信中自始至终都有"教士"或"同作教士的人";因为使徒们把这些词用作同义词。

---

① 《提多书》,1:7。
② 《使徒行传》,20:28。[译者注]参见《和平的保卫者》,II.2.3。
③ 《提摩太前书》,4:14。[译者注]参见《和平的保卫者》,II.15.3。
④ 《彼得前书》,5:1。
⑤ 《约翰二书》,1:1。
⑥ 《约翰三书》,1:1。

6. 然而,在使徒时代之后,教士的数量显著增长,为了避免丑闻和分裂,教士们从他们当中选出一位教士,后者在执行教会的职权和服务、分发祭品以及以更适当的方式安排其他事物方面引导和命令其他教士,以防如果每个教士都随心所欲地行事并且有时行不得体之事,那么圣殿的家政和服务将会受到教士个人情感分歧的搅扰。现在,按照后来的习俗,只有这个被选出来管理其他教士的人为自己保留了"主教"之名,好像一个监督者,因为他不仅监督有信仰的人民(基于此,原初教会时期的所有教士都被称为主教),而且监督其他与他同作教士的人(基于此,只有他通过换称为自己保留了"主教"之名,而其他教士后来只为自己保留了一般的"教士"之名)。

7. 然而,上述人们所行的选举或设立并没有给予这样当选的人任何更充分的本质的应得功绩、教士权柄或者上述归于教士的权力,而只是给予他们安排神殿或圣殿的家政以及命令和管理其他教士、执事和神职人员的某种权力,由此长老被赋予了在这个时代管理圣殿僧侣的权力。我说,这种权力既不对任何人具有强制力,除非它被授予一个由人民立法者以这种方式选出来的人(正如这一论第 4 和 8 章所示,并且将在下一章得到更充分展示),也没有提供任何其他内在的尊严或权力。同样地,战争时期的士兵会为自己选出一个上尉,而上尉在古代通常被称为指挥官或皇帝。[①]尽管"皇帝"这个词后来被转换成某种君主制的几乎至高无上的模式或类型,这就是这些词在这个时代的常见用法。执事们也这样从他们当中选出一个大执事,但这种选举绝没有给予当选的人比执事们更充分的本质的应得功绩或神品,而只是他们某种如

[①] 马西利乌斯这里对皇帝的用法应该来自西塞罗:《论责任》,II.11.40,III.26.99。

我们所说的命令或管理其他执事的人类权力。因此,罗马主教并不拥有比其他任何一位教士更大的本质的教士权柄,正如圣彼得也不拥有比其他使徒更充分的本质权柄一样。因为他们都从基督那里同等和直接地领受了同样的权柄,正如先前借着哲罗姆对《马太福音》第16章"我要把天国的钥匙给你"①这句经文的权威注解所说的那样,这一点在接下来的章节还将得到进一步阐明。

8. 这就是圣哲罗姆在上述书信中的明确观点,他从上述使徒的多个权威那里证明了原初教会或使徒时代的教士和主教在基督赐予的本质尊严方面是完全相同的,然后他给出了上述观点的理由,他说:"一个可以凌驾于其他人之上的人被选出来是为了弥补分裂,以防他们各自为政,分裂基督的教会。因为在亚历山大里亚,从传福音者马可直到赫里达斯和狄奥尼修斯主教的时代,教士们总是从他们当中选出一位教士,将后者按立为主教并赐予他更高的地位,就像一支军队选出一个皇帝(即现代用语中的指挥官或上尉而非现代用语所说的某种君主制类型)或者执事们从他们当中选出一个他们所知道的勤劳的执事并称其为大执事。事实上,除了对其他教士发布命令以外,主教还做过什么教士没有做过的行为(即就本质权柄的行为而言)呢?"②事实上,哲罗姆在此并不是将守序权(ordinacio potestas)理解为授予或赐予神品的权力,因为主教们除了这事还做过并且在他们的时代做过许多教士没有做过的事,即使任何一位教士都可以像主教一样用神圣的权力来授予所有圣礼。更确切地说,他在此是将守序权理解为我们在前面提到的家政权,它是

---

① [译者注]《马太福音》,16:19。
② 哲罗姆:《书信集》,146, c.1, *Ad Evangelum*, Migne 22, p. 1194 (1082)。

由一人或多人直接授予他的。我用理性和哲罗姆的权威来确认这一点,首先是用理性,因为有许多人被全体人民选为主教,例如圣克莱门特、圣格列高利、圣尼古拉以及许多其他圣徒,但人们一致同意的是,人民以及与当选者同作教士的人并没有授予他们更高的神品或内在品格,而只是授予他们一种在行圣殿或神殿的神圣崇拜方面安排教会礼仪和管理人的权力。基于此,这些被选出来引导圣殿中的其他教士并且在信仰方面指导人民的人被称为主教,他们也被古代立法者(例如查士丁尼和罗马人民)称为"崇敬的管家",其中最高的一位被他们称为"最崇敬的管家"。①

哲罗姆也在信中明确表示,主教和教士在本质的尊严方面没有什么区别并且一个也不比另一个拥有更崇高的尊严,他说:"罗马城的教会不应该被认为不同于世界上其他任何地区的教会。高卢、不列颠、阿非利加、波斯、东方和印度以及所有野蛮民族的教会都敬拜一个基督,遵守一条真理的规则。如果你在寻求权柄,那么世界比罗马城更大。无论主教在哪里,无论在罗马还是古比奥,无论在君士坦丁堡还是雷吉奥,无论在亚历山大里亚还是拉萨尼斯,他们都具有平等的应得功绩和平等的教士职权。财富的力量和贫困的谦卑使得主教处在高位或低位,除此之外,他们都是使徒的继任者。"②

9. 但教士职还有其他非本质的制度,例如我们前面所说的那种选举,他们借此从他们当中选出一位教士,后者在与神圣崇拜有关的事情方面命令或管理其他教士。这些制度还包括选举和按立他们中的一些

---

① 参见 *Cod. Iustin.*, lib.1, tit.3, c.25, rec.P.Krueger, p. 34。马西利乌斯在这里将主教理解为教会的管家。

② 哲罗姆:《书信集》,146, c.1, Migne 22, p. 1194(1082)。

人来教导、指导和侍奉新律中针对特定民族(在一个特定的或大或小的地区)的圣礼,以及向他们自己和其他穷人分发某些尘世物,这些尘世物是由立法者或某个人设立和安排的,其目的是支持在某个省份或共同体中传福音的穷人,也为了支持其他因年老、软弱或其他可悲的原因而不能养活自己的穷人,但这种支持来自对传福音者养活自己来说多余的东西。这些以这种方式设立的尘世物在现代用语中被称为"教会的恩惠"(ecclesiastica beneficia),我们在这一论第 14 章①谈论了这些尘世物。因为这些尘世物为了上述用途而被委托给圣殿执事,我认为执事指为了此事而在某个省份被按立、选举和设立的人。就本质权柄来说,他们作为使徒的继任者被分配到一个地区或民族对新律中的圣礼进行指导和侍奉,与被分配到其他任何地区或民族做这些事没有什么不同,就像所有使徒在被分配时也没有什么不同一样,《马太福音》最后一章对此说道:"所以你们要去教导万民。"②基督没有把他们分配到特定的地区,但他们自己后来把各民族和各省份(他们在其中宣告上帝的言或福音律法)分开,有时也通过神启获得他们的传道任务。因此,《加拉太书》第 2 章也说:"他们(即雅各、矶法和约翰)就向我和巴拿巴用右手行团契之礼,叫我们往外邦人那里去,他们往受割礼的人那里去。"③

10. 因此,从上面所说的话中可以清楚看出,就职权表示灵魂的习性或品格而言,教士职制度的动力因以及其他被称为神品的动力因来自谁。因为它直接来自上帝或基督,尽管这需要人类的某种预先侍奉

---

① [瓦本注]参见《和平的保卫者》,II.14.20—22。
② 《马太福音》,28:19。
③ 《加拉太书》,2:9。

（类似于某种预备），例如按手和口头宣告，这种预先侍奉对一个人的救赎可能不会产生什么影响，但救赎却可以通过这种方式从某种协议或圣授中得到预表。

从刚才的论述中还可以清楚看出：还有另一种人的制度，借此一位教士被安排在其他教士前面；还有一位教士借此被按立，以便在神法中教育和指导特定的省份和民族、侍奉圣礼以及分发我们称为教会的恩惠的尘世物。

此外，从这些论述中可以清楚看出，在首要权柄（我们从一开始所说的本质权柄）方面，所有教士在应得功绩和教士职上是平等的，就像哲罗姆在上述书信中所说的那样，他给出的理由是"他们（主教）都是使徒的继任者"①。他在这个问题上似乎示意所有使徒具有平等的权柄。因此，他们中没有一个人单独拥有另一种权柄或针对其他任何一个人或所有其他人的权柄，无论就我们称之为首要制度的本质制度而言，还是就次要制度而言。

因此，我们似乎应当对他们的继任者彼此之间的关系持有类似的看法。但是，我们刚刚说的建立在人的权柄之上的次要制度从何而来以及它们合理意义上的动力因，还有待确定。

---

① ［译者注］参见《和平的保卫者》，II.15.8。

第 16 章

论使徒在基督直接授予的任何职权或尊严上的平等,由此可以验证,上一章关于所有使徒的继任者的平等的论述,以及所有主教如何无分别地都是任何一位使徒的继任者

1. 那么,让我们从前面所说的出发,我们将在这一章中首先表明,没有任何一位使徒在本质尊严(即基督赋予他的教士尊严)方面拥有相较于其他使徒而言的卓越地位。其次,他们在任何其他制度(我们所说的次要制度)方面也没有卓越地位,更不用说在基督直接赋予他的强制司法管辖权方面了,尽管这一论第 4 和 5 章已经有充分证明了这一观点的近似论述。我们还可以从这些观点中必然推断出,没有任何一位作为他们继任者的主教可以单独拥有刚才提到的对其他与他同作主教或教士之人的权柄或权力,这个观点的反面不是靠《圣经》的言语而是靠我们自己的主张才能得到确证。最后是我们在这一章和上一章最终要试图确定的观点,即我们将必然推断出,我们通常称为次要制度的这些制度属于有信仰的人民立法者的事务,因为后者本身是这些制度的发动因,就像它是城邦其他部分的发动因一样。

2. 因此,这些命题中的第一个可以从《路加福音》第 22 章中得到

确证。因为基督在传给使徒们行圣餐礼的权力时,对他们说:"这是我的身体,为你们舍的;你们也要这样做,为的是纪念我。"①也就是说,你们有这样做的权力,但是只要你们有义务去做这个行为,就要说出类似的话,即"这是我的身体"。他对圣彼得说的话也并不比对其他使徒说的多。因为基督没有说"你要这样做"(fac),传给其他使徒这样做的权力;而是说"你们也要这样做"(facite)——用复数的形式无分别地对所有使徒说。对于钥匙权的所有理解同样如此,无论是用同样的话传给使徒的,还是用别的话或在别的时候传给使徒的,正如《约翰福音》第20章所述。因为在基督对使徒说完这些话后:"'父怎样差遣了我,我也照样差遣你们。'他就向他们吹了一口气,说:'你们要受圣灵;你们赦免谁的罪,谁的罪就赦免了;你们保留谁的罪,谁的罪就保留了。'"②所以基督说的是"我照着父差遣我的方式差遣你们",他没有对彼得或其他使徒单独说"我照着父差遣我的方式差遣你,你再差遣其他使徒"。此外,经文也没有说"基督向他吹了一口气",而是说"向他们",而非通过其他人向一个人。基督也没有对彼得说"你要受圣灵,以后传给其他使徒",而是说"你们要受"——用复数的形式无分别地对所有使徒说。这也是《马太福音》最后一章所论述的,当基督对他们说"所以你们要去教导万民"③,他用复数的形式无分别地说"你们要去",而非对彼得说"所以你要去并且差遣其他使徒"。

3. 为了处理这个问题,即没有人会相信任何一位使徒对其他使徒拥有这种特权或权柄,使徒保罗进一步阐释了这一点,他明确把这种特

---

① 《路加福音》,22:19。[译者注]参见《和平的保卫者》,II.6.14,II.15.3。
② 《约翰福音》,20:21—23。[译者注]参见《和平的保卫者》,II.15.3。
③ 《马太福音》,28:19。[译者注]参见《和平的保卫者》,II.15.9。

权或权柄从彼得(似乎彼得由于基督单独对他说了某些话以及他比其他使徒年长的缘故而可能拥有这种特权或权柄)身上移除了,他在《加拉太书》第2章中这样说道:"那些看起来有点什么名望的人,并没有给我带来什么,反而他们看见了主托我传福音给那些未受割礼的人,正如托彼得传福音给那些受割礼的人。因为那感动彼得,叫他为受割礼之人作使徒的,也感动我,叫我在外邦人中间作使徒。他们还知道所赐给我的恩典,那被视为教会柱石的雅各、矶法和约翰,就向我和巴拿巴用右手行团契之礼……"①所以那感动彼得叫他作使徒的,也感动保罗,而这就是基督。所以保罗没有从彼得那里领受这一职权,同样地,其余的使徒也没有。奥古斯丁对这段经文的注解更充分地表达了这一点,他说:"'那些看起来有点什么名望的人',即彼得和其他与主同在的人,'并没有给我带来',即增加'什么'。很显然,在这一点上,我并不低于这些人,迄今为止我已被主成全完美了,以致没有任何东西能够在授予中增加我的完美。"②看,保罗并不低于彼得或其他使徒。注解在阐述完这个意图之后补充道:"'他们看见了主托我',就像首要地托一个信徒一样,'传福音给那些未受割礼的人,正如托彼得传福音给那受割礼的人'。"③看,保罗像彼得一样被同等直接地差遣,并且保罗不是被彼得或任何其他使徒差遣,而是被基督直接差遣;使徒保罗在同一封书信的第1章中更充分地表达了这一点,他这样说道:"使徒保罗不是由于人,也不是借着人,而是借着耶稣基督和圣父。"④安布罗斯对此注解道:"'使

---

① 《加拉太书》,2:6—9。
② 彼得·伦巴第:《汇编》(*zu Galat. II, 7-13*),Migne 192,p. 107D。
③ 彼得·伦巴第:《汇编》,p.108A。
④ 《加拉太书》,1:1。

徒保罗'被拣选或差遣'不是被人拣选或差遣',也就是说,不是正如一些人所说由于亚拿尼亚,也不是正如一些人被使徒拣选和差遣的那样,由于其他人。"①奥古斯丁随后补充道:"事实上,其他使徒似乎更伟大,因为他们更早;他最小,因为他最新。但他自拣选后就显得更加应得了,因为那些早先的使徒是借着必死的半人的基督被指派的;但最新的保罗是借着所有部分都是不朽的已经完全成为上帝的基督并且借着圣父——他借着圣子成就这事——被指派的。为了揭示出他为什么说'不是由于人',他补充道:'叫他从死里复活的圣父。'因此,相较于借着必死的基督指派其他使徒,他借着不朽的基督以更加应得的方式指派了我。"②

4. 使徒保罗稍后在同一章再次确认了这一点,他说:"弟兄们,我告诉你们,我素来所传的福音,不是照着人的意思;因为我不是从人那里领受的,也不是人教导我的,而是借着耶稣基督的启示。"③奥古斯丁对此注解道:"'弟兄们,我告诉你们,我素来所传的福音,不是照着人的意思'来教导或差遣我。他确实不是由于人。'因为我不是从人那里领受的,也不是人教导我的',例如有人拣选我或者吩咐我去传福音,'也不是'从教导我的'人'那里'教导我的,而是借着耶稣基督的启示'。"④看,彼得和别的使徒或任何人都没有拣选、差遣或吩咐保罗去做福音的执事。我们对其余使徒的判断同样如此。所以彼得没有直接从上帝那

---

① 彼得·伦巴第:《汇编》,p.95B。[译者注]亚拿尼亚是大马士革教会的信徒,曾受基督指示按手在保罗头上,叫保罗眼睛能看见,是保罗归主路上的重要人物。具体故事,参见《使徒行传》,9:10—18,22:12—16。
② 彼得·伦巴第:《汇编》,p.95C。
③ 《加拉太书》,1:11—12。
④ 彼得·伦巴第:《汇编》,p.99C—D。这句注解是安布罗斯的,奥古斯丁的注解应在98A—B。

里得到对其余使徒的权力,更不用说强制司法管辖权了,他既没有权力将他们指派在教士职位上,也没有权力分派或差遣他们去传道。我们所能允许说的是,也许按照时间或使徒的选举,他在年龄或职权上要先于其他使徒,因此值得被崇敬,尽管没有人可以从《圣经》中确证这场选举。

5. 现在有一个迹象表明我们所说的是真的,那就是我们从《圣经》中没有发现圣彼得单独为自己领受对其余使徒的权柄,反而他保持了与他们之间的平等。因为他没有为自己领受决定传福音方面的疑惑(这属于教义问题)的权柄;反而这方面的疑惑是通过使徒和其他更博学的信徒的共同慎虑得到决定的,而非通过使徒或其他任何一位使徒自己的决定。因此,在《使徒行传》第15章,传福音者之间产生了分歧,即就追求永恒救赎而言,是否有必要为未受割礼的信徒行割礼,有些人说有必要,但保罗和巴拿巴反对这样做,"使徒和长老聚会商议这事"①。彼得和雅各在这事上说没有必要,其余使徒和长老也同意他们的观点。因此,经文补充道:"那时,使徒和长老并全教会定意从他们中拣选人,差他们[和保罗、巴拿巴]同往安提阿……于是写信交给他们。"②写信的方式与慎虑的方式是一致的,信的内容如下:"使徒和作长老的弟兄们问安提阿、叙利亚、基利家外邦众弟兄的安……"③这同一封信随后延续了相似的观点,它说:"所以我们同心定意拣选几个人,差他们往你们那里去。"④这封信稍后又说:"因为圣灵和我们定意不将别的重担放在

---

① 《使徒行传》,15:6。
② 《使徒行传》,15:22—23。
③ 《使徒行传》,15:23。
④ 《使徒行传》,15:25。

你们身上。"①所以彼得没有决定上述对于充足权力的信仰的疑惑,这种决定是一些人痴心妄想的并且归于了罗马主教,尽管这些人是"以色列人的师傅"②,因为他们在不成文的教条中宣称他独自可以决定对于信仰的疑惑,而彼得从来不敢这么做。③ 这种说法明显是假的并且与《圣经》明显不符,我们将在下一章和这一论第20章中详细讨论这个问题。

6. 所以这是博学的信徒们慎虑、决定疑惑、拣选和写作的聚会,以这种方式得到决定和授权的事情在这种权柄方面是有效的。因为使徒们的聚会拥有比彼得一人或别的使徒更大的权柄。因此,我们读到彼得是被这样一个聚会差遣到撒玛利亚去的,正如《使徒行传》第8章所显明的:"使徒在耶路撒冷听见撒玛利亚人领受了上帝的言,就差遣彼得和约翰去他们那里。"④所以当圣彼得或任何其他使徒都不曾在言行上假定自己拥有这种权力时,一些渎神的谄媚者为什么以及从何处宣称某一位主教从基督那里获得了充足权力,甚至是对神职人员的充足权力,更不用说对平信徒呢? 事实上,那些提出这一论断的人应当成为嘲笑的对象,没有一点值得相信,也绝不令人惧怕,因为他们所宣称的在字面和明显的意思上是与《圣经》相反的。因为圣彼得从未对使徒或其他人拥有这种权力,而是(如我们所说)按照基督的诫命保持与他们之间的平等。因此《马太福音》第23章:"你们不要受拉比的称呼。因为只有一位是你们的师傅(即基督),你们所有人都是弟兄(即都是平等

---

① 《使徒行传》,15:28。

② 《约翰福音》,3:10。参见《和平的保卫者》,II.14.22。

③ 参见 Augustinus Triumphus, *Summa de eccles. potestate*, qu.10, 11; Aegidius Romanus, *De ecclesiastica potestate*,1, c.1。

④ 《使徒行传》,8:14。

的)。"①他说,"所有人",无一例外。这一观点在《加拉太书》第2章中得到了使徒保罗的确认,他这样说道:"我是奉启示上去的,把我在外邦人中所传的福音对他们陈说。"②奥古斯丁对此注解道:"他们(即彼得和其他更主要的使徒,我们稍后还将谈论这些使徒)并没有作为更伟大的人来教导我,我反而把他们当作朋友和平等的人来对他们陈说。"③此外,同样的观点出现在同一章稍后的地方,当使徒保罗说:"后来矶法到了安提阿,我当面抵抗他,因他有可责备之处……"④哲罗姆对此注解道:"他们没有对我陈说什么,而是我对彼得陈说。"他稍后补充道:"我把他作为平等者来抵抗他。因为他若知道自己与他不平等,就不敢这样做了。"⑤所以看,即使彼得年长并且在保罗之前做过牧者,但保罗在职权和尊严上与彼得是平等的,并不低于彼得。

7. 同样显而易见的是,无论圣彼得还是其他任何一位使徒,在分发献给早期教会的尘世物方面,都没有先于其他使徒的卓越地位或权力。因此《使徒行传》第4章写道:"凡是有田地房屋的都卖了,把所卖的价钱拿来,放在使徒脚前;照各人所需用的,分给每个人。"⑥看,对献给教会的尘世物的处理是借着使徒作为一个团契,而非单靠彼得一人得以实现的。因为经文没有说"放在彼得脚前",而是说"使徒脚前"。也没有说"彼得分给每个人",而是说"分给每个人"。

8. 因此,告诉我,当罗马主教自己或与其他主教一起在神圣法权或

---

① 《马太福音》,23:8。
② 《加拉太书》,2:2。
③ 彼得·伦巴第:《汇编》,Migne 192,p.103C。
④ 《加拉太书》,2:11。
⑤ 彼得·伦巴第:《汇编》,p.108D。[布本注]这句注解不属于哲罗姆。
⑥ [布本注]《使徒行传》,4:34—35。

人的法权上都不可以合法要求这些已经借着合理的法律(例如借着立遗嘱之人或其他为此目的按立之人的意志)委托他人来妥善储存的东西时,他从何处得到权柄来分发他所宣誓的这些东西,或者要求获得一个人在遗嘱中遗赠给虔敬事业但委托他人来保留或分发的东西(仿佛这些东西只属于他)呢?"因为立遗嘱之人所说的(即关于他自己的)就是法律",正如其他地方所写的那样。① 事实上,我们从《圣经》中没有找到任何理由可以使我们确信这种权力属于罗马主教或任何其他一位主教,反而情况恰恰相反。如果这些遗赠物是委托某个特定主教教区的教会来分发的,那么这种分发权属于主持该特定主教教区的主教,但绝不属于罗马主教。之所以如此,是因为罗马主教没有也从来没有直接从基督那里得到对其余与他同作主教或教士之人的权力或权柄,这是本章一开始的一个命题。因为正如彼得从来没有对其余使徒的这种权力,所以彼得在罗马宗座的继任者也没有对其余使徒的继任者的这种权力。事实上,彼得从来没有权力将教士职或使徒职或主教职分配给这些人,因为他们全都是直接从基督那里得到这种权力或权柄,而非通过彼得的侍奉领受的,就像我们在上面从《圣经》中已明显验证的那样。奥古斯丁也在《〈新约〉和〈旧约〉问题集》第94题中明确表达了这一点,他这样说道:"在律法通过的同一日(即五旬节),圣灵降临在门徒们身上,使得他们获得权柄并且知道传讲福音的法权。"②

9. 进一步来说,正如我们读到彼得在无需其他使徒的确认或祝圣

---

① 参见 *Glossa ord. zu Codex*, lib.6, tit.43, l.7; Authent.coll.4, tit.1, De nuptiis (Nov.22), cap.2.

② 奥古斯丁:《〈新约〉和〈旧约〉问题集》(*Quaestiones Veteris et Novi Testamenti*), qu.95, Migne 35, p.2292。

的情况下被信徒群众选立为安提阿主教,其余使徒同样可以在无需彼得的知晓、任何按立或祝圣的情况下在别的省份作主持,因为他们被基督充分祝圣了。基于此,我们同样可以认为,这些使徒的继任者无需任何来自彼得继任者的确认,而其他使徒的许多继任者确实在无需彼得的继任者对此所做的任何按立或确认的情况下被适当地选立和按立为主教,并以神圣的方式统治他们的省份。几乎直到君士坦丁皇帝(他赐予罗马主教和教会某种先于所有其他地上教会、主教或教士的卓越地位和权力)的时代,这种做法都得到合法的遵守。的确,使徒保罗在《加拉太书》第 2 章中表明了彼得和使徒们的平等,当他说,雅各、彼得和约翰"向我和巴拿巴用右手行团契之礼,叫我们往外邦人那里去,他们往受割礼的人那里去"①。"用右手行团契之礼",所以"用右手行平等之礼"②,正如奥古斯丁上面的注解所充分说明的那样(尽管使徒保罗在这个问题上所说的话如此直白以至于不需要注解);我们也在上面从哲罗姆致伊万德的信中援引了这种观点,哲罗姆在信中说,所有主教"无论在罗马还是"在别的地方,都拥有基督直接授予的"平等的教士职权"和"应得功绩"或权力。③

10. 但是,如果圣彼得被一些圣徒描述为"使徒们的首长"④(princeps apostolorum),那么这种说法就是在宽泛和不恰当的意义上采纳了"首长"一词,否则它公然违背基督在《马太福音》第 20 章和《路加福

---

① 《加拉太书》,2:9。
② 彼得·伦巴第:《汇编》,Migne 192,p.107B—C。
③ 哲罗姆:《书信集》,146, c.1, Migne 22, p. 1194 (1082)。参见《和平的保卫者》,II.15.8。
④ 哲罗姆:《论显赫之人》(*De viris illustr.*),c.1, Migne 23, p. 607B。[译者注]"首长"(princeps)一词的翻译借鉴了思高本《马太福音》20:25 的译法。

音》第 22 章中的观点和神谕:"外邦人有首长统治他们,但你们不可这样。"①因此,我们应当说,圣徒们这样说,不是因为彼得被基督直接赐予了某种对使徒们的权力,而也许是因为他是长老,或者因为他首先承认基督是与上帝共体的真圣子,或者也许因为他在信仰上更热忱和坚定,或者因为他与基督在一起并且更经常地在商讨和隐秘对话上被召唤。因此,使徒保罗在《加拉太书》第 2 章中说:"那被视为柱石的雅各、矶法(即彼得)和约翰。"②安布罗斯对此注解道:"因为他们在使徒中更受尊崇,因为他们总是与主一起进行隐秘对话。"③这方面的一个恰当例子可以来自这世界上的统治者们(他们在任何一种权力方面都不能彼此领导对方),例如一个王国的伯爵们,他们中的每一个在司法管辖权或权柄上都不受制于另一个,而是所有伯爵直接受制于国王。但是有时候会出现这样的情况,即一个或几个伯爵比其他伯爵更受尊崇,比如因为他们年长或者在某个或某些德性上更卓越,或者是国王或王国更伟大的仆人,基于此,他们更受国王或人民的喜爱和崇敬。这也是我们应当思考使徒们彼此之间以及与基督之间关系的方式。因为他们全都服从于基督的权能和权柄,全都从基督那里领受他们作为教士和使徒的职权,而非从彼此那里,正如《圣经》和跟从它的圣徒们到处公开宣告的那样。尽管圣彼得在他们中间由于上述原因更受尊崇,但并非由于基督传给他某种对其余使徒的权力。因为基督在他们中间禁止这种权力,正如我们在上面从《马太福音》第 23 章中所援引的,当他对他们说了直接切题的话:"你们不要受拉比的称呼,因为只有一位是你们的师傅,你

---

① 《马太福音》,20:25—26;《路加福音》,22:25—26。
② 《加拉太书》,2:9。
③ 彼得·伦巴第:《汇编》,Migne 192,p.108B。注解来自奥古斯丁。

们所有人都是弟兄。"①

11. 同样地,彼得对其余使徒没有强制司法管辖权,反之亦然。由此他们的继任者彼此也没有。因为基督在《马太福音》第20章和《路加福音》第22章说到直接切题的话时完全禁止他们这样做。因为当"争论发生在他们中间,你们哪一个为大,他(即基督)说外邦人有王为主统治他们,那为大的,拥有管理他们的权力,但你们不可以这样。"②基督不可能把这禁止的话说得更明确了。所以为什么有人在这事上更加相信人的传统(无论圣徒的还是非圣徒的)而不是基督最明确的言辞呢?因为这种人或这些人违背了基督在《马太福音》第15章和《马可福音》第7章说到的直接切题的话:"你们将人的吩咐当作道理教导人,所以拜我也是枉然。你们离弃上帝的诫命,持守人的传统。"经文稍后又说:"你们诚然废弃上帝的诫命,要守你们自己的传统。"③这就是教令法学家们教导人们做的,因为他们说,对教会的,甚至帝国和皇室的尘世物的权力和所有权都属于罗马主教。他们废弃了上帝的诫命(正如这一论第14章所示,并且从上一章可以明确证明这一点),使得他们可以为了自己的便利而保守他们自己关于尘世物的传统。

12. 但是,如果使徒们选立圣彼得作为他们的主教或更首要的主教,是因为彼得的年龄及其所获得的更卓越的圣洁性,正如从教皇阿纳克莱特在《伊西多尔法典》中的某个教令的意图中可以得到这一点,这个教令是:"其他使徒的确在与他(即彼得)平等的团契中领受荣耀和权

---

① 《马太福音》,23:8。
② 《马太福音》,20:25;《路加福音》,22:24—26。[译者注]参见《和平的保卫者》,II.4.13。
③ 《马可福音》,7:7—9。参见《马太福音》,15:3,15:6。

力,但他们想要他成为他们的首长。"①那么由此并不能推导出,如果他曾在别处当过主教,他在罗马宗座或别处的继任者拥有对其他使徒继任者的这种优先权,除非他被其余使徒继任者选立为首长,因为其他使徒的一些继任者比彼得的一些继任者拥有更崇高的美德,尽管恰当地说,任何一个主教都无分别地是任何一个使徒在职权而非处所方面的继任者。此外,如果彼得在多个地方当过主教,那么为什么这种优先权属于他在罗马宗座的继任者,而不属于他在安提阿、耶路撒冷或别处的继任者呢?

13. 进一步来说,任何一位主教,在内在尊严(即不可分的尊严)方面,都无分别地是任何一位使徒的继任者,并且在上述尊严或品格方面都是同样应得或完美的继任者;因为所有主教都直接从数量上为一的动力因或给予者(即基督)那里得到相同的尊严,而非从行按手礼的人那里。这也与哪位使徒行按手礼无关紧要。因此《哥林多前书》第3章写道,"无论谁,都不可拿人夸口,或保罗,或亚波罗,或矶法"等给你们施洗或按手,都无关紧要。因此经文补充道,"你们是属基督的"②,也就是说,你们从基督那里得到了内在的印记。注解对此说道:"'你们是属基督的',不是属人的,无论在创造中还是在更新中(补充:借着圣礼)。"③

---

① 参见 *Pseudo-Isidori Decretales*, ed. P. Hinschius, p. 79, Anacletus(2)。[译者注]塞维利亚的伊西多尔(560/570—636),西班牙主教,对中世纪教育和法学影响深远。《伪伊西多尔教令集》(*Pseudo-Isidori Decretales*)假托塞维利亚的伊西多尔之名,成书于9世纪中叶,10世纪后广为流传。该教令集收录了原初教会和公会议时期的大量真实和伪造的材料,其中就包括著名的伪造文件"君士坦丁的赠礼"。该教令集在马西利乌斯的时代还没有被证伪,马西利乌斯本人也没有明确质疑它的真实性。从15世纪开始直到17世纪,该教令集中有40多份文件被证伪。
② 《哥林多前书》,3:21—23。
③ 彼得·伦巴第:《汇编》,Migne 191,p.1564A。

14. 进一步来说,罗马主教既不是也不应当由于行按手礼的缘故而被单独称为圣彼得的继任者,因为圣彼得没有按手(无论直接地还是间接地)的人也可以成为罗马主教。同样地,罗马主教既不是也不应当由于特定的宗座或处所的缘故而被单独称为圣彼得的继任者。首先,因为没有一位使徒被神法指定到任何一个特定的民族或处所,基督在《马太福音》最后一章中对所有使徒说:"所以你们要去教导万民。"①进一步来说,我们读到圣彼得在罗马之前就在安提阿。② 此外,如果罗马不再适合居住,彼得的继任权也不会因此终结。再者,以下这一点不可能借着神法得到确证,即基督或者任何一位使徒或使徒的教团会规定任何一个特定省份或主教教区的主教应当是或被单独称为彼得的或任何其他使徒的继任者并且优先于其他主教,即使假定使徒们在权柄上是不平等的。相反,圣彼得和其余使徒的继任者在某种意义上是那些与他们的生活方式和圣洁行为更充分地保持一致的人。因为被询问的神圣使徒所告诉的人就是他们的继任者,他们效法了他们的师傅基督在《马太福音》第 12 章中的形象:"有人告诉他说:'看,你母亲和你弟兄站在外面,要与你说话。'他回答道:'谁是我的母亲?谁是我的弟兄?'他伸手指着他的门徒说:'看,我的母亲,我的弟兄。凡遵行我天父旨意的人,就是我的弟兄、姐妹和母亲了。'"③那么,哪个主教或教士更配称为使徒的继任者呢?显然是更充分模仿他们的行为举止的人。

如果有人说,某位主教单独和首要地成为圣彼得的继任者,是因为

---

① 《马太福音》,28:19。

② [译者注]马西利乌斯在《和平的保卫者》I.19.7 说过,彼得在安提阿时被当地信徒立为主教。

③ 《马太福音》,12:47—50。

他被罗马神职人员或他们与其余人一起选立为主教,并且因此成为普通教会的主教(尽管只要罗马城存在,他就要专门照料罗马城)。我们应当说,虽然这种说法可以遭受许多指控,但它仍然可以以一种单一的方式得到充分的抵制,因为它无法从《圣经》中得到确证,反而情况恰恰相反,就像上面所证明的那样,并将在紧接着的一章得到更进一步说明。基于此,与这种说法相同的或类似的说法都可以用这种方式被否定。但至于罗马主教和教会从何处以及为什么处于或者应当处于所有其他人之上的首要地位,这将在这一论第22章得到严肃讨论。

15. 比刚才我们听到的不合习惯的说法更加令人惊奇的说法是(之所以更加令人惊奇是因为这似乎更不合习惯,并且也许不是一种可以持有的说法,如果这不是错误的话),从《圣经》的某种见证中可以确证,就省份和民族而言,罗马主教更像是使徒保罗而非彼得的继任者,尤其是坐在罗马的主教宗座上的人。此外,似乎比刚才所说的更加令人惊奇的是,我们凭借任何一段经文都不能直接验证,罗马主教因特定的宗座或省份而特别地是圣彼得的继任者,相比于他们,反而是那些已经坐在或坐在安提阿的主教宗座上的人才是圣彼得的继任者。现在,我们可以从以下事实中相信这些断言中的第一个,也就是说,尽管圣保罗像其余任何一位使徒一样被差遣到所有民族(《使徒行传》第9章写道:"他是我所拣选的器皿,要在外邦人和君王并以色列人面前宣扬我的名。"[1]),但无论借着启示还是按照使徒们的彼此安排,保罗特别地和首要地是外邦人的使徒,就像彼得是犹太人的使徒一样。《加拉太书》第2章写道:"他们(雅各、彼得和约翰)看见了主托我传福音给那些未受

---

[1] 《使徒行传》,9:15。

割礼的人(即外邦人),正如托彼得传福音给那些受割礼的人(即犹太人。使徒保罗是在彼得和他自己两个人的情况下谈论"首要地"的意思。)"① 因为如果有某种理由或必要的话,彼得可以传福音给外邦人,保罗可以传福音给犹太人,尽管在传福音给外邦人方面的首要地位是属于保罗的,在传福音给犹太人方面的首要地位是属于圣彼得的,正如奥古斯丁对这句经文的注解所阐释的。② 此外,《使徒行传》第22章说,保罗在"魂游象外"的时候得到启示:"你去吧,因为我要差你远远地往万民那里去。"③《使徒行传》第28章(最后一章)进一步说道:"这样,我们来到罗马。"④稍后,使徒保罗在与罗马的犹太人谈论时说道:"所以你们要知道,上帝的救恩已经传给外邦人,你们也必听从。保罗在自己所租的房子里住了足足两年,凡是来见他的人,他全都接待,传讲上帝的国。"⑤此外,他在《罗马书》第11章更具体地见证了这一点,他说:"我对你们外邦人说这话,因我是外邦人的使徒,所以我荣耀我的事工,如果我可以激起我骨肉之亲效法。"⑥也就是说,即使我有时也劝犹太人这样做,但我首要地是外邦人的使徒。他还在《加拉太书》第2章中说:"那被视为教会柱石的雅各、矶法和约翰,就向我和巴拿巴用右手行团契之礼,叫我们往外邦人那里去(即去到外邦人那里),他们往受割礼的人那里去(即

---

① 《加拉太书》,2:7。
② 彼得·伦巴第:《汇编》,Migne 192, p.108A。[译者注]参见《和平的保卫者》,II.16.3。
③ 《使徒行传》,22:17,22:21。
④ 《使徒行传》,28:14。
⑤ 《使徒行传》,28:28,28:30。
⑥ 《罗马书》,11:13—14。

去到犹太人那里,去传福音)。"① 我们在随后的《提摩太前书》第 2 章②和《提摩太后书》第 1 章③中读到了相同的话,为了简洁起见,我们省略了这两段经文。

16. 因此,我们凭借《圣经》可以明显确定的是,保罗在罗马住了两年,并且在那里接待了所有愿意皈依的外邦人,并向他们传道。同样可以确定的是,他确实是罗马的主教,因为他在那里担任主教或牧者的职权,从基督那里得到这方面的权柄,拥有启示的诫命,并且借着选举获得其他使徒的同意。

但至于彼得(第二个命题将在这一点上变得显而易见),我说,我们不能直接凭借《圣经》确证彼得确实是罗马的主教,进一步来说,我们不能确证他曾经在罗马。因为最令人惊奇的是,如果按照一些流传甚广的关于圣徒的教会传说来看,圣彼得在圣保罗之前来到罗马,在那里传上帝的道,后来被俘虏。再后来,圣保罗一到罗马,就和圣彼得一起与行邪术的西门进行了多次争论,同时为了信仰而与皇帝及其代理人进行了艰苦的斗争。最终按照同一段故事,两位使徒因承认基督而同时被斩首,安睡在主里,由此"使得罗马教会神圣化"。我说,最令人惊奇的是,写《使徒行传》的圣路加和圣保罗完全没有提到过圣彼得。④

---

① 《加拉太书》,2:9。
② 《提摩太前书》,2:7。
③ 《提摩太后书》,1:11。
④ 参见《圣徒传》(Acta Sanctorum)(29.Juni, Vol.Iunii VII, p. 387ff.);彼得和保罗一起被斩首的叙述也是基于对《伪伊西多尔教令集》的错误理解(Gelasius, Decreta de recipiendis et non rec. libris),收录于《伪伊西多尔教令集》,p. 635;马丁努斯·波罗努斯(Martin von Troppau):《编年史》(Chronicon, MGH, SS., XXII), p.409。[译者注]区别于《圣经》中的《使徒行传》,《圣徒传》是一本记录基督教早期和中世纪圣徒言行的书。

17. 进一步来说，《使徒行传》最后一章所写的内容使我们极有可能相信，圣彼得没有在他们之前来过罗马。因为保罗一到罗马就向犹太人说话，想要在其他事情上解释他来罗马的理由，他说："无奈犹太人毁谤我，我不得已，只好上告于凯撒。他们说：'我们既没有收到从犹太来论你的信，也没有弟兄到这里来报给我们说你有什么害处。但我们愿意听你的意见如何，因为我们知道这教派是到处被毁谤的。'"①所以，让一个寻求真理而非争论的人告诉我，是否有人能够认为，圣彼得在保罗之前来到罗马并住在生活在那里的犹太人弟兄中间（他特别地和首要地是这些弟兄的使徒），却没有宣讲基督的信仰（犹太人在对保罗说话时称之为"教派"）？进一步来说，如果保罗知道矶法在那里传道，那么他在责备他们缺乏信仰时，怎能不提及或者不援引见证基督复活的彼得（如《使徒行传》第3章②所示）的这一见证呢？

18. 此外，如上所述，谁能认为保罗在那里住了两年，却从来没有与圣彼得有过任何相会、聚会或联谊呢？如果他确实这样，为什么写《使徒行传》这段故事的人完全不提这件事？因为当保罗在别的不太知名的地方见到彼得时，都会提及他并与他相会，例如在哥林多（《哥林多前书》第3章③）、在安提阿（《加拉太书》第2章④），以及在许多别的地方。然而，如果他在罗马（罗马当时是所有城中最著名的，而且按照刚才提到的故事，圣彼得作为主教主持那里的教务）见到了他，他怎能不提及他的名字呢？这些几乎是难以置信的，基于此，这段故事或传说似乎不

---

① 《使徒行传》,28:19,28:21—22。
② 《使徒行传》,3:15。
③ 《哥林多前书》,3:22。
④ 《加拉太书》,2:11—14。

可能在这方面得到确信，反而几乎应当被视为伪造的。但是，凭借《圣经》，我们应当毫无疑问地认为圣保罗是罗马的主教，即使还有他人和保罗一起在罗马，基于上述理由，保罗本人仍然特别地和首要地是罗马的主教，而圣彼得是安提阿的主教，这一点可以从《加拉太书》第2章中清楚看到。我并不否认彼得在罗马，我认为比较接近真相的是，彼得在这方面没有在保罗之前来到罗马，反而情况恰恰相反。

19. 然而，对于我们的主要命题，我们最应当注意的是，即使可能存在一些《圣经》见证，出于这些见证，有些人（尤其是坐在罗马的主教宗座上的人）似乎可以被单独称为圣彼得的继任者，比其他使徒的继任者更受尊崇。但是，《圣经》并没不必然要求我们相信，其他使徒的继任者在上述的任何权力方面都要服从于这些圣彼得的继任者们。即使假设使徒们在权力上是不平等的，我们也不能说，圣彼得或任何其他使徒可以凭借《圣经》的话，拥有任何按立或废止他们的权力，无论就我们所说的教士的本质尊严而言，还是就差遣或决定他们去一个地方或民族而言，还是就解释《圣经》或天主教信仰而言，还是就对此世任何人的强制司法管辖权而言，无一例外。因此，似乎有必要得出结论，无论以何种方式被特别地称为其中任何一位使徒的继任者，都不可以凭借《圣经》的话拥有上述对其余使徒的继任者的权力。这一点可以借着哲罗姆致伊万德的信的权威得到明确支持，我们在上一章第8节结尾处引用过这封信。

第 17 章

论按立主教、其他教区教士和其余教会执事的权柄,就任何一种可分或不可分的尊严或职权而言

1. 因此,我们已经讨论了教士的首要权柄(我们称之为本质的)的发动因。但是,我们现在仍然要讨论另一种权柄,即凭借这种权柄,他们中的一些人被安置在某个特定省份或地方的特定教士职位或民族或二者之上;进一步来说,他们出于什么理由可以恰当地分配某些我们在上面称为"教会的恩惠"的尘世物;此外,他们或其中的一些人又是出于什么理由得到强制司法管辖权的,我们还需要界定的其余问题是,更适合由哪个人或哪些人,以及以什么方式,决定《圣经》中可疑的意思(尤其是在那些对于救赎来说必要的经文中)。因为当这些问题变得足够清楚时,我们从这本著作一开始就提议阐明的命题将变得显而易见。

2. 但是,在我们单独探讨这些问题之前,我们有必要首先叙述一下主教或教士在原初教会的状态和起初的按立和分配方式,因为所有其他问题都从这里衍生出来。这些[按立和确定方式]的所有原则都来自基督,按照使徒保罗在《以弗所书》第 4 和 5 章①与《哥林多前书》第

---

① 《以弗所书》,4:15,5:23。

10章①所说，他是"头"（caput）和天主教会立于其上的磐石（petra）。注解②对《马太福音》第16章"我要我的教会建造在这磐石上"③这句经文说了同样的话。我要说的是，这个"教会的头""磐石"和"根基"，即基督，赋予了使徒们对所有外邦人和民族的教士职权和主教权柄，但没有把他们中的任何一个分配到某个特定的地方或民族，以致使徒在他所喜欢的地方传道就是不合法的，尽管凭借他们的相互安排或圣灵的旨意，一些被委派到外邦人那里去，另一些被委派到受割礼的人那里去。这似乎也是注解对《加拉太书》第2章"叫我在外邦人中间作使徒。他们还知道所赐给我的恩典"④这句经文所说的意思。因为注解说道："事实上，基督把这恩典赐给保罗，让他侍奉外邦人，正如基督也把这恩典赐给彼得，让他侍奉犹太人一样。但是，这种分配是以如下方式交给他们的，即如果有理由的话，彼得可以传福音给外邦人，保罗可以传福音给犹太人。"⑤使徒保罗在《罗马书》第11章似乎也是这样认为的，他说："我荣耀我的事工，如果我可以激起我骨肉之亲效法。"⑥注解对此说道："也就是说，犹太人是按肉体所生的。"⑦我们似乎可以从这些经文和注解中得出结论，由于某个使徒因其所拥有的权力或品格而被按立为教士，他有权无分别地在任何地方侍奉任何一个民族，尽管凭借神圣启示或人的某种安排，一些被分配到某个特定的地方或民族（多于其余地

---

① 《哥林多前书》,10:4。
② 《标准注解》。
③ 《马太福音》,16:18。
④ 《加拉太书》,2:8—9。
⑤ 彼得·伦巴第:《汇编》,Migne 192, p. 108A。这句注解来自奥古斯丁和安布罗斯,实际针对的是《加拉太书》2:7 的经文。
⑥ 《罗马书》,11:13—14。[译者注]参见《和平的保卫者》,II.16.15。
⑦ 彼得·伦巴第:《汇编》,Migne 191, p. 1485D。

方或民族),尤其是在这个时代。

3. 这些似乎与《圣经》和理性是一致的。因为基督传给了每一个使徒普遍的侍奉职权,他在《马太福音》第28章无分别地对使徒们说,"所以你们要去教导万民"①,没有把他们分配到某个特定的地方或民族。但他们有时似乎被神圣启示分配到某个特定的国家或民族,使徒保罗在《使徒行传》第22章自述道:"当我回到耶路撒冷,在圣殿里祷告的时候,魂游象外,看见他(即基督)对我说:'你赶紧离开耶路撒冷,因为他们必不领受你为我作的见证。'"稍后基督又对他说:"你去吧,因为我要差你远远地往万民那里去。"②看,保罗有时借着启示接受了某个地方和民族的分配。同样地,他和其他使徒一起也凭借人的某种安排领受了同样的分配。因此,他在《加拉太书》第2章说:"他们(雅各、矶法和约翰)就向我和巴拿巴用右手行团契之礼,叫我们往外邦人那里去,他们往受割礼的人那里去。"③看,使徒们按照人的安排被直接分配到某个特定的民族和省份。然而,我们可以一致同意的是,他们并没有从这样的分配(无论直接由上帝的启示作出还是由他们的相互安排作出)中通过圣灵接受到他们以前所没有的完美。

4. 的确,这一点在理性上也是显而易见的,因为假设任何一位被分配到某个省份或民族的主教或其他教区教士离开了委托给他的省份(我们看到这种情况比应当发生的还要多),偶然甚或有意地遇到了一个既不信教也没有受洗的人,但是这个人要求他或其他人给他受洗。如果他在遵守圣礼样式的情况下给他施洗了,那么我们一致同意这个

---

① 《马太福音》,28:19。
② 《使徒行传》,22:17—18,22:21。
③ 《加拉太书》,2:9。

人是真受洗了,尽管在一个没有服从于他或没有委托给他的省份里,他这样给人施洗,可能会犯死罪。所以基于主教或教士的权力(我们称为本质的),每个人不是被分配到某个特定的地方或民族,而是无分别地照料万民。但是,这样的分配有时凭借神圣启示,例如在原初教会时期,但更多地是凭借人的安排,尤其是在当代。这是为了避免主教和教士之间的丑闻,以及考虑到其他明显有利的后果,我们将在下文处理这一点。

5. 那么,有了这些前提,我们就可以单独地讨论本章开头提出的命题。我们将首先表明,决定把使徒们分配到某个特定民族和省份的最适合的直接发动因是基督的启示或者他们之间相互和谐的安排。其次,如果所有或几位使徒同时出现在需要按立教士或主教的地方或省份,那么在人民皈依之前,决定分配他们的第一批继任者的直接发动因是所有使徒的明确意愿,或者几位使徒的明确意愿,或者其中一位使徒的明确意愿(按照地点、人和时间的情况)。最后,在使徒死后或在他们缺席的情况下,对主教和其他教会或精神执事的次级按立(institucio secundaria)由需要按立执事的地方或省份的信徒共体以尽可能适合人类生活的方式共同完成,而非由其他任何一个集体或个人完成。其余命题也将随后得到说明。

所以,第一个命题是显而易见的:最适合安排这种分配的原因无非神圣启示或他们的共同商议,因为错误或恶意在这两种情况下似乎都不会发生。的确,就神圣启示而言,没有人会怀疑这一点;就使徒们的选举而言,这似乎是可验证的和可能的,因为他们是受圣灵启发的,正如我们之前从《约翰福音》第 20 章①中援引的那样。

---

① 《约翰福音》,20:22—23。参见《和平的保卫者》,II.15.3。

6. 接下来我要说的是，他们的第一批继任者的次级按立或分配的直接发动因（尤其在人民皈依之前）是而且应当是所有使徒或几个使徒或者（按照我们之前说的方式）他们中的一位，如果所有或几位使徒同时或只有一位使徒出现在那个地方的话。这一点首先可以从《圣经》中得到确证，因为我们在《使徒行传》第6章中读到他们在执事的按立中是这样行事的，甚至就首要权柄（我们在前面称为本质的）而言也是如此。因此："叫他们[即将来的执事们]站在使徒们面前，他们（即使徒们）祷告了，就按手在他们头上。"①所以使徒们不是把将来的执事们单独带到彼得那里，而是"站在使徒们面前"。彼得也没有单独为自己领受按手在他们头上的权柄，反而是使徒们"按手在他们头上"。

这一点也与理性相一致。因为在晋升一人到教士职或其他圣秩（sacer ordo）或者将一人安排在次级职权的问题上，很有可能所有或几位使徒同时一起比他们中的任何一位使徒的商议都更加确定，也更少犯错误。就像我们在上一章②所归纳的那样，基于这个原因，他们和其他一些长老聚在一起，界定福音法在割礼行为上的疑惑。此外，这种做法消除了丑闻和争论的基础，而如果他们中有任何一位使徒想要当着其他使徒的面获得超过其余使徒的权力或优先权，这就很有可能发生在他们中间。在基督还活着的时候，这种丑闻和争论就在他们中间发生了，基督通过表达他们的平等关系界定了它，正如我们从《马太福音》第23章和《路加福音》第22章所援引的那样，并且我们通过上一章使

---

① 《使徒行传》，6:6。
② [译者注]参见《和平的保卫者》，II.16.5。

徒保罗和圣徒的阐释更加清楚这一点。① 进一步来说,这样做更加合理,因为他们可以从他们所有继任者的身上消除这种独特性(singularitas)的任何假定,以及同样为他们提供一个这样做的榜样,这一点将在下面第9节②对《使徒行传》第6章的注解中得到证明。

7. 但是,如果所有或几位使徒不是同时出现在一个地方,而这个地方必须按立一位主教来负责一个特定的信徒群众,以守卫和保持他们的信仰,那么我们应当合理说道,他们中的一位使徒可以合法地这样做,特别是在信徒群众的人数较少、缺乏教养、不善辨别更适合主教职位人选的情况下,以及尤其是在几乎极少有人胜任这一职位的情况下,就像保罗和他的第一批继任者们经常由于上述原因的缘故而遇到的情况一样,正如从《使徒行传》与使徒保罗致提摩太和提多的书信中可以足够清楚地看到这一点。现在我们可以表明,他们中的一位使徒可以合法地并且应当执行这样的按立制度,因为这样做可以选出一个更好、更适合的牧者。因为要么任何一个人在福音的事工上随意凌驾于他人之上是合法的,要么这必须通过信徒群众的选举或者通过任何一位在场的使徒的选举来实现。从第一种方式中,可能会产生丑闻和错误:的确会产生丑闻,如果两人或多人想要自己承担这个权柄。这的确会产生错误或牧者的不足,因为在大多数情况下,愚蠢或野心勃勃的人而非贤德和智慧的人希望主持并试图承担这一职位。从第二种方式(即从信徒群众的选举中按立一个教长)中,也有可能因群众在量和质上的缺陷而产生错误和不足,因为在大多数省份,尤其是在犹太以外的省份,

---

① 《马太福音》,23:8—11(以及20:24—27);《路加福音》,22:24—26。参见《和平的保卫者》,II.16.6,II.16.11。
② [译者注]参见《和平的保卫者》,II.17.9。

他们一开始就缺乏教养,很容易被诱导,这一点从《加拉太书》和许多其他书信中都是足够显而易见的。因此使徒保罗在《哥林多前书》第3章中说:"弟兄们,我从前对你们说话,不能把你们当作属灵的,而是只把你们当作属肉体的,当作在基督内的婴孩。我给你们喂的是奶。因为那时你们不能吃,就是如今还是不能,因为你们仍是属肉体的。"① 所以这种按立制度若由使徒中的一位来选举或决定,就更为稳妥和合理,因为使徒的生活和智慧由于具有圣灵的缘故而比所有信徒群众的生活和智慧更有分量,也更充足,尽管不应否认,使徒就候选人的道德行为问题征求群众意见是有利的。

8. 因此,我现在想表明的是,在使徒时代和几乎直接继任他们职权的第一批教父时代之后,尤其是在信徒团契已经完美的时候,这种按立或分配首座神职人员(无论被称为"主教"的较高品级的,还是被称为"教区教士"的较低品级的,以及其余较低品级的神职人员)的直接发动因是或者应当是该地区的普遍的信徒群众(通过选举或明确意愿的方式),或者是信徒群众将这种按立的权柄所授予的那个人或那些人。这种权柄还包括,将上述神职人员中的任何一位从这些职权上合法地移除或剥夺,以及若有必要,可以强迫他们行使这些职权。

但是,我们有必要注意到,尽管任何一位教士都有权这样表现他的事工,以至于他能够借着他的[事先]侍奉(好像是以预备的方式,但是以上帝将教士的本质权力或品格绝对地和直接地压印进去的方式)将任何一个有意愿的信徒晋升到教士职位。但是,我要说的是,如上所述,无论按照神法还是按照人法,他都不可以在已经完美的信徒团契中

---

① [译者注]《哥林多前书》,3:1—3。

随心所欲地将这种职位授予任何一个信徒,相反,他在与罪犯或其他不胜任的人相结合时,就犯了一项违反神法和人法的可惩罚的罪行。至于他这样行事就犯了一项违反神法的可惩罚的罪行,这一点可以通过使徒保罗在《提摩太前书》第3章和《提多书》第1章中的话"主教必须无可指责"①变得显而易见,以及在同一处所列举的其余充分的论述。同样地,或者按照类比的方式,我们也应当这样看待执事,因此使徒保罗在致提摩太的书信中说"执事也要纯洁"②等等。至于他以这种方式将不胜任的人晋升到教会品级就犯了违反人法的可惩罚的罪行,这一点可以从这一论第8章③得到说明。因为他所行的是对他人在今生和彼世状态中造成伤害的及物行为(即使他否认,也可以证明这是他所行的),即晋升一人到这种公共职位上,而这人要么能腐蚀两性(特别是女性)的生活和道德,要么不能形塑对今生和彼世状态有利或必要的道德,这人是败坏的或有其他不足的执事或教士。

9. 我想进一步从这些论点中必然推出:在已经完美的信徒团契中,只有人民立法者或该地区的信徒群众应当竭力选拔执事、监督选举、确定和展示晋升到教会品级的人选;在没有人民立法者或其授权的统治者许可的情况下,任何一位教士或主教或他们当中的任何一个教团都不许独自结合操作。

10. 我将首先从《圣经》中证明这一点,然后用可能的推理加以确认。的确,根据《圣经》的权威,这一点在《使徒行传》第6章中是显而易见的。因为当神圣的使徒们需要执事侍奉他们和人民的时候,他们就

---

① 《提摩太前书》,3:2;《提多书》,1:7。
② 《提摩太前书》,3:8。
③ [译者注]参见《和平的保卫者》,II.8.5。

要求信徒群众选举和确定这类执事的人选。因此，上述经文对此说道："十二使徒叫众门徒（即信徒，那时全都称为门徒，正如我们在注解①中所看到的）来，对他们说：'我们撇下上帝的言去侍奉饭食，这是不合宜的。所以弟兄们，你们要在你们中间选出七个有好名声、充满圣灵和智慧的人，我们就派他们管理这事。但我们要专心以祷告和传道为事。'众人都喜悦这话。他们拣选了司提反，乃是充满信心和圣灵的人，又拣选腓利（以及其余的执事）。"②在使徒们在场的情况下，这样的选举就被委托给了不太完美的群众，从而使得那些更合适的人被更确定地拣选出来，因为全体群众能够知道一个学识渊博的人通常所忽视的事情，尤其是在一个人的道德和生活方面的事情上，那么教士（他们对美德和智慧的需求比执事更大）的选举更是如此。当像使徒这样的教长不在完美的信徒团契中时，这种选举应当被委托给信徒共体，从而使得对所晋升的候选人有更充分更可靠的见证。"十二使徒（不唯独彼得，注解对此说道：来自共同的同意③）叫众门徒来。"注解对此说道："他们寻求众门徒的同意，众门徒应以他们为榜样。"④"叫他们站在［使徒面前］……"赫拉班对此说道："这命令应当被那些受命的人遵守。让人民去选择，主教下命令。"⑤这也是使徒保罗在《提摩太前书》第3章中明确表达的观点："他（即教士）也必须在教外（即在教会外部）有好的见证。"⑥哲罗姆对此注解道："不仅来自信徒，而且来自非信徒。"⑦经文稍后也谈论了关于执

---

① 《字里行间的注解》(*zu Acta VI，1*)。
② 《使徒行传》，6:2—5。
③ 《字里行间的注解》。
④ 《字里行间的注解》。
⑤ 《字里行间的注解》。
⑥ 《提摩太前书》，3:7。
⑦ 彼得·伦巴第：《汇编》，Migne 192，p. 345B。

事的见证:"这些人也要先经受验证,[如果他们没有犯罪]就让他们作执事。"①

11. 现在,我想通过可能的推理(如果允许一个人称必要的东西为可能的话)来表明,任何一种将候选人晋升到圣秩的选举和认可都属于第三含义的审判,即在已经完美的信徒团契中的人民立法者的判决。此外,对候选人的次级按立也是如此,即将他按立为主教或教区教士以及其余较低教会职位上的人,负责一个特定地区的一些有信仰的人民,将他免职或剥夺其职权,甚至迫使他行使教会职权(如果有必要强迫他行使的话),也是如此。然后我将表明,哪个人或哪些人有权分配"恩惠"的教会尘世物。

的确,第一个表明可以通过相同或相似的论证得到确证,在第1论第12、13和15章中,我们论证了制定法律和设立统治者的权力属于公民共体,而我们在此只需要置换这个论证的小项,即用"对晋升到圣秩之人的选举或认可"和"按立或分配他去监督某一特定的民族和省份,并且因违法行为或其他合理理由而剥夺其职权或将他免职"来替换论证中的"法律"或"统治者"这样的术语。

立法者或公民共体做这件事的必要性是非常明显的,因为按立一个人担任教士职位或其他教会等级和监督职权时出现的错误,比在建立人法或统治者时出现的错误,要更为危险。因为如果一个道德败坏的或无知的或同时有这两种缺陷的人被晋升为教士,并因此被安排来照料和引导有信仰的人民,那么永恒死亡和许多尘世不便的危险就会威胁着人民。这的确会有导致永恒死亡的危险,因为教士有权教导和

---

① 《提摩太前书》,3:10。

引导那些触及永恒救赎所必需的东西。因此《玛拉基书》第2章:"教士的嘴当守知识,人们也当从他口中寻求律法"①,即神圣律法,其中包含了必须遵守或禁止的诫命和禁令,而违反它们的人不会因教士的无知或恶意而被原谅。因此,应当由人民来分辨谁来担任他们的牧者,因为便利或不便和危险可能从他的职位中出现在每个人身上。有信仰的人民拥有并且理应拥有这种洞察或谨慎的权力,否则这种不利是无法避免的。

我们所说的显然是奥古斯丁《论忏悔》一书中的观点,更准确地说是基督的观点,奥古斯丁借着他的权威说话并且他的权威肯定了奥古斯丁所说的。因为奥古斯丁说(大师在《箴言书》第4书第17段第6章中引用了这句话):"那愿意认罪求恩典的,要找一个知道捆绑和解救的教士;免得他忽略自己时,他就被那位(即基督)在怜悯中告诫并寻求他的主忽略了;免得他们两个都掉进洞里,而这是愚蠢之人难以避免的。"②所以任何一个人都有权或应当有权为自己选择一位适合忏悔以及其他圣礼的教士,正如大师在同一处所说的那样。因此,由于信徒共体比任何一个人(甚至主教)或任何一个教团都能进行更好的选举,所以很显然,应当由信徒共体而非任何一个人或任何一个教团来选举或按立监督者。

12. 进一步来说,这种情况[即一个道德败坏的或无知的或同时有这两种缺陷的人被晋升为教士]可能会导致极大的尘世不便,因为以忏悔为名的教士经常与女人秘密交谈。因为她们容易被引诱,尤其是她

---

① 《玛拉基书》,2:7。
② 彼得·伦巴第:《箴言书》,lib.4, dist.17, c.5, Migne 192, p.883。来自奥古斯丁:《论真假悔罪》(*De vera et falsa poenitentia*),c.10, Migne 40, p.1113。

们中的年轻女人，无论处女还是已婚女，正如《创世记》第3章所显明的那样，使徒保罗在《提摩太前书》第2章中也提到了这一点："不是亚当被引诱，乃是女人被引诱，陷在罪里。"①所以一个堕落的教士可以很容易败坏她们的道德和贞洁（在这个时代，考虑到教士的品质，我们经常看到这种情况发生）。然而，这并不是一个微不足道的尘世不便，如果你愿意考虑随之而来的不便的话。亚里士多德在《修辞学》第1卷第8章对此说道："凡是像斯巴达人那样不好好对待女人的人，在他们的生活中有一半是不幸福的。"②因为女人几乎是家庭的一半，这在他的《家政学》③中是显而易见的。因此，如果为了追求尘世的便利，宜由立法者来确定晋升到城邦其余职位的人选，设立或确定行使统治职权的人选，从而产生一个更好的选举，并且使得一个更合适的人被纳入职权部门，就像我们确信第1论第15章已证明的那样，那么似乎更宜由同样的人民立法者或信徒共体来确定晋升到教士职位的人选并在职位上按立监督教士的人选。因为即使一位堕落的统治者会对今生状态造成严重的不便，例如尘世的死亡，但一位堕落的教士和教会牧者的行为会因造成永恒的死亡而招致更严重的不便。

同样地，由于这种危险，教会执事也可以被人民立法者或统治者强迫执行和侍奉救赎所必需的圣礼，如洗礼，如果他堕落并拒绝这样做的话。我们刚刚所说的关于晋升一个人到圣秩和按立一个人来进行灵魂照料的事情（无论大小），都可以通过我们在这一论第21章第4和5节中援引的《伊西多尔法典》得到确认。

---

① 《提摩太前书》,2:14。
② ［布本注］亚里士多德:《修辞学》,1361a,9—11。
③ ［布本注］亚里士多德:《家政学》,1343a—1344a。

13. 最光荣的圣徒的按立就是对我们所说的见证,他们是按照我们所说的方式被按立的,例如圣格列高利、尼古拉和许多其他圣徒的按立,就像从他们的传说和受认可的历史中是显而易见的一样。①

14. 以下说法并没有反驳上述观点,即教士们或教士团更知道如何判断晋升到教士职位、牧者职位和其他较低职位之人的胜任性。这种说法类似于第1论第13章所提出的反对意见,这些反对意见似乎主张,制定法律或设立统治者的权力绝不属于公民共体。事实上,我们可以像在那里②回应那些反对意见那样回应当前的反对说法。假设教士在这些事情上比其余公民群众有更充分、更准确的判断(但这在大多数情况下并非如此),然而,从这一假设中不能推断出,教士团单独对这些事情的判断比它所属的全体群众的判断更可靠。因此,与教士团相结合的其余群众比教士团单独的判断更可靠、更安全。因为"每一个整体大于其部分"③。

我们当然应该坚持认为,一部起草得很好、符合神法的法律应当规定,统治者在这件事上应当相信教士或神法博士和其他真诚之人的判断,就像他在其余学科中(无论就戒律而言,还是就道德而言)晋升候选人方面应当利用专家的判断和被认可之人的考察一样。我说专家的判断,是就审判者或审判的第一种含义而言。因为根据立法者的授权,统治者必须用第三种含义的审判来批准或拒绝任何人,按立他们或者将他们免职,就像第1论第15章所示。否则,在一个共同体中,最高统治者的数量将和判断(第一种含义的审判)每一种城邦职权方面的充足

---

① 参见《和平的保卫者》,II.15.8。
② [瓦本注]参见《和平的保卫者》,I.13.1。
③ [译者注]参见《和平的保卫者》,I.13.2。

或欠缺的审判者的数量一样多了。这是不恰当的,也是不可能的,如果一个城邦要维持下去并得到正确安排的话,正如这一论第10章和第1论第17章所证明的那样。

15. 所以立法者或其授权的统治者有权用第三种含义的判决或审判来批准或拒绝那些将晋升到教会品级上的人,按立他们或者将他们从或大或小的照料或监督职位中免职,而如果他们出于恶意而停止执行职权,就强迫他们执行职权,免得有人因他们的堕落(例如不施洗礼或其他圣礼)而陷入永恒死亡的危险之中。当然,这一点在已经完美的信徒团契中应当是可理解的。因为在一个立法者和其授权的统治者都是异教徒的地方,就像在原初教会时期几乎所有的共同体一样,批准或拒绝任何人晋升到教会品级的权柄以及上述其余的职权按立和操作的权柄(在无需统治者同意或知晓的情况下)属于教士或主教以及存在于那个地方的信徒群众中更明智的部分①,或者只属于教士或主教(如果只有他一个人的话),从而使得基督的信仰和救赎学说从这种晋升和对教长或教区教士的按立中得到传播:这不会得到异教徒立法者或法律守卫者的授权、关心或命令,反而会被禁止。这也是使徒们在天主教会初期所采取的行事方式,他们有义务按照神圣诫命行事,他们的继任者也有义务在立法者不在场的情况下这样行事。因此,使徒保罗在《哥林多前书》第9章说:"我传福音原没有可夸的;因为我是不得已的。若不传福音,我便有祸了。"②但是,我要说的是,在有信仰的立法者和法律守卫者意愿这些事发生的地方,按照我们所说的方式,出于所给出的理由

---

① [瓦本注]参见《和平的保卫者》,II.6.12。
② 《哥林多前书》,9:16。

或证据(无论来自《圣经》还是来自人的可能的和必要的推理),权柄是他们的。

16. 至于对那些通常被称为"教会的恩惠"的尘世物的分配,我们有必要事先知道,这些尘世物要么是立法者安排来供养福音执事和其余悲惨的人(我们在这一论第14、15章谈到了这些人),要么是某个人或某个集体安排来做这种使用。如果这样的尘世物是立法者通过捐赠和法令设立的,那么我要说,立法者可以按照神法合法地将分发它们的权柄委托给他所意愿并且在他意愿时候的人;出于某些理由,立法者也可以在其意愿的情况下撤销其委托给个人或集体的权柄;《圣经》可以确证我们自己的观点而非这些观点的反面,正如我们在这一论第14章[1]借着安布罗斯在《论移交教堂》的信中的权威所证明的那样。有信仰的立法者不仅可以按照神法合法撤销其委托给个人或集体的分发这些尘世物的权柄,而且如果出现合理理由,他也可以出售或以其他方式转让这些尘世物,因为它们在法权上是他的并且始终在他的权力范围内,除非他可能已经将一物的单纯使用及其所有权都转到了其他集体或个人的权力范围内。但是,我们应当始终补充这些论断,即在所有可能发生的情况下,有信仰的人民(如果可能的话)有义务按照神法用适当的食物和衣物来供养传福音的人,后者应当满足于这些东西,正如我们在这一论第14章[2]从《提摩太前书》最后一章[3]中所证明的那样。但如果一个人或多个人为了虔敬的事业通过捐赠或遗赠设立这样的尘世物,那么我要说,这些尘世物应当按照捐赠者或遗赠者的意图加以保

---

[1] 参见《和平的保卫者》,II.14.22。
[2] 参见《和平的保卫者》,II.9.4,II.14.6。
[3] 《提摩太前书》,6:8。

存、储存和分发。如果在这些尘世物的分发者之间出现一些需要纠正的错误,那么错误应当由人民立法者或其授权的统治者按照捐赠者或遗赠者的意图加以纠正。因为假设他知道错误并能够纠正错误,那么如果他没有纠正,他就犯罪了,因为这件事不是也不应当由任何集体或个人来做(无论他们的状况如何),除非捐赠者或遗赠者委托了某个人或集体来斥责这些犯错误的人。但即便如此,这些错误也应当由统治者加以纠正。然而,出于前面给出的理由,个人或集体在没有得到立法者授权的情况下既不可以建造教堂,也不可以在教堂里立一个人作为福音法的执事。

17. 进一步来说,我想借着法国天主教国王的权威来表明,这些关于教会执事的按立和尘世物或恩惠的分配或授予的命题不应当被抛弃,反而应当引起注意。因为这些国王声称,按立和分配某些教会职和尘世物或恩惠的权柄在法权上属于他们自己,他们直到如今也想在事实上永远保留它们,从而使得这种权柄绝不会来自或者还原到任何个人或集体(无论他们的状况如何)。① 因此,神法并不禁止立法者或统治者建立、授予或分发这些东西;相反,这种权柄在完美的信徒团契中来自立法者的授予,如果它是合法的而非在教士们或教士团的篡夺中成为欺诈的话。因此,罗马统治者的法律规定了选立或按立主教、教区教士、主任教士和其余圣秩执事(就次级按立而言,我们在上文第11、12节中谈论了这些按立)的模式和形式,并且确定和预定了他们的数量。② 因为这种权柄属于人民立法者和统治者,正如这一论第8章和第1论

---

① [布本注]马西利乌斯这里的论述所指向的历史事件之一是,1301—1302年教皇本尼法斯八世和法王美男子菲利普关于教会财富分配的问题。

② 参见《查士丁尼法典》,1.3.41;12.26。

第15章所示。同样地,法律也规定了处理教会的尘世物或恩惠以及教士之间彼此的和与他人的争执行为的模式,①早期罗马主教们(他们是圣洁的),意识到而非无知于他们的自由,绝没有反对过他们,反而是并且想要(他们确实应当这样做)自发地服从他们;这一论第20章第2到8节还将进一步阐明这一点。然而,至于如此诡异的现象(教士团不仅声称自己不受世上统治者的法律和习俗约束,甚至还立自己为他们的立法者,并顽固地坚称和捍卫这一立场)是如何产生的,我们稍后再谈。

18. 此外,我们从先前的论述中也不应当忽视,人民立法者或其授权的统治者能够按照人法和神法从教会尘世物(尤其是我们称为恩惠的不动产的收益,作为满足教会执事所需后的剩余物)中合法征税,用于保卫祖国、赎回为信仰服务而被俘虏的人或者支持公共负担,以及按照有信仰的立法者的决定用于其他合理的事项。因为出于虔敬的理由而以遗赠或捐赠的方式设立这些尘世物并将它们委托给他人进行分发的人,不能分配给任何集体或个人大于他自己权力范围内的豁免权。但这些尘世物当前绝不能被免除公共负担,所以它们在被捐赠者或设立者转让到其他人的权力范围内后也不能被免除公共负担。

19. 安布罗斯在《论移交教堂》的信中对此有所见证,他说:"我们把凯撒的交给凯撒,把上帝的交给上帝。税是凯撒的,这是不可拒绝的。"他还说:"他(即皇帝)索取税,我们不可拒绝。教会的田地要交税。"②但是,如果他认为这不是皇帝应得的,他就会拒绝交税给皇帝,就像他拒绝将圣殿或教士的按立权交给皇帝,因为皇帝似乎偏袒阿里乌

---

① 参见《查士丁尼法典》,lib.1, tit.2—4。
② 安布罗斯:《驳奥森提乌斯论移交教堂的布道》,c.33ff., Migne 16, p. 1060f. (872f.)。参见《和平的保卫者》,II.4.11。

斯派,甚至违背民众的意见,我们将在下文进一步讨论这一点。圣维克多的雨果在《论圣礼》一书中也持有这种观点,他说:"虽然教会可以领受获得地上财产的用益,但是它不能借着教会人士或尘世审判来行使施行正义的权力。但是,教会可以有平信徒代理人,可以借着他们依法的主旨和地上法权的应有内容,执行与地上权力相关的法权和审判。只有以这种方式执行法权和审判,教会才能认识到它自身是从地上统治者那里得到这种权力的,并且明白财产本身绝不能如此远离国王的权力,以至于(如果理性和必然性如此要求的话)权力本身不必保护财产,财产本身不必支付必要的服务。因为正如王权不能也不敢拒绝其对他人所负有的保护责任一样,教会人士获得的财产本身也不能在法权上拒绝支付王权保护所带来的服务。"[①]

[①] 圣维克多的雨果(Hugo de S.Victore):《论圣礼》(*De sacramentis*),lib.2,pars 2,c.7,Migne 176,p.420B—C。[译者注]圣维克多的雨果(1096—1141),中世纪神秘主义者,圣维克多修院在他的领导下发扬光大,代表作是《论天主教信仰的圣礼》。

第 18 章

论天主教会的起源和原初状态，罗马主教和教会从哪里为自己设定了上述权柄以及对任何其他主教和教会的某种首要地位

1. 按照我们的计划，现在仍然需要明确的是，强制司法管辖权和所有教士的次级按立（我们称之为非本质的）的权力以及分发所有教会尘世物的权力落入某些特定主教或教士手中的起源和来源，以及罗马教皇从哪里将这些事情的最高权力归于自己。接下来，我们还要补充，谁拥有正当权力来解释《圣经》经文中可疑的意思并且将这些解释传给信徒们并命令他们相信和遵守。

因此，首先，按照我们在第 1 论第 15 和 17 章以及这一论第 4、5、8、9 和 10 章所确定的论点，我们认为，对此世任何人的强制司法管辖权（就这种模式来说）不属于任何教会的主教、教士或执事。其次，这一论第 15、16 和 17 章已经充分证明了，就上述任何教士的本质权力或非本质权力来说，基督没有直接命令任何主教或教士服从任何其他主教或教士。我们还在上一章谈论了关于教会尘世物的分发：考察这些问题的人可以足够简单地找到这些问题的解决方案。但是，考虑到那些在

这些问题上思考缓慢的人,我们希望逐个地接近这些问题的解决方案。

2. 因此,在试图解决所提出的问题时,我们有必要考虑以下问题:首先,这些事情实际进展到了什么程度以及它们的起源。其次,如此发生的事情在多大程度上是或应当是符合神圣法权和人的法权以及正确理性的,还有什么是与这些事情相反和不一致的,从而使得我们最终能够认识到那些与它们一致并应当被认可和遵守的事情,以及那些与它们不一致并因有害于尘世和信徒安宁而应当被准许憎恶和避免的事情。现在,我们应当从正典中寻找这些事情的开端(就它们在法权和事实上的进展来说)。关于随后发生的事情,我们能够从受认可的历史文献(其中多数来自上面提到的《伊西多尔法典》)中收集一些东西。最后,我们能够列举一些经验(学科女王①)已经教导我们的事情。

3. 那么,让我们从正典《圣经》(作为我们所寻求的真理源头)开始,我们将采纳基督在《约翰福音》第20章的神谕,他在那里将教士的权柄或钥匙权或二者的权柄无分别地传给使徒们,当他向他们吹了一口气时,他说:"你们要受圣灵;你们赦免谁的罪,谁的罪就赦免了……"②我们还可以对此补充他吩咐他们在全世界传播福音的诫命,当他在《马太福音》最后一章对他们说:"所以你们要去教导万民……"③他后来在直接的召唤中对此又加上了保罗作为他拣选的器皿,即圣灵的器皿,正如从《使徒行传》第9章④中可以足够清楚看出这一点。正如从他们的使徒行传

---

① [瓦本注]"学科女王"这种说法可能指向的是《教规法大全》(*Corpus iuris canonici*, *Sextus*, libro I, tit.6, cap.6)以及教皇约翰二十二世1322年的教令《教规谕》(*Corpus iuris canonici*, *Extrav. Ioan. XXII*, tit.14, cap.3)。

② [布本注]《约翰福音》,20:22—23。

③ 《马太福音》,28:19。

④ [布本注]《使徒行传》,9:1—18。

和书信集中可以清楚看到的那样,使徒保罗和其他使徒在遵从基督上述诫命的时候,首先在犹太传讲和教导福音或天主教信仰,使得那里的很多人皈依了。但随后,凭借神圣启示和他们彼此之间的安排,他们中的一些人留在犹太,而另一些人让自己分散到不同的民族和省份。他们中的每一个人都满怀信心和恒心传福音,尽其所能地使男男女女皈依,以此来取悦上帝,正如在他们的传说或公认的历史中所列举的那样。在所有使徒中,有两个使徒(即圣彼得和圣保罗)在他们的传道中取得了令人瞩目的成就。的确,尽管保罗不是十二使徒中的一位,但他同样像其他任何一个使徒一样受到基督直接和首要的召唤和差遣,就像《使徒行传》第9章所显明的那样,并且这一点在这一论第16章从《加拉太书》第2章以及圣徒们所阐释的话中都得到了充分说明。[①]

4. 我说,天主教会的礼仪大多来自彼得和保罗这两位使徒,尽管更明显地来自保罗(按照正典经文),尤其就外邦人而言,因为保罗自己是万民或外邦人或者未受割礼者的首要和主要的使徒,就像彼得与割礼者的关系一样,正如在《加拉太书》第2章和《罗马书》第11章以及从圣徒们对《圣经》这处经文和其他多处经文的注解中所显明的那样。[②]

5. 然而,这两位使徒连同其余所有模仿他们主(即基督)的人都生活在尘世统治者的强制司法管辖权之下,并且教导其他人也要这样生活,这一点在这一论第4和5章已经得到了明确证明。直到罗马皇帝

---

① 参见《和平的保卫者》,II.16.2ff.。
② 参见《和平的保卫者》,II.16.2ff,II.16.15.。

君士坦丁一世的时代,他们的继任者(教士或主教以及他们的执事和其余传福音的人)都是这样生活的,正如从上述《伊西多尔法典》中可以足够清楚看出这一点,因此在那个时代的任何时候,没有主教对其他主教行使强制司法管辖权。但是,尽管如此,许多其他省份的主教,在他们所疑惑的事情上(无论就《圣经》而言还是就教会礼仪而言),不敢公开聚会,就询问在罗马的主教和信徒教会,这可能是因为那里的信徒群众人数更多也更专业,因为当时罗马所有科学研究蓬勃发展,他们的主教和教士更专业,并且他们的教会在这种专业人士的数量方面比任何其他教会都充足。他们也更令人崇敬,不仅因为我们读到圣彼得(使徒们的长老,在应得功绩上更完美、更值得崇敬)在那里就任主教,圣保罗也是如此(我们更加同意这一点,就像这一论第 16 章①所显明的那样);而且因为罗马城相比于世界上其他任何一个省份,拥有首要地位和更高的知名度。因此,其他省份的信徒,由于缺乏足够的人数,所以替负责主教职位的人代求罗马的主教和信徒教会来管理他们的教会,因为正如我们刚才所说,罗马的信徒教会在这样的人士方面更加充足。在这样的请求之下,罗马的主教和教会向那些在这些事情上需要和请求仁爱与弟兄般协助的人提供了有关信仰、教会礼仪和人员照管方面的建议和帮助,即派主教给这些人(这些人几乎找不到愿意接受这一职位的人)。他们还将他们为自己制定的关于教会礼仪的法令友好地分享给其他省份,并且有时甚至给予仁爱的告诫,当他们听到其他省份的信徒之间发生争论或分裂时。

6. 其他省份的教会都怀着感恩之情领受了这一切,正如从某些历

---

① [瓦本注]参见《和平的保卫者》,II.16.14—19。

史和上述法典①的段落中,从教皇克莱门特(如法典所写,他是第一位继承彼得或保罗或二者之位的主教)到上述的君士坦丁时代,这一点是足够显而易见的。

以这种方式或几乎相似的方式,罗马人民从希腊人那里随心所欲地、不受强迫地接受了某些被称为《十二表法》(Duodecim Tabularum)的法律,罗马人民的其余法律都是以此为源头展开的。② 但是,可以肯定的是,罗马人民并不因此而在任何司法管辖或权柄方面服从于希腊人。同样地,正如本书读者所见、所听和所知的那样,奥尔良大学的学者们通过他们的信差和信件请求和祈求更知名和更崇敬的巴黎大学,允许他们拥有自己的规则、特权和法规,但是他们无论在此之前还是在此之后,在任何权柄或司法管辖方面都不服从于巴黎大学。③

7. 从我们刚才所说的这种准习惯的优先权中,在其他教会的自发同意下,罗马主教们,按照他们从一开始就持续向前的进展,获得了某种更充分的权柄,用以制定针对普通教会的有关教会礼仪和教士活动的教令或法令,并且命令普通教会遵守它们,他们拥有这种权柄一直到君士坦丁的时代。至于罗马主教们是否能够独自在自己的权柄下做这件事还是有必要征得他人的同意,我们将在下文中表明。正如伊西多尔在他的法典中的"论尼西亚公会议中的原初教会"④和"皇帝君士坦

---

① 参见《伪伊西多尔教令集》,p.30ff.。
② 《格拉提安教令集》,c.1, dist.7。
③ 奥尔良大学由教皇克莱门特五世于1306年创立。1312年,法王美男子菲利普在一项法令中查禁了奥尔良大学,奥尔良大学的学者们可能就在当年给巴黎大学写了请求信,而当时的巴黎大学校长正是马西利乌斯。1319—1320年,教皇约翰二十二世和法王菲利普五世恢复了奥尔良大学。
④ 《伪伊西多尔教令集》, p. 248。此处是指第一次尼西亚公会议,即于325年在尼西亚召开的天主教大公会议。

丁的法令"①两份文件中所描述的那样，我们刚才所说的君士坦丁是第一位在圣西尔维斯特（当时是罗马教皇）的侍奉下"公开采纳"基督的"信仰"的皇帝，他似乎也让教士免除了统治者的强制司法管辖，并且也通过上述法令同样赋予了罗马教会及其主教对所有其他主教和教会的权柄和权力（他们现在从另一个地方断言这种权力属于他们，正如我们在第1论第19章第8和9节中所描述的那样），以及对其他主教和教会的田地、产业和诸多财产的强制司法管辖权，甚至对某些特定省份的尘世统治权，这对任何思考上述法令的人来说都是清楚明白的。正如上述法令所写，他还是第一位授予基督徒在公共场所聚会、建造圣殿或教堂的许可证的皇帝，并且第一次尼西亚公会议也是在他的命令下召开的。②

对于这件事以及教会在从使徒时代到当今时代的进展中所做的其余事情，只要符合我们的计划，我们就触及和介绍这些历史，我们要从这些历史中接受那些与神法和正确理性一致的历史，拒绝那些不一致的。我们还要按照正典《圣经》的明确意思，宣布他们所做的事情应当如何做。③

8. 既然我们已经这样界定了我们所列举的事情从开始以来的进展，那么让我们更充分地进入到对它们的确定中来，我们将与使徒一起把它视为我们不容置疑的假设，即天主教信仰是一而非多，因此《以弗所书》第4章说"一主，一信"④。此外，这信仰在同一的意义上为一，即

---

① 《伪伊西多尔教令集》，p. 249ff.。
② 《伪伊西多尔教令集》，p. 248。
③ ［瓦本注］参见《和平的保卫者》，II.22.16。
④ 《以弗所书》，4:5。

它为一切信徒所确信和认信,正如使徒保罗稍后在同一处所说:"直等到我们众人都达到对于神子有了一致的信仰和认识。"①从这些论述中,我们将必然推断出,②首先,宜决定神法(尤其是福音法)中可疑的意思和观点以及任何可能出现在圣师中间的争论或矛盾③(就像按照基督和使徒的预言那样,我们读到的一些争论或矛盾因某些人的无知或恶意或者二者而已经发生了)。并且,我们将证明以下观点是一个必然的推论,即决定这些事情的权柄只属于全体信徒的公会议或者那些得到全体信徒授权之人的公会议。④

接下来,我们将按照神法和正确理性表明,在缺乏上级的情况下,召集公会议并且在必要时以强制力聚集公会议的权柄只属于有信仰的人民立法者,而非任何个人或教团(无论他们的尊严或状况如何),除非上述立法者将权柄授予个人或教团。⑤

进一步来说,我们将准确表明,任何关于教会礼仪和人类行为的法规(所有人被强迫遵守它们,否则将在今世或彼世状态中受到某种惩罚)只能由公会议或最高的有信仰的立法者直接设立,或者由前者授权的个人或教团设立。由此还可以进一步证明,任何统治者、省份或共同体都不能也不应当被任何教士或主教(无论他是谁)禁行或绝罚,除非按照神法或上述公会议所规定的方式。⑥

接下来,我们将明确证明,无论在地上所有教会职位方面按立人员

---

① 《以弗所书》,4:13。
② [瓦本注]参见《和平的保卫者》,II.20—23。
③ [瓦本注]参见《和平的保卫者》,II.20.1。
④ [瓦本注]参见《和平的保卫者》,II.20.2—14。
⑤ [瓦本注]参见《和平的保卫者》,II.21.1—3。
⑥ [瓦本注]参见《和平的保卫者》,II.21.9。

的权柄,还是将教会尘世物(被称为恩惠)分发给或授予这些人员的权柄,都不属于任何一个人或任何一位主教或者任何其他个人或特定教团;相反,这项权柄只属于教会尘世物的创立者或捐赠者或者有信仰的普遍立法者,或者属于同一个捐赠者或立法者授予这项权柄(并按照授予者的形式和方式)的那个人或那些人。①

接下来,我们将证明,宜按立一位主教或教会作为其他主教或教会的首座或"头",来决定后者的性质和权柄;事实是,该主教及其教会的权柄就是向其余所有主教和教会传达公会议为了信徒的共同利益和安宁而对教会礼仪和其他人类行为进行规定和显然应当规定的事情。②

最后,我们将从这些证明中必然推出,公会议确定的那些关于《圣经》和天主教信仰以及教会礼仪的事情,连同其余规定的事情,都只能通过公会议的权柄而非通过任何其他特定教团或个人的权柄得到改变、增加、减少、中止或完全撤销。③

从以上所述中,几乎每个理性的人都可以注意到,罗马主教或其教会或者任何其他主教或教会,就其自身而言,在神圣法权或人的法权上都不具有上述对其余主教和教会的权力或权柄,除非他们在绝对的意义上或在某段时间内被上述公会议授予这项权力或权柄。基于此,同样显而易见的是,罗马主教或任何其他主教将针对统治者、共同体或任何个人的充足权力归于自己的行为,是不合适的、不应当的和僭越的,

---

① [瓦本注]参见《和平的保卫者》,II.21.11—15。
② [瓦本注]参见《和平的保卫者》,II.22。
③ [瓦本注]参见《和平的保卫者》,II.21.10。

实际上也违背了《圣经》和人类指示的意思。① 人民立法者或其授权的统治者应当在必要时用告诫和强制力彻底禁止这位主教或其他任何一位主教将充足权力归于自己的行为。

---

① [瓦本注]参见《和平的保卫者》,II.23。

第 19 章

论确定上述权柄和首要地位所需的一种预备性工作,也就是说,出于永恒救赎的需要,必须确信和承认哪些口述的或写下的真理

1. 然而,在我们开始论证我们的命题之前,我们有必要注意到一些有用的、对我们接下来所说的全部论述的确定性来说确实必要的事情。这就是,出于永恒救赎的需要,我们必须义无反顾地相信或认信的无非那些被称为正典的真经经文,或者从它们之中必然产生的东西,或者那些由普遍信仰或天主教信仰的公会议对《圣经》经文中可疑的意思已作过的解释或决定,尤其是在错误会招致永罚的那些事情上,例如关于天主教信仰的条款。

2. 《圣经》经文的真理必须被坚定地给予确信和承认,这对于所有基督徒来说是自明的。由于这只能通过它们自己的权威获得确证,所以为了简洁起见,我略过了这些经文。但以我们所说的方式对它们作出的解释同样必须被给予确信,这一点是足够显而易见的,因为我们似乎必须虔敬地认为它们是同一个圣灵启示给予我们的。我们还可以从《圣经》和基于《圣经》的无误推论中坚定地表明这一点。的确,可以从

《圣经》中[表明这一点]，当真理在《马太福音》第28章最后一节中说："看，我常与你们同在，直到世界末日。"①赫拉班对此注解道："从这句经文中可以理解到，直到世界末日，在此世也必有值得上帝同在和居住的人。"②也就是说，我们必须虔敬地认为，圣灵总是与保守信仰的人同在。因此，哲罗姆说："所以他应许他必与门徒们同在，直到世界末日，并且表明他们必永远活着，他必永不离弃那些信他的人。"③同样的观点可以从《使徒行传》第15章中得到明确确证，当使徒和信徒的集会在决定模棱两可的问题后说道："圣灵和我们定意不将别的重担放在你们身上。"④因为他们和《圣经》都断言，他们关于信仰的疑惑的决断是圣灵作出的。因此，由于信徒的集会或其公会议通过继任确实代表了使徒、长老和当时其余信徒的集会，所以在决定《圣经》的可疑意思上，尤其是在错误会招致永罚危险的那些意思上，非常可能，也确实可以肯定的是，圣灵的力量（借着引导和启示）与普通公会议的商讨同在。

  3. 这也可以凭借从《圣经》中获得力量的无误推论得到说明；因为基督将是在徒劳地给出永恒救赎的律法，如果他没有把关于律法的真实理解，也就是信徒为了救赎而必须相信的真理，透露给这些寻求并同时祈求真理的信徒，反而允许大多数信徒在律法上面犯错误的话。这样的律法不仅不利于救赎，而且似乎将永恒毒害传给了人类。因此，我们必须虔敬地认为，公会议决定《圣经》的可疑意思的真理性来源于圣灵，但是如下文所示，公会议在让信徒遵守和承认其决断方面的强制性

---

① 《马太福音》，28:20。
② 托马斯·阿奎那:《金链》，vol.12, p.334。
③ 托马斯·阿奎那:《金链》，vol.12, p.334。
④ 《使徒行传》，15:28。

权柄则来自人民立法者,而对它们的颁布和教导来自教士和福音执事,尤其来自有信仰的人民立法者(在缺乏上级的情况下)或公会议为此目的而立为首座的那个人。

4. 相对地,很显然,任何人都不必对人的灵所揭示和传授的东西给予确信或真理的承认。因为任何人都不必坚定地确信可能显示为错误的文字或者绝对地承认该文字为真。然而,任何基于人的发明(无论个人的还是集体的)的东西都要遭受这样的质疑。因为它们可能缺乏真理,正如经验所显明的那样,以及如《诗篇》第115篇所说:"我曾急促地说:'人都是说谎的。'"①但正典的经文并不如此,因为它们不是来自人的发明,而是上帝(既不可能受骗也不会想欺骗)的直接默示所传下来的。

5. 奥古斯丁在致哲罗姆的第13封信中明确证实了我们所说的这个观点以及人的文字和神圣经文之间的区别,当他说:"我向你的仁爱承认:我只给予那些已经被称为正典的经书以这样的荣耀和敬畏,从而坚信它们的作者在书写时没有犯任何错误。如果在它们中间出现了任何似乎与真理相悖的文字,那么我毫不犹豫,这无非由于抄本有误,或者译者没有遵循所说的话,或者我自己没有理解。然而,我读另一些人的观点,无论他们在圣洁和教义方面多么杰出,都不会只因那是他们的观点而认为它是真的,而是因为他们能够通过正典作者或可能的推理(不与真理相悖)说服我。"②他在《论三位一体》第3卷序言中重复并告诫了同样的观点,他说:"你(即读者)不要信从我的文字,像信从正典

---

① 《诗篇》,116:11。
② 奥古斯丁:《书信集》(*Epistolae*),ed. Goldbacher, *Corp. SS. Eccl. Lat.* Vol.34, pars 2, nr.82, p.354 (= Migne 22, p.937[762f.]in *Hieronymi Epist.* nr.116, c.8)。

《圣经》一样;而是若在它们(即正典)中发现了以前所未相信的,就毫不犹豫地相信它。假设在我的文字中发现了以前所未曾坚持的,除非确已了解,否则不要坚持它。"①他在《驳福都纳》②的信和许多其他书中说过同样的话,为了简洁起见,我省略了这些段落。哲罗姆在《天主教信仰释义》中似乎也持同样的观点,当他说:"在传给天主教圣教会权柄的众多书籍中,我们接受了《新约》和《旧约》。"③

6. 所以圣奥古斯丁借着正典经文只理解《圣经》经卷中所包含的那些经文,而不是罗马教皇及其神职人员的教团(他们称之为"枢机主教")的一些教令或法令,也不是关于人类行为或争论以及人的灵所发明之物的任何其他人类法规。因为正典是规则和尺度。它是尺度,因为它是确定的,而相较所有其他书籍,这是《圣经》独有的属性,正如我们先前从奥古斯丁那里介绍的那样。因此,奥古斯丁把他自己的口传和正典分开了。他即使如此圣洁、有权威和知识,也不敢称他自己的口传是正典的。事实上,这是不虔敬的,也是某种亵渎,因为错误和虚假可能会发生在人类口述或写下的著作之中,而这绝不可能发生在符合口述的真理或同一种真理(作为我们所说的公会议对正典经文所作的一种解释)的正典之中。

7. 基于此,我们也从《迦太基公会议》第3卷中发现,禁止以这些圣典的名义阅读任何其他著作是非常合理的。因此,我们在那里读到

---

① 奥古斯丁:《论三位一体》,第3卷,序言。[译者注]译文参考了周伟驰译本(奥古斯丁:《论三位一体》,周伟驰译,商务印书馆2015年版,第88页)。

② 奥古斯丁:《驳福都纳》(Acta seu disputatio contra Fortunatum Manichaeum), Migne 42, p. 111ff.。[译者注]福都纳是摩尼教的博士,曾与奥古斯丁进行公开论辩。

③ (伪)哲罗姆(Pseudo-Hieronymus):《大马士革寓意解释》(Symboli explanatio ad Damasum, in Opera V), p. 124。

了下面这段包含在上述《伊西多尔法典》中的段落:"此外,请务必除了正典经文以外,不要让任何著作在教堂里以神圣经文的名义被阅读。这些正典经文就是:创世记(和所有其他在那里列举的《圣经》经卷)。"①

8. 奥古斯丁在《驳摩尼教题为基本原理的书信》中所说的话也没有反驳这一点。因为他在那里说:"我实在不信福音,除非天主教会的权柄吩咐我。"②他在此好像把人的权柄放在《圣经》的权柄之上。"一物总是更加拥有每一物凭借该物而拥有的东西。"③然而,让我们说,相信一篇谈话或文章是由某人口传的或写下的,是一回事,而相信它是真的、有用的或有害的、必须被遵守或忽略,则是另一回事。因为一个人能够从人的见证中接受其中的第一个而不接受第二个,反之亦然,有时也可能兼而有之。例如,一个人能够从居民的共同见证中相信摆在他面前的某一段文字是祖国的法律,但他能够从某种可感知的迹象(例如他看到违背这段文字的人所招致的惩罚)中或他自己的正确理性(无需人的说服或言语)中得知这段文字是真的,必须被遵守而非违背。同样地,反之亦然,当一个人看到某人在制造一本书、一座房屋或其他东西时,他自己能够在无人见证的情况下相信这本书或这座房屋是由这个人制造的。然而,他能够从人的见证(尤其是值得信赖之人的见证)中相信这本书的内容是真的或假的、有用的或有害的、必须被追求或避免。此外,一个人有时也能够从人的见证中领受这两种观点,例如,一个从未见过希波克拉底的人能够从人的见证中相信这是希波克拉底的

---

① (伪)伊西多尔:《迦太基公会议》(*Concilium Carthaginense*, III., can.47, in *Pseudo-Isidori Decretales*, ed. P. Hinschius), pp. 297, 301。

② 奥古斯丁:《驳摩尼教题为基本原理的书信》(*Contra epistolam Manichaei quam vocant Fundamenti*), c.5, Migne 42, p. 176。

③ [布本注]亚里士多德:《后分析篇》,72a,29—30。参见《和平的保卫者》,I.16.15。

书和学说。然而,至于它所载的文字是真的还是假的,为了保持健康和避免疾病的缘故而必须被遵守还是被忽略,他也可以从专家的见证中领受同样的观点。

9. 以相同或几乎相似的方式,一个人能够从信徒或天主教会的共同见证中相信《圣经》中所载的某一段经文是基督宣布或口述的上帝圣传或律法,即使他既没有看到过或听到过基督,也没有在任何其他外在感官上感知过他。但是,他可以在没有任何一个人见证的情况下从信仰或某种可感知的迹象(例如奇迹)中相信这经文是真的或者应当被遵守,就像保罗一样,他从那些他所迫害的传道者的见证中相信他起初迫害的律法是基督的学说,但是他并不因此相信它包含真理。然而,他后来相信它是真的,首先是从可感知的奇迹中,然后是从他后来具有的信仰中。同样地,有时这两种观点从人的见证中同时被采纳,例如,许多人相信并已经相信这部经文是基督传下来和制定的律法,而且它的内容是真的,并且为了追求永恒救赎和避免悲惨的缘故而必须被遵守,即使这些人既没有看到过基督或在外在感官上认出他,也没有获得任何对他的奇迹或可感知的迹象。

10. 所以按照上述说法,圣奥古斯丁所说的"我实在不信福音……"可以有两种含义:一种是,他从天主教会或普通教会的见证中相信这部经文是福音,即基督的圣传,但是他主要可能是从奇迹或某种启示中相信这部经文或福音包含真理,或者从信仰中相信基督是真神,并且由此相信他所传的一切都是真的并且必须被遵守。但圣奥古斯丁上述的言论可以有另一种含义,即他接受并相信这两种观点主要是基于天主教会的见证,即使第一种含义似乎更符合使徒保罗在《加拉太书》第 1 章中的观点。因为在因果关系上,基督或上帝的话为真,不是因为它们被天主教会用真见证见证了,反而,天主教会的见证为真,是因为教会说了基督的真言(考虑到基督话语的真理性)。① 因此,使徒保罗如此说道:"但无论我们还是天上来的使者,若传福音给你们,与我们所传给你们的不同,他就当受诅咒。"②我们同样应当理解的是,即使整个教会传另一个福音,即相反的福音,这个相反的福音也不会为真。原因在于,他确信福音是基督的话或启示,其中不可能有假的,尽管从后承的必然性和从后件中确实可以推导出:天主教会宣言的"上帝是三位一体"(或者基督的任何其他必须被遵守的言说或命令)是真的,所以它是真的,因为我们必须虔敬地认为,天主教会或普通教会在这些关于信仰的事情上所说的话是圣灵直接启示的,正如从我们的前提中可以明显看出这一点。因此,无论从何种意思上解释奥古斯丁所说的话,它们都不会反对我们所说的观点,因为相信教会在这些关于信仰的事情上所说的话,无非就是相信圣灵,而不是人。奥古斯丁说他自己只是由于天主教会的权柄的缘故而相信福音,这是因为他起初是从教会中领受他的信仰,他知道教会受到圣灵的引导。因为信仰有时是从听开始的。③ 然而,我称天主教会为最恰当和最真实含义上的教会,按照这一论第2章④所说的最后一种含义上的教会,即普通教会。

---

① [瓦本注]参见但丁:《帝制论》,3:3。
② 《加拉太书》,1:8。
③ [瓦本注]马西利乌斯的这句话对应于《罗马书》10:17:"信道是从听道来的,听道是从基督的话来的。"
④ 参见《和平的保卫者》,II.2.3。

第 20 章

界定或确定《圣经》中可疑观点的权柄属于或曾属于谁

1. 那么,在这些预备性工作之后,让我们继续我们的计划,以便得出结论。我们想首先表明的是,对《圣经》中已经出现或即将出现的任何可疑的意思或观点,尤其是在关于信仰的条款、诫命和禁令方面的意思或意义,加以断定,是适当的和必要的。因为在信仰的统一性得不到保障、信仰方面的错误和分裂发生在基督信徒中间的情况下,这样做是适当的,也确实是必要的。然而,这是对圣师关于神法方面的可疑的、有时对立的观点的确定。因为在这件事上,意见的分歧或对立会导致不同的教派、分裂和错误,正如从上述《伊西多尔法典》中题为"尼西亚公会议序言开始"[1]一章中所列举的那样。因为有一位叫阿里乌斯的亚历山大里亚教士,他曾说基督是以这样的方式成为神子的,即他认为基督纯粹是一个受造的存在,因此与圣父不平等,且低于圣父。在这种错误观点的传播中,大量的基督徒动摇了,除非确定这段经文的真意、排除假意,否则动摇的基督徒数量还会更多并且仍然无法摆脱错误。同

---

[1] 《伪伊西多尔教令集》,pp.256f.。

样地,有些人在圣灵方面以及位格和本质在基督中的一与多方面提出无根据的观点,而为了将这些观点与真观点分辨开来并且斥责和谴责它们,早期四次公会议(尼西亚、君士坦丁堡、以弗所和卡尔西顿)被召集起来。① 因为基督在《路加福音》第21章②中,使徒保罗在《提摩太前书》第4章③和《提摩太后书》第3章④中,都预言了天主教会的圣师(无论真信徒还是假信徒)中间的这些争论,由于这一点很清楚以及为了简洁起见,我略过了这些段落。

2. 因此,我现在要表明,这个确定[《圣经》中可疑观点]的首要权柄,无论直接的还是间接的,只属于天主教公会议或其强力部分或那些被天主教信徒共体授予这一权柄的人。也就是说,世界上所有省份或知名团契都要按照其所在地的人民立法者(无论一个还是多个)的决定,并按照其人数和质量的比例,拣选一批有信仰的人(首先是教士,然后是一些非教士但是合适的人),这些人在生活上更加受到认可并且在神法上更加专业。他们作为审判者(按照审判者的第一种含义),通过上述共体授予的权柄代表着信徒共体,他们应当聚集在世界上的某个

---

① [译者注]结合瓦本和布本注释,尼西亚公会议(325年)由罗马帝国皇帝君士坦丁一世召集,它谴责了阿里乌斯关于圣子低于圣父、圣子属于受造秩序的主张,确定了圣子与圣父同样具有神性的主张,发布了著名的《尼西亚信经》。君士坦丁堡公会议(381年)由罗马帝国皇帝狄奥多西一世(狄奥多西大帝)召集,它重申了尼西亚公会议的立场,谴责了君士坦丁堡主教马其顿尼乌斯关于圣灵纯粹是一个受造的存在的主张,确定了圣灵与圣父、圣子同样具有神性的主张。以弗所公会议(431年)由东罗马帝国皇帝狄奥多西二世召集,它重申了前两次公会议的主张,谴责了聂斯托利派关于玛利亚不是圣母的主张,谴责了佩拉纠派关于自由意志的教义,确定了玛利亚是圣母。卡尔西顿公会议(451年)由罗马帝国皇帝瓦伦提安和马西安召集,它重申了《尼西亚信经》,谴责了"一性论"为异端邪说,确定了基督的神人二性。

② 《路加福音》,21:8。
③ 《提摩太前书》,4:1—3。
④ 《提摩太后书》,3:2—9,3:13。

地方(但是,按照他们中最大多数人的决定,这应当是最合适的),在这个地方,他们必须界定任何在神法方面已经变得明显可疑、有用、便利和需要断定的事情,并且规定其余关于教会礼仪或神圣崇拜的事情以及关乎信徒将来的宁静和安宁的事情。事实上,不专业的信徒群众为了这个聚会聚集在一起,是闲散的和无用的,因为不专业的信徒群众会受到维持肉体生命所必需的工作(这对他们来说是负担,或者也许是无法忍受的)的搅扰。

3. 虽然按照神法,所有信徒都有义务为了上述目的参加这个聚会,但他们的义务方式是不同的:教士有义务参加,是因为他们的职责是按照神法的真意来教导律法,照料一切能够让律法变得真诚和真实的事情,斥责与律法相反的错误,并用他们的劝诫、论证和责备把人从错误中召回。因此,真理在《马太福音》最后一章对所有教士(但是以使徒们的名义)说:"所以你们要去教导万民。"[①]基于此,使徒保罗在《哥林多前书》第9章以全体使徒的名义谈论时也说道:"我是不得已的。若不传福音,我便有祸了。"[②]在教士后面的,是那些神法专家,他们比其余群众更有义务参加;因为他们应当唤醒其他人并与教士一起聚集,尤其是在他们为此目的被充分要求或授权的情况下;因为正如《雅各书》第4章所写,"人若知道行善,却不去行,这就是他的罪了"[③]。此外,为了界定神法以外的关乎信徒共同利益与和平的其余事情,那些由有信仰的人民立法者为此目的按立的人能够并应当出席会议。立法者也有义务为此目的参加,他要拣选合适的人组成会议,向他们提供尘世必需品,

---

① 《马太福音》,28:19。
② 《哥林多前书》,9:16。
③ 《雅各书》,4:17。

并且如果必要的话,为了公利而强迫那些拒绝聚集但合适的被拣选之人(无论教士还是非教士)。

4. 按照所述方式进行界定和规定的上述权柄只属于我们刚刚提到的公会议,而不属于任何其他个人或特定的教团,这一点可以通过类似的证明和《圣经》的权威得到确证,这个类似的证明就是我们在第1论第12章和这一论第17章①中证明谁拥有法律的制定权和教会职位的次级按立权的证明,而我们只需要置换这个证明的小前提中的最后一项,即用"对关于神法的疑惑的确定或界定"和"对其余关于教会礼仪或神圣崇拜的事情以及关乎信徒的和平与合一的事情的规定"来替换"法律"或"教会职员的次级按立"术语。我们应当加倍注意也应当更加仔细地分辨和照料当前的这些事情,因为它们关涉我们必须维护的律法或信仰,并且它们可能对所有信徒有利或有害。②

5. 因为使徒们和长老们遇到这些关于福音的疑惑时就是这样做的,这一点可以从我们在这一论第16章详细援引的《使徒行传》第15章中明显看出。③ 因为圣彼得或别的使徒没有亲自或单独界定那关于割礼的疑惑,而是所有使徒和长老或律法上更加专业的人为了这些事情聚集在一起。有一个迹象表明我们所说的是真的,那就是在早期公会议期间,有信仰的皇帝和皇后与他们的官员一起出席界定《圣经》中的疑惑(正如我们可以从经常提到的《伊西多尔法典》中足够清楚地看到这一点,我们将在下一章第2到8节援引这些话),尽管当时没有像现在这样需要非教士在场,因为现在有更多的教士和主教缺乏必要的

---

① 参见《和平的保卫者》,I.12.5ff.,II.17.9ff.。
② [瓦本注]参见《和平的保卫者》,II.17.11。
③ 《使徒行传》,15:6,15:22—25,15:28。参见《和平的保卫者》,II.16.5。

神法知识。因此,当教士们之间在为了永恒救赎而必须确信什么的问题上产生分歧时,信徒中的强力部分必须作为他们中更明智的部分进行判断,如果他们在那些似乎有疑惑的问题上达成一致同意,那么只要他们按照我们在这一论第17章所说的方式被晋升到圣秩,我们就应当确信他们的判断。

6. 基于此,我还想进一步表明,这个确定[《圣经》中可疑观点]的权柄绝不只属于罗马主教,也不只属于他和他的枢机主教团。这个权柄不属于任何一个主教,无论他是单独一个人还是他与其他特定教团一起。因为假设(正如所发生的那样)一个异教徒被选立为罗马教皇,或者后来被选立为罗马教皇(如果他之前不是异教徒,后来由于无知或恶意或二者兼而有之而堕入这一罪恶之中),因为我们读到这样的人已经被选立了,比如利伯略①,"一个土生土长的罗马人"②。如果只有这位教皇,或者只有他和他的枢机主教团(他们很可能是他犯错的同伙,因为他选立并自称他可以为自己选立任何他想要的人,而无需任何其他人的确定)一起,[有权]确定一些关于《圣经》的可疑观点,那么这位主教的观点或者他和他的教团或其中主导部分的观点是否应当得到支持呢,考虑到他们也许被无知、恶意、贪婪、野心或任何其他邪恶情感所诱惑?

7. 为了不漫无边际地寻找一个这方面的例子,我们看看发生在某位罗马教皇③身上的情况。因为,为了不想被认为抛弃了基督的最高贫

---

① [译者注]教皇利伯略(Liberius),352—366年在位,第一个没被封为圣徒的教皇,但受到东方教会的普遍敬重。
② 马丁努斯·波罗努斯:《编年史》,p.416。
③ 教皇约翰二十二世。

困或完美的状态，但同时又想保留为自己要求尘世物（包括不动产）的所有权并且行使尘世统治权，他独自一人或只与他的枢机主教团一起就颁布了一条关于最高贫困或完美状态的教令。借着错误的解释，这条教令的观点违背了基督的福音，就像我们在这一论第13和14章清楚说明的那样。① 基于此，如果这个权柄被单独授予任何一位主教或者他和他的神职人员教团，那么信徒共体将在信仰问题上面临毁灭的危险，正如任何一个心智健全的人都能够从我们刚刚说的话和我们将要说的话中理解这一点。

8. 进一步来说，如果像我们所说的那样，这样的权柄只属于罗马教皇或任何其他一个主教，或者，如果按照《伊西多尔法典》中题为"伊西多尔对以下著作的序"②所说，罗马教皇的信或教令在权威上等于或不低于公会议确定和界定的这些事情，那么，所有尘世统治者、一切国家和地上的省份以及个人（无论他们每个人的尊严、卓越或状况如何），都要服从于罗马首座主教的强制司法管辖。事实上，罗马教皇本尼法斯八世通过他的一封信或教令（它的开头是"一圣天主教会"，结尾是"此外，每一个人都要服从于罗马教皇，我们宣布、陈述和界定，这对于［永恒］救赎来说是完全必要的"③）裁定了这件事。因此，既然按照宗教惯例召集、聚集并按照适当的形式举行和结束的公会议对这些经文的确定，尤其是对这些为了永恒救赎而必然信以为真的事情的确定，具有不

---

① 该教令指的是教皇约翰二十二世于1323年颁布的教令《众人谕》（*Cum inter nonnullos*），它宣称基督的最高贫困观点是异端邪说。同时参见《和平的保卫者》，II.13.33。

② 《伪伊西多尔教令集》，p.18, c.4 (Isidori praefatio)。

③ ［瓦本注］即教皇约翰二十二世于1302年颁布的著名教令《一圣教谕》，收录于《教规法大全：革除教籍》（*Corpus iuris canonici. Extravag. commun.*, lib. I, tit. 8, cap. I）。

可变和不可错的真理性,就像这一论第19章①开始时所证明的那样,那么本尼法斯的这封信也将获得确定的、不可质疑的和不可撤销的真理性。然而,这封信的观点自始至终是虚假的和错误的,并且在所有可以想到的错误中是对所有过着城邦生活的人最有害的,这一点在这一论第4、5和9章中得到了毫无疑问的证明。

9. 克莱门特五世(同一位本尼法斯的继任者)在他的一封信或教令(它的开头是"我们应得的最亲爱的儿子菲利普,杰出的法王",结尾是"至于教会,正如上面提到的国王和王国一样"②)中明确证明它[《一圣教谕》]和伊西多尔的断言一样虚假,除非它可能通过虔敬的解释得到支持。因为在这封信中,克莱门特解释并界定了本尼法斯的信对上述国王或王国没有任何侵害。所以按照克莱门特自己的良知以及他和所有基督徒的认知,无论上述国王,还是他的任何一个继任者或者他王国中的任何一个居民,都不会相信也永远不会相信那封信[《一圣教谕》]的内容(即所有统治者和王国都要臣服于他自己)是真的,反而认为它是公开的虚假。由此也可以必然推出,它不是出于[永恒]救赎的需要而必须相信的东西。因为如果它是这样的东西,它也许确实会对一个不信它的人有害。

10. 进一步来说,这类信或教令似乎会被任何这样思考它们的人视为某种心智失常的东西。因为如果本尼法斯的信包含了真理,那么它

---

① 参见《和平的保卫者》,II.19.1—4。
② 教皇克莱门特五世于1306年颁布的教令《应得谕》,收录于《教规法大全》(*Corpus iuris canonici. Extravag. commun.*, lib.V, tit.8, cap.2)。[译者注]克莱门特五世在该教令中放弃了约翰二十二世《一圣教谕》的主张,参见 Joseph Canning, *Ideas of Power in the Late Middle Ages, 1296—1417*, Cambridge: Cambridge University Press, 2011, p.18。

就迫使世界上所有统治者和人民给予确信,但如果克莱门特的信包含了真理,那么它就不能逼迫所有人,因为法王及其王国的居民被免除了这种确信。因此,出于[永恒]救赎的需要,一些人借着《圣经》的权柄必须相信一些事情,而不必相信另一些。所以无论"一主",还是"一信",还是"众人"对于基督"有了一致的信仰",都不必发生,这与外邦人的圣师在《以弗所书》第4章中所说的话完全相反。①

11. 我们应当再次问问克莱门特,基于什么健全的理解,法王连同他的臣民一起理应从他的信仰中不必相信那些出于[永恒]救赎的需要而必须相信的事情?因此,要么他理应从信仰中成为异端和异教徒,要么本尼法斯的信包含着公开的谎言,由此"那些不是来自真理的东西,不用谁来攻击,大多数情况下会自相矛盾",正如奥古斯丁在《上帝之城》第7卷第16章所说。②

12. 进一步来说,所有其他国王和人民都应当好奇并适当地询问,经文的什么地方或哪一处经文的意思使他们在司法管辖上服从于罗马教皇而非法王?为什么一个人出于[永恒]救赎的需要而有义务更加相信它[《一圣教谕》]而非其他东西?因为作为一种虚构物,它过去和现在都是值得嘲笑的东西,是那些发表这种声明之人的野心及其对尘世统治职权的渴望(以及对上述法王的恐惧)的产物。

13. 至于我们之前所说的,即公会议也可以由非教士组成,后者将与教士一起在公会议的商议中适当地加入和插入他们自己的法令,我

---

① 《以弗所书》,4:5,4:13。[译者注]参见《和平的保卫者》,II.18.8。
② 应为奥古斯丁:《上帝之城》,7:19。[译者注]译文参考了吴飞译本(奥古斯丁:《上帝之城:驳异教徒(上)》,吴飞译,上海三联书店2007年版,第263页)。

们将首先从《伊西多尔法典》中题为"法典开篇"①(即教会规则)一文中确证这一结论。因为其中包含这样一段话:"然后,让那些通过选举而理应出席公会议的非教士们进来。"②因此,那些有文化的人和神法专家更应出席公会议,尽管他们不是教士。事实上,如前所述,这就是使徒们连同长老们一起所行的。我们在此有必要注意到,在原初教会和古代时期,尤其是在君士坦丁时代之前,只有教士并且几乎所有教士(因为只有他们有义务并且应当如此)是神法的教师,按照《玛拉基书》第2章所说,"教士的嘴当守知识,人们也当从他口中寻求律法"③,即神法。因此,使徒保罗在《提摩太前书》第3章和《提多书》第1章中也说:"主教(即教士)必须善于教导,照所受的教训,坚守信实的话,以便能在神圣的教训中劝诫人,又能把争辩的人驳倒。"④基于此,这样的教士过去几乎常常单独聚集在一起,解释和界定有关《圣经》和信仰的困惑或疑惑。但是现在,由于教会治理的腐败,大部分教士和主教都在《圣经》方面拥有较少的和不充分的(若允许这么说的话)专业知识,因为野心勃勃、贪婪和好争辩的人通过服务、请求、回报或尘世权力想要得到并且确实得到伴随着职权而来的尘世恩惠。

14. 让上帝和众多信徒作我的见证吧,我记得我见过并听过许多教士、修道院院长和教会的一些教长是如此匮乏,以至于他们不知道如何合语法地说话。更令人震惊的是,我在教堂礼拜时认识并见到一个接近二十岁的人,他对神法几乎一无所知,但却被按立为一个著名的人口

---

① 《伪伊西多尔教令集》,p. 22。
② 《伪伊西多尔教令集》,p. 22。
③ 《玛拉基书》,2:7。
④ 《提摩太前书》,3:2;《提多书》,1:9。

众多的城市的主教，而他当时不仅缺乏教士品级，甚至连执事职和副执事职都没有。这就是罗马主教声称他自己可以合法地做的事情，这也是并且几乎类似于他为了寻求权贵的青睐而事实上经常不恰当地做的事情，罗马主教声称他自己作为基督代理，在教会职员的按立和恩惠的分配方面拥有充足权力。因此，我们可以恰当地问他，为什么这群主教和教士聚集在公会议中？他们在《圣经》的疑惑方面如何知道区分真假意思？基于此，由于这些人的欠缺，所以最有用的、确实必要的，并且符合神法和正确理性的是，让某些受认可的非教士（按照有信仰的立法者的决定，这些非教士应当有充分的《圣经》知识，在生活和道德上也比这样的主教和教士更卓越）出席这样的公会议，并且让他们和其余教士一起商议界定有关信仰的疑惑和任何其他问题。

第 21 章

　　谁拥有或迄今为止拥有聚集教士、主教和其余信徒[组成]的公议会的强制权柄;谁拥有设立某个能够强迫信徒为了此世和彼世的状态而接受惩罚或过错之物的权柄;并且谁有权在此世约束任何一个违背公会议设立或界定之物的人。进一步来说,任何主教或教士都不能绝罚统治者或禁行任何人;也不能授予尘世的教会恩惠或什一税或教导任何人的许可;也不能授予任何尘世职权,除非按照公会议或人民立法者或二者的决定和承认

　　1. 我现在想要表明,唯独缺乏上级的有信仰的人民立法者或者该立法者授予权柄的他或他们才拥有强制权柄来召集公会议,确定适合它的人,并按照应有的形式聚集、举行和完成它,按照神法和人法合法地约束那些抵抗聚集和作出上述必要和有用之事的人,以及[合法地约束]那些违背该公会议决定和命令的人(无论教士还是非教士,无论神职人员还是非神职人员)。这些观点已经在第 1 论第 15 章和这一论第 4、5、9 和 17 章中得到证明了。在这几章中,我们通过论证表明了,并且通过《圣经》的权威进一步证实了,无分别地针对所有教士和非教士

的强制司法管辖、对人员的确定和认可,以及对职员的每一级按立,都只属于有信仰的人民立法者的权柄,绝不属于任何教士或教士团的权柄;但是我们现在想要借着上述《伊西多尔法典》和多处文本(尤其是那些列举了与神法和正确理性相一致的事物的文本)来确证这些观点。

2. 那么,首先,在题为"尼西亚公会议序言开始"的一章中,它这样说道:"他(即君士坦丁)命令阿里乌斯到318位主教座位面前,让他们(即主教们)来审判他[阿里乌斯]的主张。"①看,主教和教士按照立法者②的命令聚集于上述会议中。同样的观点在题为"630位主教的会议开始"的那章中,它这样说道:"圣洁、伟大和可敬的公会议,由于最虔敬的瓦伦提安和马西安皇帝的一项法令,在上帝的恩典下得以聚集。"③进一步来说,它来自题为"第七次托雷多公会议结束,第八次开始"的那章:"在正统的、荣耀的和真正仁慈尊贵的国王雷卡雷多(Recesvinthus)的年代,在这位君主最平静的命令下,神圣意志的法令迫使我们所有人为了神圣公会议而聚集在神圣使徒的大教堂里。"④同样的观点来自题为"第十一次托雷多公会议结束,第十二次开始"⑤的那章。此外,同样的观点来自题为"第一次布拉加公会议结束,第二次开始"⑥的

---

① 《伪伊西多尔教令集》,p. 256。
② 马西利乌斯在此将皈依后的君士坦丁大帝视为有信仰的人民立法者。
③ 《伪伊西多尔教令集》,p. 283。[译者注]这次公会议是451年卡尔西顿公会议。
④ 《伪伊西多尔教令集》,p. 383。[译者注]托雷多,当时属于西哥特王国的一个城市。646年,第七次托雷多公会议;651年,第八次托雷多公会议。雷卡雷多(Recesvinthus),586—601年在位,西哥特王国国王,继位后秘密接受了天主教洗礼,并于589年在托雷多主持召开第三次托雷多公会议,公开承认自己的天主教信仰,镇压阿里乌斯派,最终西哥特王国变成了天主教王国。
⑤ 《伪伊西多尔教令集》,p. 411。[译者注]681年,第十一次托雷多公会议;719年,第十二次托雷多公会议。
⑥ 《伪伊西多尔教令集》,p. 424。[瓦本注]563年,第一次布拉加公会议;572年,第二次布拉加公会议。

那章。进一步来说,同样的观点来自"罗马教皇利奥致以弗所公会议的信"。① 此外,同样的观点来自罗马"教皇利奥致狄奥多西皇帝的信"②。同样的观点还来自"利奥主教致马西安皇帝的信",它的开头是"我曾问过"。③ 进一步来说,同样的观点在"致马西安皇帝的信"中,它的开头是"在你们所有仁慈的信件中,我有充分的理由感到快乐"。④ 同样的观点在上述法典的许多其他地方和信中均有体现,但我省略了这些段落,考虑到这件事的众所周知,而且为了谈话的简洁起见。

3. 上述权柄不只属于罗马主教或者他和他的枢机主教团,这一点可以由以下论述得到确证,即如果他或者他和他的教团被指控犯有某种罪名,并且因此召集这样一个公会议是合宜的,那么他很有可能会推迟或者干脆取消这样的聚会,而这将对信徒造成极大的伤害和侵害。然而,这样的事情不可能以这种方式发生在有信仰的立法者或信徒共体身上,因为他或他的强力部分不会以这种方式被引诱,无论在尘世事务上(如第 1 论第 13 章所示),还是在精神事务上,尤其是在关于信仰的事务上(如这一论第 19 和 20 章所示)。

4. 我们想首先从那些合理发生的事情和上述《伊西多尔法典》多个地方所列举的文本中确证以下这一点:命令遵守公会议所界定或审判(在第一种含义的审判上)和命令的其他东西,对所有人(无论教士还是非教士)无分别地发布强制诫命或给出教令,用货物方面或人身方面或二者的惩罚来约束违背诫命或教令的人,以及将惩罚施加于此世的

---

① 《伪伊西多尔教令集》, pp. 600f.。[译者注]这次公会议是 431 年召开的第二次以弗所公会议。教皇利奥一世,440—461 年在位,反对"一性论"。
② 《伪伊西多尔教令集》, p. 576, pp. 601f.。
③ 《伪伊西多尔教令集》, pp. 608f.。
④ 《伪伊西多尔教令集》, pp. 582f.。

违背者,都属于缺乏上级的有信仰的人民立法者的权柄。因为这一点似乎可以从题为"马西安对卡尔西顿公会议的肯定的法令"的那章中清楚看到,其中有这样一句话:"因此,以后任何人,神职人员、士兵和任何一个其他状况的人,都不要试图在听众集会面前讨论被公开界定过了的天主教信仰,从而寻求骚乱和背叛的机会。"它稍后还补充道:"因为惩罚不会忽视轻视这条法律的人。"稍后再次说道:"因此,一个神职人员如果胆敢公开讨论宗教问题,就将被从神职人员的团体中除名;一个士兵如果胆敢这样做,就将被剥夺士兵腰带。"①[立法者]也以这种方式为其余事情制定法律。此外,这一点同样可以从紧接着的题为"瓦伦提安和马西安皇帝在卡尔西顿公会议之后开始颁布圣旨,以确认这同一个公会议并谴责异端"的那章中清楚看到,其中有这样一句话:"按照这条法律,我们命令,那些被优迪克的错误所欺骗从而以亚波伦纳里安派——他们是优迪克所跟从的人,也是可敬的教父们的规则(即教会教规)和神圣帝王最神圣的制裁所谴责的人——为榜样的人,他们中的任何一个人不可被拣选或被称呼为主教、教士或神职人员,并且这位优迪克应当被完全剥夺教士之名,因为他不配使用这个名称。但是,若有人违背我们的命令,胆敢从这些人中拣选主教、教士和任何其他神职人员,我们就命令那些这样做、已经这样做或假设这样做的人遭受神职人员财产的损失以及永恒流放的危险。"②由此可以清楚看到,我们在这一论第17章所说的关于晋升到教士职和其余圣秩的权柄属于有信仰的

---

① 《伪伊西多尔教令集》, p. 288。
② 《伪伊西多尔教令集》, p. 288f.。[译者注]优迪克(Eutychetius,约375—454),君士坦丁堡郊外隐修院院长,主张"一性论",于448年被判为异端,并于451年在卡尔西顿公会议上再次被判为异端,后被马西安皇帝流放埃及,死于埃及。亚波伦纳里安派,主张"一性论"。

立法者或君主的话是真的。

进一步来说，同样的观点来自紧接着这一章的题为"马西安皇帝驳同一位异端的另一个法令"①的那章。此外，同样的观点来自题为"君王确认公会议的法令"的那章，其中有这样一句话："所以若任何神职人员或平信徒拒绝遵守这些制裁，那么他若是主教、教士、执事或神职人员，就应当被绝罚出任何公会议；他若是平信徒和真诚之人，就让他损失一半的财富，收归国库所有。"②由此也可以清楚看到，统治者或人民立法者可以并且通常合法地对异端施加人身和货物方面的惩罚并为了自己而逼迫和分配他们，就像这一论第10章所说的那样。这一点还来自题为"第十三次托雷多公会议结束"的那章，它的开头是"在仁爱的推动下"。③ 以及在许多其他文本中，为了简洁起见，也由于我们已经引述的足够多了，我略过了这些文本。

5. 人民立法者或其授权的统治者不仅有权通过一条关于遵守公会议所界定的这些事务的强制性法令，而且有权规定按立罗马宗座或拣选罗马教皇的形式和方式。我们还读到罗马教皇曾紧急请求皇帝，而非反对皇帝，正如我们从同一部法典中题为"教皇本尼法斯的教令从此开始。一封致霍诺里乌斯皇帝的祈求信，祈求他成为罗马城的王，因为教皇从来不是通过拉票被按立的"④的一章中所读到的那样，以及从紧接着的题为"霍诺里乌斯皇帝致教皇本尼法斯的一封信，从而如果此后

---

① 《伪伊西多尔教令集》，pp. 289ff.。
② 《伪伊西多尔教令集》，pp. 361f.。这是西哥特王国国王雷卡雷多确认第三次托雷多公会议的法令。
③ 《伪伊西多尔教令集》，p. 419。
④ 《伪伊西多尔教令集》，p. 554。［译者注］教皇本尼法斯一世，418—422年在位。霍诺里乌斯（Flavius Honorius Augustus，384—423年），皇帝狄奥多西一世的次子，罗马帝国正式分裂后的首任西罗马帝国皇帝（395—423年在位）。

两个人被按立为罗马主教,他们就都应被逐出罗马城"的一章中,它的开头是"胜利者霍诺里乌斯、光荣的征服者、永远的奥古斯都,致神圣可敬的罗马城教皇本尼法斯"。这位皇帝稍后在这项法令中补充了一点:"你要知道这会取悦我们的虔敬,即陛下关心教会或人民的骚乱。我们的仁慈相信这一点已经得到充分照管,不会以任何理由发生。因为你的荣福宣讲了这一点,我们希望所有神职人员注意到这一点,从而如果你的宗教因人类的命运而碰巧发生了我们不希望发生的事情,所有人都将知道他们应当停止拉票。如果两个鲁莽争斗的人碰巧被按立对抗神圣的东西,那么他们两个不应当全是教士(即罗马主教),而应当只有一人留在宗座上,作为借着新的按立从神职人员中拣选出来的符合神圣审判和共体同意的人。"① 由此也可以清楚看到,我们在这一论第17章②中所说的是真的,即对教士、主教和其余执行灵魂照料之事(无论大小)的教会执事的次级按立权属于有信仰的共体或有信仰的人民立法者。

6. 进一步来说,我们可以从题为"致马西安皇帝的感谢信,借着他的努力,卡尔西顿公会议恢复了教会和平"的信中确证这一命题,信的开头是"利奥主教致马西安皇帝。在你们所有仁慈的信件中,我有充分的理由感到快乐"。我们还在这封信的结尾处读到,这位利奥这样说道:"由于你们的虔敬和最虔诚的意志的一切形式都必须得到遵守,所以我很乐意将我的观点添加到公会议的章程中,以确认天主教信仰并谴责异端(这让我很高兴)。你们的仁慈值得颁布那些让所有教士和教

---

① 《伪伊西多尔教令集》, pp. 554f.。
② [瓦本注] 参见《和平的保卫者》, II.17.9—10。

会都注意这些的命令。"①看,罗马教皇在公会议的决议中添加了他的观点或第一种含义的判断,却请求罗马统治者来执行要求教会和教士遵守的命令。但是,如果这不属于统治者的权柄,他是不会这样做的。由此也可以清楚看到,我们在这一论第4、5和9章所说的是真的,即对教士和非教士的强制性权柄属于人民立法者或其授权的统治者;罗马教皇在古代并不反对这一点,反而请求皇帝给予他们这样的规则或法律。

7. 此外,同样的观点可以从"狄奥多西和瓦伦提安皇帝"开始的那一章中清楚看到,它稍后补充道:"因此,由于在当前突然出现的疑惑中,为了守卫天主教和使徒的教义以及我们的信仰(它受到不同观点的攻击,困扰和迷惑了人的感官和灵魂),我们认为轻视这一罪过是不可容忍的,免得由于这样的疏忽大意而显得是在轻蔑上帝自身。因此,我们已经批准,在一个地方聚集最圣洁、最取悦上帝的人,随时准备代表天主教的虔敬和真正的信仰发言,以便这样一个普遍的、虚妄的疑惑可以通过对此命题的精微研究得到解决,并且可以坚定上帝真正珍视的天主教信仰。因此,请陛下,带着十位住在你主教教区里的最可敬的大主教,以及另外十位同样言语圣洁、生活富足并且在关于正直无瑕的信仰的教义和知识上胜过所有其他人的主教,于八月初立刻聚集在亚洲大都会以弗所,也就是说,除了这些人外,无人可以干扰圣公会议。当这些最圣洁、最荣福的主教(我们借着陛下的信批准他们聚集)作为一个整体聚集在上述城邦里,进行最精微的研究和询问时,一切违背中保的错误都将得到移除,我们的救世主基督最珍视的天主教教义和正统信仰将得到坚固并像往常那样闪耀光芒,所有合众为一的人都能够在

---

① 《伪伊西多尔教令集》,p. 582。

上帝的爱中使它保持不动摇、不玷污。然而，如果有人略过了这一必要的、上帝真正珍视的公会议，并在尽一切所能后没有在上述时间内到达指定的地点，那么无论在上帝面前，还是在我们的虔敬面前，他都找不到任何借口，因为除非受到邪恶良心的伤害，否则无人会逃避教士会议。至于叙利亚城明智的西奥多雷托斯主教，我们曾命令他只需负责他自己的教会，我们批准他不参加圣公会议，除非普通公会议接受并同意他出席参加。但如果任何不和谐出现在他身上，那么我们就命令在没有他在场的情况下聚集圣公会议，并规定我们已经下令的事情。"① 现在从这项法令中，任何有心人显然都会看到上述命题的三个结论的意思：第一，宜界定神法方面的疑惑；第二，这个界定不属于个人或教团的权柄，而是属于公会议的权柄；第三，唯独有信仰的人民立法者或其授权的统治者有权召集或主持这样的公会议，按立和确定适合该公会议的人员，在此世状态中并为了此世状态而约束违背规定的人。

8. 我们借此可以恰当地表明，任何个人，无论他的尊严或状况如何，都不能在教会礼仪方面规定任何一件可以用某种惩罚迫使人们为了今世或彼世状态而遵守的事情，除非它直接通过公会议或者通过公会议授权的人得到采纳，首要的有信仰的人民立法者或其授权的统治者也应当介入关于它的法令。在没有上述立法者授权的情况下，任何个人也不能认可或指责任何其他人类行为，例如禁食、吃肉、节制、圣徒的封圣和崇拜、器械劳作或任何其他形式劳作方面的禁止或闲暇、近亲结婚以及宗教的品级或教团，也不能规定神法所允许或许可的其余类

---

① ［舒本注］［布本注］［瓦本注］马西利乌斯引用的这段话在《伪伊西多尔教令集》中没有找到，但可以在《卡尔西顿公会议法案》中找到，参见 Mansi, *Sacrorum conciliorum nova, et amplissima collectio*, T.6, pp. 587—590。

似的事情受制于教会的任何谴责,例如禁行、绝罚或其他类似的或大或小的惩罚,更不能在此世状态中通过施加货物或人身方面的惩罚来逼迫任何人。的确,唯独立法者才拥有实施和施加这种惩罚的合法权力,正如从第1论第15章和这一论第10章中可以非常明显看到的。

9. 这些观点可以被相同的论证和权威所确证,我们在前面借此证明了,对于神法的可疑意思的确定权属于上述公会议,通过强制法令来规定教会礼仪方面的其他人类行为的权柄属于有信仰的人民立法者,我们只需要置换这个推理的小前提中的最后一项。此外,因为神法所许可的事情不会被禁止或成为非法的,除非受到人民立法者的规定。进一步来说,因为任何一位主教都没有任何直接来自基督的权柄(如这一论第15、16章所示),也没有针对彼此或他人的强制司法管辖权(如我们先前在这一论第4、5和9章所说)。

由此也可以恰当推出,只有刚刚提到的公会议,而不是任何主教、教士或他们中的任何特定教团,才有权绝罚一个统治者、省份或其他尘世共同体,或者禁行圣职的使用。因为如果一个教士、主教或他们中的任何特定教团由于无知或恶意而绝罚或禁行一个统治者或省份,那么结果就是对所有信徒的和平与安宁的极大冒犯。经验(事物的女王①)最近也表明了这一点,即罗马教皇本尼法斯八世试图绝罚可敬的天主教法王美男子菲利普,并且将他的王国连同依附于他的教会职权置于禁行之下,因为这位国王反对一篇以"一圣天主教会"开头的书面陈述,②它由本尼法斯或者他和他的枢机主教团一起发出,其最后的结论

---

① [瓦本注]参见《和平的保卫者》,II.18.2;《教规法大全》,libro I, tit.6, cap.6。
② [译者注]教皇约翰二十二世于1302年颁布的著名教令《一圣教谕》,参见《和平的保卫者》,II.20.8。

是，所有地上的统治者、共同体和个人都要服从于罗马教皇的强制司法管辖。尽管与此同时，这位本尼法斯还提议对刚刚提到的统治者及其臣民和依附者采取单独行动，并且在不朽的真理和许多活着的人的记忆的见证下，煽动其余能够反对他的统治者和信徒民众，除非命运把他从凡人中除名。这种或其他类似的恶性煽动（它给信徒带来了极大的分裂和危险）所造成的突袭（更不必说权力）应当立刻予以消除；调节这种禁行和绝罚的形式的权柄应当单独留给基督徒组成的公会议，因为后者的判断由圣灵引导，不会被任何无知或恶意所败坏。

10. 由此可以必然推出，那些无论在信仰或福音法意思方面作出规定和界定的事情，还是在教会礼仪或神圣崇拜方面作出规定和界定的事情，以及公会议制定（直接地或间接地，含蓄地或展开地，或者以其他方式）的所有其余事情，都不能通过任何一位主教，任何其他特定教团、会议或集会，更不能通过个人（无论他的状况或尊严如何），得到改变、增加、减少、中止、接受解释（尤其在艰难的情况下）或者完全撤销。但以这种方式得到规定的事情，若明显有必要要求改变或完全撤销，则有必要提交给必须再次召开的上述公会议。这一点可以通过相同的推理和权威得到确信，我们借此证明了，这种事情应当只由刚刚提到的公会议来规定、界定和制定。

11. 此外，可以从相同的《圣经》权威和人的推理中得到恰当证明的是，在没有刚刚提到的公会议或有信仰的人民立法者的决定的情况下，任何一位主教、个人或其他特定教团都没有权柄在世界所有教会职权上按立或安置人员，既不能为这些职权分发一切被称为恩惠的教会尘世物，也不能授予任何人所谓的教学许可证、公证人职业许可证、其余公职或民事职务许可证，除非得到刚刚提到的公会议的授权。尽管这些观点在第 1 论第 15 章和这一论第 17 章中按照某种方式得到了恰当说明，但是我们已经决定在这一节从我们刚才提出的论点和其他可能的论点中进一步阐释和确认它们。因为任何让所有王国和政体（无论大小）置于异端和解体危险之中的事情，都不在也不应在罗马主教或任何其他主教或与他一起的特定神职人员教团的权柄之内。然而，如果这种权力被允许授予罗马主教或任何其他主教，并且无需得到普通立法者或公会议的决定，那么就会发生这种情况。因为如上所述，假设某个异端、巫师或者贪婪、骄傲或犯其他罪行的人（正如我们见到和读到过的那样）被赋予这种权力来行使罗马主教职权①：现在，如果在没有公会议或有信仰的人民立法者②的合法决定的情况下，这个罪犯有权在所有教会职权上随心所欲地按立人员，那么这样的教皇似乎非常可能会将那些他知道会与他共犯并支持他所有反常奉献的人安置在教会职位之上，尤其安置在较高的职位之上，例如枢机主教职或主教职。那么，整个信徒群体都将因此暴露在背离信仰的危险之中，就像这一论第11 章以某种方式所说明的那样。下面这种情况尤其如此，如果一个在神法解释中由于无知或恶意而陷入异端的人拥有了这种权力的话，正如我们先前也在这一论第 20 章中所归纳的那样，以及所有人从关于两位罗马主教③的当前记忆和观察中所清楚看到的那样。

此外，如果在罗马主教可以而且应当更加充分地了解那个省份的人员素质以及什么对该省更有利的时候，我们都没有发现神法或人法赋予罗马主教按立罗马宗座继任者的权力，反而神法或人法禁止他这

---

① 马西利乌斯在这里可能指向的是教皇本尼法斯八世。
② ［译者注］原文为 fidelis legislatoris mortalis［有信仰的可朽的立法者］。
③ 本尼法斯八世和约翰二十二世。参见《和平的保卫者》，II.20.6。

样做,那么,当这位主教不太清楚什么对该省有利以及该省的人员素质时,为什么还要允许赋予他权力或权柄来按立主教的、其他教会教长的、教区教士的,甚至外省和偏远省份执事的继任者呢？

12. 进一步来说,如果任何主教单独或者与特定神职人员教团一起被赋予一种随心所欲地分发所有被称为恩惠的教会尘世物的权力,并且无需刚刚提到的合法决定,或者无需公会议和人民立法者或有信仰的统治者授予其权柄,那么,所有王国和所有政体(无论大小)都将面临解体的危险。此外,这一针对教会或灵魂治理的操作将会安置那些在尘世力量或恩惠上更加富有和卓越的人(无论他们多么无知和道德败坏),而非那些贫困、公正和谦卑的人(无论他们多么博学,在生活上多么坚强)。因为假设罗马主教是贪婪、骄傲的人,或者犯有其他罪行的人,或者甚至想行使尘世般的统治权,正如我们最近看到他们中的许多人就是这样的人并追求这样的权力,那么,为了实现他无厌的贪婪和刚才提到的其余反常的奉献,以及为了寻求权贵的青睐和恩典,他会出售教会的职位和恩惠；他还会把它们授予权贵、暴力者和好战者,或者应他们的要求授予他们的血亲、姻亲和朋友,这些人都是他认为会愿意并能够支持他实现他的邪恶愿望的人。正如我们所说,不仅论证确认了这些事情可能以这种方式发生,而且经验(事物的女王)教导我们这些事情已经以这种方式发生了很长一段时期并继续发生着,这一点几乎不会逃过所有信徒的注意。

13. 此外,如果允许他拥有按立职员和分发尘世物或恩惠的普遍而无限制的权力,那么一旦这样的主教试图让尘世统治者服从于他自己,所有王国和政体都将面临解体或大动荡的危险。按照我们先前引述过的被称为《一圣教谕》的书面陈述,本尼法斯八世明确表示所有这些尘世统治者在强制司法管辖上都要以这种方式服从于任何一位罗马主教,因为他顽固地宣布,使徒们要相信这一点"对于[永恒]救赎来说是必要的"。① 一位所谓的罗马主教②在他反对罗马人选立为王的高贵的巴伐利亚公爵路德维希的教令中也暗示了这一点,尽管他似乎只对罗马王国或帝国明确表示过这一点。但是,他用"充足权力"这个头衔囊括了其余所有人,在该头衔之下,混杂着其他一些推理,他将这一权柄归于自己。因为在该头衔下,他在强制司法审判上并没有胜过罗马人的王,也没有胜过其余的王,就像第 1 论最后一章③清楚说明的那样。所以我要说的是,这位主教在寻求(尽管是非常不恰当地)对世上统治者的这种司法管辖权时,能够通过分发或馈赠这些尘世物、恩惠和什一税(因为他将注意力转向了所有王国,所以这些东西已经构成了几乎无法估量的力量)的方式煽动大规模叛乱,并且他实际上迄今为止已经煽动并继续煽动叛乱,尤其是在普遍的罗马帝国之内,就像我们将在下文中更详细谈论的那样。

14. 基于此,人民立法者或其授权的统治者有必要在什一税和其余教会尘世物的接受或领受方面注意到,这类教会尘世物对于贫困的福音执事和其余无力养活自己的穷人(这些尘世物是为了这些人设立的)来说是多余的,还是不多余的。此外,他应当注意到,他必然地需要这些物品以保卫或以其他方式支持共和国,还是他为了刚刚提到的目的的缘故而不必然地需要这些物品。如果他为了上述目的的缘故而确实必然地需要这些物品,那么立法者或统治者能够按照神法在自己的权

---

① [译者注]参见《和平的保卫者》,I.19.10,II.20.8。
② [译者注]教皇约翰二十二世。参见《和平的保卫者》,II.3.14。
③ [瓦本注]参见《和平的保卫者》,I.19.9。

柄范围内合法地使用和领受任何满足刚刚提到的执事和穷人所需后的多余物（尽管这会受到教士或这些执事的反对）；不仅什一税，而且四一税或三一税，一言以蔽之，任何满足他们和无力养活自己的穷人所需后的多余物。正如使徒在《提摩太前书》第6章中所说，教士要对这些"食物和衣物"感到"满足"。① 如果他们需要这些物品不是为了上述的用途或目的，那么拿走它们的人和他们的同伙或诱骗他们这样做的人就犯了致命的罪行。

因此，分发教会尘世物的权力不应只授予罗马主教或其他主教，也不应只授予他和他的教士团，以免他能够利用这种权力寻求有损于统治者和人民的尘世恩惠，并且由此在基督信徒中间挑起争论和丑闻。因为刚刚提到的权力对他来说不是微小的工具，而是巨大的工具，因为许多相信（尽管是受诱骗地）他们可以以这种方式分发这些尘世物并且公正地领受它们的人，很容易倾向于获取和接受它们。基于此，公会议和有信仰的人民立法者要么从这位主教或任何其他人身上完全移除这一平静而有害的权力，要么对其进行适当的调节，因为这个权力绝不是由神法赋予他的，反而是被禁止的，如这一论第13、14和17章充分所示。

15. 基于此，出于同样的理由，授予教学许可证的权力也应当并且可以合法地从上述主教和任何其他主教以及他们中的任何一个教团身上被撤销。② 因为这是人民立法者或其授权的统治者的职权，因为这些事情能够引起公民在此世状态中的公共便利或不便，就像第1论第15

---

① 《提摩太前书》，6:8。
② [译者注]参见《和平的保卫者》，II.18.6。

章所证明的那样。

关于圣徒的封圣和崇拜,我们应当持有同样的观点。因为这可能对有信仰的城邦共同体有害或有益。因为一位败坏的主教可以利用这一权力来宣布一些人为圣徒,[1]以便通过他们的言论或著作来巩固他们在侵害他人方面的败坏观点。基于此,这个权柄应当只委托给有信仰的公会议。事实上,格列高利四世就是以这样方式"在路易皇帝和所有主教的同意下确立了,万圣节应当被庆祝"[2]。因此,我们在所有类似的问题上也应当持有类似的观点。

此外,因为上述主教们,在古代被立法者授予这个权柄是由于他们圣洁的生活和充足的学识(从民法的科学中可以明显看出),在现代则转化为相反的品质,即让有文化的教团服从于自己并把他们从尘世统治者的手中夺走,并且利用他们作为自己获取和保卫篡夺物方面的不小的、实际上是主要的工具。事实上,文化人不想或者顾虑自己失去大师的头衔,渴望随之而来的便利和荣耀。他们相信自己是凭借罗马主教或其他主教的权柄而不是从任何其他来源中获得这些东西的,所以他们遵从这些主教的意愿,反对那些否认主教这个权柄的尘世统治者和臣民。然而,由于授予教学许可的权柄属于人民立法者或其授权的统治者,以免缺少有学识之人和智慧之人的支持(这些支持应当被认为在稳固和保卫统治权和政体方面是所有外部帮助中最有分量的),以及为了获得并保持这种支持,人民立法者或其授权的统治者应当并且能

---

[1] 马西利乌斯在此可能指的是教皇约翰二十二世于1323年将托马斯·阿奎那封圣的事件。

[2] 马丁努斯·波罗努斯:《编年史》,p.427。[译者注]教皇格列高利四世,827—844年在位。路易皇帝("虔诚者路易",778—840年),814年继承查理曼大帝的皇位。

够合法地凭借自己的权柄授予公证人职业许可和其余的"大师"认证或民事职务头衔。因为这个权柄不属于私人（无论他的尊严或状况如何），也不可能属于任何特定教团，而只属于统治者，就像第1论第15和17章所证明的那样。

第 22 章

罗马主教及其教会在何种意义上是其余主教及其教会的"头"和首座;他们基于什么权柄适合成为"头"和首座

1. 既然我们已经确定了这些问题,那么我们接下来想表明,按立一位主教和一个教会或教士团作为其余主教和教会或教士团的"头"或首座,是便利的、有用的。但是,首先,我们必须区分一个教会或主教可以被理解为所有其他教会或主教的"头"所凭借的方式和意图,以便我们将适当的方式和意图与不适当、不便的方式和意图分别开来。现在,一位主教或教会可以在一种方式上被理解为所有其他主教或教会的"头",也就是说,所有地上的教会和个人都必须在出现疑惑的情况下按照他们自己的界定和确定来相信《圣经》的意思(尤其是出于救赎的必要而必须相信和遵守的意思),并且按照他们自己的规定来遵守教会礼仪或神圣崇拜。根据这个意义或方式,任何一个省份的主教或教会本身或者教士团,都不是借着神法而被按立为其他主教或教会或者教士团的"头",按照原初教会的榜样,成为这样的一个"头"也不是便利的。同样地,他们也不是借着有信仰的人民立法者的命令或法令被按立的。因为如果是这样的话,那么伴随着随之而来的其余不便,所有统治者、共同体和人民都要出于救赎的必要而必须相信,根据本尼法斯八世的界定或确定,他们在强制司法管辖上服从于罗马教皇。① 此外,根据一些所谓的罗马教皇的教令,这并不是基督的劝诫,即抛弃或放弃尘世物的占有权或所有权(在共同的和个人的意义上)或者在强制审判者面前为了这些物品而合法地争辩或为自己要求这些物品的权力。② 这些观点中的第一点是完全可憎的、错误的,而第二点作为异端邪说也应当被否定,就像我们先前在这一论第 13、14、16、20 和 21 章中清楚看到的那样。

2. 一位主教和教会或教团可以在另一种方式上被认为是所有其他主教和教会或教团的"头"或首座,即所有地上的神职人员或神职人员教团都在强制司法管辖上服从于他。但这也不是借着神法而属于任何主教或教会的,反而为劝诫或诫命所禁止,就像在这一论第 4、5、8、9 和 11 章中得到充分说明的那样。

3. 这一优先权还可以用另一种方式来理解,即按立所有教会职员的权力以及分配、储存和拿走尘世物或恩惠的权力都属于一位主教、教会或教团。根据这种方式,这同样不能借着神法让人确信,任何一位主教或教会优先于任何其他主教或教会,反而情况恰恰相反。一言以蔽之,这不能借着《圣经》的话让人确信,任何一位主教或教会凭借任何权柄或权力成为其他主教或教会的"头"或首座,如这一论第 15、16、17、20 和上一章所示。

4. 因此,任何一位主教既不能绝罚另一位主教或者在圣礼或职权

---

① [瓦本注]参见《和平的保卫者》,II.21.13。
② 这里的教令指的是教皇约翰二十二世在 1322 年颁布的教令《教规谕》和 1323 年颁布的教令《众人谕》,同时参见《和平的保卫者》,II.13.6,II.13.10。

方面禁行他负责的人民或省份（反之亦然），也不能比另一位主教或他负责的人民拥有更大的权柄（反之亦然），除非这个针对其他主教或其他人的权柄或权力是公会议或有信仰的人民立法者授予他的。因为所有主教就其为主教而言拥有平等的应得和权柄，正如我们在这一论第15章①从哲罗姆致伊万德的信中所援引的那样。任何一位主教也不会因一位更完美的使徒或主教的按手而变得或曾变得更完美，正如《哥林多前书》第3章所显明的那样。"无论谁，"使徒保罗说，"都不可拿人夸口，因为一切都是你们的，或保罗，或亚波罗，或矶法……你们是属基督的。"②注解对此说道："'你们是属基督的'，不是属人的，无论在创造中还是在更新中。"③基于此，一位较多或较少完美的教士是否按手（假如他有这个权柄）并不关涉任何一种圣礼，因为唯独上帝给予圣礼以效力。因此，为了消除这种疑惑，使徒保罗在同一章中说道："我栽种了，亚波罗浇灌了，但上帝让它生长。"④正如使树木发芽或发挥生命功能的不是栽种或浇灌树木的人，而是给予树木以植物灵魂的人，因此，使徒保罗想要说的是，不是那些按手、教导或祝福的人给予行为以应得功绩，而是上帝自己给予了内在的品格或恩典，尽管有其他人辅助，就像灌溉的人那样。由于唯独上帝自己是内在权柄，同一种类的品格和恩典的给予者，因此所有主教或教士都由上帝赋予平等的权柄和应得功绩，哲罗姆就是这样理解的。

5. 因此，凭借《圣经》的话，任何一位主教或教会，就其自身而言，

---

① 参见《和平的保卫者》，II.15.8，II.15.10。
② 《哥林多前书》，3:21—23。
③ 彼得·伦巴第：《汇编》，Migne 191，p.1564。参见《和平的保卫者》，II.16.13。
④ 《哥林多前书》，3:6。

都不是另一位主教或教会的"头"或首座。因为按照《圣经》或真理,在绝对的意义上,教会的"头"和信仰的根基,通过直接的圣授,是基督自己,而非任何使徒、主教或教士,正如使徒保罗在《以弗所书》第4和5章、《歌罗西书》第1章以及《哥林多前书》第10章中非常清楚地谈论的那样。① 他在那里说,所有使徒、先知、贤德的人和其余信徒组成了"基督的身体",即作为其余肢体的教会,而除了基督,无人是"头"。因此《以弗所书》第4章:"他给予这些人作使徒,那些人作先知,有传福音的,有作牧者和教师的。为要成全圣徒,各尽其职,建造基督的身体,直等到我们众人都达到对于神子有了一致的信仰和认识。"②稍后补充道:"反而在仁爱中成为一,我们在各方面长进,连接那为'头'的基督。全身都靠他联络紧凑,借着各关节的互相补助,按照各肢体的功用,各尽其职,使身体不断增长,在仁爱中建造自己。"③第5章再次说道:"因为丈夫是妻子的'头',正如基督是教会的'头',又是教会体的救主。正如教会服从于基督,妻子也要凡事服从于自己的丈夫。"④但是,他从来没有说过矶法是教会的"头",也没有说过教会要以他为"头"服从于他,即使他在基督从死里复活升天之后说了这些话。因此,使徒保罗稍后在以所有信徒的名义谈论时说道:"因为从来没有人恨自己的身体,反而保养爱护它,正如基督之对教会,因为我们是他身上的肢体。"⑤《歌罗西书》第1章进一步说道:"他是教会身体的'头',他是起初,是从死

---

① 参见《和平的保卫者》,II.17.2。
② 《以弗所书》,4:11—13。
③ 《以弗所书》,4:15—16。
④ 《以弗所书》,5:23—24。
⑤ 《以弗所书》,5:29—30。

里首先复生的,使他可以在凡事上居首位。"①圣彼得在他的第一封书信第 5 章中直白地说了同样的话:"到了牧长(即基督)显现的时候,你们必得那永不衰残的荣耀冠冕。"②因此《哥林多前书》第 3 章:"因为那已经立好的根基就是耶稣基督,此外没有人能立别的根基。"③第 10 章说了同样的话:"那磐石就是基督。"④

6. 然而,一位主教或教会可以在另一种方式上被恰当地理解为借着公会议或有信仰的人民立法者的授权而成为或者被立为其余主教或教会的"头"和首座,也就是说,他的职权是,如果出现信仰的紧急情况或信徒的明显需求并且被报告给他时,那么考虑到召集公会议似乎是完全合宜的,他就与他的教士团(有信仰的人民立法者或公会议想要他们为此目的而与他配合)一起商议,并且必须告知和指示给缺乏上级的有信仰的立法者。公会议应当按照我们所说的方式在立法者的强制诫命下被聚集起来。在上述公会议中,他的职权还包括:在所有主教和神职人员中间保持首座或首席地位,提出商议事项,在全体公会议面前汇编已商议的事项,促使公证人用权威印章和签名书写这些事项;将这些事项传达和告知给有所要求的全体教会;知道、教导和回应关于这些事项的问题;借着教会的某种谴责来压制那些违背已商议事项(无论关于信仰还是关于教会礼仪或神圣崇拜的事项)以及为了信徒的和平与统一而规定的其余事项的人,例如绝罚、禁行或其他类似的惩罚,但是要按照公会议的决定并且借着公会议的授权,而绝不是用任何强制力来

---

① 《歌罗西书》,1:18。
② 《彼得前书》,5:4。
③ 《哥林多前书》,3:11。
④ 《哥林多前书》,10:4。

为此世状态和在此世状态中施加货物或人身方面的惩罚。他的职权还包括，他与有信仰的立法者为他提供和设立的教团中的强力部分或主导部分一起审判主教和教会，而后者在所谓精神的（按照"精神的"一词的第二种和第三种含义）争论方面相互没有排序，这一点在这一论第2章①中得到了处理，其中包括那些在教会礼仪方面由公会议规定必须遵守的事情。然而，如果根据其他教会公开、可能和几乎共同的观点，这位主教、教会或教团在这些职责方面具有非常反常或疏忽的行为，那么其余教会要么允许上告于有信仰的人民立法者（如果立法者或其授权的统治者可以适当地纠正其行为的话），要么允许要求一次公会议（如果在其余教会中的主导部分和立法者的判断看来，这样的紧急情况要求召集这样的公会议的话）。

因此，我说，只有在这最后一种方式上，为了更容易、更恰当地维护信仰的统一，按立一位主教或教会作为其他主教或教会在教牧照料方面的无强制司法管辖权的"头"或首座是便利的，尽管这不是借着神法的诫命，因为没有这样的"头"或首座，这种信仰的统一也可以得到保障（即使不是那么容易）。但接下来我们应当表明，按立什么样的主教、教会或教士团和神职人员团以及来自哪个主教教区或省份的主教作为其他主教、教会或教士团的"头"或首座，是便利的和适当的。最后，如果这似乎是便利的话，谁有权按立、纠正和废黜这样的"头"或首座。

7. 这些命题中的第一条（也就是说，假设因上述在教会礼仪或信仰和神圣崇拜方面的好处而有必要偶尔召集一次信徒和教士的公会议，那么按立一个教会的"头"是便利的）可以由以下事实得到确证，即

---

① ［瓦本注］参见《和平的保卫者》，II.2.5。

如果一个职权可以由一位主教同等恰当地执行和履行,那么该职权由几位主教或教会占据着就是徒劳的。此外,对上述公会议以及我们所说的属于教会的"头"的职权的其余事情的告知,可以由一位主教而非几位主教更加同等恰当地执行和完成。进一步来说,在主教和教会中按立这样一个"头"或首座可以消除可能出现的争论和丑闻。因为在公会议中,一旦聚集起来,就必须有人制定议程的形式和方式。然而,如果任何一个人都可以并且想要无分别地规定或命令这些事情,那么他们中间很可能会煽动起丑闻、混乱和争论。此外,因为在公会议中,一旦聚集起来,就需要一个位置次序,比如坐着或站着,还需要讲话次序,比如提议和商议,并且偶尔需要其他命令,比如让那些过分唠叨的人保持沉默。进一步来说,因为有必要汇编公会议商议的事项,并且促使公证人用经核证的权威印章和签名书写这些事项,所以便利的做法是,让一位主教优先于其他主教,这位主教有权命令其余主教并且规定其余便于以适当方式举行和完成公会议的事情,以防信徒的公利因这些主教的差异性和偶尔的冲突而受到搅扰或拖延。此外,这似乎是便利的,因为这是天主教会在这件事上的习惯,并且因为信仰的统一性可以从其中获得更加明显的可感标记。

8. 然而,至于什么样的主教以及哪个省份或主教教区的教会更适合以这种方式被立为其他主教或教会的"头"。让我们首先处理什么样的主教更适合当"头",我们说,按照真理,他就是在生活和神圣学问上超过所有其他人的主教,但我们更应当关注的是他在良好生活上的卓越表现。[1]

---

[1] [瓦本注]马西利乌斯在此认为良好生活(即道德生活)是首座的首要品质,而托马斯·阿奎那在《神学大全》,II, 11, q.185, a.3 中主张保卫教会和平的能力是首座的首要品质。

至于哪个地区或省份的教会应当优先于其他地区或省份的教会,我们应当说,那就是其教士团或神职人员团拥有人数最多的、在最大程度上过着正直生活并有着更清晰的神圣学问之人的教会。但在所有其他条件相同或差别不大的情况下,罗马的主教或其教会(只要那个地方是宜居的)似乎在几个方面值得优先考虑。首先,考虑到其第一任主教圣彼得或圣保罗或二者的卓越信仰、仁爱、名声以及其余使徒献给他们的尊敬。其次,考虑到罗马城的尊荣,以及它长期以来在其他城市中保持着首要地位,并且自教会初创以来的大部分时间里该城中都住着天主教信仰方面的杰出人士、圣徒和圣师,以及考虑到他们在增长其他教会的信仰和维护信仰的统一上提供贴心的照料和不懈的努力。再次,也由于其人民和统治者当时对世界上所有其余统治者和人民拥有普遍的君权和强制权力,只有他们才能颁布一项让所有人遵守信仰和公会议所规定之事的强制性命令并且约束任何地方的违背者,他们这样行事并且让教会从微小之物增长为庞然大物,尽管信徒们后来因某些教士的恶意而有时在他们的手中遭受迫害。最后,由于习惯,罗马主教及其教会当首座是合适的,因为所有信徒都被教导或习惯于在任何其他主教和教会面前更加崇敬这位主教和教会,借着他的劝诫和告诫而被唤醒对上帝的美德和崇敬,并借着他的谴责、责备和永恒诅咒的威胁而从罪行和暴行中被召回。

9. 至于谁有权设立这一优先地位,我们应当说,它属于公会议或缺乏上级的有信仰的人民立法者。确定神职人员中的首要团体或教团的权柄也属于这些人;按照这种方式,由于对圣彼得和圣保罗的崇敬以及前述的那些习惯,罗马城(只要它一直存在并且罗马人民不反对)可以合法地并且应当继续保留刚刚提到的在主教和教会中的首座地位。

10. 罗马人的皇帝君士坦丁一世在上述《伊西多尔法典》中插入的一项法令①证实了,我们所说的这个权力属于立法者,该法令中有这样一句话:"我们(即罗马皇帝)决定批准它(即罗马教会)对安提阿、亚历山大里亚、君士坦丁堡和耶路撒冷的四大宗座以及全世界所有其他上帝的教会保持统治职权地位,并且在某个时候,罗马圣教会的教皇将被提升为全世界所有教士的首长,而那些为了神圣崇拜或照管信仰的稳固所必需的事情都将按照他的判断来安排。"②很显然,他说"信仰的"或神法的"稳固"由罗马教皇"照管",他没有说,"这要按照罗马教皇的意见或他的教会或教团的意见来决定"。因为,如前所述,罗马教皇职权的优先地位(如我们所说)使其有权关注和调查关于《圣经》和信仰的诸观点(这些观点可能导致分裂或别的丑闻并且搅扰信徒的宁静和统一),报告给有信仰的立法者或其授权的统治者,要求后者召集一个公会议以确定这样的观点并在适当的时候予以纠正。因此,君士坦丁就这样把首座交给了罗马主教和教会,并且因后者的奉献精神而把许多其他领域的权柄(甚至是强制性的)与首座一起交给了后者,而按照神圣法权和人的法权,他绝没有义务授予他们这些权柄。的确,刚刚提到的首座地位(可能已经被君士坦丁的某些继任者从罗马主教和教会的身上撤销了)被奥古斯都·福卡斯③恢复至上述教会的身上,正如从马丁努斯的《罗马教皇和皇帝编年史》中所显明的那样,其中可以读到这样一句话:"出生于马尔西的本尼法斯四世……"稍后是:"这位教皇从奥古斯

---

① [译者注]该法令即《君士坦丁的赠礼》。
② 《伪伊西多尔教令集》,p. 252。
③ [译者注]奥古斯都·福卡斯,拜占庭帝国皇帝,602 年篡位上台("福卡斯之乱"),610 年被希拉克略一世皇帝砍头。

都·福卡斯皇帝那里得到[同意],使徒圣彼得的教会应当是所有教会的'头',因为君士坦丁堡教会曾写道,它是所有教会中的首位。"①

11. 此外,至于这种按立的权柄属于有信仰的人民立法者或其授权的统治者(按照公会议的建议和决定),这一点可以被相同的论证和权威所确证,我们在这一论第21章中曾借此表明,他有权召集公会议,用强制力合法地约束所有拒绝聚会的教士和非教士以及违背公会议规定之事的人,我们只需要置换这个论证的小前提中的最后一项。由此也可以必然推出,他有权纠正刚刚提到的首要主教和教会或教团,在他有理由认为适当的时候合法地中止和剥夺或废黜后者的职权。

12. 然而,我们不应当沉默地略过这样一个事实,即那些受制于异教徒立法者或其授权的统治者的信徒,无论教士还是精通神法的非教士,都必须按照同一种法律(即神法)聚集在一起(如果他们能够和谐一致的话),以界定和确定神法中可疑的意思,以及规定其余可能实现信仰和信徒的增长与统一及其共同利益的事情,尽管教士更要这样做并且更应当唤醒他人,因为他们的职责就是教导、劝诫、督责以及必要时责备他人。因此,那些在神法方面博学的人也有义务这样做,并且教士应当要求他们这样做,因为正如《雅各书》第4章所写,"人若知道行善,却不去行,这就是他的罪了"②。因为就像按照人法,不仅那些被安排到军事职位(步兵或骑兵)上的人在必要的时候必须通过肉搏来保卫公民自由,而且那些来自城市其他职位的人也必须这样做,更不用说那些更适合这一目的的人,尤其是当士兵或其统帅要求他们的时候。同样地,

---

① 马丁努斯·波罗努斯:《编年史》,p.422。[译者注]教皇本尼法斯四世,608—615年在位,曾自称获得奥古斯都·福卡斯的同意,将罗马的万神庙改为天主教教堂。

② 《雅各书》,4:17。[译者注]参见《和平的保卫者》,I.1.5。

按照神法,不仅教士必须保卫和宣告信仰以及规定关于教会礼仪的其余事情,而且精通神法的非教士也必须这样做,尤其是当教士要求他们的时候,尽管这是专属于教士的职责。

13. 但教士团和其余适合的信徒将在谁的召唤下聚集起来呢? 的确,有人将正确地提出这个问题,当没有任何一个教士或其余信徒按照之前的结论在神法和人法方面优先于其他教士或信徒时(因为我们假设了人民立法者是异教徒)。然而,让我们按照《圣经》的意思来说,上述召集或聚集不会通过任何主教或教士(他们对其他教士和主教拥有权柄)得以发生,除非可能出现以下这种情况,即上述信徒中的多数人将这种权柄授予了某位教士。因此,假设没有一位教长以这种方式优先于来自教士和其余信徒群体的其他人,但是假设这种优先性是便利的,或者规定一些有利于信仰和教会礼仪的事情是便利的:我要说的是,这种聚集的召唤将来自所有教士,如果他们每个人都是如此仁爱,为了维护和增长信仰而意愿唤醒其他人,从而他们在这件事上都一起发言并达成一致,那么毫无疑问,他们将很容易聚集起来;或者,如果不是所有教士都是仁爱的,即都意愿推动自己和其他人参加上述聚集,那么这种召唤将来自一个或几个在神圣之爱上更加热情的人,其他教士或非教士将服从于他们,因为他们讲得好并且提供了正确建议。

使徒和长老们也是通过上述两种方式聚会商议是否为了永恒救赎而有必要让他们未行割礼的弟兄们行割礼,正如《使徒行传》第5章所显明的那样。因为我们没有在任何地方读到其他人在一位使徒(借着他的权柄)的召唤下聚会,而是"使徒和长老聚会商议这事"[①]。此外,

---

① 《使徒行传》,15:6。

"十二使徒叫众门徒来"①,《圣经》没有表明是哪一位使徒第一次唤起或劝说人们来参加这些聚会。但是假设这位使徒是圣彼得(考虑他在这件事上有更大的仁爱之心),由此也不能推出,他对其他使徒拥有任何别的权柄,除非他们通过自己的选举交给他对其他使徒的权柄,如这一论第 15 和 16 章所示。因为在修道院和城市里,有许多人在应得的生活和神圣学问方面更加完美,或者在政治能力上更加优越,但是他们并不是不那么完美的统治者或教长,反而常常是臣民。这种情况在这个时代由于我不知道或可能知道的瘟疫而经常发生在教士职权上。

14. 进一步来说,正如在公民集会上,更贤德的、更年长的和更受认可的人有时会被其公民同胞授予列席、发言和商议的特权,并且在许多其他荣耀的事情上也受到遵从,但是这不是因为公民同胞在任何权柄上服从于他们,而是只因为崇敬(这似乎要归因于他们更大的美德和年龄)。同样地,非常可能并且符合《圣经》经文的是,其他使徒也是由于刚刚提到的原因而遵从彼得的:因为我们读到他在其他使徒中间首先发出提议。也许正是由于这个原因,他被一些圣徒们称为"使徒团体的嘴和头"②,尽管他们在任何权柄上都不服从于他,除非通过我们先前提到的他们自己的选举,即如果他们以这种方式自发地意愿他优先于他们的话,正如僧侣对待他们的主持或前任以及人民对待他们的护卫者那样。

15. 因此,通过上述方式,信徒的召集和聚集是可能的,也是非常合理的。因为,正如当人们为了组成城邦共同体以及制定法律而从一开

---

① 《使徒行传》,6:2。
② 托马斯·阿奎那:《金链》,vol.12, p. 462。

始聚集在一起时,他们中的强力部分就在那些关乎充足生活的事情上达成了一致,但他们不是受到任何一个或多个对其余人拥有强制性权柄的人的召唤,而是受到明智的和雄辩的人的说服或劝说的召唤,自然赋予了这些人这样做的倾向,这些人后来通过自己的实践成全了自己并且引导他人持续地或同时走向完美共同体的形式,而人们也很容易自然地倾向于服从这些说服者,就像我们在第1论第3、4、7和13章①从《政治学》第1卷第1章、第4卷第10章和第7卷第12章中所论述的那样。同样地,我们有理由认为,在类比的意义上并且符合《圣经》经文的是,使徒和信徒群体也许是在某位或多位在仁爱上更加热情的使徒的说服下聚集在一起,而其余群体借着圣灵的恩典和他们的倾向很容易服从。

使徒时代之后,在异教徒立法者或统治者的统治下,某些拥有对基督和邻人更多仁爱的主教或教士也许也这样行事,而基督在《马太福音》最后一章最后一句话中应许,他将与这些人同在"直到世界末日"②。赫拉班对此说道:"直到世界末日,在此世也必有值得上帝同在和居住的人。"③尽管任何一位教士都因其职权而有义务在适当的时候这样做。因为基督在《马太福音》最后一章以使徒的名义给予所有教士这一诫命,当他对他们说:"所以你们要去教导万民。"④使徒保罗在《哥林多前书》第9章中注意到了这一点,说道:"因为我是不得已的。

---

① 参见《和平的保卫者》,I.3.3,I.4.3,I.7.2,I.13.2。
② 《马太福音》,28:20。
③ 托马斯·阿奎那:《金链》,vol.11,p.334。[译者注]参见《和平的保卫者》,II.19.2。
④ 《马太福音》,28:19。

若不传福音,我便有祸了。"①然而,当今罗马教会的牧者很少注意到使徒保罗在增长信仰和维护统一方面的榜样、关心和努力,因为他们煽起基督信徒之间的争执和不和,以便能够更加安全地对信徒行使尘世统治职权,尽管这样做是非法的和不适当的。

16. 那么,由此显而易见的是,罗马主教及其教会迄今为止都是其他主教和教会的首座和"头"。我们也充分表明了,他本应当并且应当在这些事情上是"头"。至于他从哪里以及按照什么方式得到这一权柄,并且该权柄在事实上已经被偷偷摸摸地,尽管是不适当地和非法地扩展到了多远,让我们继续讨论它。按照我们在这一论第18章第5、6和7节中的论述,罗马主教和教会,从一开始直至君士坦丁时代,几乎从其他教会的选举(该选举提供了他们的同意和服从)中合法地获得了这一优先权。但是,这是自发的,不是因为其他主教在任何权柄上服从于他,而是因为使徒彼得和保罗在仁爱和稳固信仰上的卓越地位,也因为罗马教会拥有众多庄严的、在正直和教义上都很杰出的人。罗马主教也因其巨大的仁爱之心而采取操心和关心的态度,弟兄般地指导并告诫其他教会教长和其他个别信徒。后者领受了来自更有学问的他们的告诫,然后也领受了他们关于教会礼仪的规定(因为这些规定似乎有用且公正),最后为了维持信徒的统一而在绝罚或禁行的教会谴责下服从了他们的诫命。的确,这种自发的服从通过长期的习惯获得了某种选举的力量。因此,即使在原初教会时期,其余主教和信徒教会按照神法和人法都没有义务服从罗马教会或主教的诫命或制度,反之亦然,但是随着这一有用且合理的、更好地保持信徒统一的习惯(因为当时他们

---

① 《哥林多前书》,9:16。

缺乏一位有信仰的立法者来维持秩序并保持他们的统一)逐渐增强,他们的后辈按照神法在一切合法和正直的事情上都必须遵从这种服从模式,就好像他们是通过选举按立上述主教和教会成为教会礼仪方面的审判者一样。直到他们能够公开聚会并且以更完美的方式规定有关教会状态的事情之前,这种情况尤为如此。

17. 然而,有关争议行为的理由是不同的。因为按照我们在这一论第9章从《哥林多前书》第6章中所论述的以及将在这一论第29章中进一步阐明的观点,在对信徒(教士或非教士)之间的这类问题的判断中,使徒保罗给出了不同的建议。① 因为使徒保罗不想这成为任何一个教士或主教或者他们中的任何一个教团的职权,正如从使徒保罗的经文和圣徒对同一处经文的阐释中所清楚显明的那样。

18. 所以罗马主教及其教会就这样从一开始凭借他们自己的仁爱之心合法地获得了优先权。后来由于虔诚、崇敬和自发服从的习惯,这一优先权取得了类似于选举的力量。事实上,从《圣经》中的任何地方都不能推出,借着基督或者任何使徒的诫命或劝诫,其余教会或主教应当服从于罗马教会或主教,甚至在教会礼仪上也是如此。但是,如果这对于信徒救赎的必要性来说是适当的,就像一些罗马主教最近所声称的那样,不仅在教会礼仪方面,而且在强制司法管辖方面(不仅针对神职人员,而且针对任何一位尘世统治者);那么我们怎么可能会认为基督及其使徒们忘记将这一权柄传下来呢?但是,由于基督及其使徒们都明确提出了相反的观点,尤其是在强制司法管辖方面,正如这一论第4、5和9章从《圣经》中所清楚表明的那样,如此声称这些事情的人的

---

① 《哥林多前书》,6:4。参见《和平的保卫者》,II.9.13,II.29.6ff.。

言论应当被算作虚构的故事。

19. 然而,在罗马人的皇帝君士坦丁一世(他公开领受了基督的信仰和洗礼)时代,信徒们第一次开始公开聚会,界定信仰方面的疑惑,规定教会礼仪,正如从上述《伊西多尔法典》中题为"论尼西亚公会议中的原初教会"[①]一章中所显明的那样。的确,按照上述值得称赞的古老习惯,罗马主教和教会借着帝国法令从君士坦丁那里获得了对其他主教和教会的优先权(我们已经确定了,这是属于他的)以及(除了这一优先权外)对某些省份的占有和统治。尽管在君士坦丁时代之前,甚至在此之后,一些罗马主教在他们的某些信件或教令中示意,这一优先权(我们已经证明了,对其他主教的优先权是通过选举或统治者的按立才属于这些主教的)是神法单独赋予他们的,无需征求有信仰的人民立法者的同意,或者任何一个教团或个人(无论其卓越地位或权柄如何)的同意。但是,我们在上一章已充分证明了与此相反的观点。

20. 在君士坦丁一世时代之后,尤其是在帝位空缺的时候,某些罗马主教在他们的信中明确表示,这一优先权被赋予他们,有时是通过神法,有时是通过统治者的授权。至于这一优先权所关涉的范围和性质,他们中的许多人都示意并且以各种方式解释说,这一优先权涉及福音法的解释以及神圣崇拜的和执事的教会礼仪的规定,无论就他们所有不可分的或者首要的(我们称之为本质的)按立而言,还是就他们的次要按立和取消(我们在这一论第 15 章中称之为可分的或偶性的)而言。他们也将这一权柄扩展到所有主教、教会、民族和个人,对上述信徒进行绝罚的宣判和神职(无论属于教会执事的还是教长的)的禁行以及任

---

① 《伪伊西多尔教令集》,pp. 247ff.。

何其他类似的教会谴责(如诅咒)。此后,他们中的其他人意图拥有对地上教会的所有执事及其教团的一切司法管辖权或强制力。只要罗马统治者是有力量的,他的王国是完整的,帝位是充足的,他们就可以从统治者的授予中使用属于他们的这些权柄。但当这个王国陷入叛乱,尤其是在帝位空缺的时候,他们就在帝位空缺的间隔时间内声称这一权力是神法授予他们的。至于为什么会发生这种变化,我们将在下一章加以讨论。

他们还以这种方式在他们的信中表示,他们有权随心所欲地分配或分发一切教会尘世物,并且无需征得任何教团或个人(无论他的尊严或权柄如何)的同意。现在他们中的一些人甚至不满足于这些过分行为,在他们的信件或教令中表示,神法赋予他们对地上所有统治者、民族和个人的最高强制权柄或司法管辖权。由此,刚刚提到的任何一位统治者都不能在越过或违背他们的同意或指令的时候合法地行使他们称为"尘世之剑"①的这种强制司法管辖权。他们还口头宣布,任何越过或反对他们的统治者和民族都将受制于绝罚或禁行的判决。因为他们声称,只有他们是"万王之王和万主之主"②的基督在地上的代理,这就是他们在"充足权力"(他们说这种权力应当归于他们)头衔下所隐秘意图的东西。基于此,他们说,他们的权柄还包括授予地上所有王国和统治者以及可以合法地将后者从违背他们诫命的王国和其他统治者中除名,尽管这些诫命事实上是不虔敬的并且常常是非法的。

然而,在所有其他罗马主教中,本尼法斯八世表示并声称这一主张

---

① [译者注]《和平的保卫者》,II.3.6。
② 《启示录》,19:16。

到了如此的程度(大胆程度不亚于侵害,并且违背《圣经》的字面意思,依赖于隐喻性的阐释),以至于他下令所有人都必须相信和承认这种权力归于罗马主教"对于"永恒"救赎来说是必要的"。① 他的继任者克莱门特五世和被称为克莱门特的直接继任者的人②跟从他的观点,尽管他们明确表明这只是就罗马帝国而言的。但由于他们是依赖于上述头衔(即基督赐予他们的充足权力)提出这一主张的,所以毫无疑问,这种权力或权柄(如果这些东西都属于他们的话)就像基督的权力那样同等地指向地上所有的王国和统治者,正如我们在第1论第19章(最后一章)③所足够严肃地表明的那样。

---

① 本尼法斯八世的《一圣教谕》。参见《和平的保卫者》,I.19.10,II.20.8,II.21.9。
② [译者注]教皇约翰二十二世。
③ [瓦本注]参见《和平的保卫者》,I.19.9—10。

第 23 章

论充足权力的各种模式,罗马主教按照什么方式和次序为自己假定了这些权力,总结罗马主教过去和现在使用这些权力的方式

1. 那么,在这一论第 6、7、9 和 11 章中,我们确定了教士权力的范围和性质。在这一论第 15 和 16 章中,我们进一步讨论了他们在权力和尊严上的相互平等或不平等的关系。在上一章中,我们还以某种方式谈到了一位主教、教会或教士团和神职人员团对所有其他主教、教会或教士团和神职人员团来说便利和适当的优先地位或者首座以及它的起源和发展。但我们也谈到了它隐秘而缓慢地转变为一种不适合它自身的形式和种类的优先权,直到发展到占有尘世权力的最严重和最不可容忍的过分程度。我们也进一步谈到了他们已经口头表示的对统治职权的无限制的和不可容忍的内在欲望。

2. 既然在他们过去和将来对尘世权力和统治职权的占有中(几乎所有人都能显而易见地感知到,罗马主教竭尽全力争取它们,尽管这不是他应得的),一个并不微小的因素过去、现在和将来处在诡辩的位置上,也就是说,他们将"充足权力"的头衔归于他们自己,而这也是他们

试图得出国王、统治者和个人在强制司法管辖上服从于他们的谬误推理的根源,那么,审视这种充足权力将是有益的。首先,我们应当区分或划分它的各种模式。其次,我们应当研究充足权力是否按照一种或多种模式属于罗马教皇或任何其他主教。再次,我们将讨论罗马主教起初按照这一头衔的哪一种含义为自己假定了它。最后,我们探讨罗马主教如何从这一含义中接受了其他观念(甚至是欺诈的观念),从而转变为对所有过着城邦生活的统治者和臣民的侵害,并且这位教皇在过去和现在是如何并且按照它们的哪一种含义使用它们,并且如果他不被禁止的话,他很可能会继续使用它们。

3. 既然权力的充足性似乎意味着某种普遍性,而我们的意图只是关注自愿的权力,那么我们应当在普遍自愿的权力的区分下来划分充足权力的各种模式。

因此,在第一种模式上,充足权力按照其语词的含义或力量是并且可以被理解为这样一种权力,即能够随心所欲不逾矩地做任何行为和事情的权力。这种权力在人类当中似乎只属于基督,因此《马太福音》最后一章写道:"天上地下所有的权力都赐给了我。"①

在第二种模式上,充足权力可以被更切题地理解为这样一种权力,借此准许一个人对任何一个人、任何一个在人类力量的范围内或者可以指向人们的使用的外物行使任何一个他自愿的命令行为。或者还可以被理解为这样一种权力,借此准许行使刚刚提到的任何一个行为,尽管不是对任何一个人或者每一个受制于人类力量的物。或者进一步被理解为这样一种权力,借此准许的不是对任何一个人和每一个受制于

---

① 《马太福音》,28:18。

人类力量的物行使每一个行为，而是行使特定种类或模式规定的行为，但根据的是意志的每一次冲力。

在第三种模式上，充足权力可以被理解为这样一种权力，即对地上所有统治者、民族、共同体、集体和个人的最高强制司法管辖权；或者还可以被理解为对其中一些人的最高强制司法管辖权，但根据的是意志的每一次冲力。

在第四种模式上，它可以被理解为这样一种权力，即只针对所有神职人员的上述或者按照上述模式的最高强制司法管辖权，并且在教会职权方面按立他们所有人，剥夺或废黜他们，以及分发教会尘世物或恩惠的权力，或者按照上述模式的权力。

在第五种模式上，它可以被理解为，教士在各个方面将人从罪与罚中捆绑和解救的权力，以及绝罚、禁行与和解的权力，这一论第 6 和 7 章谈到了这一点。

在第六种模式上，它可以被理解为这样一种权力，借此准许按手在所有应领受教会品级的人的头上，以及授予或禁止教会圣礼的权力，这一论第 16 和 17 章也谈到了这一点。

在第七种模式上，它可以被理解为这样一种权力，即解释《圣经》意思的权力，尤其是在那些关乎救赎必要的事情上，以及界定或确定真假意思、健康不健康意思的权力，规定所有教会礼仪的权力，普遍地发布有关遵守此类规定的强制性诫命或者带有诅咒威胁的诫命的权力。

在第八种也是最后一种模式上，充足权力可以被切题地理解为这样一种权力，即教士普遍地对于地上所有民族和省份的灵魂照料权，这一论第 9 和 22 章谈到了这一点。

然而，就上述的每一种划分而言，充足权力还可以被理解为这样一种权力,即不受法律规定的权力,非充足的权力则是受人法和神法规定的权力,正确理性也可以适当地被纳入这一含义之下。

4. 也许还有其他模式和组合的充足权力,但是,我们似乎列举了所有与我们的命题意图相关的模式。

因此,以充足权力的这些划分为前提,我说,刚刚提到的前两种模式的充足权力,除了属于基督或上帝外,绝不属于罗马主教、任何教士或非教士。但由于这是显而易见的,并且因为这可以从神圣智慧和人的智慧以及所有道德科学中得到证实,同时为了简洁起见,我越过了对它们的讨论。

至于第三种和第四种模式的充足权力,这一点在第 1 论第 15 章中通过证明得到了说明,在这一论第 4、5 和 8 章中通过《圣经》的无误见证得到了进一步确认,在这一论第 15、16、17 和第 21 章中得到了最有力的巩固,因为就这些模式而言,按照神法,任何教士或主教对任何神职人员或非神职人员都不是绝对地(更不用说以任何形式的充足性)拥有这些模式的充足权力。然而,至于这种充足权力是否要借着人法被授予任何神职人员(主教或者教士或非教士),以及可能按照某种模式被授予,也可能出于合理的原因而在人民立法者的审判下被撤销,这一点应当从人法和同一位立法者的准则或特权中得到证实。

至于第五种和第六种模式的充足权力,这一点在这一论第 6 和 7 章中得到了说明,因为从罪与罚中捆绑和解救的权力,以及类似地,公开诅咒或绝罚某人的权力,并不是被绝对地或充分地授予教士,而是受到神法的规定,从而使得教士既不能在上帝面前谴责无辜之人,也不能解救有罪之人。此外,因为任何一个主教和教士所拥有的公开绝罚某人的权力(尤其是禁行某个统治者或共同体的权力)应当适当地受到人类法令的规定,如这一论第6、7和21章所示。我们在这一论第17章中进一步证明了,通过按手按立教会执事的权力,以及在信徒团契中教导、布道和执行教会圣礼的权力,都不是以这种方式充足地属于主教或教士,反而后者借着该权力所适用的行为方式要受到神法和人法的规定。

至于剩下的第七种和第八种模式的充足权力,我们在这一论第20、21和22章中表明了,它们不是充足地属于主教或教士,而是按照神法和人法的规定属于主教或教士。因此,就这种模式而言,充足权力不属于罗马主教或其他任何教士,除非他们想将优先权或首座(我们在这一论第22章中证明了,借着有信仰的人民立法者的授权,它属于上述主教及其教会对其余主教和教会的权力)称为充足权力。

5. 因此,我们应当说明,罗马教皇起初是从哪里并且在什么含义上假定了被归于他自己的充足权力这一头衔,因为按照上述任何一种含义,它都不属于他。罗马教皇起初似乎是按照第八种含义假定这个头衔的,并且《约翰福音》第21章所包含的基督神谕似乎是它的恰当来源,基督对圣彼得讲话时说:"喂养我的羊。"[1]进一步来说,他在《马太福音》第16章中单独对彼得说:"我要把天国的钥匙给你……"[2]此外,他在《约翰福音》第18章说:"收剑入鞘。"[3]进一步来说,诸门徒对基督回复道:"看,这里有两把剑。"[4]从这些经文中,一些人按照他们自己的解释想要将这些经文理解为,全世界所有的羊(即基督的信徒)被委托

---

[1] 《约翰福音》,21:17。
[2] 《马太福音》,16:19。
[3] 《约翰福音》,18:11。
[4] 《路加福音》,22:38。

给了彼得一人并且由此被委托给了任何一位作为圣彼得唯一代理的罗马教皇。不是全世界所有的羊被委托给其余使徒及其继任者主教,而是一个特定的羊群和省份被委托给每位使徒单独管理。圣伯纳德就是其中一个这样理解上述基督神谕的人,他在《论审视》第2卷中对罗马教皇尤金这样说道:"你是唯一的牧者,不仅是所有羊的,而且是所有牧者的。你问我从哪里证明这一点呢?从主的话中。主教和使徒的所有羊都如此绝对和完整地被委托给了谁呢?'彼得,如果你爱我,喂养我的羊。'没有区分的地方就没有例外。"他稍后还补充道:"因此,其他使徒中的每一个都单独选择了特定的民众,因为他们知道圣礼。最后,雅各被视为教会柱石之一,他只满足于耶路撒冷,而把共体留给了彼得。"他最后推断出自己的主张,说道:"所以按照你的教规,别人在分担责任上被称呼,你在充足权力上被称呼。"①因此,充足权力从一开始就被理解为对所有灵魂的一般管理或照料。

6. 一旦罗马主教在布道中按照这个头衔的这种含义为自己假定了它(尽管这并不符合《圣经》的真实意思,就像我们在这一论第28章中将充分证明的那样),他就从这个假定中跳到了另一个假定之中,这也许是为了收入或其他好处或者是为了篡夺比其他人更高的地位。也就是说,通过假定和公开布道,罗马主教声称只有他一个人,借着他自己的话或借着任何他所喜欢的方式在此世得到满意的评估,能够绝对地免除和解除对罪人的惩罚,而这些惩罚是按照罪人的过错,为了彼世状态而归于或施加于罪人的。

---

① 明谷的伯纳德:《论审视》,l.2,c.8,Migne 182,pp.751D—752A。"分担责任"和"充足权力"的对比可以追溯到教皇利奥一世在大约446年写给塞萨洛尼卡主教的一封信中,这封信收录于《伪伊西多尔教令集》,p.619。

7. 在罗马主教们以这种方式在虔敬和怜悯的外表（第一是虔敬的外表，以便显得对所有人都充满仁爱和关心；第二是怜悯的外表，以便让人们相信他们能够并且意愿怜悯所有人）下假定这些权力之后，他们就在统治者的特权和授予的支持下，尤其是在帝位空缺的时候，继续扩展这个头衔。首先，规定教会礼仪方面的事情，制定一些针对神职人员的刚开始被称为《教令集》的法律，但后来又以恳求或劝诫的方式提供了一些针对平信徒的建议，例如禁食和在特定时间内对某些食物保持节制，以便获得上帝的支持和怜悯，将人类从当时的流行病和时代风暴中解救出来，正如从圣格列高利和许多其他圣徒的传说①中足够显而易见的那样。

8. 当平信徒自发地领受了这些法令并且虔敬地遵守它们时，随着这些习惯变得根深蒂固，罗马主教们就开始以命令的方式实施法令（即刚刚提到的恳求），由此在没有得到人民立法者许可的情况下，他们就敢于用他们口头的诅咒或绝罚的恐怖（但总是在虔敬或神圣崇拜的外表下）来打击那些违背它们的人。

9. 随着他们的统治欲变得越来越大，他们注意到虔诚的信徒们（信徒们害怕永恒的惩罚，相信自己受制于教士们施加于他们身上的那些法令）会由于懒散和对神法的无知而惧怕这样的话，罗马主教们及其神职人员的寡头教团就更敢制定某些关于公民行为的教令或法令，借此他们宣布自己及其神职人员（甚至包括一些纯粹的平信徒）的品级或职权被免除公共负担，并晋升尘世之人（甚至已婚人士）到这一职位，而

---

① 《圣徒行传》，Mart.12，Vol.Mart.II，pp. 131E—132A。

这些尘世之人很容易被引诱过来,因为他们乐于被免除公共负担。① 因此,他们使得不小一部分的公民群体服从于自己,从而将这部分公民群体从统治者的权力中夺走了。此外,当他们试图夺走更大的部分时,他们在其他法令中宣布:那些对登记在神职人员团中的人施加任何形式伤害的人都要受到诅咒的惩罚;对神职人员施加伤害的人也要以这种绝罚的方式在圣殿里受到公开诽谤;尽管如此,他们仍然要求这些罪犯受到人法的惩罚的约束。②

10. 然而,这一切中最可憎并且在教士职上非常可恶的是,罗马主教和其余主教,在对上帝的轻视和对统治者的明显侵害中,为了增加他们的司法管辖权,从而增加他们可耻的收入,就对那些忽视或者无力偿还某些货币债务(他们在民事方面有义务在规定期限内偿还这些债务)的平信徒和神职人员进行绝罚并把他们排除在教会圣礼之外③;而基督和神圣使徒们是用极大的劝诫、惩罚、劳作以及最终他们的殉道和宝贵的鲜血才将这些人带入教会之中。为了让众人受益而"对一切人,我就成为一切"④的使徒保罗不是以这种方式行事的,他只是考虑到罪行严重,才想让罪人与其余信徒断绝团契关系,正如我们在这一论第6章⑤从《哥林多前书》第5章中所援引的那样。

11. 当他们不满足于这些,甚至在违背基督和使徒们的诫命或建议的情况下寻求达到尘世事务的顶峰时,他们突然制定了与公民共体的

---

① ［布本注］参见《和平的保卫者》,II.8.9。
② ［瓦本注］参见《教规法大全》,*Sext.*, libro III, tit.2, cap.I; tit.23, cap.3; libro V, tit.9, cap.5; tit.11, cap.6, 8, 23;*Clem.*, libro V, tit.8, cap.1。
③ ［瓦本注］参见 Decret. Greg. IX, libro III, tit.30, cap.5;*Extravag. commun.*, libro III, tit.6, cap.1;*Clem.*, libro III, tit.8, cap.1。
④ 《哥林多前书》,9:22。
⑤ ［布本注］参见《和平的保卫者》,II.6.13。

法律相分离的法律，宣称每一位神职人员都不受公民共体的约束，从而导致了公民的分裂和最高统治部分的多元性，正如我们在第 1 论第 17 章①中通过援引确凿的经验证明的那样，这将导致人类的宁静不可能出现。事实上，这正是意大利国家中的瘟疫的根源和起源，所有的丑闻都是从这里滋生和发展起来的，并且它的在场将导致那里的公民不和绝不会停止。② 因为罗马主教以隐秘的密谋方式逐渐渗入这个权力之中，而从习惯之中，或更准确地说是从滥用之中，他长期以来保留了这一权力。由于他害怕这项权力会被统治者撤销（考虑到他已经犯下过分的行为，这是他应得的），他怀着恶意阻止罗马统治者的诞生和登基。其中一位主教最终胆敢冲出来，在他的法令中表示，罗马统治者担负着对他"效忠的誓言"（iuramentum fidelitatis）③，仿佛在强制司法管辖上服从于他。从他那被称为《教令集》的第 7 卷《论判决和审判之事》中的完全可笑而可鄙的言论中，这一点对于观察者来说是显而易见的。④

12. 当那位最像基督徒的皇帝，幸福的和神圣记忆中的亨利七世拒绝同意这条纯粹鲁莽的法令时，这位德高望重，在任何时代、地方和状态中的其他统治者中都备受认可的皇帝，在所谓的《教令集》中的一份题为《论宣誓》⑤的声明（其错误程度几近无耻）中，被描述为"假装遗忘了自己"所发誓言的背信者；尽管《论宣誓》更恰当的标题可能是"论对

---

① ［瓦本注］参见《和平的保卫者》，I.17.1—2。
② 参见《和平的保卫者》，I.1.2，I.19.11。
③ ［译者注］《和平的保卫者》，II.5.8。
④ 教皇克莱门特五世于 1314 年 3 月 14—19 日颁布的教令《牧者关怀谕》（Pastoralis cura sollicitudinis, in c.2 Clementin. De sent. et re iud. 2, 11 = MG. Const. IV, nr.1164）和 1314 年 3 月 14 日颁布的教令《罗马统治者谕》（in c.1 Clement. De iureiur. 2, 9）。
⑤ ［布本注］教皇克莱门特五世于 1314 年 3 月 14 日颁布的教令《罗马统治者谕》。

神圣皇帝及其继任者、血亲和所有隶属臣民的不公正伤害和轻蔑",因为所谓"教规的创始人们"①宣布他因发假誓(periurus)而是不守信的(infamis)。这些人还试图诋毁他的光辉记忆,仿佛它能够被这类诽谤者的言论或文字所玷污一样。

13. 的确,罗马主教及其枢机主教团不敢称这些寡头式的法令为"法律",而是称之为《教令集》,尽管他们竭力迫使人们为今世状态受罚,就像人民立法者竭力所做的那样。然而,他们起初不敢用"法律"一词来表示这一点,害怕上述立法者的抵制和纠正,因为他们由此犯下了针对统治者和立法者的反叛罪行。此外,他们起初将这类法令称为"教规法",以至于通过这个词的外表(尽管是被不虔敬地使用),它们可能被认为更加真实地、更加充分地将其信任、崇敬和服从印在信徒心里。

因此,总的来说,罗马主教们通过这种逐渐而隐秘的转换,断言自己拥有后六种含义的充足权力,借着这些权力,他们在尘世秩序中犯下了无数暴行,违背了神法、人法以及任何拥有理性的人的正确判断。我们在上一章至少单独回顾了其中一些,尽管不是全部。

---

① 教皇约翰二十二世的教令《教规谕》,字面意思就是"致教规的创始人们"。

第 24 章

罗马主教如何在教会的界限内或教士职的家政内具体使用他为自己假定的首要而充足的权力

1. 由此可以明显看出,罗马主教们迄今为止如何以及在什么事情上已经、现在并且很可能会继续使用(除非他们被阻止使用)他们为自己假定的这些模式的充足权力:首先,在按立教会职员和分配恩惠或尘世物方面,无论是给教会执事还是给其他悲惨的人,并且那些为了这些人(如这一论第14章所述)而被交付和设立的教会尘世物都是教会执事以这种方式进行分配的。其次,我们将证明,他们迄今为止曾经如何、正如何并且将如何对那些过着公民生活的人(无论统治者还是臣民)使用这些充足权力的。

2. 因此,按照这种充足权力,在罗马主教迄今为止所许可的行为中,他们已经感染了并且败坏了(如果可以这样说的话)基督的整个奥秘体(corpus misticum)。因为他们缩小、败坏并最终几乎完全消除了选举,而选举是一种更可取的方式,它实际上在按立任何职员方面是唯一安全和绝对好的方式。① 通过选举,使徒和其余信徒群体一起促成了

---

① 参见《和平的保卫者》,I.16,尤其参见《和平的保卫者》,I.16.5,I.16.19。

执事的按立,如《使徒行传》第6章①所示。首先,他们将过去常常并应当由普世的信徒群体做出的事情(如这一论第17章②所示)单独转交给了神职人员,缩小了选举。其次,他们在缩小选举的同时败坏了选举,例如:将选立主教的权柄移交给了某些他们称之为"教规司铎"的年轻人(这些人在神法方面既不熟练也没有经验),而将一省的教士排除出去,除非可能偶然发生的罕见情况,即教士和教规司铎是同一个人;将选举权仅仅限制在一省的一个教会或神职人员的圣殿之内,而这至少应当由该省的所有神职人员(尤其是那些应当成为神法圣师的教士)作出,如我们在上文所示。③ 最终,他们几乎消除了选举,因为罗马主教们直接为自己保留了授予所有教会教长——不仅这些职位,而且还有中级或次级的职位,甚至包括那些纯粹属于平信徒的职位(用于守卫圣殿)——的权力,并且代表这些人收集和分发尘世物或恩惠。借着所保留的这些权力,他们宣布任何选举都是无效的和虚妄的,即使这些选举已经由够格的和受认可的人士恰当地进行了,与之相反,他们利用他们的充足权力(要么是出于无知,要么是受到回报或请求、恨或爱、恐惧、提供的服务或预期的恩惠的影响)按立了对神谕一无所知的人、白痴和未经训练的人,以及经常按立那些心智败坏的人和臭名昭著的罪犯,这些人甚至不能用母语或布道与他们所负责的民众进行交流。

3. 因此,让那位教皇回答一下《约翰福音》第10章④中的基督,这位教皇在其已经犯下和正在犯下的其他暴行中,违背已经进行或即将

---

① 《使徒行传》,6:2—6。
② [瓦本注]参见《和平的保卫者》,II.17.8—9。
③ 参见《和平的保卫者》,II.17.8—14。
④ 《约翰福音》,10:1—13。

进行的选举,或者在该选举之后,按立了两位说着他自己的奥克语(Occitana)的主教,其中一位是英国的温切斯特主教,另一位是丹麦的隆德主教,他们与这些民族没有进行交流的共同语言。我在此并不关心他们在教导和道德方面的状况,尽管隆德主教(正如在丹麦是显而易见的那样)在掠夺了因土地贫瘠而需要耕种田地的教会和教区的所有羊群后,通过索取从中搜刮了财宝,留下一贫如洗的教会,逃回到了自己的国家。① 我说,让这位罗马主教回答一下,在什么情况下,这位"牧者按着名叫自己的羊",通过他们的忏悔来了解他们的道德,并谴责那些有必要受到督责的人;或者在什么情况下,"羊"跟着他,在他的布道和教导中理解"他的声音"?②

4. 这并不是像古代那样的情况,即人们因需求或缺少人口而必须从外省乞求牧者。因为在当时的英国,有一些人在他们的生活中比负责他们的人更优秀,在神圣教义方面也比后者更博学,后者不知道他们的声音或语言的含义,也不是《圣经》的圣师,只是一些负责他们的讼师。达契正和其余省份也是如此,关于这些省份,我们可以提供许多类似公然错误的见证,但为了简洁起见,我越过了它们。

5. 事实上,谁会对此不感到惊讶或震惊呢?在《圣经》的圣师(受认可的真诚之人)被排斥或忽视的时候,对《圣经》一无所知的年轻人,缺乏适当的道德品质,没有经验,没有受过训练并且有时是臭名昭著的

---

① 教皇约翰二十二世最初来自法国朗格多克地区,而这个地区的方言就是奥克语。教皇约翰二十二世于1320年任命自己在英国的使节雷金纳德·阿瑟(Reginald Asser)为温切斯特主教,该任命违背了当地僧侣的选举和国王的推荐;教皇本尼法斯八世于1302年任命自己在丹麦的使节、法国西南部卡尔卡松大主教伊萨恩·莫兰/塔科尼(Isarn Morlane/Tacconi)为隆德主教,该任命发生在1299年的丹麦禁令之后。

② [译者注]参见《约翰福音》,10:3—4。

罪犯,他们被置于教会伟大宝座之上,要么是通过西门的邪恶①,要么是通过权贵的请求(我没有说,有时是出于恐惧),要么是通过血亲的服务或关系。我是在说故事还是在撒谎? 如果有人统计各省的主教或大主教、宗主教和其余较低的教长的人数,那么在他们中间,十个人中找不到一位神学圣师或者在神学方面得到充分指导的人。而且,令人感到羞耻的是(尽管这并不令人感到懊恼,因为这是事实),当今的主教既不知道如何向人民宣讲上帝的话,也不知道如何反对异端(如果出现的话)的错误教义,反而在遇到上述情况的时候无耻地乞求别人的教导。但是,万民的圣师在《提摩太前书》第 3 章中说:"主教必须善于教导,照所受的教训,坚守信实的话,以便能在神圣的教训中劝诫人,又能把争辩的人驳倒。"他也在《提多书》第 1 章中写下了同样的话。②

6. 至于其余较低的教长、修道院院长、会长和其他教会的教区教士,我呼唤上帝(不朽的真理)为我作见证,他们中的许多人完全缺乏够格的生活和学习,以至于他们中的许多人甚至不知道如何按照语法说话。

7. 相反(让我再次谈谈充足权力),大多数在教会中被授予重要尊荣地位的人,以及那些被认为能够充分管理这些职位的人,都是讼师。因为罗马教皇提拔这些人,视其为保卫教会的有用之人(他们知道如何[在法庭上]争夺尘世物或篡夺更多的财产),而拒绝神圣神学的圣师,视其为无用之人。"因为他们都是傻瓜",正如他和他的枢机主教团一起所说,"并且会让教会走向毁灭"。但是这里的"教会"不是尘世物,

---

① [译者注]"西门的邪恶"是指买卖圣职的邪恶行为,典故出自《约翰福音》13:21—26,加略人西门的儿子犹大为了钱出卖基督。

② 《提摩太前书》,3:2;《提多书》,1:9。[译者注]参见《和平的保卫者》,II.20.13。

而是基督的信徒,按照基督和使徒的劝诫,主教应当为信徒而不是为尘世物去争论,例如在《约翰福音》第10章①和使徒上述的劝诫中,以及在《圣经》的许多其他地方,我省略了引用,因为这是显而易见的,也为了讨论的简短。

8. 因为尘世物不是使徒们留给他们的继任者主教加以保存的遗产,帝国顶峰和尘世统治职权也不是基督新娘的法权,而当今的罗马主教在这种说法的诡辩下(为了保卫他自己,或者更准确地说是为了冒犯皇帝),最不公正地反对罗马人的王、可敬的巴伐利亚公爵路德维希。②因此,伯纳德在《论审视》第2卷第4章中谈到神圣使徒们留给其继任者对灵魂或教会的关心之后,对尤金说道:"因为神圣使徒留给你们的有什么呢?他说:'我给你我所拥有的。'那是什么呢?我知道一件事:它既不是金也不是银。因为他自己说:'金银我都没有。'"他稍后补充道:"你可以用其他一些理由,但不可借着使徒的法权来为自己要求这些东西(即尘世物)。"他稍后再次说道:"他给予他所拥有的,是对教会的关心,正如我所说的那样。"但统治权或统治职权呢?伯纳德补充道:"统治权可能吗?听他自己说:'不可统治神职人员,而应成为羊群的榜样。'以免你认为他说这话只是出于谦卑而非出于真理,主在福音书中的声音是:'外邦人的王统治他们,那对他们拥有权力的人被称为恩主。'他补充道:'但你们不可以这样。'显然,使徒们被禁止掌权。"③

---

① 《约翰福音》,10:11。
② 1323年10月8日教皇约翰二十二世颁布了反对路德维希的教令《训诫》。参见《和平的保卫者》,II.3.14。
③ 明谷的伯纳德:《论审视》(lib.2, c.6, Migne 182),p.748A—B。文中引用的三处《圣经》文本是:《使徒行传》3:6;《彼得前书》5:3;《路加福音》22:25—26。[译者注]马西利乌斯在《和平的保卫者》II.4.13引用过伯纳德这段话的后半部分。

9. 但最值得惊异和注意的以及在公会议中必须由作为上帝用人的统治者恢复其应有形式的是，关于至高教皇及其兄弟会（即枢机主教）的按立，我们说，这些人应当被立为其他主教的"头"和首座，他们的首要职责是按照上述公会议的决定，维护和教导信仰的真与一。因为一位主持《圣经》的圣师并不总是（反而很少）被选立到这一尊荣的顶峰，该顶峰反而常常是由律师团领受的。这与《圣经》完全不符，与正确理性不一致，并且在所有教会面前是最可耻的事情。更不必说，枢机主教团也是如此，因为在大多数情况下，被领进这个教团的都是不懂神谕的玩世不恭的年轻人，但是当这位主教及其教会或教团应当成为所有其他主教和教会的模范和榜样时，罗马教皇必须依靠这些枢机主教的建议而不是其他人的建议（尤其是在遇到困难的时候）来管理普通教会。

10. 但是，我们要回到迄今为止对这个问题所做的讨论中，让我们说，罗马教皇通过充足权力将大量教职（高级、中级和低级的）授予那些愚蠢的或对神谕一无所知的人（要不是罪犯就好了！），无论是他的亲戚，还是他不认识的人，包括男孩和婴儿，甚至是通过西门的邪恶（他自己的或中间人的），或者常常通过其他一些邪恶的情感。所以这些人的晋升（或者更确切地说是入侵）导致高级教职和首座以这种方式受到感染，而这些人所授予的其他低级照料或职位也受到传染性的污染。因为他们喜欢与他们相似的人，就像按照异教徒哲学家所说的"人喜欢人，马喜欢马"一样，[1]所以他们向愚人和道德败坏之人敞开了通往教职和恩惠的西门之门或其他败坏途径的大门。因为他们想要按照他们自

---

[1] 亚里士多德：《问题集》（*Problemata*, X, 51, in *Opera*, Venetiis 1562），vol.7, p. 33^b。［译者注］这本书和《家政学》一样，虽然被收录在《亚里士多德全集》标准本中，但是属于亚里士多德有争议的作品。

己的习性行事,他们的职权没有变化,反而常常表明,他们憎恨、拒绝、背弃和压迫那些作为他们敌人的圣洁、公正和博学之人,后者不想通过这样的道路进入上帝的殿堂;因为,正如真理所说:"凡作恶的,都恨光。"①

11. 我也不能对下面的事实保持沉默,即上述主教,为了寻求权贵的青睐和支持(也许是因为他也从这些人那里接受了金钱),还晋升了一些既不懂神法和其他教律也没有取得任何圣秩的年轻人到知名城市的主教职位,但是哲罗姆在致伊万德的信中说,教士包含在"主教"中。②因此,既然教会政权以这种方式被感染了,那么毫无疑问,基督的整个奥秘体生病了。当教会的教长和其余的教区教士因忽视根据健全的教义进行劝诫、恳求和责备,而犯下必须令人憎恶和避免的事情时,人民显然会被他们的榜样所绊倒,因为他们像弓箭手的目标一样被树立为民众的榜样。③ 真理在《马太福音》第 5 章中注意到了这一点,说道:"让你们的光照在人前,以便让他们看见你们的善行。"④这是当今道德的根源和第一次败坏,永罚最终将随之而来,因为,正如基督在《马太福音》第 15 章中所说:"若是瞎子领瞎子,两个人都要掉在坑里。"⑤

然而,我们该怎么说尘世物的分配呢? 因为尽管超出教会执事所需的剩余物应当被分配给那些无力养活自己的穷人和其他悲惨的人(几乎无人会忽视这一点),它们仍然被转向了我们在这一论第 11 章中

---

① 《约翰福音》,3:20。
② 哲罗姆:《书信集》,146,c.2,Migne 22,p. 1195(1083)。[译者注]参见《和平的保卫者》,II.15.5。
③ 《耶利米哀歌》,3:2。
④ 《马太福音》,5:16。
⑤ 《马太福音》,15:14。

谈到的用途,更准确地说是滥用。除此之外,还有新的施舍方式,即将大多数剩余物消耗在雇佣兵、骑兵和步兵上,用以煽动和助长基督信徒之间的战斗,使得他们最终能够屈服于他们自己的专制权力。因此,从我们所说的中可以明显看出,教会的奥秘体因充足权力而在其首要质料或成员方面(一言以蔽之,尤其在教长方面)处处受到感染并濒临毁灭。

12. 但是现在,当我们谈论这个身体的样式(它应当包括其成员应有的次序和位置)时,这个身体在仔细观察它的人看来将是一个畸形的怪物。因为谁会否认,一个动物的身体,其四肢与头直接相连是奇怪的并且无益于适当的功能?因为如果一根手指或一只手直接连到头,缺乏其应有的位置,那么它将缺乏适当的德能、运动和功能。然而,如果手指与手、手与臂、臂与肩、肩与颈、颈与头通过适当的关节相连接,那么情况就并非如此。因为身体以这种方式呈现出其得体的样式,它的头能够以这种方式将适当的德能传递给其余成员,它们根据自己的性质和次序一个接一个地传递下去,由此它们能够实现适合于自己的功能。的确,这就是教会和任何尘世政权都必须注意的样式和方式。因为世界的牧者或统治者不可能在他自己所有的省份中直接监察和引导个人行为,相反,他若要以得体的方式完全实现这些任务,就必须得到执事们的帮助,后者按照应有的次序代他具体执行它们。事实上,教会的身体以这种方式被安排时才能得以维持和长进。万民的圣师知道这一点,他在《以弗所书》第4章中这样说道:"我们在各方面长进,连于那为头的基督。全身都靠他联络紧凑,借着各关节的互相补助,按照各肢体的功用,各尽其职,使身体不断增长。"①

---

① 《以弗所书》,4:15—16。[译者注]参见《和平的保卫者》,II.22.5。

13. 但罗马教皇所允许行使的充足权力摧毁了这个身体的整个秩序或样式,①因为他将低级的教长和修会从高级教长的权力或关心和纠正中解放出来,例如从宗主教中解放的大主教,从大主教中解放的主教,从他们的主教中解放的神职人员的分会或教团,以及修道院院长和隐修会会长,②还有最近(要不是最糟糕的就好了!)被称为托钵修会(paupertatis ordines)的宗教人士。③ 他在扰乱了这一秩序之后,将这些人全都置于自己的关心之下并直接加以纠正,而他这么做不是由于任何明显的好处,而是由于其对积累争吵的臭名昭著的贪婪,因为他试图由此攫取金钱、掠夺和进一步征服教长们。

14. 但是,几乎无人不知这会带来多么傲慢的后果。因为这些人缺乏上级的当下关心,他们轻蔑、不服从和不敬重那些他们理应服从的人,甚至为自己和他人取得了更自由的犯罪环境。那些应当关心这些人的人由于被剥夺了应有的权力而被提供了麻木和疏忽的机会。其结果是对信徒造成如此之多、如此之大的搅扰和不便,这使得我们没有把握列举它们,鉴于它们的种类和数量几乎是不可掌握的,我略过了对它

---

① [布本注]参见 Aegidius Romanus, *De ecelesiatica potestate*, 3.9.4, 3.9.11。
② 参见明谷的伯纳德:《论审视》(l.3, c.4, Migne 182), p. 766C。
③ [布本注]"托钵修会"包括方济各修会("小兄弟会",建于13世纪早期)、多明我修会(建于13世纪早期)、加尔默罗修会("圣衣会",建于12世纪中期)和奥古斯丁修会(建于13世纪中期)。自13世纪中期以来,教皇对他们的培养和鼓励一直是尘世神职人员(尤其是巴黎的神职人员)激烈争论的重要来源。教皇亚历山大四世在1254年的教令《非常谕》(*Nec insolitum*)中授予托钵修会在没有事先获得当地教区教士授权的情况下布道和听取忏悔的特权,教皇马丁四世在1281年的教令《充足谕》(*Ad fructos uberes*)中确认了这一特权。14世纪初,有关豁免权的争论再次爆发:本尼法斯八世在1300年的教令《宗座谕》(*Super cathedram*)中推翻了马丁四世的教令,但教皇本笃十一世在1304年又废除了本尼法斯八世的教令,而教皇克莱门特五世在1312年的维也纳公会议上又重新确立了《宗座谕》的规定。然而,这个争论在教皇约翰二十二世在位期间仍在继续。

们的详细描述,尽管那些想要调查它们的人很容易找到其中的大多数。①

我越过了他允许某些被称为"枢机主教"的执事(餐桌的侍者)在席位和崇敬上优先于主教和教士的做法(这种做法已经因滥用而呈现出真诚行事的一面),他完全无视关于这种做法的《圣经》,也无视这种做法按照哲罗姆致伊万德的信来说(这一论第15章②对此讨论过)是多么可憎的。

除此之外,还有一个出自上述同一个源头的新邪恶,即罗马主教借着这一充足权力禁止各地的教会恩惠的持有者在没有他许可的情况下立遗嘱,并下令那些没立遗嘱(绝对地或部分地)之人的财产必须直接移交和委托给他的宗座。

一个更大的邪恶(因为西门的邪恶是最大的,尽管它是在事实发生后才得以实现出来)是,他借着同一种权力将各地担任教职者第一年的俸禄和所有恩惠的第一年收益留给他自己,他按照这种方式为自己聚敛了全世界的财富并且剥夺了所有王国和省份的财富。这些财富本应在这些王国或省份内分发给福音执事和悲惨的人,或者(如果必要的话)转向支持它们所由之而来的共和国,因为它们正是为了这一点才被设立和安排的。

15. 此外,更加不可容忍的是,他声称,借着同样的充足权力,在通常被称为"受托人"的指定人员管理下,他有权处置为了海外传教③或其

---

① [译者注]充足权力意味着教皇有权越过主教,直接干预主教下属的神职人员,由此导致这些神职人员"缺乏上级的当下关心,他们轻蔑、不服从和不敬重那些他们理应服从的人",即他们所从属的主教。

② 参见《和平的保卫者》,II.15.5,II.15.8。

③ [瓦本注]十字军东征。

他虔诚的事业而在平信徒的遗嘱中遗留下来的遗产。这并不奇怪,因为正如我们在这一论第 20 章所援引的那样,他们中的一些人借着同样的充足权力宣布他们对所有国王、统治者和王国拥有统治职权;但是如第 1 论第 15 章和这一论第 17 章所示,上述这一切都不属于他的权力。

从同一个源头上还产生了比这些更大、更严重的邪恶,但我们不可能全部描述它们,因为它们的性质千差万别。事实上,按照异教徒哲学家所说,"只要一个不便之处被给出",尤其是其中包含了可想象的关于人类公民行为的其他不便之处,"其他的就都推得出来,而这没有什么困难的"①。因为如果这一充足权力是他应得的,那么将由此推出,他可以随心所欲地合法行事。基于此,他可以随意中止和撤销所有人的法令和法律(甚至是公会议规定的),而这就是圣徒和哲学家都要避开的对所有地上政权的最大不便,正如在第 1 论第 11 章通过证明所确认的,以及进一步在这一论第 5 章借着奥古斯丁对《提摩太前书》第 6 章的权威[注解]所确认的那样。② 因此,教会的整个身体都因他所允许行使的充足权力而受到了感染。当这位主教及其教会或教团的言行被树立为所有其他人的榜样时,每一个教会家政的品级都要遭到密谋,并且每一个尘世政权要么绝对地受到阻碍,要么部分地受到搅扰。

16. 如果信徒们照我所要求的那样把眼睛(他们的眼睛长期以来被这些主教中的绝大多数人的诡辩的真诚面纱遮蔽了)转向这些主教,如果他们踏上罗马教廷——或者更确定地说是(因为我说的是实话)商贩之"家"和"盗贼"的可怕巢穴③——的门槛,他们将清楚看到,它已经

---

① 亚里士多德:《物理学》,185a,11。[译者注]译文参考了聂敏里未出版的中译文。
② 参见《和平的保卫者》,I.11.1—5,II.5.5。
③ [瓦本注]参见《马太福音》,21:12—13。

成为每一个恶棍和商贩在精神事务和尘世事务上逃避惩罚的避难所,而那些远离教廷的信徒也会从许多值得信赖的信徒的故事中学到类似的东西。因为除了来自各地的买卖圣职者外,在那里还能找到什么呢?除了辩护律师的喧嚣、诽谤者的侮辱和对公正者的冲击外,还有什么别的呢?在那里,无辜者的公正要么岌岌可危,要么(如果他们无法用价格买到它的话)被拖延太久,以至于他们由于精疲力竭和无尽的骚扰而最终被迫放弃他们的公正和悲惨的诉讼。因为在那里,人法从高处轰鸣,而神圣的教导是沉默的或者极少发声;在那里,有很多文件和计划处理的是入侵基督徒省份、用武力和暴力夺取它们以及从那些合法守卫它们的人手中夺走它们的事务。但是那里根本没有对赢得灵魂的关心和建议。除此之外,那里"没有任何秩序,但居住着永恒的恐惧"①。

17. 我自己曾见过和去过那里,似乎看到了尼布甲尼撒在梦中看到的可怕雕像(我们在《但以理书》第 2 章②中读到了这个),这像的头是纯金的,胸和臂是银的,腹和股是铜的,胫是铁的,脚一部分是铁的,一部分是泥的。事实上,这尊巨大的雕像除了代表罗马教廷或至高教皇的状态外,还是什么呢?它曾经是令败坏者感到可怕的像,现在却令所有贤德的人感到不寒而栗。这尊雕像的上肢、头、胸和臂,除了在外观、感触和理解方面是金、银和人手的作品外,还是什么呢?它的腹和股除了是尘世争吵、诉讼、诽谤和买卖圣职的喧闹和骚乱(无论精神事务还是尘世事务的)外,还是什么呢?还是我应该说,无论口头上还是书面上的绝罚和诅咒的雷鸣电闪,它们施加于那些尽管正义地拒绝以尘世

---

① 《约伯记》,10:22。
② [布本注]《但以理书》,2:31—33。

的方式服从罗马教皇及其教会并且拒绝分配他们的肉体物或尘世物的基督信徒们身上?继续告诉我,它的铜股除了是几乎所有人享乐、奢华和虚荣的,甚至对平信徒来说是不雅的浮夸器具(它们印在人的感官上,而它们本应成为其他人贞洁和真诚的榜样)外,还是什么呢?它的铁胫、脚和固定于雕像上的趾(部分由黏土和泥土制成),除了指示凭借武装人员或铁甲战士的暴力对尘世统治职权、王国和省份的篡夺、入侵和夺取外,还是什么呢?因为它们携带着上肢,展示着煽动武装人员来达到此目的的金银,回荡着对这些事情的许诺的铜腹和铜股以及对罪恶和惩罚的口头赦免(尽管是虚假的),而且不公正地(尽管凭借上帝的保护,不会受到伤害)谴责和诅咒那些捍卫自己的自由并希望对自己的统治者保守应有的信仰的人。底座上的脚和泥趾(由黏土制成,因而易碎)除了代表罗马教廷的前后矛盾外,还是什么呢?它们除了表示罗马教皇在压迫基督信徒时所依靠的软弱借口外,还是什么呢?还是我应该说,它们是所有人都显而易见的虚假和不公正?

但正如同一位先知所见证的那样,"有一块从山上非人手凿出来的石头"落在这"像"上,①这块石头就是一位王。② 他是上帝的恩典从人类共体中拣选出来的,上帝唤醒他,即授予他权力,而且他的国也不会被移交给他人。我说,这位王,与其说是借着人手的功能或力量,不如说是借着三位一体的大能或恩典。首先,要把这座可怕、恐惧和怪物般的雕像的泥土部分(即站不住的脚)碾碎和"砸碎",也就是说,他要让所有民族和统治者都知道它虚假和不公正的原因(更准确地说是诗人

---

① 《但以理书》,2:34—35。[译者注]译文来自和合本《圣经》,但是马西利乌斯这里所引用的"从山上"(de monte)一词并未出现在和合本《圣经》和思高本《圣经》中。
② 这位王尤其是指神圣罗马帝国皇帝巴伐利亚的路德维希。

所谓的"赤裸裸的借口"①),并且用人类的论证揭露、攻击以及用《圣经》的真理毁灭诡辩。其次,他要约束它的铁,即凶残的和不虔诚的力量。再次,他让铜股(即为自己假定的诅咒统治者和诸民族的权柄、被篡夺的尘世司法管辖权以及因而引起诉讼和搅扰的骚乱)保持沉默和肃静,并且停止奢华、享乐和虚荣的排场。最后,他要遏制金和银,即罗马教皇和罗马教廷上层成员的贪婪和强掠,他应允许他们适度地使用尘世物。按照先知所说,"铁、泥、银和金"都要以这种方式被碾碎,也就是说,上述教廷的所有邪恶和暴行都要被消除,"有如夏天禾场上的糠秕,被风吹去"②。因为一切违背自然、人法、神法和理性的东西,是不可能长久存在的。

---

① 参见 Pseudo-Cato, *Disticha*, l. II, nr. 26, ed. Geyza Némethy, Budapest 1895, p. 27; Phaedrus, *Fabulae*, l.V, nr.8, ed. Lucaian Müller, Lips.1903, p. 49。

② 《但以理书》,2:35。

第25章

罗马主教如何在教会的界限外对平信徒或尘世事务具体使用上述的权力

1. 我们仍然需要探寻的是,罗马主教们迄今为止如何以及在什么事情上使用并继续使用他们在教会的界限外为自己假定的充足权力。但是,我们将首先回忆原初教会的礼仪及其从本原和"头"(即基督),从最初提倡它的神圣使徒那里而来的发展进程。事实上,他(即基督)来到此世是为了按立和行使教士职或灵魂牧者之职。因为作为永恒救赎法的立法者,他在同一个律法下制定了圣礼的礼仪和实践,以及那些为了绝对地或卓越地应得着幸福或荣福的生命(我们称之为永恒的生命)而必须相信、执行和避免的诫命和劝诫。他弃绝并明确放弃任何公民行为的审判者或此世的统治职权,命令或建议所有使徒及其在上述职位上的其他继任者同样弃绝这一职权,表明自己按照圣授服从此世行使统治职权的人的审判或强制力。他的使徒们也这样行事,而且他们自己在言行上都表达了这一点,如这一论第4和5章从《圣经》以及圣徒和圣师们的阐释和权威中清楚所示,并且以某种方式在这一论第8和9章中借着人的推理得到了澄清。但他行使了我们在这一论第6、7、

15 和 16 章中提到的权力,并将这些权力授予使徒们及其继任者们,让他们一起行使。此外,按照我们在这一论第 12、13 和 14 章中的回顾和阐明,他遵守了最高贫困,教导、命令或建议使徒们及其继任者们保守它。

2. 的确,使徒们作为"顺服的儿女"①遵守着这种生活形式和方式,并按照上述权力行使刚刚提到的职权。直到罗马皇帝君士坦丁一世时代前后,罗马主教和其他使徒的大多数继任者们也遵守这些,即使不是全部都遵守。因为他们中的一些人占有产业,我们读到其中第一位是罗马主教乌尔班一世②,直到他那个时代,教会或整个教士团都照着基督和使徒们的生活形象(我们曾称之为应得的最高贫困)生活着。③ 尽管乌尔班这样行事可能主要是由于虔敬以及对穷人的救济或怜悯(我们尽可能虔诚地将他的意图描述为善的),但是如果他领受了在强制审判者面前为自己要求这些产业或其收益的权力,或者如果他有权出售它们并将其回报分发给穷人,但事实上却没有出售和分发,那么毫无疑问,他回避了刚刚提到的最高贫困或完美的状态,不管他是明知故犯还是无心之举。直到君士坦丁时代,很多罗马主教也都追随他这样做。

3. 正如我们在这一论第 18 和 22 章所述,在此间隔期内,罗马主教和他的教团一起为自己制定了教会礼仪方面的各种法令(例如关于神圣崇拜和教士团的荣誉地位的法令),并将其作为有用的东西分享给其他教会,尤其分享给那些提出要求的教会。他们还由于虔敬和仁爱而尽可能地承担起对世界上其他教会的关心和照顾,因为这些教会往往

---

① 《彼得前书》,1:14。
② [译者注]教皇乌尔班一世,222—230 年在位。
③ 参见马丁努斯·波罗努斯:《编年史》,p.413。

缺乏足够的领导者或牧者。基于此，他们在隶属于正直和信仰的事情方面劝诫和告诫其他教会人员。其余的教会出于这一论第 18 和 22 章给出的理由感激并自发地采纳了他们的告诫。此外，在这些教会中，有时可能会在教士、主教、执事或其他人员中间出现捣乱者，后者在道德或信仰方面受到这些教会人员的弟兄般的告诫时并不会停止搅扰他人，那么在这种情况下，这些教会人员中更有洞察力并且虔诚地希望生活在基督里的人也许会督促罗马主教及其教会（出于刚刚提到的理由，他们的告诫更受信徒尊敬）对叛乱者和搅扰他人或以其他方式犯罪的人实行并下令绝罚或诅咒，或者罗马主教们出于他们自己的信仰热情而这样做。其他地方的大部分信徒都一致同意服从罗马主教及其教会，以实现信仰的统一并保守他们之间的和平和宁静，因为他们无法借着强制力或其他更适当的方式来保守这些：当时几乎各处的人民立法者都是异教徒。

4. 然而，在罗马皇帝君士坦丁一世（第一位允许和承认基督信徒公开聚会的罗马统治者）的时代来临时，教士或主教的公会议在上述统治者的命令和授权下得以首次召开。这些公会议界定并确定了《圣经》中模棱两可的意思，将真意思和虚假错误的意思区分开来，因为一些教士（有时是出于无知，但更多是出于迷信和恶意）在基督信徒中间播撒错误和不健康的意思。此外，这些公会议实施了教会礼仪方面的法令（例如关于神圣崇拜以及执事和教士的正直和戒律的法令），确定或规定了在特定地区或省份晋升到教会职位（无论作为"品级"的不可分的职位，还是作为"教长"或灵魂照料和其余此类的可分的职位）的方式和形式，以及分发尘世物或恩惠（例如为了侍奉福音而交给他们的奉献和其余物品，无论动产还是不动产）的方式和形式。人民立法者或其授权的统治者当时制定了一项关于遵守这些规定的强制性命令或法律,该法律为了今世状态并在今世状态中迫使每一位教士或非教士(按照对他们每个人的迫切要求)接受施加于违法者身上的货物或人身方面的惩罚。事实上,这类法律被更多地用在了教士和主教而非其他人身上,因为他们当时更经常地为这样的法令提供理由。罗马主教或其他任何主教都没有反对人民立法者,即他们没有反对统治者的法律和法令的约束,相反,他们坚持要求统治者们制定这类法律,就像从上述《伊西多尔法典》和其他受认可的历史中显而易见的那样,我们在这一论第21章①中对此援引了很多。

5. 进一步来说,界定教士在每个省份具体数量的法律在过去和现在都是由同一位统治者制定的。关于上述君士坦丁和其余罗马统治者或其他统治者以及其他个人捐赠给他们的尘世物或肉体物(无论动产还是不动产)的法律同样如此。还有关于他们的尘世行为或有争议的行为的法律,尽管它们从人民立法者的恩典而来的特殊优待中得到了调和。因为立法者们注意到了教士品格的尊荣和崇敬(因为基督的职权在其中得到了真正展现),也注意到了那些当时侍奉福音并担任上述职位的人在道德上的严肃、质朴和无辜,所以他们在类似的行为上为这些人制定了不太严苛的法律,并授予他们很多特权,免得他们受到平信徒中诽谤者的骚扰或者受到神职的搅扰。因为虔诚的人在数量上很少,他们因谦卑而容易屈服于辩护律师的攻击,而且他们没有配备暴力或武装力量,用以自卫或抵御他人的侵犯。因为在古代,神职人员(尤其是教士或主教)若取得或者下令为自己取得武装力量,将犯下严重的

---

① [译者注]参见《和平的保卫者》,II.21.2—7。

不虔敬之罪和几乎反常的尘世之罪。因此安布罗斯在这一论第9章中所援引的地方说道："我能悲伤,我能哭泣,我能呻吟。面对武装、军队和哥特人,我的眼泪是我的武器,因为这是教士的堡垒,我既不应当也不能以其他方式抵抗。"[1] 基于此,他们需要特殊优待和特权,以便宁静、安全地活着以及避免诽谤者的骚扰,尽管他们当今与平信徒的关系发生了一个完全相反性质上的倒置。

6. 所以整个教士团在古代以这种方式生活在统治者的政治法律和法令下,并且长期以来从统治者和人民那里领受对他们的可分职位[职权](例如教长、照料和其余类似或较低的职位,以及分发和分配尘世物或恩惠的权力)的授予、确认和叙任(investituras)。古代的牧者们(罗马主教们)没有因这种服从而反对罗马统治者、人民或教会的赞助人,因为他们早就知道他们有义务遵守神法和人法,就像我们在这一论第4、5、8和17章中通过《圣经》和人的推理所充分说明的那样。我们读到的出生于撒丁岛的辛玛古(Symmachus)就是这样。因为他在有争议的情况下与某个劳伦提乌斯(Laurentius)一起当选,他在狄奥多里克国王"作出判决后被确认"为罗马教皇。[2] 同样地,马丁努斯对圣格列高利写道:"这个人,被立为教皇,他(即莫里斯皇帝)在帝国文件中确认了他的同意。"[3] 同样

---

[1] 安布罗斯:《驳奥森提乌斯论移交教堂的布道》,c.2, Migne 16, p. 1050(864)。参见《和平的保卫者》,II.5.5,II.9.6。

[2] 参见马丁努斯·波罗努斯:《编年史》,p.420。[译者注]教皇圣辛玛古(Saint Symmachus),498—514年在位。东哥特国王狄奥多里克(Theodoric),493—526在位,是辛玛古成功继任教皇职位的关键支持者。劳伦提乌斯(Laurentius),曾与辛玛古竞争教皇职位,并在辛玛古在位期间多次发动挑衅行为。详情参见瓦本的注释。

[3] 参见马丁努斯·波罗努斯:《编年史》,p.457。[译者注]这里指教皇圣格列高利一世皇帝莫里斯一世。拜占庭帝国皇帝莫里斯一世(Mauricius),582—602年在位,602年在"福卡斯之乱"中被奥古斯都·福卡斯篡位(参见II.22.10)。

地，罗马主教们通常寻求皇帝们对他们的特权的确认，例如我们读到的出生于塞尼的维塔里安(Vitalianus)[①]和出生于叙利亚的君士坦丁[②]以及许多其他罗马教皇，他们确实为了获得这些和其他请求及其确认，经常亲自长途跋涉去觐见皇帝，正如我们在编年史和受认可的历史中读到他们中的许多教皇那样。不仅如此，约翰十二世因自身的过错和全体人民的同意而被罗马皇帝奥托一世废黜了教皇之职。[③] 同样地，在马丁努斯的《编年史》中提及本笃九世的地方，我们读到了两个人在有争议的情况下当选并且被当时的罗马统治者亨利"通过帝国谴责废黜"[④]。因为设立某物的首要权柄也是推翻该物（如果有利的话）的首要权柄。因此，既然任何一位主教都应当由统治者和全体人民选立，那么他也可以被他们的权柄推翻或废黜，就像这一论第17章所证实的那样。

7. 所以罗马和其他省份的主教、教士和整个神职人员团，都曾照着基督和使徒们的形象，生活在人民立法者授权行使统治职权的人的强

[①] 参见马丁努斯·波罗努斯：《编年史》，p.423。［译者注］教皇维塔里安(Vitalianus)，657—672年在位。

[②] 参见马丁努斯·波罗努斯：《编年史》，p.425。［译者注］教皇君士坦丁，708—715年在位。

[③] 参见马丁努斯·波罗努斯：《编年史》，p.431。［译者注］教皇约翰十二世，955—963年在位。神圣罗马帝国皇帝奥托一世，962—973年在位。962年，奥托一世在圣彼得大教堂由约翰十二世加冕为首位神圣罗马帝国皇帝，随后发布皇帝命令，要求约翰十二世宣誓服从他，遭到了约翰十二世的抵制。963年，奥托一世废黜约翰十二世，选立利奥八世（963—965年在位）。

[④] 参见马丁努斯·波罗努斯：《编年史》，p.433。［译者注］教皇本笃九世（Benedictus IX），1032—1045、1047—1048年在位。神圣罗马帝国皇帝亨利三世，1046—1056年在位，在位期间多次废立教皇。马西利乌斯在此提到的"两个人"是指教皇西尔维斯特三世（1045年在位，罗马人将本笃九世赶跑后将其立为教皇）和教皇格列高利六世（1045—1046年在位，本笃九世以1500镑黄金的价格将教皇之位售卖给他），二人于1046年同时被亨利三世正式废黜。

制治理之下。然而，在这地上的统治者、傲慢和有野心的初人以及暗示所有其他邪恶的魔鬼的劝说和煽动下，一些罗马主教被引导（或者更准确地说是被诱导）走向远离基督和使徒们的道路。因为侵入他们灵魂中的贪心和贪婪驱除了基督在第三种含义①的教会中所栽种和建立的最高应得贫困。此外，侵入他们灵魂中的以尘世的方式行使统治职权的傲慢和野心驱除了基督对这个教会或整个教士团所宣布和命令保守的最高谦卑。我们读到，第一个受到这种情感影响的人（如果在他之前没有其他人的话）是某个姓提波提努斯（Tibertinus）的罗马主教辛普里丘。因为这位主教从我不知道的源头中为自己获得了权柄（尽管我非常清楚他从哪里获得了鲁莽，除非他可以因无知而被原谅），规定任何神职人员都不必"从平信徒那里"②领受叙任（我将其理解为对我们前面提到的恩惠和职位的叙任）。尽管如此，他的法令清楚表示了，他的前任们习惯于从平信徒那里接受上述叙任，以展示他们对统治者应有的谦卑和崇敬。此外，他的继任者（尽管不是直接的继任者）佩拉纠一世还规定"异教徒应受到尘世权力的惩罚"③。这项法令令人感到奇怪，因为他并非不知道这种关于异教徒的法律在罗马统治者查士丁尼的时代已经得到通过了，④而且因为他作为主教并不拥有制定这种法律的权柄，除非他借着人民立法者的授权被允许拥有这权柄，如第1论第12和13章以及这一论第20章所示。因此，他像刚刚提到的辛普里丘一

---

① ［译者注］参见《和平的保卫者》，II.2.2。
② 参见马丁努斯·波罗努斯：《编年史》，p.419。［译者注］教皇辛普里丘（Simplicius），468—483年在位。
③ 马丁努斯·波罗努斯：《编年史》，p.421。［译者注］教皇佩拉纠一世（Pelagius I），556—561年在位。
④ 《查士丁尼法典》，1.5.4，1.5.5，1.5.11，1.5.12，1.5.15，1.5.16，1.5.18，1.5.20，1.5.22。

样把镰刀扔到他人的收割领域之中,[1]也就是说,其权柄来自对他人权柄的篡夺。此外,阿德里安三世接替(即使不是直接地)他进行上述的篡夺。因为用马丁努斯的话来说,阿德里安三世规定任何一位"皇帝都不应让自己卷入教皇的选举"[2]。但这是一项完全无效的法令,因为它产生自缺乏立法者授权的人。如这一论第17章[3]所示,它也包含了明显不恰当的内容,并且它的反面已经被长久值得称赞的习惯所巩固。

8. 事实上,尽管马丁努斯在我们所读到的关于利奥十世的地方说"罗马人"请求"皇帝给他们一位教皇是出于坏的习惯",[4]当他承认这是"习惯"时,我们承认这是真的;但是当他以自己的权威称之为"坏的",尽可能地证成罗马教皇的上述篡夺行为,诋毁统治者或人民立法者的法权,以及努力取悦人而非上帝和真理时,[5]他说的就不是真的,反而证明他没有触及这件事的起源和奥秘。因为即使按照神圣法权或人的法权或者某些值得称赞的习惯(仅就其自身的冲力而言),设立或决定一个人担任某一职位(尤其是罗马主教职位)的权力并不属于统治者或任何其他个人(就其自身而言),如第1论第15章以及这一论第17和22章充分所示。但是,设立罗马教皇的权力非常合法地属于得到人民立法者授权的统治者。人民立法者按照法律规定的明确形式和方式作出这种授权,例如统治者应当利用教士团和其他智慧的贤德的顾问,

---

[1] 参见《和平的保卫者》,II.5.2;明谷的伯纳德:《论审视》(1.1, 6, Migne 182), p. 736B;《申命记》,23:25;《马太福音》,25:24。

[2] 马丁努斯·波罗努斯:《编年史》,p.429。[译者注]教皇阿德里安三世(Adrianus III),884—885 年在位。

[3] [瓦本注]参见《和平的保卫者》,II.17.8。

[4] 马丁努斯·波罗努斯:《编年史》,p.433。[译者注]应为教皇利奥九世(Leo IX),1049—1054 年在位,是神圣罗马帝国皇帝亨利三世的表兄。

[5] [瓦本注]参见《帖撒罗尼迦前书》,2:4;《使徒行传》,5:29。

并且相信他们中的强力部分的决定。我们在这件事上也不必相信马丁努斯,因为他和他的修会参与了这类篡夺。① 因为被称为"托钵兄弟会"(paupertatis fratres)的修会从罗马教皇那里获得或者相信他们自己获得了豁免权,也就是说,他们不服从他们的牧者、主教或其他高级教长的任何司法管辖,②尽管他们只是从神职人员豁免于人民立法者的司法管辖所凭借的特权中,获得了免于统治者司法管辖的豁免权。

9. 但是让我们回到前面讨论的地方,正如我们所说,罗马教会的牧者由皇帝按立并不是坏的或应受指责的习惯。因为我们读到,而且那些与你,马丁努斯,一起努力反对这一真理的人也承认,这一权柄(并且在比刚刚所说的更加全面的意义上)是全体罗马人民(即主教、神职人员和其他尘世人员)授予条顿人的王和后来罗马人的皇帝查理曼大帝和奥托一世的。因此,在我们读到的受认可的历史中,以下这项法令确实产生自罗马人民的共同同意:"利奥教皇在罗马圣救主堂聚会,以宗座的主教圣阿德里安为榜样,后者授予查理曼大人,法兰西和伦巴第的最胜利之王,以贵族的尊荣、宗座的任命和叙任的权力。我,利奥主教,上帝众仆人的仆人,与所有神职人员和罗马人民一起,指派、确认和证实,并通过我们的宗座权柄承认和授予条顿人的王奥托一世大人及其意大利国家的继任者,以选立自己的继任者、任命最高宗座教皇及其后的大主教或主教的永世能力,以便他们从他那里领受他们的叙任,而对他们的祝圣则来自他们应得的部分(皇帝授予教皇和大主教的除外)。从今以后,任何人,无论其尊荣或宗教地位如何,都不会在未经皇帝的

---

① 马丁努斯·波罗努斯是多明我会修士,倾向于教皇制。
② [译者注]参见《和平的保卫者》,II.24.13 及其相关注释。

同意下拥有选立贵族或最高宗座的教皇或者任命任何主教的能力,但让这一切发生在不涉及任何金钱的情况下,以便他自己可能成为贵族和国王。如果有人从神职人员中被选立为主教,那么他除非受到上述国王的称赞和叙任,否则不应被祝圣。我们已经下令对试图反对这一权威的人进行绝罚,这个人除非悔改,否则将受到不可撤销的流放或最高的惩罚。"① 上述利奥的继任者司提反和司提反的继任者尼古拉都确认了这项法令,并且在可怕的诅咒的惩罚下命令遵守它,也就是说,违犯或违背它的人应当被算作"不再复活的不虔诚之人"②。

然而,从这项法令中应当特别关注的是,罗马主教和全体人民移交给皇帝的叙任权,就教皇方面而言,实际上是一种放弃。因为这种叙任权的首要权柄曾经并且现在属于先前授予教皇这种权柄(即主教和大主教的叙任权)的统治者或人民立法者:一切尘世事务,无论被谁转移到任何一个教会,都必须服从于它们所在省份的人民立法者。这一点在上述法令中得到了标记,其中写道:"皇帝授予教皇和大主教的除外。"按立宗座教皇的权力也以这种方式属于罗马统治者和人民,如这一论第17章所示。③ 神职人员没有被排除在罗马人民之外,而是被包

---

① 这项法令似乎来自沙特尔的伊沃(Ivo of Chartres)的教规汇编《大全》(*Panormia*, VIII, c.136, Migne 161, p. 1337f.)。《大全》(VIII, c.135—136)还包含了阿德里安一世(Adrians I)致查理曼大帝的法令。利奥九世和阿德里安一世的法令分别收录在《格拉提安教令集》(c.1.dist.23.Nikolaus II, c.22.dist.63.Pseudo-Adrian, c.23.ib.Pseudo-Leo, c.28.ib.Stephan IX)。相比于《格拉提安教令集》,《大全》似乎是马西利乌斯这段引用的直接来源,因为这段引用和《格拉提安教令集》的相关段落之间存在语词上的不一致。

② [瓦本注]沙特尔的伊沃将司提反九世的法令放在尼古拉二世的教令后面,参见《大全》(VIII, c.1, Migne 161), p. 1129。教皇司提反九世(Stephen IX),1057—1058年在位。教皇尼古拉二世(Nicholas II),1058—1061年在位。

③ [瓦本注]参见《和平的保卫者》,II.17.11—12。

含在内,因为神职人员是人民的一部分。① 如果人民想要将这个权力或权柄移交给统治者(要么是以绝对的方式,要么是以法律规定的方式),那么罗马统治者可以合法地接受它,而且没有人民的命令,任何一条罗马教皇的教令或法律都不能合法地撤销它。因为如第 1 论第 12 章和这一论第 21 章所示,在信徒团契中,制定迫使任何人受到惩罚的法律或教令的权力并不只属于罗马教皇或与神职人员一起的罗马教皇。但是,一些罗马主教仍然试图制定和颁布这些法律,即使这是不应得的,因为无论在制定法律的过程中还是在已经制定法律的过程中,他们都篡夺了人民和统治者的司法管辖权,并且他们在这件事上逐渐向前推进,尤其是在帝位空缺的时候,就像我们在这一论第 23 章②中所推论的那样。

10. 然而,由于大量的篡夺事件和对某些尘世物的夺取(从编年史或受认可的历史③可以得到理解),罗马皇帝们和罗马主教们之间发生了争吵,尽管罗马主教们在这件事上违背了基督和使徒们(这是他们应当在使徒或教士的职位上继任的人)的建议或诫命,因为他们应当保守最高的贫困和谦卑。但是,如前所述,出于无知或恶意或二者兼而有之的原因,他们选择了另一条与之相反的道路,开启了反对刚刚提到的统治者们的无休止的斗争和战斗。有位名叫帕斯卡尔的罗马主教④对条顿人的王亨利四世⑤采取了比其他主教更为激进的行为。因为根据历史,这位主教禁止这位王登上帝位,并煽动罗马人民反对他,直至这位

---

① [瓦本注]参见《和平的保卫者》,I.5.1,II.16.14,II.17.14。
② 参见《和平的保卫者》,II.23.7—13。
③ 参见马丁努斯·波罗努斯:《编年史》,p.435。
④ [译者注]教皇帕斯卡尔二世(Paschal II),1099—1118 年在位。
⑤ [译者注]神圣罗马帝国皇帝亨利四世(Heinrich IV),1084—1106 年在位。

当时住在托斯卡纳的亨利几乎被迫通过信差和信件授予这位主教对所有主教、院长和神职人员的叙任权。但在亨利进城后,他找到并抓捕了这位教皇及其枢机主教团,因为他们勒索皇帝宣誓。最终教皇获释,他与这位皇帝讲和。但这位教皇再次煽动了旧的争吵,皇帝艰苦地结束斗争。①

11. 正如马丁努斯所述,这位"皇帝下定决心,通过权戒和权杖自愿地将主教和其他教长的叙任权让给了帕斯卡尔的继任者加里斯都,并且允许在整个帝国的所有教堂内举行一次圣典选举。他将圣彼得的财产和纹章(它们由于他自己或他人与教会的不和而被转让)归还罗马教会,并忠实地规定,神职人员和平信徒在战争爆发时,(被摧毁的其他)财产应予以恢复"②。

12. 的确,当罗马皇帝奥托四世和腓特烈二世想要或者确实完全或部分地撤销这些承认和特权时(这也许是出于某种合法的原因),他们和他们的一些前任就会遭遇罗马主教和神职人员的诸多密谋、迫害和阻碍,而极少受到臣民的帮助,因为他们自己的统治或其官员和部长们

---

① [译者注]这里应指11世纪中期到12世纪初期,神圣罗马帝国皇帝和罗马教皇之间发生的"主教叙任权之争"(Investiture Controversy),其中就包括历史上著名的"卡诺莎之辱"事件。根据上下文语境,马西利乌斯在此应该混淆了两段历史,一段是皇帝亨利四世和教皇格列高利七世(Gregory VII,1073—1085年在位)之间的历史,另一段是皇帝亨利五世(Heinrich V,1111—1125年在位)和教皇帕斯卡尔二世、教皇加里斯都二世(Callistus II,1119—1124年在位)之间的历史。马西利乌斯在此叙述的前半部分属于第一段历史:1076年,教皇格列高利七世绝罚亨利四世;1077年,亨利四世前往卡诺莎城堡向格列高利七世悔罪。马西利乌斯叙述的后半部分属于第二段历史:1110年,教皇帕斯卡尔二世拒绝为亨利五世加冕,亨利五世随即进军罗马并抓捕了帕斯卡尔二世及其枢机主教团,教皇当时虽然屈服,但不久后再次煽动战斗;1116年,亨利五世第二次进军罗马,并于第二年将帕斯卡尔二世赶出罗马;直到1122年,亨利五世与教皇加里斯都二世达成"沃尔姆斯宗教协定",基本解决了主教叙任权之争。

② 马丁努斯·波罗努斯:《编年史》,p.469。

的统治有时可能带有暴政的味道。①

13. 因此,如上所述,这就是并曾是当前皇帝们和罗马教皇们之间的争吵和不和的最初的导火索,而对神法和某些统治者的异端的争论已经完全平息。因为罗马主教们想要不应得地、过度地占有尘世物,并且不想受制于统治者或人民立法者的法律和法令,这就违背了基督和使徒们的榜样和教导,如这一论第4、5和14章所示。但是,按照使徒保罗在《哥林多前书》第6章对所有信徒(尤其是那些应当模仿基督和使徒们的生活的人,如教士、主教和其余精神执事)的建议,无论在这些不属于他们自己的东西上还是在属于他们自己的东西上,他们都应当屈服而非斗争。"你们为什么,"他说,"不接受伤害呢?你们为什么不容忍欺骗呢?"他补充道(这句话可以恰当地用在罗马主教们和几乎所有其他神职人员身上):"但你们行伤害和欺骗,并且这伤害和欺骗用在了弟兄们身上。你们岂不知不义的人不能承受[占有]上帝之国吗?"②但罗马主教们和其余神职人员都极少在意这句经文,如果他们有时觉得自己被罗马统治者们加重了负担(因为统治者们在战争迫在眉睫的时候拿走什一税或尘世物的这类赋税来供养他们的士兵),那么就他们领受罗马统治者们慷慨赐予他们的肉体之物的恩典和恩惠而言,他们骄傲自大,对自己的状况一无所知,是所有忘恩负义者中最忘恩负义的,并且肆无忌惮地对统治者及其基督徒臣民进行可怕的亵渎和诅咒,尽管这些恶意会返回他们自己不幸的灵魂和身体上,而不会触及统治

---

① 这一节的论述似乎没有明确的来源,可能来自罗兰迪努斯·帕塔维努斯(Rolandinus Patavinus)的《编年史》(*Chronicon*, MGH, SS., XIX, p. 32—147)。关于教皇英诺森四世于1245年针对神圣罗马帝国皇帝腓特烈二世(Friedrich II, 1220—1250年在位)的绝罚教令,参见 *MG. Const.* II, pp. 508ff.。

② 《哥林多前书》,6:7—9。

者和无辜的信徒群体。①

14. 他们也由于自身对这些尘世物的无止境的欲求而不满足于统治者们授予他们的尘世物,他们夺取了属于帝国法权的省份的大量尘世物,如罗马尼亚、费拉拉、博洛尼亚和许多其他省份的财产以及产业和其他司法管辖权,尤其是在帝位空缺的时候。② 在所有的尘世不便中,最极端的是,他们将自己立为统治者和立法者,从而使得诸国王和民族沦为他们的奴仆,尽管这是不可容忍的和可耻的。事实上,他们中的许多人出生于卑微的平民,当他们升至教皇状态而没有尘世领导的知识时(就像新富起来的人对财富没有辨别力一样③),所有信徒都无法容忍他们。

15. 进一步来说,由于他们相信任何来自充足权力(他们声称这是他们应得的)的东西都是合法的,他们制定了并继续制定某些被称为《教令集》的寡头式法令,他们借此下令,那些他们相信适合于他们及其神职人员和其余平信徒的尘世便利(我们在这一论第8章④中讨论过他们的豁免权)都要得到遵守,尽管这非常不利于统治者和其余信徒。如前所述,他们用口头或书面的诅咒来打击不服从这些教令的人,他们中的一些人最终变得如此疯狂,以至于在这些教令中宣布,地上所有的统

----

① 这可能是指教皇英诺森四世绝罚皇帝腓特烈二世的教令,或者来自本尼法斯八世的教令《教士不纳俗税谕》(*Clericis laicos*)。

② 1278年,哈布斯堡的鲁道夫(Rudolf von Habsburg,1218—1291)放弃了罗马尼亚和博洛尼亚等地的法权,教皇尼古拉三世将这些地方纳入教皇国内,参见 *MG. Const*.III, pp. 192-202(1278)。但是在巴伐利亚的路德维希时代,关于意大利埃斯特(Este)家族的叙任权问题再次出现,参见 *MG. Const*.V, p. 696, §5, pp. 629ff., nr. 806。

③ 参见《和平的保卫者》,I.16.1, I.16.15。

④ 参见《和平的保卫者》,II.8.9。

治者和民族都要服从他们的强制司法管辖,并且每个人为了永恒救赎的必要而必须对其信以为真。但是我们在这一论第 20 章第 8 到 13 节中已经证明了,这是多么可笑的命令。

16. 因此,罗马主教们及其神职人员团想要保留并决定顽固地捍卫我们所说的这些,并对所有统治者和民族犯下了暴行(尽管他们对意大利诸民族和罗马统治者们犯下了更大更明显的暴行)。但他们想为自己寻求的不只是这些,还有那些在其他王国中他们所关注或欲求的相同或更大的东西,所以他们所有的关心都在于这一点,并尽可能地投入外部的一切努力。① 但是,尽管他们在这件事上掩饰,试图用各种诗意的叫喊和口头包装来混淆和否定它,他们仍然清醒地意识到,正是同一位立法者有权授予和移除(在判定合宜的情况下)任何特权和承认;尽管他们意识到自己或其前人的忘恩负义和过错,他们仍然用所有恶意的关心和努力去阻止罗马统治者的诞生和晋升,因为他们害怕罗马统治者会撤销和拿走他们的特权和承认,并且因而受到应有的惩罚。

17. 此外,由于刚刚提到的害怕,以及因为上述特权没有给他们提供一条不受指控地夺取其他王国的统治权、司法管辖权和占有权的道路,一些统治者②也许会反对罗马统治者的司法管辖,他们寻求通过其他狡猾的策略进入其中。因为他们假定了一个充足权力的头衔(他们声称这是属于他们自己的并且试图使其成为这一罪恶的工具),主张这是基督以圣彼得的名义单独赐给他们的,因为他们是这位使徒的继任

---

① 我们在此首先需要想到的是教皇本尼法斯八世和法王美男子菲利普的斗争。
② 这尤其指当时的法王和那不勒斯国王安茹的罗伯特(Robert of Anju,1309—1343 年在位)。同时参见《和平的保卫者》,I.19.8,II.1.3。

者。基于这一可恶的头衔和歧义的诡辩声明(但所有信徒都应当在任何意义上始终和到处将这一声明作为错误的加以否认),他们迄今为止都在谬误推理,现在继续谬误推理,并试图进一步谬误推理,以使得地上所有的统治者、民族、集体和个人沦为他们的奴仆。因为罗马主教们为自己假定了刚刚提到的充足权力的头衔,首先是在这个意义上,即充足权力似乎意味着对灵魂的普遍照料或世界牧者,其次是在另一个意义上,即充足权力意味着在虔敬、仁爱和仁慈的幌子下将每一个人从过错和惩罚中单独解救出来的权力。但是正如我们在这一论第23章所推论的,他们已经逐渐而隐秘地转换了这些,最终在这种含义下并按照这种含义为自己假定这个头衔,即充足权力借此被他们理解为对所有统治者、民族和尘世物的普遍权柄和最高强制司法管辖权或统治权。他们的转换以及由此产生的假设(尽管不恰当)发端于隐喻性阐释,正如我们在这一论第23章第5节所说。然而,这里有一个任何人都会发现的迹象,即罗马主教们在这个意义上声称充足权力是自己的,也就是说,从这一充足权力中产生的对所有统治者、民族和个人的最高司法管辖或强制统治的权柄属于他们,因为在他们称为《教令集》的第7卷《论判决和审判之事》的声明中,被刻画为该声明的作者的罗马教皇克莱门特五世以及后来发布该声明的所谓继任者,撤销了(就其自身而言)罗马皇帝神圣的亨利七世的某个判决,并以他们现在惯常的方式对亨利说了许多轻蔑、羞辱和不敬的话。他们在口头和书面上都提到这样一段话:"借着我们在帝国方面无可置疑地拥有的优越性,也借着我们在帝位空缺时继承的皇帝的权力,更不用说借着基督——万王之王和万主之主——以圣彼得的名义授予我们的充足权力,即使我们是不配的,我们按照我们弟兄们的建议宣布,上述判决和程序以及跟从它们或在它们的情况下作出的任何一个判决和程序都是完全无效和虚妄的。"①

18. 为了避免这些主教隐藏自己的诡诈,我作为真理的传令官向你们(国王们、统治者们,诸民族、部落和全世界会说话的人)大声疾呼:罗马主教们及其神职人员团或枢机主教团在他们的这篇文字(它在任何方面都是绝对错误的)中对你们所有人都造成了极大的伤害。因为他们正在试图让你们沦为他们的奴仆,如果你们允许它存在,尤其是如果你们允许它拥有法律的力量和强力的话。事实上,需要注意的是,一个人若拥有撤销任何一位统治者或审判者之判决的首要权柄,必然会对后者拥有强制司法管辖权和统治权,以及建立、废弃和废黜后者统治职的权力。然而,罗马主教无差别地把这种对地上所有统治者和统治职的权柄归于自己。因为他声称基督以圣彼得的名义授予他充足权力,所以他撤销了上述亨利的公民判决。事实上,由此也可以必然推出,他被授予的对地上所有其余国王和统治者的权力,不亚于其被授予的对罗马人的统治者的权力。因为基督现在、过去或将来是国王或其他国王们和统治者们的主人,不亚于其是罗马人的统治者的主人。他们的言论或文字也公开证实了这一点,当他们说道或写下"万王之王和万主之主"②。因为如果他们的言论或文字是单数形式的,即基督作为国王和罗马人的国王或皇帝的主人授予他们充足权力,那么我们就可以理解其他国王和王国的某种例外状态。但现在,由于他们像福音传道者

---

① 教皇克莱门特五世于 1314 年 3 月 14—19 日颁布的教令《牧者关怀谕》。教皇约翰二十二世于 1317 年 7 月 16 日确认并发布该教令(*MG. Const.* V, nr. 443, p. 367f.)。参见《和平的保卫者》,I.19.10,II.22.20,II.23.12。

② 《启示录》,19:16。克莱门特五世在教令《牧者关怀谕》中引用了这句经文。

所书写的方式(尽管这不是罗马主教们所试图表达的意思)那样以复数形式、绝对地和无差别地发布公告,所以不可能出现任何国王或统治者的例外状态。他们认为这公告没有排除任何人,而是包括所有人,正如他们的前任本尼法斯八世在其他地方清楚表达的那样,以及我们在这一论第20章第8节所援引的那样。

19. 但是,作为对这些人的回应,也为了避免任何人的灵魂被他们的言论或文字毒害:福音传道者说的当然是真的,即称基督为"万王之王和万主之主",即使加上一句万物的[王和主]。但是,任何声称以圣彼得或任何其他使徒的名义将任何统治职权或强制司法管辖权(更不用说充足权力)传给了罗马或任何其他主教的人,都背着基督,使徒彼得、保罗和雅各的明确判决,说出并写下了虚假和公开的谎言。相反,罗马主教和以任何使徒名义的其余所有人现在、过去和将来都被基督禁止拥有这种权力,就像我们在这一论第4、5和9章借着《圣经》和圣徒的权威无可置疑地证实的那样。

20. 的确,在这总是前所未闻的新虚构中,罗马主教胆敢公开宣扬一种错误程度不亚于骇人的言论,并且该言论违背了他的心灵和几乎所有参与思考这个问题的信徒,当他固执地宣称"我们在帝国方面无可置疑地拥有的优越性"(他所意图的是强制司法管辖权或统治权),此外"我们在帝位空缺时继承的皇帝的权力"。正如我们所说,这些言论清楚地表明了罗马主教们迄今为止一直实行并在当前仍然实行的对帝国司法管辖权的不公平和不公正的篡夺,尤其是在帝位空缺的时候。因为如果此世从没有人听过一件事,它也没有得到神法、人法或正确理性的确认,反而人们总是按照这些法律和理性来思考它的反面并将它的反面宣扬为所有人信以为真的标记,那么谁胆敢厚颜无耻地宣布这事无疑是真的呢？因此，正如医生的谚语"越受人信任，治愈的人越多"，我们也确实可以这样说道：当今越受人信任，想要引诱和欺骗的人越多。

第 26 章

他[罗马教皇]如何专门针对罗马统治者和帝国使用这些权力

1. 因此,罗马主教们迄今为止一直使用并继续使用刚刚提到的充足权力,并且在使用过程中持续走向恶化,但是他们更多是针对罗马统治者和统治职使用这些权力。因为一方面,这些所谓的"牧者"或"教父"迄今为止一直煽动并持续煽动和滋长臣民之间以及针对他们的统治者的不和,所以他们更加能够对他犯下恶行,即让统治职服从于他们自己。另一方面,因为他们相信,一旦这个统治职服从于他们自己,他们就可以轻易地踏上征服其余国家的道路,尽管众所周知的是,他们因所接受的恩惠而对罗马统治者和统治职负有更加特殊的义务。

2. 的确,(为了防止我们所说的事情对任何人来说是陌生的,或者需要我们用言语去表达,)这些被贪心、贪婪、傲慢和野心敲打的罗马主教们,由于忘恩负义而比恶毒还要糟糕,他们想方设法阻止罗马统治者的诞生和晋升,并且最终设法解散他的统治职,或者试图将其转移到另一种更加服从他们自己的形式上来,免得他们对帝国犯下的过分行为通过上述统治者的权力得到纠正并因而受到应有的惩罚。尽管他们出于我们所说的意图,在各个方面对上述统治者设置障碍,但是这仍然是一个狡猾的借口。他们说这样做是为了捍卫"基督新娘(即教会)的法权"①,即使这种诡辩式的虔敬是可笑的。因为基督的新娘不是尘世物或对它们的贪心,也不是对司法管辖权或统治职权的野心,基督也从未在婚姻中结合这些,反而将其作为身外之物加以拒绝,如这一论第4、5、13和14章中的《圣经》经文所示。这也不是使徒们留给他们真正的而非虚假的继任者的遗产,正如圣伯纳德在《论审视》第4卷第4章中对教皇尤金公开所说的那样:"这就是彼得,他从来没有佩戴珠宝或丝绸,没有戴过黄金,没有骑过白马,没有让士兵陪同,没有吵闹的仆人前呼后拥。但是,正因为没有这些东西,他相信他足以完成他的救赎使命:'如果你爱我,喂养我的羊。'在这些东西上(即在黄金或珠宝和其余尘世物上),你不是彼得的继任者,而是君士坦丁的继任者。"②因此,基督的新娘并不会通过争夺尘世物的方式真正获得保卫。因为基督的新娘是天主教信仰和信徒群体,而当今罗马教皇们并不真正地保卫她,反而冒犯她,并且不保存它的美(即统一),反而腐化它,因为他们通过播撒恶意和分裂的种子来撕裂她的四肢并让其彼此分离;当他们不让基督的真正侍从(贫困和谦卑)进入,反而完全排斥它们时,他们就表明自己不是基督的执事,而是他的敌人。

3. 所以在推翻这个统治职的努力中,罗马主教们假设(我们之前从他们的描述中推论出了这一点),借着神圣法权或人的法权或者二者

---

① 教皇约翰二十二世于1323年10月8日到1324年3月23日颁布的教令提到了这种说法,参见 MG. Const.V, pp. 616, 617, 693。

② 明谷的伯纳德:《论审视》(lib.4, c.3, Migne 182), p.776A。[译者注]参见《和平的保卫者》, II.11.8。

兼而有之,他们"对罗马"统治者或"皇帝拥有优越地位",无论是在他创生之后还是之前,并且"在帝位空缺的时候",帝国的权力或司法管辖权属于他们。① 但是,这些假设显然是错误的,绝不会得到任何神圣法权、人的法权或正确理性的确认,反而我们在第1论第12章中借着证明表明了与之相反的观点,并在这一论第4、5、8和9章中借着《圣经》进一步确认了这一点。②

4. 然而,在我们刚刚提到的这些假设(或者更准确地说是妄自尊大)中还有一种情况(我说这是多余的):某种虔诚。因为君士坦丁时代以后的一些罗马统治者们想要表明罗马教皇们选择他们是以友爱的方式进行的,以便他们亲自向基督表现出单独的敬意,并通过教皇的代祷从基督那里获得对他所管理的帝国的更大祝福和恩典。以同样或几乎类似的方式,为了表示他们登基的典礼和标记,以及为了获得上帝更大的恩典,一些罗马皇帝让罗马教皇给他们戴上皇冠。但谁会说这次加冕礼赋予罗马教皇对罗马统治者的权柄比兰斯大主教对法王的权柄更大呢?因为这类典礼并不授予权柄,而是表示已拥有或授予的权柄。但从罗马统治者们自发表现出的这种敬意中,罗马主教们(他们通常寻求不属于他们自己的东西)因统治者们的质朴(允许我不说昏聩)而引入了一种习惯,或者更准确地说是滥用,即用口头或书面的方式将对当

---

① [布本注]参见《和平的保卫者》,II.25.17。教皇约翰二十二世在1317年3月31日发布的教令《主教弟兄谕》(*Si fratrum et coepiscoporum*, in *Extravagantes Ioannis XXI*, tit.5, cap.1, CIC II, cols.1211-1212)中重申了这一主张。

② [布本注]参见《和平的保卫者》,II.4.9—12,II.5.4,II.9.9。所有这些都是关于基督臣服于凯撒及其总督彼拉多的主题。

选者发出的称赞和祝福称为对上述选举的确认。① 由于古罗马统治者们并没有注意到这一称呼背后的有害意图,罗马教皇们起初就以这种隐秘的方式(但现在是以公开的方式)逐渐引入这一习惯,即任何人(无论他被多么恰当地选为罗马国王)都不应当被称为王,也不应当拥有或行使罗马国王的权柄,除非他已经得到罗马主教的认可。② 这种认可只存在于罗马主教的纯粹意志之中(如他所说),因为他既不承认地上有任何人在这种审判上比他优越或与他平等,也不必在这件事情或其他事情上遵循他的弟兄们(被称为枢机主教)的建议,而是(如果他意愿的话)可以借着他的充足权力在任何方面做相反的事情。

5. 但在这件事上,罗马主教只是按照他自己的习惯,以假乱真,以恶报善。因为从罗马统治者出于虔诚而自发地向他投出的敬意(罗马统治者以此表示自己的当选,并在上帝面前请求他罗马主教的祝福和代祷)中,并不能推论出罗马统治者的选举取决于他的意志。因为这无非要解散罗马统治职并永久阻止罗马统治者的诞生。因为如果一个当选国王的权柄只取决于罗马主教的意志,那么选帝侯职③将是完全无效

---

① [译者注]结合舒尔茨本和布本注释,教皇给皇帝加冕的实践可以追溯到800年查理曼大帝在罗马的加冕礼。马西利乌斯在此所指的教皇地位发展的关键一步是由教皇英诺森三世在1202年的教令《可敬谕》(Venerabilem, in Decretals Lib.I, tit.6, cap.34, CIC II, cols.79-82)中采取的。教皇本尼法斯八世的教令《罗马宗座谕》(Apostolica sedes, MG. Const.IV, p.80)和教令《罗马教宗谕》(Romano pontifici, MG. Const.IV, p.86)进一步发展了英诺森三世的主张。教皇克莱门特五世的教令《罗马统治者谕》(MG. Const.IV, p.1207,参见《和平的保卫者》II.23.12)重申了英诺森三世的主张。

② [布本注]参见教皇约翰二十二世于1323年发布的教令《训诫》(MG. Const.V, p.617)。

③ [译者注]选帝侯指拥有选举罗马皇帝的权利的诸侯。选帝侯制度实行于13世纪中期,正式确立于1356年神圣罗马帝国皇帝查理四世(Carolus IV,1355—1378年在位)颁布的《金玺诏书》(Bulla aurea)。该制度初期包含七个选帝侯:科隆大主教、美因茨大主教、特里尔大主教、莱茵-普法尔茨伯爵、萨克森-维腾堡公爵、勃兰登堡藩侯与波希米亚国王。

的。因为他们选出来的人在主教的意志或权柄(他称为宗座)确认之前既不是王也不应当被称为王。以这种方式当选的人也不能行使任何君权,相反(更不用说难以忍受了,这甚至是非常骇人听闻的),对于任何当选的人来说,没有这位主教的许可,从帝国的收益中领取自己的日常开支都是不合法的。所以统治者们的选举除了给予当选的人提名权外,还给予他什么别的权柄呢,既然他们的决定取决于另一个人的意志?因为七个理发师或盲人都可以给予罗马人的王如此大的权柄!但是,我这样说不是轻视他们,而是嘲笑那位想要剥夺他们应有权柄的人。因为他不知道选举的力量和理由,也不知道为什么选举的权力属于那些有责任选举的人中的强力部分;也因为他不知道选举的结果(如果已经被合理地确定了)不应当也不可能取决于任何一个人的意志,而是只取决于统治者必须立于其上的立法者,或者取决于同一立法者授予这种权柄的那些人,就像我们在第1论第12和13章中借着证明所证实的那样。

6. 因此,罗马主教显然想要以这种方式推翻选帝侯职,尽管他试图以奇技淫巧迷惑和欺骗他们。因为他在他的一些布道和文字中说,任何被选为罗马人的王的人在确认之前都不是或不应当被称为王,并且声称这种确认的权柄属于他自己的自由权力,甚至认为选帝侯的设立同样属于这种自由权力,因为正是他"以查理曼大帝的名义"将帝国"从希腊人手中"转移到"德国人手中",正如这位主教所断言的那样。① 当他在其他一些法令中宣布,选帝侯们选出来的某个人可以被基督及其

---

① 参见教皇约翰二十二世于1323年10月8日发布的教令《训诫》(*MG. Const*.V, p. 616)和教皇英诺森三世于1202年发布的教令《可敬谕》(*MG. Const*.II, p. 505)。

宗座剥夺他们所能给予他的任何权柄时,他狡猾地补充道:"我们不想因此而对选帝侯们或其职权造成任何伤害。"但是他的行为显然伤害了他们。事实上,他彻底摧毁了他们的职权,因为他曾经说过:"他们的选举并没有将罗马人的君权授予任何人。"[①]也因为他在未经他们同意和决定的情况下剥夺了他们所选之人的法权(该法权是他们通过选举贡献出来的)。他这种愚弄他们的行为伤害了他们,就像一个人挖出另一个人的眼睛会伤害对方一样,尽管他在这样做的时候说他不想伤害对方。

7. 此外,他把对罗马人选立之王的确认权归于自己,并说任何人未经确认都不是或不应当被称为王,也不能行使君权,他这么做无非要永久阻止这位统治者的诞生和晋升,或者是要让刚刚提到的统治职彻底沦为罗马主教的奴仆。因为如果罗马主教不愿意的话,他就不会认可或确认任何罗马人选立之王,既然他声称自己比任何人都要优越,并且在这件事上不受任何集体或个人的约束。然而,他绝不想认可或确认任何罗马人选立之王,因为在认可之前,他希望从当选之王那里索取某些协约和誓言,其中包括罗马皇帝要明确声称自己在忠诚或者尘世的或强制的司法管辖方面服从这位主教的誓言。他还希望这位当选之王保留罗马主教对各省份的非法和不公正的篡夺,并通过皇帝的当选誓言获得对该篡夺的许诺和确认。但是,这些非法的协约和誓言,既不可

[①] 教皇约翰二十二世在1324年7月11日发布的文件《第四道谕》(*Quarto Processo*, in MG. Const.V, pp. 779—788)中,明确剥夺了路德维希通过选举所可能获得的任何法权,并声称这不会伤害选帝侯的法权。由于《和平的保卫者》完成于1324年6月24日,所以他不可能看过这份文件。但是他可能看过教皇约翰二十二世于1324年3月23日发布的文件《第三道谕》(*Terzo Processo*, in MG. Const.V, p. 697),或者从先前的教皇文件中得出了这些观点。例如,约翰二十二世的教令《可敬谕》和克莱门特五世的教令《罗马统治者谕》都声称选帝侯的法权来自教皇。

能是皇帝陛下在良心安全的情况下借着维护帝国自由而被立为王时提供的合法誓言作出的,也不可能在被作出后持存下去。任何当选的人,除非比女人更顺从,并且在宣誓或许诺这些东西时明显作了伪证,否则不会将它们提供给罗马或任何其他教皇。基于此,如果当选之人的皇权或帝权取决于罗马主教,那么任何当选的国王都不得成为罗马人的王或配得帝国称号。因为只要这位主教能够阻碍和阻止他们(尽管他的这种做法罪大恶极,并且是在寻求不属于他自己的东西),他就会在言行上阻碍他们。

8. 然而,这给所有服从罗马帝国的统治者、共同体和个人带来了更加严重的损害和不可容忍的伤害。因为既然刚刚提到的主教声称他在帝位空缺的时候继承上述皇帝的职权,那么由此可以必然推出,他的权柄包括向所有统治者和其他帝国封臣索取效忠誓言并强迫他们提供上述誓言,并且,向他们索要和索取他们惯常为罗马统治者们提供的贡品和其他服务,以及这位主教想要借着他赋予自己的充足权力伪造出来的任何归于他自己的其他习惯。这位主教的权柄同样包括,在帝位空缺的时候,由于缺乏男性继承人或出于任何其他原因,他可以授予罗马统治者才有权授予的统治职、封地和其他地区以法权。进一步来说,其中最具伤害和最令人恼怒的是,在帝位空缺的时候(正如我们所说,罗马主教们有权让帝位永远空缺),任何服从罗马帝国的统治者、集体、共同体和个人,一旦彼此发生民事诉讼,并在货物和人身方面向罗马主教的教廷提出上诉或对此发生争吵,就将被这位主教强制传唤到他的教廷并经受尘世审判。任何服从罗马帝国的统治者、共同体或审判者都不能强制执行任何判决,因为那些被判刑的人总是可以向罗马教廷对其公民判决提出上诉。如果罗马帝国的臣民拒绝服从这位主教或者在上述事项上拒绝服从他(就像他们事实上没有义务服从一样),那么常常提到的这位主教将不断地用尽一切邪恶和无耻的努力追捕他们;通过发布诅咒、亵渎、绝罚、异端、禁行以及最终剥夺或没收尘世物的判决,把这些尘世物充公并允许任何人在可能的情况下掠夺它们;赦免那些迫害甚至杀害他们的人及其臣民和追随者的过错和惩罚(无论这是多么虚妄和诡诈的);解除(尽管这么做是异端行径)他们的臣民已经提供或应当提供的誓言。①

9. 但是,假设罗马主教在以他惯常的方式假装关心民众和虔敬时说道,他拥有确认或认可罗马统治者的选举的权柄,以免一个异端可能会登上帝国顶峰,从而对信徒团契造成巨大伤害。② 我们可以恰当地回应道,这并不意味着这种选举需要他的认可,因为该选举是由三位可敬的天主教大主教主持和举行的,他们中的每一位都从基督那里领受了与罗马教皇同等的主教或教士权柄,如这一论第15和16章所示。此外,上述罗马统治者的选举是由四位有信仰的尘世统治者与上述教牧或教长共同完成的。这七位选帝侯不可能犯错,也不可能像罗马主教一个人的意志那样被败坏的意图驱使(因为罗马主教相信,借着不恰当地赋予自己的充足权力,他完全依靠自己的判断在法权上是合法的)。事实上,他以这种方式可以随心所欲地判定任何一个人为异端并剥夺后者从选举中获得的法权,由此将使得选帝侯职沦为无效,并且(基于上述理由)永远禁止了选立之人的诞生和晋升。

---

① 这可能指教皇约翰二十二世针对意大利吉柏林派(Ghibellini),尤其针对维斯孔蒂家族(Visconti)和埃斯特家族的干预行动。
② 教皇英诺森三世在教令《可敬谕》(*MG. Const*.II, p.506)中说道:"事实上,如果统治者们选立异端或异教徒,难道我们该为这样的人涂膏、祝圣和加冕吗? 绝对不行。"

10. 但是，假设按照我们的对手所说，一位罗马统治者在他的选举前后已经或正在陷入异端的罪恶之中，而这些选帝侯们要么忽视了，要么意识到了这一点：我们应当说，这并不意味着对这位统治者的审判或纠正的权柄单独属于罗马主教。此外，这一权柄也不单独属于该主教与他的神职人员教团或会议，而是基于刚刚提到的理由以及这一论第21章①所处理的其他理由，属于帝国统治下的人民组成的公会议。因为枢机主教们本身在很大程度上已经同意，现在仍然同意并且参与了上述的篡夺行为，这意味着这种选举服从这些人的判断是不安全的。我们还应当进一步追问，为什么他们不说无论其他国王的人选是否胜任也要服从于他们的判断权和认可权？我为他们回答，这确实是他们所意图的，尽管他们还不敢试探，但他们在等待合适的时机。关于这一点，我们也许还有其他话要说。

11. 因此，由于上述虚假的假设，罗马教皇走上了一条错误和不义的道路，当今一位所谓的罗马教皇正全力以赴地阻碍和阻止罗马人选立为王的可敬的巴伐利亚公爵路德维希和平占有帝国尊荣的顶峰。②事实上，这位路德维希理应在言行上扼杀上述主教的假设。因为尽管他还没有得到该主教的口头或书面的确认或认可（正如我们之前非常明确地表明的那样，他并不需要得到确认），但自选帝侯举行并公布了他的选举以来，他就一直被记录和命名为罗马人的王（事实上，他过去和现在都是如此），并且执行所有帝国或皇室职能，因为他在法权上有义务并能够这样做。

---

① ［瓦本注］参见《和平的保卫者》，II.21.13—15。
② 教皇约翰二十二世在1323年10月8日发布的教令《训诫》中指控巴伐利亚的路德维希为异端保护者，并且在1327年将这位皇帝视为异端并加以绝罚。

12. 因此,正如伊索寓言中的那条"蛇"(用在这里非常切题)被他或他的前辈"暖热了",①尽管这位所谓的罗马主教被罗马统治者们从极端贫困、潦倒、压迫、羞耻和受迫害的状态中抬升到拥有充足的尘世物、至高无上的宝座、荣耀、权力与安宁的状态,但是他行事并不像使徒们的继任者,而是像一个忘恩负义和健忘的人。首先,他以其惯常的败坏方式对上述统治者吐出无数侮辱和不敬的话,但是他把这种毒药撒在蜂蜜下面,按照他惯常的欺诈方式假装虔敬。他在某些他称为"法令"的信件中说道,他写下或宣布这些事情是为了"将这位路德维希从错误的歧路上"带回到"真理"和救赎的"道路"或路线上来②;他自己没有注意到谁在说话,他在说什么,他在对谁说。《马太福音》第7章和《路加福音》第6章中的这段话可以恰如其分、准确无误地用在这位偏离了真理的每一条轨道并缺乏任何互惠意识的主教身上:"为什么看见你弟兄眼中有刺,却不想自己眼中有梁木呢?或者你自己眼中有梁木,怎能对你弟兄说'容我去掉你眼中的刺'呢?你这假冒为善的人(ypocrita),先去掉自己眼中的梁木,然后才能看得清楚,去掉你弟兄眼中的刺。因为没有好树结坏果子,也没有坏树结好果子。凡树木看果子,就可以认出它来。"③那么,为什么这个假冒为善的人和最坏的一棵树,到处结着一切邪恶、煽动与不和的果子(正如所有人看到的那样),在虔敬和仁爱的伪装下,依靠侮辱的话来诽谤一个正直、无辜和可敬的天主教徒呢?首先,让他从他自己昏暗的和几乎盲目的心智中去掉梁木(即最大的无

---

① [译者注]农夫与蛇的寓言:一天早上,一个农夫发现一条蛇冻僵了,他同情它,把它抱在身上,直到它暖和起来。但蛇被暖热了后立刻咬了农民。马西利乌斯在此将罗马主教比喻成这条忘恩负义的蛇。

② 参见教皇约翰二十二世的教令《训诫》。

③ 《马太福音》,7:3—5;《路加福音》,6:41—44。

知和错误),从他自己败坏、几乎固执和冷酷的情感中去掉邪恶和疯狂。只有这样,他才能辨别出他人的微小罪恶,并可以通过他自己的劝诫和告诫更加恰当地净化它们。

其次,这位主教(他在诡计多端和虚伪布道中的意图不是对人的纠正,而是人的尘世死亡)向上述最有信仰的天主教统治者(该统治者相信自己的职责是保护有朽公民的生命)倾撒毒药,绝罚他和他的特定追随者,并禁行向作为罗马人的王的这位统治者提供或将要提供帮助、建议或善意的信徒团契。① 这位主教对安布罗斯题为《论祭司的尊严》一书中的告诫置若罔闻。因为在处理《提摩太前书》第3章"人若想要得主教的职分"这段经文时,安布罗斯在该书第8章中说道:"'不争执',也就是说,主教不要在吵闹中失言,免得他用同样的语言——借此他赞美上帝和祝圣圣职——找到争执的毒药。因为从主教的口中同时出现恩惠和诅咒是不合适的,免得赞美上帝的同一种语言被用来诅咒人,因为一个泉眼不可能同时产生甘甜和苦涩的水。"②

最后,上述主教带着自己恶意的毒刺,在确信能刺穿上述统治者的情况下,也许会释放出自己认为的终极伤害和灭绝。这是一种特别的亵渎(他称之为"判决",即使事实上这是一种极端的精神错乱),据此他将上述统治者以及所有支持、服从和赞同他为他们的王的人宣布为异端、教会的敌人或反叛者,并剥夺他们对一切尘世物(动产和不动产)的法权。他通过刚刚提到的不值一文的所谓判决来公布这些决定,并

---

① 教皇约翰二十二世于1324年3月23日发布的文件《第三道谕》(*MG. Const*.V, pp. 692ff.)。

② 应为教皇西尔维斯特二世(Sylvester II,999—1003年在位)的《论祭司的尊严》(*De dignitate sacerdotali*, in *Ambrosii Opera*, ed. Ballerini, Milano 1883, vol.6, p. 382; Migne 17, pp. 573 C‑574A [361])。

将它们授予那些想要篡夺并确实篡夺的人。他利用口头和书面的羊皮纸，亲自或通过各省的某些其他伪传教士宣布，这样做是合法的。此外，他判处他们死刑，并赦免他们的凶手或入侵者的过错及其所犯下的所有罪行的惩罚。如果他们被活捉，无论他们身在何处，他都会让他们沦为他们的俘虏者的奴仆。① 进一步来说，为了煽起全世界人民反对上述统治者的嫉妒、反叛、战争与不和，他授予高级教职（如主教职、大主教职和宗主教职）、中级教职和低级教职，倾撒教会的尘世物（所谓的恩惠、财富和金钱）。但是，如这一论第4、5、7、8、10和20章清楚所示，这位主教并不拥有宣布上述任何一项判决的权柄。

13. 然而，除了这些令人不寒而栗的恶毒之外，他还实施了一种新的恶行，而该恶行似乎明显带有异端的味道。因为他用自己某种魔鬼的（但他称之为宗座的）言论或文字煽动上述天主教统治者的忠诚臣民来反对该统治者，从而解除他们的效忠誓言（借此誓言，他们事实上曾经并仍然对该统治者负有义务）。他利用一些不法执事到处散布（divulgat）和传播这种解除，而这些执事希望凭借自己的这种行为被这位主教加官进爵。② 但可以肯定的是，这不是宗座的，而是魔鬼的行为。因为显而易见的是，按照这种行为以及随之而来的结果，该主教以及用布道、文字或行动与他共谋、安排、同意和执行此种行为的人，是被贪心、贪婪和傲慢蒙蔽了的瞎子，充斥着极大的野心和罪恶，并且在他们

---

① 马西利乌斯这里的论述所指涉的是1327年4月3日到1327年10月23日教皇约翰二十二世对巴伐利亚的路德维希的绝罚。
② 教皇约翰二十二世在1324年3月23日的文件《第三道谕》（*MG. Const.* V, pp. 692ff.）中解除了臣民对巴伐利亚的路德维希的效忠誓言，并在1324年3月28日向主教们发布该文件指南。

上述所有布道和文字中,引导那些相信和追随他们的人栽进死罪的坑里。① 他们首先让追随者们陷入明显的伪证中,然后陷入显而易见的背叛和不义中,进而陷入强奸、谋杀和几乎所有种类的暴行中。当这些追随者们死在这些罪行中而没有悔改时,他们就被这位至圣的教父及其执事诱骗了,并且由于自己的愚蠢无知而没有在上帝面前作辩护,他们就"被丢在地狱的火里"②,即永罚的沟里,并且被吞没了。因为任何拥有理性并能够运用它的人都可以并应当可以确定,罗马主教或任何其他教士不能在没有合理理由的情况下解除任何人的这种誓言以及任何其他合法提供的誓言或许诺。然而现在,任何一个想要固守自己的良知,不被某种邪恶情感搅扰的人都会一致同意,罗马主教借口反对虔诚的路德维希以及类似案例中的任何其他人的理由绝不是合理的,而是不义、草率和不公正的。因此,我们应当在这些事情上注意这位主教以及为他服务的人的领导或教导和劝诫,并且应当将其视为导向灵魂永死的事情加以彻底避免。因为它们显然违背使徒保罗在《罗马书》第13章、《以弗所书》第6章、《提摩太前书》第6章以及《提多书》第2和3章中的健康教导、言语和观点。因为使徒保罗在上述经文中公开命令"臣民"应当"服从"他们的"肉体主人"。③ "不但服从那善良温和的,就是那乖僻的也要服从"④,正如圣彼得在他的第一封书信第2章中所说。因此,当臣民受誓言约束时,他们还要做什么呢?圣徒们对同一段经文的注解进一步阐释了这件事,他们清楚地说明,臣民有义务并且应当服

---

① 参见《马太福音》,15:14。
② 《马太福音》,18:9。
③ 参见《罗马书》,13:1—7;《以弗所书》,6:5—7;《提摩太前书》,6:1—2;《提多书》,2:9,3:1。
④ 《彼得前书》,2:18。

从他们的主人,即使后者是异教徒,也不管后者多么邪恶。但是这一点可以得到合理的理解,因为这种服从在言行上并不违背神法。① 然而,毫无疑问,罗马主教抨击和反对罗马统治者的言行既不是神法的诫命,也不符合神法,反而明显不符合并违背神法,就像我们在这一论第 4、5 和 9 章从《圣经》中证明的那样。

此外,相信或服从罗马主教或任何其他主教教导或布道的这些事情,无非就是任凭他切断所有统治职的根基,以及解除任何一个公民社会和国家的纽带和义务。因为我认为这种根基和义务无非臣民和统治者之间相互的誓言和忠诚。正如西塞罗在《论责任》第 1 卷中所说,"忠诚是"一切"正义的基础"。② 一个人竭力解除统治者和臣民之间的忠诚,无非试图为自己寻求一种能够随心所欲地推翻一切统治职并由此让它们沦为他自己奴仆的权力。这也是为了搅扰所有过着城邦生活之人的和平或安宁,从而剥夺他们在今世的充足生活,并且最终用这种禀赋的心灵(正如我们已经说过的)将他们导向灵魂的永远毁灭。基于此,让所有基督徒鄙视并防备这位主教及其同伙的(比法利赛人更邪恶的)虚妄的赦免许诺,以及有害的、不健康的教导(更准确地说是对灵魂的引诱),他们也要注意到基督在《马太福音》第 15 章中对这件事的建议或诫命。他对全世界的信徒(尽管是以使徒们的名义)说,"任凭他们吧"③,也就是法利赛人,他们当时被视为摩西律法的圣师,但是他们对摩西律法的看法是错误的,并且几乎一直与基督作对。借着法利赛人,

---

① 参见《标准注解》(zu 1. Petri II);彼得·伦巴第:《汇编》(Collect. zu Tit. II, 9 u. III, 1, Migne 192),pp.391—392。
② 西塞罗:《论责任》,I:23。
③ 《马太福音》,15:14。

他预示并理解了所有诡辩和虚假的《圣经》圣师和传道者,例如这些迫害罗马统治者和其他无辜信徒的人,他们甚至亲自迫害基督并与基督作对。然而,基督补充了我们应当不理睬这些虚假圣师的原因,他说:"他们是瞎子,且是瞎子的领路人;但若是瞎子领瞎子,两个都要掉在坑里。"①因此,按照主的诫命,我们应当不理睬并抛弃这些虚假的圣师,因为他们是被贪心、贪婪、傲慢和野心蒙蔽了的"瞎子",是"瞎子(即贪婪、傲慢和反叛)的领路人"。

使徒保罗在《罗马书》第13章中不含隐喻地公开说道:"每一个灵魂都要服从在高位掌权的。"②而这些人甚至不听从或不想听从他的诫命(更确切地说是神圣诫命),他们教导并宣扬臣民应当反叛自己的统治者。由于他们以这种方式用狡猾和不义的说服诱导这些反叛者和其他人参与叛乱,他们就是在"抵抗上帝的命令"。因为使徒保罗在上面的经文中说道:"抵抗掌权的(即以尘世的方式行使统治职权的人)就是抵抗上帝的命令。"③这位使徒在《提摩太前书》第4章和《提摩太后书》第3章中对这些人做了预言,当他说:"你该知道,末世必有危险的日子来到。因为那时人要专顾自己、贪心、自夸、傲慢、亵渎、不服从父母(包括父母之下的统治者)。"④因此,西塞罗在《论责任》第1卷中说道:"统治者(是)我们的祖国、我们的父母,我们因其大恩惠而对其负有义务。"⑤所以"不服从父母(或统治者),是忘恩负义、心不圣洁",是弃义不守信的

---

① 《马太福音》,15:14。
② 《罗马书》,13:1。
③ 《罗马书》,13:2。
④ 《提摩太前书》,4:1;《提摩太后书》,3:1—2。
⑤ 西塞罗:《论责任》,I:58。

人,①他们"无慈爱(补充:善好)、难和解、善诽谤、不节制、无仁心、不乐善、背信、鲁莽、自大、爱快乐胜过爱上帝,有虔敬的外表(即表现为因对上帝的敬拜、崇敬和爱而行事),却背弃了它的(即这种虔敬的)实意"②。每个人都可以很容易地根据《马太福音》第7章中的这句话从他们的行为中认识到这一点:"你们要防备假先知,他们到你们这里来,外面披着羊皮,里面却是残暴的狼。凭着他们的果子,就可以认出他们来。"③使徒保罗照着基督先前的建议或诫命补充道:"你要躲开这些人。"④也就是说,不要相信这些人,也不要在这些事上顺从他们。但是,哎呀!由于这种虔敬的外表,他们对人的引诱达到了他们已经可以依赖武力的程度(这些武力是他们在虔敬的外表下部分无偿地获得的,但大部分是秘密篡夺的,现在则是公开地以暴力方式篡夺的),当他们对基督信徒施暴时,我们不可能躲开他们。

14. 这些人"忘恩负义、傲慢、难和解、无仁心",他们事实上也拥有使徒保罗所描述的那些所有特征,正如《以赛亚书》第5章所说,这些人"以恶为善,以暗为光"⑤。他们通过授予教职(高级、中级和低级)以及就尘世物或恩惠(无论动产还是不动产)和什一税(为了善好的目的而设)提出、许诺并达成邪恶的事先协议,煽动臣民(以及甚至不是臣民的同伙)反对他们的有信仰的统治者。尽管他和他的同伙们目前似乎只是针对罗马统治者这样做,但是让其他统治者们借着这位统治者(他一直是罗马主教及其教会的恩人)的榜样觉察到同样的事情也可能发生

---

① 《申命记》,7:9。
② 《提摩太后书》,3:1—5。
③ 《马太福音》,7:15—16。
④ 《提摩太后书》,3:5。
⑤ 《以赛亚书》,5:20。

在他们自己身上,而上述主教(他对任何人都没有善好的情感)一旦有机会对他们发动攻击,就会对他们发动同样的阴谋。因为他在前面援引的布道和文字中声称,凭借他归给(尽管这是不恰当地)自己的充足权力,所有统治者和民族都要服从他的强制统治职权或司法管辖权。他希望如愿以偿,他等待着这样一个时刻,那就是有信仰的统治者之间或诸民族之间出现分裂和争论,或者臣民反对自己主人的叛乱时刻。他还时不时致力于煽动叛乱,从而以这种方式使得分歧双方中较弱的一方或者无力抵抗其对手的一方被迫祈求他的帮助,屈服于他的统治。事实上,尽管他有时会在虔敬和仁慈的假象下保护可能受到不公正压迫的弱者并向他们提供尘世的帮助,但是他并不会提供这些帮助,除非他在此之前已经确定,那些需要并请求他帮助的人会服从他的统治职或尘世统治,因为他希望最终通过双方的压迫和妒忌来逼迫两个对手屈服于他自己的权力。基于此,人们应当对涉及他的必要帮助的争论和行为保持警惕,因为它们最终会转化为对自由的伤害以及对接受帮助者的奴役。

15. 因此,按照这种方式,这位主教依次爬遍世界各个国家,以便最终使得所有统治职都服从于他自己,而这也是他永不熄灭的欲火。因为他并不敢在所有或大部分时候同时尝试这类行径,而是等到他的尘世权力逐渐增加到他能够看到其余人的实力并确信他能战胜后者而不会对自己造成危险的程度。因为到了那个时候,他将自信地向其他国家揭露他为自己假定的充足权力的意思,并将明确宣布其余统治职像罗马的统治职一样受到他的统治或强制司法管辖。即使他们合法地否认这一点,他也会通过亵渎和前面针对罗马统治者及其忠诚臣民的类似判决,用暴力或武力迫害他们,直到他们筋疲力尽,被消灭掉。

因此，通过这些方式和手段，上述主教和他的同伙们已经诱使意大利几乎所有统治职、共同体和民族陷入争论和分裂，而且已经着手在德国如法炮制并全神贯注于完成这一行径。因为他通过尘世帮助（例如授予教职和恩惠，提供什一税和金钱）来煽动臣民中的某些叛徒和暴徒反叛罗马统治者，并且不断地致力于煽动任何一个他能煽动的高级、中级和低级的人。他还称呼和召唤那些被他以这种方式引诱并服从他的人为"教会之子"和"真信徒"；而他将那些坚持并想要坚持以应有的忠诚服从其统治者的人命名为"分裂者"和"异端"，将他们作为教会的敌人加以迫害，尽可能地亵渎、诽谤和绝罚他们，并且在人身和财产方面用尘世的判决谴责他们。① 但是从前面的讨论和之前的回忆中可以明确的是，无论按照神法还是人法，他自己都不应作出这样的判决。

16. 然而，整体来说，其中能带来最大不义和最严重伤害（我们之前对此谈论过，任何不想破坏仁爱之法的人都不可对此保持沉默）的是，以罗马主教身份行事的人永久性地迷惑和吞噬"基督所有的羊"，他说这些羊是托付给他用健康的教义来喂养的。因为他再次"以恶为善，以暗为光"，在口头和文字上"赦免了"所有在特定时间内反对上述基督信徒（罗马统治者的臣民，他们服从并且想要永远服从他们的王）的士兵（骑兵或步兵）的"任何一个过错和惩罚"。他还通过自己或他人的书面或非书面的布道宣布，以任何方式攻击、掠夺并最终消灭这些作为"异端"和基督十字架的"叛徒"的人，都是合法的。人们听到的可怕言论是，他宣扬，并且让一些渴望获得教会尊荣的假冒的伪修士到处

---

① 参见教皇约翰二十二世分别在 1317 年 3 月 31 日、1324 年 3 月 23 日和 1323 年 4 月 12 日发布的教令，分别收录在 *MG. Const*.V, pp. 340, 696, 711。

宣扬,这种行为就像在海外与异教徒作战一样为上帝所喜悦。这位主教也同样赦免了那些因体虚而不能亲自实施这一暴行的人的上述错误,如果这些人安排他人代表自己在同样的时间内完成这一暴行,或者这些人向他们自己的邪恶税吏提供足够的款项来完成它的话。但是,毫无疑问,按照天主宗教的说法,这种荒谬和虚妄的赦免对这些战士来说没有任何好处,反而会伤害他们。① 但是,他以这种方式(即口头上给予不属于他力所能及的东西)欺骗了普通人,让他们去实现他邪恶的欲望,或者更确切地说是引导和诱导他们走向灵魂的永恒毁灭。因为,如果这些人不公正地侵入和攻击他国,搅扰无辜信徒的和平与宁静,掠夺、杀害或以其他方式进攻那些他们熟知的真正的天主教徒(他们保卫自己的祖国并对他们真正合法的主人保持忠诚),那么这些人就不是基督的战士,而是魔鬼的战士。因为他们堕入并犯下了几乎所有种类的罪行:强奸、纵火、盗窃、谋杀、通奸②等等。因此,毫无疑问,他们不值得被赦免,反而因此应受到指控和永恒的惩罚。但是,他们是被一个自称为基督在地上的代理的人(尽管他并不是)的言辞和文字诱导完成这些事情的。

此外,他也不满足于按照自己的命令或通过诱使平信徒来实施这些可怕行为,这位"流人血弄诡诈的人"③从他的弟兄或同伙(被称为枢机主教)中派了一位教士,率领一大队骑兵和步兵,进攻伦巴第大区。

---

① 1321年12月18日,教皇约翰二十二世在全欧洲向反对维斯孔蒂家族和其他人的十字军进行布道,并且遵循教皇英诺森三世的榜样(c.13.X.Dehaeret.[5,7] §4),授予这些十字军战士或任何为此目的提供一定数额资金的人放纵的特权。

② [译者注]此处原文为两个词,即 fornicatio 和 adulterium,二者的区分在于后者指至少婚合一方处于与他人的婚姻关系中。中文中并无准确区分两种情况的对译,故统一译为"通奸",特此说明。

③ 《诗篇》,5:6。

同样地，在意大利安科纳的一次行军中，他派了一位僧侣方丈，进攻和消灭基督信徒。① 由于这些信徒拒绝服从他针对他们的统治者的不虔敬和不义的命令，他就无情地进行了刚刚提到的各种迫害，并且因此在他的言论和文字中带着他惯常的傲慢称呼这位尽可能地分担这些信徒的苦难并帮助他们的虔诚统治者路德维希为"异端的赞助人"。②

这就是这位主教消耗和转移教会尘世物的各种用途，而虔诚的信徒（无论统治者还是臣民，共同体还是个人）设立这些尘世物是为了供奉福音执事并帮助那些无力养活自己的穷人。他还寻求转移遗嘱中遗赠给虔敬事业（如海外传教、从异教徒手中赎回俘房等其他类似事业）的尘世遗产，以及不公正地为自己要求该遗产的权力。但是，举起武器或在基督信徒中间举起武器（尤其是在不义的时候），既不是使徒职和教士职的事工，也不适合教士或献身于上帝的人。相反，如果他们之间存在不和或分歧，教士应当通过恰当的劝诫召唤他们返回和谐之中，就像这一论第5和9章借着使徒保罗、克里索斯托、希拉里和安布罗斯的权威所充分表明的那样。③

那么，至于其他方面，无论罗马主教还是任何其他主教都不应被允许或被委托授予和分配教会尘世物的如此普遍、绝对和广泛的权力，相反，统治者和立法者要么在绝对的意义上从他手中撤销这一权力，要么以这样一种方式节制他的权力，使得那些为了信徒现在和未来的救赎

---

① 这位教士是伯特兰·德·普吉（Bertrand du Pouget），教皇约翰二十二世的侄子，1320年7月到1333年4月被任命为伦巴第大区的教皇使节。这位僧侣是阿梅勒·德·劳特雷克（Amèle de Lautrec），博蒙特区司铎，图卢兹圣塞尔宁修道院院长，1317年至1328年担任安科纳行军的主持，1326年12月以来担任沙特尔主教。

② 参见教皇约翰二十二世于1323年10月8日发布的文件《第一道谕》（Primo Processo）。

③ 参见《和平的保卫者》，II.5.6，II.9.4—6。

而迄今为止已经、正在或将要设立和规定的事情,不会沦为对他们持续的尘世搅扰以及最终的永久折磨。

17. 正是利用这些赞美和取悦上帝的行为(就任何心智健全、感情纯洁的人所能理解的而言),当今所谓的罗马教皇及其执事(他称之为"使节")已经并且现在仍然反对我们常常提到的罗马人的王路德维希。他也以这种方式反对路德维希的总督和忠诚的臣民,尤其是在伦巴第大区、托斯卡纳大区以及安科纳行军期间。但是,他迄今为止尤其迫害其中一位慷慨、高贵和杰出的天主教徒,这位教徒以正直和严肃的道德品质在其他意大利人中脱颖而出,他就是善好回忆中的马泰奥·维斯孔蒂,帝国授权的米兰总督,众多忠诚的人民都追随他。因为上述主教在他的亵渎布道和文字中宣布(尽管是最不义地),这位教徒过着受诅咒的生活并且处在"受诅咒的回忆"之中。① 但事实上,不是马泰奥,而是他自己(许多丑闻由他产生,他总是从他的"恶库里取出恶来"②),在上帝和人类面前是受诅咒的,在他死之前和死之后更是如此,正如《马太福音》第 18 章中来自真理的威胁,基督说,"那绊倒人的有祸了";他在同一章再次说道:"凡使这信我的一个小子跌倒的,倒不如把大磨石

---

① 参见 *MG. Const*.V, p. 711ff.。[译者注]结合布本和瓦本注释,马泰奥·维斯孔蒂(Matteo Visconti,1250—1322)在 1287 年被选为米兰的市民官,1294 年成为伦巴第的帝国总督,1302 年被德拉托雷家族的圭多·德拉托雷(Guido de la Torre)击败并被迫流亡,1310 年在皇帝亨利七世的支持下回到米兰继续掌权,1311 年成为米兰的帝国总督。1313 年亨利七世去世后,教皇约翰二十二世在 1317 年 3 月 31 日发布的教令《主教弟兄谕》中以绝罚的威胁宣布,亨利七世任命的所有帝国总督(包括马泰奥·维斯孔蒂),在未经教皇(他当时宣称是帝位空缺,他负责管理帝国)许可的情况下,不得保留总督头衔,也不得行使总督一职。1317 年 5 月,马泰奥·维斯孔蒂在教皇使节伯特兰·德拉图尔(Bertrand de la Tour)和纪伯纳(Bernard Gui)的见证下放弃了总督头衔,但是他仍然作为米兰领主(signore)行使大量权力。他在 1318 年被绝罚,1322 年 3 月被判为异端。

② 《马太福音》,12:35。

拴在这人的颈项上,沉在深海里。"①但是就像基督的其他告诫一样,这个执迷不悟、不思悔改的人也不会在意这个威胁,反而不断地迫害和亵渎许多其他忠诚而坚定地追随罗马统治者的杰出人士。他一直在上帝和人类面前用他的渎神和亵渎行为试图玷污(尽管并没有玷污)他们的名声。因为正如大师在《箴言书》第4书第18段第6章中所说,"上帝不总是跟从"这位主教及其"教会的判决",因为后者"有时通过欺骗和无知进行判决"。②哲罗姆在针对《马太福音》第16章"我要把天国的钥匙给你"这句经文的注解中对此给出了理由,他说(重复这句话并不会让人乏味):"一些不理解这段经文的人(补充:这位主教)披上了法利赛人的傲慢,以为自己能够惩罚无罪之人、解救有罪之人。"他画龙点睛地补充道:"而与上帝同在的,不是教士的判决,而是被告的生命。"③因此,"上帝"不会"跟从"这样一位教士或主教或者"教会的"不义"判决"。基于此,正如我们所说,信徒中的任何人都不必尊敬或害怕他及其同伙的亵渎,因为它们不会转移到信徒群体身上,反而会借着神圣的力量,重新返回到那些输出亵渎之人的肮脏身体以及罪恶而不幸的灵魂上。

18. 因此,我们刚刚描述的东西是我们探求事物的真正开端,也是该事物在这些开端之后或从这些开端中而来的适当和不适当的发展方式,尽管它们由于时间太久或者由于人类的懒惰和忽视而从他们的视线或记忆中溜走了,并且这些与真理相反的东西由于人类听取虚假或

---

① 《马太福音》,18:6—7。
② 彼得·伦巴第:《箴言书》,lib.4,dist.18,c.6,Migne 192,p.887。参见《和平的保卫者》,II.6.9。
③ 彼得·伦巴第:《箴言书》,lib.4,dist.18,c.6,Migne 192,p.887。

虚构观点的习惯而被偷偷引进并植入了信徒的灵魂之中。[1] 这些东西的起源和导火索是贪婪或贪心以及野心或傲慢，而罗马主教及其神职人员的教团或团体声称(但是以使徒圣彼得的名义)基督交给了他充足权力，这一可恶的观点和声明极大促进了它们的增长和监护。然而，在对《圣经》进行了大量艰苦细致的审视和研究并且区分开了神圣的经文和属人的文字(一些罗马教皇将其混为一谈，他们相信通过将它们混合在一起，就可以将只应属于圣典的权柄转移到自己的章程上来)之后，我们确定了上述声明或头衔的意思，并在这一论第23章中向那些使用自己的理性(至少没有被邪恶情感搅扰)的人充分揭示了关于充足权力的意思是错误的。而其中最错误的是，罗马主教在上述言论中转移到了充足权力的最后一种意思上，也就是说，借着充足权力，他把对地上所有统治者、共同体和民族的普遍或最高的强制司法管辖权(他隐喻性地称之为"尘世之剑"[2])归给了自己。正如我们所说，并且基于我们所说的原因，尽管他现在只是针对罗马统治者施展这个头衔，但是他会对所有其余国家施展同样的行动，当他察看到它们的叛乱，并且看到他自己当前有武力篡夺和夺取这些国家的时候。

19. 所以这就是罗马主教们迄今为止在尘世的公民行为方面因人类的懒惰而被许可使用充足权力的方式，他们现在仍然使用它，并且他们除非被阻止，否则将会以更加糟糕的方式使用它。因为他们制定了寡头式法律，借此免除了已正确制定之民法对各地神职人员团和其他

---

[1] 参见《和平的保卫者》，II.1.1。
[2] 参见教皇本尼法斯八世的教令《一圣教谕》；明谷的伯纳德：《论审视》(lib.4, c.3, 7, Migne 182)，p.776；罗马的吉尔斯：《教权论》(*De ecclesiastica potestate*)，II，c.14。

已婚人士的约束,而这种做法对统治者和人民造成了极大的伤害。他们还不满足于这些限制,现在还将平信徒传唤到他们自己所谓的职员或审判者面前并且想要对其施行正义,而这就彻底摧毁了那些行使统治职权之人的司法管辖权。

这就是争执或尘世不和的独特原因,它深深地隐藏在它的起源中,而我们从一开始就计划将它揭示出来。① 因为许多信徒由于神圣的经文和属人的文字的相互牵扯而产生了谬误推理,并且被诱导相信罗马主教及其神职人员(被称为枢机主教)可以随心所欲地对信徒们制定教令,所有信徒按照神法都必须遵守它们,而违反它们的人应受到永恒的诅咒。但是,我们在前面,尤其是在第 1 论第 12 和 13 章以及这一论第 21 章第 8 节中,明确证明了这并不是事实,也不接近事实,而是明显与真理相悖。

正如我们在序言中所说,这也是意大利国家长期以来并且仍然处在苦难之中的原因,这个原因还拥有巨大的蔓延性,一点也不小,并且它倾向于渗入到所有其他政体和国家。事实上,它已经在某种程度上感染了所有国家,最后它除非被阻止,否则将像感染意大利一样彻底感染它们。

基于此,对所有统治者和民族来说有利的是,他们要通过公会议(应像我们前面所说的那样召集它)禁行并绝对禁止罗马主教和任何其他主教使用该头衔,以防人民由于听取虚假观点的习惯而被诱惑。他授予并分配教职和尘世物或恩惠的权力也应被撤销,因为这位主教滥用这些东西,以便损耗天主教信徒的身体并且惩罚他们的灵魂。所有

---

① [瓦本注]参见《和平的保卫者》,I.1.3。

拥有司法管辖权的人，尤其是国王，都必须按照神法遵守这一点，因为他们是为此目的（即行审判和正义）而被立的。他们此后若忽视了该目的，将不会得到宽恕，因为他们并非不知道这一疏忽将导致的丑闻。至于罗马主教及其上述宗座的继任者们，以及所有其他教士、执事和精神执事（我呼唤上帝给我的灵魂和身体作见证，以下这些话并不是将他们视为敌人，而是视为基督里的教父和弟兄们），让他们献身于模仿基督和使徒们，绝对地弃绝尘世的统治职权和尘世物的所有权。因为我照着基督和使徒的教导，公开在众人面前谴责和责备他们是罪人。作为真理的传令官，我试图通过神圣的经文和属人的文字的和谐，召唤他们返回真理的道路上来，以便他们（尤其是被视为更加远离正道的罗马主教）能够注意到"全能的上帝以及使徒彼得和保罗的愤怒"，而这种"愤怒"是他经常单独拿来威胁他人的。[1] 因此，他要留意仁爱的秩序，以便在教导他人注意之前自己先注意到。

事实上，他并非不知道或者今后不知道，他攻击、不公正地阻止并搅扰罗马统治职及其统治者的行为逾越了（或者更准确地说违背了）基督和使徒们的建议或诫命。他也并非不知道战争是因他和他的一些前任在意大利煽动的丑闻才爆发的。成千上万的信徒因此暴毙，我们可以推测，这些信徒很可能受到永恒的诅咒，因为他们中的许多人在充满对弟兄们的仇恨与恶意中突然招致了死亡。而那些幸存者也是不幸的，他们除非得到神圣的治愈之手的帮助，否则也要期待几乎类似的危险处境和悲惨的结局。因为仇恨、争执和斗争侵入了他们的灵魂，并引发了战斗。现在，两性身上正直的道德和戒律已经被败坏，他们的心灵

---

[1] "全能的上帝以及使徒彼得和保罗的愤怒"是教皇文件里常用的威胁方式。

和身体几乎完全被各种罪恶、放荡、暴行和错误所占据。恢复子嗣继任的根基已被切断,他们的基础已被消耗殆尽;房屋被拆散推倒,无论多么伟大著名的城市空无一人,居民一贫如洗,贫瘠荒芜的土地不再结出常见的果实;最可悲的是,神圣崇拜在那里几乎完全停止并为人所遗忘,而教堂或圣殿依然缺乏教区长或教区教士的关心。谁曾煽动并持续煽动悲惨的居民(他们的心灵被彼此之间的仇恨与不和蒙蔽了)到处遭受所有这些苦难,谁就是"大龙,那条古蛇",应被称为"魔鬼和撒旦",因为他竭尽全力"诱惑"并试图诱惑"普天下"。[1]

20. 因此,谁在看到和知道这个饱受踩躏的祖国或母亲的儿子曾经如此美丽,现在却如此丑陋和破碎,而且能够反对那些欺骗和不公正地破坏它的人的时候,可以如此麻木不仁,以至于保持沉默,抑制住对主的呼求呢?因为对于这样一个人,我们可以与使徒保罗一起最确切地说道:"他否认了信仰,(比所有)不信的人还要糟糕。"[2]

因此,我们就这样确定了充足权力及其诸模式,它的起源和发展,罗马主教以何种方式以及如何为自己假定并使用(无论在教会礼仪方面还是在人类的尘世公民行为方面)它。

---

[1] 《启示录》,12:9。
[2] 《提摩太前书》,5:8。

第 27 章

论对这一论第 15 章以及随后其余章节的结论的一些反驳

1. 然而,关于我们在这一论第 15 章以及随后其余章节所说的,有人可能会质疑并表明,首先,主教比教士更有尊严并且在类型上不同于教士独有的尊严。主教的尊严不是借着我们所说的"可分的"人类制度,而是借着我们先前称为"本质的"圣授。这一点似乎可以从《路加福音》第 10 章中得到确证,其中有这样一句话:"这事以后,主又设立另外 70 个人,差遣他们两个两个地在他前面。"①贝达对此说道:"正如没有人怀疑十二使徒预表(premonstrare)了主教一样,这 70 人也预表了教士的次阶品级的长老。"②《提摩太前书》第 5 章进一步表明了同样的观点,使徒保罗说:"反对长老的控告,除非有两三个见证,否则不要接受。"③所以提摩太在尊严上比其他教士高,但不是借着教士们或信徒群体的选举,而是借着神圣的规定。教皇克莱门特在题为《致主的弟兄雅

---

① 《路加福音》,10:1。
② 托马斯·阿奎那:《金链》,vol.12, p. 114。
③ 《提摩太前书》,5:19。

各》的书信中也明显写下了同样的内容。① 正如从上述《伊西多尔法典》中可以清楚看到的那样,这似乎也是几乎所有据说继承圣彼得或圣保罗之罗马宗座的主教们的观点。

2. 其次,似乎可以表明,借着基督而非他人直接交给他的权力或权柄,圣彼得比其余使徒更优越,进而他的继任者比其他使徒的继任者更优越。这似乎首先是《马太福音》第16章的观点,基督单独对彼得说:"我还告诉你,你是彼得,我要把我的教会建造在这磐石上,地狱之门不能胜过它;我要把天国的钥匙给你……"②基督通过这段话似乎明确表明了,圣彼得将是教会的"头"和根基,尤其是在基督死后。注解对此说道:"他专门将它(即权力)授予了彼得,以便他召唤我们走向统一。因为他立彼得为使徒们的首长,以便教会拥有一位基督的首席代理,而教会中不同成员之间若有分歧,就可以向他求助。因为如果教会中出现不同的'头',统一的纽带就会被撕裂。"③《路加福音》第22章进一步表明了同样的观点,当基督专门对彼得说:"但我已经为你彼得祈求,叫你不至于失了信心,待你回头以后,要坚固你的弟兄。"④所以圣彼得被委托首要地牧养和坚固他的弟兄(即使徒们)和其他信徒,是因为他的信心稳固,而基督似乎为他单独祈祷过,以免他失了信心。我说,以免他及其继任者失了信心。注解对此说道:"'坚固你的弟兄',因为我已立你为使徒们的首长。他们要被彼得巩固,这一点不仅应被当时的使徒们所理解,而且应被全体信徒所理解。"注解稍后补充道:"通过悔改,他

---

① 《伪伊西多尔教令集》,p. 30ff.。
② 《马太福音》,16:18—19。
③ 托马斯·阿奎那:《金链》,vol.11,p.199。这句注解不在《标准注解》中,可能来自安瑟尔谟。
④ 《路加福音》,22:32。

(即彼得)赢得了当地上至高祭司的资格。"①《约翰福音》第21章也表明了同样的观点,因为基督单独对彼得说,"喂养我的羊,喂养我的羊羔,喂养我的羊"②,他三次重复了同一句话。因此,基督并没有指定是哪只羊,他似乎直接立彼得为所有羊的首要而普遍的牧者。克里索斯托也对此这样说道:"因为彼得是使徒中最杰出的,是门徒的嘴,是他们团体的头;因此,当他的否认[即彼得不认主]被撤销后,基督就委托他为弟兄们的教长。"③这一点最后可以借着众多圣徒对《约翰福音》第21章"我若要他等到我来的时候,与你何干?你跟从我吧"④这句话的注解权威得到确认。因为奥古斯丁说:"教会知道上天赐给了它两种生活,其中一种在信中,另一种在望中。这一种(即在信中的生活)是由使徒彼得指示的,因为他是使徒职上的首席。"⑤此外,赛奥菲拉克在同一处说道:"基督立他为所有信徒的教长。"⑥克里索斯托说:"如果有人说,那么,如果雅各是登上耶路撒冷的宝座的呢?我要这样说,因为他加冕彼得为全世界的师傅。"他稍后说道:"这位(即彼得)被授予弟兄中最重要的位置。"他进一步说道:"那么,因为主已经对他(即彼得)预言了伟大的事情,并把全世界委托给了他。"⑦此外,针对《约翰福音》第21章"我若要他等到我来的时候"这句经文,赛奥菲拉克这样说道:"因为我现在要差遣你做世界的教皇,你要在这事上跟从我。"⑧

---

① 托马斯·阿奎那:《金链》,vol.12, p.230。
② 《约翰福音》,21:15—17。
③ 托马斯·阿奎那:《金链》,vol.12, p.462。
④ 《约翰福音》,21:22。
⑤ 托马斯·阿奎那:《金链》,vol.12, p.463。
⑥ 托马斯·阿奎那:《金链》,vol.12, p.464。
⑦ 托马斯·阿奎那:《金链》,vol.12, p.464。
⑧ 托马斯·阿奎那:《金链》,vol.12, p.464。

进一步来说,因为如果基督没有为教会立一个"头",那么他就是在离开的时候让教会群龙无首,也没有按照更好或最好的安排规定教会。然而,我们必须相信,他以最好的方式把教会安排和规定好了。所以我们必须认为,他为教会立了一个"头",而没有比圣彼得更适合当"头"了。因此,借着基督的直接指定,彼得在权柄上胜过任何其他使徒。

3. 接下来,我们可以通过表明保罗在尊严或权柄上不等同于圣彼得来具体确证这一点。因为在《加拉太书》第2章中,有这样一句话,保罗说:"接下来,过了3年,我才上耶路撒冷去见彼得,和他同住了15天。"他稍后补充道:"过了14年,我同巴拿巴又上耶路撒冷去,并带着提多同去。我是奉启示上去的,把我在外邦人中所传的福音对弟兄们陈说,却是背地里对那有名望之人说的,唯恐我现在或是从前徒然奔跑。"①注解对此说道:"他(即保罗)表明自己并不具有福音的保证,除非得到彼得和他人权柄的确认和巩固。"②因此,既然按照注解所说,保罗从彼得那里领受了福音的保证,那么他在权柄上显然不等同于彼得。因此,似乎可以从这段经文和上述其他经文中必然推出,地上所有其他主教都要按照圣授服从于作为圣彼得唯一继任者的罗马主教。罗马教会也同样是所有其他教会的"头"和首座,因为它的主教(圣彼得的继任者)是所有其他主教的审判者和牧者。

伊西多尔在上述法典中更充分地表达了这一点,他在题为"尼西亚公会议序言开始"一章中这样说道:"所有天主教徒都必须知道,罗马圣教会不是借着任何公会议的法令拥有教长地位的,而是借着我们的主

---

① 《加拉太书》,1:18,2:1—2。
② 彼得·伦巴第:《汇编》,Migne 191, p. 103D。参见《标准注解》。

和救主的福音话语获得首座地位的,因为主对使徒圣彼得说:'你是彼得,我要把我的教会建造在这磐石上;我要把天国的钥匙给你……'"①的确,从圣彼得时代到君士坦丁一世时代,所有罗马主教迄今为止都是在没有任何统治者承认的情况下这样使用首座权的,也就是说,罗马主教制定教规并命令每个教会遵守它们,正如从刚刚提到的法典的段落中可以显而易见的那样。

4. 此外,我通过推理来确认这一点:因为使徒保罗在《以弗所书》第4章中说"一信"②,所以只有一个教会;但不会只有一个教会,除非有一个"头"和首座;没有比罗马主教更适合或与他同等适合当"头"的人了,因为他是圣彼得唯一的继任者,而彼得是基督所说的要把教会建造在其上的磐石。这一点可以从以下推理中得到确认:因为正如尘世物被还原到一个本原,即统治职,精神物似乎同样应被还原到一个首座,即主教职。还可以从另一个推理中得到确认:因为正如一座圣殿或一个教区必须有一位主教,以防那里的"每一位"教士"各自为政",分裂"基督的教会",正如我们在这一论第15章从哲罗姆致伊万德的信中所援引的那样。③ 同样地,为了维持信徒的统一,在基督的普通教会中有一个"头"是非常必要的。因为这种善越公共,就越神圣,越值得选择。④ 因此《约翰福音》第10章写道:"要合成一群,归一个牧者。"⑤鉴于先前给出的理由,似乎罗马主教最适合当这个牧者和其他人的"头"。

5. 然而,似乎可以从上述观点中必然推出,唯独罗马主教是所有其

---

① 《伪伊西多尔教令集》,p. 255。
② 《以弗所书》,4:5。
③ [瓦本注]参见《和平的保卫者》,II.15.8。
④ [瓦本注]参见亚里士多德:《尼各马可伦理学》,1094b,10。
⑤ 《约翰福音》,10:16。

他主教的次级按立(无论直接的还是间接的)的首要动力因,因为他拥有对所有主教、教士以及其他教会或圣殿执事的普遍权柄。安布罗斯在《论移交教堂》中的权威支持了这个观点,他这样说道:"教会是上帝的,不应归于凯撒。凯撒的法权不能包括上帝的圣殿。"[1]由此也不能包括圣殿中的教士按立(我们在这一论第 15 章中称这为他们的次级权柄)。如果凯撒的法权不能包括教堂的移交,那么就更不必说任何其他行使统治职权之人的法权了。因此,如果任何统治者的法权都不能包括这权柄,那么它将按照神圣权柄属于作为所有教士的"头"和首座的罗马教皇。

6. 由此似乎也可以必然推出,分发或授予恩惠或教会尘世物的权柄属于罗马教皇,因为授予这些物品是为了行使职权。

7. 似乎还可以从上述观点中推出,这位首要的主教拥有对地上所有其他主教和其他圣殿执事的强制司法管辖权。因为他们是按照圣授服从他的,正如从前面推理中所显明的那样。这一点还可以从上述《伊西多尔法典》的一章中得到支持。因为他在该章中写下这段话:"但我并不认为人们应当忽视统治者在公会议中的卓越行为。因为主教们从所有地方聚集而来,并且像通常发生的那样,因各种原因而在他们中间引起了一些争吵。经常有个别主教打断他们,对他们提出书面指控并公开指出错误,他们自己则更多专注于这些事情,而不是专注于他们召开公会议的目的。这位统治者看到这样的争吵会导致公会议主要事务受阻,就定下了一个日子,每一位主教都要在这一天提出他可能有的任

---

[1] 安布罗斯:《驳奥森提乌斯论移交教堂的布道》,c.35,Migne 16,p.1061(873)。

何抱怨。当这位统治者就座后,他收到了个别主教的书面指控。他把它们全都抱在膝上,没有透露其中的内容,而是对主教们说:'上帝已经立你们为教士,甚至给了你们审判我们的权力,因此,你们可以正确地审判我们,但你们不能被人审判。基于此,你们要独自等待上帝的审判,让你们的争吵(无论它们是什么)被留存下来,等待神圣检验。因为你们是上帝赐给我们的神。人审判神是不合适的。'"① 所以如上所述,对主教们的司法管辖权属于罗马主教,他是地上众神之神。

8. 出于同样的原因,这位主教似乎有权召集和主持教士的公会议,还有权在这些公会议中就神法和教会礼仪提出并决定他认为必须提出和决定的东西。伊西多尔在上述法典的序言中谈到召集公会议的权柄时说道:"召集公会议的权柄已经被委托给了宗座——就其私人权力而言,我们没有听说任何公会议在没有他授权召集或支持的情况下是权威的。这是正典权威所见证的,教会历史所巩固的,教父们所确认的。"②

9. 这位伊西多尔在同一部法典的同一章中谈到确定或界定《圣经》意思的权力或权柄时说道:"接下来,我们在本书中收集了各种希腊和拉丁公会议——无论是早前还是后来召开的——的程序,并按照其数量和时间的顺序分门别类,我们还将附上圣格列高利之前的罗马教长们的其他教令及其各自信件,而他们作为宗座之首,其权柄并不低于公会议的。"③ 因此,至高教皇能够仅凭自己的权柄决定那些公会议的权柄所能决定的事情,因为按照伊西多尔的观点,他的权柄并不低于公会

---

① 《伪伊西多尔教令集》, p. 256。
② 《伪伊西多尔教令集》, p. 19。
③ 《伪伊西多尔教令集》, pp. 17—18。

议的。然而,如这一论第20章所示,公会议的权柄能够并且应当确定、界定和解释《圣经》中可疑的意思。哲罗姆在一封题为《天主教信仰释义》的信中似乎对这个问题持有相同的观点,他在信中这样说道:"至福的教皇,这是我们在天主教会中学到的、我们始终持有的信仰。但如果其中有任何东西的处理是不专业的或模糊不清的,我们希望你来修正它,因为你持有彼得的信仰和宗座。然而,如果我们的忏悔得到你使徒职判决的认可,那么任何想要污蔑我的人都不能证明我是异端,反而会证明自己是不专业的、恶意的,甚至是不正统的。"[1]

10. 至于设立属于教会礼仪和永恒救赎之事的权力,基督在《路加福音》第10章的神谕显明了这一点。因为他对使徒们并以他们的名义对所有主教或教士说:"听从你们的就是听从我,弃绝你们的就是弃绝我。弃绝我的就是弃绝那差我来的。"[2]所以我们必须遵守教士为了救赎的必要而立的东西。

11. 因此,圣伯纳德在《论审视》第2卷中对罗马教皇所处理的这些权力以及其他更大的权力进行汇编时,对教皇尤金这样说道:"我们现在应当返回到刚刚岔开的地方,继续讨论余下的部分。来吧,让我们更加严肃地考察一下,你是谁,也就是说,你当前在上帝的教会中承担什么角色。你是谁?大祭司,至高教皇。你是主教们的首长,你是使徒们的继承人,你在优先性方面是亚伯,在管理方面是诺亚,在宗主教方面是亚伯拉罕,在品级方面是麦基洗德,在尊荣方面是亚伦,在权柄方面是摩西,在审判方面是撒母耳,在权力方面是彼得,在涂膏方面是基

---

[1] (伪)哲罗姆:《大马士革寓意解释》,p.124。参见《和平的保卫者》,II.19.5。
[2] 《路加福音》,10:16。

督。"他稍后在同一处继续补充他的观点:"你是唯一的牧者,不仅是所有羊的,而且是所有牧者的。你问我从哪里证明这一点呢?从主的话中。因为我说,主教和使徒的所有羊都如此绝对和完整地被委托给了谁呢?'彼得,如果你爱我,喂养我的羊。'"他稍后补充道:"谁不清楚他不是分配了一些羊而是分配了所有羊给他呢?没有区分的地方就没有例外。"他稍后还补充道:"因此,其他使徒中的每一个都单独选择了特定的民众,因为他们知道圣礼。最后,雅各,被视为教会柱石之一,只满足于耶路撒冷,而把共体留给了彼得。"他最后总结道:"所以按照你的教规,别人在分担责任上被称呼,你在充足权力上被称呼。别人的权力受到特定的限制,你的权力甚至延伸到了那些拥有针对他人的权力的人身上。如果事出有因,难道你不能关闭主教的天国之门,废黜他的主教职分,甚至把他交给撒旦吗?所以在交给你的钥匙和委托给你的羊上,你的特权坚不可摧。"[1]

12. 伯纳德并没有说罗马教皇只拥有对主教、教士和其余低阶品级等教会执事的权柄,事实上,他似乎将对所有统治者的强制司法管辖权(这位伯纳德隐喻性地称之为"尘世之剑")归给了这位主教。因此,他在第4卷第4章对同一位尤金这样说道:"你为什么要试图重新篡夺你曾被命令收入鞘的剑呢?但是,在我看来,否认这把剑是你的人似乎没有足够注意到主说的这句话:'收剑入鞘。'所以这把剑是你的,拔剑出鞘也许需要你点头,尽管不需要你亲自动手。否则,如果这把剑根本不属于你,那么当使徒们说'看,这里有两把剑',主就不会回答'足够

---

[1] 明谷的伯纳德:《论审视》,l.2, c.7—8, §15—16, Migne 182, pp.751B—D, 752A—B。[布本注]参见《和平的保卫者》,II.23.5。

了',而是会回答'太多了'。所以这两剑,即精神之剑和尘世之剑,都属于教会;但尘世之剑出鞘是为了教会,精神之剑出鞘是出自教会;精神之剑属于教士,尘世之剑出鞘需要士兵动手,但显然需要教士的点头和皇帝的命令。"①

圣徒的许多其他权威段落都可用于支持上述观点。但是,由于这些段落的力量,以及解决它们的相同或类似的方式与我所援引的段落相同或类似,同时也为了讨论的简短,我没有援引它们。罗马教皇的某些教令集和法令似乎也能进一步支持这些观点。因为这些教令集和法令鼓动所有教会职位以及为此而设的恩惠都应由罗马主教和其他主教设立或授予,但绝不应由人民立法者或其授权的统治者设立或授予。此外,这些教令集和法令还鼓动教士和神职人员不应服从上述立法者或统治者的强制审判,反之则不然。这些教令集和法令还支持罗马教皇拥有伯纳德在其布道中归于他的所有权力。

---

① 明谷的伯纳德:《论审视》,1.4, c.3, §7, Migne 182, pp.776—777。

第 28 章

论对上述反驳的回应

1. 这一论的剩下部分将以适当的方式阐释并处理这一论第 3 和上一章介绍的《圣经》或正典权威以及人的推理中似乎与我们的结论相矛盾的东西。但是,在我们继续之前,最好牢记我们在这一论第 19 章中说过的话,它既符合圣奥古斯丁的观点,也符合建立在《圣经》基础之上的无误推理:也就是说,为了救赎的必要,我们没有义务相信、确信或承认任何语言或文字为真,除了那些被称为正典的语言或文字,即那些包含在《圣经》经卷中的文字,那些由此必然推出的结论,以及那些由天主教信徒公会议作出的对《圣经》经文中可疑意思的解释(尤其是在那些错误会导致永恒惩罚的句子上,如天主教信仰的条款以及在召开、举行和结束的公会议上对这些条款作出的解释)。① 基于此,在圣典或《圣经》权威无需奥秘解释的地方,我们将在任何情况下都遵循它们的清楚而字面的意思;而在需要奥秘解释的地方,我们将遵循圣徒们更受认可的观点。但如果他们借着自己的权威提出了违背《圣经》的任何观点,

---

① 参见《和平的保卫者》,II.19.1—5。

我将怀着崇敬之心接受那些与《圣经》或正典一致的观点,弃绝那些与其不一致的观点,不过,我所凭借的只有我永远依靠的《圣经》权威。因为他们有时会在《圣经》和违背《圣经》的问题上彼此有着不同的观点,正如哲罗姆和奥古斯丁对《加拉太书》第 2 章"后来矶法到了安提阿,我当面抵抗他,因他有可责备之处"这句话所做的注解,①以及安布罗斯和哲罗姆就约瑟的童贞问题所做的注解。② 此外,同一位圣徒有时也会提出自相矛盾的观点,这一点将在下文中变得显而易见。

2. 那么,基于此,让我们首先回答上一章提出的反驳。从《路加福音》第 10 章中可以推论出,主教比普通教士更有尊严,因为其中有这样一句话:"这事以后,主又设立另外 70 个人。"③而按照贝达的说法,这些人预表了教士的品级,即主教品级后面的"次阶"品级。④ 我们应当说,按照使徒保罗的观点以及我们在这一论第 15 章⑤中引用的圣徒语录,更恰当的说法是,这 70 个人预表着执事而非教士的品级;或者我们可以更恰当地说,这并不意味着主教拥有比教士更本质的品级。因此那个差遣(基督借此差他们来到世上)指示着属人的选立或按立,借此一个人在教会的内政中优先于另一个人。因为当基督说"所以你们要去教导万民"时,他并没有赐给他们本质的尊严,而是先前就传给他们了。即使假设他同时传了这两个,我还是要说,当他们借着圣灵接受教士职时,那个差遣也没有增加他们先前所没有的内在完美。然而,基督有必

---

① 《加拉太书》,2:11。注解参见彼得·伦巴第:《汇编》,Migne 192, pp. 110A—114A。
② 《加拉太书》,1:19。注解参见彼得·伦巴第:《汇编》,Migne 192, pp. 101D—102C。
③ 《路加福音》,10:1。
④ 参见《和平的保卫者》,II.27.1。
⑤ 参见《和平的保卫者》,II.15.5。

要通过次级按立的方式将使徒们立为比任何将来的教士都要优越的人,因为当时并没有信徒群体可以借此举行这样的选举,即使有,任何群体也不能像基督那样同等恰当地做到这一点。因此,在基督受难和复活之后,使徒们也借助选举来划分他们之间的省份。因为我们在《加拉太书》第2章中读到:"雅各、矶法和约翰,就向我和巴拿巴用右手行团契之礼,叫我们往外邦人那里去,他们往受割礼的人那里去。"①因此,即使假设这是对教士地位的预表(如贝达所说),我还是要说,主教并没有从上帝那里得到比教士更高的内在尊严、完美或品格,并且这一论第15章已经充分处理了其中的原由。

3. 对于从《提摩太前书》第5章"反对长老……"中而来的另一个反驳,②我要说的是,他从使徒保罗那里得到的是他对该省其他长老的次级而非本质的按立。由于信徒群体的欠缺、不充分或粗鄙,使徒保罗的意志和按立相当于一次选举。因此,使徒保罗在《哥林多前书》第3章中说:"弟兄们,我从前对你们说话,不能把你们当作属灵的,而是只把你们当作属肉体的,当作在基督内的婴孩。我给你们喂的是奶。因为那时你们不能吃,就是如今还是不能,因为你们仍是属肉体的。"③我们在这一论第17章第7节更充分地展开了这一点。

4. 对于克莱门特在题为《致主的弟兄雅各》的书信④中提出的观点,我并不认为它是确定的,因为基于其中包含的多处内容,我非常怀疑这封书信是克莱门特的。这些教规或书信同样令人怀疑,因为那些

---

① 《加拉太书》,2:9。
② 《提摩太前书》,5:19。参见《和平的保卫者》,II.27.1。
③ 《哥林多前书》,3:1—3。
④ 参见《和平的保卫者》,II.27.1。

题为《论献给主的弟兄雅各的圣衣和圣器》以及《论使徒们的团契生活》的书信①写得好像克莱门特在向雅各描述基督和使徒们一起做的事情。然而,这将意味着克莱门特的极度无知,更不用说他的臆断了,如果他想要表示他几乎借着教导的方式听到了当时实际在场并见过基督和使徒们的人(他也是使徒之一)说的这些东西。事实上,谁能在基督和使徒们的生活方面更好地教导耶路撒冷的门徒呢?谁应当更了解教会礼仪呢,使徒还是使徒的继任者?② 绝没有人会产生疑惑。基于此,这些书信应当被认为是虚构的。但假设它们是克莱门特的书信,例如一些人依靠寓言断言,甚至莽撞地说,由于克莱门特是罗马主教,所以他在上帝的教会中比使徒雅各更有权柄。我们可以恰当地质问这些人:为什么克莱门特的书信不像雅各的书信那样被放在圣典之中?但是,当我们论述它们所依靠的《圣经》权威时,我们将回答上述显然违背基督和使徒们的观点的书信中的反驳。

对于据说继承圣彼得或圣保罗之罗马宗座的所有主教们的观点,③我们应当回答道,我们要像我们回答第一个反驳时所说的那样去理解它们,否则我们就要抛弃它们,转而遵循这一论第15和16章中使徒保罗和哲罗姆的观点。④

5. 对于那些圣典权威,它们似乎表明,圣彼得,不仅借着人的选举而且借着基督的直接命定,在尊严上高于任何其他使徒,因为这一点首先可以从《马太福音》第16章中推出:"你是彼得,我要把我的教会建造

---

① 《伪伊西多尔教令集》, pp. 46ff., 65ff.。
② [译者注]瓦本将"使徒还是使徒的继任者"译为"雅各还是克莱门特",以此表明这里的使徒和使徒的继任者分别指雅各和克莱门特。
③ 参见《和平的保卫者》,II.27.1。
④ 参见《和平的保卫者》,II.15.5,II.16.6,II.16.9。

在这磐石上;我要把天国的钥匙给你……"①似乎凭借这句经文,基督至少在他自己缺席的时候立了教会的"头"和根基。我要说的是,在上帝的直接命定下,教会的"头"和根基现在和过去都只有一个,那就是基督,而不是任何一个使徒,即使是在基督缺席的时候,就像我们在这一论第16和22章中借着《圣经》无可置疑地确信的那样。所以对于"在这磐石上……"这句圣典,我要根据注解说:"'在这磐石上',即在你所信仰的基督上。"《字里行间的注解》对此补充道:"'你是彼得',即你是我做的一块磐石,但由此我就为自己保留了成为根基的尊严。"②而基督称他为彼得,即信仰上的稳固,我们不会否认这一点。即使假设他比别人更稳固,在应得功绩上更完美,这除了说明他在时间上碰巧是优先的以外,并没有因此说明他在尊严上是优先的,正如我们在前面借着《圣经》清楚证实的那样。圣奥古斯丁对这处经文的阐释支持了我们说的话符合《圣经》意思,因为他在《回顾》中说:"我在某个地方就使徒彼得说过,教会被建造在作为磐石的彼得之上。但我认识到,从那时起,我经常阐释主的这句话,'你是彼得,我要把我的教会建造在这磐石上',将其理解为建造在彼得所承认的人之上,因为彼得说'你是基督,是永生上帝的儿子',就好像以这块磐石命名的彼得预表了建造在这磐石上的教会。因为基督没有说'你是磐石',而是'你是彼得'。磐石就是基督,西门像全体教会认信他(即基督)一样承认基督,而那时西门就叫彼得了。"③其中的原由可以从《圣经》中得到处理,因为只要彼得是一个

---

① 《马太福音》,16:18—19。参见《和平的保卫者》,II.27.2。
② 《字里行间的注解》;《标准注解》。
③ 奥古斯丁:《回顾》(Libro retractationum),l.1, c.21。参见托马斯·阿奎那:《金链》,vol.11, p. 198。

羁旅者,他就能够用他的自由意志犯错误和犯罪。因此,我们读到他否认过基督,并且有时偏离福音的真理。但这样的人不可能是教会的根基,相反,正如《哥林多前书》第3章所显明的,唯独绝不犯错的基督是根基,因为从他受孕的那一刻起,他就被确认为无罪的。因此,使徒保罗在上面经文中说:"因为那已经立好的根基就是耶稣基督,此外没有人能立别的根基。"①

6. 对于补充的话"我要把天国的钥匙给你……",这并不意味着基督赋予了彼得凌驾于其他使徒之上的权柄,因为按照我们在这一论第6章第3节中援引的哲罗姆和赫拉班的注解,基督也赋予了其他使徒同样的审判权。进一步来说,因为基督在这些话里似乎并没有传给他钥匙权;因为他说"我要给你",用的是将来时,而不是说"我给你"。此外,他在《约翰福音》第20章中无差别地对所有门徒说:"你们要受圣灵;你们赦免谁的罪……"②即使假设彼得确实在这些话中接受了这一权力,由此也无非得出这样一个结论:他在时间上被立为第一位牧者,基督将这些钥匙单独传给他,是因为他想要表示教会在信仰上的统一。正如注解所说,③基督正是通过钥匙的单独传递或应许来邀请信徒走向统一的;或者也许是因为他第一个坚定并明确承认基督是上帝之子,所以他首先被给予了钥匙并被荣耀或者得到荣耀的应许,以便他的奖赏或应许为其他公开坚定认信基督的人提供一个榜样。但是,这并不因此证明他在尊严或权柄上优先于其他人,尽管许多注解家似乎按照自己的意思谈论这一点,因为它并不是从《圣经》中得到的。然而,我们在《马

---

① 《哥林多前书》,3:11。[译者注]参见《和平的保卫者》,II.22.5。
② 《约翰福音》,20:22—23。
③ 参见《和平的保卫者》,II.27.2。

太福音》第20章和《路加福音》第22章中找到了"他们中间会争论谁为大"这句经文,它无误地表示了我们所说的是真的,基督在这句经文中公开界定了这个问题,并说他们中没有任何一个人胜过其他人。因为①同样地,基督在《马太福音》第23章中对他们这样说道:"你们(补充:你们彼此之间)不要受拉比的称呼。因为只有一位是你们的师傅,你们所有人都是弟兄。"②"所有人都是弟兄",即平等的,所以基督没有排除任何人。如果我们必须相信注解家(无论这位注解家是谁,甚至是一位圣徒)的权威而不是基督的权威,尤其是当他不是作为注解家而是按照自己的意思谈论这一点的时候,这将是令人惊愕的。因为《圣经》的经文是如此清楚,以至于在这一点上并不需要注解。进一步来说,因为注解家本人在阐释《加拉太书》第2章时说了违背经文的话,正如这一论第16章所显明的那样。然而,我们已经在这一论第4和16章③中充分而详细地论述了这一点,由于事情是显而易见的,也为了论述的简洁,我们没有重复所有的证据。

7. 对于取自《路加福音》第22章的另一个正典权威,即基督对圣彼得说,"但我已经为你彼得祈求,叫你不至于失了信心,待你回头以后,要坚固你的弟兄"④,有些人从这句话中得出了两个推论:第一个推论是,只有罗马教会不会失了信心,基督也将彼得的信心理解为他的继任者们的信心,因此一位继承他的主教是其他主教中的首座;第二个推论是,基督通过这句话使得彼得成为其余使徒的教长。我要说,这两个

---

① 《马太福音》,20:24—28;《路加福音》,22:24—30。参见《和平的保卫者》,II.4.13。
② 《马太福音》,23:8。参见《和平的保卫者》,II.16.6。
③ 参见《和平的保卫者》,II.4.3ff.,II.16.6ff.。
④ 《路加福音》,22:32。参见《和平的保卫者》,II.27.2。

推论都不能从基督的话中有效得出。因为,首先,在这个推理中,后承与前提存在矛盾。其次,我要论证,我们不能从《圣经》中以及从基督而不是其他人的话中得出这两个推论。我们不能得出刚刚提到的第一个推论,因为基督在《马太福音》最后一章中对所有人说:"你们要去教导万民……看,我常与你们同在,直到世界末日。"① 所以基督以这种方式应许他常与其他使徒同在,直到世界末日,如果这句话试图指向的是彼得的继任者,那么基督也试图指向其他使徒的继任者。进一步来说,因为如果罗马主教被单独称为圣彼得的继任者,那么很明显,一个或多个异端已经作为该宗座上的主教被赋予了优先地位,正如这一论第 20 章②针对利伯略和某些其他人表明的那样。此外,因为这一论第 16 章已经证明了,由于我们在那里按照《圣经》给出的理由,罗马主教不是圣彼得的唯一继任者。第二个后承同样无效,我也用《圣经》来论证这一点。因为保罗在福音书中带给彼得一些东西,反之则不然,正如我们在这一论第 16 章③中从《加拉太书》第 2 章中所足够归纳的那样。更明显的是,我们先前从《马太福音》第 20 章和《路加福音》第 22 章中援引的基督的话就摧毁了这个推论的后承,因为基督从这些话的明确意思中确定并界定了与之相反的观点。④ 因此,注解在阐释这处经文时说道:"正如我通过祈祷保护了你,使你不至于失了[信心],同样地,你也要通过你悔改的榜样来坚固你软弱的弟兄,使他们不至于对宽恕感到绝望。""弟兄"应被无差别地理解为信徒。⑤ 基督对彼得这样说,使其他

---

① 《马太福音》,28:19—20。
② [瓦本注]参见《和平的保卫者》,II.20.6—9。
③ 参见《和平的保卫者》,II.16.3ff.。
④ 参见《和平的保卫者》,II.28.6。
⑤ 《字里行间的注解》(zu Luc. XXII, 32)。

使徒明白他们也应当这样做。因此《马可福音》第13章写道"我对一个人所说的话",或者按照另一种记录,但意思是一样的,"我对你们所说的话,也是对所有人说"①。或许基督单独对彼得说话(注解似乎也是这个看法),是因为他预知彼得会否认他。因此,"待你回头以后",即"通过你悔改的榜样",因为通过他的话和他自己的榜样,应得着宽恕的彼得能够专门坚固或确认信仰软弱的人,也就是说,使他们不至于对宽恕感到绝望。

8. 对于取自《约翰福音》第21章的其余正典权威,有些人试图通过基督对圣彼得说的话"喂养我的羊,喂养我的羊羔……"来确证与先前相同的观点。② 我们应当说,首先,按照注解所说,这段经文的意思是:"'喂养羊'就是坚固信徒,使他们不至于失了信心,为顺服者预备——如果有需要的话——地上的帮助,提供美德的榜样,抵抗敌人(即信仰的敌人),纠正犯罪的人。"注解补充道:"当基督第三次听到彼得爱他时,他就命令彼得喂养他的羊。三次承认对应着三次否认,免得彼得的舌头在恐惧中而非在爱中侍奉基督。"③然而,由此得到确证的只有,基督立彼得为羊群的牧者。但是,这并不能由此得出,彼得在权柄或尊严上优先于其余使徒;也不能由此得出,其他使徒没有被立为牧者。因为上述两个后承与前提存在矛盾,也就是说,与上述基督的话存在矛盾。一个对我们所说的话的见证是,天主教会无差别地歌唱着所有使徒:"永远的牧者,我们常谦卑地致敬和祈祷您,这是真正值得的、公正的和公平的,因为你不会抛弃你的羊群,而是以守护的方式通过荣

---

① 《马可福音》,13:37。
② 参见《和平的保卫者》,II.27.2。
③ 《标准注解》(*zu Ioh. XXI, 15—17*);托马斯·阿奎那:《金链》,vol.12, p. 462。

福的使徒们持续守卫我们。羊群由这些教区长管理,他们是你的事工的代理,你已派他们为管理羊群的牧者。"①看,基督直接授予的是复数形式的"使徒们""教区长们""代理们"和"牧者们",基督按立的并非只有一个教区长、代理或牧者。

9. 但如果有人问,为什么基督单独对彼得说这些话,我们应当肯定地回答道,基督有时以个人的名义对人布道,例如在赦免罪人、医治病人以及使死人复活的时候,但有时以所有使徒或多个使徒的名义对他人布道,例如他在《约翰福音》第5章说:"去吧,不要再犯罪了,免得更糟糕的事情发生在你身上。"②因此,基督在把这一职权委托给彼得时,是以所有使徒的名义对他说的,正如他自己在《马可福音》第13章中佐证了他的这种说话方式,他说:"我对一个人或者对你们所说的话,也是对所有人说。"③但是,他专门针对彼得布道,这是因为彼得是长老,或者是因为彼得更热心于仁爱事业;或者是为了向将来的教会表示什么样的人应当成为牧者,因为这样的人要是年长的(这意味着明智或智慧)和充满仁爱的(这意味着牧者应有的照料和仔细);或者也许是免得彼得因否认基督而显得更加卑微,这就是注解所暗示的:"三次承认对应着三次否认,免得彼得的舌头在恐惧中而非在爱中侍奉基督。"④但最无疑义的是,《马太福音》最后一章的这句话是对所有人无差别地说的,"所以你们要去教导万民"⑤,他没有对彼得说"去吧,差别人去"。他在这句话中表示所有使徒的权柄是平等的,正如我们先前从《马太福音》

---

① *Missale Romanum*, *Praefatio solemnis de apostolis*.
② 《约翰福音》,5:14,8:11。
③ 《马可福音》,13:37。参见《和平的保卫者》,II.28.7。
④ 参见《和平的保卫者》,II.28.8。
⑤ 《马太福音》,28:19。

第 13 章中归纳的那样,基督对他们说:"你们(补充:你们彼此之间或者凌驾于其余某个人或某些人之上的一个人)不要受拉比的称呼。因为只有一位是你们的师傅,你们所有人都是弟兄。"①或者我们应当说(在我看来,这是非常可能的,也是符合事实的),他这样对彼得说,"喂养我的羊",以便因他的稳固而将以色列百姓专门委托给他,而以色列百姓是对抗上帝的"硬着颈项的百姓",正如《出埃及记》第 33 章②,以及使徒保罗在《使徒行传》最后一章③中援引的以赛亚的话所显明的那样,因为基督来到此世,首要地是为了使这百姓皈依和得救赎。因此《马太福音》第15 章写道:"我不奉差遣,除非是到以色列家迷失的羊那里去。"④("我不奉差遣",补充:[除非]首要地)因此,当他说"喂养我的羊"的时候,他似乎专门委托圣彼得来照料这百姓。这似乎是使徒保罗在《加拉太书》第 2 章中的公开观点:"他们看见了主托我传福音给那些未受割礼的人,正如托彼得传福音给那些受割礼的人……"⑤奥古斯丁对此注解道:"'他们看见了主托我',就像首要地托一个信徒一样,'传福音给那些未受割礼的人,正如托彼得传福音给那受割礼的人'。事实上,基督把这恩典赐给保罗,让他侍奉外邦人,正如基督也把这恩典赐给彼得,让他侍奉犹太人一样。但是,这种分配是以如下方式交给他们的,即如果有理由的话,彼得可以传福音给外邦人,保罗可以传福音给犹太人。"⑥我也没有看到,保罗或其他圣徒能够从哪里假定犹太人是专门和

---

① 《马太福音》,13:8。参见《和平的保卫者》,II.16.10,II.28.6。
② 《出埃及记》,33:5。
③ 《使徒行传》,28:25—28。
④ 《马太福音》,15:24。
⑤ 《加拉太书》,2:7。
⑥ 彼得·伦巴第:《汇编》,Migne 192, p. 108A。[译者注]参见《和平的保卫者》,II.16.3,II.17.2。

首要地被委托给彼得的,除了基督对他说"喂养我的羊"。因为保罗在《加拉太书》第2章中说的是,"托"他"传福音给那些未受割礼的人",就像"托彼得传福音给那些受割礼的人"。因为如果传福音普遍地被委托给彼得而非保罗或其他使徒,那么保罗说出上述的话就是不合适的了,或者更准确地说,他上述的整个言论以及他在其中所做的比较都将是虚妄的。

对于圣徒和其余圣师对上述三处经文的注解或解释,我们将在这一章的结尾处①作出回应,免得我们经常重复同样的事情。

10. 从使徒保罗在《加拉太书》第2章中说的话中似乎可以得出,他比使徒彼得的权柄要小,因为他说:"我把我在外邦人中所传的福音对弟兄们陈说,唯恐我现在或是从前徒然奔跑。"②就此而言,我们应当首先按照奥古斯丁对这处经文的注解作出回答。因为奥古斯丁说:"他们并没有作为更伟大的人来教导我,我反而把他们当作朋友和平等者来对他们陈说。"③对于按照哲罗姆对"唯恐我现在或是从前徒然奔跑"等经文的注解("他表明,自己并不具有福音的保证,除非得到彼得和其他人的权柄的确认和巩固"④),我怀着崇敬之情对此回答道,要么这个注解与哲罗姆稍后所说的话矛盾,如果他所说的话是以我们的对手似乎意图的方式来理解的话;要么哲罗姆的注解必须按照奥古斯丁所补充的注解来理解。因为保罗对其他使徒陈说,不是因为他怀疑自己具

---

① 参见《和平的保卫者》,II.28.27—28。
② 《加拉太书》,2:2。参见《和平的保卫者》,II.27.3。
③ 彼得·伦巴第:《汇编》,Migne 192, p. 103C。[译者注] 参见《和平的保卫者》,II.16.6。
④ 彼得·伦巴第:《汇编》,Migne 192, p. 103D。[译者注] 参见《和平的保卫者》,II.27.3。

有或者确实并不具有福音的保证,而是当他说他自己对那些与基督有交流的人(这些人的见证更加可靠)陈说的时候,他是为了让听众更加相信这福音。因此,"唯恐我现在或是从前徒然奔跑"这句经文,不应指涉使徒保罗自身的欠缺,也不应指涉他对福音所具有的怀疑,因为正如他在《加拉太书》第1章中所说,这福音"不是出于人的意思,也不是从人那里领受的,而是"直接"借着"上帝的"启示来的"。① 进一步来说,使徒保罗在《加拉太书》第2章中回忆这种陈说时说道:"那些看起来有点什么名望的人,并没有给我带来什么,反而……"②奥古斯丁对此注解道:"'给我',好像在说,我没有因此求助于在先的人,因为现在所发生的事情足以让我得到称许,也就是说,'那些看起来有点什么名望的人',即彼得和其他与主同在的人,'并没有给我带来',即增加'什么'。很显然,在这一点上,我并不低于这些人,迄今为止我已因主变得完美了,以致没有任何东西能够在授予中增加我的完美。因为主将理解力给了这三个无知的使徒,也给了我。"③哲罗姆稍后注解道:"他们'没有'对我'陈说'什么,而是我对彼得'陈说'。"他稍后补充道:"我把他作为平等者来'抵抗'。因为他若知道自己与他不平等,就不敢这样做了。"④因此,"唯恐我现在或是从前徒然奔跑"这句经文应指涉这样一些听众,他们可能不会相信他,也不会那么相信他,因此徒然地待在原地。他在他们身上也是徒然的,也就是说,他的计划在他们身上是徒劳的,因为他不会在他们身上生成他在布道过程中所试图生成的信仰。

---

① 《加拉太书》,1:11—12。
② 《加拉太书》,2:6—7。
③ 彼得·伦巴第:《汇编》,Migne 192, p. 107D。参见《和平的保卫者》,II.16.3。
④ 彼得·伦巴第:《汇编》,Migne 192, p. 108D。参见《和平的保卫者》,II.16.6。

这也是奥古斯丁稍后补充的注解:"因为如果使徒保罗,在基督升天后受到召唤,却没有与使徒们交流,也没有对他们陈说福音,而他显然与他们同属一个团契,那么教会将不会完全相信他。但当他意识到他和他们所宣讲的是同一种教义,以及他和他们同心合意地生活在一起,那么在他也接近他们所行的神迹时,他就因主的称许而配得着权柄,使他的话以这种方式在教会里面得到听取,就像(正如他自己最真切地说的)基督在他里面说话时得到他的听取一样。"①所以保罗纯靠基督的称许或认可,就配得着权柄;而不是说,靠彼得或其他使徒的称许。奥古斯丁稍后补充注解道:"因此,他对他们陈说福音,并接受了他们的团契之礼,因为他拥有与他们相同的话语,即使这话语不是由他们给予的。事实上,陈说本身证明了只有一种教义,一切变异的麻风病都得到了驱逐。"②因此,这就是陈说的原因,即为了从听众身上消除对教义变异的顾虑。这也是奥古斯丁对上述经文所说的注解。因为他说:"'我同巴拿巴',一个犹太人,'又上耶路撒冷去',我说,去耶路撒冷,'并带着提多',一个外邦人,'同去'。这就好像在说:我从这里作了见证,证明我向外邦人和犹太人传的是同一种教义。'我去'不仅是出于这个安排,而且'奉'的是上帝的'启示',而且他们并没有作为更伟大的人来教导我,我反而把他们当作朋友和平等者来'把我在外邦人中所传的'基督'福音对他们陈说'。他这样做是为了明确自己的布道,因为许多人因犹太人的骚动而对使徒保罗的教义产生顾虑。"③也就是说,上帝希望消

---

① 彼得·伦巴第:《汇编》,Migne 192, pp. 103D—104A。
② 彼得·伦巴第:《汇编》,Migne 192, p. 104B。[译者注]布本将"麻风病"理解为"异端的[疾病]"。
③ 彼得·伦巴第:《汇编》,Migne 192, p. 103C—D。

除这种顾虑，因此使徒保罗说，他去对他们陈说福音，不是靠人的商议，而是靠上帝的启示。的确，这不是因为使徒保罗对福音所具有的怀疑，而是为了从听众身上消除刚刚提到的顾虑。

11. 对于从《加拉太书》第 2 章的注解中援引的说法，即保罗作为牧者后于使徒圣彼得，我们应当说，注解是在严格的意义上谈论的，因为圣保罗在时间上较晚被召至使徒职，因此在时间上是在后的，但并不因此在权柄上是在下的。注解也没有这样表达，反而情况恰恰相反。

因此，由上可知，无论彼得还是其他使徒，都不比保罗更伟大，他们在基督直接授予他们的权柄上是朋友和平等者。但如果他们中间存在优先地位，我们应当考虑的是这可能来自他们之间的选举，或者这凭借的是我们在这一论第 16 章①中所说的圣彼得先于其他使徒的方式。

12. 对于从《伊西多尔法典》中题为"尼西亚公会议序言开始"一章中采取的说法，当它说，"所有天主教徒都必须知道，罗马圣教会不是借着任何公会议的法令拥有教长地位的，而是借着我们的主和救主的福音话语获得首座地位的"②，我们应当以这种方式来理解罗马教会的主教：我们应当否认伊西多尔以及任何其他在正典之外以这种方式说话之人的言论。因为罗马教会被立为其他教会的首座，靠的是罗马统治者的法令以及其他教会的同意，类似于靠着某种选举（按照我们在这一论第 18 和 22 章所说的方式）。进一步来说，伊西多尔的推断并不以正典权威为推论前提，反而他的推断以及其他任何以这样方式说话之人的推论都可以通过我们在这一论第 15 章第 8 节和第 16 章第 13、14 节

---

① ［瓦本注］参见《和平的保卫者》，II.16.5—9。
② 《伪伊西多尔教令集》，p. 255。参见《和平的保卫者》，II.27.3。

中的结论得到反驳。就他试图从《马太福音》第 16 章中寻求支持的经文"你是彼得，我要把我的教会建造在这磐石上……"而言，我们先前已经谈论过了，并且这一论第 22 章已经澄清了伊西多尔观点的不足之处。

13. 对于另一个推理，即按照使徒保罗在《以弗所书》第 4 章的观点，①为了信仰的统一，我们可以推出只有一个教会和一位首席主教：我们应当说，教会在正确的含义下应被理解为信徒群体，由此才只有一个教会，正如只有一个信仰一样。不是在全体信徒方面数量为一，而是在种类或类型方面为一，因此不能推出，教会在任何其他方面都是一。对于该推理补充的说法，即教会不是一，除非凭借一位优越于任何其他主教的主教在数量上的统一性，我否认这一点。即使我承认它，我也否认它的其他推论及其证据，即罗马主教直接借着圣授成为这个首长或"头"。因为正如这一论上一章和第 16 章通过《圣经》所示，磐石（教会被建造在这上面）不是使徒彼得，而是基督。也因为罗马主教并不是以直接圣授的方式单独成为圣彼得或其他使徒的继任者（如上所示，这将意味着他应比其他主教拥有更大的权柄），而是如果有任何东西是他独有的，那么它就是借着人的规定或选举属于他的，正如我们在这一论第 22 章中充分说明的那样。

14. 对于这一点的确认，即必须有一位主教或主教职作为精神物的首长，就像必须有一位统治者或统治职作为一切尘世物的首领一样，②这种比较是可以被否认的：因为如第 1 论第 17 章所示，考虑到人类有

---

① 《以弗所书》，4:5。参见《和平的保卫者》，II.27.4。
② 参见《和平的保卫者》，II.27.4。

争议的行为,首要统治者或统治职在数量上的统一性是必要的。但这种统一性在城邦或国家的任何其他职权上都不是必要的。进一步来说,即使我承认用比喻或类比的方式对先前假设作出的比较,但对于补充的说法,即只有一位首要统治者或统治职:我们可以说,它确实是借着人的规定,但不是直接借着任何上帝或律法的神圣命令或法规。就此而言,我们在这一论第22章也得出结论,根据特定的形式和特定的事工,宜设立一位主教和一个教会作为所有其他主教和教会的首座和"头"。

15. 对于另一个推理,即正如在圣殿中有一位主教,在全世界的信徒中也是如此,①我们应当说,首先,在圣殿中有一位主教,既不是出于救赎的必要,也不是神法的诫命,相反,在《圣经》中可以有多位主教,正如我们在这一论第15章②从《使徒行传》第20章中,从使徒保罗在许多其他地方的论述中,以及从哲罗姆致伊万德的书信中证明的那样。对于有一位教士因在圣殿家政方面被授予优先地位而在日后通过换称被立为圣殿或主教教区中的主教,这一点直接源于人的规定,而不是(正如我们所说)源于神法所施加的必要性。即使这种必要性是神法施加的,这个比喻也不成立。因为在一个家庭以及整个城市或几个省份中,不必然存在一个单独的家政监督,因为不在同一个家庭中的人并不需要任何一个家政监督在数量上的统一性,这些人彼此并不共享食物和其他生活必需品(住所、床以及诸如此类的东西),也没有像同一个家庭成员那样同心协力。③ 对于该推理的推论,即全世界必须只有一个家

---

① 参见《和平的保卫者》,II.27.4。
② [瓦本注]参见《和平的保卫者》,II.15.5。
③ [瓦本注]参见《和平的保卫者》,I.3.4;亚里士多德:《政治学》,1261a,15ff.。

政监督,这既不便利也不是事实。因为就像我们在第 1 论第 17 章中所说,每个省份一个统治职就足够人类共同过宁静的生活了。① 对于只应有一位针对所有人的强制审判者,这似乎还没有被证明是永恒救赎的必要条件,尽管在信徒中间,一位强制审判者似乎比一位所有人的主教更为必要,因为一位所有人的君主比一位所有人的主教更能维护信仰的统一。因为如这一论第 21 章所示,统治者们在古代逼迫分裂分子,以维护信仰的真理和统一,但分裂分子不能被主教们逼迫,因为主教们缺乏强制性权柄,而该权柄本身也不应属于他们,如第 1 论第 15 章所示,并且我们在这一论第 4、5、8、9 和 10 章中通过《圣经》、圣徒权威和其他推理进一步确认了这一点。但我们在这一论第 22 章中证明了,宜按照何种方式设立一位单独的首座主教和教会或神职人员团,尽管(正如我们所说)任何特定的主教和教团都不是神法为此目的设立的,而是人的选举或规定设立的,就像我们在这一论第 22 章真实而清楚地表明的那样。

16. 对于从《约翰福音》第 10 章"要合成一群,归一个牧者"②中补充的说法,我们应当说,基督在谈论他自己。因为唯独他是世界的牧者和牧长,在他之后再无他人如此,正如唯独他是教会的"头"和根基,就像我们在这一论第 16 章中证明过并且在许多其他地方重复过的那样。这就是圣彼得的直白而字面的观点。因为他在他的第一封书信第 5 章中说:"到了牧长显现的时候(他这是在谈论基督),你们必得那永不衰残的荣耀冠冕。"③这也是圣徒们对这处经文的观点。格列高利注解道:

---

① [瓦本注]参见《和平的保卫者》,I.17.10。
② 《约翰福音》,10:16。参见《和平的保卫者》,II.27.4。
③ 《彼得前书》,5:4。[译者注]参见《和平的保卫者》,II.22.5。

"他好像把两个羊群合成一群,因为他把犹太人和外邦人结合在他里面的信仰中。"①看,成为一群是因为在信仰上为一。格列高利并没有说变成一群是因为所有信徒位于罗马主教或除基督以外的任何其他个人之下。此外,赛奥菲拉克注解道:"因为所有人都拥有同一个受洗迹象,一个牧者,上帝的言。所以摩尼教徒要当心了,因为《旧约》和《新约》只有一群,一个牧者。"②事实上,无论彼得、保罗还是任何其他使徒,从来没有被任命为这一群的首长,而只是在一信和基督的名义上被任命,因为唯独基督是上帝直接命定的"头"、根基和所有牧者的首长,正如我们前面所说的以及在这一论第16章中明确表明的那样。

17. 对于另一个推论,借此可以推出,只有罗马主教或他与他的神职人员团一起,是次级按立所有其他教会执事的首要动力因,并且有权直接或间接或二者兼而有之地处理或决定他们的圣殿③:我的回答是否定的。当安布罗斯在《论移交教堂》中支持这一推论时,他说在圣殿或教堂中确定或按立教士不能属于"凯撒的法权",因为"教会是上帝的"。④ 我们应当合理地说,安布罗斯之所以这样说,是因为在那个时代,允许罗马统治者们授予这样的职权(即灵魂照料权)是不安全的,因为他们在信仰上还没有得到充分的确认,相反,其中一些统治者(例如安布罗斯写信所致的瓦伦提安皇帝)更加偏爱异端教士而非真信徒。但是,当信仰不仅在臣民中而且在统治者中扎根并坚固,并且当这样一个团契存在时,那么更安全、更有利、更加符合神法的是,主教和其他灵

---

① 托马斯·阿奎那:《金链》,vol.12, p.374。
② 托马斯·阿奎那:《金链》,vol.12, p.374。
③ 参见《和平的保卫者》,II.27.5。
④ 安布罗斯:《驳奥森提乌斯论移交教堂的布道》,c.35, Migne 16, p.1061(873)。[译者注]参见《和平的保卫者》,II.27.5。

魂照料者的选举或设立借着信徒共体的权柄得到完成，而不是借着城市或团契中的一个单一部分的教团或一个人的意志，正如我们几乎每天看到的那样，这种意志很容易被请求或回报、爱或恨或者其他邪恶情感所败坏。所以我们认同安布罗斯在这方面的观点，即设立灵魂照料者、主教或教士以及圣殿其他执事的法权并不属于凯撒本人或者任何其他个人，而是属于信徒共体或者信徒共体自发交给其权柄的那个人或那些人，安布罗斯本人也不否认这一点。因此，他在反对皇帝时总是回到忠诚的民众之中，他自己也是按照我们在这一论第17章中总结的方式被忠诚的民众立为主教。他也没有说该权柄属于罗马教皇或任何其他教皇，反而基于上述原因说道，教会或圣殿只属于上帝及其信徒群体（作为首要含义的教会，它的"头"是基督），并且"凯撒的法权（即合法财产）不能包括"它。因为一切尘世物，无论是什么，都可以是凯撒的财产，无论他是信徒还是异教徒。但圣殿或其中的教士设立只属于信徒群体的权柄，如这一论第17章所示，安布罗斯既没有表达相反的观点，也没有作不同的思考。其中的一个迹象是，安布罗斯在致瓦伦提安的第一封信中说，他作为信徒的牧者，只是为了不让信徒群体被交给一位坏的或异端的教士来管理，才这样投入战斗，因为他说："我希望我能清楚看到，教会不会被交给阿里乌斯派！我自愿接受你虔敬的裁决。"[1]这清楚地表明，他在移交教堂上的理解必然与我们在这一论第17章所说的一样。因为，如果一位堕入异端的主教或教士接管了信徒团契中的一座教堂并拒绝交出教堂，那么很显然，这样一位主教或教士就可以被强制审判者和武力按照人法公正地强制交出教堂。然而，正如安布罗

---

[1] 安布罗斯：《书信集》(*Epist.*),21, c.19, Migne 16, p. 1049 (863)。

斯在题为《致民众》的信中所作的正确见证那样，这种强制判决和武力并不属于教士的权柄，因为他说："我能悲伤，我能哭泣，我能呻吟。面对武装、军队和哥特人，我的眼泪是我的武器，因为这是教士的堡垒，我既不应当也不能以其他方式抵抗。"①尽管这也是在第1论第15和17章中通过证明得出的结论，并且在这一论第4、5、8和9章中通过《圣经》和圣徒的权威以及其他可靠证据得到了确认。因此，我们必然合理地认为安布罗斯的观点正如我们所说的那样。因为使徒保罗曾上告于凯撒，正如我们先前从《使徒行传》第25章②中援引的那样。因此，要么我们必须在信徒团契中这样说，要么我们必须允许个人随心所欲地教导信仰方面的东西，正如希拉里在致君士坦丁皇帝的信③中表达的那样。因此，移交将被处置的教堂或圣殿并在其中设立教士的权柄，似乎属于信徒共体或者按照其规定的统治者。这也是法国天主教国王在某些教会中的做法，因为他们绝不承认他们的权柄来自任何教士或主教。我们认为，这也是圣安布罗斯的理解，并且他必须这样理解才是正确的；如果他的理解与这种观点（我们知道并相信这是正统的）相反，那么我们将驳回他的观点（我们不必为了救赎而相信他的观点，因为他的文字不属于正典），并坚持我们依据正典经文所说的为正确观点。

18. 从安布罗斯的权威中似乎可以推出，借着直接的神圣权柄，罗马主教拥有对教会尘世物的最高司法管辖权（出于福音执事的职权而被授予该执事）。从所说的情况来看，这一推论显然是无效的，正如我

---

① 安布罗斯：《驳奥森提乌斯论移交教堂的布道》，c.2, Migne 16, p. 1050（864）。参见《和平的保卫者》，II.5.5，II.9.6，II.25.5。

② ［译者注］《使徒行传》，25:11。参见《和平的保卫者》，II.5.9。

③ ［瓦本注］希拉里：《致君士坦丁皇帝的信》（*Ad Constantium Aug.*），1, c.6, Migne 10, p. 561。参见《和平的保卫者》，II.9.5。

们在这一论第 17 章中已经充分总结的那样。安布罗斯在上述《论移交教堂的布道》的信中也确认了这一观点,他在信中这样说道:"他(即皇帝)索取税,我们不可拒绝,教会的田地要交税。如果皇帝渴求田地,那么他有权要求它们,我们绝不可干预。人民的奉献能够溢到穷人身上。不要妒忌他在田地上所做之事,如果他愿意,让他拿走它们。我没有交给皇帝,但我也不否认。"①但一个总是寻求保卫土地的人(他说这是"基督新娘的法权",却不太关心真正的新娘,即应保卫的天主教信仰,亚美尼亚国王和王国显然可以对此作见证②)可能会反对道,安布罗斯这样说,不是因为教会的田地理应交税,而是因为皇帝的武力和压制迫使它们交税。某些罗马主教及其同伙经常用来逃避和避免统治者的强制司法管辖的这种解释(它声称他们被带到尘世审判当中,不是依靠法权,而是依靠暴力事实)是完全错误的,因为这违背基督在《约翰福音》第 19 章中所说的话(我们在这一论第 4 章援引了这句话)。③ 这就是安布罗斯补充的观点,与我们按照正典持有的观点一致,他说:"我们把凯撒的交给凯撒,把上帝的交给上帝。税是凯撒的,这是不可拒绝的。教会是上帝的,不应归于凯撒(补充:而应按照信徒群体的判断归于忠诚的教士,就像我们先前所说并且在这一论第 17 章中明确支持的那样)。"④因此,统

---

① [瓦本注]安布罗斯:《驳奥森提乌斯论移交教堂的布道》,c.23,Migne 16,pp. 1060—1061。参见《和平的保卫者》,II.4.11,II.14.22,II.17.19。

② "基督新娘的法权"这句话出自教皇约翰二十二世之口。小亚美尼亚(西里西亚)国王和王国经常求助教皇约翰二十二世,以抵抗马穆鲁克和蒙古人的进攻。1322 年,小亚美尼亚的拉加佐港被马穆鲁克摧毁,1323 年前者以高额税赋为代价与后者达成和平协议。虽然教皇约翰二十二世在 1337 年给予了补贴,但这些补贴已经没有用了。

③ 参见《约翰福音》,19:9—11。同时参见《和平的保卫者》,II.4.12。

④ 安布罗斯:《驳奥森提乌斯论移交教堂的布道》,c.23,Migne 16,pp. 1060—1061。参见《和平的保卫者》,II.4.9,II.4.11,II.17.19,II.27.5。

治者对教会尘世物的税和司法审判,不是依靠暴力,而是依靠法权。

19. 就另一个推论而言,借此似乎可以推出,每一个神职人员团在强制司法管辖上都服从于罗马主教,因为借着圣授,他是所有人的首长。① 我们应当否认它的前提,因为我们先前已经表明,借着上帝的直接圣授或神法,任何主教或教士在归属于教士的本质权柄或偶性权柄方面都不低于或服从于罗马主教。对于从《伊西多尔法典》关于君士坦丁的话中推论出来的观点,②我们应当说,这都是劝诫和告诫的话,虔诚的君士坦丁借此表明主教和教士应是什么样的。因为按照使徒保罗在《哥林多前书》第6章中的教导,无论他们自己之间还是与他人之间,都不应当在尘世法庭上发生不必要的争论,他说"你们为什么不接受伤害呢? 你们为什么不容忍欺骗呢?",而不是说"彼此告状"。③ 对于从君士坦丁"上帝给了你们审判我们的权力……"的话中补充的观点,我们应当说,就第一种含义的审判而言,这是正确的,即该审判不会强迫此世的任何人,我们在这一论第6、7、8和9章中已经对此作了充分说明。但是,从上述段落(不确定伊西多尔所援引的内容是否是君士坦丁说的话)中,并不能推出其余主教在司法管辖上服从于罗马主教。因为君士坦丁说:"你们要独自等待上帝的审判,搁置你们的争吵——无论它们是什么,等待神圣检验。"④他没有说"等待罗马教皇的审判或检验"。

对于补充的观点,即罗马主教是上帝在地上的代理⑤,我们应当说,他并没有借着直接的圣授比其他主教更加承担着这一职责,正如我们

---

① [瓦本注]参见《和平的保卫者》,II.27.7。
② [瓦本注]《伪伊西多尔教令集》,p.256。同时参见《和平的保卫者》,II.27.7。
③ 《哥林多前书》,6:7。
④ 《伪伊西多尔教令集》,p.256。
⑤ [瓦本注]参见《和平的保卫者》,II.27.11。

先前经常说明和表明的那样。即使他在教导和侍奉精神事务方面是上帝在地上的代理,这也不意味着对任何神职人员或平信徒执行强制审判而言,他是上帝的代理,如这一论第 4 和 5 章以及许多其他地方先前所示。因为就此而言,上帝的用人是统治者,就像使徒保罗在《罗马书》第 13 章以及圣彼得在第一封书信第 2 章中所说的那样。[①] 此外,假设君士坦丁在断言这一点时公开说这是真的,我也会否认他所说的,因为这既不符合正典也不来自正典。如果他通过法令的方式制定了它,那么它应像其余人法一样得到遵守,而不是作为通过上帝直接的圣授制定的法令。因为从伊西多尔的这段话[②]中,显而易见的是,所有主教都服从于罗马统治者的强制司法管辖权。正如伊西多尔在同一个地方描述的那样,他们自发且不受强迫地将他们的争论和争吵交给他作审判,而不是交给罗马教皇作审判。

20. 对于从同一个前提中进一步推断,只有罗马主教或者只有他与他的教士团有权召集教士和其他信徒的公会议,并且在该公会议上命定我们在前面的论证中提到的其他事项,这一推论及其前提都应被否定。因为我们在这一论第 16 和 21 章中证明了前提与推论的后承之间存在矛盾。就这些基于伊西多尔的权威或观点的推论的确认而言,[③]由于这些推论不需要解释(因为这就是伊西多尔表达的观点),我通过否认回答道,它们全都与圣典以及以圣典为基础的证明不一致,就像我们在这一论第 20、21 和 22 章中所作的详细而明确的演绎那样,我们也从伊西多尔在上述法典中介绍的其他内容中作了演绎。

[①] 《罗马书》,13:1—7;《彼得前书》,2:13—15。
[②] 参见《和平的保卫者》,II.27.7。
[③] 参见《和平的保卫者》,II.27.8—9。

对于哲罗姆在《天主教信仰释义》中说的话,即他在指导布道时对罗马主教说:"我们希望你来修正它,因为你持有彼得的信仰和宗座。"①他在这句话中似乎暗示只有罗马主教是圣彼得的继任者。我们应当说,哲罗姆说罗马主教持有彼得的信仰和宝座,只是因为据记载,圣彼得在罗马教会中作为主教主持事务。因为这个教会通过人类法令成为其他教会的"头",所以哲罗姆称呼它和它的主教为更值得或更完全的使徒的继任者,尽管按照上帝的直接圣授,罗马主教现在或过去都不能凭借上帝直接授予他的权柄胜过其余使徒,正如我们在上文所述并且在这一论第 16 章中充分确证的那样。对于哲罗姆补充的"然而,如果我们的忏悔得到你的使徒职的判决的认可……"②,他在这句话中似乎暗示,只有罗马教皇有权界定或确定神法中(甚至是在信仰的条款方面)可疑的意思。我们应当说,这不是哲罗姆的意思,他这样说只是因为罗马主教有权对天主教信仰和教会礼仪方面的那些疑惑(由公会议界定或确定)作出回应。正是出于这个原因,按照我们在这一论第 22 章中所说的方式,罗马主教及其教会被立为其他主教和教会的"头"或首座。有一个迹象表明哲罗姆的理解如我们所说,因为在致伊万德的信中,他谴责了罗马教会在执事方面的一些礼仪,并且明确表示:"如果你在寻求权柄,那么世界比[罗马]城更大。"③也就是说,全世界所有教会的权柄大于罗马城教会的权柄。所以如这一论第 20 章所示,信仰方面的疑惑应当只由那个最高和最可靠的权柄来界定。因此,这位哲罗

---

① 参见《和平的保卫者》,II.27.9。
② 参见《和平的保卫者》,II.27.9。
③ 哲罗姆:《书信集》(*Epist.*),146, c.1, Migne 22, p. 1194(1082)。参见《和平的保卫者》,II.15.8。

姆在《天主教信仰释义》中明确跟从公会议认可的东西,并拒绝和谴责公会议谴责的东西。但是,如果哲罗姆认为上述权柄只属于罗马教皇,那么我将拒绝他的观点,因为它既不符合圣典也不是对正典的必然推论。因为正如我们前面所说并确证的那样(重复一遍也不会让人乏味),圣彼得或任何其他主教都没有为自己假定这样一种权柄,即只有他自己可以界定信仰方面的疑惑。相反,任何看过《使徒行传》第15章的人都知道,对于这些疑惑,"使徒和长老聚会商议这事"①。

21. 就从《路加福音》第10章中引述的"听从你们的就是听从我"②而言,我们应当说,"听从你们的……"这句话是正确的,"你们"即公会议,它单独代表永恒法的立法者(基督)或者使徒及其教会的会众。分开来看,"听从你们的……"这句话也是正确的,如果"你们"照着神法说话并且不做不公正的亵渎之事。他以这种方式谈论法利赛人——"凡他们所说的,你们都要做",也就是说,凡他们照着神法所说的,正如哲罗姆注解基督在《马太福音》第23章中的这句话时所说的那样。③ 此外,在神法所命令或禁止的事情上,"听从你们的……"是一种义务。但在神法建议的事情(例如禁食)上,除非全体信徒或其在公会议中的强力部分通过介入这些事情达成同意,否则"听从你们的……"不是一种义务。

22. 伯纳德首先在《论审视》第2卷中对尤金说"你是谁?",并且自问自答道:"大祭司,至高教皇。"④对此我们应当说,如果他的理解是,借

---

① 《使徒行传》,15:6。
② 《路加福音》,10:16。参见《和平的保卫者》,II.27.10。
③ 《马太福音》,23:3。参见《和平的保卫者》,II.5.6。
④ 参见《和平的保卫者》,II.27.11。

着上帝的直接圣授或神法的命令,这一首要地位属于尤金,那么他的回答应被否定,因为这种说法既不符合圣典,也不符合从这一论第16和22章中必然推导出来的观点。但如果他的理解是,借着人的选举或制度,这一首要地位属于尤金,那么他的回答应得到承认,因为这符合这一论第22章所说的方式。他补充道:"你是主教们的首长。"广义上的首长是正确的,即借着上述制度被立的首座。但如果是严格意义上的首长,伯纳德的言论就不应得到承认。因为,正如在这一论第5章中,我们援引了这位伯纳德在《论审视》第2卷第5章中对这位尤金所说的话,他明确否认了这位尤金以及任何其他主教的统治职。[1] "你是使徒们的继承人":其他主教也是如此,尽管按照这一论第16和22章所说的方式,这位主教是首座。"你在优先性方面是亚伯":他确实被提升到亚伯的地位,但他凭借的是人的选举,或者说是出于对当时第一位使徒的崇敬。"在管理方面是诺亚":借着人的制度,在神职人员中间并且针对神职人员,这是正确的。"在宗主教方面是亚伯拉罕":这是正确的,但仅在服侍精神事务方面并且借着人的制度,他是所有精神之父的父。"在品级方面是麦基洗德":就祭司职而言,这是正确的,因为麦基洗德是基督的预表,所有其他祭司也是如此;但就王国而言,这是不正确的,因为在这方面,同时是国王和祭司的麦基洗德所预表的只是基督,而不是其他祭司。此外,他也没有就地上王国而言预表基督,因为如这一论第4章所示,基督来到世上既不是也不想以这种方式统治地上王国;相反,麦基洗德,同时是祭司和地上国王,预表着基督的祭司职和天上王国而非地上王国,并且至少在任何其他祭司或主教中没有预表地上王

---

[1] 参见《和平的保卫者》,II.5.2—3。

国,因为伯纳德在上述段落中更明确地否认罗马主教拥有这样的王国。麦基洗德也没有就祭司职的优先性而言预表除基督以外的任何人,相反,如我们所说,其他人的这一优先性来自人的制度。"在尊荣方面是亚伦":就其类似于祭司中的优先性而言,这是正确的,但有别于我们所说的方式,因为亚伦是上帝直接按立的,但使徒们的任何继任者(无论罗马主教还是其他主教)并不是如此。"在权柄方面是摩西":伯纳德在《论审视》第1卷第5章和第3卷第1章中公开说了与此相反的话。① 因为摩西是按照强制性法律成为首长的,正如《使徒行传》第7章所显明的那样,而伯纳德在上述段落中否认任何一位使徒的继任者是这样的首长。此外,摩西借着上帝的直接圣授得了这个首长职位来治理以色列民众,而罗马主教只是借着人的授予得了这个首长职位,并且只领导传福音者或圣殿执事。"在审判方面是撒母耳":就相似性而言,这是正确的,但存在两点不同。第一,他不像撒母耳一样借着上帝的直接圣授成为审判者;第二,他只对教士和其余较低级福音执事进行审判,而撒母耳对全体以色列人民无差别地进行审判。"在权力方面是彼得":这是正确的,因为这是上帝的直接行动赐予的本质权力,而任何其他主教或教士也以这种方式拥有这种权力。但是,罗马主教只是借着人的制度直接获得他对其他主教的优先性,无论圣彼得借着上帝的直接圣授得了这一地位,还是借着使徒们的选举,我们确信这符合《圣经》意思,而他确实是如这一论第16章所示的那样得了这一地位。"在涂膏方面是基督":如果他指的是恩典或圣灵的涂膏(与教士的品格一起被

---

① 明谷的伯纳德:《论审视》,l.1, c.6, Migne 182, pp. 735f.; l.3, c.1, Migne 182, pp. 757—760。

给予），那么这是正确的，而任何一位教士也会领受它。但如果他将"涂膏"理解为对全体教会的优先性（借着上帝的直接圣授而非人的制度），而这种优先性是基督对全体教士独有的，那么我将拒绝他的观点，因为使徒保罗在《圣经》的多处文本中说了相反的话，如这一论第 16 章所示。

就伯纳德补充的话"你是唯一的牧者，不仅是所有羊的，而且是所有牧者的"而言，如果他把这理解为直接借着人的制度，那么我会承认他所补充的；但如果他把这理解为借着上帝的圣授或神法的法令（就像他似乎有意这样做的一样），那么我会拒绝他的观点，因为这既不符合正典，也不是对正典的必然推论，反而情况恰恰相反。当他试图从正典中支持这一观点时，他补充道："你问我从哪里证明这一点呢？从主的话中：'彼得，如果你爱我，喂养我的羊。'因为我说，主教和使徒的所有羊都如此绝对和完整地被委托给了谁呢？谁不清楚他不是分配了一些羊而是分配了所有羊给他呢？没有区分的地方就没有例外。"①我们应当总是怀着崇敬之情说道，当他问"主教和使徒的所有羊都如此绝对和完整地被委托给了谁呢？"的时候，这个询问令人感到奇怪。我说，它们被共同和分别地委托给了所有使徒。你问我从哪里证明这一点呢？从主的话中（主的话比他的话更清楚）。因为基督在《马太福音》最后一章中对所有使徒下了几乎最后一条诫命："你们要去教导万民。"②我说更清楚是因为基督在《约翰福音》第 21 章中说"喂养我的羊"，而没有加上"所有羊"。但可以肯定的是，一个以普遍的方式交出所有羊的人

---

① 参见《和平的保卫者》，II.27.11。［译者注］马西利乌斯在这里引用的句子顺序与 II.27.11 的引用略有差异，本文保留拉丁原文语序。

② 《马太福音》，28：19。

比只以不定的方式说"喂养我的羊"的人拥有更多的羊。基于此,我们再次怀着崇敬之情说道,伯纳德引用的这段经文似乎可以采取别的更加符合经文的解释,而我们在前面第 9 节中已经提到过,重复一遍也不会让人乏味。① 因为我们在《马太福音》第 15 章中读到,基督说:"我不奉差遣,除非是到以色列家迷失的羊那里去。"②按照圣徒们的解释,这句神谕应被理解为"他不是奉差遣到外邦人那里去的"——正如哲罗姆所说,"而是首要地被差遣到以色列人那里去的"③。而雷米吉乌斯说得更切中要害,也更符合经文字义:"他被专门差遣去拯救犹太人,以便他可以亲自教导他们。"④所以尽管按照圣徒们的阐释,基督被差遣去拯救所有人,但他专门并首要地被差遣去拯救犹太人,这也是基督在《马太福音》中所说的话的意思,他说:"我不奉差遣,除非是到……羊那里去。"他把这些羊分配给自己,因为他补充道,"以色列家迷失的";并且因为这"百姓"总是"硬着颈项的"⑤——正如《出埃及记》第 32 章所述,也总是"杀害先知"⑥——正如真理本身在《路加福音》第 13 章中所说;而且因为基督知道彼得在信仰上更加坚定,在爱基督和邻人上更加热情,所以他将这群羊单独托付给彼得,他说,"如果你爱我,喂养我的羊",也就是说,尤其要专注于教导以色列百姓。《加拉太书》第 2 章中有一个迹象表明这是正确的:"反而他们看见了主托我传福音给那些未受割礼的人,正如托彼得传福音给那些受割礼的人。"⑦使徒保罗的话可

---

① [瓦本注]参见《和平的保卫者》,II.28.9。
② 《马太福音》,15:24。
③ 托马斯·阿奎那:《金链》,vol.11, p.191。
④ 托马斯·阿奎那:《金链》,vol.11, p.191。
⑤ 《出埃及记》,32:9。[译者注]参见《出埃及记》,33:5。
⑥ 《路加福音》,13:34。
⑦ 《加拉太书》,2:7。

以通过福音书的其他经文得到确认。此外:"他们就向我和巴拿巴用右手行团契之礼,叫我们往外邦人那里去,他们往受割礼的人(即犹太人)那里去。"①因此,基督在说"喂养我的羊"时,并不是把一般的照料委托给圣彼得,而是把对特定民族的专门照料委托给他。事实上,没有比基督在《马太福音》最后一章和《约翰福音》第20章中对所有使徒作出的吩咐更一般的了,他说:"你们要去教导万民……"②以及:"你们要受圣灵;你们赦免谁的罪,谁的罪就赦免了……"③因为在这些话中,所有使徒都接受了牧者的权柄和照料权,并且无差别地照料所有人,就像奥古斯丁在《〈新约〉和〈旧约〉问题集》第94题中所说的那样——我们在这一论第16章中援引了他的话。④ 让伯纳德说说,除了基督在《使徒行传》第9章中委托给保罗的以外("他是我所拣选的器皿,要在外邦人和君王并以色列人面前宣扬我的名"⑤),还有什么更一般的照料呢?

"因此,其他使徒中的每一个都单独选择了特定的民众"⑥,伯纳德稍后补充的这话显然与《圣经》不一致,既不与保罗书信一致,也不能从《圣经》中得到证实,反而恰恰相反,正如我们先前所表明的那样。对于他稍后接着补充的"所以按照你的教规,别人在分担责任上……"⑦,如

---

① 《加拉太书》,2:9。
② 《马太福音》,28:19。
③ 《约翰福音》,20:22—23。
④ 奥古斯丁:《〈新约〉和〈旧约〉问题集》,qu.95,Migne 35,p. 2292。参见《和平的保卫者》,II.16.8。
⑤ 《使徒行传》,9:15。
⑥ 明谷的伯纳德:《论审视》,l.2,c.8,Migne 182,p. 751D。参见《和平的保卫者》,II.27.11。
⑦ 明谷的伯纳德:《论审视》,l.2,c.8,Migne 182,p. 751D。参见《和平的保卫者》,II.27.11。

果他们的理解是,那种充足权力来自上帝的直接圣授,那么我将拒绝他们的陈述(也就是说,无论是尤金的文字,还是认同他的伯纳德的文字),因为只有我们在这一论第 19 章中所说的才是且应被称为正典,并且因为我们常常通过《圣经》确证了与他们相反的观点。但如果他们的理解是,那种作为教会的普遍照料的充足权力直接来自人的制度(按照我们在这一论第 22 章中所说的方式),那么我们承认他所说的话。

对于他再次补充的话"别人的权力受到特定的限制;你的权力甚至延伸到那些拥有针对他人的权力的人身上。如果事出有因,难道你不能关闭主教的天国之门……"[1],我们应当说,如前所述,罗马主教或任何其他主教都没有借着上帝的直接圣授得到比其余主教更大的权柄,反之亦然。因为正如这一论第 15 和 16 章通过《圣经》表明并且在前面重申的那样,罗马主教不能借着基督直接授予他的权柄而因一项罪行就绝罚或废黜另一位主教,反之亦然。但如果伯纳德的理解是,这一优先性直接来自人的授予,那么,公会议授予他的优先性让他在侍奉和安排精神事务方面凌驾于其余主教之上,可朽的立法者授予他的优先性让他在尘世事务方面凌驾于他人之上。

对于这篇言论最后补充的话"所以……你的特权坚不可摧"[2],我们应当说,这是正确的,因为罗马主教确实有权力将人从罪中捆绑和解救,教导他们以及执行永恒救赎律法的圣礼,而任何其他主教和教士同样可以凭借神法这样做。但如果伯纳德将特权理解为罗马主教借着神

---

[1] 参见《和平的保卫者》,II.27.11。
[2] 参见《和平的保卫者》,II.27.11。

法或上帝的直接圣授所获得的凌驾于其余主教之上的某种优先性,那么基于已给出的理由,我将一如既往地拒绝他的观点。

23. 对于伯纳德的另一篇言论,即在第4卷第4章中对同一位尤金说的话中,他似乎暗示,罗马主教不仅对神职人员,而且对平信徒拥有强制司法管辖权(他隐喻性地称之为"尘世之剑"),他说:"但是,在我看来,否认这把剑是你的人似乎没有足够注意到主说的这句话……"并且,他最后总结道:"所以这两剑,即精神之剑和尘世之剑,都属于教会。"① 我们应当带着不亚于惊奇的崇敬之情说,伯纳德在这个问题上与他自己的观点不一致,准确地说是明显违背了自己的声明,因为他在前面谈到这种权柄或权力时,直接说道:"你(即教皇)为什么要试图重新篡夺你曾被命令收入鞘的剑呢?"可以肯定的是,如果有人篡夺了某物,那么该物就绝不属于他自己的权柄。

24. 但伯纳德或他的一位解释者会说,按照他在这篇言论的结尾处所说的,尽管上述权柄属于教士,但也不应当由他来执行(用他的话来说,拔出物质之剑)。② 事实上,这个回答并不属于《圣经》的意图。因为基督自己不仅拒绝了这把物质之剑出鞘,而且拒绝了对这把剑的审判以及拔出这把剑的诫命,他在《路加福音》第12章中对一个要求他作出这种审判的人说:"人哪,谁派我做你们的审判者或分家人呢?"③ 伯纳德在《论审视》第1卷第5章(我们在这一论第5章中援引了)中对尤金论述基督和使徒们的这些话以及其他话时,摧毁了以这种方式阐释这

---

① 参见《和平的保卫者》,II.27.12。
② [瓦本注]这个论点基本上来自罗马的吉尔斯:《教权论》,III, 5;又参见 Jacopo da Viterbo, *De regimine Christiano*, II, 10, cit., p. 289。
③ 《路加福音》,12:14。

处经文之人的解释。因为他对这位教皇说:"听听使徒保罗对这个问题(即审判尘世事务的权柄问题)是怎么想的。'难道你们中间没有一个智慧之人,'他(在《哥林多前书》第6章中)说,'能审判弟兄们的事吗?'他补充道:'我说这话是要叫你们羞耻;派教会所轻视的人去审判他们。'因此,根据使徒保罗的说法,你作为使徒的继任者正在不值得地为自己篡夺一个卑鄙的职权,即一个位于所轻视之人的地位的职权。(注意,他谈论的是职权,而不是职权的执行。)因此,主教(即保罗)在教导一位主教(即提摩太)时说:'没有一个为上帝争战的人让自己卷入尘世事务之中。'然而,我饶恕了你。因为我不想说得太严肃,而只是告诉你什么是可能的。你认为这些时间会允许你吗,如果你借着主的话去回答那些为地上遗产而控诉并迫切要求你审判的人:'人哪,谁派我做你们的审判者?'他们接下来会对你作出何种审判呢?'那个没有教养的乡巴佬在说什么?你无知于自己的首座,羞辱了至高无上的宗座,贬低了宗座尊严。'但我认为,那些说这话的人不会表明任何一位使徒在任何时候坐在哪里去审判人、划分领地或分配土地。因为我读到的是使徒们站着被审判,我没有读到他们坐着审判。这一情形将来会发生,但还没有发生。因此,如果一个仆人不想比他的主人更重要,如果一个门徒不想比派他的人更重要,或者如果一个儿子不逾越父母为他规定的界限,他的尊严会得到削弱吗?'谁派我审判?'那位师傅——主——说。仆人和门徒若不审判所有人,岂会遭受伤害?"所以伯纳德,或者更准确地说,基督和使徒们,不仅剥夺了他们的继任者(教士和主教)执行尘世审判的权力,而且剥夺了后者对这些事务进行审判的职分或权柄。基于此,伯纳德进一步补充道:"这些卑鄙的地上之物有它们自己的审判者,地上的王和统治者。你们为什么要侵入他人领地? 你们为什么要让你们的镰刀扩展到他人的收割领域？"①

此外，他在第2卷第4章（我们在这一论第5章第11和24节中有所援引）中重复并确认了这个观点。他在那里切题地说道："统治可能吗？（补充：使徒彼得[把统治职权]留给他的继任者了吗？）听他自己（即彼得）说'不可统治神职人员'，他说'而应成为羊群的形式[榜样]'。以免你认为他说这话只是出于谦卑而非出于真理，主在福音书中的声音是'外邦人的王统治他们，那对他们拥有权力的人被称为恩主'。他补充道，'但你们不可以这样'。显然，使徒们被禁止掌权。所以如果你是主，就敢去篡夺使徒职权；如果你是使徒，就敢去篡夺统治职权。显然，你被禁止兼而有之（补充：同时拥有；这是伯纳德补充的话）。如果你想同时兼而有之，你将失去这两个。此外，你不可认为自己被排除在那些上帝所谴责的人之外——'他们作王，却不由我；他们作统治者，我却不认他们。'"②

进一步来说，他在给桑斯大主教的一封信中提出了同样的观点，他在信中这样说："对于那些人（即那些建议臣民反叛他们上级的人），基督以别的方式命令和管理他们。他说：'凯撒的当交付给凯撒，上帝的当交付给上帝。'这话是他用口说的，但他很快就操心地付诸行动。凯撒的创造者毫不犹豫地向凯撒交税。因为他给了你们一个榜样，所以你们也要这样做。因此，他操心向尘世权力表现这种崇敬，怎会否认对上帝

---

① 明谷的伯纳德：《论审视》，l.1，c.6，Migne 182，pp. 735C—736B。参见《和平的保卫者》，II.5.2—3。
② 明谷的伯纳德：《论审视》，l.2，c.6，Migne 182，p. 748B。参见《和平的保卫者》，II.4.13，II.11.7，II.24.8。

的祭司应得的崇敬呢?"①所以基督不想以尘世的方式对此世的统治者行使统治职权,而是意愿服从他们并交付他们应得的税捐和崇敬,从而为他的所有继任者们(首先是使徒们,然后是教士们和主教们)提供一个这样做的榜样。

他稍后更明确地补充了同样的观点,他说:"因此,僧侣们,为什么教士的权柄让你们如此疲惫呢? 你们怕麻烦吗? 但如果你们为了正义而承受一些事情,你们就是有福的。你们轻视尘世(即尘世中行使统治职权的人)吗? 但没有人比彼拉多发挥更加尘世的功能,因为主站在他面前受审判。'你没有权力,'他说,'攻击我,除非它从上头被赐给你。'那一刻,他在为自己说话,并且亲自证明了使徒们后来在教会里所宣告的话,'没有权力不是来自上帝的',以及'抵抗掌权的就是抵抗上帝的命令'。所以,现在去抵抗上帝的代理教士吧,当基督没有抵抗他自己的敌人的时候;或者你们说——如果你们敢的话,当基督承认罗马总督对自己的权力是上天所定时,上帝不知道对他的总督的命令。"②所以当主教干涉人与人(无论他们的状况如何)之间的尘世行为的审判时,他就篡夺了他人的职权——"让镰刀扩展到他人的收割领域"。

对于伯纳德在前述反驳中补充的话"在我看来,否认这把剑是你的人似乎没有足够注意到主说的这句话……"③,我说,我所见过或听过的任何人都没有否认或能够更明确地否认这一点,正如从我们先前援引的他的言论中显而易见的那样。我们还应当总是怀着崇敬之情地对此

---

① 明谷的伯纳德:《论主教的行为和职权》,c.8, Migne 182, p. 829C。参见《和平的保卫者》,II.4.11。
② 明谷的伯纳德:《论主教的行为和职权》,c.9, Migne 182, p. 832B。参见《和平的保卫者》,II.5.4。
③ [译者注]参见《和平的保卫者》,II.27.12。

补充道,其他圣徒们对这处经文的阐释更为恰当。因为当门徒们说"看,这里有两把剑",而主回答"足够了"的时候,所有圣徒都一致同意基督的话是隐喻性的。因此,克里索斯托说:"的确,如果他想让他们使用人类的防护工具,即使一百把剑也不够。但如果他不想让他们使用人类的增援工具,即使两把剑也是多余的。"①因此,基督的言下之意是奥秘的,而他在《马太福音》第26章和《约翰福音》第18章中的言论也明确表示了这一点,那时需要用这些剑来进行保卫,他对彼得说:"把剑放在它自己的位置上(或者)收剑入鞘。"②在这句话中,基督表示自己没有命令使徒们用这些剑进行防御,而是用一种奥秘的方式说话。圣安布罗斯根据这个意思充分注意到了主的话并阐释了这些话,他这样说道:"允许使用的两把剑,一把是《新约》,另一把是《旧约》,我们用它们来防御魔鬼的袭击。他说'足够了',因为一个配备《新约》和《旧约》的人并不欠缺任何东西。"③因为那些渴望并竭尽一切外部努力(即使这是不应得的)试图篡夺统治职权的教士,自愿接受对《圣经》的错乱阐释,而这些阐释似乎带有他们败坏的观点和扭曲的情感的味道。即使我们对基督的话采取字面的意思,它们也绝不与我们的观点相反,因为物质之剑既不是统治职权也不是对尘世行为的审判,甚至按照基督的观点,它也不能隐喻性地表示基督委托给彼得或任何其他使徒的统治职权或尘世审判的职权,正如同一位伯纳德在其他地方(我们在前面援引了)明确确证的那样,我们也在这一论第4和5章从《圣经》中毫无疑义地证明了这一点。

---

① 托马斯·阿奎那:《金链》,vol.12,p.232。
② 《马太福音》,26:52;《约翰福音》,18:11。
③ 《标准注解》,同时参见托马斯·阿奎那:《金链》,vol.12,p.232。

对于他补充的话"这把剑是你的,拔剑出鞘也许需要你点头"①,我要说的是,他说"也许"(尽管他本不应对这件事有任何怀疑),他的确切意思只能是,统治者在拔剑时应注意"教士的点头",即教士根据紧急情况的要求在公会议或专门会议上提出建议。例如一个统治者在参战时,如果怀疑自己是否按照神法公正地参战,就应当听取教士的建议,以免犯下致命的罪行,正如在他的其余个人的和公民的行为上一样,尤其是在那些由于他的无知而怀疑自己是否会犯致命罪行的行为上,但他并不因此在这种职权上服从于教士。同样地,他应当在颁发学科许可证和驱逐麻风病人出城上听取专家的建议,但在司法管辖上并不服从于专家,如我们在这一论第10章②中所说。因此,伯纳德在上述言论的结尾处说道,这把剑应当"需要教士的点头和皇帝的命令"才可以被拔出:他并不是把"点头"理解为帝权或强制性权柄,而是理解为建议,因为他表明这种权柄属于皇帝或统治者,尽管罗马主教甚至常常不太公正地命令基督信徒彼此拔剑相向。一言以蔽之,如果伯纳德从这些话中理解出,这一职权或审判权属于任何一位教士或主教,即在审判(就此世的第三种含义的审判而言)上高于统治者的权柄,那么我说,他显然公开与他自己以及他所援引的《圣经》相矛盾,正如从前述引用中显而易见的那样。基于此,我在这里完全拒绝他的观点(如果它确实如此的话),因为它既是非正统的,也与正典不一致且背道而驰。

25. 对于圣徒和圣师们的话,尤其是针对引自《马太福音》第16章"你是彼得,在这磐石上……"这句经文,以及针对《路加福音》第22章

---

① 参见《和平的保卫者》,II.27.12。
② [译者注]参见《和平的保卫者》,II.10.5,II.10.9。

"但我已经为你彼得祈求……"这句经文,以及针对《约翰福音》第21章"如果你爱我,喂养我的羊"这句经文;他们在谈论这些经文时,似乎试图表明基督直接传给了圣彼得凌驾于其余使徒之上的权力或权柄,他们称彼得为"使徒们的首长和世界的牧者",并且其中一些人称他为"教会的头"。[①] 我们应当怀着崇敬之情说,基督没有交给圣彼得任何本质的(我们称为教士的)权柄,也没有交给圣彼得某种超越其余使徒的偶性的牧职,而是从他和其他人身上移除了他们之间的这种权柄或牧职,正如我们在这一论第16章中通过《圣经》以及圣徒和圣师们的阐释所清楚表明的那样,并且我们在本章开头以某种方式重申了这一点。因此,跟从基督、使徒以及这些圣徒和圣师在其他地方说过的话,除了我们在这一论第16和22章中说过的以外,我拒绝以下这种观点,即刚刚援引的经文以及其他类似的经文似乎是在谈论这种优先性或首座。这种观点既不符合正典,也不来自正典,这些圣徒和圣师中的一些人在其他地方阐释经文时反而说了与之相反的话。然而,他们从自己的观点出发作出了背离经文的声明,因为他们跟从习惯,更多地关注某些来自经文的著名谚语。

26. 如果基督有意让圣彼得成为使徒中间的首座和"头",那么谁会不感到惊讶呢?因为每当使徒们争论谁更大时,基督总是回答说他们之间是平等的,并且拒绝他们中的任何一位在权柄上的优先地位?为什么基督不也给其他使徒一条诫命,让他们在牧职上服从彼得,免得他们及其继任者忽视如此重要的执事之职(就教会的"头"而言)?事实上,我们在《圣经》中绝没有读到这样的诫命被给予使徒们。而且,彼

---

① 参见《和平的保卫者》,II.27.2,II.27.12。

得怎么会对保罗用右手行团契之礼呢？相反，他本应作为上级给他一个诫命。一言以蔽之，所有触及这个问题的经文都直白地宣布了与之相反的观点。

进一步来说，假设（但根据《圣经》，我们已经否认了这个假设）基督直接委托给彼得照料其他使徒的牧职，我们也不可因此通过《圣经》确信，在圣彼得死后，罗马主教或任何其他主教借着基督的直接圣授成为所有其他人的牧者；相反，他们中的任何一位主教直接通过人的选举获得这样的权柄，就像我们先前在这一论第16、17和22章中表明的那样。

27. 当有人争辩说，如果基督在他离开的时候没有为教会留一个"头"，那么教会就是群龙无首，也没有被基督按照最好的安排来规定。① 我们可以像先前一样根据使徒保罗的话说，基督一直是教会的"头"，所有使徒和教会执事都是他的四肢，这一点在《以弗所书》第4章和许多其他地方都很清楚，我们在这一论第22章第5节从中援引了足够多的经文。基督在《马太福音》最后一章也清楚表示了这一点，他说："我常与你们同在，直到世界末日。"②假设我们的对手说，在罗马宗座空缺时，难道教会不是群龙无首，少了一个可朽的"头"吗？当然，确实如此。但是，我们不可因此承认这是基督留下的无序或坏安排。基于此，我们必须回到以前说过的话以及在解决以下反驳时将要说的话。但为了更大程度上满足我们，让我们对这里出现的推理作一个概要的回答。

当有人推导并推断说，如果基督在他离开的时候没有留下一个指

---

① 参见《和平的保卫者》，II.27.2。
② 《马太福音》，28：20。

定的可朽的"头",那么他就不是按照最好的安排规定教会:这个推论应被否定。当这个推理似乎得到如下观点支持时,即教会通过这个"头"的设立得到了更好的安排,我相信人们当然会承认,教会礼仪和对信仰的遵守可以通过这种可朽的"头"的设立得到更好的安排。但我认为人们应当补充一点:这并不意味着这样的"头"是基督直接指定的某个人,反而最好是信徒机构确定和拣选的某个人,而这才是基督传给教会斗士的最好安排,否则使徒们以及他们的继任者和信徒们将以此为榜样造成失序和丑闻事件。因为罗马城或任何其他城市的神职人员可能在圣典和他们的生活上并不总是比世界上其他神职人员更优越,这一点在他们与巴黎的大学和神职人员团的比较当中是足够显而易见的。① 基于此,就像我们在这一论第 22 章第 8、9 节中所说的那样,基督把为教会设立这样的"头"的任务留给了信徒们,从而留下了最适合人类交往的安排,而使徒们也许正是以这种方式立彼得为教会的"头",就像我们在这一论第 16 章第 12 节从阿纳克莱特教令中援引的那样。

28. 对于奥古斯丁对《约翰福音》第 21 章"我若要他等到我来的时候"这句经文的注解,即"在信中的生活是由使徒彼得指示的,因为他是使徒职上的首席"②,我说,他将这个首座理解为时间中的,因为彼得在其他使徒中间是第一个被基督召唤至使徒职的,正如按照奥古斯丁对《马太福音》第 16 章"我要把天国的钥匙给你"这句经文的注解,③彼得在时间上也是第一个接受钥匙应许的人。因为在信中的生活(即此世

---

① 参见马丁努斯·波罗努斯:《编年史》,p.426;亚历山大·德·罗斯(Alexander de Roes):《帝国的变迁》(De translatione imperii, hg.von H.Grundmann, Berlin-Leipzig 1930, p. 27)。
② 托马斯·阿奎那:《金链》,vol.12, p. 463。参见《和平的保卫者》,II.27.2。
③ 参见《和平的保卫者》,I.19.7。

的可朽生活)时间上先于在望中的生活(即彼世的不朽生活)。①

对于反驳意见的确认,即援引自罗马教皇的教令或教令集②:我们应当对所有这类文字和言论(不是我们在这一论第19章③中提到的那种)作出一般性回答,即我们不必相信它们是正确的,也不必相信上述与我们持有的《圣经》观点相反与不一致的观点;相反,我们(尽管怀着崇敬之情)拒绝并明确否认它们。

对于他们想要特别得出的结论,即只有罗马主教或他与他的神职人员团有权在教会职位上按立人员并代表他们授予尘世物或恩惠,我们应当说,如果他们将教会职位理解为圣秩以及与之一起被印在灵魂上的品格(就像某种习性),那么我要说,这些职位只能由主教或教士授予,或者只能由上帝(通过他们的事工,而不能通过任何其他教团或个人)授予。这一观点(或者至少不是它的反面的观点)是我们为了救赎的必要而必须相信的观点,因为我们发现这是神法命定的,而不是因为这是某些人的教令集或教令规定的。尽管如此,如我们在这一论第17章中所说,在没有有信仰的立法者或其统治者的授权的情况下,不应进行是否适合领受这些职权的审查和决定,我们在第1论第15章中也证明了这一点。但如果他们将教会职位理解为,在特定的地方,为了管理特定的民族,就或大或小的灵魂照料而言,对上述教士和其他神职人员的确定或设立,那么按照我们在这一论第17章中所说的方式,设立这样的职位或为它们确定人员并代表他们分配或授予教会尘世物的权柄属于有信仰的立法者,并且如这一论第17和21章所示,这种权柄一般

---

① 参见托马斯·阿奎那:《金链》,vol.12, p. 463。
② 参见《和平的保卫者》,II.27.12。
③ 参见《和平的保卫者》,II.19.1—6。

而言在任何地方既不属于也不适合属于任何一位主教或教士团。

29. 所以对于援引自罗马教皇的教令和教令集的反驳我们的观点,我们应当说,尽管这类教令集或教令以及任何其他类似的文字或言论(不是我们在这一论第19章①中提到的那种)可以包含许多对今世和彼世状态有用的教导和建议,但是,就它们来自罗马主教以及连同他的神职人员团而言,在没有得到有信仰的立法者或统治者许可的情况下,或者在以别的方式违背这一论第21章所述形式的情况下,这类法令并不强迫任何人受到犯罪或惩罚的威胁(尤其是尘世的)。因为那些奉行这类传统的人就像法利赛人和文士一样,基督在《马可福音》第7章中对他们说:"你们将人的吩咐当作道理教导人,所以拜我也是枉然。你们离弃上帝的诫命,持守人的传统。"经文稍后又说:"你们诚然废弃上帝的诫命,要守你们自己的传统(即关于篡夺尘世物的教令集和教令)。"②因为这类教令集本身并不是神法或人法,而只是宣言或教导,并且大部分是某种寡头式的法令。③ 基于此,那些人发布这类违背上述形式和权柄的法令,用欺诈的语言诱使任何人服从他们,用永恒的诅咒以半逼迫的方式威胁单纯的违法者,或者用语言或文字将亵渎、诅咒或其他恶咒施加在任何人的身上,他们作为公民分裂的共谋者和煽动者,必须遭受最极端的体罚折磨。事实上,这是最严重的叛国罪,因为它直接反对统治职,导致出现多个最高统治职,并因此必然导致任何一个政体的解体。④

---

① 参见《和平的保卫者》,II.19.1—6。
② 《马可福音》,7:7—9。[译者注]参见《和平的保卫者》,II.16.11 引用过这段经文。
③ [译者注]参见《和平的保卫者》,II.23.13,II.25.15,II.26.19。
④ 参见《和平的保卫者》,I.17。

第29章

论对这一论第3章中援引自《圣经》的反驳的解决,该反驳是为了表明主教拥有强制司法管辖权,罗马主教本身拥有最高强制司法管辖权

1. 对于这一论第3章中援引自《圣经》的其余反驳观点,它们似乎也许能够让某个人确信,在无需人民立法者的设立,而是上帝直接圣授的情况下,罗马教皇或任何其他主教是针对所有神职人员或无差别地对所有其他人的第三种含义上的审判者。我们应当说,首先,对于取自《马太福音》第16章的反驳,即基督对圣彼得说"我要把天国的钥匙给你……"①,基督在这些话中传给圣彼得或任何其他使徒的,无非将人从罪中捆绑和解救的权力,正如圣伯纳德在《论审视》第1卷第5章②(我们在这一论第5章第2节中援引了这些内容)中对尤金明确表达的那样,这一论第6和7章也详细讨论了这一点;基督传给使徒们的也无非是这一论第23章所述的充足权力。因此,基于这些话,罗马主教或任

---

① 参见《和平的保卫者》,II.3.2,II.28.5—6。
② 明谷的伯纳德:《论审视》,I, c.6, Migne 182, p.736。参见《和平的保卫者》,II.5.2。

何其他主教都没有在此世以一位使徒或多位使徒的名义从基督那里接受对任何神职人员或平信徒的强制权柄或司法管辖权。事实上,经文说,"我要把天国的钥匙给你",这有别于地上之国。因为当基督在《路加福音》第12章中说"人哪,谁派我做你们的审判者(即地上的审判者)呢?"①,以及这一论第4和5章所援引的其他相同意思的话时,他用自己的榜样表示,每一位使徒及其继任者(主教或教士)都被排除在这类政体之外。

对于取自正典《马太福音》第18章和《约翰福音》第20章的权威,即基督对使徒们说"凡你们在地上所捆绑的……"②以及"你们赦免谁的罪……"③,我们应当以同样或类似的方式作出回答。因为基督在这些话中传给他们的,无非我们刚刚提到的以及符合我们所说的方式的权力。

2. 对于取自《马太福音》第11章的另一个反驳,即基督说"所有东西都是从我父那里传给我的"④,我们应当说,从"所有东西都是从我父那里传给我的"这句话中并不能推导出"我"将所有权力传给了一位使徒或多位使徒,正如我们在这一论第4章⑤中所说的那样。因为在这项研究中,问题不在于基督能够传给一位使徒或多位使徒及其继任者什么样的权力和权柄,而在于他意愿并实际传了什么样的权力和权柄,以及他用建议或诫命禁止他们得到什么样的权力和权柄。事实上,这些问题在这一论第4、5、6和9章中已经得到了充分说明。因此,伯纳德

---

① 《路加福音》,12:14。
② 《马太福音》,18:18。
③ 《约翰福音》,20:23。
④ 《马太福音》,11:27。参见《和平的保卫者》,II.3.3。
⑤ 参见《和平的保卫者》,II.4.2。

在《论审视》第3卷第1章中对尤金表明了同样的意图,他这样说道:"我认为它不是无条件地属于你,而是存在某种限制。在我看来,你被委托管理它(即管理全世界),但没有被给予产业。如果你继续篡夺它,你将与经文所说的相矛盾:'世界和其中所充满的都是我的。'你也不是先知所说的那个人:'全地都是他的产业。'那个人是基督,他凭借创造的法权和救赎的应得功绩,为自己主张了这产业。"①他补充更多要点,但我省略了它们,因为前面的内容已经足够了,同时也为了讨论的简短。因此,基督并没有将无条件地将传给他自己的所有东西都传给一位使徒或多位使徒,而是以特定的方式传给后者特定的东西。进一步来说,按照所有圣徒对这处经文的注解,基督想表达的是,发生在他身上的这种传授是就他的神性而言的,即他是上帝的永恒之子。② 这种传授不可能属于任何使徒或他们的继任者。基于此,基督的这一言论甚至在表面上都没有带来任何与我们所持有的观点相反的东西。

3. 对于取自《马太福音》第28章(最后一章)的反驳,即基督说"天上地下所有的权力都赐给了我"③,我们应当像对上一个反驳那样作出回答。因为不能由此推出(即使他在地上领受了人类方面的所有权力),他将所有权力都传给了一位使徒或多位使徒,相反,他所传的只是《马太福音》最后一章和《约翰福音》第20章提到的权力,我们在这一论第6和7章中也解释了这一点,④因为基督来作王所依照的只是这种权力。因此,哲罗姆对这处经文注解道:"天上地下所有的权力都赐给

---

① 明谷的伯纳德:《论审视》,l.III, c.1, Migne 182, p. 758B—C。文中所引经文来自《诗篇》,50:12;《以西结书》,45:8;《民数记》,24:18。
② 托马斯·阿奎那:《金链》,vol.11, p. 148。
③ 《马太福音》,28:18。参见《和平的保卫者》,II.3.3。
④ 《马太福音》,28:19—20;《约翰福音》,20:23。参见《和平的保卫者》,II.6.2。

了他,也就是说,以前在天上作王的他,应通过信众的信仰在地上作王。"①

4. 对于取自《马太福音》第 8 章和《马可福音》第 5 章的反驳"魔鬼恳求他,说……"②,我们应当说,这同样没有反对我们的观点。因为假设(这是正确的假设)基督确实拥有(如果他意愿的话)人类方面的统治职权和对尘世物的一切权力,这也不能由此必然推出,他将类似的权力传给了一位使徒或多位使徒或者他们的一位继任者或多位继任者;相反,基督通过言行向他们表明了,他们必须避免尘世物的占有权和所有权,以及由此对此世任何人的强制司法管辖权或审判权,这一点在这一论第 4 和 5 章中得到了证明,并在上一章中得到了重申。即便基督有时使用了这些物的力量或所有权,他也不是以人类统治者或审判者的方式,而是以奥秘而极其罕见的方式使用了神力而非人力。例如在使无花果树枯萎的例子中,③他想要由此向他的使徒们表示他神性的本性,从而在信仰上进一步坚固他们;或者也是为了对人隐藏而对他自己显露更好的东西,正如克里索斯托④和哲罗姆对这处经文所说的那样。"以便,"哲罗姆说,"猪的消灭为人提供救赎的机会。"⑤因此,基督没有教导他们行奇迹,正如我们在这一论第 4 章从奥古斯丁第 10 篇布道《论主在〈马太福音〉中的言》⑥中援引的那样。同样地,他更不想让他们行使权力去损害和冒犯他人。基于此,他这样做[即行奇迹]不是为

---

① 托马斯·阿奎那:《金链》,vol.11, p. 333。
② 《马太福音》,8:31;《马可福音》,5:12—13。参见《和平的保卫者》,II.3.4。
③ 《马太福音》,21:19—21;《马可福音》,11:13,11:20—21。
④ 托马斯·阿奎那:《金链》,vol.11, p. 116。
⑤ 托马斯·阿奎那:《金链》,vol.11, p. 116。
⑥ 奥古斯丁:《对〈马太福音〉11:28—29 第 69 次布道》(Sermo LXIX über Matth. XI, 28-29),Migne 38, p. 441。参见《和平的保卫者》,II.4.2。

了让他们也要这样做,而是为了向他们表明他是真神。

5. 对于援引自《马太福音》第22章、《马可福音》第11章和《路加福音》第19章的反驳,"于是耶稣打发两个门徒,对他们说:'你们往对面村子里去,必看见一匹驴拴在那里……'"①,我们应当像对上一个反驳那样作出类似的回答。

对于取自《路加福音》第22章②关于两把剑的反驳以及取自《约翰福音》第21章③关于喂养羊的反驳,正如我们在上一章④中详细证明的那样,这些经文并不与我们所持观点相矛盾,也不会产生任何与我们所持观点相矛盾的必然推论。因为基督在这些话中没有传给圣彼得、任何其他使徒或者他们的任何继任者对此世任何人的强制司法管辖权或审判权,而是传给他们牧职,这一论第9章已经对此作了充分说明。

6. 对于使徒保罗在《哥林多前书》第6章中说的话"你们不知道我们要审判天使吗?更何况尘世之事呢?"⑤,这并不与我们所持观点相矛盾,也不会产生任何相矛盾的推论。因为使徒保罗在上述布道或经文中,并不是专门地对教士,而是普遍地对哥林多所有信徒提出告诫或言说。因为正如从问候语中显明的那样,他普遍地写信给他们。因为他们在尘世和民事问题上彼此争论,就把自己带到了异教徒审判者面前。基于此,作为一个给他们提建议的牧者,使徒保罗告诫他们,让他们从信徒中为自己派一个审判者,但该审判者不是教士或主教,而是这些人

---

① 《马太福音》,21:1—2;《马可福音》,11:1—2;《路加福音》,19:29—30。参见《和平的保卫者》,II.3.5。
② 《路加福音》,22:38。参见《和平的保卫者》,II.3.6。
③ 《约翰福音》,21:15—17。参见《和平的保卫者》,II.3.7。
④ 参见《和平的保卫者》,II.28.8—9,II.28.22—24。
⑤ 《哥林多前书》,6:3。参见《和平的保卫者》,II.3.8。

以外的其他人。基于此,使徒保罗立刻补充道:"因此,如果你们有尘世之事当审判,派教会所轻视的人去审判。我说这话是要叫你们羞耻。难道你们中间没有一个智慧之人,能审判弟兄们的事吗?你们竟是弟兄与弟兄告状,而且告在异教徒面前。"[1]奥古斯丁、安布罗斯和格列高利在阐释使徒保罗的这处经文时,这样注解道:"'因此……尘世之事……',正如他刚刚谴责那些轻视信徒而在异教徒面前提起诉讼的人一样,现在他也谴责那些派教会所轻视的人——即使他们是信徒——作审判者的人;好像在说:因为你们必去审判。'因此,如果你们有尘世之事当审判',他说'如果你们有',因为人们不应当有它们,而是应当轻视它们。他说'如果你们有,派教会所轻视的人(即没有辨别力的卑鄙之人)去审判';好像在说:这就是你们已经做的。因此,弟兄们被迫求助于他人,即异教徒。这就是使徒保罗对他们的责备,用讽刺的方式对他们言说,这本不应发生。他补充道'我说这话是要叫你们羞耻'或'叫你们的尊严受辱';好像在说:我不是在下命令,而是提醒你们,叫你们羞耻,你们应当脸红,因为'你们中间没有一个'足够'智慧之人,能审判弟兄们的事',所以你们必然立了愚人作审判者。但是,即使缺少智慧之人,也应立这样的人作审判者,而不是到异教徒审判者那里去。他说'没有一个智慧之人,你们竟是弟兄与弟兄告状',这是错误的;甚至'在异教徒面前',这就是更大的错误了。或者这样说,'因此……尘世之事……',因为使徒保罗已经说过他们可以'审判最小的事',他确定了谁应被派去界定这类事务,即'教会所轻视的人',因为那些更伟大的人应专注于精神事务。好像在说,因为你们必去审判,所以你们要这样

---

[1] 《哥林多前书》,6:4—6。

做——'如果你们有尘世'事务'当审判,派教会所轻视的人去审判',即一些有智慧但应得功绩较低的人,因为那些羁旅的使徒没有闲暇去做这些事。所以是那些在当地具有信仰和圣洁的智慧之人,而非为了福音四处奔波之人,想要审查那些事务。我们即使愿意,也不能原谅自己做这些事。事实上,我呼唤基督作见证,我宁愿每日手工劳动一段时间,其余时间用来自由阅读和祈祷或者学习神学作品,也不愿忍受尘世事务纷繁复杂的诉讼折磨,无论我是通过判决来终止诉讼,还是通过干预来中断诉讼。'派教会所轻视的人',而'我说这话是要叫你们的尊严受辱',也就是说,这些审查地上诉讼的人是那些获得关于外在事物的智慧之人。然而,那些被赐予精神礼物的人不应当卷入地上事务之中,以便他们不用被迫去处理较低的东西,而是能够献身于较高的东西。尽管如此,我们还是应该非常小心,不要让那些闪烁精神天赋的人完全抛弃软弱邻人的事务,而是让他们委托值得的人去处理这些事务,或者自己处理。"①

7. 使徒保罗和圣徒们的这些著作值得注意。因为,首先,从它们之中显而易见的是,所有人与人之间不涉及神法的争论都是尘世的而非精神的,都是属于尘世审判的争论。因为使徒保罗和圣徒们普遍地谈论这处经文,没有区别(正如不必区别一样)一般而言的教士和神职人员之间或教士和平信徒之间的尘世或民事争论。让那个诡辩和滥用语词的人(他根据使徒保罗和圣徒们的术语,把精神物称为纯粹尘世的)回答我的问题:是否一位在言行上对弟兄(教士或非教士)施加伤害的

---

① 彼得·伦巴第:《汇编》,Migne 191, pp. 1576D—1577D。参见《和平的保卫者》,II.5.2,II.9.13。

教士所行的精神伤害比平信徒施加的更大呢？① 回答"是"的人是可笑的，真的相信的人是完全疯狂的，因为就像我们在这一论第 8 章②中详细表明的那样，一个在言行上有义务教导他人不要施加伤害的人，他所犯的罪过更加卑鄙和严重。当安布罗斯③将摆在他（作为主教）面前的教士和神职人员的诉讼争论称为"尘世事务纷繁复杂的诉讼折磨"（他没有基于人员状况对这类诉讼或争论加以区别）时，他在上述注解中明确见证了神职人员的这类行为是并应被称为尘世的而非精神的。因为这种区别，即教士和非教士的区别，本身是偶性的区别，就像圆在金和银之中的区别一样，没有一个工匠会对此加以分别，因为固有的东西不会在结果中发生分化。④

其次，很明显，教士们的权柄并不包括对这些行为的判决，或者成为它们的审判者，他们也不比其余信徒更有权（甚至可能有更少的权柄）设立这样一位审判者；相反，如第 1 论第 15 章所示，这种权柄属于信徒共体。基于此，使徒保罗说的是复数形式的"constituite"［派］，而不是用单数形式对任何一位主教或教士说"constitue"［派］。⑤ 因为在任何需要一位教士或主教做职权之内的事情的地方，他都会单独命令这个人去做，而不是让信徒群体去做，例如派教士、主教或执事去传道和执行专属于教士或牧者的其他职责。因此《提多书》第 1 章写道："我留你在克里特，是要你纠正他们所缺的（即在救赎和道德教义方面），并为

---

① ［瓦本注］参见《和平的保卫者》，II.2.7。
② 参见《和平的保卫者》，II.8.7。
③ 应为奥古斯丁。
④ ［瓦本注］参见《和平的保卫者》，II.8.7，II.10.7。
⑤ ［译者注］参见《和平的保卫者》，II.5.3。

各城派长老,就像我为你安排的那样。"①但是,使徒保罗并没有对提多说:派一位审判者来审查尘世事务。使徒保罗在写信给哥林多信徒时也没有说,"我为你们派或派了一位审判者",或者"让一位主教或教士为你们派一位审判者",而是对全世界信徒说"constituite",但他并没有下命令,而是作出建议或提醒。因此,注解对这处经文说道:"'我说这话是要叫你们羞耻';好像在说:我不是在下命令,而是提醒你们,叫你们羞耻。"因为使徒保罗很清楚,设立这样的审判者绝不属于他的职权,更不必说不属于任何其他教士或主教了。此外,他也没有建议选立任何一位教士或主教去执行这类职能,反而情况恰恰相反,因为他说:"没有一个为上帝争战的人让自己卷入尘世事务之中。"②相反,他建议立"教会所轻视的人"作审判者,即那些在信徒中不适合传福音的人。尽管如此,按照圣徒们的注解,③使徒保罗意愿或建议"这些审查地上诉讼的人是那些获得关于外在事物的智慧之人。然而,那些被赐予精神礼物的人不应当卷入地上事务之中"。这就是圣伯纳德在《论审视》第1卷第5章(我们在上一章④援引过了)中对尤金清楚陈述的观点。

8. 然而,有人会反驳安布罗斯⑤在上述注解中说的话。因为他在谈到关于尘世争议行为的判决时说:"我们即使愿意,也不能原谅自己做这些事。"格列高利在同一注解处确认这个观点时补充道:"尽管如此,我们还是应该非常小心……而是让他们(主教们)委托值得的人去处

---

① 《提多书》,1:5。
② 《提摩太后书》,2:4。
③ 参见《和平的保卫者》,II.5.2,II.9.13,II.29.6。
④ 参见《和平的保卫者》,II.28.24。
⑤ 应为奥古斯丁。

理这些事务(即尘世行为的判决)或者自己处理。"①因此,似乎主教或教士本身确实应对这些事务作出判决并为这些事务派审判者,因为在圣徒们看来,他们不能免除这些事务,并且他们"应该"对此"非常小心"。

9. 对于这个反驳以及圣徒们或圣师们任何其他类似的言论,让我们说,在古代和上述圣徒时代,出于对祭司地位的崇敬、对他们道德或德能的信心以及我们在这一论第25章第5节中提到的其他原因,有信仰的立法者和统治者授予了主教和灵魂的首要牧者管理神职人员和尘世物的第三种含义的审判职权,使得他们免除来自神职的骚扰或搅扰,并且在尘世诉讼方面得到更体面的处理。上述一些圣徒在诸省份或地区被派作主教,而这些省份或地区的统治者或居民授予了他们上述审判职权,所以他们除非放弃主教职,否则不能免除自己在神职人员中间操心此类尘世诉讼的责任。

10. 但仍然有人理应质疑并询问,为什么像圣西尔维斯特和其他许多这样的圣人会领受尘世的审判权和权力以及尘世物的占有权和管理权呢,如果这类事务现在和过去都不适合教士、主教和其余福音执事的职权的话?

11. 在我看来,我们应当根据先前(尤其是在这一论第17和25章中)得出的真理回答道,教会或信徒群体在刚开始时非常谦逊,因此在之后的很长一段时间内,常常遭受异教统治者和臣民的多重迫害,甚至于到了殉难的地步,并且生活在极度贫困之中。基于此,圣主教们,真正的牧者,为了羊群的拯救、增长、保存和维持,向有信仰的皇帝以及虔诚和偏爱他们的统治者们请求恩典、恩惠、承认、特权,或者领受供养,

---

① 参见《和平的保卫者》,II.29.6。

但不是为了管理羊群,而是为了能让羊群受益并保护和养育有信仰的百姓。所以,出于这个原因,圣主教们以这种方式领受了对尘世行为(尤其是在神职人员中间的尘世行为)的审判权。他们也以这种方式接受了管理某些尘世物(但没有为自己要求占有权、所有权或权柄)的责任,以便能让这些尘世物溢到穷人信徒的手中。因此,安布罗斯在《论移交教堂的布道》中对此说道:"如果皇帝渴求田地,那么他有权要求它们;我们绝不可干预。人民的奉献能够溢到穷人身上。"[1]所以没有一位教士或主教曾为了田地而去干预,因为他们通过效仿基督和使徒们,弃绝了自己的统治权,但为了信仰坚定地抗争至死。尽管当今的主教们,尤其罗马人的主教们,为了田地和尘世统治权而去奋力战斗,并在基督信徒中间挑起四面八方的战斗,说自己这样做是为了捍卫"基督新娘的法权",[2]但是,这并不是她的法权,反而是对她的伤害。如我们在这一论第26章中所说,他们几乎完全忽视了捍卫真正的新娘(即信仰、教义和道德),以防她被邪恶的用途或行为或者异教徒的侵略所败坏。

所以基于这些原因,古代的一些圣徒领受了这类职权和恩惠,但当今的主教们确实可以恰当地弃绝它们,至少在信徒团契中可以这样。因为统治者们能够充分保卫神职人员免受压迫,但不能阻止他们攻击他人。因为当今的牧者并不打算弃绝这些尘世职权、财产和尘世物的所有权,反而甚至要动用武力为这类东西而战,他们这么做不仅是要保留他们所拥有的,而且是要篡夺其余的,正如任何一个人,无论多么粗

---

[1] 安布罗斯:《驳奥森提乌斯论移交教堂的布道》,c.33,Migne 16,p.1060 (872)。参见《和平的保卫者》,II.14.22。

[2] 参见教皇约翰二十二世于1323年10月8日发布的文件《第一道谕》。同时参见《和平的保卫者》,II.26.2。

鲁,都可以通过感官(如果没有别的方式的话)得到教导一样;他们甚至不顾基督在《马太福音》第18章中的威胁,以野心为榜样,对信徒共体造成极大的冒犯。基督说:"凡使这信我的一个小子跌倒的……"①哲罗姆对此注解道:"虽然这可能是针对所有冒犯某人的人的一般判决,但是,按照基督话语的推论,它也可以被理解为是针对使徒们说的,他们在问谁更大时,似乎是在为尊严而相互争论。他们若继续争论下去,就可能会因自己的丑闻而失去他们所召唤的那些信徒(当这些信徒看到使徒们为荣誉而相互争斗时)。"②哲罗姆谈论使徒们的话也应被理解为是在谈论他们所有的继任者(主教或教士)。但是,如果这些人拒绝自愿放弃这类审判职权以及分配尘世物的权柄,那么统治者或有信仰的立法者可以合法地并且应当根据神法和人法撤销他们的权力,如第1论第15章和这一论第17和21章所示。

12. 对于来自使徒保罗《哥林多前书》第9章和《帖撒罗尼迦后书》第3章的反驳"难道我们没有权力吗……"③,这已经在这一论第14章④中得到了解决。因为这里所说的这种权力不是司法管辖的权力,而是根据神法寻求(但不是以强制审判的方式)那些有能力并且为了福音的事工而有义务提供给教士食物和衣物之人支持的合法权力。

对于援引自《提摩太前书》第5章的反驳,即使徒保罗说"你不可接受反对长老的控告……"⑤,我们应当说,使徒保罗的理解是,一位教士应被他的上级(牧者或圣师)公开责备;事实上,使徒保罗没有命令任何

---

① 《马太福音》,18:6。
② 托马斯·阿奎那:《金链》,vol.11, p. 211。
③ 《哥林多前书》,9:4;《帖撒罗尼迦后书》,3:9。参见《和平的保卫者》,II.3.8。
④ 参见《和平的保卫者》,II.14.6—7。
⑤ 《提摩太前书》,5:19。参见《和平的保卫者》,II.3.9。

教士或主教对任何人行使强制司法管辖权,因为他知道这既不属于他自己的权柄,也不属于他的任何一位继任者的权柄。使徒保罗表示牧者的纠正只是口头上的,因为他补充道:"犯罪的人,当在众人面前责备他们,叫其余的人也可以惧怕。"①他没有说"抓捕或监禁他们",而是教导必须回避那些无法用言语纠正的人。因此《提多书》第3章:"成为异端的人,纠正过一两次,就要回避他,因为他是因自己的判断而被定罪的。"②

---

① 《提摩太前书》,5:20。
② 《提多书》,3:10—11。

第 30 章

论对这一论第 3 章中为了同一个目的而引入的推理的解决，以及罗马帝国和其他任何一个统治职的转移；根据正确推理，在多大程度上应当并且可以发生这种转移

1. 这一论剩下的最后一项任务是解决我们在这一论第 3 章中引入的推理，该推理是为了支持这样一些人的错误：他们声称，教士或主教本身拥有强制司法管辖权，而罗马主教本身拥有此世一切强制司法管辖权中最高的权柄。

那么，对于第一个推理，应当推理说：正如身体对应于灵魂，身体的统治者同样对应于灵魂的统治者；[①]我们说，这个采取普遍形式的命题是错误的。因为尽管灵魂有别于身体（因为灵魂不是身体），但是如这一论第 8 和 9 章所述，如果我们采取统治者的恰当含义，那么在某种程度上，没有灵魂的统治者也是没有身体的统治者，反之亦然。

但如果身体的统治者以隐喻的方式被理解为这样一个医生，他作为一个操作型专家对身体进行照料，处理非理性部分和营养部分的行

[①] 参见《和平的保卫者》，II.3.10。

为;灵魂的统治者被理解为这样一个医生,他是操作型专家或导师,处理理性部分和欲望部分的行为,无论在今世状态中并为了今世状态的行为(人文科学或学科的专家就是这样的),还是为了彼世状态的行为(牧者和教士就是这样的);那么,上述采取非特定形式的命题可以被承认,因为采取普遍形式的命题总是会遭受许多反驳。事实上,灵魂与身体的关系,以及理性与非理性的关系,存在许多差异,而一个专家或照料者与另一个专家或照料者的关系并没有什么差异。因为照着三位一体的形象所造的理性可以作三段论推理,而非理性则不然,但是,这两个照料者或专家之间并不存在这类差异;其他方面亦是如此。所以即使我们在某种意义上承认这个命题,也就是说,正如理性和欲望的灵魂比身体(即在营养功能方面是有生命的身体①)更高贵,故而理性灵魂的专家或照料者比非理性灵魂的专家或照料者更具尊严;或者即使这种比较是在只为了今世状态或目的的理性灵魂的专家和首要地为了彼世状态或目的的理性灵魂的专家之间作出的;假设一个比另一个更完美,也不能由此推出,其中更完美的那个专家是对另一个不那么完美的专家进行强制审判的审判者;因为在这种情况下,一个形而上学家将会是一个医生的强制统治者,并且由此将会推出许多明显不恰当的结论。

但如果身体的统治者被理解为人类强制的或第三种含义上的统治者或审判者(仅仅或首要地在今世状态中并为了今世状态或目的),而灵魂的统治者被理解为第三种含义上的审判者(首要地为了彼世状态

---

① [布本注]根据亚里士多德的观点,身体(body)是"有灵魂的"(animated);没有灵魂的身体只能是"同名异义"(homonymously)的身体,也就是说,有相同的"身体"之名,但实际上不是身体,因为没有灵魂的身体不能行使身体的任何功能。因此,马西利乌斯在这里明确指出,当我们谈论与灵魂相对应的身体时,我们必须指的是仅仅有灵魂的身体。关于"同名异义"的概念,参见亚里士多德:《论灵魂》,412b,17—25。

或目的），正如我们的对手似乎所意图的那样；那么，这个比较或类比可以在某种意义上或者通过采取非特定形式得到承认，因为如上所述，采取普遍形式的命题可能会遭受许多反驳。当假定身体服从灵魂，或者非理性灵魂完全或部分服从理性灵魂时，我们可以简单承认服从是就完美性而言的，但不能由此推出，服从是就司法管辖而言的，因为作出这种推断的人犯了逻辑后承上的错误。即使假设（尽管不是出于这个论证）身体的统治者（即只为了今世状态的人类强制的审判者）就司法管辖而言服从于为了彼世状态的强制的灵魂的审判者，这也不能因此推出，此世的任何一位强制的统治者或审判者就司法管辖而言服从于任何一位主教或教士。因为没有一位主教或教士，就其自身而言，是任何人的强制统治者或审判者（无论为了今世状态还是彼世状态），如这一论第4、5和9章所示。因为唯独基督是强制的灵魂审判者或为了彼世状态的审判者。因此《雅各书》第4章（重复这句话并不会让人乏味）写道："只有一位是立法者和审判者，他能灭人也能救人。"[①]然而，正如我们在这一论第5章中所说，并通过《圣经》确证的那样，基督绝没有下令，他会不可撤销地审判任何凡人以及惩罚或奖赏此世的任何人，而是下令，他只惩罚或奖赏彼世的人。然而，罗马主教以及其余牧者都是灵魂的专家（就像医生一样），但不是强制的审判者或统治者，正如我们在上面借着福音经文、使徒保罗、希拉里、克里索斯托以及令人信服的推理证明的那样。

2. 对于引入的另一个推理，即正如有形物对应于精神物，所以有形

---

① 《雅各书》，4:12。参见《和平的保卫者》，II.7.4，II.9.1。

物的统治者对应于精神物的统治者①:由于它与上一个推理依靠着几乎相同的根源,我们应以相同或类似的方式予以抵制。因为大前提会遭受许多反驳;至于小前提,其中说有形物服从于精神物,如果"服从"是就不那么完美来说的,那么我们应当承认这符合"尘世的"和"精神的"这些术语的恰当含义。当有人补充说,罗马主教是精神物的统治者或审判者时,如果"审判者"采取审判者的第一种含义,即作为这些事物的思辨或操作的审判者,那么罗马主教和其他任何一位主教确实是或应当是这类审判者;并且,由此可以推出,他比一个只对有形物作出这种审判的人更完美,尤其是考虑到被审判之物的差异性。② 但这不能由此推出,精神物的这类审判者在强制司法管辖权或强制审判权方面高于另一类审判者。因为研究动物的人可以用这种方式成为占星家或几何学家的统治者或强制审判者,反之亦然,但是该推理既不必然也不正确。但如果它的意思是,罗马主教或任何其他主教是精神物的第三种含义上的(即强制的)审判者,那么这应作为明显的错误而被否定,正如我们先前在这一论第 9 章从《雅各书》第 4 章中援引的那样。因为唯独基督是这样的审判者,此世的审判者在为了彼世状态的强制司法管辖权方面必须服从于他,我们过去和现在都没有否认过这一点。因此,使徒保罗在《以弗所书》第 6 章和《歌罗西书》最后一章中说:"他们和你们同有一位主在天上。"③那时在天上,除了基督以外,没有任何新律中的使徒或教士。基于此,此世的审判者将仅由这位审判者用强制审判的方式加以审判,而那些不值得的人将受到强制力的约束,但这发生在

---

① 参见《和平的保卫者》,II.3.11。
② [瓦本注]参见亚里士多德:《论灵魂》,402a,1—3。
③ 《以弗所书》,6:9;《歌罗西书》,4:1。

彼世，按照彼世的法律，正如这一论第9章所显明的那样。所以上述谬误推理因"审判者"一词的多义而失效。

3. 对于这样一个推论，即正如目的对应于目的，法律对应于法律……所以审判者对应于审判者①：这个采取普遍形式的推论可以被否定。但是，如果允许它连同它的小前提采取非特定形式，那么也许可以推出，就主题而言，神法方面的强制审判者优于人法方面的强制审判者，我们先前已承认了这一点。但如果有人假定，罗马主教或任何其他主教是神法方面的审判者，那么该声明必须在"审判者"一词的多义方面予以区分，并且必须在这样一个意思上予以扼杀，即我们的对手凭借该意思试图推论出，罗马主教或任何其他主教在今世或彼世都是神法方面的强制审判者。

4. 我们的对手采用的另一个推理是，一个行为更高贵或更完美的人不应在强制司法管辖方面服从于另一个行为不那么高贵或完美的人，②而这就是主教或教士的行为与统治者的行为之间的关系。因为祝圣以及管理其他教会圣礼的行为（这是主教或教士的事工），比审判和指挥人的尘世行为或有争议的行为（这是只拥有统治职权或强制司法管辖权之人的分内工作），更高贵，更完美。我们的对手采用的大前提是错误的，并且应当作为采取普遍形式的推理而被否定，否则推理将不具有恰当的形式。同样采取普遍形式的小前提（即对于任何教士部分或教士）也会遭受反驳。因为其他教律中的教士的行为并不比统治者的行为更高贵，第1论第15章已经表明了与此相反的观点；相反，只有

---

① 参见《和平的保卫者》，II.3.12。
② 参见《和平的保卫者》，II.3.13。

在天主教律中,教士的行为才是所有其他行为中最完美的,但我们只有靠信仰才能持有这一观点。①

这一推论的第一个命题是错误的,因为没有什么能阻止行为更高贵或更完美(在绝对的意义上)的人在某些方面依赖于行为不那么完美的人,从而不能阻止前者成为不那么完美的人。事实上,人体比每一个简单体或复合体(至少比生成体)更完美(在绝对的意义上),但它在某些方面是潜在的并且不比许多复合体和简单体更完美。② 我们也可以在同一整体的诸部分中看到这一点。因为,尽管眼是比手或脚更完美的肢体或部分——它执行更完美的活动,但它必须依赖手或脚并从它们那里接受一些活动或动作;反之亦然,它们也依赖于眼,因为它们被它引导到它们移动或被移动指向的目标。正如使徒保罗在《哥林多前书》第12章中所说:"眼不能对手说:'我不需要你的功能。'"③

因此,以同样的或类比的方式,统治部分也依赖并接受(尽管不是在强制审判方面)来自城邦中低级部分的行为的东西,我们在第1论第5章中讨论了它们;但是,低级部分在更优越和更完美方面(例如强制管辖方面)依赖统治部分,如第1论第15章所示。所以教士部分依赖并接受来自统治部分的东西,反之亦然。因为教士们从统治部分那里接受对他们的尘世行为的公正审判以及免于伤害的守卫,免得他们在今世状态中并为了彼世状态而伤害他人以及被他人伤害,如第1论第15章所示,这是城邦统治部分而非其他部分的职责。使徒保罗在《罗

---

① [瓦本注]参见《和平的保卫者》,I.10.3。
② [瓦本注]参见亚里士多德:《论动物的部分》,656ff.;《尼各马可伦理学》,1141a,21ff.。
③ 《哥林多前书》,12:21。

马书》第13章①（我们先前在这一论第5章②中援引了这些内容）中也表达了这一点。他在《提摩太前书》第2章中也持有这一观点，他说："因此我恳求，首先要为……恳求……并且为君王和所有在高位之人，以便我们过上（即我们拥有）宁静安宁的生活。"③反之亦然，统治部分需要并依赖教士部分的行为；因为前者从后者那里接受教义和圣礼，即令此世的人朝向为了彼世状态的永恒救赎或荣福并消除与之相反的东西。

然而，二者产生和接受这些行为的方式有所不同，因为统治者是此世借着上帝圣授（尽管直接借着人民立法者或其他人的意志的设立）的强制审判者，他可以通过强制力（通过施加惩罚或刑罚）合法地将他自己的行为印在教士身上（即使这违背教士的意志），如果后者违反了与神法不相矛盾的人法的话，如这一论第5和8章④以及第1论第15章所示。然而，主教或教士——由于按照神法，他不是此世任何人的强制审判者（如第1论第15章以及这一论第4、5和9章所示），而是第一种含义上的审判者，好像一个操作型专家（比如医生）——不能也不应通过他自己的行为或命令，用货物或人身上的刑罚或惩罚（在今生方面）来逼迫任何人。

那么，这样一来，上述推论中的第一个命题就是错误的，它假定了任何产生更完美行为的人在司法管辖权方面不应服从作出不那么完美行为的人。事实上，这个推论还必然推出另一个明显不恰当的（即错误

---

① 参见《罗马书》，13:1—7。
② ［瓦本注］参见《和平的保卫者》，II.5.4。
③ 《提摩太前书》，2:1—2。参见《和平的保卫者》，I.19.3，II.5.7。
④ ［瓦本注］参见《和平的保卫者》，II.5.7—8，II.8.9。

的)观点:没有任何思辨家(或者至少第一哲学家或形而上学家)在人法方面服从统治者的司法管辖。因为统治者或其他任何人所具有的有别于信仰的操作习性以及由此产生的任何行为,都不如第一哲学家的习性或由此产生的行为那样完美;但是,一个足以胜任且被正确设立的统治者缺乏这些东西。①

5. 对于后面的反驳,即基督的特殊代理教士(罗马主教或者使徒们的任何其他继任者)应在人法方面服从统治者的强制审判,似乎是不合适的:②我们应当说,任何一位代理教士服从那位审判者或类似的审判者,绝不是不合适的,因为他的主为了维护此世的适当秩序,自愿决定服从这样一位审判者。事实上,基督,神人共在者,自愿忍受本丢·彼拉多(人法方面的统治者,凯撒的总督)的强制审判;圣使徒们也这样行事并且命令其他人按照神法这样做,就像这一论第 4 和 5 章通过《圣经》以及圣徒和其他圣师的话清楚表明的那样,并且这一论第 28 章也重申了这一点。因此,既然"一个仆人不想比他的主人更重要,一个使徒不想比派他的人更重要"③(正如我们在这一论第 28 章通过伯纳德从《圣经》中所援引的那样),那么以下观点就没有什么不合适的,反而是非常合适的,更确切地说,对于城邦或政体的宁静来说是必要的,即每一位主教、教士和神职人员都要在人法方面服从统治者的强制审判。与此相反的观点则是完全不合适的和不可容忍的,如第 1 论第 17 章所示,先前这一论借着永恒的见证也确认了这一点。

此外,由于罗马主教或任何其他主教不是基督在此世行使任何一

---

① [瓦本注]参见《和平的保卫者》,I.15.1。
② 参见《和平的保卫者》,II.3.15。
③ 《约翰福音》,13:16。参见《和平的保卫者》,II.28.24。

个职权方面的代理或执事,而只是在特定的职权方面的代理或执事,即教士职,其本身并不关涉强制审判权(无论低级的还是高级的),正如我们在这一论第9章第8节通过援引亚里士多德①所总结的那样;但人法方面的统治者是上帝在统治职权方面的代理或执事,其本身关涉强制力方面的上级和臣民关系。因此,根据使徒保罗在《罗马书》第13章中所说,主教或教士皆不例外,他说:"每一个灵魂都要服从在高位掌权的。"补充的理由是:"因为他是上帝的用人。"看,上帝的用人,不是任何代理,而是此世强制恶人的人。他补充道:"他是申冤的,惩罚那作恶的。"②然而主教或教士会作恶,并且基督和任何其他使徒,无论在言行还是榜样上,都从未指派过他们成为任何其他审判者,正如我们在上面证明的那样。③

6. 对于以疑问的方式提出的反驳,即如果统治者在人类权柄方面需要得到纠正,那么当他们冒犯神法或人法时,他们似乎无法得到合适的纠正,因为他们中的几位首长或一位首长在政体中缺少一个上级;因此,他们应服从教士或主教的强制审判;④我们应当说,冒犯神法或人法的统治者可以并且应当通过教会执事(主教或教士)的口头劝诫或责备得到合适的纠正,但是,根据使徒保罗在《提摩太后书》第2和4章中的教导,以及我们在这一论第9章中援引的克里索斯托的解释,这种劝诫或责备应该是适度的⑤,并且统治者绝不是通过强制力得到纠正,因为

---

① 参见亚里士多德:《政治学》,1299a,16ff.。
② 《罗马书》,13:1—4。参见《和平的保卫者》,II.5.4。
③ 参见《和平的保卫者》,II.9.1ff.。
④ 参见《和平的保卫者》,II.3.15。
⑤ 《提摩太后书》,2:25,4:2;克里索斯托:《论祭司职》,II,3—4。参见《和平的保卫者》,II.9.4。

主教或教士本身在此世并没有针对任何人的强制力,正如我们经常在先前的论述中确证和重申的那样。纠正和约束(如有必要,使用尘世的刑罚或惩罚)统治者逾越法律(就人法而言,正如我们在第 1 论第 10 章①中所说的那样)的行为只属于人民立法者的权柄,或者属于人民立法者为此目的设立之人的权柄,我们认为第 1 论第 18 章已充分表明这一点。

7. 对于最后一个推理,即"以查理曼大帝的名义将帝国从希腊人手中转移到德国人手中"的人在司法管辖权方面高于罗马皇帝并且可以在法权上设立和废黜他,而这个人就是罗马教皇,所以教皇高于皇帝,并且可以在法权上设立和废黜他②:我们应当说,如果大前提采取的是非特定形式,那么就不能从它连同小前提的关系中推断出任何东西,因为三段论不能从非特定大前提连同特定小前提的关系中得到构建。③但如果它采取的是普遍形式,比如说,每一个将帝国从希腊人手中转移到德国人手中的人都高于……,那么除非对主题进行界定,否则它会有许多针对性的反驳。因为如果有人在事实上而不是在法权上转移了帝国,或者如果有人借着他人的权力或借着当时为此目的而授予他(作为副手)的权力转移了帝国,那么我要说的是,以这种方式转移帝国的人,不会只因此而拥有更高的司法管辖权,也不会拥有设立或废黜罗马统治者的正当权力。但如果刚刚提到的大前提采取的是特定形式,即每一个可以借着自己的权柄而非借着他人授予的权柄将罗马帝国从希腊人手中正当地转移到德国人手中的凡人,在强制司法管辖权方面高于

---

① 参见《和平的保卫者》,I.10.3—6。
② 参见《和平的保卫者》,II.3.14,II.26.6。
③ [瓦本注]参见亚里士多德:《前分析篇》,26b,21—24。

罗马统治者并可以正当地设立和废黜他,那么,这可以得到承认。对于与之结合的小前提,也就是说"罗马主教或教皇转移了帝国(如上所述)",那么这应作为完全错误的观点被否定。因为第1论第15章证明了与此相反的观点,这一论第4和5章通过《圣经》以及圣徒和天主教圣师的话再次确证了,并在许多其他地方重申了与此相反以及与从中推出的结论相反的观点。此外,我们在这一论第21章从受认可的历史中有力地论证了,作为罗马主教的古代教父和牧者在没有任何反对的情况下遵守了与此相反的观点。①

对于在《教令集》第7卷《论宣誓》的一些论述中,以及在某位所谓的罗马教皇致著名的罗马人选立为王的巴伐利亚公爵路德维希的信中写下的内容,②即"宗座或罗马教皇"单独或者与其神职人员团一起合理或正当地"以查理曼大帝的名义将罗马帝国从希腊人手中转移到德国人手中",让我们暂时假定认同这一点,因为我们将在另一本著作中谈论这种转移以及它在事实上是如何发生的。③那么,假设帝国从希腊人手中转移到德国人手中是正当发生的,但是,我要说的是,如上所述,这种转移并不是借着罗马教皇单独的或与其神职人员团一起的权柄发生的。

8. 基于此,我们有必要根据第1论第12、13和15章介绍的证明注意到以下观点,即在我们根据正确理性去思考问题的情况下,一个共体拥有的首要权柄是:制定人法,设立统治部分,选立统治者并授予他

---

① [瓦本注]参见《和平的保卫者》,II.21.2—5。
② 分别指教皇克莱门特五世的教令《罗马统治者谕》(参见《和平的保卫者》,II.23.2)和教皇约翰二十二世的教令《训诫》(参见《和平的保卫者》,II.26.6)。
③ 这本著作是《论帝国的变迁》。

权柄,更改、消灭、增长或减少、中止、纠正、废黜、转移、撤销所有这些行为,以及采取对首要地拥有(而非来自他人的)上述权力的共体有利的并且该共体表示自愿采取的其余行为。而第1论第12和13章确定了哪个共体拥有上述权柄。基于此,无论我们在哪里读到,也无论谁说过,教皇或其他个人或者某个省或国家的某个团体转移了帝国,或者设立了任何其他通过选举选立的统治职或统治者:如果这样的文字或言论是正确的,并且如果这样的设立或转移是有效的或正当的,那么这样的文字或言论必须凭借一个省或多个省的首要立法者的权柄作出或已经作出,这样的设立或转移应当凭借该权柄、从该权柄中并为了该权柄而将要作出或已经作出。因此,如果有人说到或写下,罗马帝国的转移或任何皇帝的设立是罗马教皇单独或者他与他的神职人员团一起以适当的方式单独作出的,并且如果这类言论或文字是正确的,那么我们必须理解的是,上述转移或设立是他们借着罗马帝国最高人民立法者为此目的(无论间接地还是直接地)授予他们的权柄作出的,或者不是他们自己直接作出的,而是以某种方式(比如公布或宣布,但仍然借着上述权柄)作出的。因为上述立法者可能确实转移或设立了关涉帝国的某些事项,后来又委托罗马教皇(作为人类共体中最受崇敬的人)单独或者他与他的教士们(作为最受崇敬的神职人员团)一起宣布和公布,但这并非出于已经或正在作出这种转移或设立的必要性,而是纯粹出于庄严的考虑,因为统治职的转移、法律和统治者的设立,以及其余类似的尘世职权本身,就它们的效力而言,只取决于上述立法者的选举或法令,如第1论第12和13章所示,这一点也在这一论第26章第5节中通过某些澄清得到了并非毫无意义的重申。

在所有与选立罗马皇帝的统治者职权[选帝侯职权]有关的事项

上,我们也应持有这样的观点;因为他们在这些事上没有其他权柄,也没有任何其他来源的权柄,也不能被除上述罗马帝国最高人民立法者以外的任何人中止或撤销。

因此,我们就这样充分讨论了这一论第 3 和 27 章中提出的疑问,并了结了这些问题。

第 3 论

第1章

论对第1论和第2论主要意图和结论的回顾,以及随之而来的推论

现在,我们在前两论中处理了一些国家和共同体中公民不和与不宁的独特原因,该原因除非得到阻止,否则将来会蔓延到所有其他国家:这就是罗马主教及其神职人员团所凭借的想法、欲求和努力,他们借此将目光集中在尘世的统治职权和对尘世物的多余占有上。刚刚回顾的主教尤其试图利用(正如他所声称的那样)基督以圣彼得的名义授予他的充足权力来为自己要求尘世的最高统治职权,如我们在第1论最后一章所说,并且在第2论许多章节再次得到了恰当重申。但是,对此世任何人的统治职权或强制审判权(更不用说最高权力)绝不属于罗马主教,任何其他主教、教士或神职人员本身,无论共同地还是单独地。我们在第1论第12、13和15章中用人类的确凿手段证明了这一点,并在第2论第4和5章中用永恒真理的见证以及圣徒(见证的解释者)和许多受认可圣师的阐释证实了这一点。后来我们还在第2论第6和7章中,通过《圣经》和确凿的推理处理了教士或主教权力的性质、大小和范围。在同一论第23章中,我们进一步表明,他们(尤其罗马主教)为

自己假定的充足权力既不属于他们所有人,也不属于其中的任何一个人,无论共同地,还是单独地。基于此,我们在序言中多次提到的那种独特恶意的根源似乎已经被连根拔除了。现在,为了让这场灾祸迄今为止已经并继续引入国家和共同体之中的不和或争执的嫩枝和嫩芽能够更快枯萎并在将来无法繁殖,我们将在之前的基础上衍生出最后的第3论。该论无非从我们先前所确定的自明或已证明的真理中得出某些必然而明确的结论。凭借这些结论,只要在思想和行动上给予仔细的关注,上述灾祸及其诡辩的原因将毫无困难地从国家中得到清除,今后它们进入这些国家和其余城邦的通道也将被关闭。

# 第2章

论从前两论确定的必然推论中得出的某些明确结论。通过对这些结论的关注，统治者和臣民能够更轻松地追求本书所意图的目标

在将要推出的结论中，我们将首先列出：

1. 为了获得永恒的幸福，一个人只需要相信圣典或正典、任何从它而来的必然推论以及有信仰的公会议对它作出的解释，如果它是以适当的方式呈现给这个人的话。第2论第19章第2到5节可以给出这一结论的确定性。

2. 只有有信仰的公会议或者其强力群体或强力部分能够决定神法中需界定的疑惑意思，尤其是在那些被称为天主教信仰条款的事项方面，以及为了救赎的必要而必须相信的其余事项方面；任何其他部分的教团或个人（无论他们处于何种状态）都无权作出上述决定。第2论第20章第4到13节给出了这一结论的确定性。

3. 福音《圣经》不会用尘世的刑罚或惩罚命令任何人强制遵守神法的诫命：第2论第9章第3到10节。

4. 为了永恒的救赎，只需要遵守福音法的诫命、从它而来的必然推

论以及那些根据正确理性宜做或不做的事情；绝不需要遵守所有旧律的诫命：第2论第9章第10节到最后一节。

5. 凡人不能给予神法或福音法命令或禁止之事的豁免权，只有公会议或有信仰的人民立法者能够通过为了今世或彼世状态而迫使人们承受过错或惩罚的方式禁止神法许可之事，但任何其他部分的教团或个人（无论他们处在何种状态）都不能这样做：第1论第12章第9节、第2论第9章第1节、第2论第21章第8节。

6. 只有公民共体或其强力部分是人民立法者：第1论第12和13章。

7. 罗马教皇或任何其他教皇的教令集或教令，无论共同地还是单独地，在没有得到人民立法者或其指派的公会议的承认的情况下，不能迫使任何人承受尘世的或精神的刑罚或惩罚：第1论第12章、第2论第28章第29节。

8. 只有立法者或其授权的其他人能给予人法上的豁免权：第1论第12章第9节。

9. 当选的统治职或任何其他职，只取决于拥有相应权柄之共体的选举，而不取决于任何其他确认或认可：第1论第12章第9节、第2论第26章第4到7节。

10. 通过选举设立的任何统治职或其他职（尤其是拥有强制力的）的选举，只取决于立法者的明确意志：第1论第12章、第1论第15章第2到4节。

11. 一个城邦或国家中的最高统治部分应在数量上为一：第1论第17章。

12. 根据法律或受认可的习惯，决定城邦职对应人员及其性质和数量,以及任何其他城邦事项的权柄,只属于有信仰的统治者:第1论第12章、第1论第15章第4到10节。

13. 在凡人立法者没有决定的情况下,任何统治者,更不用说任何部分的集体或个人(无论他们处在何种状态),都不具有对他人的个人行为或公民行为的充足掌控或权力:第1论第11章、第2论第23章第3到5节。

14. 主教或教士本身并不拥有对任何神职人员或平信徒(即使他是异端)的统治职权或强制司法管辖权:第1论第15章第2到4节,第2论第4、5和9章,第2论第10章第7节。

15. 借着立法者的权柄,只有统治者在货物和人身方面对每一个凡人(无论他们处在何种状态)以及平信徒团体或神职人员团拥有强制司法管辖权:第1论第15和17章、第2论第4、5和9章。

16. 在没有得到有信仰的立法者授权的情况下,任何主教、教士或他们的教团都不能合法地绝罚任何人:第2论第6章第11到14节、第2论第21章第9节。

17. 所有主教直接由基督授予平等的权柄,我们无法根据神法确信他们之间在精神事务或尘世事务上存在卓越或从属关系:第2论第15和16章。

18. 借着神圣权柄,如果有信仰的人民立法者同意或允许,其他主教可以共同地或单独地绝罚罗马主教并对他行使其他权柄,反之亦然:第2论第6章第11到14节、第2论第15和16章。

19. 任何凡人都不能在神法禁止的结合或婚姻之事上给予豁免权,而只有立法者或其授权的统治者有权在人法禁止的婚姻之事上给予豁免权:第1论第12章第9节、第2论第21章第8节。

20. 只有有信仰的立法者有权合法化非婚生子女,使他们能够继承遗产并领受其他城邦职权、教会职权和恩惠:同上一节。

21. 只有有信仰的立法者有权以强制审判的方式对即将晋升到教会品级的人及其胜任问题进行判断,并且在没有他授权的情况下,任何教士或主教晋升任何人到该品级都是非法的:第1论第15章第2、3和4节,第2论第17章第8到16节。

22. 只有统治者有权根据信徒的法律,衡量教堂或圣殿的数量,以及负有侍奉它们职责的教士、执事和其余职员的数量:同上一节。

23. 可分的教会职应由有信仰的立法者单独授予并且同样能由有信仰的立法者单独移除,为了虔诚的事业而立的恩惠和其他东西同样如此:第1论第15章第2和4节、第2论第17章第16到18节、第2论第21章第11到15节。

24. 主教本身(无论共同地还是单独地)无权设立公证人或其他公职人员:第1论第15章第2、3和10节,第2论第21章第15节。

25. 主教本身(无论共同地还是单独地)无权就任何技艺或学科授予公开教学或执业的许可证;相反,这种权力只属于立法者(至少是有信仰的立法者)或其授权的统治者:同上一节。

26. 那些晋升到执事职或教士职的人,以及其他被上帝充分祝圣的人,应在教会职位和恩惠上优先于没有以这种方式得到祝圣的人:第2论第14章第6到8节。

27. 一旦教士和其他福音执事以及无力养活自己的穷人的需求得到满足,立法者就可以合法地并且根据神法将教会的尘世物以及属于神圣崇拜的物品全部地或部分地用于共同或公共的福利或防御:第1论第15章第10节、第2论第17章第16节、第2论第21章第14节。

28. 只有统治者有权根据立法者的决定和遗赠者或赠与者的意图,处置为虔诚事业或怜悯行为设立的所有尘世物,例如遗嘱中遗赠的用于海外抵抗异教徒的物品,或者用于赎回那些被后者俘虏的人,或者用于支持无力养活自己的穷人,以及用于其他类似的事情:同上一节。

29. 只有有信仰的立法者有权授予任何教团或宗教品级豁免权,并认可或设立它:第 1 论第 15 章第 2、3、4 和 10 节,第 2 论第 17 章第 8 到 16 节,第 2 论第 21 章第 8 和 15 节。

30. 只有统治者有权根据人民立法者的决定,以强制审判的方式对异端和所有其他罪犯进行审判并以尘世的刑罚或惩罚予以约束,施加人身上的惩罚,处以货物上的罚款并分配这些罚款:第 1 论第 15 章第 6 到 9 节、第 2 论第 8 章第 2 和 3 节,第 2 论第 10 章。

31. 任何主教或教士若无合理理由(该理由应由有信仰的立法者作出第三种审判含义上的判断),不得解除任何臣服于他人并受合法宣誓约束之人的服从义务,与之相反的观点则违背健全的教义:第 2 论第 6 和 7 章、第 2 论第 26 章第 13 到 16 节。

32. 只有全体信徒的公会议有权绝对地立任何一位主教或教会为其他主教或教会的宗主教或宗教会,以及剥夺或废黜后者的职权:第 2 论第 22 章第 9 到 12 节。

33. 在信徒团契中,只有有信仰的立法者或其授权的统治者有权用强制力召集教士、主教和其余信徒组成的公会议或理事会,而以其他方式召集的会议所决定的事情既没有力量或效力,也不能用尘世的或精神的惩罚或过失迫使任何人遵守:第 1 论第 15 章第 2、3 和 4 节,第 1 论第 17 章,第 2 论第 8 章第 6 节到最后一节,第 2 论第 21 章第 2 到 8 节。

34. 只有有信仰的公会议或有信仰的立法者有权作出禁食和禁食某些食物的规定。此外，只有上述公会议或立法者能够禁止机械技艺操作和学科教学，而神法并不禁止在哪一天执行这些操作；只有有信仰的立法者或其授权的统治者有权用尘世的刑罚或惩罚约束人们遵守这些规定：第 1 论第 15 章第 2、3、4 和 8 节，第 2 论第 21 章第 8 节。

35. 应只由公会议规定并命令某人被封圣或尊为圣人：第 2 论第 21 章第 8 节。

36. 宜只由有信仰的公会议规定并命定主教、教士和圣殿的其他执事禁止成婚，以及教会礼仪方面的其他事项，并且上述公会议授权的人是唯一能够在这些事项上给予豁免权的教团或个人：同上一节。

37. 诉讼当事人始终准许就主教或教士承认的强制判决向立法者或其授权的统治者提出上诉：第 1 论第 15 章第 2 和 3 节、第 2 论第 22 章第 11 节。

38. 一个应保守最高贫困的福音完美的人在他自身的权力范围内不能拥有任何不动产，除非他有特定的意图，即尽可能第一时间出售他所拥有的任何此类物品并将回报分配给穷人；他不能对任何动产或不动产拥有所有权或权力，即带着在强制审判者面前为自己要求该物并反对想要拿走之人的意图：第 2 论第 13 章第 22 和 30 节，第 2 论第 14 章第 14 节。

39. 福音服务的群体或个人，有义务根据神法及其自身能力，至少每日向主教和其余福音执事提供必要的食物和衣物，但绝不是什一税或其他超出上述执事所需的多余物：第 2 论第 14 章第 6 到 11 节。

40. 有信仰的立法者或其授权的统治者有权在其管辖的省内强迫主教和其余福音执事祝圣并管理教会圣礼（一旦提供给了他们足够的

食物和衣物）：第1论第15章第2、3和4节，第2论第8章第6节到最后一节，第2论第17章第12节。

41. 应只由有信仰的立法者或其授权的统治者或有信仰的公会议按照神法晋升罗马主教和其他任何教会或圣殿执事到可分的教会职，并且中止和剥夺他的职权（一旦他犯下过错）：第1论第15章第2、3、4和10节，第2论第17章第8到16节，第2论第22章第9到13节。

42. 我们从前两论中还可以必然推出许多其他有用的结论，但我们满足于我们在这里推出的结论，因为它们为消灭上述灾祸及其原因提供了轻松而充分的入口，同时也为了论述的简洁。

第3章

论本书的标题

这本论著将被称为《和平的保卫者》,因为它论述和解释了尘世和平或安宁得以维持和存在的特殊原因,以及与其对立的争执得以产生、被阻止和消除的原因。因为人们可以通过该论著知道神法、人法以及任何一个强制统治职的权柄、原因与一致性,它们是人类行为的规则,而城邦的和平与安宁正体现在对人类行为的恰当和不受阻碍的衡量中。

进一步来说,统治者和臣民(二者构成任何一个城邦的基本元素)可以通过该论著了解为了维护和平和自己的自由而必须遵守什么。因为尘世政权的第一公民或部分(即统治者,无论一个人还是几个人)将通过本书记载的人类真理和神圣真理了解:只有他们有权命令臣民群众,无论共同地还是单独地;他们根据既定的法律约束所有人(如果这是有利的话),并且在没有得到臣民群众或立法者同意的情况下,不可做逾越法律的事情(尤其是艰巨的事情);群众或立法者不应被不义激怒,因为统治职的力量和权柄在于群众或立法者的明确意志。臣民群众及其每一个人都可以从本书中学到,它必须设立哪个人或哪些人来行使统治职权；臣民群众只有义务服从统治职（为了今世状态并在今世状态中具有强制力）的命令，但是这些命令在法律决定的事项上要依据既定的法律，而在法律未定的事项上要依据第1论第15和18章传授的观点；臣民群众也要尽快地觉察，免得统治部分或共同体的其他任何部分假定自己是仲裁者，从而在城邦内采取违背或僭越法律的裁决或其他行为。

一旦这些真理被了解和写入记忆中并被小心地守卫或储存，一个国家和任何其他温和的城邦共同体将在和平与安宁的存在中得到保护。凭借和平与安宁，那些过着城邦生活的人将获得充足的尘世生活，而如果没有和平与安宁，他们必将被剥夺这种充足的生活，并且在永恒幸福方面也会得到糟糕的安排。我们在先前的讨论中将永恒幸福视为人类欲求的终极目的（这是不言而喻的），但是它存在于另一个不同的世界。对于上述观点，我们补充一句，如果有人在本书中发现任何结论、定义或以任何其他方式宣布或写下的观点不正统，那么该观点并不是被顽固表达的。我们让天主教会或天主教信徒的公会议的权威来纠正和决定它。

在1324年①
《和平的保卫者》完成于施洗者圣约翰节
愿赞美与荣耀归于您，基督！

---

① ［瓦本注］1324年6月24日。

译名表

A

abdico 弃绝
absolve 解除,解救
abstinentia 禁欲
activa potencia 动能
activo principio 动原
addo 添加
adimpleo 满足
advocatus 辩护人
Aegidius Romanus 罗马的吉尔斯
affectio 情感
affligo 蒙难
agricultura 农业,农业职
Ambrosius 安布罗斯
anathematizo 诅咒
annullo 毁灭
apostolica seu episcopali sede Romana 罗马宗座
apparatus 器具
appello 上告
appeto 欲求
approbatio 认可,确认,批准
arbitrium 决断
arceo 保护
arcs 堡垒
armatus 武装人员
artificium 制造业
aspernor 弃绝
aspicio 着眼于
assequor 跟随,遵循
assigno 设定,分配
auctoritas 权威
augeo 增加,增长
Augustinus 奥古斯丁
avarities 贪婪
Averroes 阿维罗伊

B

baptizo 施洗

Basilius 巴西略
beatitudo 荣福
Beda 贝达
beginos 贝居安修会
beneficium 恩惠
beneplacitum 喜好
benignus 良性的，友善的
benivolencia 仁爱
Bernardus 伯纳德
bonitas 善意，善好

C

caliditas innata 内热
calor 热
caracter 品格
cardinalis 枢机主教
carcer 关押，监狱
caritas 仁爱
Cassiodorus 卡西奥多罗斯
celeste 属天的
cerno 分辨
certificare 证实
Chrysostomus 克里索斯托
circueo 羁旅
civilis 城邦的，公民的，政治的，民事的，尘世的
civilitas 政治科学，政治秩序

civis 公民
civitas 城邦
clavium potestas 钥匙权
coactive potestas 强制力
cogitatio 思想
cognatio 血亲
cognitio 认知
colera 胆汁
commensuratio 对称
comminatio 威胁
committo 委托，交付
commoditas 效用，便利
communicatio 交往
communitas 共体，团契
compesco 遏制
complex 同伙
comprehendo 涵盖，理解
compungo 感到懊悔
conatus 努力
concedo 允许，承认，授予，宽恕
concito 煽动
concilium generale 公会议
congregatio 集会，会众
conjuro 密谋
consecracio 祝圣
consequor 跟随，跟从，达到
consiliativa 议会职
consilium 告诫，劝诫，咨询，慎虑

constituo 派
consuetudo 习俗,习惯
consul 执政官
contamino 污染
contumeliosus 轻蔑的
cor 心
corpus misticum 奥秘体
correptio 斥责,纠正
corrigo 纠正
culpe actualis 现罪
cultus 崇拜
custodio 守卫
custos 守卫者

D

dampnum 损失
debitum 责任
decerto 争战
decima 什一税
decline 避免
decretales 教令集
defensor 保卫者
deficio 欠缺
delicia 愉快
demeritum 过失
denario 第纳尔
depositio 废黜

desiderium 欲求
destruo 消灭
desursum 从上头
detineo 夺取
detrimentum 损害
diacon 执事
dictamen 指令
didragma 两德拉克马
dimitto 赦免
discipulus 门徒
discordia 不和
dispositio 品质
doleo 悲伤
dominium 统治(权),所有权

E

ecclesia 教会
ecclesia primitiva 原初教会
egloga 牧歌
eicio 驱赶
elatus 高傲的
elemosina 施舍
encia 众生
epiekeia 公平
episcopus 主教
equitas 公正,公平
equivocus 多义的,模棱两可的

erubesco 羞于
eternum 永恒的
Eugenius 尤金
evenio 发生
excommunico 绝罚，革除教籍
exemplum 榜样
exequor 跟随，执行
expolio 掠夺
exstirpo 根除

F

fas 允许的
fastigium 顶峰
fastus 蔑视
felicitas 幸福
flagito 要求
flegma 痰
fleo 哭泣
fratres gaudentes 快乐修会
frustra 徒劳地，白费力气

G

gaudeo 高兴
gemo 呻吟
generatio 血统
Gregorius 格列高利

H

habitus 习性
hactenus 迄今为止
honestus 真诚的
honorabilitatem 高贵部分
hospitalitas 热情

I

ieiunium 禁食
Ieronymus 哲罗姆
ignominia 羞辱
imago 形象
immanentes 内在的
imminuo 削弱
impetus 冲力，冲动
incola 居民
indifferenter 无分别地
inductio 归纳法
insolescere 变得傲慢
inspiro 注入
instar 榜样，样式
interdico 禁行
investituras 续任
invidus 妒忌的
iudex 审判者

iudicialis 司法职
iudicium 审判
iuramentum 誓言
iurisdictio 司法权,司法管辖权
ius 法权,权利
iustificare 施行正义

J

jurisperitus 律师

L

laedo 危害
later 砖块
Laurentius 劳伦提乌斯
legislator 立法者
levitas 轻佻
lex 法律,律法,教律
liberalitas 慷慨
Liberius 利伯略
libido 性欲
licencia 许可证
lignum 木材
ligo 捆绑
limbus 灵泊
lis 争执
livor 妒忌

M

magister 师傅
magnificus 极好的
magnanimitas 崇高
Maguncia 美因茨
maledictio 诅咒
mansuetudo 仁慈
medium 中间,中介
medius 中保,中介,中间
mensura 尺度
mereo 应得,值得,配得,理应
messis 收割
meto 收割
militaris 军事
minister 用人,执事
ministro 服侍,提供
mitigo 安抚
moleste 恼怒地
monarchia 君主制
mos 习惯,行为,道德
multitudo 群众,群体
mundanum 属地的
munimentum 堡垒
mutatio 更改,置换

N

neco 处死
nuncia 信差
nomen 名称, 术语
norma 准则
notarius 公证人

O

oblatio 奉献
obsecro 恳求
obsequium 服务
odium 恨
officium 职权, 职位, 责任, 部门, 政府
onus 负担
opportunus 合时宜的
opus 著作, 职责
oraculum 神谕
oratio 祈祷
ordinacione divina 圣授
ordo 品级, 等级, 秩序, 次序
Origenes 奥利金

P

paralogismus 谬误推理

parco 宽容
pars maior 主导部分
passio 受难, 激情
patriarcha 宗主教
paupertas 贫困
paupertatis fratres 托钵兄弟会
paupertatis ordines 托钵修会
pax 和平
peccatum 罪
pecuniativa 财政职
pena 惩罚
penitencia 悔罪
pentecosten 五旬节
permissio 许可
perversus 败坏的, 堕落的
persecucione 迫害
peto 索取
petra 磐石
Petrus Lombardus 彼得·伦巴第
pietas 虔敬
placeo 取悦
plenitudo 充足
plenitudo potestatis 充足权力
politia 政体, 共和制
Pontius Pilato 本丢·彼拉多
populus 人民, 民族
possido 占有
potestas 权力, 权能, 力量

praecido 切断
praecipuus 特殊的
praesto 提供
preceptum 命令
precium 金钱,回报
premonstrare 预表
presideo 监督,主持
prex 祈求,祈祷
princeps 统治者,首要的
principalioris 首要的,首座的
principatus 统治部分(政府),统治职（权）
principium factivum 动原
principor 统治
privilegium 特权
proclamo 宣布
proficio 成全
prohibicio 禁止
pro libito sibi 随心所欲地
promitto 应许
promoveo 晋升
promulgo 颁布
prosyllogismus 前三段论
proventus 收益
provisor 照管者
prudens 明智的
punio 惩罚
puto 认为

Q

quidditas 本质
quies 平静
quiesco 保持静止

R

Rabanus 赫拉班
Recesvinthus 雷卡雷多
rector 领导者
rectus 正确的,正直的
recumbo 倚靠
refugio 逃离
regimen 治理,管理
regnum 国家,王国
regula 规则
remitto 宽恕,赦免
reparo 修复
reprobo 指责
repugnantia 矛盾
reseco 铲除
resero 揭示
respublica 国家
resurrectio 复活
reverentia 崇敬
rex 国王

Richardus de S.Victore 圣维克多的理查
rixa 争吵
robur 力量
rogo 恳求

S

sacerdos 教士,祭司
sacerdocium 教士职,祭司职
sacer ordo 圣秩
Sallustius 撒路斯提乌斯
scandala 丑闻
scandalizo 冒犯
scelus 暴行
scisma 分裂
secta 教派
sectio 割裂
seculum 世界
secundum quid 相对地
secundum quod 主要原因
seditio 叛乱
semino 播撒
sempiternum 永久的
Seneca 塞涅卡
Silvestro 西尔维斯特
similitudo 样式,相似性,模仿
simplex facti usus 单纯的事实使用

simpliciter 绝对地
sinister 邪恶的
societas 社会,团契
sollicitudo 关心
sors 抽签
sperno 抛弃,弃绝
spes 希望
spirituale 精神的
spiritus 精神,精气,灵,圣灵
sponsa Christi 基督新娘
stater 斯塔特
strenuus 强健的
studiosus 贤德的
subeo 遭受,经受
subsidium 帮助
successio 继任,续任
suffragor 提供支持
sumo 披上,采纳,假定,拣选
suppleo 补救,补充
suscipio 采纳
suspendo 中止
Symmachus 辛玛古

T

Tantalus 坦塔罗斯
Tartarus 塔耳塔洛斯
temeritas 鲁莽

temperamentum 温和, 节制, 气质
temperata 温和的, 节制的
temporale 尘世的
testor 证实, 见证, 验证
Theodectos 赛奥迪克底
Theophylactes 赛奥菲拉克
Theopompus 赛奥庞波斯
Tibertinus 提波提努斯
tollo 消除, 提升
tranquillitas 安宁
transeuntes 及物的
tribulation 苦难
tristis 悲伤的
Tullius Cicero 图利乌斯·西塞罗
Tullianus 图利亚奴斯
turbo 搅扰, 干扰

U

Ugucio 雨果齐奥
unitas 一
universitas 共体
universitas civium 公民共体
universitas fidelium 信徒共体

urbs 城市

V

valens 强力的, 强壮的
valentior pars 强力部分
vas 器皿
verbum Dei 上帝的言
veritas 真理
viator 羁旅者
vicinia 邻里
vicissim 再次
vicus 村落
virtus 刚强, 德能, 美德, 能力
Vitalianus 维塔里安
vitium 欠缺, 邪恶
vivere 活着
vivifico 赋生
voluntas 意志
voluptas 愉悦
votum 意愿, 誓言
vulgaris 大众
vultus 面容

图书在版编目（CIP）数据

和平的保卫者 /（意）帕多瓦的马西利乌斯著；陈广辉译.— 北京：商务印书馆，2023
（文艺复兴译丛）
ISBN 978-7-100-22108-5

Ⅰ.①和… Ⅱ.①帕…②陈… Ⅲ.①政治理论 Ⅳ.① D0

中国国家版本馆 CIP 数据核字（2023）第 043371 号

权利保留，侵权必究。

文艺复兴译丛
和平的保卫者
〔意〕帕多瓦的马西利乌斯　著
陈广辉　译

商务印书馆出版
（北京王府井大街36号　邮政编码100710）
商务印书馆发行
南京鸿图印务有限公司印刷
ISBN 978-7-100-22108-5

2023年6月第1版	开本 880×1240 1/32
2023年6月第1次印刷	印张 20¼

定价：99.00元